TEXTES DE LA RENAISSANCE
sous la direction de Mireille Huchon
153

De la maladie d'amour ou mélancolie érotique

Jacques Ferrand

De la maladie
d'amour ou
mélancolie érotique

Édition de Donald Beecher et Massimo Ciavolella

PARIS
ÉDITIONS CLASSIQUES GARNIER
2010

ISBN : 978-2-8124-0061-2

Donald Beecher est professeur de littérature anglaise à l'université Carleton à Ottawa, Canada. Il est également titulaire de la chaire du chancelier de l'université.

Massimo Ciavolella est titulaire de la chaire Franklin D. Murphy en littérature italienne de la Renaissance à l'université de la Californie à Los Angeles.

Remerciements

Nous tenons à exprimer notre gratitude aux collègues et amis qui ont contribué à l'élaboration de cet ouvrage: Véronique Pons et Marie-Alice Belle, qui ont collaboré à la traduction, ainsi que Evelyne Berriot-Salvadore, qui nous a apporté maintes suggestions et corrections. Nous remercions vivement Danièle Letocha, Marc Renaud, Pierre Hurtubise, Michel Bitot et Frédéric Gabriel, qui ont généreusement accepté de réviser l'avant-propos. Nous sommes aussi particulièrement reconnaissants à Paul Mailhot (Pretex Inc., Halifax) et Christina Thiele (Carleton Production Centre, Ottawa) pour leur travail de typographie exceptionnel. Enfin, nous remercions l'Université de Californie à Los Angeles et l'Université Carleton à Ottawa pour leur soutien financier.

PREMIÈRE PARTIE

Jacques Ferrand et la Tradition
de la Mélancolie Érotique
dans la Culture Occidentale

Introduction

Le traité de Jacques Ferrand sur les maladies causées par l'amour charnel s'ouvre sur une question qui pourrait être celle du lecteur de n'importe quelle époque: l'amour est-il un état pathologique, et si oui, faut-il en tenter la guérison[1]? Pour un médecin de la Renaissance, la réponse se trouve dans la conception même que l'on se fait de l'amour, car ce mot sert à désigner non seulement cette forme d'appétit humain qui aboutit aux affections partagées, au mariage, à la vie de famille, aux élans de la loyauté et du dévouement, mais il désigne aussi ce genre de penchant qui remplit l'esprit de fantaisies érotiques, dénature le jugement, et afflige le corps de tous les signes de la maladie. À cela, Battista Fregoso pourrait protester comme dans ses *Contramours* qu'il «ne faut pas prendre à mal toute espèce d'amour, mais seulement celuy, lequel guidé de paillard et desordonné appetit, sort hors les bornes maritales». Mais Fregoso souligne que l'appétit sexuel suscite la rumination mélancolique, la flambée des passions, la combustion des humeurs, la débilitation du corps, l'amour «est seulement une habitude approchant de maladie, ains qu'il est maladie, vraie, et forte et dangereuse[2]». Par ce discours il se fait le porte-parole des médecins de son temps. Étant donné les répercussions de la perturbation de l'âme sur le corps, cela ne fait pour eux aucun doute que seul un médecin qualifié doit pouvoir porter secours aux victimes de l'érotomanie.

Puisqu'il aborde le sujet en tant que praticien, Ferrand est bien obligé d'identifier ces deux sortes d'amour. Il se doit d'expliquer clairement qu'il propose, dans un premier temps, de ne traiter que la passion obsessionnelle et dégradante, ensuite de montrer qu'un tel amour est une affliction de l'âme et enfin d'établir sa relation avec les maladies de la mélancolie; son traitement doit donc former un sous-genre dans le domaine bien établi de la médecine théorique et pratique.

---

[1] Jacques Ferrand, *Traité de l'essence et guérison de l'Amour ou mélancolie érotique*, Toulouse, Chez la veuve de J. Colomiez, 1610. On lit souvent que cet ouvrage fut publié en 1612, car on pense qu'un certain nombre de copies non vendues furent mises à jour et que le chiffre romain «II» y fut ajouté; *De la maladie d'Amour, ou mélancolie érotique, discours curieux qui enseigne à cognoistre l'essence, les causes, les signes, et les remèdes de ce mal fantastique*, Paris, Chez Denis Moreau, 1623; réimprimé à Nendeln, Liechtenstein, Kraus-Thompson, 1978.

[2] Battista Fregoso, *L'antéros ou contramour*, trad. Thomas Sébillet, Paris, Chez Martin le Jeune, 1581, p. 60, 72.

Ferrand fait appel à une typologie de l'amour qui doit son origine au *Banquet* de Platon et qui s'est transmise par le biais de plusieurs néo-platoniciens de la Renaissance: il existe deux Vénus, l'une céleste, l'autre terrestre. La première est associée aux contemplations de l'esprit; la deuxième aux préoccupations de la chair. Christianisé, Platon ouvre le chemin à une classification de l'amour qui envahit la Renaissance, soit pudique soit impudique, soit chaste soit luxurieux, c'est-à-dire soit un amour modéré, sanctionné par la religion et les coutumes sociales, qui conduit à l'amitié ou au mariage et à la vie de famille, soit un amour difficile à contrôler, expression tyrannique de la concupiscence[3]. Selon les mots de Battista Fregoso: «L'Amour des enfans, parens, ou alliez, est convenable à la nature: l'autre, qui est estrangé de ceste clemence de l'humanité, se nomme vulgairement, Amour: qui n'est qu'un ardent appetit, de l'instinct duquel excitez, ces abusez amoureux des corps, se trompent; croyans que tout l'homme soit seulement en ce qu'ils voyent. Platon defend que l'on appelle telles perturbations d'esprit, Amitiez; qui ne sont mutuelles ne reciproques: car souvent l'un des deux ayme sans estre aymé. Joint qu'il n'y a point de constance, et moins d'asseurance: et que telles amourettes se terminent tousjours par ennuy et repentance[4]». Ce dualisme, auquel s'ajoutent diverses connotations moralisantes, était naturellement admis par les rédacteurs des œuvres médicales sur l'amour, et souvent en ces mêmes termes allégoriques. C'est la Vénus terrestre qui, selon Ferrand, conduit tant les hommes que les femmes à des obsessions érotiques qui ne sont porteuses ni de joie ni de réciprocité. C'est ainsi que, sous des aspects élégants cette allégorie dissimule l'absence d'une analyse plus poussée de la psyché et des mécanismes physiologiques qui sont responsables des appétits érotiques de l'espèce humaine. Ce mythe a continué à jouer son rôle dans la représentation des structures et des réseaux de forces instinctuelles et subliminales. Les victimes de la maladie sont des personnes incapables de réprimer leur désir érotique même en faisant appel à la volonté ou aux distractions. Leur nature les incline à succomber aux exigences tyranniques provoquées par la représentation de l'objet bien-aimé imprimée dans leur imagination. Cette fixation de la volonté, cet envoûtement exclusif, conduisent tôt ou tard à une combustion du sang et des autres humeurs suivant la robustesse de l'individu, précipitant ainsi la victime dans la mélancolie chronique, la manie ou le suicide.

Les médecins occidentaux, emboîtant le pas à la tradition de l'*amor hereos* qui remonte aux fondateurs arabes, ont perpétué la définition de l'amour comme une forme d'aliénation mentale conséquente au désir désordonné de jouir d'un objet de beauté, aliénation pétrie de tristesse et de fortes terreurs. Une telle définition permet à un jeu complexe de s'établir entre les causes physiologiques et psychiques, entre l'amour comme affection endogène résultant d'états corporels et l'amour comme passion de l'âme induite par une volonté dévoyée. La théorie voulait que le dérèglement du jugement et de l'imagination des amoureux résulte des suies fumeuses et des vapeurs produites par l'adustion des humeurs; car, enfin, n'était-ce pas l'incendie des passions qui précipitait la victime dans la dépression ou la manie? Pourtant, c'est la volonté rivée sur l'objet de désir qui imprimait dans l'imagination

---

[3] On peut en trouver un bon exemple dans l'encyclopédie de Raphael Volaterranus (Raffaele Maffei), *Commentariorum urbanorum, libri XXXVIII*, Venundantur Parrhasiis in via Jacobea ab Joanne Parvo et Jodoco Badio Ascenscio, [1511]: «Philologia», livre XXXIII, p. 337[r-v].

[4] Battista Fregoso, *L'antéros ou contramour*, p. 57.

une représentation qui chassait toutes les autres, asséchait et refroidissait le cerveau, bref, rendait malade. Toute définition de l'amour pathologique doit tenir compte à la fois des mécanismes de perversion de la raison et des mécanismes corporels aux moyens desquels la corruption attaque l'organisme.

Ainsi défini, l'amour n'est pas encore une maladie d'origine entièrement somatogénétique, d'où le défi pour le médecin qui, dans l'exercice de ses fonctions, cherche un moyen de contrôler les passions de l'âme. Pour invoquer les prérogatives de la profession médicale, il fallait pouvoir faire une démonstration des causes matérielles. Une première solution consistait à supposer que certaines personnes avaient une prédisposition héréditaire à la maladie, c'est-à-dire que leur penchant naturel vers la mélancolie dite normale les rendait plus vulnérables aux maladies de la mélancolie fiévreuse. Une deuxième solution associait l'amour érotique aux autres états maniaques et mélancoliques, entièrement attribuables à des conditions physiologiques; à savoir un excédent d'humeurs qui, surgissant des hypocondries, serait capable d'émettre des vapeurs nocives une fois brûlé par les passions. Dans une troisième solution, l'amour était une maladie du sang causée par l'attaque d'esprits étrangers, donc toxiques, ou bien par des vapeurs subtiles qui, s'infiltrant par les yeux, répandaient leur infection dans tout le corps par les veines. Une quatrième solution proposait que les désirs pervers soient attribués à un excès de liquide séminal corrompu qui aurait été lui-même soit la cause véritable, soit la cause contribuant à un désir vénérien, avec tous les états érotiques du corps et de l'esprit s'y attachant. Car c'est seulement quand l'amour est défini en des termes matériels qu'il peut être efficacement traité en modifiant les conditions corporelles: retirer le sang pollué, purger les dépôts noirs de l'adustion, hydrater les tissus desséchés et imposer le repos par le biais de narcotiques et de soporifiques. À force d'expériences en matière de maladies induites par les passions, les médecins de tradition galénique établirent un rapport entre les troubles de la psyché et le déséquilibre analogue des humeurs. C'était là une doctrine essentielle au praticien, car seules ces conditions qui affectaient aussi le corps pouvaient être traitées de façon conventionnelle par les produits pharmaceutiques et la chirurgie.

Les nombreuses causes matérielles et spirituelles que reconnaissent les médecins-philosophes de cette époque peuvent à peine s'ordonner en un système de classement, étant donné le caractère conflictuel de leurs revendications respectives. Les commentateurs de la Renaissance font pourtant de leur mieux pour aplanir cette difficulté, s'efforçant souvent d'amalgamer ces éléments disparates en séquences simples, de la définition au diagnostic et du diagnostic au remède. Fregoso, par exemple, organise ses options sous forme d'un dialogue dans lequel les interlocuteurs présentent les différents points de vue — que l'amour est le résultat d'un excès de semence, qu'il est une forme de péché émanant de Satan et de ses émissaires et qu'il pervertit la volonté ou encore qu'il est une sorte de fascination injectée dans les yeux et véhiculée par le sang — sans qu'il soit, de façon trop catégorique, pour ou contre ces points de vue. François Valleriola préfère la conception platonicienne de l'amour: une maladie du sang qui s'attrape par les yeux. Quant à André Du Laurens, il demeure fidèle au système des humeurs. À cause de sa visée encyclopédique, Ferrand est peut-être plus vulnérable aux critiques, car il tente d'incorporer tous ces points de vue en un seul système médico-philosophique cohérent, subdivisant son travail en chapitres dans lesquels il traite des différents éléments en séries.

Ferrand est un écrivain aux allégeances partagées. Premièrement, il s'engage, avec parfois beaucoup de ferveur, dans un ordre de discours approprié à un traité médico-philosophique qui se préoccupe de la description des maladies et des remèdes. Deuxièmement, il partage avec les humanistes la tendance à faire une étude exhaustive des sources du passé et du présent. Troisièmement, il est attiré par les styles et les préoccupations des philosophes-littérateurs italiens, avec leurs séquences narratives dans la tradition d'Ovide sur les périls de l'amour, une forme de discours quasi-littéraire, qui s'inspire ici et là des poètes de l'amour, des médecins-écrivains, des mythographes et des néo-platoniciens. Dans l'examen de Ferrand qui suit, on verra que les inconséquences ne sont pas seulement inhérentes à l'analyse des causes et effets, mais qu'elles viennent aussi de la diversité des formes qu'emprunte le discours. Malgré tout, Ferrand est important précisément parce que chez lui l'exhaustivité encyclopédique prévaut sur l'uniformité du style et la cohérence de la méthode, car c'est l'envergure de cet ouvrage qui lui assure une supériorité sur ses concurrents, comme *summa* médicale de la Renaissance sur les maladies de l'amour érotique.

Les objectifs de Ferrand sont, à leur manière, remarquables car après avoir passé au tamis presque tout ce qui s'est écrit sur le sujet, il prétend ni plus ni moins fournir un exposé complet sur la physiologie de l'amour — un sujet perdurable qui fascine les chercheurs aujourd'hui autant qu'hier. L'expérience commune suggère que l'acte de tomber amoureux comporte une combinaison de facteurs esthétiques et instinctifs, de hasard et de destin, de gonades et de ganglions, le tout déchaînant des forces que nous convenons d'appeler appétits où se combinent à la fois les influences de la volonté, les sens et le système endocrinien. De nos jours, nous en sommes encore à arranger, voire réarranger ces éléments entre eux et tout porte à croire que cette recherche est loin de s'achever. En utilisant les meilleurs outils d'analyse disponibles à son époque, Ferrand n'entreprend rien moins que de remettre en ordre les causes de l'amour selon les principes de la logique; de répertorier les canaux où s'opère dans le corps la conversion de l'impression esthétique visuelle en empoisonnement sanguin, déterminant du même coup les moyens par lesquels les émanations de la combustion du foie montent vers le cœur puis le cerveau, conduisant le feu des passions à la confusion dans le jugement; d'examiner l'ordre logique dans lequel la mémoire, tout en imprimant l'image aimée sur l'imagination, détraque l'appareil digestif, épuise le sang, refroidit l'esprit, provoque la pâleur et fait perdre l'appétit. Questions certes difficiles! Aujourd'hui, nous pouvons toujours sourire face à des théories qui font du cœur un brasier, du cerveau une tablette de cire et où les yeux servent de cibles à des flèches empoisonnées d'où émanent les vapeurs subtiles du sang. Mais le sourire se fige devant notre propre ignorance en la matière, même dans sa forme non-métaphorique.

Le travail de Ferrand se limite forcément aux connaissances qu'on avait à son époque du système endocrinien, de la digestion, de la production de sperme et du fonctionnement du système nerveux, de sorte que, aussi perspicaces et intelligentes que ses observations sur le comportement humain puissent être, les explications physiologiques et psychologiques sont forcément formulées selon les observations d'un Vésale ou d'un Du Laurens, ainsi que selon des «lois» de sympathie et les volitions des parties qui ressortissent plus à la métaphore qu'au procédé psychologique que l'on connaît maintenant. Malgré ces limites, les appréciations de Ferrand sont rarement dénuées de valeur et de pénétration, qu'elles rendent hommage à la pensée de Galien, de Platon ou d'Avicenne, qu'elles s'efforcent de concilier des théories conflictuelles ou qu'elles émettent des assertions guidées par ses propres dons de logique et d'observation. Imposer au corporel un principe métaphorique est un concept de plus en plus séduisant, étant donné notre besoin de voir le corps se conformer à un ordre moral. C'est pour cette raison que les discours sur l'analyse des humeurs, la combustion du cœur, les volitions du sang et les brumes obnubilantes ont échappé à la destruction du système qui leur donna naissance.

Ferrand indique clairement que l'amour érotique est une maladie complexe, le produit de causes à la fois efficientes, réelles, internes, externes, accessoires, distantes, matérielles et qu'il ne peut que demeurer fidèle à sa nature complexe. Il affirme dès le début que l'amour est un malaise du corps et de l'esprit, les deux partageant leur destinée dans un rapport de sympathie naturelle, et que c'est au praticien qu'il incombe de s'armer des préceptes de Platon et de l'art d'Esculape pour obtenir la guérison. Ces deux centres d'intérêt sont intrinsèques à son analyse. Il était donc tout à fait inévitable qu'il commette l'erreur de juxtaposer une âme tourmentée qui se lance à l'assaut de l'organisme et une maladie du sang ou des hypocondres agitées qui vont se répercuter sur la psyché. Ferrand définit les maladies de la mélancolie en termes corporels pour pouvoir les traiter dans un cadre défini et en purger l'organisme. Une telle approche aurait dû rendre impossible toute admonition morale, tout appel à la raison, tout abus de thérapie pour fins de distraction et de socialisation. Pourtant, Ferrand l'encyclopédiste n'a pas voulu les abandonner. Tout comme la définition du mal, le remède se devait d'assumer les deux parties constituantes du patient.

Les doctrines que l'on tenait alors pour acquises sur le fonctionnement de la psyché pouvaient être raffinées et rationalisées, mais pas au point d'être libérées, si l'on suit le credo de Levine Lemne: «Puisque toutes les passions de l'esprit sont calmées par la raison, tandis que les maladies du corps sont guéries par des remèdes appropriés, ne serait-il pas mieux de référer les causes des maladies à la qualité et à la quantité des humeurs? Et si l'on se plaisait à examiner les humeurs du corps et leur degré d'énergie, on trouverait qu'elles sont responsables non seulement de la manière d'être d'un corps, mais aussi de l'état de son esprit[5]». Ce qui appartient à l'esprit est à l'esprit et ce qui appartient au corps est au corps. Mais aussi, affirme Lemne, jusqu'à un certain point, ce qui appartient à l'esprit est également le propre du corps, de sorte que les états de la psyché, conditionnés par les dispositions du corps et ses humeurs, sont coercibles et altérables par le biais du corps. Pour les médecins de la génération de Ferrand, cette doctrine, quoique contestée, restait encore l'explication la plus convaincante et la plus satisfaisante des lois fondamentales du fonctionnement du corps.

On ne peut guère douter que le livre de Ferrand soit tributaire d'autres livres, car, par-dessus tout, il anatomise une idée médicale qui était courante dans la médecine occidentale au moins depuis le XIe siècle. On peut dire que la notion de mélancolie érotique héritée des médecins arabes, grâce surtout aux traductions d'Avicenne, a connu une histoire de cinq cents ans avant de parvenir à Ferrand, même si celui-ci ignorait totalement les étapes de ce développement. Il connaissait

---

[5]Levinus Lemnius (quondam, Levine Lemne), *Occulta naturae miracula, ac varia rerum documenta*, Antverpiae, apud Guilielmum Simonem, 1559. Voir aussi *Les occultes merveilles et secretz de nature*, trad. J. Gahory, Paris, P. Du Pré, 1567, p. 259.

la plupart des textes majeurs, mais il les lisait tous au même niveau sans perspective historique, ayant comme objectif d'en venir à une représentation synoptique de son sujet. Là où il trouvait des différences dans une définition ou un traitement, il cherchait un compromis en subdivisant les facteurs circonstanciels de façon à permettre les deux points de vue. C'était là la méthode utilisée par la plupart des chercheurs de l'époque. Sans se faire consciemment historien de cette «idée», il n'en était pas moins un de ses principaux véhicules à la Renaissance.

Pour son second traité de l'amour (1623) qui fait l'objet de notre édition, Ferrand affirme dans sa préface avoir conçu son ouvrage comme un manuel clinique, dont on avait alors grand besoin, étant donné le nombre des victimes de l'amour dans la société — l'amour régnant en tête de liste parmi les malaises les plus courants — et étant donné le nombre de ceux qui avaient été mal diagnostiqués et mal traités par les médecins. Il reste à préciser que tel n'avait pas été son propos dans son premier traité sur l'amour (1610), qui s'adressait plutôt aux amoureux dans l'esprit des poèmes d'Ovide sur l'auto-guérison de l'amour. Il faut également ajouter que, si l'amour a parfois fait l'objet de soins cliniques, comme semblent en témoigner les études de cas par Amatus Lusitanus et François Valleriola, et si des fautes professionnelles pour cause d'ignorance étaient toujours possibles, on trouve déjà dans le chapitre sur l'amour de Paul d'Égine des signes de protestation contre ceux qui, parce qu'ils étaient mal renseignés, refusaient aux amoureux des bains, de la nourriture hydratante et des distractions appropriées. Ces plaintes faisaient partie de la tradition.

Tout indique que la clientèle, s'il y en avait une, était recrutée dans la haute société, parmi les aristocrates, les courtisans et leurs imitateurs bourgeois, ainsi que les jeunes généralement en pleine période d'effervescence. Tous étaient affligés de maux psychiques, dépressifs ou maniaques, égarés dans des dispositions antisociales, poétiques ou extatiques, ou tout simplement sous le coup d'une déception sentimentale, comme ce fut le cas d'un jeune étudiant que Ferrand traita à Agen en 1603. Mais bien que Ferrand ait mis sur pied un régime élaboré pour guérir de l'amour, il nous manque une quantité suffisante de documents pour dire avec certitude si des thérapies telles que celles prescrites par Ferrand sont devenues plus tard une pratique établie dans la profession médicale de son temps. C'était certainement là le but de Ferrand, mais il est dangereux d'en conclure que son traité a entraîné des développements à grande échelle dans l'analyse clinique et dans le traitement de la mélancolie érotique. Nous savons pourtant qu'un certain nombre d'individus souffrant de passions érotiques ont été traités par des médecins. Ces cas auraient d'ailleurs pu amener les théoriciens à penser en termes d'applications cliniques plus généralisées. Malgré cela, la place du traité de Ferrand dans l'histoire sociale et clinique devrait être distinguée de sa place dans l'histoire des idées. Tout d'abord, il faut reconnaître que l'idée d'*amor hereos*, telle que décrite par Ferrand, était largement admise à son époque. On peut aussi la considérer comme une *idée force* qui, par sa popularité et sa force de persuasion, avait le pouvoir de modeler la réalité sociale à son image. Notre introduction s'occupera donc principalement des sources littéraires et médicales ainsi que du développement, dans la médecine occidentale, de la notion d'amour érotique comme maladie mélancolique, notion qui atteignit son apogée chez Ferrand. Par conséquent, l'interprétation de son ouvrage comme document de l'histoire sociale restera pour nous secondaire et sujette à caution.

Au début du XVIe siècle, les médecins qui écrivaient sur l'amour fou classaient traditionnellement leurs modestes chapitres avec ceux sur la mélancolie, la manie, l'hystérie et la lycanthropie, d'une façon qui, plus tard, suggéra aux spécialistes une relation pathologique étroite. La plupart du temps, ces médecins se contentaient de rapporter le point de vue d'Avicenne sans le moindre commentaire. Avicenne recommande des bains et des médicaments topiques, la diffamation de l'objet de désir et le coït, dans un but à la fois thérapeutique et éliminatoire. Il a peu à dire des purges. L'influence de l'analyse galénique, qui insistait sur les purges et la médication interne, a graduellement mis sous surveillance critique l'approche arabe des traitements de l'amour. Par le biais d'une redéfinition plus nuancée de la maladie, les purges et la médication interne ont acquis une légitimité plus grande que les traitements dits «méthodiques» tels que le conseil moral, le voyage ou les distractions sociales, de sorte qu'à la fin du XVIe siècle les médecins qui s'opposaient au coït comme traitement, pour des raisons de morale chrétienne et d'intégrité professionnelle, avaient de solides solutions de rechange à offrir sous la forme d'attaques pharmaceutiques plus directes sur le déséquilibre des humeurs et sur l'excédent de sperme. La faveur croissante des théories galéniques a stimulé une réorientation des méthodes dans le traitement de l'amour. Luis de Mercado était à l'avant-garde de ce changement, Rodrigo de Castro et André Du Laurens lui firent ensuite écho. Un second courant vit le jour avec les *Observationum medicinalium libri sex* de François Valleriola publiés en 1588. Dans son étude étiologique de l'érotisme, cet écrivain ne se tourne pas vers Galien ou vers les médecins arabes, mais vers Marsile Ficin et son *Commentaire sur le Banquet de Platon*. Valleriola invente une confluence incommode entre la théorie platonicienne de l'amour comme une espèce de fascination qui pénètre par les yeux et les théories galéniques de la physiopsychologie humorale. Un fervent de la doctrine de Galien, aussi invétéré que Du Laurens, se permet neuf ans plus tard de souscrire à cette théorie favorisée par les poètes et les néo-platoniciens, et qui devient vite un élément permanent de la représentation physiologique de l'amour érotique. La pénétration du ficinisme dans la médecine française est caractéristique du développement que prend l'analyse de la physiologie de l'amour, en incorporant des matériaux issus de plusieurs écoles anciennes et modernes, de médecine et de philosophie. Le temps était venu pour de longues études éclectiques qui tenteraient d'absorber l'érudition littéraire et mythologique dans les modalités médicales du discours savant. Ce défi est relevé par Jean Aubery en 1599, par Jean de Veyries en 1609, par Jacques Ferrand en 1610 (date de la publication de son premier traité sur la mélancolie de l'amour), et presque simultanément en Angleterre par Robert Burton qui publie à Oxford la première édition de l'*Anatomie de la mélancolie* (*The Anatomy of Melancholy*) en 1621.

Pour enrichir la matière de leurs traités, les auteurs avaient besoin de compiler une documentation médicale aux sources parfois lointaines. Ferrand semble avoir été le seul à redécouvrir Arnaud de Villeneuve ainsi que certains spécialistes byzantins qui avaient écrit sur l'amour et le mal mélancolique. Il note soigneusement les observations des médecins espagnols et portugais, Francisco Valles, Cristóbal de Vega, Luis de Mercado et Rodrigo de Castro. Tout aussi importante est son appropriation des connaissances exposées par les Italiens comme Pietro Capretto, Platina, Battista Fregoso et Mario Equicola, même si ces données lui sont probablement transmises par le condensé qu'en donne Equicola. Cette documentation lui fournit une abondance de spéculations philosophiques et médicales, de récits mythologiques sur l'éros, ainsi que de vastes connaissances sur les forces occultes et surnaturelles qui peuvent influer sur le cours de l'amour. Cette littérature a tout d'abord ébloui Ferrand et l'a presque enlisé dans son premier traité, faute d'avoir établi le genre d'ouvrage qu'il allait écrire, hésitant entre une imitation de ces essais courtois et une imitation des modèles scolastiques en vigueur dans sa propre formation médicale.

Un tel éventail de sujets tels que les philtres, l'astrologie, l'herbier magique «éro-révélateur», l'interprétation des rêves, la physionomie, la chiromancie, de même que les remèdes contre la stérilité, le satyriasis et les incubes, n'étaient pas nouveaux pour les érudits du XVIᵉ siècle, mais c'est seulement dans la phase finale de la discussion médicale que toute cette topique est intégrée soit à titre de pathologie parallèle, de technique de diagnostic ou de méthodes pour provoquer ou contraindre l'amour. Ferrand s'aventure dans l'examen des rêves, des horoscopes, de la physionomie et de la chiromancie pour leur éventuelle valeur comme outils de diagnostic. Dans le même esprit, il se demande quel est le pouvoir des amulettes, des philtres et des aphrodisiaques sur l'amour. Il note des ressemblances entre l'érotomanie et la «fureur utérine» et il enrichit sa description des pathologies amoureuses en y ajoutant l'hystérie et le satyriasis, de même que le cauchemar de l'étouffement par incube. Tout comportement sexuel jugé pathologique mérite son attention. Il est donc inévitable qu'un travail d'une telle envergure se fasse au détriment de l'argumentation. Malgré tout, en remplissant son traité d'une abondante récolte, il organise, sous le thème de la mélancolie érotique, une masse de données relatives à la sexualité. Ferrand dépasse tous les autres auteurs dans sa volonté de tout passer au crible. Des choix imprudents de topiques, ainsi qu'un style pour le moins aventureux, avaient valu à son premier traité d'être sévèrement examiné par les censeurs ecclésiastiques, car les sujets abordés étaient pour la plupart interdits. En 1620, toutes les copies de son traité furent rappelées puis brûlées. Le défi de Ferrand dans la refonte de son travail fut justement de séparer le contenu intrinsèquement offensant de ce qui était nécessaire au sujet traité, et qui ne pouvait être supprimé sans attenter à la vérité dans l'ordre du discours médical. Le succès de l'entreprise exigeait que, dans la construction de son traité, il use d'une rhétorique plus fermement ancrée dans des modèles scientifiques.

Si Ferrand dans son second ouvrage semble donc avoir abandonné son penchant pour l'essai courtois spéculatif, son nouveau traité médical éclectique offre pourtant maintes similitudes avec les auteurs ovidiens, avec les Français, André le Chapelain surtout, auteur du *Traité de l'amour courtois* (*De amori libri tres*) et avec les néo-platoniciens du quattrocento italien qui attaquent l'amour terrestre et qui seront d'ailleurs à l'origine de la tradition du «contramour» ou d' «Éros et Antéros». Ce qui, au début du XVIᵉ siècle, était chez les écrivains médicaux une simple prescription d'un traitement spécifique pour l'*amor hereos* a finalement abouti en une pléthore de traités médicaux éclectiques et encyclopédiques. Ces traités ont en partie alimenté la clameur publique qui s'élevait contre l'amour déshonnête, sujet qui avait inspiré bien des écrivains, de Ficin et Fregoso à Léon l'Hébreu et Giordano Bruno. Les emprunts et les fusions étaient devenus la règle et c'est dans cette voie que Ferrand vint à écrire son propre «contramour», quelles qu'aient été par ailleurs ses intentions. Or, cette contamination de la forme et du fond a justement revitalisé toute la question de l'amour et démontré que cette littérature non

seulement avait une importance de premier ordre pour la science, mais aussi que sa
pertinence clinique découlait de nécessités théoriques. Tout comme les médecins
avaient puisé dans la littérature narrative, les romanciers et les dramaturges em-
pruntaient à leur tour aux traités médicaux afin de former les caractères de leurs
personnages selon des principes scientifiques. Ces auteurs oscillaient dans cette
assimilation thématique, car ils se trouvaient pris entre la censure morale des philosophes et des théologiens et la prise en compte de la physiologie déterministe. Il
demeure impossible de savoir avec précision quelle a été l'influence spécifique du
traité de Ferrand dans ce mouvement intellectuel. Mais il ne fait aucun doute que
les vues théoriques qui sous-tendent le traité sont aussi celles qui sont perceptibles
dans les œuvres de Cervantes, Luís de Camões, de Tirso de Molina, d'António
Ferreira, de John Webster, de John Ford, ainsi que de bien d'autres.

En 1484, Ficin publie son *De amore* ou *Commentaire sur le Banquet de Platon*.
Sa formation de médecin se manifeste quand il écrit «que la sollicitude inquiète
qui afflige nuit et jour les amants communs est une espèce de folie. Tant qu'ils demeurent amourachés, ils sont affectés pour commencer par la combustion de la bile,
puis par l'adustion de la bile noire, pour s'abandonner ensuite à des transports et à
des sentiments enflammés, tels des aveugles qui ne savent pas où ils se précipitent[6]».
Cette déclaration tiendra lieu de credo dans la tradition médicale sur la question de
l'amour érotique. Elle résume l'évolution de l'amour comme maladie et atteste la
réalité de ses phases. La superposition de diverses terminologies est évidente chez
Ficin. Il écrit dans le discours II, chapitre 2, combien Socrate est comme Cupidon,
et au chapitre sept comment l'amour est une agitation du sang. L'Arétin, un des
écrivains que l'on peut le moins soupçonner d'avoir un penchant pour les tortures
et les angoisses de l'amour, écrit pourtant, dans une lettre au comte de San Secondo
(Pier Maria de' Rossi) que le désir est «un poison au déjeuner, une absinthe au dîner;
ton lit est comme une dalle de pierre, l'amitié devient détestable et ton imagination
est toujours rivée sur la même chose; au point que je m'étonne qu'il soit possible
pour l'esprit d'être ainsi secoué par une continuelle tempête sans périr tout à fait[7]».
Derrière ce style éloquent et emphatique, on devine les symptômes identifiés par
l'observation médicale: l'insomnie, les troubles de l'alimentation, l'intense fixation sur l'objet du désir, l'agitation mentale qui peut conduire à la folie. On peut
comparer ces observations à ce qu'écrit André Du Laurens dans son traité médical
consacré aux pathologies mélancoliques. Il explique que l'état mélancolique peut
s'emparer du malade au point que: «tout est perdu, c'en est fini de l'homme, ses
sens sont égarés, son jugement est faussé, son imagination est dépravée, sa conversation va de guingois et le pauvre amant, avec l'œil de l'esprit, ne voit que son
idole[8]». Il procède ensuite à une description du syndrome de l'amour qui va puiser
tout autant chez les poètes que chez les médecins. Ses démonstrations finales sur la
nature de l'amour sont tirées de Plaute. Tout comme le poète l'Arétin connaissait la

---

[6]Marsile Ficin, *Commentaire sur le Banquet de Platon*, Oration VII, ch. 12, trad. R. Marcel, Paris, Les Belles Lettres, 1956, p. 256.
[7]Pietro Aretino (L'Arétin), *Lettere*, éd. F. Erspamer, Parme, Guanda Editore, 1995, livre
I, lettre 155, p. 323.
[8]André Du Laurens, «Second discours, au quel est traicté des maladies mélancholiques,
et du moyen de les guarir», *Toutes les Œuvres*, trad. Gelée, Paris, Chez P. Mettayer [1597],
1613, p. 34 v. Cet ouvrage fut tout d'abord rédigé en français et ne fait donc pas partie des
traductions latines de Gelée.

terminologie médicale, Du Laurens le médecin connaît les flammes, les glaces et les séismes du cœur des poètes. À son tour, Nicolas Coëffeteau, évêque de Marseille, s'embarque dans une condamnation de l'amour pour des raisons morales, comme responsable d'horribles dérèglements, «luxure, adultère, inceste, sacrilèges, querelles, guerres, perfidies, meurtres, parricides, cruautés et violences». On s'attend à ce que le ton de l'évêque soit différent de celui du poète ou du médecin, mais lui aussi emploie des termes que l'on trouve chez Du Laurens: «dans la mesure où l'âme de la personne énamourée est continuellement investie par la contemplation de l'objet de sa passion et par l'exclusive considération de ses qualités, la chaleur vitale se retire des autres organes pour envahir le cerveau, abandonnant le reste du corps au refroidissement qui épuise et corrompt le sang le plus pur, décolore et blanchit le teint, fait palpiter le cœur, provoque d'étranges convulsions, strangule l'esprit de telle manière que l'amoureux ressemble plus à l'effigie de la mort qu'à une créature vivante». L'évêque donne aussi dans la phraséologie de l'Arétin: «Cette âme misérable, ainsi tourmentée, ne connaît pas d'orientation constante, mais va à la dérive entre la peur et l'espoir, donnant des signes tantôt de joie, tantôt de douleur, parfois toute de glace et parfois toute de feu[9]». Une telle abondance d'intertextes entre philosophes, poètes, médecins et théologiens représente un héritage complexe et Ferrand n'est pas équipé pour l'aborder, que ce soit en tant que critique littéraire ou en tant qu'historien des idées au sens moderne. Il écrit certes en tant que médecin, mais n'est pas moins le dépositaire de prémisses morales et philosophiques, le conservateur d'une riche tradition mythologique et allégorique, et l'amateur de poésie ancienne et contemporaine. En 1623, date de la publication de son nouveau traité augmenté, il est pourtant parvenu à ranger tous ces matériaux dans le cadre d'une pensée galénique qui pénètre partout et donne sa forme à l'ouvrage.

C'est dans cette structure qu'opère le «syncrétiste» Ferrand quand il passe en revue la variété des opinions sur l'amour érotique depuis l'antiquité jusqu'à son temps. Son propos n'est ni moral ni historique, mais il est mû par la conviction que les professionnels de la médecine sont capables de diagnostiquer avec exactitude la présence du désir érotique chez le patient (même si celui-ci refuse de coopérer avec le praticien) et de guérir de telles passions de l'âme par l'art médical. Les conceptions fondamentales sur le fonctionnement du corps évoluent lentement à cette époque, mais à l'intérieur de la doctrine médicale des humeurs à laquelle souscrit Ferrand il y a place pour des innovations qui resserrent le lien entre la pratique clinique et la théorie, innovations résultant d'observations empiriques.

En tant qu'écrivain, le médecin cherche à asseoir sa réputation sur une codification toujours plus complète des systèmes thérapeutiques et des théories médicales, ou bien sur la conquête de nouveaux territoires pour la profession, grâce à l'annexion de maladies nouvelles (ou jusque là contestées) dans le domaine des définitions et des pratiques de la médecine traditionnelle. Depuis des siècles, l'amour préoccupe la médecine, même si certains praticiens romains avaient mis en doute son appartenance à la catégorie des maladies de la mélancolie. Si l'intérêt pour cette topique n'a pas fléchi dans la médecine occidentale depuis le XIe siècle, on rencontre toutefois peu d'innovation dans les commentaires après Arnaud de

---

[9]Nicolas Coëffeteau (évêque de Marseille), *Tableau des passions humaines, de leurs causes, et de leurs effets*, Lyon, Chez Jacques Carteron [1619], 1642, p. 109–10a.

Villeneuve. Plusieurs écrivains du XVIe siècle commencent alors à penser que la mélancolie amoureuse a besoin d'une analyse médicale plus solide et plus étendue. Les titres de Ferrand à la célébrité résident exclusivement là, dans son entreprise de conquête de l'amour pour la profession médicale, grâce à une anatomisation des penchants érotiques qui permet de définir les influences physiques pathogènes produisant la mélancolie ou la manie de l'amour. Ainsi circonscrites, ces affections peuvent répondre à des procédures curatives comportant toutes les thérapies de l'amour: mentales, chirurgicales, et pharmaceutiques.

1

Jacques Ferrand
L'homme, son traité, et la censure ecclésiastique

Des premières allusions aux travaux plus récents

Il serait intéressant de savoir comment le traité de Ferrand a été accueilli par ses contemporains, mais, autant que nous puissions en juger, de telles informations n'existent pas. Cela ne veut pas dire pour autant qu'il ait manqué d'estime, ou qu'il ait été ignoré par ses successeurs (puisque bien d'autres traités du même type n'ont pas davantage été mentionnés dans les œuvres ou les archives de l'époque), ou même qu'il n'ait pas été plagié. Mais, par une ironie de l'histoire, Ferrand qui a pris tant de soins pour créditer le travail des autres, n'a trouvé qu'un seul écrivain pour lui rendre la pareille. Sans doute le champ d'érudition de Ferrand était-il passé de mode. Son traité est non seulement le dernier dans la tradition des ouvrages sur les maladies d'amour, mais il arrive également à la fin de l'ère de l'humanisme encyclopédique en général. La passion pour l'ancienne érudition, qui engendra la méthodologie de Ferrand, connaît une réévaluation du temps de Bacon et de Descartes; en fait elle s'écroulait sous le poids de ses habitudes compilatrices. Si les idées fondamentales de Ferrand sont encore très apparentes dans *Les passions de l'âme* (1644), Descartes se libère de tout carcan et choisit de s'exprimer en fonction de son propre raisonnement analytique sur ce sujet ancien, sans sentir constamment le devoir de rendre le juste crédit à ses prédécesseurs[1]. Robert Burton est le seul

---

[1] On a beaucoup écrit sur la révolution des méthodes scientifiques au XVIIe siècle, et sur le penchant de Francis Bacon pour des méthodes inductives et expérimentales. Il est difficile de nier l'établissement de cette nouvelle tendance, même si, comme c'est le cas pour toutes ces tendances, il existe des exceptions. La révolution s'organisa tout au long du XVIe siècle; il en résulta, entre autres, un mouvement parallèle de défense des méthodes savantes et de leurs enseignements, dont le livre de Ferrand pourrait faire partie. Voir A. Rupert Hall dans *The Revolution in Science 1500–1750*, Londres et New York, Longman, 1983 (1954), p. 39. Hall défend Descartes comme le savant ayant eu le plus d'influence dans l'établissement d'une nouvelle méthodologie et dans «la revendication du manteau volé d'Aristote» (p. 176). L'étude classique de Richard Foster Jones est toujours utile: *Ancients and Moderns: A Study of the Rise of the Scientific Movement in Seventeenth-Century England*, New York, Dover

écrivain du genre à avoir eu le courage de mettre en évidence tout le poids du travail de Ferrand. Mais déjà, cette sorte de littérature avait pris des allures excentriques. Il n'est donc pas surprenant qu'à cette époque les seules références au traité de Ferrand se trouvent dans les pages de Burton.

Dans la période qui suivit la publication du traité de Ferrand, se manifeste dans les écoles de médecine un intérêt actif pour les maladies psychosomatiques et surtout pour la mélancolie et l'hystérie. Parmi les 1100 dissertations médicales d'intérêt psychiatrique qui furent imprimées avant 1750 (celles cataloguées par Oskar Diethelm), on trouve quelque 42 dissertations sur l'amour excessif portant des titres tels que *De malo aphrodiseo* (Utrecht, 1697), ou *De amore insano eiusque cure* (Tübingen, 1633), ou encore *Aeger melancholia amatoria variisque symptomatibus gravioribus macitatus* (Erfurt, 1701)[2]. Il est peut-être révélateur que presque tous les écrivains médicaux qui ont influencé Ferrand ont joué un rôle actif dans les pays méditerranéens, alors qu'au XVIIᵉ siècle (si l'on en juge par les titres de la liste de Diethelm) le sujet paraît se déplacer vers les écoles du nord. Aujourd'hui, ces traités ne sont pas facilement accessibles, mais dans ceux que nous avons pu examiner il n'y avait aucune trace de Ferrand.

Le fait que son nom n'apparaisse pas dans les ouvrages de ses contemporains ne signifie pas forcément que Ferrand n'ait pas eu sa place, soit parmi les spécialistes médicaux, soit parmi le grand public des lecteurs. Ce que dit Louis Wright sur les écrits scientifiques populaires et le lecteur moyen élisabéthain est tout aussi vrai pour le lecteur moyen français de l'époque: «non seulement quelques grands esprits avaient entrepris des études qui devaient servir par la suite de fondements à la science moderne, mais le peuple faisait preuve d'une curiosité pour toutes les choses naturelles, et cela allait s'avérer être un terrain favorable à la germination d'intérêts à la mode dans tout le domaine scientifique[3]». Le traité de Ferrand est savant, mais il est aussi accessible et il traite d'un sujet qui sera toujours d'actualité. Il n'y aucune raison de penser qu'il n'ait pas réussi à attirer un lectorat parmi les acheteurs de livres du début du XVIIᵉ siècle[4].

Publications, 1982 (1936). À consulter également, N. W. Gilbert, *Renaissance Concepts of Method*, New York, Columbia University Press, 1960.

[2] Oskar Diethelm, *Medical Dissertations of Psychiatric Interest Printed before 1750*, Basel, S. Karger, 1971.

[3] Louis B. Wright, *Middle-Class Culture in Elizabethan England*, Ithaca, N.Y., Cornell University Press, 1965 (1935), p. 549.

[4] Des études de bibliothèques et de librairies des XVIᵉ et XVIIᵉ siècles révèlent l'ampleur de l'industrie, ainsi que les habitudes d'achats voraces et diversifiés des lecteurs. Comme l'analyse H. J. Martin, «le mot imprimé [...] à cette époque n'était pas seulement restreint à de petits cercles, mais atteignait une grande partie de la population»: «What Parisians Read in the Sixteenth Century», *French Humanism 1470–1600*, éd. Werner L. Gundersheimer, Londres, Macmillan et Co., 1969, p. 131–45. À propos de la bibliothèque du docteur Singlande d'Agen qui mourut en 1669, Gregory Hanlon rapporte qu'il possédait entre autres des ouvrages de Leonhard Fuchs, Jules César Scaliger, Jean Pic de la Mirandole, Renou l'apothicaire, Jacques Ferrand, le chirurgien Girolamo Fabrizi d'Acquapendente, le paracelsien Fabre de Montpellier et Bienassis, qui écrivit un livre sur la peste. (Pierre Bienassis, *Briefve méthode pour se conserver en temps de peste*, Tolose, Impr. de R. Colomiez, 1629.) Voici au moins une indication que Ferrand était connu et que l'on achetait ses livres. *L'univers des gens de bien: culture et comportements des élites urbaines en Agenais-Condomois au XVIIᵉ siècle*, Diss., Université de Bordeaux, 1985, p. 605.

La meilleure indication de la popularité de Ferrand est peut-être qu'il a été choisi, parmi bien d'autres candidats possibles, pour une traduction en anglais. Ce travail incomba à Edmund Chilmead et fut publié à Oxford en 1640 — quelque dix-sept ans après la parution de l'original à Paris[5]. Il va sans dire qu'aux yeux de ce traducteur professionnel (qui travaillait sans aucun doute en collaboration avec son imprimeur), Ferrand devait posséder tous les pré-requis pour s'assurer le succès auprès du lectorat anglais. Pourquoi Chilmead se serait-il autrement engagé dans une tâche aussi longue et ardue et au prix de tant de risques financiers?

Succédant en cela aux Français, les Anglais avaient déjà montré un intérêt certain pour les traités sur la mélancolie, les dérèglements des humeurs, ou les rouages de l'esprit, un intérêt que les écrivains du pays ne pouvaient pas entièrement satisfaire. Dans la deuxième moitié du XVIe siècle, les Anglais avaient importé en traduction les travaux de Levine Lemne, Battista Fregoso, Mario Equicola, Aeneas Sylvius Piccolomini, Juan Huarte et bien d'autres. En Angleterre, le traité de Lemne sur les humeurs sortit sous le titre: *The Touchstone of Complexions* dès 1576 (du latin paru en 1561)[6]; le traité de Huarte paru sous le titre: *The Examination of Men's Wits*, en 1594 (de l'espagnol paru en 1575)[7]; André Du Laurens: *A Discourse of the Preservation of the Sight; of Melancholike Diseases; of Rheumes, and of Old Age*, en 1599 (du français paru en 1597)[8]; Pierre Charron: *Of Wisdome, Three Bookes*, en 1606 (du français paru en 1601)[9]; Nicolas Coëffeteau: *A Table of Humane Passions*, en 1621 (du français paru en 1619)[10]. Bien d'autres pourraient être cités, certains étant traduits dès qu'ils traversaient la Manche. Sont-ils les témoins de l'avidité avec laquelle on recherchait ces textes ou représentent-ils plutôt l'aspiration des imprimeurs à gagner de l'argent avec ces importations étrangères qui absorbèrent les talents de quelques-uns des meilleurs érudits et traducteurs anglais? Le livre de Ferrand prend sa place dans ce canal érudito-commercial de transmission culturelle[11].

Étant donné les habitudes de lecture vorace de Robert Burton et son intérêt compulsif pour tout ce qui a trait à la mélancolie, il n'est pas surprenant que les allusions à Ferrand commencent à apparaître dans la quatrième édition de son *Anatomie de la mélancolie* (*Anatomy of Melancholy*) en 1632. Les références sont pourtant minimes. Il mentionne Ferrand à propos de «l'atome dans la semence» et le distingue pour sa contribution aux guérisons pharmaceutiques de l'amour[12].

---

[5] Jacques Ferrand, *Erotomania or a Treatise Discoursing of the Essence, Causes, Symptoms, Prognosticks, and Cure of Love or Erotique Melancholy*, trad. Edmund Chilmead, Oxford, L. Lichfield, 1640.

[6] Trad. Thomas Newton, Londres, Thomas Marsh, 1576.

[7] Trad. Richard Carew, traduit de l'italien par Camillo Camilli, Londres, Andrew Islip pour Thomas Man, 1594.

[8] Trad. Richard Surphlet, Londres, Felix Kingston pour Ralph Lacson, 1599.

[9] Trad. Samson Lennard, Londres, pour Edward Blount et Will Aspley, 1608.

[10] Trad. Edward Grimeston, Londres, N. Okes, 1621.

[11] Voir Louis B. Wright, «The Pathway to Foreign Learning and Languages», dans *Middle-Class Culture in Elizabethan England*, p. 339–72; Douglas Bush, *English Literature in the Early Seventeenth Century*, New York, Oxford University Press, 1952 (1945), p. 56–75.

[12] Robert Burton, *Anatomie de la mélancolie*, Part. 3, Sect. 2, Memb. 2, Subs. 1, et Part. 3, Sect. 2, Memb. 5, Subs. 1. La question de l'influence de Ferrand sur Burton fut débattue au début du XXe siècle par les professeurs Maden et Bensly. Le premier affirme qu'étant donné

Cela ne représente pas grand chose, si l'on en juge par tout ce que les deux traités ont en commun. Il est même possible que Burton, avec un style plein d'échos et d'imitations de ses multiples sources, soit bien plus redevable à Ferrand qu'il ne veuille l'admettre. Sans doute l'idée de la maladie d'amour est une notion qui remonte loin et les sources médicales sur le sujet sont nombreuses. Aussi est-il possible de penser que Burton a pu écrire son traité sans l'aide de Ferrand. En effet, les deux écrivains s'inscrivaient dans une tradition médicale ancienne et «anonyme» concernant l'amour, de sorte qu'il ne leur appartenait pas de donner une fidèle analyse historique des origines et des moments critiques de ce mouvement de pensée. Après Ferrand, Burton est le seul qui ait eu la force de parcourir la vaste documentation traditionnellement attachée au sujet, mais pour des raisons autres que celles de Ferrand. On remarque, chez ce dernier, les efforts d'un praticien qui croit fermement aux termes de son argumentation en ce qui concerne la médecine théorique et pratique, un écrivain qui n'est peut-être pas sans se soucier de la popularité de son sujet, mais pour l'essentiel respectueux des standards de sa profession. On a vu un cas analogue chez Burton, mais ce n'est qu'en partie convainquant si l'on considère les procédés stylistiques qui associent l'entreprise entière avec des intérêts plus littéraires que scientifiques[13]. Burton semble être davantage concerné par le dialogue symbolique entre un être mélancolique et un monde mélancolique, c'est-à-dire qu'il paraît plus soucieux de créer un travail qui taquine le lecteur avec un jeu sur la forme et les réalités, que de concevoir un manuel qui définirait une maladie pour proposer des guérisons cliniques. La vision de Burton est si vaste que la mélancolie elle-même devient un statu quo de l'existence humaine, alors que Ferrand continue à la considérer comme un état aberrant qui pourrait être guéri au nom de la santé et de la société par des moyens médicaux plutôt que littéraires.

Outre ces quelques références chez Burton, il semble que le nom de Ferrand ait survécu dans les années qui suivirent jusqu'au début du XIXe siècle, mais seulement grâce à des entrées biographiques et bibliographiques. On le mentionne dans des

les extraordinaires similitudes entre les deux ouvrages, Burton a certainement largement emprunté à Ferrand. Le second soutient que cela ne pouvait être parce que Burton lui-même l'avait nié: («je n'ai mis les yeux sur le livre qu'après la troisième édition», c'est-à-dire en 1628). Ces mots sont rapportés par J. L. Lowes, «The Loveres Maladye of Hereos», p. 536, dont les références sont les suivantes: «Madan (*Early Oxford Press*), p. 419; cité par le Professeur Bensley dans *Notes and Queries*, Sér. X, vol. XI, p. 286.» Lowes ajoute que Burton a certainement reconnu les besoins de revendiquer son indépendance en constatant tant de similitudes entre son ouvrage et celui de Ferrand: «The Loveres Maladye of Hereos», p. 537. Aucun de ces savants n'avaient pris connaissance des travaux de Du Laurens, de Jean Aubery et de Jean de Veyries, qui détournent quelque peu l'attention des «similitudes extraordinaires entre le traitement du sujet par Ferrand — aussi bien dans ses détails qu'en général — et celui de Burton», pour la simple raison que beaucoup de mouvements influencèrent la formation de ce genre de traité médico-littéraire sur l'amour, genre qui vit son apogée plus ou moins simultanément chez Burton et chez Ferrand. Voir l'*Anatomie de la mélancolie*, trad. Bernard Hoepffner et Catherine Goffaux, préf. Jean Starobinski, 3 tomes, Paris, J. Corti, diff. Seuil, 2000.

[13]En ce qui concerne les études sur les stratégies de l'art de Burton, voir Bridget Gellert Lyons, *Voices of Melancholy: Studies in Literary Treatments of Melancholy in Renaissance England*, Londres, Routledge et Kegan Paul, 1971, p. 113–48; Joan Webber, *The Eloquent «I»: Style and Self in Seventeenth-Century Prose*, Madison, The University of Wisconsin Press, 1968, p. 80–114.

dictionnaires médicaux et d'autres plus généraux, tels que le grand *Dictionnaire historique et critique* de Pierre Bayle en 1697, qui fut traduit en anglais sous le titre *The Dictionary Historical and Critical* et publié à Londres en 1736. En ce qui concerne Ferrand, nous y lisons que «les historiens des physiciens n'en ont pas encore fait mention» et qu' «il mérite plus d'être remarqué que d'autres qui eux ont été mentionnés». On retrouve de nouveau le nom de Ferrand dans le *Dictionnaire historique de la médecine ancienne et moderne* de N.-F.-J. Éloy, publié à Mons en 1778. On le mentionne probablement encore dans d'autres ouvrages, mais si les allusions sont du même type, elles n'ont rien qui puisse éclairer ou offrir une perspective historique sur l'ouvrage de Ferrand et sa réputation. Bayle, par exemple, s'absorbe immédiatement dans le sujet en parlant de la passion érotique comme du résultat de la Chute et comme «une planche après le naufrage: c'était comme un second principe de vie accordé au genre humain; c'était un nouveau ressort très nécessaire pour donner le branle à la nature», une topique que Ferrand avait abandonnée dès les premières pages de son ouvrage.

Ce n'est qu'en 1838, avec la publication *Des maladies mentales* d'Esquirol (traduit en anglais sept ans plus tard sous le titre *Mental Maladies: A Treatise on Insanity*)[14], que le nom de Ferrand apparaît dans le contexte d'une analyse soutenue sur la monomanie érotique comme maladie cérébrale chronique. Esquirol en décrit avec soin les causes et les symptômes, établit les distinctions entre ceux dont l'imagination est fixée sur un objet unique et identifiable, et ceux qui souffrent d'un délire érotique généralisé. Il est significatif, malgré tout, qu'il n'offre rien d'essentiel à la description qui n'ait déjà été entièrement anticipé par les physiciens de la Renaissance et qu'il n'aille pas vraiment plus loin qu'eux dans le rapport entre les troubles affligeant la raison, la mémoire, l'imagination, et le dérèglement total de l'organisme et de la personnalité. Lui aussi s'occupe de systèmes pathologiques isolés, sans pour autant lier les multiples facteurs causals dans les cas individuels. Ce qui est intéressant ici est le fait qu'il avait une bonne connaissance des traditions médicales précédentes telles qu'elles étaient documentées par Ferrand; il rapporte aussi l'exemple de Sappho, dont le saut du rocher leucadien est considéré comme une sorte de guérison par le biais d'un «choc moral important», ainsi que l'histoire d'Antiochos et de Stratonice, le traitement fait par Galien de la femme de Justus, les observations de Valleriola sur le marchand d'Arles malade d'amour et l'étude de cas qui conclut le quatorzième chapitre du traité de Ferrand en 1623. Il est tout aussi significatif que seulement deux références bibliographiques apparaissent dans tout ce chapitre, le premier ayant trait à un article sur le satyriasis dans un dictionnaire moderne et le second ayant trait à Ferrand. C'est à se demander si les connaissances d'Esquirol sur la tradition médicale des maladies de l'érotomanie n'avaient pas été glanées dans le *Traicté de la maladie d'amour ou melancholie erotique*.

En tant qu'observateur du début du XIXe siècle, Esquirol s'intéressait sans aucun doute à ces forces irrationnelles et cachées de l'esprit qui marquent l'émergence du romantisme et la «romantisation» de toute la psyché et qui étaient en grande partie véhiculées par les partis pris littéraires et culturels de cette époque. Les ressemblances avec le travail de Ferrand auraient pu être d'ordre purement intuitif.

---

[14] Jean-Étienne-Dominique Esquirol, *Des maladies mentales considérées sous les rapports médical, hygiénique et médico-légal*, 1838, réimpr. de l'éd. de Paris, J.-B. Baillière; Frénésie Éditions, 1989.

Tout comme Ferrand reconnaît deux siècles plus tôt que les jeunes élevés dans l'oisiveté et nourris de sentiments courtois et poétiques sont vulnérables à certaines
tendances et troubles érotiques, Esquirol fait remarquer que la monomanie érotique
est largement une tendance des jeunes gens «qui ont un tempérament nerveux, une
imagination vive, ardente, qui sont dominés par l'attrait des plaisirs; qui ont une
vie inoccupée, qui s'exaltent par la lecture des romans, qui ont reçu une éducation
molle et efféminée[15]». Il est difficile de savoir jusqu'à quel point Esquirol tire de
Ferrand l'envergure culturelle de ses analyses par comparaison à l'étroitesse des
traités sur les troubles érotiques du XVIIIe siècle. Peut-être n'a-t-il trouvé auprès
de Ferrand que la confirmation de ses propos; mais étant donné ses tendances
littéraires et galéniques, il a pu apprendre de Ferrand plus que l'on ne croit en ce
qui concerne l'utilité de démontrer la nature générique et culturelle des troubles
de la psyché par le biais de rapports méthodiques et cumulatifs.

Dans une série d'exemples qui ne sont pas dérivés de Ferrand, Esquirol se propose de démontrer que cette condition a toujours été à la fois sociale et littéraire ainsi
que pathologique et qu'elle s'est particulièrement généralisée au cours de périodes
culturelles données. «Le Tasse soupire son amour et son désespoir pendant quatorze ans. Cervantès a donné la description la plus vraie de cette maladie, presque
épidémique de son temps, et modifiée par les mœurs chevaleresques du quinzième
siècle. Chez Héloïse et Abélard, l'érotomanie s'associe aux idées religieuses dominantes à l'époque où ils vivaient[16]». Tout en justifiant les assertions de Ferrand —
que les troubles érotiques ont atteint des proportions épidémiques à la Renaissance
— Esquirol établit en même temps la corrélation entre les déformations culturelles
d'une certaine époque et les tendances à certains troubles psychiques. Le fait que
Ferrand dissèque les symptômes épidémiques de l'amour érotique, qui se manifestent au temps de Cervantès, doit avoir contribué à une prise de conscience chez
Esquirol, puisqu'il parle également d'une époque disposée à cultiver de façon excessive les attachements romantiques. La tâche d'Esquirol ressemble donc, dans
un sens, à celle de Ferrand; elle consiste à élargir la définition de la monomanie
érotique afin de former la contrepartie médicale aux aberrations provoquées par
les impulsions romantiques de son temps. Un tel but sous-entend une rupture avec
le traitement de la nymphomanie et du satyriasis, qui avait préoccupé la médecine
au XVIIIe siècle[17]. À cette fin, Esquirol concentre ses études de cas sur les personnes qui deviennent déprimées ou distraites à la suite d'une dévotion déçue ou
sur celles en proie à l'illusion d'un amour partagé alors qu'on les considère en fait
avec indifférence ou même mépris. Il est probable que, sous la tutelle de Ferrand,
Esquirol ait fait une distinction entre l'érotisme généré par des besoins instinctifs
et l'érotisme d'origine esthétique et sentimentale.

Tout comme Ferrand, Esquirol n'a pu démontrer qu'une relation partielle
entre les affections chroniques cérébrales, caractérisées par d'excessives passions
sexuelles[18] et la dégénérescence physiologique qui aboutit au souci, à l'insomnie
et à la mort, mais il reconnaît clairement que la thérapie doit inclure à la fois des
mesures psychologiques et physiologiques. La similarité entre ces deux auteurs

---

[15] *Ibid.*, p. 354.
[16] *Ibid.*, p. 354.
[17] *Ibid.*, p. 347.
[18] *Ibid.*, p. 347.

en ce qui concerne ces moyens de guérison est immédiatement apparente. En fait, il n'y a pas de catégorie de traitement chez Esquirol qui ne soit pas incluse chez Ferrand. Esquirol concède que le remède le plus efficace est d'accorder au patient l'objet de son désir par le mariage, mais que dans le cas où l'union s'avérerait impossible le physicien devrait employer quelqu'un afin d'affaiblir les impressions de cet objet par des médisances. Il recommande la solitude, les loisirs, le voyage, le travail manuel et la thérapie de choc. Pour le corps, il recommande des bains prolongés dans de l'eau tiède, un régime alimentaire sans viande afin de calmer les appétits de chair et toutes sortes de toniques fortifiants. Lorsque l'éréthisme des organes sexuels contribue à cet état, il prescrit des bains de siège d'eau froide et des lavements.

Bien sûr, il faut prendre garde à ne pas exagérer l'influence de Ferrand sur Esquirol, car nous ne nous fondons après tout que sur une seule et brève citation. Pour rédiger sa section sur la monomanie érotique, Esquirol se fonde sur des études de cas contemporains. Il ne partage pas avec Ferrand le même langage sur les humeurs et confesse d'ailleurs tout ignorer des déséquilibres physiologiques exacts qui mènent à la folie érotique chronique. Il est clair qu'il ne s'agit pas là pour lui d'études éloignées, mais que bien de ces cas, surtout ceux des «femmes qui ont été affligées principalement par l'érotomanie chronique», lui ont été confiés[19]. Malgré tout, le traité de Ferrand demeure la seule source, à la fois la plus ancienne et la plus claire, qui soit mentionnée dans le chapitre d'Esquirol. Il est indéniable que les deux écrivains ont une vision voisine de la maladie d'amour, du moins si l'on compare leur contexte social et leur vocabulaire médical respectifs. À travers Esquirol, l'influence de Ferrand sur la pensée psychologique du XIXe siècle est certainement plus grande qu'on ne le croit.

Le nom de Ferrand apparaît une deuxième fois et de manière plus surprenante puisqu'il se trouve dans le célèbre roman d'Eugène Sue *Les mystères de Paris* (1843). On y lit le portrait d'un notaire bizarre, un grippe-sou à la vie apparemment calme, mais qui souffre en cachette d'une fermentation amère et impure dans le sang et d'un feu dévorant qui lui monte au cerveau. «Désir grossier, ardeur brutale, dédain farouche, voilà les différentes phases de l'*amour* chez cet homme[20]». Sue appela cet amoureux névrotique «Jacques Ferrand», ne permettant aucune confusion quant aux origines de ce portrait. Eugène Sue, qui avait reçu une formation de médecin et qui était lui-même issu d'une famille de physiciens remontant à plusieurs générations, connaissait bien le travail de Jacques Ferrand. À travers ce personnage, dont les envies de luxure ne devaient pas manquer d'intriguer le lecteur, Sue reconnaissait en Ferrand l'héritage de la description médicale hétéroclite de l'amoureux érotique. En fait, il avait découvert dans l'ouvrage d'un physicien du début du XIXe siècle ce que les dramaturges élisabéthains en particulier avaient découvert dans la tradition médicale contemporaine: une façon de caractériser un personnage d'après les analyses scientifiques des passions érotiques. Si Esquirol était d'accord avec le diagnostic de l'amour érotique proposé par Ferrand, il n'y a pas de raison de croire que Sue n'acceptait pas la réalité des circonstances psychiques qui généraient la monomanie érotique et l'hystérie. Nous n'avons pro-

---

[19] *Ibid.*, p. 353–4.
[20] Eugène Sue, *Les mystères de Paris*, Paris, Éditions Jean-Jacques Pauvert, 1963, vol. II, p. 75.

bablement pas besoin de chercher plus loin que l'ouvrage d'Esquirol pour trouver la source de Sue. De plus, nous ne pouvons que supposer que c'était dans les pages *Des maladies mentales* qu'il trouva le nom de Jacques Ferrand. On pourrait démontrer ce point de manière plus convaincante peut-être en examinant les personnages de Sue à la lumière des détails présentés dans les études de cas d'Esquirol, et ceci afin de recenser les points communs avec l'ouvrage. Mais quelle que soit la source exacte de Sue, son traitement du personnage érotomaniaque du nom de Ferrand est indéniablement la preuve que Ferrand avait encore une certaine réputation au XIXe siècle.

Plus tard au cours du siècle, Ferrand fut l'objet d'études des bibliographes, des archivistes et des historiens régionaux et son nom continua d'apparaître dans les dictionnaires et les encyclopédies médicales en tant que savant dont il est recommandé de consulter l'ouvrage, du moins à des fins d'étude philologique et historique. Nous en reparlerons en étudiant la vie de Ferrand. Pourtant, ce n'est qu'au XXe siècle que les critiques reconnaissent en lui une source pour comprendre les idées de la Renaissance en ce qui concerne la culture, la médecine et la mélancolie.

À notre connaissance, le premier parmi les critiques contemporains à relever l'importance de Ferrand fut John Livingston Lowes dans son fameux article publié en 1914 qui ouvrit la voie à la redécouverte de l'*amor hereos* en tant qu'idée médico-littéraire[21]. Mais on retrouve la première utilisation du travail de Ferrand dans *The Elizabethan Malady* (Lawrence Babb, 1951), dont l'un des chapitres, «The Lover's Malady in Medical Theory», est largement documenté sur Ferrand et Du Laurens. Nous y trouvons l'un des premiers résumés critiques modernes de la notion d'amour comme maladie qui s'insinue dans le corps. Après cela, d'autres références commencent à apparaître de plus en plus fréquemment, comme dans l'introduction au *Tractatus de amore heroico* d'Arnaud de Villeneuve par Michael McVaugh[22] ou dans un article intitulé «La folie amoureuse dans le roman pastoral espagnol» par Françoise Vigier[23]. Mais si ce n'était les notes biographiques et bibliographiques sur Ferrand par le physicien du XIXe siècle Desbarreaux-Bernard, Yvonne David-Peyre serait la seule à avoir consacré une série d'articles à Ferrand. Ses articles traitent d'ailleurs plutôt de la carrière de Ferrand, des sources espagnoles citées dans son ouvrage et des interventions de l'Inquisition à Toulouse[24]. Ceci indique un renouveau d'intérêt significatif. Ferrand est destiné à trouver une place importante par sa contribution aux théories récentes de la psychologie, car, plus qu'aucun autre de son temps, il a su lier les idées reçues concernant l'*amor hereos* à la *medica practica* et à la *medica theorica*. Michel Simonin fait l'éloge de Ferrand comme étant l'homme le plus méticuleux et le plus digne de confiance de la Renaissance

---

[21] John Livingston Lowes, «The Loveres Maladye of Hereos», p. 491–564.

[22] *Opera medica omnia*, éd. Michael R. McVaugh, Barcelone, Université de Barcelone, 1985, vol. III, p. 39.

[23] Françoise Vigier, «La folie amoureuse dans le roman pastoral espagnol», dans *Visages de la folie (1500–1650)*, éd. Augustin Redondo et André Rochon, Paris, Publications de la Sorbonne, 1981, p. 120.

[24] Yvonne David-Peyre, «Las fuentes ibéricas de Jacques Ferrand, médico de Agen», *Asclépio*, XXIII, Madrid, 1971, p. 1–26; «Jacques Ferrand médecin agenais, ou les tracasseries d'un tribunal ecclésiastique», *Actes du Congrès national des sociétés savantes*, Nantes, 1972, p. 561–72; «Jacques Ferrand médecin agenais 1575–16 [...] (?)», *Histoire des sciences médicales*, N° 5 (1973), p. 1–11.

sur le sujet: «son livre se recommande d'abord par ses qualités bibliographiques. Il a tout feuilleté, ce qui signifie que tout ou presque tout est disponible. Et s'il a pris la plume c'est parce que ses confrères, faute de reconnaître la spécificité de ce mal, échouaient à le guérir[25]». En identifiant ces deux aspects du traité, Simonin montre que les origines de la *theorica* de Ferrand se trouvent dans l'ensemble des éléments savants qui traitent de l'amour érotique en tant qu'idée et qui remontent aux fondations de la médecine occidentale. À son avis, Ferrand montra un sens aigu de la *practica* dans le grand soin qu'il prenait de ses patients qui, par manque de précision diagnostique et de remèdes appropriés, avaient été jusqu'alors maltraités par la profession. En bref, les spécialistes se réfèrent de plus en plus à Ferrand, mais seulement de façon superficielle. Tout reste à faire en ce qui concerne plus spécifiquement l'évaluation de sa contribution à l'histoire de cette idée médicale et sa place dans les origines de la psychologie.

Les deux traités sur l'amour et leur public

Il est difficile de définir exactement quel genre de traité Ferrand a écrit et pour quel lecteur. Les pages qui suivent vont tenter d'apporter des réponses à ces deux problématiques, bien que les éléments en soient variés et contradictoires. La plus grande partie de nos hésitations en ce qui concerne la nature du lectorat vient de la nature même du traité encyclopédique qui, d'une certaine façon, peut tout autant plaire au spécialiste qu'au lecteur moyen. Ferrand dédicace sa deuxième édition augmentée de 1623 (qui fait l'objet de notre étude) aux étudiants de la faculté de médecine de Paris, un procédé qui révèle que son traité s'adressait bien à des professionnels. Mais la vulgarisation de la médecine par le biais de traités qui portent sur des sujets plus attirants et qui privilégient la langue vernaculaire plutôt que le latin était un autre facteur important au moment de la publication. Malgré sa dédicace, peut-on croire que Ferrand aurait ignoré les lecteurs non spécialistes dans le choix de son sujet, de son style et de son langage?

Dans son ouvrage, certaines parties manifestement plus érudites sont précisément celles qui ont le plus d'intérêt. Ferrand emprunte le travail des autres au point de pasticher des passages entiers. Ces habitudes sont caractéristiques de son temps et la façon la plus convaincante d'établir son autorité en la matière. Ferrand inclut des citations, des exemples et des allusions — à peine une page du traité y échappe — faisant référence à plus de trois cents experts: des physiciens, des théologiens, des historiens, des essayistes, des poètes et des dramaturges. Cette méthode offre au lecteur tout un banquet de traditions, d'anecdotes, de passages poétiques et d'esquisses qui illustrent toutes sortes de pratiques, de bizarreries et d'anomalies en ce qui concerne les relations entre les sexes. On retrouve la même dichotomie entre le propos de l'ouvrage et son destinataire dans l'*Anatomie de la mélancolie* de Burton. Un critique a récemment avancé que, sous des couverts d'érudition éblouissante, le travail était en fait des plus sérieux, allant jusqu'à le mettre dans la catégorie des études philosophiques de la condition humaine qui «cherche non seulement à trouver un remède à la maladie, mais aussi à être un

---

[25]Michel Simonin, «*Aegritudo amoris* et *res literaria* à la Renaissance: Réflexions préliminaires», dans *La folie et le corps*, p. 87–88.

remède à la mélancolie qu'est la vie[26]». Par contraste, on peut lire sur la page de couverture d'une édition récente que le travail est «plein d'humour rabelaisien et de satire malicieuse [...] un *omnium gatherum* de fantaisies rebelles, de bizarreries et de curiosités, de faits, de fictions et de folklore provenant de tous les champs de connaissance — de l'art et de l'astrologie à la philosophie et la médecine[27]». Cette dualité de perspective peut être prise en considération dans presque tous les aspects du travail de Ferrand[28]

La question du destinataire a hanté la première édition du traité de Ferrand et a probablement contribué au sort qu'on lui connaît avec la décision du tribunal ecclésiastique de Toulouse. Or, Ferrand aurait pu y échapper s'il avait privilégié la confidentialité du latin. Mais le risque d'exposer ainsi le grand public à diverses notions de sexualité n'était pas pour plaire unanimement au clergé français du XVIIᵉ siècle. Le seul fait que Ferrand ait rédigé deux versions de son traité et que la seconde soit assez différente de la première rend la question kaléidoscopique si l'on prend en considération les propres terrains de prédilection de Ferrand, ainsi que ses réflexions en tant qu'écrivain. Il était éclectique, médecin par formation, mais philosophe dans sa pensée, et séduit par la littérature. Depuis des siècles, l'amour avait été un problème pour les médecins, mais il avait aussi été un sujet d'inspiration pour les poètes, les essayistes, les écrivains italiens, dont Ferrand connaissait intimement le travail. L'ambiguïté de son traité vient non seulement de la profondeur et de la grandeur de son érudition, mais aussi de toutes les vues hétérogènes sur l'amour qu'il mettait dans son texte.

Le premier traité de Ferrand sur la maladie d'amour fut publié à Toulouse en 1610 sous le titre de *Traicté de l'essence et guerison de l'amour ou de la melancholie erotique*, le deuxième fut publié à Paris en 1623. Étant donné la pénurie de renseignements sur Ferrand provenant de sources extérieures, la comparaison des deux éditions peut nous éclairer sur sa carrière de savant. Elles sont séparées par une période de treize ans; la première est le travail d'un médecin de province dans

---

[26] Ruth A. Fox, *The Tangled Chain: The Structure of Disorder in the «Anatomy of Melancholy»*, Berkeley, University of California Press, 1976, p. 267 (notre traduction).

[27] Robert Burton, *Anatomy of Melancholy*, ed. Floyd Dell et Paul Jordan-Smith, New York, Tudor Publishing, 1927, commentaire des éditeurs sur la jaquette (notre traduction).

[28] Burton lui-même affirme à la façon de Ferrand: «Mais ma plus sincère intention est celle d'enseigner et de plaire; j'espère que mes écrits agiront telles des pilules dorées et qu'elles tenteront les appétits et décevront les palais, afin d'aider le corps et de lui servir de médicament; mes mots devront non seulement recréer l'esprit, mais aussi le rectifier», *Anatomie de la mélancolie*, Part 3, Sect. 1, Memb. 1, Subs. 2; Jean Starobinski, «La mélancolie de l'anatomiste», *Tel Quel*, Nᵒ 10 (1962), p. 21, attribue cette ambiguïté dans les propos à son style baroque, «où la démarche de *l'invention* est inséparable de celle de la *thésaurisation*. De là ce mélange de fraîcheur et de décrépitude qui, pour nous modernes, fait le charme hybride de ce livre». Les premiers lecteurs de Ferrand ne manquèrent pas d'être attirés par ce style, du moins ceux qui se référaient à l'édition anglaise (1640) dans leurs commentaires en vers, car Richard West de Christ Church (Oxford) décrit le livre comme un médicament amer rendu sucré par maintes diversions littéraires, afin de se mettre à la portée d'un plus grand lectorat:

«And least severer Druggs should fright, (as some // Will refuse Health, unlesse it neatly come.) // Poetry candies the Philosophy, // Like *Galen* mixt with *Sidnies* Arcadye.// Which (like two Starres conjoyn'd) are so well laid,// That it will please Stoicke, and Chambermaid.» (*Erotomania*, folio c.).

la trentaine, la deuxième est celle d'un homme frisant la cinquantaine et qui a passé près de vingt ans à faire des recherches et à écrire sur l'amour érotique. Dans un sens, cette dernière n'est qu'une prolongation de la première, car les dimensions philosophiques et rhétoriques sont les mêmes: définir, diagnostiquer et remédier à la mélancolie érotique. Dans les deux éditions, nous retrouvons la structure tri-partite du traité médical savant dans lequel les descriptions philosophiques de la maladie sont séparées des pronostics et des diagnostics ainsi que de la partie finale sur les remèdes — elle-même subdivisée, suivant la tradition, entre les pratiques méthodiques, chirurgicales et pharmaceutiques. Les deux contiennent des chapitres construits autour des questions médicales ou *disputationes* dans le style des traités scolastiques où les multiples aspects d'un sous-thème sont débattus tour à tour pour aboutir à une résolution ou à un compromis[29]. Mais le second traité contient des différences majeures, bien qu'il réussisse à inclure presque tous les arguments, les citations et les exemples du premier: le matériel est utilisé différemment, les argu-ments changent de point de focalisation et de nouveaux arguments apparaissent. Mais surtout, le ton et le sens du travail ont subi des métamorphoses subtiles en faveur d'une attitude plus circonspecte, plus prudente et plus professionnelle. Dans le premier traité, Ferrand s'adresse aux amoureux mêmes, captivés par la beauté de leurs conquêtes, alors que dans le second, il parle des amoureux en s'adres-sant à la profession médicale. Aux lecteurs du premier, il offre des conseils sur les pièges de l'amour — une sorte de manuel de référence destiné aux courtisans afin qu'ils protègent leur corps et leur esprit des hasards de leur divertissement social. Il leur avoue ouvertement avoir glané ses connaissances non seulement chez les théologiens, les philosophes et les physiciens, mais aussi chez les poètes, et cela, dit-il, afin de leur plaire par une «variété agréable naturellement aux Amants»[30]. Un tel traité, par définition, révèle les desseins de plaire et d'instruire; c'est un ouvrage où les avertissements sont enveloppés d'embellissements littéraires. Du point de vue du style et de la structure, c'est à la fois un traité médical et une exposition. Nous sommes tentés de dire que Ferrand faisait plus que de vulgariser les préceptes médicaux — qu'il exploitait en fait sa formation de médecin aux fins de créer un passe-temps littéraire[31]. Dans son premier traité, la tradition ovidienne

---

[29] Le travail de Ferrand est un exemple représentatif des traités «scolastiques» qui reflètent les modèles rhétoriques conventionnels de division et d'argumentation. La méthodologie rhétorique, bien sûr, était importante dans les questions fondamentales portant sur l'examen, les évidences et les preuves, et la révolution de la pensée scientifique qui surgit pendant les XVIe et XVIIe siècles y a beaucoup contribué avec la rupture de l'autorité des modèles rhétoriques en vigueur jusqu'alors. Ces questions sont abordées dans divers ouvrages prin-cipaux: de façon générale chez James Murphy, *Rhetoric in the Middle Ages: A History of Rhetorical Theory from St. Augustine to the Renaissance*, Berkeley, University of California Press, 1968; Paul Oskar Kristeller, *Renaissance Thought: The Classic, Scholastic and Hu-manistic Strains*, New York, Harper and Row, 1961; et plus spécifiquement chez Barbara J. Shapiro, *Probability and Certainty in Seventeenth Century England*, Princeton, Princeton University Press, 1983; A. Rupert Hall, *The Revolution in Science (1500–1750)*; Ruth A. Fox, *The Tangled Chain*.

[30] *Traicté de l'essence et guérison de l'amour*, «Aux lecteurs».

[31] Le style de Ferrand dans le premier traité n'est remarquable ni par sa préciosité ni par les jeux rhétoriques, mais il est indéniable qu'à certains endroits il est plein de fioritures. Examinons le passage suivant afin de juger de l'écriture enjouée qui ressort parallèlement dans le chapitre IV du second traité: «des figures [...] sont symboles de douceur et parmy les

est en compétition avec la tradition galénique, alors que le second traité est plus sobre et vigilant, plus discipliné par l'utilisation des procédés du traité médical savant — la métamorphose peut être de plusieurs ordres, comme nous allons le montrer dans les pages qui suivent.

La mélancolie amoureuse était une maladie unique en son genre qui exigeait une description spécifique et exacte pour que les médecins non seulement puissent en faire un diagnostic correct mais aussi pour qu'ils puissent la traiter avec les remèdes appropriés. Telle fut l'intention avouée de Ferrand en rédigeant son second traité, bien que des fins d'orientation plutôt professionnelle furent aussi certainement considérées. La thérapie du coït, telle que la recommandaient les médecins arabes ainsi que bien des physiciens de l'Occident chrétien, jurait néanmoins avec la moralité chrétienne. Ferrand entreprit d'exercer à la fois une censure morale et une logique médicale contre ce point de vue pernicieux, mais pourtant bien établi. Un certain nombre d'autres *disputationes* faisaient traditionnellement partie de la discussion sur la maladie: on se demandait si les amoureux avaient un pouls qui leur était propre, si c'était dans le cœur ou bien dans la tête que siégeait la maladie, si l'amour pouvait entrer par les yeux, si la maladie était héréditaire, si les hommes étaient plus affligés que les femmes, etc. C'était une matière d'intérêt philosophique et clinique qui demandait des ajustements sensibles à la lumière d'une pensée plus récente. Ferrand voulait non seulement trouver de meilleures définitions et descriptions de l'amour en termes philosophiques, mais il désirait réunir tout le matériel dans une rhétorique de causes communes aux diverses parties cliniques de la mélancolie érotique. Le second traité de Ferrand sur l'amour garde les aspects plaisants du premier, mais il met en évidence dès le début un objectif avant tout médical. Malgré tout, les critères purement professionnels n'ont pas été les seuls responsables des tons contrastés des deux traités, car plusieurs facteurs sont à considérer.

On pourrait être tenté d'expliquer les différences entre la première et la dernière édition en termes de truismes biographiques: nous pourrions dire que le premier traité est l'œuvre d'un jeune homme libertin ayant un penchant pour les récréations littéraires et surtout les livres italiens d'exposés sur l'amour, alors que le second est l'œuvre d'un homme dans la quarantaine, un médecin parisien, d'un professeur dont le but est de se tailler une place dans la profession par le biais de publications. Pourtant, dans le premier, l'argument médical reste intact et dans le second, les diversions littéraires et les digressions philosophiques, bien que disciplinées, restent présentes. De plus, il est difficile de dire exactement dans quelle mesure la «maturité» de l'écrivain est due à l'âge et au mûrissement intellectuel ou à ses démêlés avec les autorités religieuses en 1620. Le seul fait que son premier traité fut rappelé et brûlé n'a pas pu avoir laissé Ferrand indifférent. On devrait alors pouvoir trouver dans son second traité ou bien les évidences de l'utilisation de nouvelles stratégies destinées à défendre ses théories, ou bien des signes de sa capitulation devant l'autorité. En comparant les deux textes, nous concluons qu'il ne favorisa pas une route plus qu'une autre. L'évidence suggère que l'épisode avec l'Église

---

Hieroglyphiques symboles de la plus douce parti de la femme: en laquelle semble, que nature aye r'amasse toute la douceur qui devoit estres parsemée par tout le corps de la femme, dont ses mœurs, habitudes et conversation sont difficiles à supporter: comme l'escorce du figuier, suc et fueilles sont rudes et aspres, et le fruict entierement doux». *Traicté de l'essence et guérison de l'amour*, p. 169–70.

l'avait marqué, bien que cela ne représente pas pour Ferrand le grand tournant de
carrière qui aurait marqué un homme à l'esprit plus polémique. Mais il faut garder
ce fait en tête dans l'analyse de l'homme et de son travail, qui offre le seul compte
rendu contemporain que nous ayons à notre disposition — bien qu'il s'agisse d'un
compte rendu intéressé et nullement impartial. Nous aborderons ce problème plus
précisément dans les pages qui suivent.

L'esquisse d'une vie

Comme bien des récits biographiques de cette époque, le nôtre doit aussi plaider
l'ignorance sur des points aussi élémentaires que la date de naissance de Ferrand,
ainsi que celle de son décès, sa situation de famille, son aisance matérielle et ses
liens sociaux et intellectuels. Il dit lui-même être né à Agen; nous fixons l'année de
sa naissance autour de 1575[32]. Sur la page titre de son premier traité, il est identifié
comme Docteur en droit et membre de la faculté de médecine (Par M. Jacques
Ferrand Agenois, Docteur en Droit, et en la faculté de médecine). Nous savons que
le traité fut publié par la famille Colomiez, imprimeur en titre de l'université. Tout
indique qu'il fréquentait souvent Toulouse. Peut-être y poursuivit-il des études et
s'affilia-t-il plus tard à la faculté. En procédant par élimination, nous pouvons dire
qu'il s'agirait bien de Toulouse puisque nous n'avons retrouvé aucune trace de sa
présence à Montpellier ou à Bordeaux. Dans le chapitre XIV de son second traité,
il dit en effet avoir quitté Toulouse en 1603 pour aller installer son cabinet médical
à Agen. Ces quelques indices paraissent assez concluants bien que son nom ne
figure pas dans l'histoire de la faculté médicale de Toulouse.

Il est frappant que, tout au début de sa carrière, Ferrand ait été en contact
avec un jeune homme de sa région qui souffrait de la maladie d'amour et qui
avait été mal diagnostiqué par des charlatans locaux. Ferrand dit avoir été capable
d'aider son patient en utilisant tout d'abord la ruse du pouls afin de déterminer
la véritable cause de son malaise, puis en le cajolant pour l'obliger à prendre les
remèdes appropriés. Nous en concluons que la mélancolie érotique a fait partie
de sa pratique médicale dès le début de sa carrière professionnelle. La mention
d'un deuxième cas en 1606 révèle que Ferrand n'est pas demeuré à Agen bien
longtemps; il pratiquait déjà à Castelnaudary, qui se situe à quelques kilomètres
à l'est de Toulouse. En lisant la page titre de son traité de 1623, publié à Paris
par Denis Moreau et dédié «à Messieurs les Estudians en Medecine à Paris», nous
savons que Ferrand avait déjà quitté la province et avait tissé de nouveaux liens
avec la faculté à Paris. De fait, cette affiliation parisienne porte à croire que Ferrand,
fidèle aux ambitions professionnelles que nous lui prêtons, s'était frayé un chemin
vers la capitale.

Deux détails ont mis le médecin-archiviste Desbarreaux-Bernard sur la voie de
plus amples découvertes sur la carrière de Ferrand: la mention de Castelnaudary et le
fait que le premier traité était dédié au «très-haut et très-puissant Prince, Claude de
Lorraine, Duc de Chevreuse, Prince de Joinville, Pair de France etc.», que Ferrand
remercie pour l'honneur d'avoir été nommé Docteur attitré. Le texte est, en fait,
signé «De Castelnaudarry en Lauragois ce 9. Aoust, dédié à S. Amour 1610». Le Dr.

---

[32]C'est la date assignée par Jules Andrieu dans la *Bibliographie générale de l'agenais*,
Paris, 1886–91; Genève, Slatkine Reprints, 1969, vol. I, p. 297–98.

Desbarreaux-Bernard était membre actif d'une société d'histoire de la médecine. La copie personnelle du premier traité de Ferrand (que l'on peut trouver aujourd'hui à la bibliothèque municipale de Toulouse et qui porte encore sa gravure) fut sans aucun doute une incitation à chercher tous les renseignements possibles sur l'auteur. L'examen des archives municipales de Castelnaudary a révélé que Ferrand avait passé au moins 12 à 16 années dans la ville, non seulement en tant que médecin praticien et écrivain, mais aussi comme second consul en 1612 et premier consul en 1618[33]. Nous pouvons avancer que sa première arrivée dans la ville a coïncidé avec sa nomination comme médecin au service de Claude, duc de Lorraine, entre 1603 et 1606. (Le duc lui-même avait été nommé gouverneur de Provence par Henri IV en 1595.) Sa relation avec le duc invite aussi à des spéculations, bien que rien ne soit vraiment certain. Est-ce dans la bibliothèque du duc que Ferrand a eu accès aux nombreux ouvrages insolites et exotiques qu'il cite dans ses marges, nombre d'entre eux étant aujourd'hui introuvables à Toulouse ou à Montpellier? L'esprit de ce premier traité reflète-t-il les intérêts du duc lui-même en tant que lettré? Était-ce le duc et ses importants contacts familiaux qui gardèrent Ferrand hors d'atteinte de la censure pendant les dix années qui suivirent la publication de son traité jusqu'à son rappel? Ces questions sont de la plus grande importance, mais le manque de documents ne permet pas de formuler autre chose que des hypothèses.

L'on ne peut décrire l'homme qu'en termes généraux. Les questions sur la manie et la mélancolie pathologiques associées à l'amour le préoccupèrent certainement toute sa vie. Il fut mis en contact avec la maladie dès 1603 et il est probable que ses connaissances en la matière remontent à ses années passées à l'école de médecine où de tels sujets étaient débattus de façon formelle[34]. La lecture et le rassemblement de différents matériaux doivent avoir absorbé les loisirs d'un homme par ailleurs occupé avec des patients et un gouvernement municipal. Les traités eux-mêmes témoignent de ses intérêts variés allant de la littérature aux sciences. Son approche de la médecine est généralement galénique et conservatrice. Nous devinons en lui un homme de valeur, aussi bien professionnellement qu'en termes de morale et de vision sociale. Il se méfie des charlatans et des imposteurs. Il déclare, à un point stratégique de son second traité, une loyauté rigoureuse envers l'Église catholique romaine et il manifeste en général une attitude humaine et tolérante vis-à-vis des malades des passions de l'âme. On ne peut pas dire plus de l'homme qui apparaît dans le livre.

---

[33] Dr. M. Desbarreaux-Bernard, «Notice biographique et bibliographique sur Jacques Ferrand», *Bulletin du bibliophile*, Toulouse, Douladoure, 1869, p. 377–400.

[34] Nous ne pouvons que spéculer sur le cursus à Toulouse. Le nombre de membres de la faculté ou d'étudiants associés à la faculté de Montpellier, et qui écrivirent sur l'amour suggère que le thème était régulièrement considéré. Le catalogue des dissertations de Diethelm nous permet de noter les centres d'intérêts, ceux de Giessen notamment, alors que les étudiants de Gregor Horst produisirent une série de dissertations sur la psychopathologie et les traitements de l'amour. Ces dissertations furent publiées en 1611, la même année que Horst lui-même publia un long traité dans lequel il définissait l'amour en termes poétiques, philosophiques ainsi que médicaux. *Medical Dissertations of Psychiatric Interest*, p. 66.

Ferrand et le tribunal ecclésiastique de Toulouse

Sans douter de la foi de Ferrand, il faut admettre qu'en matière professionnelle ses relations avec l'Église ont été difficiles, puisque le dernier aspect de sa carrière que nous allons maintenant aborder est la condamnation de son premier traité par l'Église et par le parlement de Toulouse en 1620. Ferrand se doutait-il que son ouvrage allait provoquer une véritable tempête? Il est difficile de l'affirmer, étant donné la nature tendancieuse de son appel au duc de Lorraine pour lui demander sa protection. Solliciter ainsi son protecteur aurait presque pu passer pour un moyen agressif étant donné le sort que connut le livre, car Ferrand réclame une défense «contre les impetuosités et assauts des mauvaises langues qui arrousées de criailleries et mesdisances d'un tas de vains et oisifs prestecharitez, contre-rolleurs et censeurs des ouvrages d'autruy[35]». Si c'est plus que de la rhétorique, qui d'autre que le clergé aurait pu être qualifié de «troupeau de médisants vaniteux et indolents, de surveillants et de censeurs»? Si Ferrand publia son traité en anticipant cette attaque, ne doit-on pas voir alors une provocation dans la dédicace? Pourquoi, étant donné la nature du livre, Ferrand a-t-il ajouté le nom de la pieuse sœur du duc, Jeanne de Lorraine, prieure du dévot monastère de Prouille, dans sa demande de protection? Quel intérêt aurait-elle pu avoir à défendre le contenu du livre? L'appel lui-même semble clairement indiquer que Ferrand savait qu'il s'opposait à l'Église en écrivant sur des sujets qu'elle risquait de trouver impropres à la lecture du grand public, et en publiant son livre dans une ville aussi conservatrice et attachée à la Sainte Ligue que Toulouse[36].

Le cas de Ferrand est un sujet d'étude assez particulier, non seulement parce que les deux éditions à notre disposition permettent la comparaison, mais aussi parce que les documents sur le procès demeurent dans les archives du département de la Haute-Garonne, et que nous pouvons y consulter la transcription de Desbarreaux-Bernard dans sa «Notice biographique et bibliographique sur Jacques Ferrand». En 1610, les assauts contre le traité comportent des accusations spécifiques, qui dévoilent un désaccord plus profond que nous ne pouvons aborder ici que de manière superficielle, notamment la rivalité entre l'Église et les physiciens en ce qui concerne le soin des malades souffrant de maladies de l'âme. Dans un document rédigé en latin et daté du 16 juillet 1620, les juges ecclésiastiques déclaraient l'ouvrage extrêmement sacrilège et pernicieux, défiant entièrement l'Église, avec des arguments sur des matières ayant trait à l'astrologie judiciaire. Un document plus détaillé, en français, daté et signé comme le premier — Johannes de Rudèle évêque au service de l'archevêque — accuse le traité de faire affront à la moralité publique et à la décence. Ferrand est accusé d'avoir fait un usage profane et luxurieux des écritures sacrées, d'avoir défendu l'astrologie judiciaire, d'avoir offert des recettes pour attirer l'amour des dames («donne des remèdes damnables pour se faire aimer des dames»), d'avoir enseigné les outils d'abomination, d'avoir offert des préparations pharmaceutiques qui ne pouvaient pas être utilisées sans

---

[35] *Traité de l'essence et guerison de l'amour*, dans l'avant-propos à son protecteur.

[36] M. Desbarreaux-Bernard insiste sur le fait qu'à cette époque, de tous les parlements en France, celui de Toulouse était le plus rigide en ce qui concerne les décrets du Concile de Trente. Pour plus d'informations sur le climat religieux du sud-ouest de la France au XVIIe siècle, voir également Yvonne David-Peyre, «La mélancolie érotique selon Jacques Ferrand l'Agenais ou les tracasseries d'un tribunal ecclésiastique», p. 564–66.

corrompre les individus, et d'avoir recommandé des livres et des inventions des plus damnables concernant la lubricité et les sorcelleries de l'amour. Le troisième document conservé fut adressé aux libraires pour leur défendre de vendre le traité de Ferrand ainsi que l'ouvrage de Lucilio Vanini (dit Giulio Cesare Vanini). L'ordre fut donné de rappeler toutes les copies pour être brûlées sous peine d'amende sévère pour refus d'obéissance. Ce rappel des livres semble constituer toute l'ampleur des mesures prises contre Ferrand. Mais sans doute, pouvait-il être inquiet en voyant le sort de son livre se joindre à celui de Vanini. Ce dernier avait été traduit en justice l'année précédente et, malgré un plaidoyer des plus brillants, il avait payé chèrement sa liberté académique car il avait été condamné à mourir par le garrot et son corps avait été brûlé sur la place publique.

À la lumière de ce rapprochement, nous pourrions en déduire que Ferrand eut preuve de plus de notoriété qu'il n'en méritait, car si Vanini ne s'était jamais installé à Toulouse, peut-être le traité de Ferrand aurait-il passé inaperçu. Vanini arriva dans la ville en 1617, sa réputation de libre-penseur l'ayant précédé. Il pensait être en sécurité sous la protection de Gilles le Mazuyer, premier président du Parlement. Il était partisan de l'école de Padoue, disciple d'Averroès, de Pomponazzi et de Cardan, et avouait être athée[37]. Donc, l'offense de Vanini était bien plus considérable que celle de Ferrand qui s'en était de plus effrontément défendu. Non seulement il avait donné son soutien à l'astrologie judiciaire dans son *Amphithéâtre de l'éternelle Providence (Amphitheatrum aeternae providentiae divino-magicum)*, mais il avait tourné le dos à la foi et s'était permis d'attaquer ouvertement les doctrines fondamentales de l'Église[38]. Le fait qu'il ait également discuté la mélancolie érotique, le destin, la divination, les philtres d'amour et autres sujets du même genre aurait bien pu être la cause de la nouvelle vague de répression qui emporta Ferrand dans son élan.

La Sainte Ligue avait beaucoup d'influence à Toulouse dans ces années troub-

---

[37]William Hine présente une bonne analyse des idées principales de Vanini dans «Marin Mersenne: Renaissance Naturalism and Renaissance Magic», *Occult and Scientific Mentalities in the Renaissance*, éd. Brian Vickers, Cambridge, Cambridge University Press, 1984, p. 166–70. Vanini tend à expliquer les divers événements traditionnellement considérés comme miraculeux par ces causes naturelles. Il niait également l'existence des anges. «Pour les naturalistes et les magiciens, les étoiles jouaient un rôle significatif dans l'influence du monde terrestre. Pour les premiers, malgré tout, l'influence des étoiles se résumait à une forme de déterminisme, procurant à l'univers une source et une garantie de régularité et d'ordre. Dans un tel monde, la difficulté était d'expliquer comment l'Homme pouvait posséder et exercer sa libre volonté» (p. 168). Ce point de vue naturaliste du monde était compris comme une forme d'athéisme: «C'était l'infortune de Vanini [...] d'apporter ces idées italiennes sophistiquées dans une ville provinciale française qui les considérait trop radicales» (p. 168). En ce qui concerne Vanini, voir Didier Foucault, *Un philosophe libertin dans l'Europe baroque – Giulio Cesare Vanini (1585–1619)*, Paris, Champion, 2003.

[38]Yvonne David-Peyre, «La mélancolie érotique selon Jacques Ferrand l'Agenais ou les tracasseries d'un tribunal ecclésiastique», p. 565–66. Il y a peu de chance que Ferrand ait été influencé par Vanini, bien qu'il soit clair que le tribunal ait vu des dénominations communes aux deux travaux. Le titre entier de l'étude de Vanini est *Amphitheatrum aeternae providentiae divino-magicum, christiano-physicum, nec non astrologo-catholicum, adversus veteres philosophos, atheos, epicureos, peripateticos, et stoicos*, Lugduni, apud viduam Antonii de Harsy, 1615. Voir aussi «Amphithéâtre de l'eternelle Providence», *Œuvres philolosophiques*, trad. X. Rousselot, Paris, Gosselin, 1842.

lées de la Contre-Réforme. L'Inquisition battait son plein, les campagnes environ-
nantes étaient sous constante surveillance, car on y recherchait les sorcières et les
magiciens, et les auteurs étaient constamment menacés par l'Index[39]. Pierre de
L'Ancre, magistrat de Bordeaux et chasseur de sorcières, révèle le climat spirituel
du sud-ouest dans son *Tableau de l'inconstance des mauvais anges et démons, ou
il est amplement traité des sorciers et de la sorcellerie* (1612)[40]. Le Béarn avait été
la scène d'une série de persécutions récentes et le procès d'Élisabeth Roussillon
avait causé un remous considérable. Robert Mandrou en donne un compte rendu
complet dans *Magistrats et sorciers en France au XVIIe siècle*[41]. La vie de la mu-
nicipalité de Toulouse était rythmée par le va-et-vient entre des périodes de rigueur
inquisitionnelle et des périodes de détente. Yvonne David-Peyre en a déduit que
Ferrand fut tout simplement victime de ces temps de répression et que son ouvrage
ne contenait rien de plus que quelques indiscrétions qui avaient attiré l'attention
d'hommes d'Eglise dénués d'humour et à l'esprit étroit.

C'est un fait indéniable, mais d'autres indications vont à l'encontre de cet
exposé. Découvrir l'ouvrage deux siècles plus tard, comme le fit Desbarreaux-
Bernard, et exonérer l'auteur en utilisant les standards d'une autre époque, c'est
entièrement négliger la raison des allégations. Étrangement, seuls les passages
décrivant la suppression d'obstructions du canal vaginal frappèrent Desbarreaux-
Bernard comme étant offensifs et quelque peu rabelaisiens. Pourquoi un médecin
trouverait-il cette pratique offensive et pourquoi surtout l'utilisation du terme «rabelaisien»? Il continue ainsi: «à part cette peccadille, nous avons en vain cherché
dans le *traité* de J. Ferrand les raisons qui ont appelé sur sa tête les sévérités de
l'Église. Le motif de cette persécution nous échappe[42]». Mais les problèmes, dans
les trois rapports, étaient parfaitement clairs; la décision du tribunal ne fut pas
prise à la légère. Ferrand avait-il ou n'avait-il pas soulevé le sujet de l'astrologie?
Car c'était un thème formellement et irrévocablement interdit par la bulle papale
de Sixte V *Coeli et terrae* de 1586. Ferrand avait-il ou n'avait-il pas discuté de
philtres d'amour et des moyens pharmaceutiques pour attirer les femmes dans les
bras de leurs amoureux? Ce sont là les questions essentielles.

L'Église de la Contre-Réforme se montrait intransigeante en ce qui avait trait
à l'astrologie, car l'enjeu en était le principe du libre-arbitre. Aucune philosophie
déterministe ne pouvait être autorisée à interférer dans la résistance de l'homme
face a ses propres choix moraux, pas même les influences astrales qui risquaient
d'imposer une destinée aux hommes en reliant les cieux au comportement hu-

---

[39] Les travaux qui faisaient autorité dans cette région étaient ceux qui soutenaient l'existence des forces surnaturelles et démoniaques et qui approuvaient la persécution pour le bien
de l'âme: Boquet, Jean Bodin, Pierre Le Loyer, Pierre de L'Ancre, Martín Antonio Delrío.
La région connut une avalanche de procès vers 1570 réclamant la persécution de près de
quatre cents sorcières et sorciers; des événements similaires se produisaient vers 1630. Voir
Emmanuel Le Roy Ladurie, *Histoire du Languedoc*, Paris, Presses Universitaires de France,
1962, p. 62.

[40] Pierre de Lancre, conseiller du roi au Parlement de Bordeaux, *Tableau de l'inconstance
des mauvais anges et démons*, Paris, Chez Nicolas Buon et Jean Berjon, 1612.

[41] Robert Mandrou, *Magistrats et sorciers en France au XVIIe siècle*, Paris, Librairie Plon,
1968.

[42] M. Desbarreaux-Bernard, «Notice biographique et bibliographique sur Jacques Ferrand», p. 394.

main par la théorie des correspondances. Cet âge étant celui des débats sur ce sujet, comme l'écrit Gregory Hanlon: «Ce premier dix-septième siècle témoigne des multiples efforts de réconciliation entre l'astrologie, qui appartient au bagage culturel de chaque homme instruit, et la doctrine catholique qui prône l'ascendance du libre arbitre sur tout déterminisme[43]». Paradoxalement, ces médecins que nous aurions pu considérer comme des chefs de file de la pensée contemporaine et donc potentiellement les plus enclins à abandonner une telle conception étaient précisément ceux qui venaient sans cesse à sa défense, non pas activement, mais philosophiquement. L'essentiel de la théorie médicale dépendait en effet de cette même doctrine des sympathies qui expliquait la communication entre le corps et l'âme, ainsi qu'entre les causes externes et les effets internes. Les médecins se trouvèrent dans une impasse, mais ils continuèrent de défendre la théorie par réflexe de loyauté envers Galien, car la plupart n'avaient pas l'intention d'utiliser les opérations astrologiques dans leurs diagnostics cliniques[44].

Dans son *De diebus decretoriis*, Galien parle des jours critiques et de l'influence de la lune. Parce que son statut d'auteur ne pouvait être mis en cause, ces théories devaient être admises, mais expliquées par la sophistique et la fausse logique. Giovanni Manardo, qui n'acceptait rien du traité, dut néanmoins défendre sa position en déclarant dans les *Epistolae medicinales* que Galien avait écrit ce livre non pas en tant que physicien mais en tant qu'astrologue. Leonhard Fuchs dans sa *Méthode ou brève introduction pour parvenir à la cognoissance de la vraye et solide médecine* (*Methodus seu ratio compendiaria cognoscendi veram solidamque medicinam*) avança simplement que l'autorité d'Hippocrate avait préséance sur celle de Galien[45]. Mais on peut trouver une gestion plus typique du problème dans l'*Histoire anatomique de toutes les parties du corps humain* (*Historia anatomica humani corporis*), livre I. ch. 2 de Du Laurens, dans lequel, insistant sur la distinction entre la théorie et la pratique, il déclare que l'astrologie peut être reconnue, mais jamais enseignée ou employée. C'était le mieux qu'il pût faire.

Dans son premier traité, Ferrand ne pousse pas plus loin ses propres assertions. Il s'interroge avec prudence sur les façons dont l'horoscope et les autres techniques astrologiques peuvent être utilisées pour diagnostiquer les individus enclins à la mélancolie érotique; néanmoins, il ne recommande pas l'emploi de ces méthodes. Nous n'avons pas suffisamment d'évidences pour déterminer jusqu'à quel point l'attitude de Ferrand traduit une loyauté machinale pour Galien ou bien la volonté de dissimuler ses croyances dans des théories. Pour les autorités religieuses, Ferrand avait tout simplement abordé un sujet interdit, faisant donc siens ces principes. Le fait qu'il avait mis en garde contre le danger d'abuser de ces techniques était clairement insuffisant pour apaiser le tribunal.

On consulte en vain l'édition de 1623 pour trouver des révisions qui clarifieraient d'une façon ou d'une autre la position de Ferrand. Il élargit cette partie sur

---

[43] Gregory Hanlon, *L'univers des gens de bien: culture et comportements des élites urbaines en Agenais-Condomois au XVIIᵉ siècle*, p. 606–07.

[44] Voir D. P. Walker, *Spiritual and Demonic Magic from Ficino to Campanella*, Londres, The Warburg Institute, 1958, p. 205–06. Trad. française par Marc Rolland, *La magie spirituelle et angélique de Ficin à Campanella*, Paris, Éditions Albin Michel, 1988.

[45] Pour ces matériaux et références sur Galien et l'astrologie, nous sommes redevables à Andrew Wear, «Galen in the Renaissance», dans *Galen: Problems and Prospects*, éd. Vivian Nutton, Londres, Wellcome Institute for the History of Medicine, 1981, p. 229–56.

JACQUES FERRAND 41

l'astrologie en un chapitre entier (XXI) et privilégie la question centrale: l'astrologie peut-elle servir à déterminer une prédisposition à la mélancolie érotique? On aurait cru qu'étant donné ses convictions professionnelles, Ferrand aurait prononcé une exonération solide. Mais il y avait peut-être plus d'honneur que de vérité à se protéger dans cet exercice. Il souligne à peine les vieux arguments philosophiques sur l'astrologie et cela dans un style caractérisé par des qualificatifs et des négations, aussi bien que par l'emploi abusif de citations et d'allusions qui tendent à le distancer de ses déclarations. En fait, presque tout le chapitre est emprunté à *L'astrologie et physiognomie en leur splendeur* de Jean Taxil, dans lequel Ferrand trouve ses références à Giovanni Manardo, Martín Antonio Delrío, Pierre Tolet, Francesco Giuntini, Rodrigo de Castro, Thomas d'Aquin et Jérôme Cardan. Toutes ces références sont rassemblées en un débat qui n'aboutit que dans un compromis déjà bien connu et peu original: il est possible que les étoiles agissent sur l'âme, mais seulement accidentellement et indirectement à travers les rapports de sympathie qui doivent exister entre le corps et l'âme[46]. Ferrand se trouvait lui-même lié à des croyances sur les six choses dites «non-naturelles» et les tempéraments du corps, mais qui font partie d'une impasse philosophique. Il tient bon, mais de façon évasive, n'espérant jamais pouvoir prouver que l'horoscope d'un homme puisse en effet prédire précisément s'il a des tendances à des excès érotiques. Mais Ferrand ne tente pas d'affirmer ce diagnostic technique; en fait, il n'aurait jamais osé le faire. Justement parce qu'il n'y avait aucune raison pragmatique de soulever ce dangereux sujet, nous pouvons seulement supposer que son intérêt resta au niveau des spéculations théoriques[47].

Pour ajouter à notre incertitude, Ferrand assure au lecteur que le pape Sixte V avait raison de bannir l'astrologie étant donné les abus et les superstitions qu'elle engendrait, et que lui-même s'en tenait aux doctrines des Églises catholiques et apostoliques auxquelles il soumettait tous ses écrits! Au mieux, le chapitre est, rhétoriquement parlant, peu convaincant; ce n'est qu'une défense boiteuse du statu quo parmi les écrivains médicaux conventionnels et une déclaration de soumission. Les révisions de Ferrand suggèrent qu'il était déterminé à maintenir sa double

[46] Jean Taxil, *L'astrologie et physiognomie en leur splendeur*, Tournon, par R. Reynaud Libraire juré d'Arles, 1614, *passim*.

[47] Il est probable que le problème surgit pour Ferrand à cause de son ignorance des derniers développements du débat sur l'astronomie. Son intérêt a simplement pu être une extension de celui que la plupart des médecins portaient au sujet et non pas un engagement dans le conflit d'idées qui commença avec les écrits de Ficin et Pic de la Mirandole. Le médecin ne se préoccupait souvent que de connaître le meilleur moment pour faire des saignées et administrer des purges. Même Jean Calvin, dans son *Traicté ou avertissement contre l'astrologie qu'on appelle judiciaire et autres curiositéz qui règnent aujourd'huy au monde*, 1549 (réimprimé à Paris, Librairie Armand Colin, 1962, p. 6), est d'accord pour dire que les médecins «utilisent adéquatement leur connaissance des cieux quand ils choisissent le moment opportun pour effectuer les saignées ou doser les pilules et les médicaments, car nous devons avouer qu'il y a *quelque convenance* entre le corps céleste et notre corps humain»; voir Wayne Shumaker, *The Occult Sciences in the Renaissance*, Berkeley et Los Angeles, University of California Press, 1972, p. 44. Nombreux sont ceux qui ont traité ce sujet, par ex. Christopher McIntosh, *The Astrologers and Their Creed: An Historical Outline*, Londres, Hutchinson, 1969; Don Cameron Allen, *The Star-Crossed Renaissance: The Quarrel about Astrology and Its Influence in England*, Durham, N.C., Duke University Press, 1941.

allégeance à ces deux systèmes idéologiques malgré leurs contradictions inhérentes et les accusations du tribunal.

En ce qui concerne l'accusation d'offense à la décence publique, la défense de Ferrand sonne particulièrement faux. Il existe des passages dans ce premier traité qui, même aujourd'hui, font rougir. Les membres du tribunal avaient sans aucun doute son chapitre XXII en tête quand ils l'obligèrent à rendre des comptes pour avoir encouragé la luxure et les sorcelleries de l'amour, et pour avoir donné des recettes d'aphrodisiaques. Le chapitre est intitulé «Les moyens et les remedes pour se faire aimer et avoir la jouissance des Dames, principal remede d'Amour, et de la Melancholie Erotique». Dans cet exemple, Ferrand ne cite pas l'autorité traditionnelle d'Avicenne en faisant du coït le remède principal, car ses conseils sont entièrement différents. Le chapitre de Ferrand est, avant tout, un chapitre de bavardages qui promet d'aider les amoureux frustrés et inefficaces en leur suggérant comment s'habiller en amoureux, comment parler aux dames, comment se montrer à son avantage, comment acheter des faveurs avec de l'argent ou avec des cadeaux, comment confectionner et utiliser les philtres d'amour. De plus, même si Ferrand met son lecteur en garde contre les dangers, les abus et les superstitions, cela n'a pas pour effet d'adoucir la censure, car il décrit des choses dont on n'aurait pas abusé si l'on en avait été ignorant.

Le chapitre suivant porte un titre plus innocent, mais révèle encore des informations du domaine de l'interdit: «Les moyens pour conserver les mariez en amitié et les guérir des amours illicites». Il traite des problèmes d'incompatibilité sexuelle. Le sujet n'était pas nouveau, mais on en parlait d'habitude dans les traités sur la stérilité[48], sur la procréation, et les maladies des femmes. C'est un sujet qui de toute façon n'a pas grande chose à faire avec la guérison de la mélancolie amoureuse, à moins que nous devions comprendre qu'une telle incompatibilité puisse aussi provoquer la combustion des humeurs; Ferrand ne précise pas. Il passe sur les discussions théoriques et anatomiques, qui amènent d'habitude les considérations sur les troubles du fonctionnement des organes reproducteurs, pour aborder plus directement les concoctions pharmaceutiques qui doivent être appliquées sur les organes génitaux pour étirer ou rapetisser le vagin, pour stimuler le pénis ou pour accroître les plaisirs. De même, il s'autorise certaines licences stylistiques telles qu'appeler le vagin le «jardin de Vénus», «le valon des soupirs et des misères» ou «la porcherie de Vénus». La perte du plaisir masculin provient de ce que la femme a

---

[48] Dans le chapitre 34 du traité de 1623, Ferrand écrit que quiconque désirant de plus amples informations sur les préparations pour rendre les hommes virils et les femmes fertiles doit lire «[son] traité sur la stérilité». Si Ferrand fait référence à son propre travail, il n'en reste aucune trace. Mais l'existence de ce traité est toutefois probable étant donné l'intérêt qu'il portait à ce sujet: les cas qu'il dit avoir traités à Castelnaudary et ses recettes contre l'impuissance dans le traité de 1610. Il faudrait ajouter ici que N.-F.-J. Éloy crédita Ferrand au XVIIIᵉ siècle dans son *Dictionnaire historique de la médecine ancienne et moderne*, Mons, Chez H. Hoyois, 1778, vol. II, p. 221, d'un livre intitulé *Lettres apologétiques*, publié à Paris en 1685. Néanmoins, cette attribution fut déniée dans les entrées biographiques, et Desbarreaux-Bernard ne fait aucune mention de la question. Il est intéressant de noter également qu'Eloy avait pris connaissance du traité sur l'amour et avait fait les remarques suivantes à ce sujet: «Il y considère moins l'amour comme passion, que comme infirmité corporelle; c'est-à-dire, qu'il regarde la propension à l'amour comme un effet du mécanisme des organes différemment constitués ou altérés».

«son guilloquet trop fendu, le guilleuart trop eslargy, ou la porte de l'enfer d'Alibec trop ouverte, ou Rustic ne prend plaisir à faire courir son Diable[49]». Il s'intéresse également aux onguents qui empêchent les membranes de se former durant les périodes d'inactivité sexuelle chez la femme et il mentionne diverses préparations que les courtisanes italiennes utilisaient quand elles désiraient passer pour vierges. En ce qui concerne le sujet d'attentat à la pudeur, il semble que Ferrand n'a pris aucune précaution[50].

Dans le nouveau traité, Ferrand abandonne tout le chapitre sur les moyens de se rendre attrayant aux yeux des dames, et pour ce qui est des conseils aux couples mariés ayant des difficultés sur le plan social ou sexuel il coupe le texte ici et là selon les exigences de la bienséance. Il fait preuve de plus de discrétion et donne moins de détails en décrivant les aphrodisiaques, les charmes, les potions, les formules d'amour et tout ce qui a rapport à la magie. Il met en garde plusieurs fois contre les dangers spirituels, même lors de ces rituels stupides que les mères et les nourrices enseignent à leurs filles, car ils mènent de la paillardise à la damnation. Même le cadre rhétorique est altéré. Alors que dans le premier traité Ferrand parle des moyens par lesquels l'amoureux peut dompter l'amour avec un peu de magie, dans le second il se demande si le médecin devrait utiliser cette même magie pour faire ses diagnostics. Le premier traité propose des conseils concrets; le second pose des questions théoriques sur la place de ces pratiques défendues dans la profession. Tout au long, ses révisions ont peut-être été guidées par de nouveaux critères théoriques ayant clairement pour objectif d'avancer dans le domaine de la médecine. C'est ce que l'on perçoit dans sa façon de redéployer ses arguments de sorte qu'il s'adresse aux praticiens plutôt qu'aux courtisans et aux amoureux. On ne peut pas non plus nier que son second travail aurait passé l'inspection ecclésiastique plus facilement que le premier, surtout en termes d'attentat à la pudeur publique, et que c'était peut-être là son intention.

Quoi qu'il en soit, les concessions de Ferrand en matière de décence n'auraient pas seules servi à réconcilier le clergé avec les médecins — ceux qui réclamaient comme principe de base que les passions de l'âme, telle que l'amour, fassent partie du domaine médical. Même si la question en tant que telle n'est pas soulevée dans les documents du tribunal, il est fort possible qu'elle ait été la plus litigieuse[51]. Il est bien plus aisé de poursuivre en justice pour des raisons de goût, de moralité et d'in-

---

[49]L'allusion renvoie à la troisième journée du *Décaméron* de Boccace, nouvelle 10, «La jeune Alibech devient ermite. Le moine Rustico lui enseigne comment remettre le diable en enfer. Elle part de chez Rustico et épouse Néerbal», *Le Décaméron*, trad. par Jean Bourciez, Paris, Garnier Frères, 1963, p. 252–59.

[50]Ferrand n'était pas le seul à inventer de tels noms pour désigner les parties secrètes. Jacques Duval en note deux exemples dans son traité *Des Hermaphrodits, accouchemens des femmes et traitement qui est requis pour les relever en santé, et bien élever leurs enfans* [...] Rouen, imp. de P. Geuffroy, 1612; réimpr. Paris, I. Lisseux, 1880. Le premier est attribué au Sieur Veneur, évêque d'Évreux, qui appela le vagin «vallée de Josaphat où se faict le viril combat» (p. 60), le deuxième évoque l'allusion de Ferrand à l'inferno d'Alibec, «la porte d'enfer et l'entrée du Diable, par lequelle les sensuels gourmands de leurs plus ardens libidineux désirs descendent en enfer» (p. 60). Saint Augustin et saint Thomas d'Aquin en parlèrent tous deux comme de la «porta inferni et janua diaboli».

[51]De manière générale, les médecins français s'étaient unis contre l'Église pendant la première décennie du XVIIe siècle en ce qui avait trait à son rôle dans les procès des sorcières. Ils déclarèrent que tout ce qui concernait la santé mentale allait au-delà du champ

terdits, que pour rivalité professionnelle. Dans le troisième chapitre de la première édition de Ferrand, une assertion en particulier est plus dangereuse que toutes les violations de goût et d'interdiction combinées. C'est une déclaration portant sur les prérogatives territoriales de sa discipline et qui empiète directement sur le domaine ecclésiastique. Le ton de cette assertion révèle une position contradictoire, qui laisse peu de doutes sur ses tendances dans cette affaire. En effet, il avance que puisque Dieu Lui-même a doté le monde naturel de tous les matériaux requis pour la guérison de l'amour mélancolique, les médecins ne font que suivre le mandat des cieux en cherchant des remèdes. Deuxièmement, il déclare qu'il n'est pas surprenant que les sciences médicales aient fait de tels progrès dans cette direction, puisque les médecins ont commencé leur travail il y a plusieurs milliers d'années. Troisièmement, il argumente qu'une définition de l'amour comme état exclusif de l'âme et donc comme affaire réservée aux philosophes et aux théologiens ne résisterait pas à un examen minutieux, car il s'agit clairement d'une maladie de l'interaction entre le corps et l'esprit. C'est pourquoi la doctrine des sympathies, que nous avons mentionnée plus haut à propos de l'astrologie, est absolument essentielle. Ferrand voulait établir une définition des maladies de l'esprit en les attachant fermement aux tempéraments, aux humeurs, aux vapeurs, c'est-à-dire à l'ensemble des dispositions responsables des maladies et de leurs conditions. Comme il l'écrit clairement au début du chapitre vingt-neuf: «pour la précaution de toutes maladies, il faut oster la disposition du corps, selon Galien, qui n'est autre chose que la cause interieure du mal». D'après le raisonnement médical, le rôle du médecin est essentiel parce qu'aucun conseil, aucun sermon, aucun exorcisme ou aucune autre pratique religieuse ne pourrait seule servir à modifier les causes matérielles qui affligent l'esprit. En fait, c'est parce qu'il est à la fois philosophe et médecin que le praticien est seul prêt à combattre la maladie en combinant les conseils d'ordre moral avec les altérants, les diminutifs, les soporifiques, qui promettent la guérison en restaurant l'équilibre du corps. En cette matière, le médecin ne pouvait capituler.

Son refus de transiger ou de se montrer conciliant illustre clairement la position antagoniste de Ferrand; il ne peut pas inviter le clergé à partager la guérison de ces dérangements de l'esprit, car il est persuadé que sans le savoir médical on ferait plus de mal que de bien. C'est en tant que philosophe que Galien écrivit son livre sur la description et la guérison des maladies de l'esprit, et c'est en tant que philosophes que les médecins continuèrent de traiter ces affections. Ferrand attribue les attaques de ceux qui calomnient l'autorité de la médecine à la rancœur et à la malveillance, autant dire à la jalousie professionnelle. Ce ton de vengeance a très bien pu contribuer à l'accueil que son travail reçut en 1620. Les mêmes accusations apparaissent sous une forme tout aussi sévère en 1623. La polémique était cruciale pour Ferrand et ses assertions; elle était la base de son pari impérialiste pour le contrôle médical des maladies spirituelles.

Son erreur la plus grave aux yeux du tribunal ecclésiastique, et d'après sa déclaration, fut qu'il écrivit dans une langue vernaculaire («ce qui est d'autant plus

des théologiens. Yvonne David-Peyre nous rappelle, en considérant la position de Ferrand devant les tribunaux, qu'un bon nombre de ses contemporains les plus distingués, Moreau, Jean Riolan, Gabriel Naudé et Guy Patin avaient fait circuler des pétitions contre les mesures ecclésiastiques abusives, et que Du Laurens était aussi parmi les signataires: «Jacques Ferrand, médecin agenais 1575–16 [...] (?)», p. 8.

périlleux qu'il escript en langage vulgaire[52]»). Pour un spécialiste tel que Ferrand, c'était lui rappeler que l'Église est peut-être prête à excuser les travaux destinés à d'autres spécialistes, c'est-à-dire les travaux en latin réservés aux initiés, mais que sa position devait être ferme et sans compromis possible quand il s'agissait de répandre des sujets délicats et interdits en les mettant à la disposition du grand public en français. On peut seulement émettre des hypothèses sur le choix de la langue vernaculaire. Peut-être Ferrand prévoyait-il une audience nationale plutôt qu'internationale et un lectorat aussi bien populaire que professionnel. Pour l'audience courtoise à laquelle il adressait de toute évidence sa première édition, le latin n'aurait été d'aucune utilité. Le fait qu'il persista dans l'emploi du français dans sa seconde édition prouve qu'il avait en tête un lectorat mixte pour ce second traité sur l'amour.

Le choix de Ferrand est loin de marquer un précédent dans le domaine de la médecine. Plus fréquemment, tout au long du dernier quart du XVIe et du début du XVIIe siècle, des médecins, avec des motivations des plus sérieuses, choisirent d'écrire pour un public assez large. Dès 1578, Laurent Joubert publiait son grand succès, le *Traicté des erreurs populaires touchant la médecine et le régime de la santé*[53], et bien d'autres travaux de nature similaire suivirent, certains en français, d'autres traduits du latin tel que les *Trois livres des maladies et infirmitez des femmes*, un travail long et parfois relativement pittoresque écrit par Jean Liébault. Les écrivains italiens auteurs de traités sur l'amour furent traduit un par un: Equicola, Fregoso, Aeneas Sylvius Piccolomini, Il Platina — tous avant 1600[54]. Jean Aubery publia *L'antidote d'amour* en 1599[55]. Le lectorat de Ferrand avait déjà été circonscrit par ces publications et l'espoir de capturer ce marché ne peut pas avoir été un facteur négligeable.

La comparaison des deux traités ne laisse aucun doute sur l'intérêt soutenu de Ferrand pour le sujet de l'amour érotique. Les statistiques en donnent la preuve. L'édition de 1610 est un texte de 222 pages divisé en 26 chapitres. La liste des auteurs cités contient 165 noms, dont plusieurs ne jouent qu'un rôle mineur et ne sont même pas nommés dans le texte. Tandis que l'édition de 1623 comprend 270 pages divisées en 39 chapitres et, si l'on compte les mots (puisqu'il faut tenir compte de la différence de taille des lettres et du nombre de lignes par page), le second texte est plus long de 60 %. La liste des auteurs cités contient 323 noms dont 58 n'apparaissent pas dans le texte ou dans les marges, alors que 37 qui apparaissent dans le texte sont omis de la liste. En tout, on relève 302 noms mentionnés dans

---

[52]M. Desbarreaux-Bernard, «Notice biographique et bibliographique sur Jacques Ferrand», p. 389.

[53]Le *Traicté* de Joubert fut publié à Bordeaux en 1578 et de nouveau avec le traité sur le rire, sous le titre *Erreurs populaires touchant la médecine et le régime de la santé*, Paris, Chez Claude Micard, 1587; le titre de la traduction du travail de Liébault était *Trois livres appartenans aux infirmitez et maladies des femmes pris du Latin de M. Jean Liebault*, Lyon, par Jean Veyrat, 1598.

[54]Ces travaux seront présentés dans les chapitres suivants.

[55]Ce travail semble être la première étude uniquement consacrée à la guérison de la mélancolie d'amour, et la deuxième étude écrite en français (après Du Laurens). Le titre entier est: Jean Aubery, *L'antidote d'amour. Avec un ample discours, contenant la nature et les causes d'iceluy, ensemble les remedes les plus singuliers pour se preserver et guerir des passions amoureuses*, Paris, Chez Claude Chappelet, 1599.

cette édition. Ceux que la seconde édition sacrifie sont François de Sales, évêque de Genève; Jean Corve Chiromancien; Julien Oneiromancien; Niccolò Leoniceno; Loxus; Niccolò Falcucci; Solin; et Flavius Vopiscus. Les additions à la seconde liste sont bien plus importantes que ces oublis, puisqu'elles témoignent des nouvelles directions que les lectures de Ferrand avaient prises et l'envergure grandissante de son travail.

En préparant son premier traité, Ferrand s'était montré négligent dans son examen des médecins-philosophes de la Renaissance; ils sont en fait notables par leur absence. En écrivant le second, Ferrand cite les écrivains les plus renommés de son temps qui écrivirent sur les maladies des femmes, sur les controverses médicales et sur la mélancolie: Anuce Foës, Jean de Gorris, Giovanni Matteo Ferrari da Grado, Johann van Heurne, Jacques Houllier, Giovanni Marinelli, Félix Platter, Ambroise Paré, Joseph Du Chesne, Girolamo Mercuriale, Luis de Mercado, Cristóbal de Vega, Pedro de Fonseca, Johann Schenck, Martin Ruland, Jean Taxil, Giovanni Battista Silvatico, Jourdain Guibelet, Jean de Veyries, André Du Laurens, François Valleriola et Rodrigo de Castro. Dans son premier traité, Ferrand avait aussi ignoré deux écrivains des plus importants de l'école de Montpellier qui avaient écrit sur l'*amor hereos*: Bernard de Gordon et Arnaud de Villeneuve. En 1588, François Valleriola avait publié une longue «observation» sur l'amour érotique qui, si elle n'était ignorée de Ferrand, avait pourtant échappé à toute mention dans son premier travail. Plusieurs autres, tels que Mercado et Cristóbal de Vega, avaient inclus des chapitres sur l'amour érotique dans leurs traités médicaux. Le fait qu'aucun de ceux-ci ne soit mentionné dans le premier livre de Ferrand est évidemment important; nous devinons qu'il tenta d'exagérer sa propre originalité en oubliant délibérément de les citer. D'un autre côté, Ferrand se réfère généreusement aux anciens, certainement parce que le jeune savant, fidèle à son école, avait l'intention d'attester une solide érudition en fondant son traité sur les noms les plus vénérables tels que Hippocrate, Galien, Avicenne, Platon et Aristote. Il est alors impossible de dire exactement lequel des auteurs de la Renaissance Ferrand avait lu en 1610, mais nous pouvons avancer qu'avant 1623 il avait beaucoup lu et qu'il avait avoué la provenance de ses idées, suivant les standards des savants de la Renaissance, et qu'il ne fut injuste qu'envers trois ou quatre auteurs seulement.

La réorientation vers les Modernes dans le second traité sur l'amour s'accompagne d'un changement dans le dessein de toute l'œuvre, car originalement Ferrand avait inclus un chapitre consacré à la question: «Pourquoi si peu de physiciens ont-ils enseigné la guérison de l'amour mélancolique». Étant donné le nombre de travaux existants pour contredire cette thèse, Ferrand reconnaît sans aucun doute la nécessité de les identifier dans un second traité adressé aux spécialistes médicaux. Il n'en est pas moins novateur, mais, grâce aux citations justement attribuées à leurs auteurs, son œuvre devient plus encyclopédique et plus honnête.

Si le premier changement introduit par Ferrand fut une reconnaissance générale des travaux récents sur l'amour, le second fut l'élargissement de sa définition de l'amour érotique afin d'inclure plusieurs maladies traditionnelles sur les aberrations de comportement attribuées aux organes reproducteurs: chatouillement lascif des organes génitaux, satyriasis et furie utérine ou hystérie. L'idée de les inclure parmi les maladies mélancoliques ayant trait à l'amour lui est peut-être venue en lisant de Mercado[56]. Un troisième ajustement majeur vise une distinction théorique et pratique claire entre prévention de la maladie chez ceux qui sont enclins à l'amour érotique et guérison de la maladie chez ceux qui en sont déjà affligés. En d'autres termes, Ferrand étend son analyse des techniques diagnostiques afin d'inclure non seulement l'identification des amoureux mélancoliques par leurs symptômes, mais aussi celle des amoureux potentiels par leurs caractéristiques et leurs tempéraments. De même, il sépare les traitements méthodiques, diététiques, chirurgicaux et pharmaceutiques appropriés à la prévention de la maladie des traitements destinés à sa guérison. C'est dans l'intérêt de la médecine préventive que Ferrand spécule sur l'utilisation de la physiognomonie, l'astrologie, la magie, et l'interprétation des rêves. Une quatrième réorientation montre l'importance particulière qu'il donne aux remèdes pharmaceutiques. Leur rôle était implicite dans les premiers traités. Ferrand rend leur utilisation non seulement explicite, mais cruciale dans ses propositions concernant les remèdes.

Pour continuer dans ces nouvelles directions, Ferrand efface deux passages de son premier traité qui portent sur les manières et les conventions sociales qui régissent les relations entre les sexes. Il omet tout commentaire sur les faux baisers des dames et sur les stratégies qui visent à rendre jaloux, car de telles manœuvres sociales n'avaient rien à faire avec l'altération des humeurs ou le contrôle des imaginations malades; en bref, elles sont inappropriées à la thérapie sous surveillance médicale. Une perception claire de ces critères reliés à la profession est, en fait, une particularité distinctive du second traité. Dans les questions sélectionnées pour être débattues, Ferrand préfère les sujets médicaux aux sujets sociaux. Dans son premier traité, il se souciait de savoir si, par exemple, l'amour pouvait exister sans la jalousie, si l'amour pouvait survivre au mariage, ou si les femmes étaient plus sujettes à la passion que les hommes, alors que dans son second traité ses *disputationes* sont plutôt de nature philosophique; il veut savoir si la tête ou le cœur est le siège de la maladie, si l'amour est une faiblesse héréditaire, à quel âge l'amour mélancolique peut se développer, si la furie utérine est une forme de maladie, si l'amour peut être diagnostiqué sans la coopération du patient. Chacune de ces questions occupe un chapitre du traité de 1623; cela souligne l'intérêt placé sur des questions de nature philosophique ou clinique qui caractérisent le nouveau travail.

Notre approche du traité de 1623, dans cette partie de notre introduction, se fonde sur quatre questions critiques: comment se définit le lectorat et la perception que Ferrand pouvait en avoir? que savons-nous de l'homme et de sa carrière? quelle fut l'influence de la censure ecclésiastique sur la rédaction de ce livre? et que peut-on tirer d'une étroite comparaison des deux traités de Ferrand sur le même sujet? Ces dernières questions peuvent trouver des réponses évidentes, étant donné que les deux traités existent encore et que les documents du tribunal ont été conservés

[56] Il s'agit ici d'une question de classification formelle. La furie utérine avait depuis longtemps été associée avec la sexualité. La source ayant eu probablement le plus d'influence était *Des lieux affectés (De locis affectis)* de Galien, livre VI. Galien remarque comment cette maladie est présente plus particulièrement parmi les jeunes veuves et surtout chez celles qui étaient fertiles et réceptives à leurs maris. La maladie était le résultat de la rétention de semence ou de la suppression des menstrues. Par analogie, Galien attribue une sorte d'amour mélancolique à la rétention de semence chez les hommes, mais appelle la maladie non pas mélancolie, mais hystérie. Pour une analyse plus complète, voir Ilza Veith, *Hysteria: The History of a Disease*, Chicago, University of Chicago Press, 1965.

jusqu'à nos jours. Mais, pour des raisons exprimées tout au long de cette partie, les questions de modes et d'influences ne peuvent être traitées qu'hypothétiquement. Notre perception du lectorat de Ferrand ne peut dériver que d'indices tirés de ses propres textes. Il est toujours dangereux d'établir des jugements à partir d'une interprétation du contenu et des déformations rhétoriques des textes. De même, l'influence des contraintes ecclésiastiques est ambiguë. Si nous sommes absolument certains que l'Église s'est opposée à son premier texte, nous sommes moins sûrs de ce que Ferrand pensait de cette dure critique par le seul examen des révisions attestées dans son second traité. Des raisons à la fois scientifiques et personnelles peuvent être responsables de ces modifications, de même que peuvent l'être les nouvelles lectures que Ferrand effectua entre la rédaction des deux traités.

En plus de l'évolution de son travail, expliquée par ses diverses causes, le fait demeure que Ferrand était un lecteur vorace et qu'il était souvent directement influencé par les douzaines, voire davantage, d'œuvres majeures qu'il avait à sa disposition pendant qu'il écrivait. Nous nous sommes déjà tournés vers certains de ces textes pour établir des liens avec certaines révisions qui autrement auraient été attribuées exclusivement à l'influence de sa mémoire, de sa propre réflexion ou de scrupules moraux. Étant donné la pénurie du matériel qui nous permettrait d'évaluer le traité de manière plus satisfaisante à la lumière de la carrière de son auteur, nous sommes obligés de nous tourner, peut-être plus tôt que nous l'aurions voulu, vers une étude de ses idées et de sa place dans le contexte créé par des travaux similaires contemporains. Mais comme nous l'avons d'emblée signalé, nous n'examinons pas la place de Ferrand dans l'histoire des idées faute d'une meilleure perspective; c'est l'approche essentielle en fonction de la nature de son travail. Le concept médical d'*amor hereos* ne pouvait être élaboré qu'en réexaminant la tradition médicale dans le contexte contemporain des traités philosophiques sur l'amour. Ce procédé avait déjà été utilisé par des écrivains tels que Ficin et Equicola, un procédé qui tentait de se reproduire en France, mais dans des orientations rhétoriques plus rigoureusement galéniques et médicales. C'était là le mouvement intellectuel en vogue que Ferrand avait décelé et qui avait été la raison d'être de son travail. Bien qu'il ait travaillé, en ce qui concerne la matière, d'une façon novatrice, les principes d'organisation de son traité faisaient partie non seulement de son éducation personnelle, mais aussi de la mentalité de son époque.

2

L'amour mélancolique,
théorie médicale de l'antiquité

Pour les raisons énoncées ci-dessus, l'examen du traité de Ferrand doit forcément commencer par l'étude des origines et du développement des théories sur les maladies des passions et de l'amour érotique, puisque *De la maladie d'amour ou melancolie erotique* est avant tout une contribution cumulative à l'histoire de la mélancolie érotique comme idée médicale. L'histoire de cette notion ou ensemble de notions n'a en fait jamais été écrite, bien que des aspects aient été traités par des critiques qui se sont penchés sur des auteurs qui ont abordé ce sujet[1]. Les pages qui suivent ne prétendent pas relater cette histoire, mais elles en proposent une vue d'ensemble. L'étendue du travail de Ferrand exige que l'on tienne compte de toutes les étapes de sa pensée dans l'établissement des prolégomènes de son traité. Bien sûr, cela ne devient historique qu'après coup, parce que le phénomène ne tient sa perpétuation qu'au pouvoir d'amplification des idées elles-mêmes, à l'autorité des écrivains qui les ont exposées et à l'attrait persistant qu'elles ont eu à travers les âges.

Il est assez paradoxal que, pour l'observateur moderne, les matériaux de cette histoire soient constitués de déroutantes combinaisons de motifs qui rendent la

---

[1] Hjalmar Crohns, «Zur Geschichte der Liebe als 'Krankheit'», *Archiv für Kulturgeschichte*, 3 (1905), p. 66–86; John Livingston Lowes, «The Loveres Maladye of Hereos», *Modern Philology*, IX (1914), p. 491–546; Bruno Nardi, «L'amore e i medici medievali», *Saggi e note di critica dantesca*, Milan-Naples, Ricciardi, 1964, p. 238–67; Massimo Ciavolella, *La «malattia d'amore» dall'antichità al Medio Evo*, Rome, Bulzoni, 1975; Giorgio Agamben, *Stanze. La parola e il fantasma nella cultura occidentale*, Turin, Einaudi, 1977, trad. par Yves Hersant, *Stanze. Parole et fantasme dans la culture occidentale*, Paris, Christian Bourgois, 1981; Mary Wack, «Memory and Love in Chaucer's *Troilus and Criseyde*», thèse, Cornell University, 1982; Darrel W. Amundsen, «Romanticizing the Ancient Medical Profession», *Bulletin of the History of Medicine*, 48 (1974), p. 328–37; Adelheid Giedke, *Die Liebeskrankheit in der Geschichte der Medizin*, thèse, Université de Düsseldorf, 1983; Michael R. McVaugh, introduction à son édition du *De amore heroico*, vol. III de Arnaud de Villeneuve, *Opera medica omnia*, Granada, Seminarium Historiae Medicae Granatensis, Barcelona, Seminarium historiae scientiae Barchinone, 1975; le volume collectif *La folie et le corps*, éd. Jean Céard, Paris, Presses de l'École Normale Supérieure, 1985; Mary Wack, *Lovesickness in the Middle Ages. The Viaticum and Its Commentaries*, Philadelphie, University of Pennsylvania Press, 1990.

narration linéaire presque impossible, alors que pour l'observateur de la Renaissance, toute la littérature des deux millénaires précédents n'offrait qu'une série de définitions, de symptômes et de guérisons. Ferrand faisait partie de ces observateurs. Il tenta d'établir toutes les sources médicales antérieures à 1580 et voulut en remanier les éléments respectifs comme s'ils avaient une complémentarité presque totale. Il neutralisa, en les conciliant, les contradictions qui abondaient. Ferrand exerça un jugement sélectif seulement pour les traités plus longs et plus spécifiques des années 1580 et suivantes, c'est-à-dire la période durant laquelle le traité médical sur l'amour s'étend aux contextes plus larges de l'amour poétique, de la mythologie, de la philosophie et des sciences occultes.

Notre étude des écrivains médicaux sur l'amour, de 1580 à 1620, apparaîtra dans une partie suivante qui traite des sources et des traités analogues de la Renaissance. Cette partie se concentrera sur l'influence très profonde que les contemporains proches ou immédiats ont exercée sur le traité. Néanmoins, l'histoire de cette notion dans les époques antérieures devrait aussi être considérée comme une étude des sources, puisque Ferrand se reposa sur un grand nombre d'entre elles pour la documentation de son travail. De plus, il faut comprendre que les définitions des parties de l'âme, des sièges des facultés, des effets de l'imagination et du rôle des esprits selon les scolastiques sont, pour Ferrand, entièrement pertinents. Car c'est par le biais de ces facultés et de leur fonctionnement qu'il pénètre la physiologie du désir et le dérèglement pathologique des humeurs qui mènent aux maladies érotiques.

Amour, mélancolie et folie

> Il me paraît, celui là-bas, égal aux dieux, qui face à toi est assis, et tout près écoute ta voix suave et ton rire charmeur qui a frappé mon cœur d'effroi, dans ma poitrine; tant il est vrai que si peu que je te regarde, alors il ne m'est plus possible de parler, pas même une parole; mais voici que ma langue se brise, et que subtil aussitôt sous ma peau court le feu; dans mes yeux il n'y a plus un seul regard, mes oreilles bourdonnent; la sueur coule sur moi; le tremblement me saisit toute; je suis plus verte que la prairie; et je semble presque morte; mais il faut tout endurer puisque [...].

> N'admires-tu pas comment, au même moment, l'âme, le corps, l'ouie, la langue, la vue, la peau, elle va à leur recherche comme si tout cela ne lui appartenait pas et la fuyait; et, sous des effets opposés, en même temps elle a froid et elle a chaud, elle délire et raisonne (et elle est, en effet, soit terrifiée soit presque morte); si bien que ce n'est pas une passion qui se montre en elle, mais un concours de passions! Tout ce genre d'événements forts et la façon de les rassembler pour les rapporter à un même lieu ont réalisé le chef-d'oeuvre[2].

Ce poème de Sappho ainsi que les commentaires de pseudo-Longin, à qui nous devons la préservation du poème, sont représentatifs de la façon dont l'antiquité envisageait la passion érotique. Le poème lui-même devient une pierre de touche dans l'identification des symptômes de l'amour. Ferrand, dans son chapitre XIV, va même jusqu'à dire que Sappho «estoit autant docte et experimentée en cet art

---

[2] Pseudo-Longin, *Du sublime* X. 2–3, trad. J. Pigeaud, Paris, Éditions Rivages, 1991, p. 70–71.

que nos medecins Grecs, Arabes et Latins [...] attendu qu'ils ne mentionnent aucun signe certain que ceste dame n'aye cognu[3]». L'amour, pensait-on, était un malaise accompagné de symptômes psychologiques et somatiques bien définis et capable de déranger à la fois le corps et l'esprit. Mais avant qu'un tel amour, dans ses manifestations les plus morbides, puisse acquérir une définition pathologique, ses causes et ses symptômes devaient être définis dans les maladies de la mélancolie et de la folie — termes développés par le *physici* de l'école d'Hippocrate.

Les premiers médecins ont fait preuve d'une certaine réticence à parler pleine-ment de mélancolie érotique, c'est-à-dire d'une maladie causée par l'amour ou par une forme de passion érotique, celle-ci étant elle-même une maladie. D'un côté, les premiers théoriciens de la médecine traitaient des fondements de la médecine des humeurs et de la nature de la mélancolie, de même que des états pathologiques concomitants. Les philosophes moraux, quant à eux, spéculaient sur les passions, la nature de l'amour, les instincts du désir et les aliénations mentales. Mais tout au long de l'antiquité, ces éléments se réconcilient d'une façon qui laisse peu de doute quant à l'association générale des maladies causées par la bile noire avec les perturbations suscitées par la passion immodérée.

Néanmoins, et de manière paradoxale, ceux qui s'approchent le plus d'une formulation explicite de la thèse sont précisément ceux qui s'avèrent être les plus hésitants à l'endosser. Arétée de Cappadoce, un médecin du premier siècle établi à Rome, en offre un exemple parfait. Dans son chapitre sur la mélancolie, il rapporte une vieille histoire dans laquelle un certain jeune homme est «affecté sans espoir de guérison» par son amour pour une jeune fille. Son cas se trouvait donc hors de portée de toute aide médicale. Le fait que le problème est soulevé dans ce contexte apporte la preuve que l'on a associé amour et mélancolie. Toutefois, Arétée poursuit en expliquant que l'amour lui-même est responsable de l'état anormal du jeune homme, qui semblait mélancolique aux yeux de tous[4]. Pour lui, l'amour non partagé n'est pas producteur de mélancolie, bien que les symptômes en soient les mêmes. C'est probablement parce que la mélancolie se développe dans le corps, alors que l'amour est une passion de l'esprit, que les deux ne doivent pas être causalement liés, bien qu'Arétée admette ailleurs que la bile, qui passe dans un mouvement ascendant, peut attaquer le cerveau et que les dérangements de l'esprit peuvent avoir des effets sur le corps. Ces mêmes distinctions prévaudront chez Galien et chez les physiciens byzantins jusqu'à Paul d'Égine.

L'identification de cette première circonstance où la profession médicale fait formellement référence à la mélancolie érotique est, dans un certain sens, cruciale pour le développement de la notion. D'un autre côté, ce n'est qu'une précision théorique, puisque dans l'antiquité l'on tenait pour acquis que l'amour était un état de la mélancolie bien avant que des médecins n'endossent ouvertement cette association d'idées. Sappho traite de l'amour comme d'un symptôme de maladie; les premiers écrivains des humeurs expliquent la folie et tous les troubles émotifs du

---

[3]Ferrand fut capable de répertorier plusieurs imitateurs parmi les anciens — pseudo-Longin, Ovide, Stace et Catulle — d'une façon qui suggère l'importance du poème. Mais le fait qu'il trouve la version contemporaine de Rémi Belleau est réellement la découverte la plus frappante, car elle montre que tout le poids des lignes de Sappho demeure.

[4]Arétée de Cappadoce, *De causis et signis acutorum morborum*, dans *The Extant Works*, éd. Francis Adams, Boston, Longwood Press, 1978, p. 300. *Traité des signes, des causes et de la cure des maladies aiguës et chroniques*, trad. M. L. Renaud, Paris, E. Lagny, 1834.

cerveau par l'invasion de la bile noire; Platon parle de l'amour sexuel comme d'une maladie de l'esprit; et Aristote attribua les origines de l'éros non pas à l'esprit mais au sang qui bouillonne autour du cœur. D'une part, pendant toute l'antiquité, on divergea d'opinion sur l'origine mentale de l'amour érotique, car certains situaient ses origines dans les organes reproducteurs, le cœur, ou le sang. D'autre part, on ne s'accordait pas non plus à penser que la mélancolie provenait seulement du corps, parce que certains croyaient que la pensée et les opérations des facultés de l'esprit pouvaient elles-mêmes générer des états mélancoliques dans le cerveau, qui, à leur tour, attaquaient le corps. Sur ce point, il convient de noter que les observateurs de la Renaissance n'avaient pas une vue précise de l'histoire de la médecine. Ils pouvaient se reporter aux chapitres d'Arétée et de Galien sur la mélancolie et la manie ou aux chapitres d'Oribase et de Paul d'Égine sur l'amour, tout à fait convaincus qu'en parlant de mélancolie les deux premiers incluaient l'amour érotique, alors que les deux derniers désignaient plutôt les maladies mélancoliques.

Les humeurs et l'école d'Hippocrate

Pour les médecins de l'école d'Hippocrate la santé dépend du maintien des quatre humeurs corporelles de base dans un état isonomique; le déséquilibre causé par la prédominance d'une humeur sur les autres provoque la maladie[5]. Ils concentrent leurs intérêts professionnels sur les diagnostics de l'humeur mélancolique (μέλαινα χόλη), parce que ses symptômes pathologiques sont plus marqués que ceux des autres tempéraments et consistent avant tout en des perturbations psychologiques (peur, dépression, folie) accompagnées d'effets somatiques secondaires très poussés[6]. L'auteur du traité de *La maladie sacrée*[7] attribue les origines de la maladie à un excès de bile noire capable de toucher non seulement les organes du corps, mais aussi le cerveau lui-même. Sa pathologie est basée sur la croyance axiomatique que le cerveau est le pilote de tout l'organisme et le siège des affections et des émotions. D'où le raisonnement que de tels troubles doivent provenir d'états anormaux causés par des altérations matérielles du cerveau, elles-mêmes dues à des excès de froideur ou de chaleur, d'humidité ou de sécheresse. La folie est attribuée à un excès d'humidité[8]. Cet état mental se propage dans le corps par l'intermédiaire du cœur, non pas parce que celui-ci ressent consciemment de la douleur ou de l'anxiété, mais parce qu'à travers les veines qui l'entourent le cœur

---

[5]Hippocrate, *La nature de l'homme (De natura hominis)*, livre I, ch. 4, dans *Œuvres complètes*, traduction avec le texte grec en regard par É. Littré, 10 tomes, Paris, J. B. Baillière, 1839–1861. Pour l'origine et le développement de la doctrine humorale et le concept de la mélancolie, voir R. Klibansky, E. Panofsky, F. Saxl, *Saturne et la mélancolie*, trad. par Fabienne Durand-Bogaert et Louis Évrard, Paris, Gallimard, 1989, p. 31 et suiv.; l'introduction de W. H. S. Jones à son édition d'Hippocrate, *Hippocrates*, Loeb, 1962, vol. I, p. xlvi et suiv.; et J. Starobinski, «Histoire du traitement de la mélancolie des origines à 1900», dans *Acta psychosomatica*, 4, Basel, J. R. Geigy, 1960.

[6]C'est ainsi que dans *Épidémies (Epidemiae)*, livre III, 17b, éd. W. H. S. Jones, *Hippocrates*, vol. I, p. 260 et suiv., les troubles émotionnels sont attribués à la bile noire, alors que l'auteur des *Aphorismes (Aphorismi)*, livre V, 23 écrit: «la peur et la dépression qui est prolongée veut dire mélancolie».

[7]Ce traité fut probablement écrit par Polybe, beau-frère d'Hippocrate.

[8]*La maladie sacrée (De morbo sacro)*, in *Opera omnia*, Basileae, 1558, p. 215 et suiv.

éprouve de la douleur ou de la tension et se convulse par sympathie[9]. En résumé, la folie et les autres troubles émotionnels sont causés par une invasion de bile noire dans le cerveau alors que le corps entier est affligé par les convulsions sympathiques du cœur; chaque état mental produit des symptômes caractéristiques, tels que des palpitations, des tremblements, une vision floue, un bégaiement ou une perte de la parole[10]. La mélancolie devient l'explication préférée non seulement pour la dépression mais aussi pour la folie et les autres formes de dérangement nerveux, de telle sorte que le verbe μελαγχολᾶν (avoir la bile noire) devient synonyme de μαίνεσθαι (être fou)[11].

Aphrodite Pandémie et Aphrodite Uranie

La fusion du concept de folie avec celui de mélancolie permit d'inclure le désir érotique dans les états penchant vers la démence. Cette association d'idées fut sanctionnée à la fois par la tragédie euripidienne et par les spéculations philosophiques de Platon et d'Aristote. Euripide écrivit ses tragédies durant la période où les sophistes révolutionnaient la vie des Athéniens en faisant ressortir la nature subjective de l'expérience et en développant leurs propres théories concernant le fonctionnement des sensations et des perceptions, ainsi que la nature de la compréhension et du sentiment. La conception de l'éros d'Euripide est fortement influencée par leur pensée[12].

Alors que pour les tragiques qui le précédèrent l'éros était une force cosmique et objective, pour Euripide cela devient une passion, une force subjective, qui s'empare de tout le corps humain presque comme une maladie[13]. Dorénavant, le principe vital de l'homme n'est plus le surnaturel, mais son θυμός, son âme; la question de la réalité de l'expérience humaine est donc posée en relation avec l'âme, et le poète s'étend sur les motivations psychologiques — la plus importante étant l'amour — qui poussent l'homme à agir. Une lecture rapide d'*Hippolyte* indique que le centre d'intérêt poétique du drame, l'amour de Phèdre pour son beau-fils Hippolyte, est un conflit aux dimensions mythiques, un combat entre Aphrodite et Artémis. Néanmoins, une lecture plus critique révèle que les deux déesses ne sont que des figures traditionnelles que le poète utilise afin de cristalliser les plus profondes émotions des protagonistes. En fait, au centre de la tragédie se tient

---

[9]*La maladie sacrée (De morbo sacro)*, p. 217 et suiv.

[10]Cf. *De humoribus*, cap. ix, éd. Littré, vol. 5, p. 488.

[11]Voir, par exemple, Platon, *Timée* (268d); Aristophane, *Ploutos*, 10–14, 364–73, et *Oiseaux*, 13–14. Voir aussi R. Klibansky et al., *Saturn and Melancholy*, p. 17; W. H. S. Jones, *Hippocrates*, vol. I, p. lviii; G. Rosen, *Madness in Society: Chapters in the Historical Sociology of Mental Illness*, New York, Harper and Row, 1969, p. 93. Tous les ouvrages de Platon ont été consultés dans *Platonis opera*, éd. Joannes Burnet, Oxford, Clarendon, 1900–07. Voir aussi J. Pigeaud, *Folie et Cures de la Folie chez les médecins de l'antiquité greco-romaine: la manie*, sur la maladie sacrée, p. 41–63.

[12]F. Lasserre offre un excellent examen de ce problème dans *La figure d'Éros dans la poésie grecque*, Lausanne, Impr. réunies, 1946.

[13]Sophocle, *Trachiniennes*, 455, fait allusion à «la maladie d'amour», *Théâtre*, trad. Jacques Lacarrière, Paris, Philippe Lebaud, 1982. Mais Euripide semble avoir été le seul auteur à utiliser ce concept pour décrire les effets destructeurs de cette passion sur l'organisme humain.

la lutte (ἀγών) de Phèdre, le conflit entre sa passion et sa rationalité. L'amour de Phèdre n'est pas sans rappeler celui de Pasiphaé et d'Ariane: ce n'est pas une force divine, mais une impulsion tragique (ἄτη), un pathos (πάθος), qui surgit de l'âme et conduit à une désintégration mentale et physique complète:

> Phèdre. «Et toi, ne me conseille que pour ma gloire. Oui, en me délivrant en ce jour de la vie, je réjouirai Cypris, qui me perd, je m'avouerai vaincue par une passion amère. Mais il en est un autre à qui ma mort sera cruelle, pour lui apprendre à ne pas outrager mes souffrances de ses hautains mépris; et, victime avec moi du mal qui me consume, il en sera guéri de sa présomption.»

Pour Platon l'amour est causé par la perception de la beauté; c'est-à-dire que l'amour trouve ses causes externes dans le monde des phénomènes. Dans le *Cratyle*, nous lisons qu'Éros est appelé ainsi (si l'on en croit l'étymologie de Platon) «parce qu'il *coule en* [...] l'âme du dehors[14]». L'éros dérive donc d'un amour sexuel embrasé au contact des formes visibles. Parce que c'est la beauté qui satisfait la vue (le sens le plus parfait)[15], l'éros est l'amour du beau, et le beau plaît parce que c'est une réflexion de l'Idée dans le cadre des choses matérielles[16]. L'âme humaine, qui dans sa partie supérieure (νοητικόν)[17] est en contact intime avec l'Idée, ressent sa présence et produit un frisson mystérieux au moment où le contact s'effectue avec la beauté sensible[18]. L'éros commence son ascension vers l'éternel avec un acte irrationnel, une sorte de manie qui, tout en forçant l'homme à se détacher de lui-même, lui annonce une valeur au-delà du monde des apparences[19]. L'amour est donc conditionné, *a parte objecti*, par la beauté des formes humaines, alors que l'esprit doit être capable de reconnaître encore plus consciemment la valeur idéale qui se devine à travers les apparences, parce que sans l'intervention active de l'esprit, le message de l'Idée ne pourrait pas être décodé. L'homme est donc en position de choisir entre deux attitudes face à la forme perçue par ses sens: il peut aimer la belle apparence parce qu'il y reconnaît l'éternel, et il peut alors transcender la beauté sensible afin de posséder, de manière abstractive, ce qui est éternel; ou bien il peut accepter et aimer l'objet perçu comme réalité absolue et désirer le posséder parce qu'il ne voit rien d'autre en dehors de lui. Le premier est

---

[14] Platon, *Cratyle* (420b).

[15] Platon, *Phèdre* (250d).

[16] Plotin, *Ennéades*, éd. Emile Brehier, Paris, Les Belles Lettres, 1924, livre V, ch. 3, pt. 3, l'appelle Αἴσθησις ἄγγελος: le messager des sensations.

[17] Dans *La République* (435b9), Platon énumère trois âmes chez l'homme ou plutôt trois parties de l'âme. Dans *Phèdre* (246a et suiv.), cette division est suggérée par le mythe du char, du conducteur de char et des chevaux: le conducteur de char symbolise l'âme rationnelle; le noble cheval est l'âme courageuse qui, guidée par le conducteur de char, tire vers le haut; le cheval le moins noble est l'âme passion qui tire l'homme vers le bas. Dans le *Timée* (69d–e, 70d–e), la division est devenue plus scientifique: l'âme rationnelle est dans la tête et elle est séparée des autres parties par le cou. L'âme irascible est placée dans la poitrine sur le diaphragme, ce qui la sépare de l'âme inférieure. Près de la tête, l'âme irascible peut écouter la voix de la raison et réprimer l'âme passionnelle, qui est placée sous le diaphragme et y est attachée comme un cheval sauvage. On adhérera largement à cette doctrine des trois parties de l'âme dans toutes les philosophies néoplatoniciennes.

[18] φρίκης: Platon, *Phèdre* (251a).

[19] *Phèdre* (244a, 249d–e).

l'amour pur qui est le salut de l'âme, Aphrodite Uranie; le deuxième est Aphrodite Pandémie, un amour sexuel, une maladie (νόσημα) qui détruit l'esprit[20].

Dans le *Banquet* la distinction entre l'éros positif et l'éros négatif vient de la distinction entre l'état de bonne santé et l'état de maladie. Le problème de l'éros se rapporte alors à la *techne* traditionnelle des origines: «Je parlerai d'abord de la médecine, pour faire honneur à mon art. La nature corporelle est soumise aux deux éros; car ce qui est sain dans le corps et ce qui est malade sont, il faut bien le reconnaître, des choses tout à fait différentes. L'amour qui règne dans une partie saine diffère donc de celui qui règne dans une partie malade[21]». L'amour sexuel est donc «l'amour dans une partie malade», alors que l'amour céleste est «l'amour dans une partie saine». La distinction entre les deux sortes d'amour n'est plus seulement fondée sur un concept moral mais aussi sur un concept scientifique.

Néanmoins, c'est Aristote qui, par le biais de sa philosophie de la nature, donne une forme systématique au concept de passion érotique comme maladie. L'axiome fondamental de son approche psychophysiologique est que la sensation est un mouvement commun au corps et à l'esprit[22]. Les passions en général sont κινήσεις ψυχῆς, des modifications sensorielles à travers lesquelles l'intellect agit sur le corps[23] et qui sont divisées en deux groupes: les perturbations mentales et les perturbations somatiques. Le premier groupe comprend toutes les passions qui expriment les tendances, les désirs, les appétits, et qu'Aristote définit comme λόγοι ἔνυλοι, c'est-à-dire des opérations mentales intimement liées aux opérations corporelles, de sorte que, pour les décrire, les deux aspects doivent être pris en considération[24]. Le second groupe comprend les σωματικὰ πάϑη, à savoir ces passions qui, comme l'éros, proviennent du corps et ont également une influence profonde sur la constitution mentale de l'individu[25]. Aristote définit l'éros comme un désir de reproduction[26]. Pour ce qui est de sa cause physiologique, elle consiste, tout comme la colère, en un bouillonnement du sang autour du cœur[27].

C'est ainsi qu'Aristote place les causes de l'amour plus fermement dans le corps, assignant au cœur et aux organes reproducteurs des rôles centraux dans la production des appétits érotiques. Selon une définition trouvée dans un fragment du traité aristotélicien *Eroticos* conservé dans le *Traité d'amour mystique (Al-Ma'tuf)* d''Abu Al-Hasan 'Ali 'ibn Muhammad Al-Daylami (XIe siècle), l'éros est né dans le cœur et de là circule dans tout le corps:

> L'amour est une impulsion que le cœur engendre; une fois engendré, il évolue et grandit, puis mûrit. Une fois arrivé à maturité, chaque fois qu'une vive émotion se

---

[20] *Phèdre* (244a–b, 265a–b).

[21] Platon, *Le Banquet* (186a–b). Platon reconnaît également l'influence du corps sur l'âme: voir le *Timée* (61e, 62a, 62b, 62c, 64b–d).

[22] Aristote, *De l'âme* (408b1–15). Tous les ouvrages d'Aristote ont été consultés dans la version latine *Aristotelis opera*, éd. Academia Regia Borusca, 5 vols., Berolini, Koenigliche Akademie der Wissenschaften, 1831–70. Pour la traduction française du traité *De l'âme* nous avons utilisé l'édition de Richard Bodéüs, Paris, Flammarion, 1993.

[23] *Politique*, VIII.7. (1342a8); cf. *De memoria et reminiscentia*, I. (450b1).

[24] *De l'âme*, I.1. (403a25–b8).

[25] *Rhetorica*, I.2. (1370a22 et suiv.).

[26] *De l'âme*, II.4. (415a23 et suiv.).

[27] *De l'âme*, I.1. (403a25–b8).

produit, que la persévérance, le désir, la concentration et l'envie grandissent dans le cœur de l'amoureux, les affections et l'appétit se joignent à l'amour. L'amoureux est entraîné dans un chagrin troublant, dans l'insomnie, la passion sans espoir, la tristesse et l'anéantissement[28].

Les différences entre la physiologie de l'amour énoncée ici et celle de l'école d'Hippocrate alimenteront d'éternelles polémiques parmi les médecins du Moyen Âge afin de savoir si c'est dans la tête ou dans le cœur qu'est le siège de la maladie. Ces différences, du même coup, sont responsables des mécanismes compliqués et maladroits que l'on trouve dans des traités contradictoires, où le cœur, le cerveau, le foie, les organes génitaux, le sang, et les vapeurs du sang sont joints en une séquence complexe de cause à effet. Si l'on s'en tient à l'autorité d'Aristote, les fonctions du cœur sont irrévocablement convoquées dans la discussion; elles trouveront leur chemin dans un grand nombre de traités postérieurs sur la passion érotique.

Pour que les affections apparaissent, il doit y avoir un appétit, une envie, «car le sujet désirant est mû en tant qu'il désire, et le désir est une sorte de mouvement ou plutôt acte[29]». Et «l'objet même du désir devient principe de l'intellect pratique[30]», la première force motrice[31] est l'objet perçu par le sujet, ἡ διά τῆς ὄψεος ἡδονή, et le plaisir est déterminé par la vision d'une belle chose[32]. Une fois que l'affection s'est développée, elle irradie du cœur comme une force motrice sous la forme d'un pneuma[33]. Le *pneuma*, qu'Aristote considère comme le principe vital de l'organisme, la source de la chaleur corporelle qui est donc liée au sang, détermine la constitution physique et mentale de l'homme[34]. C'est pour cette raison qu'il peut comparer l'amour à l'état d'ébriété et à la folie, c'est-à-dire aux moments pathologiques où la raison est presque totalement assombrie[35]. La vue de quelque chose de beau fait monter le désir qui, en modifiant la température interne du corps à travers le cœur, dérange son équilibre physiologique et psychologique; «la colère, les désirs amoureux et quelques autres affections de ce genre produisent aussi, manifestement, un changement dans le corps et provoquent même chez quelques-uns un véritable égarement[36]».

---

[28] Notre traduction. On peut trouver le texte original arabe chez R. Walzer, «Aristotle, Galen, and Palladius on Love», *Greek into Arabic*, Cambridge (Mass.), Harvard University Press, 1962, p. 42–43.

[29] Aristote, *De l'âme* (433b).

[30] Aristote, *De l'âme* (433a).

[31] *De motu animalium*, VI. (700b23–24).

[32] *Éthique à Nicomaque*, IX.v. (1166ae–1167ac). Nous avons utilisé l'édition suivante: Aristote, *Éthique à Nicomaque*, trad. Jean Voilquin, Paris, Flammarion, 1965.

[33] *De partibus animalium*, III.3. (665a10): cf. III.4. (666b10), et aussi *De somno et vigilia*, ch. 2 (456a). Sur le pneuma, voir l'étude fondamentale de G. Verbeke, *L'évolution de la doctrine du «pneuma» du stoïcisme à Saint Augustin. Étude philosophique*, Louvain, Academia Lovaniensis, 1945.

[34] *De partibus animalium*, II.4. (651a12), mais aussi (667a9). Aristote ne précise pas le rôle du pneuma et ses caractéristiques. Cela ne fait aucun doute que, pour lui, il a une nature matérielle et est capable de se contracter et de se dilater. Par le biais de ces contractions et de ces dilatations, le cœur reçoit une impulsion qui fait que le pneuma change de volume, touchant ainsi aux esprits voisins.

[35] Aristote, *Éthique à Nicomaque*, VII.3 (1147a10 et suiv.).

[36] *Éthique à Nicomaque*, VII.iii.7 (1147a7–8), trad. par J. Voilquin, Paris, Garnier-

Étant donné que l'amour influence le corps et l'âme, nous pouvons résumer le procédé psychophysiologique provoqué par la vue d'un objet plaisant dans les termes suivants: chez les êtres capables de sensation[37], la forme de l'objet est communiquée aux cinq sens par des corps intermédiaires[38], et principalement à la vue, puisque c'est le plus parfait de tous les sens[39]. Dans *De l'âme (De anima)*, le procédé de sensation est récapitulé dans une comparaison dérivée de Platon qui jouira d'une énorme popularité au Moyen Âge: «De façon analogue, chaque fois que le sens perçoit, il pâtit de ce qui a une couleur, une saveur ou une sonorité[40]».

Dans *De la mémoire (De memoria)*, l'impression produite par la sensation est définie comme un ζωγράφημα, un dessin: «La passion produite par sensation dans l'âme et dans la partie du corps sensible est comme un dessin [...]. En fait, le mouvement reproduit dans l'âme une sorte de dessin de l'objet perçu, comme ceux qui marquent un sceau avec une bague[41]». Il est bon de noter ici qu'Aristote n'accepte pas l'idée largement partagée que la vue suppose un écoulement d'éther ou de vapeurs volatiles du sang vers l'objet; cette théorie prendra plus de force à la Renaissance avec Marsile Ficin. Pour lui la vue est une passion, une modification dans l'œil lui-même, où couleur et forme sont imprimées sur l'élément liquide de l'œil et sont tour à tour reflétées comme dans un miroir.

La passion, ou le mouvement produit par la sensation, est ensuite livrée aux sens internes[42], tout d'abord à l'imagination ou à la fantaisie, qui est la vision mnémonique des modifications reçues même après que l'objet de sensation a disparu[43]. Bien qu'Aristote ne définisse pas cette partie de l'âme, il l'établit comme le moyen «à travers lequel le fantasme est produit en nous»:

Flammarion, 1965, p. 181.

[37] *Éthique à Nicomaque*, II.v. (1105b20–28).

[38] Aristote, *De l'âme*, II.vii. (419a19–21), trad. Richard Bodéüs, Paris, Flammarion, 1993.

[39] *De l'âme*, III.iii. (429a3).

[40] *De l'âme* (424 a17), trad. R. Bodéüs, p. 195. Voir Platon, *Théétete*, (191d–e). Nous avons la preuve que, dès Plutarque, le concept de l'imagination pervertie et l'empreinte de l'être aimé sur l'esprit de l'amoureux avaient été établis comme idée reçue — une idée qui restera dans l'histoire comme une explication du comportement des amoureux et qui deviendra centrale pour les analystes de l'amour du Moyen Âge et de la Renaissance: le *Dialogue sur l'amour* (759c), dans les *Œuvres morales*, p. 75: «On dit que les fictions poétiques, à cause de la force avec laquelle elles s'imposent, sont comme des rêves de gens éveillés, mais cela est bien plus vrai de l'imagination des amoureux, qui se figurent parler à la personne aimée, l'embrasser ou lui adresser des reproches, alors qu'elle est loin! Les impressions que font les objets sur notre vue, en général, s'effacent et disparaissent vite de notre esprit, comme une peinture sur fond humide; au contraire, les yeux de l'amant retiennent l'image de l'aimé comme si elle était peinte à l'encaustique et gravée avec l'aide du feu; cette image reste dans la mémoire où elle est douée d'une vie propre, du mouvement et de la voix, et s'y conserve à tout jamais».

[41] *De memoria et reminiscentia* (450a). Voir aussi G. Agamben, *Stanze*, p. 122–83.

[42] En fait, la sensation reste sensation aussi longtemps que l'objet de sensation est présent: *De l'âme*, II.v. (417a2–9), cf. *De sensu et sensibilibus* (438b22–24), et aussi *Éthique à Nicomaque*, X.iv. (1174b14). Pour un excellent compte rendu de la tradition occidentale du sens de la perception, voir Louise Vinge, *The Five Senses: Studies in a Literary Tradition*, Lund, Université de Lund, 1975.

[43] *De l'âme*, III.iii. (429a); cf. III.iii. (427b14).

Si, donc, la représentation ne comporte aucune autre détermination que celles dont on a fait état, et c'est ce qu'on a dit, la représentation sera le mouvement qui se produit sous l'effet du sens en activité.

Par ailleurs, dès lors que la vue constitue le sens par excellence, le nom [grec de la représentation: *phantasia*] se trouve aussi tiré du [mot qui signifie] lumière [*phaos*], parce qu'on ne peut voir sans lumière. Le fait que les représentations soient durables et ressemblent aux sensations explique encore que les animaux règlent sur elles beaucoup de leur actions, les uns, parce qu'il leur manque l'intelligence, comme c'est le cas des bêtes, les autres, parce que leur intelligence s'obscurcit quelquefois par l'effet de la passion, de la maladie ou de sommeil, comme c'est le cas des hommes[44].

L'image produite par la fantaisie est une virtualité intelligible[45] qui devient active par l'intermédiaire de l'intellect agent[46]. Dans les fantasmes, donc, réside la forme de l'objet de la sensation, qui est alors «extraite» par un procédé d'illu-

---

[44] *De l'âme* (429a1), éd. R. Bodéüs, p. 221.

[45] *De l'âme*, III.vii. (431–32); cf. III.viii. (432a3–6).

[46] L'intellect agent, écrit Aristote dans *De l'âme*, III.v. (430a15 et suiv.), «est séparable, impassible et sans mélange, puisque c'est essentiellement une activité; car l'agent est toujours supérieur au patient, et la cause d'origine à la matière». Puis, dans *De generatione animalium*, (II.iii.736a28), il affirme qu'il vient de l'extérieur et qu'il est immortel et éternel. Aristote, par contre, ne précise pas si l'intellect agent appartient à l'âme ou s'il fait partie d'une divinité, d'autant plus qu'il est corruptible. Après Aristote, ce problème a généré trois positions philosophiques:
   a. L'intellect agent est séparé de l'âme humaine. Alexandre d'Aphrodise (IIe siècle) défendait cette thèse et posait comme principe l'identité de l'intellect agent avec celui de la divinité. L'âme comprend l'intellect possible, dont le rôle est de s'emparer de formes, et l'intellect acquis, dont le rôle est de perfectionner ces formes. Parce que l'intellect agent est séparé de l'âme, il doit être mortel; l'activité intellectuelle est donc strictement dépendante des sens. Cette interprétation fut acceptée par les philosophes néoplatoniciens arabes, par Al-Kindi (IXe siècle), Al-Farabi (IXe siècle) et finalement par Avicenne (Ibn Sina, XIe siècle) qui, dans son *De anima* (trad. de l'arabe en latin par Andrea Alpago, Venetiis, ap. Juntas, 1546; réimpr. Westmead, Gregg International Publishers, 1969), essaya de démontrer que la thèse proposée par Alexandre ne nie pas l'immortalité de l'âme. L'âme humaine, dit-il, dépend de l'intellect agent, et cette dépendance demeure même après que l'âme est séparée du corps. Plus tard Avempace (XIIIe siècle) et Maïmonide (XIIIe siècle) défendirent cette solution.
   b. L'intellect agent et l'intellect passif sont séparés de l'âme humaine. Cette solution était défendue par Averroès (1126–98). L'intellect passif, déclare Averroès, n'est qu'une «disposition» de l'âme, qui est communiquée à l'humanité par l'intellect agent dont le but est d'extraire les concepts et les vérités universelles des images de sensation. L'homme ne possède donc que l'intellect acquis dont le but est la connaissance des vérités universelles (voir le *Grand commentaire du De anima* dans l'édition de F. Stuart Crawford, Cambridge (Mass.), Medieval Academy of America, 1953).
   c. Les intellects agent et passif font partie de l'âme humaine. Cette thèse est défendue par Themistius Euphrades Paphlago, le commentateur d'Aristote au IVe siècle, dans son *Commentaire sur le Traité de l'âme d'Aristote*, éd. Richard Heinze, Berlin, G. Reimer, 1989, p. 103 et 106, dans une polémique contre Alexandre d'Aphrodise. Il est suivi par Simplicius, le commentateur de Platon (VIe siècle), et accepté au XIIIe par les philosophes scolastiques afin de réfuter les thèses d'Alexandre et surtout d'Averroès.
   Le problème de l'averroïsme latin est au centre d'un long débat parmi les critiques, un débat qui soulève l'interprétation d'aspects importants de la théorie du Moyen Âge

mination, puis purifiée de toute substance résiduelle[47].

Une fois que l'intellect agent a agi sur l'image, la forme dans l'image regagne son pouvoir inné et dynamogénique[48]. (Le pouvoir dynamique propre à la forme — qui est communiqué à l'intellect possible par l'image sous l'influence de l'intellect agent — est celui qui plus tard sera appelé *species intelligibilis*.) Parce que l'intelligible est fabriqué dans l'intellect, qui est ensuite activé, l'intellect est maintenant capable de comprendre la forme immatérielle qui est gardée en mémoire comme la «possession d'une image iconique de la chose qui en est son image[49]». Comme nous pouvons le voir, la fonction du *fantasme* qui est à la fois dans la mémoire et dans le procédé du savoir est fondamentale. Aristote affirme que l'intellect est φανθασία τις, une sorte de fantaisie, et il répète plusieurs fois un principe que les savants du Moyen Âge accepteront plus tard comme la base de tout procédé cognitif, à savoir que l'homme ne peut rien comprendre sans *fantasmes*:

> Puisque, par ailleurs, il n'est absolument rien de séparable en dehors des grandeurs sensibles, comme le veut l'opinion, c'est dans les formes sensibles, que se trouvent les intelligibles [...]. Et c'est pour cela que, sans l'exercice des sens, on ne peut rien apprendre, ni comprendre; et que la spéculation implique nécessairement la vue simultanée de quelque représentation[50].

Aussitôt qu'une personne reconnaît un objet, son imagination présente l'objet comme un dessin appétissant qui peut être atteint par l'intellect pratique[51]. Parce que le désir réside non pas dans l'intellect, dont le but est la vérité, mais dans l'appétit, dont la perfection penche du même côté que l'amour, l'appétit en mouvement n'est pas le rationnel, mais le sensible[52]. Puisqu'il est causé par une forme visible (*species*) qui atteint l'intellect, l'amour est assujetti à la raison. C'est en fin de compte un mouvement de l'appétit sensible qui peut, à travers le *pneuma* et la chaleur interne du corps, assombrir la raison de l'homme et l'amener à chercher un bien particulier au lieu de la vérité, le bien universel. Cette théorie de l'imagination est essentielle au concept médical du désir érotique, car c'est dans l'imagination qu'est fixée l'image de l'être aimé, dans un état qui fait abstraction des perceptions réelles des sens et dont les changements offrent une version exagérée qui préoccupe l'esprit et provoque la maladie.

---

sur l'amour, surtout ceux ayant trait à la tradition italienne et au poète Guido Cavalcanti (le «premier ami» de Dante Alighieri dans *Vita Nuova*). Pour une étude détaillée de cette polémique et une redéfinition brillante du problème de l'influence de l'averroïsme (ou de l'aristotélisme radical) sur Cavalcanti et son cercle littéraire, voir Maria Corti, *La felicità mentale. Nuove prospettive per Cavalcanti e Dante*, Turin, Einaudi, 1983. Cf. Agamben, *Stanze*, p. 100 et suiv.

[47]L'intellect agent et l'imagination sont deux pouvoirs de la même âme, et, puisque l'intellect agent est toujours actif, l'image est toujours sous son influence.

[48]*Métaphysique*, viii. (1050b2).

[49]*De memoria et reminiscentia* (415a). Voir aussi G. Agamben, *Stanze*, p. 127

[50]*De l'âme* (432a1), éd. R. Bodéüs, p. 239.

[51]*Ibid.* (433a13–15). Le pouvoir cinétique a donc besoin d'appétit et d'intellect pratique d'un côté et, de l'autre, de l'objet d'appétit, le moteur immobile, qui, présenté par l'imagination, attire à lui-même (sans être déplacé), la capacité d'appétit (le déplaceur déplacé) qui se réalise dans l'être humain (le déplacé).

[52]*Politique* (1267b4). Voir aussi *De l'âme* (433b17–18), et (cf. 433a21 et 433a31).

Antiochos et Stratonice

Après Aristote, la passion érotique est étudiée comme topique par un certain nombre d'écrivains, dont Héraclide du Pont (vers 390-310 av. J.-C.)[53], Théophraste (fl. 255 av. J.-C.)[54] et Cléarque de Soles (un jeune contemporain d'Aristote)[55]. Cette théorie fut reprise par Galien, puis transmise aux médecins byzantins Oribase et Paul d'Égine et, à travers eux, aux Syriens et finalement aux Arabes, qui à leur tour influencèrent les écrivains médicaux des écoles de Salerne, Bologne et Montpellier. Tel fut le canal de diffusion vers l'Europe de l'Ouest de ce concept médical de mélancolie érotique, un concept dont les origines remontent à la fusion des traditions hippocratique et aristotélicienne concernant les passions et leur cheminement dans le corps, un concept également élaboré sous l'influence des premiers poètes grecs de l'amour, Sappho en particulier, mais aussi Archiloque, et sous l'influence de la tragédie grecque. La fusion du littéraire et du scientifique atteignit toute son ampleur dans les poèmes lyriques et les romans de l'âge alexandrin, et dans les *disputationes* rhétoriques, répandues à l'époque romaine. Cette période d'intégration et d'illustration littéraires de l'idée projeta l'amour comme une forme de maladie dans des contextes sociaux qui vacillaient entre fiction et histoire. Les observateurs qui suivirent furent amenés à examiner l'amour dans un sens clinique: état réclamant un diagnostic selon ses symptômes, ainsi que les poètes et les romanciers les décrivent, et qui devait être traité selon sa nature.

L'exemple le plus manifeste de cet amalgame, et sans aucun doute celui qui reçut le plus d'attention des poètes et des médecins tout au long des siècles qui suivirent, fut l'histoire d'Antiochos et de Stratonice. L'histoire fut attribuée au médecin Érasistrate (fin du IVe siècle av. J.-C.) comme le récit d'un événement véridique. Elle fut, à son tour, popularisée par Valère Maxime (Ier siècle av. J.-C.) dans ses *Faits et dits mémorables* (*Factorum et dictorum memorabilium*), un recueil d'anecdotes pour orateurs, et par Plutarque (50 av. J.-C.–12 ap. J.-C.) dans sa *Vie de Démétrios*.

Valère Maxime raconte comment Antiochos, le jeune fils du roi Séleucus, était éperdument amoureux de Stratonice, sa belle-mère. Sentant néanmoins tout ce que sa flamme avait de criminel, il cachait religieusement au fond de son cœur cette blessure sacrilège: deux affections opposées, un amour extrême et un respect sans bornes, renfermées dans le même sein, dans les mêmes entrailles, réduisirent le prince au dernier degré de langueur. Il était étendu sur son lit, dans un état voisin de la mort: sa famille fondait en larmes; son père, accablé de douleur, se représentait la perte d'un fils unique et l'horrible malheur de voir sa vieillesse privée d'enfants. Tout le palais offrait l'image de la mort, plutôt que celle de la royauté. Mais la sagacité de l'astrologue Leptine, ou, selon d'autres, du médecin Érasistrate, dissipa ce nuage de tristesse. Assis auprès d'Antiochos, il constate

---

[53] Diogène Laërce, *De clarorum philosophorum vitis, dogmatibus et apophtegmatibus libri decem*, V, 87, dans *Die Schule des Aristoteles*, éd. F. Wherli, 10 vols., Basel, B. Schwabe, 1967; *Vie, doctrines et sentences des philosophes illustres*, trad. R. Genaille, Paris, Garnier–Flammarion, 1965, p. 260–62.

[54] *Vie, doctrines et sentences des philosophes illustres*, livre V, ch. 2, trad. R. Genaille, p. 242–48.

[55] *Die Schule des Aristoteles*, vol. III. Voir aussi E. Rohde, *Der Griechische Roman und seine Vorläufer*, Hildesheim, Olms, 1960, p. 57–58.

que lorsque Stratonice entrait il rougissait et que sa respiration devenait pressée; que sitôt qu'elle était sortie il pâlissait et reprenait une respiration plus libre. En observant ces symptômes avec attention il parvint à découvrir la vérité. Chaque fois que Stratonice entrait et sortait, il prenait sans affectation le bras du malade; et au battement du pouls, tantôt plus fort, tantôt plus faible, il reconnut la cause de la maladie. Aussitôt il en rendit compte à Séleucus. Ce prince, tout passionné qu'il était pour son épouse, n'hésita pas à la céder à son fils, imputant à la fortune l'amour qui s'était emparé de son cœur et attribuant à sa vertu la résolution de le dissimuler jusqu'à la mort[56].

Ce qui intéressait Valère Maxime dans cette histoire ce n'était pas la méthode scientifique de diagnostic utilisée par Érasistrate, ni les possibilités narratives offertes par l'épisode — qu'il prit sans aucun doute d'un modèle plus ancien — mais c'était l'anecdote qui, dans sa brièveté, pouvait servir à embellir le discours d'un orateur public. En ce qui nous concerne c'est la façon dont l'histoire fit son chemin jusqu'au monde médical par le biais de récits subséquents, tel un abrégé du traitement de la passion insatisfaite en tant que maladie réelle, un modèle pour les méthodes de diagnostic basées sur les variations du pouls, et comme un précédent dans la plaidoirie en faveur de la gratification sexuelle comme remède pour cette maladie de la mélancolie.

La version qui a eu le plus d'impact sur la médecine occidentale est celle de Plutarque, car c'est sa version de l'histoire avec son intérêt pour les symptômes médicaux qui attira l'attention de Galien, le grand médecin greco-romain, dont l'énorme influence sur la médecine arabe et occidentale a établi l'importance ultérieure du sujet. En effet, on peut dire que l'intérêt de Galien pour l'histoire donna naissance à cette tradition médicale dans la mesure où son commentaire de l'anecdote concernant le diagnostic de l'amour par des moyens médicaux procura un paradigme aux écrivains qui suivirent. Plutarque prend en considération les symptômes du patient et les stratégies du médecin soignant. Il dit comment Antiochos, désespérément amoureux de Stratonice, «faisait de grands efforts pour dominer sa passion. Finalement, se condamnant lui-même pour ce désir criminel et voyant que son mal était incurable et sa raison vaincue, il cherchait un moyen pour en finir avec la vie et s'éteindre tranquillement, en négligeant le soin de son corps et s'abstenant de nourriture sous le prétexte d'une maladie quelconque.» Le médecin Érasistrate, constatant la cause de la maladie, décida de rester dans la chambre du jeune homme, et «s'il voyait entrer quelque garçon ou quelque femme à la fleur de l'âge, il observait le visage d'Antiochos et examinait les réactions des parties du corps qui sont le plus affectées par les émotions de l'âme». Dès que Stratonice entrait, «il voyait sur le jeune homme tous les symptômes décrits par Sappho: perte de la voix, rougeurs enflammés, obscurcissement de la vue, sueurs soudaines, désordre et trouble du pouls, et à la fin, quand l'âme est entièrement abattue, détresse, stupeur et pâleur[57]». Plutarque, adhérant aux principes d'Aristote, considère la passion érotique comme une ὄρεξις, dont on trouve le siège dans le

---

[56]Valère Maxime, *Factorum et dictorum memorabilium libri decem*, éd. C. Kempf, Stuttgart, B. G. Teubner, 1966, v. 7, ext. 1; trad. par C. A. F. Frémion, *Œuvres complètes*, vol. 2, Paris, Garnier Frères, 1861, p. 384–86.

[57]Plutarque, *Vita Demetri* (906f–907d), éd. K. Ziegler, Leipzig, B. G. Teubner, 1960, p. 38; «Démétrios» dans *Vies*, trad. Robert Flacelière, Paris, Les Belles Lettres, 1977, p. 60 et suiv.

cœur et qui, en grandissant, se combine avec ἐπιϑυμία et devient la cause du malaise, de l'insomnie et en dernier lieu de la folie[58]. En revanche, contrairement à Valère Maxime, Plutarque ne se réfère pas au battement du pouls (ou du cœur) comme seul moyen de diagnostiquer la maladie. En attribuant une valeur scientifique aux signes de la passion amoureuse émanant de la tradition poétique, il inaugure une symptomatologie poético-médicale qui restera fondamentalement inchangée dans toute la littérature sur la maladie jusqu'à la fin du XVIIIe siècle.

Après Plutarque, l'histoire d'Antiochos se divisa en deux courants principaux, un littéraire et un médical, chacun prenant des éléments de l'autre. Au premier groupe appartiennent les versions de l'historien Appien (Antiochos pense se suicider) et de Lucien (qui traite l'histoire avec brièveté et humour dans *Traité d'historiographie (De conscribenda historia)* et *Icaroménippe* et de manière plus détaillée dans *La déese Syrienne (De dea Syra)*). Les versions de Julien l'Apostat, de Pétrarque dans le *Triomphe de l'amour (Triumphus cupidinis)* et de Matteo Bandello font également partie de ce groupe. Il y en a d'autres, de Claudien, Soranos d'Éphèse, Blossius Aemilius Dracontius et Aristénète, qui introduisent diverses variantes tel le changement des noms des protagonistes. L'histoire paraît dans l'anonyme *Aegritudo Perdicae*. On en retrouve des traces dans *L'Histoire du roi Apollonius de Tyr (Historia Apollonii regis Tyri)* et dans la *Souda*, dans diverses histoires des *Mille et une nuits*, dans l'histoire XL des *Gesta Romanorum* et dans les pages d'ouverture de *Mesnevi* de Djalal Al-Din Rumi, dans l'épisode de Giachetto et de Gianetta dans *Le Décaméron* de Boccace et dans les contes d'Ascanio de' Mori, de Girolamo Parabosco, de Leon Battista Alberti, jusqu'au *Wilhelm Meister* de Goethe, dans *The Cloister and the Hearth* de Charles Reade et dans les *Drammi intimi* de Giovanni Verga. Elle fut développée par Luís de Camões dans *El rei Seleuco* et fut l'objet de toute une tradition iconographique comprenant une magnifique peinture d'Ingres. La liste est loin d'être complète[59].

---

[58]Voir Plutarque *apud* Johannes Stobaeus, *Anthologion*, éd. Curtis Wachsmuth et Otto Hense, Berlin, apud Wiedmannos, 1884–1912, vol. IV, p. 468–69.

[59]Appien, *Des guerres des Romains*, trad. Philippe Odet, pp. 113–14; Lucien de Samosate, *Œuvres complètes*, trad. Émile Chambry, 3 tomes, Paris, Garnier Frères, 1933, livre 3, p. 365–79; Julien l'Apostat, *The Works of the Emperor Julian*, trad. W. C. Wright, Loeb, 1913–23, vol. II, p. 447–49. La tradition de l'histoire a été étudiée par Rohde, *Der griechische Roman*, p. 55 et suiv., et par Q. Cataudella, *La novella greca*, Napoli, Edizioni scientifiche italiane, 1958, p. 83–87. Pour la tradition iconographique, voir Wolfgang Stechow, «The Love of Antiochus with Faire Stratonica», *Art Bulletin*, 27 (1945), p. 221–37. Marsile Ficin, dans *Théologie platonicienne de l'immortalité des âmes (Platonicam theologiam de animorum immortalitatem)*, éd. Raymond Marcel, livre XIII, ch. 1, Paris, Les Belles Lettres, 1964, vol. II, p. 196–97, mentionne l'histoire d'Antiochos en parlant des pulsions. Certains auteurs espagnols font allusion à cette fameuse anecdote médicale, tels que Juan de Pineda, Sabuco de Nantes y Barrera, et Vicente Espinel: voir Yvonne David-Peyre, *Le personnage du médecin et la relation médecin-malade dans la littérature ibérique XVIe et XVIIe siècle*, Paris, Ediciones hispano-americanas, 1971, p. 358–60. On mentionne également dans la *Célestine* de Fernando de Rojas. La première pièce sur le thème de la détection d'un amour secret par le biais du pouls est dans *Aquilana* de l'espagnol Torres Naharro, écrite dans le premier quart du XVIe siècle. Elle fut suivie peu après par *El-Rei Seleuco* de Luís de Camões, un de ses premiers ouvrages qui considère les sentiments du père qui doit se séparer de sa femme, sans aucun doute inspirée par un récit des *Triomphes* de Pétrarque. L'histoire est aussi l'épisode central dans une pièce d'Agustín

Dans le second groupe on trouve les commentaires de l'histoire chez Galien et Avicenne, et les références, soit à l'histoire d'Antiochos soit à la méthode de diagnostic basée sur les irrégularités du pouls, présentes dans presque tous les chapitres médicaux sur la mélancolie érotique jusqu'au XVIIIe siècle. Galien laisse un récit personnel où il dit comment, en usant de la méthode prescrite par Érasistrate, il fut capable de diagnostiquer l'affection dont la femme d'un certain Iustus était atteinte. Les maintes références à la mélancolie érotique et à l'obsession érotique qui se sont propagées dans ses nombreux ouvrages et dans son bref traité sur le sujet marquent les périmètres scientifiques des discussions ultérieures :

> Je vous dirai donc la suite que je vous ai promise après cette digression car je dois maintenant ajouter cette discussion, surtout depuis qu'un bon nombre de physiciens sophistes — ignorants de la méthode par laquelle Érasistrate reconnut l'amour d'un jeune homme pour une servante au service de son père — ont écrit qu'il découvrit un pouls particulier à l'amour qui se caractérisait, dans le cas du jeune homme, par une accélération de la pulsation sanguine dans les artères. Malgré tout, il n'offre pas d'autres preuves qui permettraient de justifier le fait que l'amour fut découvert par le pouls. Je ne puis dire de quelle façon Érasistrate est parvenu à le découvrir, mais je vais vous révéler la façon dont je l'ai appris. J'avais été appelé au chevet d'une femme tourmentée par le manque de sommeil et qui changeait constamment de position dans son lit. Puisque je ne lui trouvais pas de fièvre, je commençais à lui demander d'une façon très particulière ce qui lui était arrivé afin que de pouvoir découvrir la raison de ses insomnies.

Moreto (1618–19), *Antíoco y Seleuco*. Pour un traitement complet de ce thème dans le théâtre espagnol, voir Ruth Lee Kennedy, «The Theme of 'Stratonice' in the Drama of the Spanish Peninsula», *Publications of the Modern Language Association* LV (1940), p. 1010–32.

L'histoire était accessible aux lecteurs anglais à la Renaissance grâce à la traduction de Bandello de William Painter. Voir Nouvelle 27, «The Love of Antiochus with Faire Stratonica», *The Palace of Pleasure*, 1575, Londres, David Nutt, 1890. L'histoire proprement dite n'apparaît pas sur la scène anglaise avant le début du XVIIIe siècle, selon *The Companion to the Play-House*, 2 vols., Londres, T. Becket, P. A. Dehondt et autres, 1764, vol. I, p. B6^r (qui mentionne également un opéra italien intitulé *Antiochus*, tous deux publiés et représentés vers 1712). Mais plusieurs écrivains à l'époque élisabéthaine et jacobéenne utilisèrent la mélancolie érotique comme impératif psychologique de leurs intrigues, et la ruse du pouls comme moyen de détecter l'amoureux secret. Le motif apparaît dans une sous-intrigue des *Deux nobles cousins (The Two Noble Kinsmen)* de Shakespeare et John Fletcher. Les symptômes médicaux, la détection grâce à des médecins et le transfert du promis d'une fiancée à un ami malade sont les éléments majeurs dans *Monsieur Thomas* de Francis Beaumont et John Fletcher. Dans la *Vierge martyre (Virgin Martyr)* de Philip Massinger, l'objet de désir de l'amoureux révélé est capturé et forcé d'offrir sa virginité afin de sauver le patient par ordre du père du jeune homme, mais le patient préfère la mort à la prostitution de son amour, dont la virginité est son pari pour atteindre la sainteté chrétienne. Le médecin devient complice d'un complot de séduction dans lequel on feint la maladie pour convaincre une femme de prendre pitié du patient dans *Witty Fair One* de James Shirley. Les dramaturges anglais opèrent une série de changements sur le thème d'Antiochos et Stratonice malgré l'absence de leurs noms, en utilisant l'équivalent de la relation père, fils, belle-mère, ou celle du patient et du médecin avec la stratégie de la détection médicale. Donald Beecher, «Discovering Stratonice: A Medico-literary Motif in the Theatre of the English Renaissance,» *The Seventeenth Century*, V (Autumn, 1990), 113–32.

Voir aussi *Antioco malato. Forbidden Loves from Antiquity to Rossini*, éd. M. Bettini et M. Ciavolella, Firenze, Olschki, 1990.

Mais elle ne répondit presque rien, ce qui m'indiqua que je la questionnais en vain. Finalement, elle détourna la tête et s'enfouit complètement sous ses vêtements. Elle courba la tête telle une personne profondément endormie et comme à la recherche d'un petit oreiller où s'appuyer. Après mon départ, j'ai pensé qu'elle devait souffrir de deux choses l'une: soit elle était tourmentée par la mélancolie, ou quelqu'événement secret lui donnait du chagrin [...]. J'y retournai une quatrième fois et après avoir discuté en privé avec sa servante, de toutes sortes de choses, j'ai clairement compris qu'elle souffrait d'un chagrin, dont je fus capable de découvrir la cause par hasard, tout comme je crois qu'Érasistrate le fit. J'étais certain que son état ne provenait pas du corps, mais plutôt de l'esprit — ce qui fut d'ailleurs confirmé au moment même d'une de mes visites. Quand quelqu'un, revenant du théâtre, annonça avoir vu danser Pylades, l'expression sur son visage et sa couleur changea. En voyant cela, je plaçai ma main sur son poignet et décelai un pouls irrégulier et agité, la nette indication d'un esprit troublé [...]. C'est ainsi que je découvris que la femme était amoureuse de Pylades, un fait confirmé par des observations similaires les jours suivants[60].

L'épisode que Galien relate n'est pas très différent de celui de Valère Maxime et de Plutarque. Ce qui a changé c'est la signification ultime de l'épisode, qui ne remplit plus une fonction morale, didactique, historique ou même anecdotique, mais une fonction rigoureusement scientifique: la passion érotique insatisfaite peut se changer en maladie de la mélancolie, et c'est au médecin qu'incombe la tâche d'examiner ses causes, ses symptômes et les méthodes propres à la guérison. La même rigueur scientifique habitait les médecins post-galéniques qui considéraient l'amour comme une maladie potentiellement mentale et qui se devait d'être étudiée séparément ou en concomitance avec la mélancolie et la folie[61].

L'amour et ses illusions

La littérature et la philosophie romaines classiques font large place aux amoureux chagrinés et au discours amoureux. Une étude approfondie de *aegritudo amoris* qui porterait sur le langage, les métaphores et les doctrines de l'époque nous obligerait à examiner un matériel littéraire considérable et à établir maintes corrélations entre les œuvres impliquées[62]. Pour notre propos, deux exemples frappants suffiront à représenter la façon dont l'amour était perçu dans les dernières années de

[60] Notre traduction. Galien, *De praenotione ad posthumum*, éd. Kühn, vol. XIV, p. 631–33. L'édition des ouvrages de Galien par C. G. Kühn comprend les 20 premiers vols. de la série *Medicorum Graecorum opera quae extant*, Leipzig, 1821–33. Les références suivantes aux ouvrages de Galien se rapporteront à cette édition à moins d'une précision contraire.
[61] Arétée de Cappadoce, *The Extant Works*, p. 58. *Traité des signes, des causes et de la cure des maladies aiguës et chroniques*, trad. M. L. Renaud, Paris, E. Lagny, 1834. Voir aussi *Aretaeus*, éd. Carolus Hude, Berolini, in aedibus Academiae scientiarum, 1958.
[62] En fait, nous devrions considérer non seulement le théâtre comique et tragique, ainsi que la poésie épique et lyrique, mais aussi la philosophie stoïque, qui se souciait essentiellement du problème des passions et de leur influence sur l'âme. Pour les stoïques, les passions, qu'ils considèrent commes des maladies de l'âme, sont de quatre ordres: le bonheur et l'affliction en relation aux situations présentes; le désir et la peur en relation au futur. Ils placent le pneuma de manières différentes, ce qui le fait passer par des moments de tension et de relaxation. En ce qui concerne le problème de l'emplacement des passions, deux opinions prévalent: certains, à la suite de Zénon, les placent dans la partie irrationnelle de l'âme, près de l'âme rationnelle; d'autres, à la suite de Chrysippe, les placent dans le *logos* même, où, dans ce cas,

l'âge païen: la féroce diatribe contre la passion de l'amour dans la dernière partie du livre IV *De la nature* (*De rerum natura*) de Lucrèce et l'épisode d'Écho et Narcisse dans les *Métamorphoses* d'Ovide.

Dans l'univers de Lucrèce, contrôlé par les lois du matérialisme épicurien, l'amour, comme tous les sentiments humains, est réduit à un stimulus physique et est donc sujet à une analyse physiologique détaillée. L'amour se manifeste quand les *simulacra* ou les images d'un corps envahissent l'esprit d'une autre personne. Puis «il court à qui l'a frappé[63]» [...] «impatient de posséder et de laisser dans le corps convoité la liqueur jaillie du sien, car son muet désir lui présage la volupté[64]». Lucrèce sépare l'amour de la passion érotique, et c'est cette dernière qu'il condamne, parce qu'elle est la cause de perturbations profondes qui conduisent l'homme à la maladie et à la folie, même s'il n'est plus en présence de l'objet de désir:

> Car si l'être aimé est absent, toujours son image est près de nous et la douceur de son nom assiège nos oreilles. Ces simulacres d'amour sont à fuir, il faut repousser tout ce qui peut nourrir la passion; il faut distraire notre esprit, il vaut mieux jeter la sève amassée en nous dans les premiers corps venus que de la réserver à un seul par une passion exclusive qui nous promet soucis et tourments. L'amour est un abcès qui, à le nourrir, s'avive et s'envenime; c'est une frénésie que chaque jour accroît, et le mal s'aggrave si de nouvelles blessures ne font pas diversion à la première, si tu ne te confies pas encore sanglant aux soins de la Vénus vagabonde et n'imprimes pas un nouveau cours aux transports de ta passion[65].

Lucrèce, suivant en cela la tradition épicurienne bien établie, considère la passion érotique comme une maladie de l'âme qui envahit lentement le corps entier tout comme la folie[66] et qui doit être détruite avant qu'elle ne dérange complètement l'équilibre physiopsychologique de l'homme, c'est à dire cette *ataraxia* qui est le plaisir ultime, le bien suprême[67]. Il est bon de noter que Lucrèce prescrit, comme guérison efficace de la maladie, l'amour avec d'autres femmes et la copulation, si possible dans le cadre du mariage[68]. Il anticipe ainsi une méthodologie

---

elles manquent de *tonos*, de tension. Pour une analyse plus complète du sujet, voir Michel Spanneut, *Le stoïcisme des Pères de l'Église*, Paris, Éditions du Seuil, 1957, p. 231 et suiv.

[63]Lucrèce, *De la nature*, IV.1048, trad. Henri Cluard, Paris, Garnier-Flammarion, 1964, p. 144.

[64]*De la nature*, IV.1052–1057, p. 144.

[65]*De la nature*, IV.1061–1072, p. 145.

[66]Pour Lucrèce la sensation, qu'il considère comme critère fondamental de la Vérité et du Bien, est une notion commune et inséparable de l'âme (*animus* et *anima* qu'il considère corporels) et du corps: voir livre III, 94–416.

À la suite de la philosophie épicurienne, Asclépiade, tout comme Lucrèce, postule également que les maladies mentales sont causées par des troubles émotionnels, qu'il appelle «passions dans les sens» («alienatio est passio in sensibus»): voir G. Zilboorg et G. Henry, *A History of Medical Psychology*, New York, Norton, 1941, p. 62 et suiv. Il faut noter qu'Asclépiade, afin de guérir les patients souffrant de troubles émotionnels, prescrit de la musique harmonieuse, une méthode qui sera adoptée par la médecine jusqu'aux temps modernes. Sur ce sujet, voir R. Francheville, «Une thérapeutique musicale dans la vieille médecine», *Pro Medico*, 4 (1927), p. 243–48.

[67]*De la nature*, IV, 865–76, trad. Henri Cluard, p. 140.

[68]Voir la section de clôture du livre IV dans *De la nature*.

thérapeutique qui remportera l'approbation des pères de l'Église (qui la prennent des Écritures) et celle plus tard des médecins du Moyen Âge et de la Renaissance. En dernière analyse, Lucrèce développe son concept d'éros en suivant des lignes traditionnelles; le concept de la folie mélancolique et de la passion érotique comme maladie reflète une façon de penser bien ancrée dans la culture de son époque.

Ovide suit aussi cette tradition (qui fut définie — au moins dans ses dimensions littéraires — par les poètes hellénistiques et néotériques)[69]. Dans l'épisode d'Écho et Narcisse du livre III des *Métamorphoses* la nymphe Écho, fille de l'Air et de la Terre, tombe amoureuse de Narcisse. Rejetée par lui, elle fuit:

> Méprisée, elle se cache dans les forêts; elle abrite sous la feuillée son visage accablé de honte et depuis lors elle vit dans des antres solitaires; mais son amour est resté gravé dans son cœur et le chagrin d'avoir été repoussée ne fait que l'accroître. Les soucis qui la tiennent éveillée épuisent son corps misérable, la maigreur dessèche sa peau, toute la sève de ses membres s'évapore. Il ne lui reste que la voix et les os; sa voix est intacte, ses os ont pris, dit-on, la forme d'un rocher[70].

Un jour qu'il chasse dans la forêt, le cruel Narcisse fait une halte près d'une source pour abreuver sa soif. En apercevant son reflet dans l'eau, sans pour autant se rendre compte qu'il s'agit de sa propre image, il tombe amoureux de lui-même et se languit, consumé par l'amour, incapable de manger ou de boire jusqu'à sa mort:

> comme la cire dorée fond devant une flamme légère ou le givre du matin sous un tiède rayon de soleil, ainsi il dépérit, consumé par l'amour, et il succombe au feu secret qui le dévore lentement. Il a perdu ce teint dont la blancheur se colorait d'un éclat vermeil; il a perdu son air de santé, ses forces et tous les charmes qu'il admirait naguère; dans son corps il ne reste plus rien de la beauté que jadis Écho avait aimée. Quand elle le revit, bien qu'animée contre lui de colère et de ressentiment, elle le prit en pitié; chaque fois que le malheureux jeune homme s'était écrié: «Hélas!», la voix de la nymphe lui répondait en répétant: «Hélas!» Quand de ses mains il s'était frappé les bras, elle lui renvoyait le son de ses coups. Les dernières paroles qu'il prononça, en jetant, selon sa coutume, un regard dans l'onde, furent: «Hélas! enfant que j'ai vainement chéri!» Les lieux d'alentour retentirent des mêmes mots en nombre égal; il avait dit: «Adieu!» — «Adieu!» répliqua Écho. Il laissa tomber sa tête lasse sur le vert gazon; la mort ferma ses yeux qui admiraient toujours la beauté de leur maître[71].

Il s'agit là, certainement, d'une mort excentrique si on la considère selon la tradition du réalisme narratif, mais c'est une mort exemplaire si on l'analyse d'après la tradition de la mélancolie érotique.

---

[69] Brooks Otis, *Ovid as an Epic Poet*, Cambridge, Cambridge University Press, 1966, p. 265: «Euripide et plus directement Euphorion et les Nouveaux Poètes avaient fixé les symptômes et défini le statut de la passion amoureuse. Elle vient en un instant sans prévenir dans toute sa force et sa furie; elle prend le contrôle de tous les autres intérêts ou émotions; privant de toute autre satisfaction, elle entraîne inexorablement la mort et la catastrophe [...]. *Amor* est une force externe et impersonnelle (une sorte de maladie) qui abat ses victimes» (notre traduction).

[70] Ovide, *Les métamorphoses*, livre III, trad. Georges Lafaye, 3 tomes, Paris, Les Belles Lettres, 1957, II, p. 329–99; I, p. 80–82.

[71] *Les métamorphoses*, III, 486–503.

La passion d'Écho et de Narcisse présente clairement une symptomatologie pathologique: la passion de l'amour non partagé est une maladie contre laquelle il existe peu de défenses, une maladie qui finit par la mort. L'influence d'Ovide est bien connue au Moyen Âge et à la Renaissance. Malgré tout, son importance dans le développement du langage sur l'amour ne repose pas entièrement sur ces récits. Beaucoup plus fondamental est le discours sur l'amour dans *L'art d'aimer* (*Ars amatoria*) qui deviendra presque par la suite une forme d'enseignement par précepte, et influencera profondément la culture du Moyen Âge à cause de son caractère systématique et didactique.

Les pères de l'Église

Les penseurs chrétiens du Ier siècle acceptent, pour la plupart, la doctrine des passions développées par les philosophes et les médecins grecs et romains. Le système de psychologie employé par les Pères de l'Église est, en fait, construit sur les fondations mises en place par Platon et surtout par les stoïciens, alors que leurs conceptions physiologiques dérivent pour la plupart de la tradition d'Hippocrate systématisée par Galien[72]. L'amour, dans cette tradition, est conçu comme une impulsion de la faculté appétitive et sa phénoménologie est expliquée par le fait que son composant organique comprend un état d'altération qui peut atteindre un grand degré de violence et de permanence.

À cause de ce coefficient physique et du degré de modification qui en découle, les premiers Pères ont considéré l'amour sexuel comme une pulsion dangereuse, capable de détourner l'homme du chemin de la raison et de la vertu. L'homme, écrit Clément d'Alexandrie, est fait d'esprit et de corps, et le corps est le siège et le véhicule de l'esprit. Façonné de spirituel et de matériel, l'homme consiste en une part de rationnel et une part d'irrationnel[73]. L'esprit rationnel anime le corps et, par le moyen de l'esprit vital, il devient le principe de sa constitution animale.

> De même, nous avançons que le pouvoir rationnel et dominant est responsable de la constitution de la créature vivante, et aussi qu'il anime et fait partie intégrante de la part irrationnelle. Maintenant la force vitale (qui comprend le pouvoir de nutrition et de croissance et de manière générale le mouvement), est assignée à l'esprit charnel qui est très sensible au mouvement et qui passe à travers les sens dans toutes les directions.

> Puis, par le biais de l'esprit corporel, l'homme perçoit, désire, se réjouit, se met en colère [...]. C'est par lui aussi que les pensées et les conceptions se transforment en action. Et quand il maîtrise les désirs, les facultés dominantes règnent[74].

---

[72]Voir M. Spanneut, *Le stoïcisme des Pères de l'Église*, p. 232 et suiv.

[73]Clément d'Alexandrie, *Stromata*, livre IV, ch. 3, dans *P. G.*, vol. VIII, 9. Sauf avis contraire, tous les ouvrages des Pères ont été consultés dans *Patrologiae cursus completus*, éd. par J. P. Migne, Paris, Garnier Frères, 1958 (1844–87) et sont dès lors indiqués par les abbréviations *P. G.* (*Patrologia Graeca*) et *P. L.* (*Patrologia Latina*).

[74]Clément d'Alexandrie, *Stromata*, livre IV, ch. 9, 4, dans *P. G.*, vol. VIII, 9 (notre traduction).

Clément accepte la division de l'âme en trois parties postulée par Platon[75]; l'esprit rationnel doit être en position de diriger les parties irascibles et concupiscentes, siège de toutes les passions. Néanmoins, depuis le péché originel, il a perdu son contrôle et les passions, à cause des démons[76], peuvent déranger l'esprit, à moins qu'elles ne soient soumises à une nouvelle force, celle du logos chrétien, la seule force capable de rétablir l'ordre désiré par Dieu.

Par conséquent, Clément considère l'amour sexuel comme une *epithymia*, un désir qui entrave la raison: «Ceux qui sont versés dans de telles choses la distinguent de la luxure et assignent cette dernière, comme étant irrationnelle, au plaisir et au libertinage[77]». L'amour, en fait, est une sorte de maladie de l'esprit et du corps: «Je suis d'accord avec Antisthène quand il dit: 'si j'attrapais Aphrodite je la tuerais; car elle a détruit un grand nombre de nos belles femmes'. Et il ajoute que 'l'amour est un vice de la nature, et les pauvres diables qui tombent sous le joug de son pouvoir appellent la maladie une déesse'[78]». Il faut alors résister à l'amour et aux autres passions par tous les moyens, pour que l'homme puisse trouver de nouveau l'équilibre de son corps et de son esprit sans lequel il ne peut espérer reconquérir le royaume du paradis:

> Comme le dit Ariste, «contre tout le tétracorde de plaisir, de peine, de peur et de luxure existe le besoin de beaucoup d'exercices et de luttes».
> «Car ce sont eux, ce sont eux qui voyagent dans nos entrailles et jettent le désordre dans le cœur de l'Homme[79]».

Les premiers écrivains chrétiens s'accordaient pour dire que l'amour était une maladie des sens qui corrompait aussi l'esprit de manière fatale. Il ne faudrait pas oublier que dans le monde gréco-romain la religion et la guérison étaient deux notions intimement liées[80]. Les pré-chrétiens et les paléo-chrétiens ne faisaient pas grande distinction entre les maladies du corps et celles de l'esprit. Le médecin n'était pas seul capable de guérir le malade; le philosophe et le maître chrétien aussi détenaient tout autant ce pouvoir, puisque guérir le corps voulait aussi dire guérir l'esprit et inversement. Par conséquent, le langage médical pouvait être utilisé dans l'enseignement de la morale et dans la prédication, alors que le langage religieux

---

[75]Voir *Paedagogus*, livre III, 2, trad. Claude Mondésert et Chantal Matray, Paris, Les Éditions du Cerf, 1970, p. 13: «Cependant, l'âme se compose de trois parties: la partie spirituelle, que l'on appelle précisément le *logisticon*: c'est l'homme intérieur, celui qui commande à l'homme que nous voyons, et cet homme-là, c'est quelqu'un d'autre qui le guide: Dieu; puis la partie irascible qui, étant bestiale, est située proche de la folie furieuse: enfin, en troisième lieu, la partie du désir, aux formes multiples est plus changeante que Protée, la divinité marine, se métamorphosant tantôt d'une manière tantôt d'une autre, cherchant à séduire, à entraîner vers les adultères, la débauche et le moeurs corrompues.»

[76]Ces pouvoirs spirituels portent les images de l'âme qui la déçoivent et l'affaiblissent, assombrissant ainsi la lumière de la raison: *Stromata*, livre II, ch. 20, dans *P. G.*, vol. VIII, 9, p. 1051.

[77]*Stromata*, livre II, ch. 20, dans *P. G.*, VIII, 9, p. 1051.

[78]*Stromata*, livre II, ch. 20, dans *P. G.*, VIII, 9, p. 1051.

[79]*Stromata*, livre II, ch. 20, dans *P. G.*, VIII, 9, p. 1051 (notre traduction).

[80]Voir S. Angus, *The Religious Quest of the Graeco-Roman World*, New York, Scribner, 1929, surtout p. 414, et aussi R. Simboli, *Disease-Spirits and Divine Cures among the Greeks and Romans*, thèse, New York, 1921.

pouvait être utilisé dans les arts médicaux; pour les philosophes platoniciens, pour les stoïciens, de même que pour les chrétiens, les passions, et surtout la luxure, étaient de véritables maladies[81].

Tertullien, très versé dans les sciences médicales de son temps[82], écrivit dans ce contexte:

> L'esprit partage les peines du corps quand ce dernier souffre de contusions, de blessures ou de courbatures, et le corps réfléchira ces handicaps de l'esprit sous l'influence de l'anxiété, du souci ou de l'amour par une faiblesse similaire, comme quand le corps témoigne de la présence de la honte et de la peur de l'esprit par la rougeur ou la pâleur[83].

Saint Basile considère que l'amour est une maladie aussi bien qu'une passion et que le Christ, grand Docteur des âmes, est le seul capable de guérir l'homme[84]. Il reconnaît aussi les effets néfastes de l'amour sur le corps:

> les libertinages de chambre, les étreintes impures et tous ces actes d'un esprit furieux et frénétique ne sont-il pas manifestement nuisibles à la nature et notoirement dangereux? Ne représentent-ils pas la perte ou la diminution des facultés véritablement propres et personnelles à l'individu, puisque par de telles unions le corps est affaibli et privé des facultés qui lui conviennent et qui lui permettent de conserver son intégrité[85]?

Le traité *De la véritable intégrité dans la virginité* (*De virginitate*) attribué à Basile d'Ancyre[86] est d'un intérêt particulier car il reflète les théories psychologiques et physiologiques des deux écoles philosophiques (surtout les néo-platoniciennes) et des écoles médicales. Selon cet auteur, l'amour humain est un *contagium* attrapé par les yeux (bien que cette passion implique tous les sens) et qui siège dans le foie[87]. Suivant la psychologie de Platon et des premiers pères, Basile pense que l'homme est formé d'une partie rationnelle et d'une partie irrationnelle, comparable à un centaure, moitié homme et moitié bête:

[81]Voir, par exemple, Origène, *Contra Celsum*, éd. H. Chadwick, livre III, 54, Cambridge, Cambridge University Press, 1953, p. 165–66, et cf. S. Angus, *The Religious Quests of the Graeco-Roman World*, p. 414–24.

[82]Voir *Liber de anima, P. L.*, vol. II, p. 650: «J'ai aussi étudié cette science qui est la soeur de la philosophie, c'est-à-dire la médecine, qui prétend avoir une compétence spéciale en ce qui concerne la doctrine de l'âme à cause de son aptitude à guérir le corps.» Ses doctrines médicales, comme il nous le dit dans le même livre (*P. L.*, vol. II, p. 655), sont surtout dérivées de Soranos d'Éphèse.

[83]*Liber de anima, P. L.*, vol. II, p. 653.

[84]Saint Basile, *Epistola* XLCI, *P. G.*, vol. XXXII, 4, p. 370.

[85]Saint Basile, *Homilia* XXI, *P. G.*, vol. XXX, 3, p. 547 (notre traduction). Voir aussi son *Constitutiones monasticae*, ch. 3, *P. G.*, vol. XXXI, 3, p. 1344–45.

[86]Voir F. Cavallera, «Le *De Virginitate* de Basile d'Ancyre», *Revue d'Histoire Ecclesiastique*, VI (1905), p. 5–14. Voir aussi R. Janin, *Dictionnaire d'histoire et de géographie ecclésiastique*, éd. Alfred Baudrillard, Paris, Letouzey et Aîné, 1912, *s.v.* «Basile d'Ancyre»; et J. Quasten, *Patrology*, Westminster, Md., Newman Press, 1950, vol. III, p. 201–02.

[87]*De virginitate*, (faussement attribué à) saint Basile de Césarée, *Opera omnia*, Paris, 1547, vol. II, p. 133[v]. Pour le texte original grec, voir *P. G.*, vol. XXX, p. 696 et suiv.

pour tirer partie de notre physiologie, notre Créateur a créé l'Homme avec une partie
rationnelle et une partie irrationnelle, tout comme un centaure. La partie supérieure,
de la tête à la poitrine, avait forme humaine. Le reste du corps, du nombril aux reins,
Il lui donna la forme du cheval, qui est incliné vers les plaisirs du ventre et, comme
les brutes, a tendance à la luxure débridée[88].

C'est cette partie bestiale qui nourrit les passions telles que l'amour et l'envie. Si elles ne sont pas maîtrisées à temps, elles grandissent jusqu'à ce qu'elles
engloutissent la partie rationnelle de l'homme, et doucement mais sûrement, elles
consument son esprit et son corps:

celui qui aime et celui qui envie souffrent de même. Car, comme l'amour avec sa
concupiscence consume l'âme et le corps de l'amoureux, l'envie décompose l'âme
et le corps de l'envieux. Pour les mêmes raisons, les amoureux et les envieux sont
escroqués, parce que l'amour avec son désir et l'envie avec sa concupiscence les
rendent oisifs et les poussent à gâcher le corps et l'âme[89].

En effet, Basile explique, «ceux qui, avec des vices et des passions désordon-
nées, mélangent l'esprit avec le corps, détruisent le bien qui existe dans les deux
et qui est nécessaire à la vie. Avec la luxure des plaisirs de la chair ils corrompent
l'esprit brillant et clair et de même souillent la beauté et la pureté du corps; ainsi,
ils montrent que ce [mélange] est injurieux à la vie[90]».

Finalement, les corps des amoureux sont attirés l'un vers l'autre comme le fer
est attiré vers l'aimant, de façon à ce que l'esprit, «attaché par une union amoureuse
des corps, ait l'expérience des passions à travers une infinité de formes[91]».

L'étude la plus exhaustive et systématique sur les passions, celle qui résume
les spéculations des pères et anticipe les solutions qui seront offertes aux savants
philosophes, se trouve dans le traité de Némésius, evêque d'Émèse, *De la nature de
l'homme*, écrit vers la fin du IVe siècle[92]. Némésius, très versé à la fois en philosophie et dans les sciences de son temps, et surtout en médecine, tente d'interpréter
la vie consciente de l'âme en étudiant les éléments constitutifs du corps humain.
C'est donc la physiologie qui offre la clef du dévoilement de la psyché de l'homme:
«Tout comme l'homme est corporel et le corps est composé de quatre éléments,
il s'en suit qu'il est sujet à toutes les contingences auxquelles ces éléments sont
sujets, à savoir la scission, la mutation et le flux, les trois affligeant seulement le
corps[93]». Le mélange harmonieux de ces éléments et des humeurs correspondantes
forme le tempérament de l'homme qui contrôle son état de santé et de maladie:

---

[88] *De virginitate*, p. 147[v]: «hepar sive iecur concupiscentiae organum est».

[89] *De virginitate*, p. 131[v].

[90] *De virginitate*, p. 142[r].

[91] *De virginitate*, p. 141[v].

[92] Le traité *De natura hominis* (*De la nature de l'homme*), attribué à Némésius d'Émese,
écrit en grec vers la fin du IVe siècle, connut un grand succès durant le Moyen Âge. La
première traduction latine, utilisée par Albert le Grand, Pierre Lombard et saint Thomas
d'Aquin, fut préparée par Alfano de Salerne (†1085). Nous avons utilisé la traduction latine de Burgundio de Pise (1165), *De natura hominis*, Leyde, E. J. Brill, 1975 (toutes les
traductions sont les nôtres). Voir aussi J. Quasten, *Patrology*, vol. III, p. 351–55.

[93] *De natura hominis*, p. 12.

Quand se produit un certain changement, il faut rétablir l'équilibre en introduisant la qualité opposée afin que le corps retourne à la normale. L'art du physicien ne consiste pas, comme certains le pensent, à se contenter de refroidir un corps enfiévré, mais de lui redonner un tempérament égal[94].

Afin de réfuter l'opinion de ceux qui identifient l'esprit avec le tempérament, Némésius se demande comment il est possible que certains vices et certaines vertus surgissent naturellement de l'homme:

> Il est vrai qu'il [l'esprit] agit à partir d'une tendance corporelle. Car tout comme les hommes sont naturellement par tempérament soit en bonne santé, soit malades, certains sont naturellement coléreux, d'autres fiers, lâches ou encore lubriques. Néanmoins, quelques-unes de ces personnes parviennent à maîtriser ces tendances et à l'emporter. Maintenant, il est clair que c'est le tempérament qu'ils maîtrisent; ce qui maîtrise et ce qui est maîtrisé sont deux choses différentes. Donc, le tempérament est une chose et l'esprit en est une autre. Car le corps est l'instrument de l'esprit. S'il est bien constitué, il aide l'esprit qui est, à son tour, en bonne condition. Mais si le corps n'est pas de bonne constitution, il entrave l'esprit [...]. De plus, à moins que l'esprit ne prenne garde, il devient lui-même perverti, lui et son instrument[95].

La passion de l'amour est causée par le tempérament[96], et étant donné que le désir sexuel pénètre par les sens, ce qui est commun à la fois à l'esprit et au corps[97], il agit sur l'être entier. Si la concupiscence est une passion de l'esprit, elle prend par contre son siège dans le foie («la concupiscence qui est éveillée par les choses que nous percevons a pour organe le foie[98]») et se répand à travers le reste du corps par les nerfs sensoriels[99]. Pour Némésius, le désir sexuel a des causes strictement physiologiques, bien que, par les changements physiques qu'il génère, il puisse aussi influencer la psyché de l'homme. Puisque c'est un acte volontaire, il peut et doit même être néanmoins soumis à la raison:

> Que personne n'aille penser que, puisque les désirs lascifs ou la colère trouvent leur source à l'extérieur du sujet, ces transgressions sont pour autant involontaires [...]. Même si ces mouvements avaient une raison d'être extérieure au sujet, ce sont néanmoins les sujets eux-même qui ont agi, avec leur propres membres[100]. Quand l'esprit cède au tempérament physique et s'abandonne au désir et à la colère [...] l'esprit malfaisant tel qu'il est constitué est volontaire[101].

---

[94] *De natura hominis*, p. 13.

[95] *De natura hominis*, p. 35.

[96] La passion, explique Némésius, p. 93, «est un mouvement de la faculté de l'appétit qui perçoit une image de quelque chose de bon ou de mauvais». Et «le tempérament n'est pas antagoniste aux envies du corps, au contraire il les prolonge, car c'est le tempérament lui-même qui les produit. Mais l'âme les oppose».

[97] *De natura hominis*, p. 57: «Certaines choses sont propres au corps, d'autres à l'âme, d'autres encore sont la propriété des deux en commun. Parmi les choses communes aux deux, et bien qu'ils opèrent par le biais des organes, nous plaçons les sens, alors que nous dirions que les organes eux-mêmes appartiennent au corps.»

[98] *De natura hominis*, p. 92.

[99] *De natura hominis*, p. 112: «Les tendres nerfs des sensations viennent de la partie centrale et du lobe frontal du cerveau.»

[100] *De natura hominis*, p. 112–22.

[101] *De natura hominis*, p. 148.

Nous avons déjà souligné le fait que, dans le monde gréco-romain, de strictes corrélations étaient établies entre les maladies physiques et spirituelles. De même, les Pères chrétiens considéraient l'esprit et le corps comme un binôme indissoluble. Il est évident que le désir sexuel — défini comme une pathologie de nature mélancolique dont les symptômes sont clairement perçus dans l'organisme physique de ceux qui en souffrent — était aussi considéré comme ayant une influence négative sur la sphère spirituelle de l'homme. Parce que les passions, l'amour sexuel et la mélancolie doivent leur existence au péché originel, elles apparaissent comme des altérations négatives qui menacent le parcours de l'homme vers le salut; elles peuvent être confrontées et vaincues seulement à travers un acte de foi profond, par la méditation qui mortifie le corps et élève l'esprit ou par l'aide d'un apostolat capable de découvrir l'aveuglement de l'homme et de montrer le vrai chemin vers le paradis.

3

La mélancolie érotique et la médecine médiévale

Avant le IVe siècle ap. J.-C., les discussions sur le désir sexuel se sont principalement concentrées sur les aspects psychologiques du problème. Grâce à l'influence de Galien, les discussions se tournèrent ensuite plus spécifiquement vers les catégories médicales et la physiologie de l'amour. Parce que l'amour pouvait se changer en maladie, ce n'était plus l'affaire exclusive des écrivains et des philosophes, mais en partie celle du cursus médical officiel, puisque les médecins commencèrent à étudier ses causes, ses symptômes et les méthodes de guérison appropriées. Cette nouvelle tendance est manifeste dans les traités médicaux des médecins byzantins, Oribase (325–403) et Paul d'Égine (625–690). Ce fut à travers leurs œuvres que la culture médicale classique se propagea jusqu'au Moyen Âge. Leurs idées restèrent incontestées et furent reprises tout au long des siècles qui suivirent.

Dans sa *Synopsis*, Oribase offre une description de la maladie d'amour (τὸν ἐρώτον) qui est brève et dénuée de toute discussion sur l'étiologie de la passion[1]. Les personnes malades d'amour, écrit-il, sont tristes, ne peuvent ni dormir ni manger et finissent par dépérir. Quand le médecin comprend que l'amour est la cause des troubles de son patient, il doit immédiatement essayer d'éliminer l'objet du désir de l'amoureux et l'inciter à boire en compagnie de ses amis, à prendre des bains, à écouter des histoires. Parce qu'il est fort difficile de distraire l'attention de l'amoureux, le médecin se doit d'utiliser des subterfuges: il doit remplir son cœur d'effroi et le convaincre d'abandonner sa fixation en l'accablant de reproches sévères. Les *signa* de la maladie énumérés par Oribase furent souvent employés jusqu'au XVIIIe siècle: des yeux creux sans larmes, un mouvement continuel des paupières et un affaiblissement de tout le corps[2].

---

[1] Le texte a été édité par I. Raeder, *Oribasii Synopsis ad Eustathium*, Leipzig, B. G. Teubner, 1926; réimpr. Amsterdam, A. M. Hakkert, 1964.

[2] Oribase, *Synopsis, Œuvres*, éd. U.C. Bussemaker et C. Daremberg, Paris, Imprimerie Nationale, 1878, livre VIII, ch. 9, p. 249–50. Le traité d'Oribase existe dans un manuscrit, Laon latin no. 424, dans lequel le grec ἔρως est traduit par *ton heroton*; John Livingston Lowes, «The Loveres Maladye of Hereos», p. 519, pense que le mot médiéval pour la mélancolie érotique, *hereos*, dérive de ce barbarisme. Voir aussi McVaugh, introduction à *De amore heroico* d'Arnaud de Villeneuve, p. 14–15. La traduction latine d'Oribase (la

Paul d'Égine, un chirurgien byzantin qui écrivit au VIIe siècle, propose une description similaire dans *De re medica libri septem* au chapitre 17[3]. Il considère que l'amour non partagé est une maladie de l'esprit, une passion de l'âme causée par un état émotif violent et le dérangement de la raison. C'est une forme de maladie appelée *cura*. On pense alors que l'activité mentale et l'amour sont strictement liés, et parce qu'un trop-plein de pensée est aussi à la base de la mélancolie, l'amour et la mélancolie en viennent à assumer tacitement des connotations similaires. Parce que *cura* frappe à la fois la psyché et la constitution corporelle, la thérapie doit être adaptée de façon à agir sur les deux parties à la fois. Des bains, des libations de vin, des exercices physiques, du théâtre et des histoires sont des méthodes utilisées pour distraire l'esprit de l'amoureux afin de lui faire oublier l'objet de son amour. Les symptômes de la maladie sont les mêmes que ceux décrits par Oribase. Paul mentionne aussi que le pouls de l'amoureux est sujet à un changement notable d'intensité quand l'objet de l'amour est présent. Il ne considère pas que cette variation du pouls est propre aux amoureux, mais qu'elle est typique chez tous ceux qui souffrent de *cura*. C'est un point qui fut au centre de polémiques avec d'autres médecins. Il est important aussi de remarquer qu'Oribase et Paul d'Égine considéraient tous deux le coït comme un moyen de guérison efficace à la fois pour la mélancolie et pour l'amour s'il était convenablement prescrit[4].

Même chez Paul, nous ne sommes pas certains que la passion érotique doive être effectivement classée parmi les maladies de la mélancolie. Le chapitre sur les personnes malades d'amour fait suite au chapitre sur la lycanthropie, qui était sans l'ombre d'un doute une maladie: 'Ali 'Ibn 'Abbas l'appelle *melancholia canina*[5]. Paul justifie l'emplacement de ce chapitre dans la partie sur l'amour en faisant remarquer que l'amour est une affection du cerveau consistant en soucis et chagrin; «le souci est une passion de l'âme provoquée par la raison d'un être dans un état d'émotion laborieuse[6]». C'est une association par effets communs. Mais Paul, tout comme Oribase, remarque que certains médecins prennent l'affection pour une maladie de la mélancolie et traitent le patient en conséquence, ce qui est extrêmement dangereux. En effet, c'est une approche erronée de priver l'amoureux

---

plus ancienne), Latin 10233, appelle la maladie *amor*, et d'autres écrivains contemporains la nomment par son nom grec. Par exemple, Caelius Aurelianus (IIe siècle ap. J.-C.), dans son *De morbis acutis et chronicis*, dans *Medici antiqui omnes*, livre I, ch. 5, Venetiis, 1547, p. 267, écrit: «De furore sive insania, quam Graeci manian vocant. Magna Graecorum vetustas manian appellabant, quae nunc mantice dicta est. Item alium, inquit, ex libero fieri patre; alium ex amore, et appellavit heroticon». On trouve une excellente évaluation de Caelius dans l'oeuvre de J. Pigeaud, *Folie et Cures de la Folie chez les médecins de l'antiquité greco-romaine: la manie*, p. 204–19.

[3]La première traduction latine de son abrégé médical fut imprimée à Venise en 1528. L'original grec fut édité dans le *Corpus medicorum Graecorum*, Leipzig, B. G. Teubner, IX. i–ii, 1921–24. Le développement sur l'amour, «De amantibus», se trouve dans le livre III, ch. 17.

[4]Oribase, *Synopsis ad Eustathium*, éd. I. Raeder, Leipzig, B. G. Teubner, 1926, livre I, ch. 6, p. 250. Paul d'Égine, *Septem libri*, éd. F. Adams, *The Seven Books of Paulus Aegineta*, 3 tomes, Londres, Sydenham Society, 1844–47, I. p. 44.

[5]L'ordre des dix premiers chapitres du livre III est le suivant: vertige, épilepsie, mélancolie, manie, incube, lycanthropie, amour, apoplexie, paralysie, spasme.

[6]Paul d'Égine, *Septem libri*, éd. F. Adams, *The Seven Books of Paulus Aegineta*, I, p. 390. Voir aussi *Paulus Aegineta*, éd. I. L. Heiberg, Lipsiae, in aedibus B. G. Teubneri, 1921–24.

de nourriture alors qu'il est déjà faible à force de jeûner et de le priver de bains, alors que ses pensées trop intenses lui ont déjà déshydraté le cerveau. Telle est notre interprétation de son commentaire qui se traduit littéralement ainsi: «parce que certaines personnes sont par conséquent déprimées et insomniaques, certains médecins, se trompant sur la nature de leur affection, ont entraîné les patients à leur perte en leur interdisant les bains et en leur imposant la tranquillité et un régime frugal[7]».

Contrairement à une tradition remontant à Théocrite selon laquelle il n'y avait pas de guérison médicale de l'amour, plusieurs médecins de l'Antiquité classèrent cet état dans une catégorie à part et ils prescrivirent les mêmes remèdes que pour le traitement des amoureux déprimés. La question de savoir s'il fallait affamer les amoureux ou au contraire les régaler avec des aliments hydratants persista sous forme de polémique jusqu'à la Renaissance. Ferrand accepte les deux thérapies en argumentant que le jeûne est valable comme mesure préventive dans le cas où le rubicond trop nourri est enclin à changer le trop plein de sang en sperme, mais que le jeûne est absolument dangereux en présence d'un état pathologique. Cette polémique conduit Ferrand à concilier des oppositions par le biais de la juxtaposition[8]. Il faudra attendre encore trois siècles les travaux de Rhazès pour qu'on associe franchement passion érotique et mélancolie. Or il est curieux de constater que Rhazès s'appuie, pour faire cette association, sur les travaux de plusieurs de ses prédécesseurs.

Rhazès se réfère entre autres à Alexandre de Tralles, un médecin de l'école byzantine établi à Rome au VIe siècle. Dans une section de ses *Douze livres de médecine* (*Therapeutika*, livre I, chapitre 17), qui porte spécifiquement sur la mélancolie, ce médecin raconte l'histoire d'une femme qui était affligée par cette maladie pendant la longue absence de son mari et qui fut guérie de ses craintes et de son immense chagrin dès son retour. La mélancolie était traditionnellement cata-loguée comme un état de dépression sans cause apparente. Malgré l'existence d'une cause réelle, Alexandre considère ce cas-ci comme un état de véritable mélancolie, d'autant plus qu'elle est associée avec l'amour[9]. Un cas similaire est évoqué par Galien, qui raconte, dans *Des lieux affectés (De locis affectis)*, qu'un homme pleura tant et si bien la mort de sa femme qu'il en perdit l'appétit. Les symptômes de cet homme n'étaient pas sans rappeler ceux de la mélancolie: il n'était plus capable de digérer le peu qu'il mangeait et il était saisi d'un chagrin qui allait au-delà de toute cause raisonnable. Mais, rappelons-le, Galien refuse d'admettre que la perte d'une personne aimée puisse amener à un état de véritable mélancolie. Il préfère conclure que c'est parce que l'homme était accoutumé à de fréquents rapports sexuels que l'absence de son partenaire produisit un surplus de sperme qui s'étendit dans tout son corps comme un poison, le sperme lui-même ayant pris la forme d'une infec-tion. Galien n'associe cet état ni à l'amour érotique, comme c'est le cas avec la femme de Justus, ni à la mélancolie, mais plutôt à l'hystérie, une maladie dont les causes sont purement d'ordre somatique[10]. Cette explication persistera également

---

[7] Paul d'Égine, *Septem libri*, éd. F. Adams, I. p. 391.

[8] Le débat est dans le ch. 37. En faveur du jeûne se tiennent Guillaume Rondelet et Mercado, alors que Paul d'Égine et Oribase étaient contre cette pratique.

[9] Alexandre de Tralles, *Les douze livres de médecine (Therapeutika)*, livre I, ch. 17, *Œuvres médicales*, éd. F. Brunet, Paris, Librairie Orientaliste Paul Geuthner, 1937.

[10] Galien, *Les lieux affectés (De locis affectis)*, éd. Kühn, vol. VI, p. 418.

parmi les médecins de la Renaissance, la rétention de sperme deviendra l'une des causes matérielles admises de la mélancolie érotique. Mais Alexandre de Tralles ne s'en remet pas à ces explications; le cas qu'il décrit demeure, comme les apparences le suggèrent, un véritable exemple de la mélancolie. Ce fait nous incite à le considérer comme le seul médecin pré-arabe (parmi ceux dont l'œuvre a survécu) peut-être qui ait permis cette association.

Le récit de la guérison de Perdiccas, roi de Macédoine, éperdu d'amour pour Phila, une des concubines de son père Alexandre, qu'on retrouve dans une vie d'Hippocrate attribuée à Soranos d'Éphèse, présente une interprétation traditionnelle de l'amour érotique décrit comme une maladie. (Cette histoire est d'ailleurs curieusement similaire à celle d'Antiochos et Stratonice)[11]. Malgré les réticences des traités médicaux, l'idée semble avoir été généralement acceptée dans l'Antiquité et peut remonter à l'époque même du père de la médecine occidentale lui-même. Les descriptions des symptômes dans les romans grecs et chez Sappho, Euripide, Ovide, Plutarque et d'autres témoignent que l'ancien monde saisissait la nature de l'amour mélancolique de fait sinon de nom. Pour les médecins de l'époque, nier cet état sous prétexte que l'amour est une perturbation de l'âme, alors que la mélancolie est un produit de la bile noire, était se battre contre une idée déjà largement répandue. Il est évident que les poètes reconnaissent depuis bien longtemps à l'amour le pouvoir de provoquer des états pathologiques capables d'affliger à la fois le corps et l'âme. Il ne restera aux médecins arabes qu'à élargir l'application des théories de la médecine humorale pour placer systématiquement l'amour parmi les maladies de la mélancolie.

Les médecins arabes

Mohammed 'Ibn Zakarīyá 'Abū Bakr Al-Rāzī (vers 850–923 ou 924), connu dans l'Occident sous le nom de Rhazès ou Rasis, est le médecin le plus illustre et le plus prolifique de l'Islam. Dans son encyclopédie médicale *Al-Hawi* (*Liber continens*) — un large recueil de citations rassemblées parmi des sources grecque, arabe, et persane — il identifie la mélancolie érotique avec la lycanthropie (*quṭrub*), une sorte de folie qui force la personne souffrante à se conduire comme un loup[12]. L'amour n'est plus perçu comme une simple force tragique, mais comme la forme horrifiante d'un dérangement mental capable de détruire l'essence même de l'être humain. Rhazès décrit en détail la progression physique de la maladie. Tout d'abord, la vue s'affaiblit et les yeux deviennent creux et secs. La langue s'assèche graduellement et se couvre de pustules. Le corps se déshydrate progressivement et le patient est constamment assoiffé. Si la maladie n'est pas enrayée, des symptômes ne tardent pas à apparaître, tels que des *usues* (en arabe *wiswas* veut dire discours incohérent) et la mélancolie *birsem* (en arabe, *birsam* veut dire infection de la membrane entre le foie et le cœur ou pleurésie) — Caelius Aurelianus a décrit des

---

[11] Voir ch. 2, n. 59, ci-dessus.

[12] L'ouvrage, qui comprend vingt-cinq livres, fut publié de manière posthume par les disciples de Rhazès. Il fut traduit pour la première fois en latin en 1280 par Faradj ben Salem, un juif sicilien connu sous le nom de Farraguth.

symptômes similaires[13]. Finalement, le corps se couvre de cloques. Tout comme Rufus d'Éphèse, Rhazès note que le malade d'amour passe ses jours prostré et la tête basse, un symptôme qui réapparaît dans l'iconographie et la littérature.[14] Une sorte de poussière ainsi que des marques ressemblant à la morsure d'un chien apparaissent ensuite sur le visage, le dos et les mollets. Au plus fort de la maladie, on peut voir l'amoureux errer la nuit dans les cimetières et hurler comme un loup. Dans un état aussi avancé, il n'existe d'autre remède que la mort.

En s'appuyant sur l'autorité de Rufus, Alexandre de Tralles, Paul d'Égine, Isaac ben Salomon Israeli et Simeon Seth, Rhazès estime que *quṭrub* est une maladie du cerveau capable d'engloutir tout l'organisme. Le médecin doit donc considérer les deux parties de la maladie avant de prescrire la thérapie appropriée. Il conseille l'opium pour faciliter le sommeil, ainsi que les bains et les topiques pour hydrater le cerveau. Le patient doit aussi être saigné fréquemment jusqu'au bord de l'évanouissement et se soumettre souvent à des purges.

Voilà donc les thérapies traditionnelles de la mélancolie qui sont adaptées au traitement de l'amour. De telles adaptations continueront d'offrir la source majeure des nouvelles formes de guérison des maladies érotiques tout au long de la Renaissance. Dans *Taksimu-l-'ilal (Liber divisionum)*, traduit pour la première fois en latin par Gérard de Crémone, Rhazès ajoute des moyens de guérison plus traditionnels à utiliser fréquemment: le coït, la marche et la boisson[15]. Il est bon de noter que Gérard, dans sa traduction de *Al-Kitab Al-Mansuri (Liber regius)*, un traité en dix livres présentant les plus importantes doctrines médicales en vogue et dédié au gouverneur de Chorasan, Al-Mansur 'Ibn Ishaq, remarque que Rhazès, dans son chapitre sur la mélancolie, «ne mentionne pas gabod [...] ni ce type de dérangement qui surgit lors de l'amour d'une femme ou de quelque objet et dont la guérison consiste à prescrire la boisson, les déplacements fréquents et le coït avec une femme autre que celle concernée[16]». Bien qu'il soit possible que Rhazès ait

[13]Caelius Aurelianus, *Des maladies aiguës et des maladies chroniques*. Voir *On Acute Diseases and on Chronic Diseases*, éd. I. E. Drabkin, Chicago, University of Chicago Press, 1950, p. 180.

[14]*Continens Rasis ordinatus et correctus per clarissimum artium et medicinae doctorem magistrum Hieronymum Surianum, Venetiis, per Bon. Locatellum, 1505*, livre I, tr. 20, p. 23[r-v]. L'expression de Rhazès «et maesti iacent supra eorum faciem» est une traduction du mot καταφῆς de Rufus, qui veut dire simplement que les amoureux sont déprimés.

[15]Dans *Opera*, trad. Gérard de Crémone, Lugduni, s.é., 1510, ch. 9.

[16]*Liber ad Almansorem decem tractatus continens*, dans *Opera*, trad. Gérard de Crémone, Lugduni, s.é., 1510, p. 149. John Livingston Lowes, «The Loveres Maladye of Hereos», p. 509–10, cite les commentaires de Gérard de Solo sur le même chapitre. Gérard identifie catégoriquement *amor hereos* avec l'appétit sexuel: «Sequitur de tertia specie melancoliae quae amorereos dicitur, circa quam passionem quattuor sunt pernotanda. Primo, secundum philosophum vi Ethicorum amor triplex est, quidam est propter bonum domesticum et vocatur amor virtuosus procedens a virtute, ita quod non patiatur secum illicitum [...]. Alter est amor propter bonum utilem, ut inter dominum et servum et communiter non est talis amor; et tertius est amor propter bonum et delectabile, [et] diversificatus [est] secundum fiens: secundum Avicen. iij Canonis nam aliqui in auro, aliqui in divitijs, aliqui in mulieribus est consequens appetitum; et ille amor est triplex: quidam est non multum intensus, et ille vocatur ereos et ille non multum intrat in voluntate, sicut amor qui non intrat multum inter dentes, ut dicitur proverbijs. Alter est amor in mulieribus qui est multum intensus et assiduus circa mulierem principaliter propter actus coitus exercendos, et talis vocatur amorereos, id est

négligé cette occasion de présenter ses conceptions sur l'amour érotique comme maladie, le commentaire de Gérard révèle que l'idée, telle qu'elle fut discutée dans son autre traité, avait pris racine.

Après Rhazès, la maladie causée par l'amour insatisfait fut examinée par le médecin persan 'Ali 'Ibn 'Abbas Al-Majusi (Haly Abbas dans l'Ouest latin), qui connut un grand succès au milieu du Xe siècle. Le chapitre 7 du neuvième traité de son célèbre abrégé *Al-Kitab al-Maliki (Pantegni)* a pour titre «De malincolia et canina et amore causisque eorum et signis». Il indique que la mélancolie, la lycanthropie et les dérangements provoqués par l'amour sont considérés comme une seule et même maladie et doivent donc être étudiés ensemble[17].

Selon la théorie traditionnelle, la mélancolie est une maladie du corps alors que l'amour est une maladie de l'âme: c'est ce qu'il en était pour les anciens médecins. 'Ali 'Ibn 'Abbas reconnaît que l'amour est une maladie du cerveau parce que c'est une *sollicitudo* envers une personne ou un objet qui est accompagné par un désir obsessionnel de possession. Malgré tout, c'est avec lui que la distinction entre la mélancolie et l'amour commence à perdre de sa force, car sa définition de l'amour comme une *sollicitudo* est tirée de la définition de la mélancolie, qui est aussi une maladie affectant ceux qui ne peuvent pas obtenir, ou qui ont déjà perdu, l'objet de leurs désirs. Par la suite, le croisement de références continue jusqu'à ce que l'amour devienne, essentiellement, une autre des causes purement psychologiques capables de provoquer un état mélancolique. L'amalgame était inévitable. D'un côté, 'Ali 'Ibn 'Abbas reconnaît que la mélancolie, en tant que maladie somatique, peut encore avoir des effets nocifs sur l'esprit: un «certain sentiment de découragement et d'isolement qui se forme dans l'âme à cause de quelque chose que le patient croit être réel et qui est en fait imaginaire[18]». D'un autre côté, il donne une liste des causes physiques conventionnelles: une personne peut être prédisposée à la mélancolie par le tempérament dont elle a hérité (y compris un sperme défectueux ou un utérus en mauvais état), ou cette prédisposition peut être acquise par un excès de nourriture ou de boisson, ou par le trouble de l'équilibre requis par les six conditions de base nécessaires à la vie: mouvement et repos, sommeil et éveil, évacuation et rétention (les bains et le coït appartiennent à cette catégorie), nourriture et boisson, inhalation et exhalation, joie et tristesse. Il note également comment la bile noire peut aussi être produite par l'interruption d'une habitude telle que l'exercice physique régulier, par l'ingestion d'aliments difficiles à digérer (ce qui rend le sang sec et chaud), par l'excès de boisson ou encore par le biais de l'ascétisme. Mais il admet également, selon la tradition, que la mélancolie pourrait avoir des causes purement psychologiques telles que la peur, la contrariété, la colère ou la perte de quelque chose d'irremplaçable, comme un enfant ou une bibliothèque. Dans ces cas c'est la tristesse ou le refus qui produit

---

amor nobilis a nobilitate dictus, quia multum fortis amor, quia milites magis convenerunt habere istam passionem quam alii. Ideo illi sunt coacti qui sunt in delitiis. Et potest sic diffinire: amorereos est amor multum fortis servens et assiduus circa mulierem propter actus coitus exercendos, et talis vocatur amorereos.»

[17] 'Ali 'Ibn 'Abbas, *Liber totius medicinae*, trad. par Étienne d'Antioche, Lugduni, typis J. Myt., 1523, tr. 9, ch. 7 et 25. L'ouvrage fut traduit en latin en 1080 par Constantin l'Africain et en 1127 par Étienne d'Athènes. Nous avons utilisé cette dernière traduction, publiée à Lyon en 1523.

[18] 'Ali 'Ibn 'Abbas, *Liber totius medicinae*, tr. 9, ch. 7.

l'état mélancolique.

Prenant pour autorité le «Problème XXX.1» d'Aristote, les médecins arabes postulent eux aussi une mélancolie des génies qui touche les docteurs, les mathématiciens et les philosophes lorsqu'ils mémorisent ou méditent trop. Cette forme de mélancolie est aussi un produit des procédés cognitifs[19]. C'est donc petit à petit que l'amour a été absorbé dans la catégorie des maladies mélancoliques comme une *sollicitudo* qui provoque la peur et le chagrin et qui est responsable de l'état mélancolique. Au même moment, comme Ferrand le révèle clairement, toutes les causes somatiques traditionnelles de la mélancolie, c'est-à-dire les tempéraments hérités, l'indolence, un régime trop riche et l'état du sang, deviendront partie intégrante de l'étiologie des maladies de l'amour, justifiant de ce fait les catégories de causes, frustrantes par leur diversité, que l'on trouve dans les traités de la Renaissance. Ces traités héritent de cette fusion de l'amour, vue comme une maladie de l'âme, avec les maladies traditionnelles de la mélancolie qui commença chez 'Ali 'Ibn 'Abbas. Avant Ferrand même, on admettait que jusqu'à Hippocrate tout ce qui avait trait aux maladies mélancoliques avait automatiquement trait aux maladies de l'amour érotique. Avec l'adoption de la définition de l'amour comme un désir obsessionnel qui affligeait et tourmentait la psyché (une constante pendant six cents ans de l'histoire médicale), cela devint inévitable: les autres éléments devaient forcément trouver leur place.

'Ali 'Ibn 'Abbas s'intéressait aussi à trois sortes de mélancolie: de la tête, du corps et des hypocondres. Cette classification était une doctrine pour les médecins de l'Occident latin, et l'amour comme maladie de la mélancolie devait trouver sa place dans ce projet (Ferrand, après Du Laurens, est entièrement orthodoxe dans son adhésion à la tradition). Ishaq 'Ibn 'Imran (mort avant 909), un important intermédiaire entre les œuvres maintenant perdues de Rufus d'Éphèse et l'Occident latin, les récapitula dans son ouvrage. Ce lien avec Rufus est capital, car c'est lui qui avait postulé l'importance de l'activité mentale dans la génération des maladies mélancoliques. Ses théories ouvrirent le chemin aux philosophes arabes qui montrèrent qu'un homme pouvait littéralement se penser en état de maladie et qu'un trouble mental tel que l'amour pouvait alors produire un état de maladie. Parce qu'il s'appuyait sur les philosophes péripatéticiens et qu'il classait les types de la mélancolie selon les humeurs et leurs comportements spécifiques[20], Rufus a très bien pu être l'instigateur de toute cette tradition.

Le premier type, selon Ishaq, prend ses origines dans le cerveau; c'est une mélancolie idiopathique. Ce type doit être divisé en deux sous-espèces. La première s'accompagne de fortes fièvres et produit une bile jaune à la suite d'adustion. Elle se caractérise par des mouvements malhabiles et des actions folles. L'autre doit, à son tour, être divisée en deux sous-espèces. La première est appelée *al-waswās as-sabu'i*, l'obsession d'être un prédateur, tel qu'il est sous-entendu par lycanthropie; elle se caractérise par de la bile noire dans le cerveau. La seconde vient de la corruption de bile noire. Les symptômes de ce type de mélancolie «cérébrale»

---

[19]La thèse, tout d'abord postulée par Théophraste dans un ouvrage sur la mélancolie, maintenant perdu, fut incorporée dans les *Problèmes* (*Problemata physica*) attribué dans toute l'Antiquité et jusqu'à plus récemment à Aristote et traduit en arabe sous le titre *Al-Kitab Mabal*. Voir Manfred Ullmann, *Islamic Medicine*, Édimbourg, Edinburgh University Press, 1978, p. 78 et suiv.

[20]Manfred Ullmann, *Islamic Medecine*, p. 72–79.

sont l'insomnie, les maux de tête, le clignement des yeux, un besoin insatiable de nourriture ou au contraire un manque total d'appétit.

Le second type provient du fait que la bile noire est libérée à travers tout le corps avant de se mouvoir éventuellement dans le cerveau. Les symptômes comprennent ceux du premier type, ainsi qu'un état dépressif, l'anxiété et la terreur.

Dans le troisième type, la bile noire envahit tout le corps puis se décharge dans l'orifice supérieur de l'estomac ou épigastrium. Cette mélancolie est dite mélancolie de l'hypocondrium, bien qu'elle puisse aussi toucher le cerveau, puisque l'on pensait que l'épigastrium était en relation réciproque avec le cerveau. Les symptômes de ce type sont la flatulence excessive, une lourdeur de la tête, des vomissements d'acide et un déversement constant de larmes à cause des vapeurs dans le cerveau. Aussi longtemps que le corps conserve du bon sang en abondance, cet état peut être aussi accompagné de rires.

'Ali 'Ibn 'Abbas divise la mélancolie hypocondriaque en trois genres: la première surgit du sang et provoque une confusion mentale qui s'exprime par de l'euphorie et des éclats de rire; la deuxième, générée par la bile jaune qui brûle dans le corps, entraîne un regard vacillant, un comportement espiègle, des sursauts de colère, de l'insomnie et de l'impatience; la troisième, qui provient de la bile noire, cause de la rumination, de l'anxiété, une imagination diabolique et un amour de la solitude[21]. 'Ali déclare très franchement que le désir érotique peut produire à la fois de la mélancolie et de la lycanthropie; on ne met plus cela en doute. De plus, et comme nous l'avons noté, 'Ali 'Ibn 'Abbas fait entrer dans la discussion de l'hereos le fait qu'il est possible que la passion amoureuse déçoive l'amoureux en lui faisant croire que l'objet de son désir est un bien à sa portée — en fait le seul véritable bien pour lui. Un état dépressif profond s'ensuit lorsque l'amoureux se rend compte que l'objet est perdu à jamais. 'Ali 'Ibn 'Abbas insiste sur l'importance de reconnaître les symptômes spécifiques de la maladie, en faisant remarquer qu'il est impossible de faire confiance aux symptômes plus généraux dans la mesure où ils sont communs à plusieurs maladies du cerveau. Malgré tout, sa liste n'est pas substantiellement différente de celles des autres: des yeux creux sans cesse en mouvement, l'absence de larmes, l'irrégularité du pouls. Les méthodes de guérison proposées sont tout autant traditionnelles. Elles visent à essayer de convaincre l'amoureux d'oublier l'objet de son désir. L'amoureux est encouragé à avoir des relations sexuelles avec d'autres femmes, à faire des exercices physiques avec modération, à prendre des bains d'eau tiède et à suivre un régime hydratant. Il doit aussi écouter de la belle musique — une thérapie, suggérée par Théophraste pour ceux qui souffrent de la mélancolie, qui fut transmise par Asclépiade de Bithynie et Caelius Aurelianus[22].

Le plus célèbre philosophe et médecin de cette période est Al-Husayn 'Ibn 'Abd Allah 'Ibn Sina, plus connu sous le nom d'Avicenne (980-1037) dans le monde occidental. C'est dans son vaste traité médical *Al-Qānūn fi't ṭibb*, *Canon de la médecine* (*Canon medicinae*) que nous trouvons la dissertation sur l'amour la plus complète de tous les écrivains arabes[23]. Il l'appelle *al-'ishq* (*alhasch* dans

---

[21] Manfred Ullmann, *Islamic Medecine*, p. 77–78.

[22] Théophraste, frag. 87–88, *Opera quae supersunt*, éd. F. Wimmer, Paris, Firmin-Didot et Socii, 1931, p. 436. Caelius Aurelianus, *De morbis acutis et chronicis*, Amstelaedami, Wetsteniana, 1755, livre I, ch. 5, p. 180: «Asclepiades secundo libro adhibendam praecepit cantilenam».

[23] Le *Canon*, traduit entièrement par Gérard de Crémone entre 1150 et 1187, fut traduit

la traduction latine de Gérard de Crémone). La propre définition d'Avicenne de l'*al-'ishq* est proche de la définition de la mélancolie de Rufus d'Éphèse: «multa cogitatio et tristitia faciunt accidere melancoliam». Avicenne définit l'amour comme une angoisse mélancolique pareille à la mélancolie qui affecte celui qui pense de façon véhémente et continuelle à un bel objet, à sa forme, ses gestes et ses manières, autant de traits ayant pris ancrage dans l'esprit. L'amour n'est pas une maladie en soi, mais il peut prendre un aspect morbide quand il n'est pas satisfait. Lorsque l'appétit sexuel n'est pas apaisé, la mémoire rend l'objet de beauté continuellement présent aux facultés appétitives. Cela accroît le désir et provoque toute une série de complications physiques et mentales. La maladie a des symptômes très précisément définis qu'un médecin entraîné devrait être capable de détecter. Aux symptômes traditionnels cités ci-dessus, il en ajoute d'autres: la respiration du patient est irrégulière, l'amoureux parfois rit ou sanglote suivant l'état de ses pensées, le corps entier devient sec, à l'exception des yeux dont les paupières sont lourdes de nuits sans sommeil et de soupirs. L'irrégularité du pouls demeure le signe décisif qui révèle la véritable cause de la maladie. Avicenne affine les techniques par lesquelles l'identité de l'être aimé peut être découverte en élargissant l'interrogatoire non seulement aux noms de tous les candidats possibles, mais aussi aux «rues, habitations, arts, professions, familles et pays, en joignant chacun d'eux avec le nom de l'être aimé, tout en prenant le pouls pour qu'après en avoir repéré toute modification au moment où un élément est mentionné plusieurs fois, vous tiriez des conclusions à partir de toutes les particularités de l'être aimé comme le regard, le nom, l'apparence et la profession». Il jure de l'efficacité de cette méthode en prenant à témoin sa propre expérience professionnelle.

Finalement, il recommande l'union:

> Si vous ne pouvez pas découvrir de cure sans avoir à unir les deux en accord avec la religion et la loi. Nous avons vu des cas où la santé et la force furent complètement restaurées et où la chair se remit en très peu de temps après avoir permis à l'amoureux de s'unir avec sa bien-aimée, et cela même si le patient s'était grandement affaibli, avait souffert de sévères maladies chroniques, ainsi que des accès de fièvre prolongés [...] tellement que nous en étions étonnés et nous avons ainsi pris conscience de la subordination de la nature humaine aux images mentales[24].

Si cette union s'avère impossible, le médecin doit avoir recours à une thérapie traditionnelle. Avicenne insiste sur le fait que cette maladie mélancolique, étant causée par une image permanente et obsédante de l'être aimé dans l'esprit de l'amoureux, doit être traitée avant tout de manière «psychologique», c'est-à-dire en employant une thérapie capable de distraire l'esprit du patient afin d'éloigner de ses pensées l'objet de son obsession. À cette fin le médecin prescrira les bains, le sommeil, les exercices physiques modérés et l'humectage. Il devra aussi embaucher

---

encore quatre-vingt-sept fois. Avicenne écrivit aussi un *Traité sur l'amour* (*Risalah fi'l ishq*), probablement inconnu dans l'Occident latin. L'original arabe, avec une traduction anglaise, fut édité par Emil Fackenheim, «A Treatise on Love by IBN SINA», *Medieval Studies*, 7 (1945), p. 208–28.

[24] Notre traduction. Nous utilisons le texte de Gérard de Crémone, *Avicennae medicorum Arabum principis, Liber canonis [...] a Gerardo Carmonensi ex Arabico sermone in Latinum conversus*, Basileae, 1556, livre I, fen 7, tr. 5, chs. 23–24. Toutes les références qui suivent sont tirées de cette édition, sauf indication contraire.

une vieille femme pour dénigrer et profaner l'être aimé en présence de l'amoureux. Les vieilles femmes, ajoute Avicenne, sont bien plus expertes que les jeunes femmes ou les jeunes hommes à ce genre de chose. Il met en garde contre la musique qui, bien qu'elle soit une thérapie valide, risque de produire des effets contraires. Si ces méthodes s'avèrent insuffisantes, le médecin n'a pas d'autre choix que d'employer une thérapie utilisée plus spécifiquement dans les cas de mélancolie, de manie et de *quṭrub*: la saignée et l'évacuation des humeurs par des purges, d'aloès par exemple.

Jusqu'où ce concept de passion sexuelle excessive a-t-il pénétré le monde arabe médiéval, et avec quel degré de sérieux a-t-il été considéré dans l'Occident latin? On peut en juger par l'insertion d'un chapitre sur la maladie dans l'un des livres qui a le plus circulé à la fin du Moyen Âge, la petite encyclopédie pour voyageurs appelée *Viaticum*. Le traité, souvent attribué par erreur à Isaac ben Salomon Israeli, Gérard de Crémone ou encore Gérard de Berry, est une traduction de Constantin l'Africain[25] de *Les provisions du voyageur* (*Zad Al-Musafir*) d''Abu Jafar Ahmad 'Ibn Ibrahim 'Ibn 'Ali Khalid, surnommé Al-Djazzar (fils de boucher: déc. vers 1004). Une traduction grecque fut aussi entamée durant les années où Constantin était très actif (le plus ancien manuscrit, Vatican N.CCC, date de la fin du Xe ou début du XIe siècle)[26]. Il est probable que les deux versions furent préparées indépendamment l'une de l'autre et traduites directement de la version originale arabe[27].

Le terme d'amour excessif d'Al-Djazzar fut traduit «*hereos*» par Constantin, un terme qui fut largement et longtemps employé. Il choisit de positionner ce chapitre dans une partie sur les maladies mentales; pour lui, *hereos* est une maladie du cerveau qui consiste en un désir excessif accompagné d'un état sévère d'anxiété et de dérangement des pouvoirs cognitifs. Il modèle sa description sur celle d'Avicenne, dont le texte médical avait déjà été analysé avec compétence. Tout comme Avicenne, et Rhazès avant lui, Al-Djazzar considère *hereos* comme une maladie mélancolique qui peut donc être elle aussi provoquée par le besoin de l'organisme d'évacuer les humeurs excessives: «quelquefois, la cause de ce type d'amour est le besoin de la nature d'expulser une grande quantité d'un trop plein de fluide humoral, d'où les paroles de Rufus qui affirme que le rapport sexuel est une thérapie valide pour ceux qui souffrent de la bile jaune échauffée et de la mélancolie[28]». À

---

[25]Constantin l'Africain est unanimement considéré comme le premier à avoir apporté la médecine arabe dans l'Occident latin. Pierre Diacre, son premier biographe, écrit que Constantin est né à Carthage, et que durant son enfance il voyagea beaucoup: Syrie, Inde, Éthiopie et Égypte, où il devint versé en hébreu, syriaque, grec, chaldéen, latin, éthiopien et indien. À l'âge de quarante ans, il se rendit à Salerne, où il devint le secrétaire du duc Robert Guiscard et peu après professeur de médecine à l'École de Salerne. Plus tard il se convertit au christianisme et se joignit au monastère du Mont Cassin, dédiant ses dernières années à la traduction latine des œuvres arabes. Il mourut en 1087. Ses traductions comprennent une partie d'*Al-Kitab Al-Maliki* de 'Ali 'Ibn 'Abbas sous le titre *Pantegni, Liber de urina, Liber febrium* et les *Aphorismes* d'Hippocrate avec les commentaires de Galien. Il écrivit aussi ses propres traités médicaux.

[26]La traduction française fut éditée par C. Daremberg et E. Ruelle, *Œuvres de Rufus d'Éphèse*, Amsterdam, Adolf Hakkert, 1963, sec. IV, p. 582–84.

[27]Il y a un grand nombre d'énoncés sur ce point. Pour un condensé de la question, voir l'introduction de M. McVaugh au *De amore heroico* d'Arnaud de Villeneuve, p. 14–15.

[28]*Breviarium Constantini dictum Viaticum*, Lugduni, s.é., 1510, livre I, ch. 20, p. 12[r–v].

cause de la fixation de leurs pensées sur l'objet de désir, les amoureux ont des yeux creux constamment en mouvement et des paupières lourdes. Parce qu'ils souffrent d'insomnie, leur chaleur innée se déplace dans leur corps de façon très irrégulière et leur complexion devient vert-jaunâtre. Le sommeil, selon la médecine contemporaine, demande un cerveau modérément humide: il survient lorsque les vapeurs bonnes et humides atteignent le cerveau. Le sommeil remplit deux fonctions: il tranquillise le cerveau, les sens et toutes les fonctions mentales; il permet à la chaleur innée d'imprégner tout le corps afin de digérer la nourriture et de faire mûrir les humeurs. Mais, la chaleur de la passion, en asséchant le cerveau, provoque l'insomnie et attire les humeurs non pas vers l'intérieur où elles devraient être pour faciliter la digestion, mais vers le cerveau et les couches extérieures du corps; la peau prend la teinte de la mélancolie, soit une couleur vert-jaune foncé qui indique de façon certaine que la santé du patient est gravement compromise.

La thérapie suggérée par Al-Djazzar est déjà bien connue et semble être dérivée des remèdes prescrits par Asclépiade de Bithynie pour soigner la mélancolie: on devrait donner au patient du vin en modération, lui faire écouter de la musique et de la poésie, le faire marcher dans des jardins remplis de lumière, de parfums, de fruits, sillonnés de ruisseaux d'eau claire. Il devrait aussi passer du temps avec des amis, se promener en compagnie d'hommes et de femmes de belle apparence, se baigner souvent, parce que le bain prédispose à la joie, faire de l'exercice physique avec modération et voyager. Ces remèdes visent de toute évidence à faire oublier au patient l'objet de son affection.

Presque tous les livres médicaux de ce temps touchent à la mélancolie érotique, comme c'est le cas dans le traité *Takwim Al-Abdan Fi Tadbir Al-Insan* d''Abu 'Ali Yahya 'Ibn 'Isa 'Ibn Djazla (plus connu en Occident sous les noms de Byngezla, ben Gezla ou Buhahylyha: déc. 1100), traduit en Latin par Faradj ben Salem sous le titre *Tacuini aegritudinum*. L'ouvrage consiste en 44 tables (*canones*) décrivant 352 maladies et leurs thérapies. Le seizième canon discute de la mélancolie et mentionne brièvement l'*hereos*: «l'amour appelé hereos, à son apogée, frappe le corps entier qui devient maigre et maladif à l'exception des yeux. Les paupières seront très chaudes, les yeux seront remplis de larmes, et le pouls de l'amoureux est pareil à celui d'une personne qui souffre d'une grande peine[29]».

La description d'H'alaf 'Ibn 'Abbas 'Abu al-Qasim Zahrawi (plus couramment appelé Albucasis ou Alsahravi par les écrivains savants: déc. après 1009–1010) est encore plus intéressante. Albucasis est l'écrivain arabe le plus connu parmi ceux qui ont écrit sur les procédures chirurgicales. Dans la deuxième édition de ce premier livre de son traité médical le plus célèbre, intitulé *Al-Tasrif* (*Vade mecum*), Albucasis résume, dans un bref chapitre, ce qui a précédemment été dit de l'*hereos*[30]. Il ajoute de nouveaux concepts qui sont le sous-produit de l'évolution graduelle de la problématique à propos de la surexcitation sexuelle. *Hereos*, écrit Albucasis, est une maladie qui attaque le cerveau et endommage les facultés animales. La

---

[29]*Tacuini aegritudinum*, Argentorati, apud Jo. Schottum, 1532, can. XVI, p. 23 (notre traduction).

[30]La section sur la chirurgie a été traduite en latin par Gérard de Crémone et elle est devenue la source principale de référence sur la chirurgie pour les premiers écrivains italiens, Guillaume de Saliceto et Lanfranc de Milan. Guillaume de Saliceto inclut également dans son *Cyrurgia* un chapitre sur *hereos* (ca. 1275), modelé sur Avicenne et plus particulièrement sur Albucasis.

définition est bien plus spécifique que celle précédemment examinée, étant donnée
cette référence implicite à la division cellulaire du cerveau, un concept qui sera
développé de façon extensive par les médecins occidentaux. Puisqu'un tel désir
peut être provoqué soit par l'amour pour une personne du sexe opposé, soit pour
un objet, Albucasis divise la maladie en deux sous-espèces. La première est causée
par le besoin de l'organisme de se décharger d'une quantité excessive d'humeurs
(c'est l'*amor hereos* ou l'appétit sexuel excessif), l'autre est une affection de l'âme
qui est provoquée par le besoin profond d'un objet tel qu'une plante, un jardin
ou un bâtiment. Les dynamiques de ces deux sous-espèces de l'amour sont les
mêmes: une maladie de l'imagination accompagnée de terribles symptômes qui
sont déclenchés par la conviction irréfutable que l'objet est accessible et qu'aucun
effort ne devrait être épargné pour ce que d'autres appellent une poursuite futile.
Parce que la mélancolie détruit à la fois le corps et l'esprit, le traitement devrait être
appliqué dans les plus brefs délais. La première solution est d'accorder l'objet du
désir; si ce n'est pas possible, comme ce serait le cas dans la première sous-espèce,
il faut inciter le patient à avoir des relations sexuelles avec d'autres femmes. Le
reste de la thérapie suggérée par Albucasis est strictement traditionnelle[31].

Alors qu'en Occident la médecine était reléguée dans les monastères, elle était,
au contraire, dans le monde arabe, grâce aux multiples traductions et commentaires
du grec ancien et des textes orientaux, une science éminente qui jouissait de l'appui
et de la protection des califes. Jusqu'à la fin du VIIIe siècle, l'étude de la médecine
était restreinte à une petite élite, surtout composée de prélats, qui pouvaient lire le
grec. Les centres d'éducation médicale n'existaient pas, de même que les académies
où ces textes auraient pu être traduits en latin[32]. Nous savons que le monastère fondé
par Cassiodore (490–585) renfermait une collection d'anciens manuscrits comprenant plusieurs ouvrages médicaux et que Cassiodore conseillait à ses disciples
d'étudier les arts médicaux. *Les étymologies* (*Etimologiae*), l'ouvrage monumental
d'Isidore de Séville (560–639), renfermait maintes citations médicales[33]. Certains
des ouvrages de Bède le Vénérable portent sur la médecine[34] et quelques ouvrages
spécifiquement médicaux ont survécu, tel que le *Commentarium medicinale* rédigé
par Crispus, un diacre de l'Église de Milan (première moitié du VIIIe siècle)[35], ainsi

---

[31] Albucasis suggère le voyage comme palliatif possible, un remède qu'Asclépiade et
Plotin recommandaient déjà. Voir Porphyre, *Life of Plotinus*, dans *The Ethical Treatises*,
trad. Stephen MacKenna, Londres, P. L. Warner, 1917, ch. 11.

[32] Pour la médecine médiévale chrétienne, voir F. Wüstenfeld, *Die Übersetzungen ara-
bischer Werke in das Lateinischeseit dem XI Jahrhundert*, Göttingen, Abhandlungen der
Königlichen Gesellschaft der Wissenschaften zu Göttingen, 22, 1877; T. C. Allbutt, *Science
and Medieval Thought*, Londres, C. J. Clay and Sons, 1901; Loren Carey MacKinney, *Early
Medieval Medicine with Special Reference to France and Chartres,* Baltimore, Johns Hopkins University Press, 1937. Les traductions des ouvrages médicaux en latin ont certainement
déjà existé, parce que Cassiodore, dans son *Institutiones divinarum et saecularium litterarum*, éd. R. A. B. Mynors, Oxford, Clarendon, 1937, Lect. I, ch. 3, écrit: «Lire Hippocrate
et Galien en traduction latine».

[33] Isidore de Séville, *The Medical Writings*, éd. W. D. Sharpe, Philadelphie, American
Philosophical Society, 1964.

[34] Voir A. Castiglioni, *A History of Medicine*, trad. E. B. Krumbhaar, New York, Knopf,
1941, p. 297.

[35] Saint Crispo, *Commentarium medicinale*, éd. Angelo Main, dans *Classicorum auctorum
e Vaticanis codicibus editorum*, Rome, Tipografia Vaticana, 1833.

que la *Dietetica* d'Anthimus, le médecin privé de Théodoric.[36] Mais en fait, la nature de tous ces ouvrages est surtout thérapeutique. Ils traitent principalement des remèdes à base d'herbes dont l'utilisation est confinée aux églises et aux monastères qui servaient à cette époque d'hôpitaux.

L'étude de la médecine entra en 805 par un décret de Charlemagne dans le cursus de base des écoles de l'Empire romain occidental[37]. Presqu'au même moment, l'école de Tours, fondée par Alcuin (735–804), entreprit de faire une traduction systématique et une transcription des ouvrages classiques grecs et latins, ainsi que de plusieurs textes médicaux[38]. Les centres d'étude les plus importants étaient encore les monastères, surtout les monastères bénédictins de Chartres, Fulda, Bobbio et Mont-Cassin. Entre le IXe et le Xe siècles, Mont-Cassin devint l'un des centres médicaux les plus importants d'Europe Occidentale. Ces écoles étaient essentielles dans l'évolution des sciences médicales parce qu'elles servaient de lien entre la médecine ancienne et les écoles laïques du Moyen Âge, la première étant l'école de médecine fondée à Salerne.

L'école de Salerne était le point central vers lequel convergeaient tous les courants médicaux (grec, latin et arabe) les plus importants[39]. La première période de l'école, depuis sa fondation (traditionnellement placée à la fin du VIIe siècle) jusqu'à l'arrivée de Constantin l'Africain, fut caractérisée par l'étude de la médecine d'Hippocrate. Les ouvrages compilés par les écrivains du *Collegium Hippocraticum* sont principalement des résumés de textes latins et grecs qui traitent de médecine simple. Avec Constantin, les ouvrages des grands médecins arabes furent introduits pour la première fois en Occident. Ce fut la période la plus importante de l'école de Salerne, qui atteignit son apogée avec le renouveau de la médecine latine dans les universités[40].

Le déclin graduel de l'école de Salerne coïncida avec la multiplication des universités, dont les facultés médicales prospérèrent grâce aux traductions des ouvrages médicaux effectuées à partir de l'arabe par Constantin et par les traducteurs

---

[36] *De observatione ciborum epistola* fut édité par V. Rose, Leipzig, B. G. Teubner, 1870.

[37] Voir A. Castiglioni, *A History of Medicine*, p. 293.

[38] Sur Alcuin et la réforme scolastique dans la période carolingienne, voir la brève introduction de R. S. Hoyt, *Europe in the Middle Ages*, New York, Harcourt, Brace, 1954, p. 145–50. Voir aussi A. Castiglioni, *A History of Medicine*, p. 295.

[39] Le travail fondamental concernant l'École de Salerne est de Salvatore De Renzi, *Collectio Salernitana*, 5 vols., Naples, Tipografia Filiatre-Sebezio, 1852–59, suivi par ceux de P. Giacosa, *Magistri Salernitani nondum editi*, Turin, Fratelli Bocca, 1901, et P. Capparoni, «Magistri Salernitani nondum cogniti», dans *A Contribution to the History of the Medical School of Salerno*, Londres, J. Bale & Co., 1923. Sur la question de l'origine de l'école, voir entre autres G. W. Corner, «The Rise of Medicine at Salerno in the Twelfth Century», *Annals of the History of Medicine*, 3 (1931); C. et D. Singer, «The Origin of the Medical School of Salerno», *Essays on the History of Medicine*, Zurich, Landschlacht K. Hönn, 1924; P. O. Kristeller, «The School of Salerno, Its Development and Its Contribution to the History of Learning», *Bulletin of the History of Medicine*, 17 (1945); A. Castiglioni, *A History of Medicine*, p. 299–322.

[40] Donald Campbell, *Arabian Medicine and Its Influence on the Middle Ages*, Londres, Kegan Paul, 1926, vol. I, p. 24, écrit: «On a continué à lire les versions des œuvres arabes de Constantin et à les considérer comme faisant autorité, même après que Gérard de Crémone et Gérard de Sabbionetta, qui travaillaient à Tolède, eurent produit des traductions plus justes et plus reconnues» (notre traduction).

de l'école de Tolède[41]. Dans le *Studium* de Bologne l'enseignement de la médecine fut introduit au XIIe siècle; le *Studium generale* de Paris fut fondé en 1110 et, dans les années qui suivirent, on vit également s'ouvrir les portes des universités de Montpellier (1181), Padoue (1222) et Naples (1224)[42].

L'amour mélancolique et l'Occident latin

Vers 1280 un ami d'Arnaud de Villeneuve, ayant alors établi son cabinet médical en Sardaigne, se heurta au concept d'*hereos* et resta perplexe quant à sa signification. Il écrivit à Arnaud sur ce sujet, et c'est ainsi que le célèbre médecin catalan en vint à rédiger un court traité sur la question suivante: «pourquoi l'amour *hereos* génère une émotion aussi irrationnelle et aussi forte[43]». Bien que la doctrine de la mélancolie érotique fasse déjà partie de la culture de l'Occident latin, le *Tractatus de amore heroico* mentionne les doutes et la confusion qui entourent encore la nature du désir sexuel immodéré. Les médecins et les philosophes naturels s'accordaient pour penser que c'était un état de maladie. Les écrivains médicaux avaient donné une symptomatologie et un éventail de remèdes possibles pour cet état, mais ils n'avaient nulle part discuté de son étiologie de façon scientifique. Même l'identification de ses étapes chroniques avec d'autres formes d'aberrations, telles que la mélancolie ou la manie, avait été suggérée plutôt qu'établie. Les textes arabes n'avaient pas essayé de rectifier ces ambiguités et les premiers écrivains occidentaux les avaient simplement reproduites sans tenter d'en commenter les difficultés.

Il est presque certain que l'honneur d'avoir introduit le concept de mélancolie érotique en Occident revient à la traduction de *Les provisions du voyageur (Zad Al-Musafir)* de Constantin. Il est très probable que la traduction a aussi introduit le terme *hereos*, même si le problème de son étymologie, pourtant largement discutée par les critiques littéraires et les historiens de la médecine, nous a échappé[44]. Constantin prend souvent des libertés avec ses sources, mais, dans le cas de la section sur l'*hereos*, il se contente de répéter le texte original. Même dans ses propres abrégés médicaux, tel que *De communibus medico cognitu neccessariis locis*, il traite de la maladie en peu de mots; il dit simplement que «ceux qui sont peinés, tristes et craintifs, méfiants et amourachés, sont souvent à la merci de terribles maladies et sujets à une mort soudaine[45]».

Cette également le cas des autres, telles que la traduction d'Étienne d'Athènes de *Al-Kitab Al-Maliki* d'Ali 'Ibn 'Abbas, ou la traduction mentionnée plus haut de

---

[41]Tolède fut reconquise par les forces chrétiennes du roi Alphonse de Castille en 1085. C'est dans cette ville que l'on créa la «Sociétés des traducteurs» en 1130.

[42]Sur le *Studium* de Bologne, voir A. Sorbelli, *Storia dell'Università di Bologna*, Bologna: Zanichelli, 1944. Sur l'origine et le développement des universités en Europe, consulter H. Rashdall, *The Universities of Europe in the Middle Ages*, Oxford, Clarendon Press, 1895; nouv. éd. 1936, et Stephen d'Irsay, *Histoire des universités françaises et étrangères des origines à nos jours*, Paris, A. Picard, 1933–35.

[43]Voir Arnaud de Villeneuve, *De amore heroico*, p. 43, et l'introduction de M. McVaugh, p. 12.

[44]Voir l'introduction de M. McVaugh sur *De amore heroico* d'Arnaud de Villeneuve.

[45]*De communibus medico cognitu neccessariis locis*, dans *Opera*, Basileae, apud Henricum Petrum, 1536–39, ch. 38, p. 142 (notre traduction).

Al-Kitab Al-Masuri de Rhazès par Gérard de Crémone. Gérard informe le lecteur que Rhazès, à ce point de son exégèse, aurait dû mentionner la mélancolie érotique, mais il ne tente pas de combler la lacune.

Mary Wack et Michael R. McVaugh ont, à plusieurs reprises, fait remarquer l'importance des commentaires sur le *Viaticum* dans l'établissement de l'étiologie de la mélancolie érotique; ils se sont tout particulièrement référés à un ouvrage écrit, avant 1237, par Gérard de Berry[46]. Avant de commenter certaines phrases du *Viaticum*, Gérard présente sa propre interprétation de l'*amor hereos* tiré du *Canon* d'Avicenne. La portion centrale de son commentaire tente d'expliquer l'étiologie de la maladie:

> Il est difficile de comprendre la cause de la maladie qui touche les vertus. La cause de la maladie [...] est un défaut de la vertu estimative, provoqué par des *intentiones* intuitives qui servent à appréhender des accidents insensibles qui peuvent ne pas être réels, de façon à ce que certaines femmes soient perçues comme étant meilleures et plus désirables que d'autres. Cela survient quand une chose fortement acceptable et plaisante frappe l'esprit, qui à son tour juge d'autres objets de sensation similaires; ainsi, s'il rencontre des sensations indésirables, elles sont dissimulées par la concentration obsessionnelle de l'esprit.
>
> En ce qui concerne l'âme sensible, la vertu estimative (qui est le juge le plus noble parmi les pouvoirs de l'âme) ordonne à la vertu imaginative de concentrer son attention sur une personne en particulier, et la vertu imaginative commande la vertu concupiscente; la vertu concupiscente n'agit donc pas seule, car tout comme elle obéit à la vertu imaginative, l'imaginative obéit également à l'estimative – c'est par commande de la vertu estimative que toutes les autres vertus se dirigent vers la personne même si elle n'est pas digne d'être aimée. Maintenant, la vertu imaginative se fixe sur un objet à cause de la pauvreté de sa propre complexion, froide et sèche. Pour ce qui est du ventricule du milieu, où l'*estimatio* est placé, il attire l'esprit et la chaleur innés, où travaille l'*estimatio*; le ventricule frontal est donc refroidi et asséché, entraînant la persistance d'une disposition mélancolique, du désir et de la sollicitude (*sollicitudo*). Cependant, je ne tenterai pas de deviner l'emplacement de la vertu concupiscente.

En citant ce passage, Michael R. McVaugh juge particulièrement provoquante «sa tentative d'établir une fusion entre les causes psychologiques, physiologiques et physiques avec un compte rendu de l'*amor hereos*, dans la tradition purement galénique qui est de donner des explications matérielles aux états mentaux[47]». En fait, la fusion des causes psychologiques, physiologiques et physiques fait déjà partie du système de philosophie naturelle aristotélicien, comme nous l'avons montré plus haut, et c'est à travers la renaissance d'Aristote que ce système entre dans l'Occident latin. Ce que Gérard de Berry comprend assez bien, c'est la nature fantasmatique du désir, c'est-à-dire le rôle fondamental que le *phantasma* joue dans les dérangements émotionnels et mentaux.

Comme le suggère McVaugh, il est très probable que Gérard a tiré sa caractérisation des pouvoirs internes de l'âme du *Canon* d'Avicenne, et en particulier

---

[46]Voir Mary Wack, *Memory and Love in Chaucer's «Troilus and Criseyde»*, et M. McVaugh, introduction au *De amore heroico* d'Arnaud de Villeneuve, p. 21 et suiv. La traduction anglaise du commentaire de Gérard de Berry sur *Viaticum* est tirée de l'introduction de M. McVaugh, p. 22–23.

[47]M. McVaugh, Introduction, p. 23.

de son *De anima*. Alors que la classification d'Avicenne des «sens internes» n'est ni la première ni la plus traditionnelle, elle demeure malgré tout l'une des plus méticuleuses. Ses écrits qui portent sur la philosophie naturelle et sur la physiologie — c'est-à-dire, sur le système aristotélicien-galénique de l'âme et des passions, avec celui d'Averroès — influencèrent profondément la culture du Moyen Âge et de la Renaissance. Le texte de Gérard de Berry montre également l'incertitude entourant la classification des pouvoirs qui, pensait-on, constituaient les sens internes, même s'il prend pour acquises les relations entre les pouvoirs de l'âme, ainsi que la division du cerveau en trois parties, postulée par les philosophes et les médecins grecs aussi bien que par Galien et entièrement acceptée par Avicenne. C'est à la théorie des *virtutes* de l'âme et de la nature fantasmatique des sensations, héritée d'Aristote et de Galien par l'intermédiaire de la philosophie naturelle des arabes, que nous devons retourner pour comprendre les implications médicales et philosophiques du désir excessif ou de la mélancolie érotique.

Afin de présenter ce système comme il aurait été compris au XVe, au XVIe et, en partie, jusqu'au XVIIe siècle, nous nous appuierons principalement sur les textes d'Avicenne, d'Averroès et sur les plus importantes dissertations sur l'*amor hereos* écrites avant Du Laurens et Jacques Ferrand: le *De amore heroico* d'Arnaud de Villeneuve; le chapitre sur *hereos* de Bernard de Gordon dans le très important *Lilium medicinae*, écrit à Montpellier en 1305; et le commentaire du médecin florentin Dino del Garbo sur «Donna me prega» de Guido Cavalcanti, poème que les *fedeli d'amore* — les poètes du cercle de Dante Alighieri — prenaient pour un «manifeste érotique».

Il est nécessaire de faire d'abord quelques remarques préliminaires sur le concept médiéval de l'amour. On a souvent dit que la culture médiévale faisait la distinction entre deux types d'amour: d'un coté l'amour pur, désintéressé, toujours subordonné à la raison chrétienne et donc jamais excessif, ni nuisible à l'homme ou à la société; et d'un autre coté l'amour naturel, avec sa dimension du péché originel relié au désir sexuel, qui est caractérisé par l'excès, l'agitation et la transgression. Selon ce point de vue largement accepté[48], le premier était appelé *amor caritatis* par les théologiens (l'*amor amicitiae* de saint Thomas d'Aquin) et *fin' amor* par les poètes provençaux. Selon Guilhem Montanhagol, la chasteté est née de ce type d'amour («d'Amor moù castitatz»). Quant à l'autre, il est appelé par saint Thomas *amor concupiscentiae*, ou désir charnel, et faux ami («fals'amistat») selon le poète provençal Marcabru[49].

Mais toute interprétation supposant une division dogmatique entre l'amour spirituel et l'amour naturel, en dehors du champ des spéculations théologiques, est contraire à l'histoire et, qui plus est, soulève plus de problèmes qu'elle n'en résout. L'un de ceux-ci est l'ambiguïté fondamentale du concept même de l'*amour courtois* qui vacille continuellement entre l'amour pur et le désir érotique. Cette classification dualiste ne peut pas nous expliquer ni le canto de Dante Alighieri sur Paolo et Francesca (*Enfer* V), dans lequel il rejette systématiquement l'amour exalté par la littérature courtoise et par les *fedeli d'amore*, ni la condamnation de

---

[48]Voir D. W. Robertson, «The Concept of Courtly Love as an Impediment to the Understanding of Medieval Texts», dans *The Meaning of Courtly Love*, éd. F. X. Newman, Albany, State University of New York Press, 1968, p. 1–18.

[49]John F. Benton, «Clio and Venus: An Historical View of Medieval Love», dans *The Meaning of Courtly Love*, p. 31.

saint Augustin, dans *Mon secret, ou mépris du monde* (*Secretum*) de Pétrarque,
de l'amour «pur» du poète pour Laure, défini comme un «amour qui a éloigné
l'âme [de Pétrarque] des choses célestes et qui l'a détournée du Créateur pour
la diriger vers le désir pour la créature[50]». Une telle interprétation mélange deux
questions bien différentes: la nature de l'amour lui-même et la nature de l'objet de
l'amour. Comme nous le verrons, en termes psychogénétiques, l'amour n'est qu'un
phénomène unique. Il peut varier en intensité et il peut se diriger vers une grande
variété d'objets d'une façon qui soulève des considérations d'éthique concernant
le choix de cet objet. Mais même là où l'objet est spirituel de nature, il active les
mêmes mécanismes physiologiques et psychologiques. La prise en compte du désir
physiologique, tel qu'il était généralement compris par les médecins occidentaux,
clarifia les distinctions entre les prémisses médicales et les prémisses théologiques
de l'amour.

La tradition médicale a enseigné que le désir excessif verse ses effets nocifs sur
l'esprit et le corps en modifiant le régime qui régularise l'existence de l'homme.
Il va à l'encontre des règles de l'équilibre et de l'ordre qui contrôlent les éléments
dans le corps tels que le sommeil, la nourriture et la boisson, l'exercice physique
et les relations sexuelles. Hippocrate a exposé ces règles dans le livre VI des
Épidémies, ainsi qu'Aristote de nouveau dans le livre III de l'*Éthique à Nicomaque*,
et elles furent acceptées universellement par les médecins arabes et occidentaux. La
chrétienté incorpora le concept de régime dans son point de vue éthique concernant
le choix des objets, en tenant pour axiomatique le fait que le degré d'immoralité
dans un acte de plaisir est équivalent à l'intensité du désir pour l'objet de plaisir.
Alors que l'*amor amicitiae* est un amour totalement désintéressé réglé par la raison,
toutes les autres formes d'amour sont toujours égocentriques, excessives, contraires
aux règles de moralité et au régime de santé. Pour les théologiens, l'*amor amicitiae*
tente, à sa façon, de reproduire l'amour tel qu'il dut exister avant la Chute; l'*amor
concupiscentiae,* qui est le désir qui accompagne l'amour après la Chute, est une
perversion de l'amour originel. Mais la matrice et la psychophysiologie de ces
deux manifestations de l'amour sont les mêmes, parce que les deux sont nées de la
même perte: celle du véritable objet de désir. Pour les chrétiens, le besoin humain
d'amour est un rappel constant de la perte du paradis terrestre. Le véritable objet
de désir n'est pas à l'extérieur de soi, aussi beau et noble qu'il puisse être. C'est
seulement avec les yeux de l'esprit que l'homme peut chercher les traces demi-
oubliées du véritable Amour qui existe en lui. Le Christ est le Guide, le Médecin
des âmes, qui ouvre la voie du paradis par la crucifixion.

Nous avons, certes, mélangé deux choses assez différentes: la spéculation des
théologiens sur les objets du désir se rattachant à l'Au-delà et le discours des poètes
et des médecins sur les objets de désir durant la vie terrestre. Les médecins et les
poètes parlent de la même absence et ils analysent cette absence dans le corps de
l'amoureux insatisfait. La différence réside dans le fait que le médecin examine
les effets négatifs de l'absence sur l'organisme humain et qu'il tente de trouver un
remède, une méthode pour restaurer l'harmonie organique à travers les préceptes
de la médecine traditionnelle. Le poète décrit l'expérience même de l'absence
irrémédiable de l'être aimé, parce que ce manque est l'*antefactum* du discours
poétique. Suivant les conventions poétiques où la Dame occupe une position plus

---

[50]Dans Pétrarque, *Opere*, éd. G. Ponte, Milan, Mursia, 1968, p. 541 (notre traduction).

élevée que celle du poète, celui-ci ne peut jamais demander ni même espérer une faveur. Il ne peut qu'aimer la Dame comme un *fantasme* de son imagination, parler à l'image qu'il se fait d'elle, analyser les effets de cet amour sur tout son être et il ne peut, dans ce discours solipsistique, trouver sa joie que dans l'amour éloigné, dans la souffrance et dans l'expression verbale de cette douleur constante. D'une certaine façon, la poésie aide le poète à exorciser le désir laissé par l'objet inaccessible, elle est à la fois sa peine et sa consolation.

«Si en fait vous ne pouvez aimer que ce qui est visible», reproche saint Augustin à Pétrarque dans *Mon secret*, «alors vous avez aimé le corps[51]». Parce que l'amour humain, dans toutes ses manifestations, est une spéculation sur les formes humaines appréhendées par les sens, c'est l'*amor concupiscentiae* qui comprend la *fin' amor* ou celui des *fedeli d'amore*. C'est le même genre d'amour qu'on trouve chez les *fedeli* ou dans le *Roman de la Rose* et le *Décaméron*; c'est le même que celui qui est décrit par les philosophes naturels et les médecins. Tous sont des formes du même amour; ils partagent une causalité commune et un développement psychophysiologique. L'obsession érotique intéresse à la fois les poètes et les *physici*; en fin de compte ils partagent un vocabulaire commun. Le poète adopte une symptomatologie «scientifique» afin de mettre en valeur la vraisemblance de son besoin libertin. Le médecin pragmatique considère que ce discours poétique est tout aussi vérifiable qu'un autre phénomène naturel. La fréquence des manifestations pathologiques de la mélancolie érotique en littérature devint, pour eux, non seulement une preuve supplémentaire de l'universalité du syndrome, mais cette littérature constitua une source de documentation historique — un corpus d'antécédents médicaux que l'on comprend en termes cliniques plutôt que littéraires.

Tout ce noyau d'idées se fondait sur le système aristotélicien-galénique de l'âme et des passions tel que le comprenaient les écrivains médicaux de tradition savante. Il existait, soyons-en certains, des variations dans cette interprétation même parmi les écrivains que nous avons sélectionnés. Mais, dans son plan global, ce système reste remarquablement uniforme à travers cette période d'histoire intellectuelle. Il fonde les analyses des maladies du désir dans les écrits de ceux qui traitent de l'*amor hereos* et il forme la sous-structure intellectuelle pour toute la pensée de Ferrand et son enseignement sur l'étiologie de l'amour érotique.

Parce que l'amour humain est fondamentalement l'*amor concupiscentiae*, le désir charnel, il est par définition capable de provoquer des états maladifs car, en tant que *passio*, il peut modifier l'équilibre des éléments internes du corps responsables de la santé. L'amour peut être nuisible s'il inclut un composant du désir, s'il implique le sexe opposé — s'il est occasionné par «les dispositions du corps qui penchent vers un tel désir (*concupiscentia*) à cause de quelque contrainte par nécessité, tel que [...] un tempérament vénérien ou une moiteur et un chatouillement des organes génitaux[52]». Le désir charnel surgit là où les humeurs (surtout le sang) ou les pneumas forment un excès, c'est-à-dire quand le corps est chaud et humide[53]. Le sang, en fait, produit du sperme, et une quantité excessive de sang

---

[51] Pétrarque, *Secretum*, p. 543 (notre traduction). Voir aussi l'édition traduite par Pompée Mabile de *Mon secret, ou du mépris du monde*, Angers, P. Lachèse et Dolbeau, 1886.

[52] Arnaud de Villeneuve, *Liber de parte operativa*, dans *Opera omnia*, Basileae, Conrad Waldkirch, 1585, p. 272.

[53] Galien dans *De usu partium*, éd. Kühn, vol. IV, p. 181 et suiv.: «quando igitur non modo ejusmodi humores serosi vacuari postulant eoque nos excitant ac pungunt ad se ex-

peut entraîner un état de satiété, une *complexio venerea*[54], responsable de l'attraction entre les sexes[55]. C'est pourquoi ceux qui possèdent un tempérament sanguin sont plus aptes aux stimuli de la chair. De plus, puisqu'il est possible d'acquérir une telle complexion par le biais d'un régime riche en graisse ou par le biais d'une vie sédentaire, ce sont les classes aisées et la noblesse qui sont les plus touchées par les excès du désir érotique[56]. Le travail et un régime maigre agissent en mesures préventives et figurent parmi les recommandations de Ferrand.

Gérard de Berry, dans le *Viaticum*, commente ainsi l'expression *amor hereos*: «les nobles [...], à cause de leur richesse et de la douceur de leur vie, souffrent de cette passion», et c'est pour cette raison qu'on les appelle les «amoureux héroïques». Ce sens de l'*amor hereos,* dérivé du grec ἥρως, ou héro, devient courant dans les traités qui suivirent sur l'amour érotique, ce qu'on peut vérifier dans le lexique du XIIIᵉ et du XIVᵉ siècle. Selon Danielle Jacquart et Claude Thomasset, dans le lexique édité par Mario Roques, les équivalences suivantes sont données du latin en français: MS Paris, Bibl. Nat., Lat. 13032, *heroicus* signifie baron, *heroys*, baronesse, *heronicus, id est heroicus heros, -ois*, baron; MS Paris, Bibl. Nat., Lat. 7692, *heroys* signifie dame; MS Vatican Lat. 2784, *hero* signifie dame[57]. L'amour courtois était l'expression d'un style de vie choisi comme manifestation de la supériorité de la classe dominante; ce fait souligne la justesse de l'association des termes «heros» et *hereos*. Les *physici*, dans leur position de soumission sociale, voyaient aussi *hereos* comme un signe du style de vie corrompu et dissipé des *signori*. La maladie est appelée *hereos*, remarque Bernard de Gordon, «parce que les "hereois" et les nobles sont plus inclinés à tomber dans cette passion, étant donné l'abondance des plaisirs», car, comme le dit le *Viaticum*, «tout comme

---

cernendum, verum etiam spiritus multus ac calidus expirari gliscit, incredibilem quendam existimare oportet voluptatis esse excessum».

[54] Albert le Grand, *De animalibus*, dans *Opera omnia*, Monasterii Westfalorum: in aedibus Aschendorff, 1972–82, vol. 29, XII, i, ch. 1: «complexio enim [...] est qualitas compositione in particulis minimis et dividentibus et alternantibus se ad invicem. Ex hoc enim accidit in eis una qualitas quae complexio vocatur».

[55] Galien, *De usu partium*, éd. Kühn, vol. IV, p. 183–84, explique la génération de sperme dans les termes suivants: «causa vero etiam generationis hujus haec est. Ex hiis vasis [arteriae et venae ovaricae], quae ad matrices accedunt (quae ad latera ipsarum distribui diximus), quae pars fertur deorsum, involvitur modo per simili iis vasis [arteriae et venae spertaricae internae], quae in testiculos masculorum perveniunt. Vena enim superjacet, subjacet autem arteria, utraque flexus multos numero aequales efficient instar capreolorum quorundam varie implexorum; quo implexu sanguis et spiritus, qui ad testes feruntur, dintissime coquuntur; clareque cervas humorem, qui in primis flexibus habetur, adhuc sanguinem, in sequentibus deinceps magis magisque albescere, quoad in omnium postremis totus albus omnino fuerit redditus; qui flexus postremi in testes terminantur. Testes vero, quum sint laxi ac cavernosi, humorem, qui in vasis coeperat concoqui, excipientes et ipsi rursum percoquunt, perfectius quidem ad foetus procreationem masculorum testes».

[56] En fait, le sang est un sous-produit de la digestion et donc de la nourriture. Voir Galien, *De usu partium*, éd. Kühn, vol. III, p. 267 et suiv. Voir aussi Bernard de Gordon, *Lilium medicinae*, Lugduni, apud G. Rovillium, 1574, p. 217, et L. Babb, *The Elizabethan Malady*, 1951; réimpr. East Lansing, Michigan State University Press, 1965, p. 128 et suiv.

[57] Danielle Jacquart et Claude Thomasset, «L'amour 'héroïque' à travers le traité d'Arnaud de Villeneuve», dans *La folie et le corps*, éd. Jean Céard, Paris, Presses de l'École Normale Supérieure, 1985, p. 152.

le bonheur est le niveau de plaisir le plus élevé, l'*hereos* est la plus haute étape du plaisir[58]». Aujourd'hui nous dirions que ces facteurs proviennent de raisons culturelles ou sociales. Ferrand, lui aussi, les citera parmi les causes éloignées de l'amour érotique.

La cause principale, malgré tout, est une cause extrinsèque qui prend la forme de la personne désirée ou de l'objet, une forme que perçoivent les sens externes, surtout la vision, et qui est jugée irrésistible[59]. Le désir érotique, selon Albucasis, est né de deux causes: du besoin pour l'organisme d'éliminer les éléments superflus et dangereux ou encore d'une affection de l'âme provoquée par la vue de quelque chose à l'extérieur de soi[60]. Le médecin florentin Dino del Garbo, dans son commentaire de l'un des poèmes les plus obscurs mais pourtant des plus influents, «Donna me prega» de Guido Cavalcanti, développe le même concept, très probablement tiré du commentaire suivant de Gérard de Berry: «La passion que l'on appelle amour est causée par l'appréhension de quelque forme visible qui est appréhendée à cause de son charme excessif». Et il ajoute: «car l'amour est une passion de l'appétit et l'appétit suit la forme de l'objet qui est appréhendé en premier lieu par l'organe des sensations externes, puis par les pouvoirs [virtutes] internes des sens [...] ainsi donc en amour, les deux aspects de la passion sensible ont lieu simultanément, c'est-à-dire le cognitif et l'appétitif, puisque chaque appétit qui est en nous suit la cognition[61]». Le commentaire pointe clairement vers la fusion de la pensée aristotélicienne et galénique, qui était la base de la médecine savante.

Arnaud de Villeneuve poursuit en précisant que l'*hereos* est une «cogitation violente et obsessive sur l'objet de désir, accompagnée par l'assurance de pouvoir obtenir le plaisir que l'on perçoit en lui[62]». Si la confiance est bien placée, si l'amoureux peut satisfaire ses appétits sexuels, l'organisme sera libéré d'un excès de sperme; son plaisir lui sera accordé et il retournera à un état normal. Si cette confiance est causée par un dérangement de la raison, par une *idée fixe*, et si l'amoureux persiste dans la poursuite de sa passion, l'exacerbation de la tension sexuelle peut être désastreuse[63]. En termes médicaux, la solution est simple ou même simpliste: arrêter l'excès par un régime capable de renverser la cause de

---

[58] Bernard de Gordon, *Lilium medicinae*, p. 217.

[59] *Ibid.*, p. 216. Même s'il doit y avoir une certaine *similitudo* entre sujet et objet: Albert le Grand, *De anima* dans *Opera omina*, I, ii, ch. 14: «Adhuc autem nihil appetit et quaerit nisi quod est sibi simile: et nihil movetur ad aliquid, ut dicit Boetius, nisi per quod est simile illi», et la *Summa theologica* dans *Opera Omnia* de saint Thomas d'Aquin, éd. Stanislaus Fretté, Paris, apud Lodovium Vivès, 1871–80, II, i, ques. 27, art. 1: «amor importat quamdam connaturalitatem vel complacentiam amantis ad amatum: unicuique autem est bonum id quod est sibi connaturale et proportionatum». Voir aussi *Summa theologica*, II, i, ques. 32, art. 7 *(conclusio)*, et J. E. Shaw, G. *Cavalcanti's Theory of Love, the Canzone d'Amore and Other Related Problems*, Toronto, Toronto University Press, 1949, p. 48.

[60] Albucasis, *Liber theoricae necnon practicae Alsaharavii*, Venetiis, Augustae Vindelicorum, 1519, tr. I, sec. ii, cap. 17.

[61] Dino del Garbo, *Scriptum super cantilena Guidonis de Cavalcantibus*, éd. G. Favati, dans *Rime di Guido Cavalcanti*, Milan, Marzorati, 1957.

[62] Arnaud de Villeneuve, *De amore heroico*, éd. M. McVaugh, p. 46.

[63] Dans sa *Summa theologica*, II, quaes. 27, art. 1, Saint Thomas d'Aquin écrit: «ad tertium dicendum, quod spes causat vel auget amorem, et hoc ratione delectationis, quia delectationem causat; et etiam ratione desiderii, quia spes desiderium fortificat. Non enim ita intense desideramus quae non speramus; sed tamen ipsa spes est alicujus boni amati».

l'excès. Un surplus de sperme doit être évacué, si possible pendant l'acte sexuel sanctifié par les liens du mariage. Mais le médecin ne se préoccupe pas de la qualité de l'objet de désir ou des bienséances sociales qui entourent l'acte lui-même. Ce qui compte c'est la qualité de l'acte, qui doit pouvoir rétablir de l'ordre dans le désordre et qui doit donc s'exécuter selon la pratique médicale.

Quand un homme est ensorcelé par l'amour d'une femme, explique Bernard de Gordon, «il est en complète adoration devant ses formes, sa silhouette et ses manières, car il croit qu'elle est la meilleure, la plus belle et la plus respectable, la plus élégante et la plus douée, à la fois en qualités morales et naturelles, une femme comme il n'y en a qu'une. C'est pourquoi il la convoite ardemment, sans limite ni mesure, en se demandant s'il peut atteindre son but, car c'est son bonheur et sa félicité. Pendant ce temps, sa raison est corrompue, car il pense à elle constamment, délaissant toute autre considération[64]». Cette corruption du jugement est causée par le dérangement du pouvoir de l'estimation (*virtus aestimativa*), une des facultés animales (*virtutes animales*) de l'âme[65]. Gérard de Berry a déjà fait remarquer ce concept. Cela nous ramène au système de la psychologie du Moyen Âge et de la Renaissance conforme à la doctrine aristotélicienne de la cognition et de la sensation, et qui reste remarquablement uniforme à travers toute cette période.

Nous avons déjà mentionné la division de l'âme en trois parties: le rationnel dans la région encéphalique; le centre émotionnel dans le cœur; et la partie appétitive dans le foie. Chacune de ces parties de l'âme est responsable de l'exécution d'opérations spécifiques; chacune a donc des pouvoirs et des facultés spécifiques qui caractérisent ses fonctions et ses activités. Les trois types de facultés correspondent aux trois parties: la faculté animale, dans l'encéphale; la faculté vitale, dans le cœur; la faculté naturelle, dont les deux parties sont situées respectivement dans le foie (qualité nutritive) et dans les testicules (qualité reproductive).

Les facultés animales sont divisées en deux groupes: la qualité cognitive et la qualité motrice. La première permet d'appréhender l'objet des sensations grâce aux sens externes et de le préparer en extrayant la forme de sa matérialité dans un procédé de *denudatio* ou «dévoilement» progressif. L'intellect peut alors manier l'objet, *species intelligibilis*, ainsi transformé. Ce procédé est supporté par les sens internes qui sont formés d'une série de qualités d'appréhension (*vires apprehendi ab intus*) placées dans les trois cavités du cerveau, des qualités au service de la faculté animale.[66]

Averroès offre la synthèse la plus complète et la plus exemplaire qui soit du procédé où l'objet des sensations est appréhendé par les sens et converti en *phantasma* ou image préparée pour l'intellect. Tout d'abord, il offre une explication très convaincante d'un élément qui avait posé problème aux savants de l'époque médiévale, c'est-à-dire comment la forme des objets de large envergure peut être assimilée par un organe aussi petit que l'œil et être si comprimée? (Giacomo da

---

[64] Bernard de Gordon, *Lilium medicinae*, p. 216.

[65] Voir, par exemple, Bernard de Gordon, *Lilium medicinae*, p. 216: «causa huius passionis est corruptio aestimativae», et Arnaud de Villeneuve, *De amore heroico*, p. 48.

[66] L'évolution de la doctrine des sens internes a été soigneusement tracée par H. A. Wolfson, «The Internal Senses in Latin, Arabic, and Hebrew Philosophic Texts», *Harvard Theological Review*, XXVII, 2 (avril 1935), p. 69–133. Voir aussi G. Agamben, *Parole et fantasme*, p. 94–95.

Lentini, l'un des poètes à la cour de l'empereur Frédéric II, écrivit justement un poème sur cette question: «Or come pote sí gran donna entrare[67]».) Averroès nie les théories de réduction ou de compression; il fait remarquer que «les sens ne comprennent pas les intentions des objets des sensations sauf s'ils ont tout d'abord été soustraits à la matière». L'explication fait partie essentiellement d'un paragraphe du livre *Des sens et de la sensation* (*De sensu et sensibilibus*) d'Aristote dans lequel il traite des opérations de l'œil et de son rôle dans la conversion des objets sensibles en images qui peuvent être assimilées par le sens commun avant d'être transmises à l'imagination. L'œil fonctionne comme une série de miroirs. L'image revêt une forme plus spirituelle en passant par les lentilles et autres médias de l'œil. «En fait, les formes sont de trois classes: la première est la classe corporelle; la seconde, dans le sens commun, est spirituelle; la troisième, dans l'imagination, est encore plus spirituelle. Et parce qu'elle est plus spirituelle que dans le sens commun, l'imagination n'a pas besoin de l'objet externe pour le faire apparaître. L'imagination, donc, ne traite pas avec les formes corporelles[68]». Ce procédé agit grandement sur la manière dont l'imagination va utiliser l'image de l'objet aimé et sur les possibilités de corruption de cette image, à cause de l'influence nocive des humeurs brûlées.

Giorgio Agamben remarque à ce propos que le procédé cognitif «est conçu comme une spéculation *sensu stricto*, une réflection des fantasmes de miroir en miroir: miroir et eau sont les yeux et le sens qui réfléchissent la forme de l'objet, alors que la spéculation est une forme de fantaisie qui imagine les fantasmes en l'absence de l'objet. Savoir, c'est dépendre du miroir où le monde est réfléchi, c'est espionner les images qui sont réfléchies de lentille en lentille. L'homme du Moyen Âge est toujours devant un miroir quand il regarde autour de lui et quand il s'abandonne à sa propre imagination. «L'amour est par nécessité une spéculation [...] parce que la psychologie médiévale, avec une invention qui est parmi les plus fécondes à avoir été transmise à la culture occidentale, conçoit l'amour comme un procédé essentiellement fantasmatique qui implique que l'imagination et la mémoire sont dans un état de tourment continuel à cause d'une image peinte ou reflétée dans les profondeurs de l'esprit[69]».

La nature du tourment de l'amoureux ne peut être expliquée que dans les termes de la physiologie du cerveau lui-même. Très brièvement, le lobe frontal du ventricule antérieur est occupé par le sens commun; c'est par les yeux qu'il reçoit la forme de l'objet des sensations. Le lobe postérieur du même ventricule renferme la fantaisie (le grec *phantasia* qui correspond au latin *imaginatio*, ou imagination rétentive) dont le but est de retenir la forme une fois que l'objet des sensations n'est plus présent. (Nous devons passer sur le débat, alors d'actualité, qui était de savoir si la *phantasia* et le *sensus communis* étaient une même faculté ou des facultés distinctes.) La faculté imaginative comprend une deuxième opération située dans le ventricule central du cerveau et sert à combiner ou à séparer les impressions en *phantasia*. En relation à l'âme rationnelle de l'homme, cela correspond à la faculté cognitive (*virtus cogitativa*). La partie postérieure du même ventricule est occupée

---

[67] Giacomo da Lentini, *Rime*, éd. C. Antonelli, Rome, Bulzoni, 1979, p. 288.

[68] Le texte, tiré des commentaires d'Averroès sur *De sensu et sensibilibus* d'Aristote, est cité par G. Agamben, *Parole et fantasme*, p. 94–95.

[69] G. Agamben, *Parole et fantasme*, p. 95.

par la faculté qui perçoit les intentions non sensibles existant dans un même objet de sensation; elle est appelée la faculté estimative (*virtus aestimativa*). (Elle n'était pas reconnue par tous les médecins). La mémoire (*virtus conservativa et memorialis*) occupe le ventricule postérieur du cerveau; elle préserve les impressions insensibles d'un même objet de sensation perçues par la qualité estimative, en parallèle avec la fantaisie qui préserve le sens des impressions reçues du sens commun. La dernière faculté, *humana rationalis*, est reconnue seulement par les philosophes.

Selon la tradition médicale ayant trait à l'amour, la première étape du tourment de l'amoureux obsédé est causée par la corruption de la faculté d'estimation, cette qualité qui permet de juger si les intentions non sensibles de l'objet des sensations sont bonnes ou mauvaises. Si le désir pour l'objet est fort et persiste, cette qualité peut devenir confuse et permettre au sujet de penser que les mauvaises choses sont bonnes et que les choses hors de portée sont à sa portée. Arnaud de Villeneuve résume cet état de l'amoureux ainsi:

> À cause du désir violent il conserve la forme imprimée dans l'esprit par la fantaisie, et à cause de la mémoire il se rappelle constamment l'objet. De ces deux actions surgit une troisième: une cogitation compulsive survient du désir violent et de la constante remise en mémoire. L'amoureux ne sait ni comment ni par quelles méthodes il sera capable d'obtenir son objet pour son propre plaisir afin de profiter de ce délice destructeur qu'il avait formulé dans sa psyché[70].

L'objet du désir devient une idée obsédante qui polarise toutes les activités cognitives, alors que la corruption de la qualité estimative provoque le dérangement des autres facultés restantes de l'âme, puisqu'elles sont sujettes à l'*aestimativa*[71]. Après un certain temps, cette obsession peut assombrir et faire suffoquer la raison même et pousser l'amoureux à chercher à gratifier ses pulsions sexuelles contre tout jugement. Les facultés de l'âme, cependant, ne peuvent pas être sujettes à une altération et on ne peut les tromper. Les responsables de l'erreur sont les instruments employés par la faculté pour exercer ses fonctions: la cavité centrale du cerveau et les pneumas ou les esprits qu'elle contient[72].

Selon la psychologie du Moyen Âge et de la Renaissance le bien-être de l'homme est contrôlé par les esprits, car ils procurent ce lien essentiel entre la matière (le corps) et l'esprit (l'âme) sans lequel l'homme n'existerait pas[73]. Ils

---

[70]Arnaud de Villeneuve, *De amore heroico*, p. 46–47 (notre traduction).

[71]Arnaud de Villeneuve, *De amore heroico*, p. 48–49: «cum igitur quasi ad imperium estimative cetere inclinentur virtutes, patet quod [...] scilicet rationis imperium sensibilium virtutem delusionibus subiugatur erroneis, cum decretum estimationis sustineat nec informet».

[72]Arnaud de Villeneuve, *De amore heroico*, p. 49: «causa vero propter quam estimativa virtus in opere vel iudicio suo claudicat sic et errat necessario sumenda videtur ex parte instrumentorum quibus dicta virtus suas perficit actiones, medie scilicet concavitatis cerebri et spirituum receptorum in ea. Virtutes enim non senescunt nec vitium in operibus patiuntur sui ratione sed organi, receptis spiritis vel etiam apparentis».

[73]Nous présentons le commentaire trouvé dans *Speculum doctrinale* (dans *Speculum quadruplex*, Graz, Akademische Druck-U. Verlagsanstalt, 1964–65), livre XIII, ch. 48, p. 1200–01, de Vincent de Beauvais (vers 1190–1267). Son *Speculum majus*, dont le doctrinal constitue la deuxième des quatre parties, fut l'encyclopédie la plus diffusée et celle qui eut le plus d'influence vers la fin du Moyen Âge.

sont les instruments des facultés et correspondent aux parties naturelles, vitales et animales. L'esprit naturel est généré dans le foie à partir de sang pur, et de là il circule vers toutes les parties du corps par les veines. L'esprit vital comprend deux éléments: l'air inspiré et les exhalaisons du sang. Ces deux éléments sont mélangés dans le cœur une fois que l'air est transformé et purifié dans les poumons par un procédé proche de la digestion. Du ventricule du cœur l'esprit vital est passé aux artères et au plexus rétiforme à la base du cerveau, où il continue d'être transformé. Finalement, il entre dans les ventricules latéraux du cerveau où il se joint à l'air inspiré par les narines; le résultat est l'esprit animal qui occupe le ventricule majeur du cerveau, le parencéphale. L'esprit exécute toutes les opérations requises par l'âme rationnelle et contrôle, par les nerfs, les activités sensorielles de l'homme, aussi bien que le mouvement volontaire.

En bref, il existe, dans chaque être humain, trois centres vitaux: le foie, le cœur, le cerveau. De ces centres, un réseau de courants vitaux entrelacés part vers le corps par les veines, les artères et les nerfs. Ils sont essentiels au bon fonctionnement et au bien-être de l'organisme. Constitués d'air et de sang, ils sont sensibles aux changements de l'équilibre interne des humeurs aussi bien qu'aux conditions externes telle que la pression atmosphérique. On pensait ainsi que les caractéristiques de certaines races correspondaient à leur habitat géographique: dans le sud, les éléments du climat rendent les gens plus passionnés que dans le nord. A l'intérieur du corps, les humeurs malignes influaient assurément sur les esprits, en modifiant la température de la chaleur innée qui régularise la fonction du cœur.

On croit comprendre que le processus psychologique fonctionne grâce à la circulation pneumatique. Dans le *De anima*, Avicenne explique dans ces termes le procédé par lequel la forme de l'objet passe des sens externes aux qualités internes de l'âme:

> La ressemblance [de l'objet] est amalgamée à l'esprit, qui porte en lui le pouvoir de la vision [...] et elle pénètre dans l'esprit placé dans le premier ventricule du cerveau. Là elle est imprimée sur cet esprit, qui est celui qui porte le pouvoir du sens commun [...]. Puis le sens commun transmet la forme à l'esprit voisin, l'imprimant avec la forme et plaçant donc l'objet dans le pouvoir imaginatif, celui qui crée les formes [...]. Puis la forme, se trouvant dans l'imagination, pénètre dans la ventricule postérieure du cerveau, où elle s'unit avec l'esprit qui porte le pouvoir estimatif [...] et la forme qui était dans l'*imaginativa* s'imprime sur l'esprit du pouvoir estimatif[74].

Ainsi peut se résumer le procédé psychophysiologique qui conduit à la mélancolie érotique.

> Quand une forme attrayante ou agréable est présentée à l'âme, la joie provenant du plaisir appréhendé multiplie les esprits dans le cœur. Soudain ils s'échauffent, et cette chaleur [...] pousse les esprits à se disperser dans tous les membres du corps[75].

Parce que les esprits vitaux génèrent les esprits animaux, ceux-ci vont également ment surchauffer. Le réceptacle de la faculté estimative, la partie postérieure du ven-

---

[74]*Avicenna Latinus, Liber de anima seu sextus naturalibus*, éd. S. van Riet, Louvain-Leiden, E. J. Brill, 1968–72 (notre traduction).

[75]Arnaud de Villeneuve, *De amore heroico*, p. 49–50 (notre traduction).

tricule central du cerveau, va également s'enflammer dès qu'elle entre en contact avec les esprits brûlants qui proviennent du cœur. Cet état d'inflammation entraîne la permanence des fantasmes de la perception.

La faculté d'estimation contrôle l'*imaginativa*, et la permanence des *phantasmata* dans la faculté de l'imagination dépend de son degré de sécheresse. Le réchauffement de l'*aestimativa* provoque un état de sécheresse excessive dans la région encéphalique:

> Puisque la sécheresse est nécessaire à la rétention fixe des formes, il est nécessaire que la partie encéphalique du pouvoir imaginatif doive souffrir considérablement de déshydratation. La section antérieure dans laquelle l'*imaginativa* réside est abandonnée par la chaleur des esprits alors qu'ils flottent vers le segment de l'*estimativa* pour accompagner la pensée et la réflexion fortes et persistantes. Parce que cette chaleur intense consume l'humeur dans la section antérieure, il devient nécessairement moins humide qu'il ne l'était[76].

Une fois que l'*imaginativa* se déssèche, le *phantasma* reste fermement implanté dans l'organe de la mémoire comme un sceau de cire qui polarise l'attention de la pensée elle-même; l'image de l'objet désiré reste la seule donnée présente dans la conscience de l'amoureux. C'est cette présence obsédante de la *phantasma* qui cause l'état pathologique de l'*amor hereos*.

Ainsi que nous l'avons observé dans les commentaires arabes sur l'*ilischi*, le médecin est principalement concerné par cette étape pathologique de l'*hereos* car, comme Arnaud de Villeneuve le dit: «de la force intense de cette cogitation, les amoureux "héroïques" souffrent bien des maux». Le premier est l'insomnie, qui fatigue le corps en produisant une trop grande évaporation de l'humeur vitale. Parce que la santé du corps dépend du mélange équilibré de quatre humeurs, l'évaporation de l'humeur vitale met en cause cet équilibre. La sécheresse excessive et le réchauffement des esprits empêchent les instruments de la faculté naturelle de fonctionner, c'est à-dire l'esprit naturel et le foie. Il s'ensuit que l'amoureux devient anorexique. Le corps s'amincit et s'assèche graduellement, les yeux se creusent et sont dénués de larmes. Les traités médicaux du Moyen Âge et de la Renaissance expliquent en détail les symptômes de cette maladie effrayante: pourquoi les amoureux sont-ils pâles, pourquoi gémissent-ils, pourquoi le pouls ralentit-il dans les moments de désespoir alors qu'il s'accélère au souvenir d'un moment joyeux? Ils expliquent aussi en grand détail la thérapie: régime léger, sommeil, bains fréquents (pour nourrir et hydrater le corps), purges (étant donné le lien étroit entre le sperme et le sang), coït et les remèdes plus psychologiques tels qu'écouter de la musique, poursuivre des conversations distrayantes, faire des exercices physiques et voyager.

Si ces thérapies ne permettent pas au corps de retrouver son équilibre, l'échauffement continuel et le dessèchement de l'organisme produira un trop-plein d'humeurs mélancoliques (*melancholia adusta*), qui assécheront complètement le corps, rendront la peau foncée et provoqueront finalement la folie et la mort[77].

Ferrand prend pour acquis ce système de perception et de sensation, les fonc-

---

[76] *Ibid.*, p. 50 (notre traduction).

[77] Voir, par ex., Bernard de Gordon, *Lilium medicinae*, pp. 217–18; Arnaud de Villeneuve, *De amore heroico*, p. 51 et suiv.; Giovanni Michele Savonarola, *Practica major*, Venetiis, apud Juntas, 1547, tr. VI, ch. 1, rub. 14: «*De ilisci*», p. 66ᵛ.

tions de l'âme, ainsi que la part conventionnelle du cœur et des hypocondries dans les maladies de la mélancolie. Sa compréhension de l'étiologie de la mélancolie érotique dépend du jeu réciproque de ces mécanismes de la psyché et de la physiologie des humeurs. Dans ce sens, notre analyse d'une partie de l'histoire de la tradition médicale sur l'amour servira également de commentaire aux prémisses médicales de Ferrand et à l'évaluation des étapes et des symptômes de l'amour dans sa forme pathologique. L'essentiel de son vocabulaire coïncide avec celui de ses prédécesseurs; nous verrons qu'il a incorporé dans son traité la plupart des développements de la tradition médicale de l'*hereos*. Cette esquisse permettra de placer dans une perspective historique les nombreux éléments que Ferrand traite d'une manière complètement contemporaine. En effet, il tente de consolider les particularités saillantes d'une longue histoire en un seul discours synoptique qui fait autorité. Certains de ces éléments devront être explicités dans les pages suivantes, mais nombre d'entre eux, surtout ceux dont le statut est plus largement accepté et plus générique, n'ont pas besoin d'être expliqués plus avant, étant donné l'emploi entièrement traditionnel que Ferrand en fait dans son ouvrage.

4

Éros et les sciences occultes dans la pensée médicale de la Renaissance

L'analyse étiologique de l'amour chez Ferrand est de nature psychophysiologique. La *sollicitudo* qui corrompt les facultés de l'âme est reliée étroitement à des effets somatogénétiques dans le déclenchement de la maladie. Étant donnée l'adhésion des médecins, de façon générale, au concept de sympathie entre le corps et l'âme, il devenait évident que les perturbations de la psyché devaient retomber sur l'organisme physiologique et que la corruption des humeurs et les vapeurs nocives de l'adustion devaient assaillir et corrompre l'imagination. Cependant, cette symbiose des systèmes pathologiques, responsable, en termes matériels, des crises diverses entraînant soit la mélancolie érotique, soit la manie, n'empêcha pas des modifications ultérieures au cours des XIVᵉ, XVᵉ et XVIᵉ siècles.

En général, ces modifications sont caractérisées par l'infiltration de causes occultes, certaines ayant été héritées de la médecine populaire, d'autres résultant d'un intérêt accru des théologiens pour la démonologie et la sorcellerie. Dans un sens, de telles adaptations et mutations ne présentaient aucun intérêt pour l'écrivain dont le but principal était de confirmer la théorie aristotélo-galénique de l'amour érotique et l'importance accordée aux causes immédiates et naturelles; mais d'un autre côté, l'histoire de l'*amor hereos* comme idée intellectuelle durant ces siècles intermédiaires peut difficilement être ignorée, parce que Ferrand — même s'il le fait avec un scepticisme considérable — s'occupe malgré tout d'une grande variété de causes éloignées et de phénomènes occultes: astronomie et rêves, incantations et sortilèges, incubes et succubes, philtres et poisons, enchantements et fascinations, recettes populaires, charmes et sorcellerie. Certains d'entre eux peuvent être reliés aux sources classiques, mais la plupart tiennent directement leurs origines des croyances et des coutumes superstitieuses du Moyen Âge. Le traité de Ferrand est fondé sur le désir de préserver l'intégrité de la tradition médicale arabe de l'amour et est fortifié par une re-galiénisation minutieuse de ses définitions et de ses diagnostics; mais il n'aurait pas pu compléter son traité encyclopédique sans poser simultanément les questions sur l'amour qui avaient préoccupé l'époque précédente: pouvait-on forcer l'amour avec des philtres ou le perturber avec des ligatures; les démons pouvaient-ils inciter au désir érotique, si les mortels étaient capables de relations charnelles avec les incubes et succubes; et pouvait-on guérir l'amour avec des moyens occultes tels que les incantations et les charmes? Ces débats dominèrent largement les écrits sur l'amour érotique durant ces siècles et il ne fait aucun doute que ces questions ont généré de grandes polémiques. À la toute fin du XVIe siècle, la grande variété des points de vue ayant trait aux causes naturelles et occultes fit place à une confrontation directe entre les médecins et les théologiens sur les questions de démonologie et de sorcellerie. Rétrospectivement, malgré des spéculations prudentes sur des questions comme la magie, les philtres et l'astrologie judiciaire, le traité de Ferrand pouvait à peine espérer échapper à la polémique.

Les médecins qui écrivirent sur l'*amor hereos* au XIIe et au XIIIe siècle, essentiellement sous forme de commentaires du *Viaticum* de Constantin et du *Canon* d'Avicenne, évitèrent scrupuleusement toute référence à la magie, aux causes surnaturelles et aux guérisons occultes, ainsi qu'aux coutumes et aux remèdes populaires. Non pas que la société était dénuée de ces croyances et de ces pratiques, bien au contraire, mais les médecins pensaient faire partie d'une élite intellectuelle; ils n'étaient donc pas enclins à souiller leur tout nouveau corpus d'écrits médicaux arabes avec des traditions populaires et des superstitions religieuses. Comme Mary Wack le fait remarquer, «les traités médicaux arabes qui stimulèrent un renouveau de l'intérêt occidental pour l'amour comme maladie tiraient leur information d'une rationalité galénique-aristotélicienne. La magie n'avait pas sa place dans ce système parce qu'elle ne pouvait pas être expliquée en termes rationnels; la magie est la magie justement parce qu'elle fonctionne de manière occulte[1]».

Les modifications et les additions, qui conduisirent aux exposés polygénétiques de l'amour dans les traités médicaux de la Renaissance, commencèrent à apparaître au XIVe siècle. Pendant des siècles, la magie avait fait partie de la conscience collective européenne; mais pour des raisons allant au-delà de notre analyse, ce fut à ce moment de l'histoire intellectuelle qu'elle commença à être l'objet d'un examen plus minutieux à la fois des théologiens et des philosophes naturels[2]. Elle avait toujours été condamnée par l'Église, mais lorsque la répression prit une ampleur exceptionnelle, les anomalies devinrent auto-suggestives, créant une vague d'incidents et de comportements aberrants qui conduisirent à de plus amples spéculations sur les causes occultes et à une plus forte répression. Pour les démonologues, il était logique que le diable, puisqu'il cherchait à entraîner l'homme vers sa chute, devait aussi être un agent persuasif dans la corruption des désirs charnels. Cette idée n'était pas nouvelle. Par contre, ce qui suivit était une anatomisation méthodique des moyens par lesquels les diables et les démons pouvaient jouer sur les appétits sexuels et piéger les hommes et les femmes dans le péché de la luxure ou, pire, dans un état d'hérésie, pour avoir librement sollicité l'aide des démons dans leurs entreprises érotiques. La tradition médicale de l'*hereos* procura aux démonologues les mécanismes physiologiques par lesquels les démons risquaient de corrompre la

---

[1] «From Mental Faculties to Magical Philters: The Entry of Magic into Academic Medical Writing on Lovesickness, 13th–17th Centuries», dans *Eros and Anteros: The Medical Traditions of Love in Renaissance Culture*, éd. Donald Beecher et Massimo Ciavolella, Ottawa, Dovehouse Editions, 1992, p. 9–31.

[2] Pour de plus amples informations sur les principaux traités de démonologie et leur contexte intellectuel, voir *The Damned Art: Essays in the Literature of Witchcraft*, éd. Sydney Anglo, Londres, Routledge et Kegan Paul, 1977. Voir aussi Wayne Shumaker, *The Occult Sciences in the Renaissance: A Study in Intellectual Patterns*, Berkeley, University of California Press, 1972, surtout ch. 2.

volonté par les passions, l'imagination ou les instincts sexuels, puisqu'il leur était défendu d'assaillir directement l'âme.

En même temps, les médecins étaient confrontés à un accroissement du statut intellectuel des causes occultes. Le résultat fut un croisement qui créa un nouveau contexte dans les écrits des théologiens quant au noyau d'idées sur l'amour érotique tiré de la tradition arabe et un nouveau contexte pour la magie galante dans les traités médicaux sur la mélancolie érotique. Paradoxalement, ce fut la flexibilité de la psychologie aristotélicienne de la perception qui permit l'affaissement éventuel des distinctions entre les causes naturelles et les causes surnaturelles de l'amour. Comme nous l'avons dit plus haut, selon la psychologie scolastique de la perception, l'objet perçu était dénué de sa nature matérielle en passant à travers l'œil et était transformé en une *species* visuelle. C'est sous cette forme que l'objet se déplaçait vers la *virtus estimativa*, où il était jugé bon ou malade, désirable ou indésirable, et il s'acheminait ensuite vers la faculté imaginative. L'esprit, obéissant à ses propres modèles de sensation, était capable de livrer à l'imagination une *species* si intense et si captivante qu'elle pouvait, à elle seule, confondre le jugement, emprisonner les facultés de l'âme dans un cycle de désir et de peur et produire un état de maladie chronique. Les démonologues, raisonnant différemment devant la nature des causes, avaient besoin d'un mécanisme matériel qui pouvait expliquer comment les esprits malins pouvaient influencer le comportement sexuel sans toutefois annuler directement le libre arbitre de l'âme. Ils ont résolu le problème en expliquant les interférences démoniaques en termes de procédés de perception. On croyait que les démons, ces essences subtiles, pouvaient s'infiltrer dans les facultés, corrompre l'image désirée, inciter les envies vénériennes et, de façon générale, expédier toutes les causes naturelles par lesquelles le désir érotique déplacé pouvait mener à une crise pathologique. Au même moment, les démonologues exposaient un tel procédé comme preuve de la capitulation des hommes devant les forces malignes, comme un acte de turpitude morale et, dans les cas de consentement conscient aux volontés du diable, comme un acte d'hérésie.

Une des explorations les plus significatives de ces idées fut menée par Heinrich Institoris et Jakob Sprenger, les deux inquisiteurs dominicains qui, en 1486, écrivirent le *Marteau des sorcières* (*Malleus maleficarum*). Cet écrit suivait la proclamation de la bulle papale *Summis desiderantes affectibus* d'Innocent VIII, publiée en 1484, document qui traitait de possession diabolique, d'incubes et de succubes, de charmes galants, de sortilèges et d'incantations — tous ces agents surnaturels et ces pratiques étant capables «d'empêcher l'homme d'accomplir l'acte sexuel et les femmes de concevoir, quand les maris ne peuvent pas reconnaître leurs femmes et les femmes ne peuvent pas recevoir leurs maris[3]». La sexualité anormale et la sorcellerie avaient été d'autant plus étroitement associées que l'une était inséparable de l'autre. Là où il y avait sorcellerie, il y avait perversion sexuelle, et là où il y avait un désir hors du commun, il y avait présence du diable. Examiné par Institoris et Sprenger, le vocabulaire de cause à effet dans le domaine médical fut raccourci afin de soutenir leur principe: «car la fantaisie ou l'imagination est le trésor des idées reçues par les sens. Et par cela, il arrive que les diables mélangent tellement les perceptions internes, c'est-à-dire la qualité de conserver les images, qu'elles apparaissent comme une nouvelle impression, à ce moment-

---

[3]G. Rattray Taylor, *Sex in History*, New York, The Vanguard Press, 1954, p. 109.

là, des choses réelles et reçues de l'extérieur[4]». C'est de cette façon que le diable trompe sa victime, car en falsifiant la *species* dans sa mémoire il peut l'amener au péché. Ainsi définie, l'implication du diable épouse la séquence naturelle de la perception dérangée (dans le même sens qu'il est naturel pour les apparitions de se manifester durant le sommeil), bien qu'il soit lui-même la cause de cette déviance. C'est ainsi que les «diables peuvent mélanger et enflammer les perceptions internes et les humeurs». Cela peut se faire de deux façons: soit avec, soit sans l'aide de sorcières. Désireux de tromper l'espèce humaine, les diables cherchent automatiquement à trouver les envies que les hommes prisent le plus, la principale étant la passion érotique. De plus, «sans se dévoiler, le diable piège l'homme à pécher, non seulement par la persuasion comme on l'a avancé, mais aussi en profitant de la disposition[5]». À cause de leur tempérament, certains hommes sont enclins à la colère, d'autres à la concupiscence, et le diable peut jouer sur ces prédispositions. De toutes, la mélancolie est celle qui rend le plus vulnérable aux ruses du diable. Cette croyance, qui remonte à saint Jérôme, et sans doute encore plus loin, complète le raisonnement: celui qui est mélancolique est donc enclin à la fois à la mélancolie érotique et à la tentation démoniaque[6]. Là où une personne succombe à l'amour, le diable est très probablement impliqué.

Il est clair que Sprenger et Institoris avaient soigneusement étudié la littérature médicale, car ils citent Avicenne aussi facilement qu'ils citent saint Thomas d'Aquin. De leurs propres mots, «*philocaption*, ou l'amour excessif d'une personne pour une autre, peut être provoqué de plusieurs façons. Il est parfois causé par un manque de contrôle des yeux; parfois, par les tentations des diables; et d'autres fois encore par les sortilèges des nécromanciens et des sorcières, avec l'aide des diables[7]». Une petite place était encore réservée dans le *Marteau des sorcières* (*Malleus maleficarum*) aux simples séductions de l'œil qui pouvaient entraîner un attachement compulsif à un objet de beauté sans que l'on ait recours aux démons ou aux sortilèges. Là où un tel désir provoquait une maladie physique, ils pouvaient toujours recommander, par respect pour la tradition médicale, les sept remèdes d'Avicenne tirés du *Canon*. Mais ils s'intéressaient primordialement aux exorcismes nécessaires pour chasser les esprits malins et à poursuivre ceux qui faisaient le commerce des philtres et des sortilèges d'amour.

En fait, l'*amor hereos* des médecins arabes devait tôt ou tard perdre son statut strictement médical parmi les théologiens de l'Inquisition. En effet, dans son *Tractatus de sortilegiis*, Paolo Grillando fait de l'amour même, ainsi que de la divination et des poisons (philtres inclus), une des trois formes de sortilèges magiques[8]. Dans le *Banquet*, Platon a associé l'amour et l'enchantement, dans la mesure où la force d'attraction entre les individus semble être dotée de pouvoirs extraordinaires, définissables seulement en termes magiques. Pour Grillando cette force

[4]*Le marteau des sorcières*, éd. A. Danet, p. 214 et suiv.
[5]*Le marteau des sorcières*, p. 215.
[6]Hildegarde de Bingen, dans *Causae et curae*, éd. P. Kaiser, Leipzig, B. G. Teubner, 1903, livre II, «De Adae casu et melancolia», p. 143, déclare que l'*humor melancolicus* est produite par les *flatu serpentis e suggestione diaboli*, que l'homme hérita du péché d'Adam. Voir la traduction par Pierre Monat, *Les causes et les remèdes*, Grenoble, Jérôme Millon, 1977, p. 167 et suiv.
[7]*Le marteau des sorcières*, p. 465 et suiv.
[8]*Tractatus de hereticis et sortilegiis*, Lugduni, apud Jacobum Giuncti, 1536.

de l'amour, expliquée de même en termes occultes, devient une forme de magie cœrcitive, un piège satanique, interdit à tous les chrétiens. En même temps, il ne pouvait y avoir aucune tolérance pour les victimes de l'amour, car elles sont, par définition, moralement responsables de leur propre désespoir. L'amour vulgaire, en tant que désir humain et passion humaine, était lui-même devenu hérésie. Ce mode d'analyse, poussé à son extrême (comme dans *De la démonomanie des sorciers* par Jean Bodin, 1580[9]), aurait tenté d'éradiquer toute la tradition médicale. Peut-être cette attaque contribua-t-elle à la tentative de la profession médicale de reconquérir, comme une partie de son propre domaine, le traitement de ceux qui souffraient de mélancolie et d'autres maladies, imputées à tort au démoniaque par l'Église.

Si, au XVe siècle, les démonologues rallongeaient et raffinaient leurs définitions de l'amour érotique en adoptant le vocabulaire analytique des médecins, les écrivains médicaux, pour leur part, y répondaient par une description plus large des causes qui incluait, comme une catégorie entre autres, l'interférence des esprits malins. Le plus que l'on puisse dire sur ce mouvement, c'est peut-être que, malgré une opposition soutenue, l'idée garda beaucoup de poids dans les écrits médicaux tout au long du XVIe siècle. Clairement, pour beaucoup, il n'existait aucune distinction entre l'intervention démoniaque et celle qui était considérée en termes scientifiques, car c'était précisément le but des démonologues de démontrer que de telles créatures font partie de l'ordre naturel du monde parce qu'elles fonctionnent par le biais de causes naturelles. Des hommes appartenant à des courants de pensée scientifique, tels qu'Agostino Nifo et Andrea Cesalpino, ne voyaient néanmoins aucune difficulté à traiter avec le monde des esprits selon les standards de l'analyse rationnelle. Stuart Clark mentionne Giovanni Battista Codronchi, Wilhelm Schreiber, Thomas Erastus et John Cotta, ainsi que bien des médecins français impliqués dans des cas de possession démoniaque, tels que Jacques Fontaine, Michel Marescot et Pierre Yvelin, comme étant quelques-uns parmi «nombre de médecins qui étudiaient tout spécialement la pathologie démoniaque[10]». En général, ces ouvrages créditent le phénomène occulte et cherchent à le décrire en termes d'empirisme scientifique, sans percevoir de contradiction entre le problème et la méthode.

Mary Wack fournit un exemple de résistance face à cette «médecine démoniaque» à l'intérieur même de la communauté médicale, et cela dès le milieu du XVe siècle. Elle cite Jacques Desparts qui, dans son commentaire du *Canon* d'Avicenne, rédigé dès le début des années 1440, est connu pour avoir rejeté toute explication occulte qui avait trait, de près comme de loin, à l'amour érotique. Il discrédite entièrement les histoires de bonnes femmes sur la sorcellerie, les croyances aux sortilèges et la génération diabolique de l'érotisme fou. Sans doute, comme Mary Wack le fait remarquer, a-t-il pu être motivé tout autant par le désir de dissuader ses collègues de créditer les opinions du *stolidum vulgus*, à la seule fin de s'enrichir en colportant des remèdes de bonne femmes, que par désir de chercher la vérité sur les

---

[9]Pour une évaluation équilibrée de son ouvrage, voir Christopher Baxter, «Jean Bodin's *De la démonomanie des sorciers*: The Logic of Persecution», dans *The Damned Art*, p. 76–105.

[10]Stuart Clark, «The Scientific Status of Demonology», dans *Occult and Scientific Mentalities in the Renaissance*, éd. Brian Vickers, Cambridge, Cambridge University Press, 1984, p. 352. John Cotta est l'auteur de *Triall of Witch-Craft*, publié à Londres en 1616.

causes des phénomènes occultes[11]. Malgré les efforts de Desparts et de ceux qui pensaient comme lui, cette association d'idées persista dans les écrits médicaux. Un siècle plus tard, Jason van der Velde (Pratensis), dans son *De cerebri morbis*, émet l'idée que les démons, à cause de leur nature subtile et trompeuse, sont très certainement capables de s'insinuer dans le corps[12]. Là ils peuvent se cacher dans les organes vitaux, déséquilibrer les humeurs, déclencher des rêves provocateurs, remuer et soulever la colère des esprits. Pour van der Velde, un état de manie était entièrement indifférenciable d'un état de possession par les esprits diaboliques. Pour lui le premier était certainement la preuve du second.

Lynn Thorndike, dans son ouvrage monumental *History of Magic and Experimental Science*, nous signale au sujet de Johann Bokel, auteur d'un livre sur les philtres publié en 1599, que, malgré son scepticisme envers l'efficacité des potions d'amour, il «croit encore non seulement en l'existence du diable, mais aussi que le diable est un magicien naturel. Il le représente comme un adversaire de l'ordre divin dans la nature qu'il tente de déséquilibrer et comme celui qui pousse l'homme à abandonner les lois et les causes naturelles pour ses tromperies magiques. Bokel voit le démon comme un esprit aérien, plus ténu et subtil que l'air lui-même, qui se mélange aux esprits animaux humains et les dérange avec de fausses imaginations, de telle façon que l'homme croit en la magie»[13]. Le but de Bokel était de discréditer, voire nier, les effets occultes qui ne se conformaient pas aux lois naturelles — du moins en ce qui avait trait aux philtres — mais sa confirmation du pouvoir des esprits malins de déranger l'imagination en s'infiltrant dans les esprits révèle, malgré tout, les combinaisons paradoxales de croyances communes à cette époque.

Quelques déclarations tirées du traité de Ferrand démontrent que, malgré son orientation aristotélo-galénique, il était capable de faire des concessions à l'occulte. Les signes de l'aversion grandissante que sa profession manifeste envers les démonologues et leurs adeptes sont perceptibles dans la propre opposition de Ferrand envers «plusieurs theologiens et medecins [qui] croyent vray-semblablement que le diable autheur de toute méschanceté peut rafroidir les amours licites, et allumer les illicites», faisant remarquer qu' «il se faut garder de rapporter à magie, charme et sorcelerie les effects de causes naturelles par ignorance» (ch. XXXIV). Contrairement à Bokel, Ferrand ne peut pas accréditer le rôle des démons dans la sexualité humaine, mais, paradoxalement, il accepte le fait que les philtres aient le pouvoir d'inciter à l'amour. Il admet que «par fois il se fait par charme et malefice que les mariez ne s'aiment pas mutuellement, et neantmoins affolent des amours estrangeres et deshonnestes» (ch. XXXIV). Nulle part dans ses définitions médicales formelles, Ferrand suggère que les forces occultes pourraient être responsables des maladies amoureuses, mais dans les chapitres traitant plus particulièrement

---

[11] Mary Wack, «From Mental Faculties to Magical Philters», dans *Eros and Anteros: The Medical Traditions of Love in Renaissance Culture*, p. 9–31.

[12] Pratensis, *De cerebri morbis*, Basileae, per Henricum Petri, 1549, p. 213.

[13] Lynn Thorndike, *A History of Magic and Experimental Science*, New York, Columbia University Press, 1941, vol. V, p. 486. Un autre observateur qui tenta de donner foi au démonisme en termes empiriques fut Louis Le Caron, *Questions diverses et discours*, Paris, V. Norment, 1579, surtout ques. 7, «Si par incantations, parolles ou autres semblables sortileges l'homme peult estre ensorcelé et offensé en ses actions et forces naturelles», p. 31^v–43^v.

des questions sur l'occulte ses sensibilités deviennent apparentes.

Ferrand hérite du XVIe siècle à la fois la naturalisation du phénomène occulte, comme l'illustrent les écrits de Pomponazzi, et la démonisation de la médecine, comme le démontrent les traités du médecin Francisco Valles. Tous ceux qui s'aventuraient dans la description des mécanismes de la passion et des forces externes qui agissent sur elles rencontraient inévitablement ces mouvements de pensée. Pietro Pomponazzi, dans son ouvrage sur les incantations rédigé en 1520, fondait son démenti de l'existence des démons sur l'autorité d'Aristote[14]. Il voulait démonter le monde occulte en reliant de tels événements à des explications naturelles. Il pouvait convenir que l'imagination était sujette à des influences éloignées, telle que la fascination, mais seulement lorsqu'on voyait ces influences fonctionner selon les lois naturelles. Le mouvement qu'il épousait était plein de danger, mais il persistait, malgré tout, à fournir des modèles d'investigation fondés sur l'examen des causes immédiates et efficientes. La stratification des causes chez Ferrand — matérielles, éloignées, efficaces — est essentiellement d'origine classique, bien qu'elle révèle sa sensibilité aux questions concernant la cause: le besoin de clarification était une des raisons les plus pressantes pour écrire le traité. Il est utile ici de rappeler que ce sont les livres de Vanini, un des étudiants de Pomponazzi, qui ont été brûlés à Toulouse en 1620 par ordre de ce même document qui rappela le premier traité de Ferrand sur l'amour. Les inquisiteurs pensaient sans aucun doute que les deux auteurs partageaient une philosophie commune d'investigation.

Par contraste, dans son livre sur la philosophie sacrée, le médecin espagnol Francisco Valles épousa le point de vue des théologiens qui pensaient qu'en se servant de mécanismes entièrement corporels le diable était lui-même une partie du monde naturel et qu'il pouvait provoquer la mélancolie[15]. Les démons, raisonnait-il, sont capables de pénétrer le corps et de lui infliger une maladie par l'adustion des humeurs, en augmentant la quantité de bile noire et en poussant les vapeurs noires à assaillir le cerveau. Pour Valles, le diable est un agent potentiel dans la formation de chaque étape de la crise menant à la mélancolie chronique déclenchée par l'amour. On se demande si Valles avait renoncé à tout intérêt professionnel dans le traitement clinique de l'amour ou s'il avait réussi à médicaliser le rôle des démons. Ainsi conçu, le traitement médical de la mélancolie érotique, avec ses saignées, ses régimes et ses purges, doit aussi être regardé comme une forme d'exorcisme. Tel travail ne pouvait qu'accélérer le débat sur la relation entre les passions et le monde démoniaque, particulièrement en ce qui concerne la sexualité. L'accommodement de la magie amoureuse et des agents démoniaques dans la médecine traditionnelle — Valles était un remarquable commentateur des écrits d'Hippocrate — mettait en certain nombre de sujets au cœur des polémiques médicales: le dérangement démoniaque des appétits sexuels et la corruption des *species*; le

---

[14] Pietro Pomponazzi (quondam, Pierre Pomponace), *De naturalium effectuum admirandorum causis, sive de incantationibus liber*, dans *Opera*, Basileae, ex officina Henricpetrina, 1567. Traduction française dans *Les Causes des merveilles de la nature ou les enchantements*, trad. Henri Busson, Paris, Rieder, 1930.

[15] Francisco Valles, *De iis quae scripta sunt physice in libris sacris*, Lugduni, apud Franciscum Le Fevre, 1588, p. 226–27. Pour un autre écrivain de même conviction, voir Johann Georg Gödelmann, *Tractatus de magis, veneficis et lamiis, deque his recte cognoscendis et puniendis*, Francofurti, ex officina typographica Nicolai Bassaei, 1591, surtout le livre I, ch. 8, «De curatoribus morborum hyperphysicorum praestigiosis».

pouvoir des charmes, des philtres, et des incantations; la nature de l'incube et du succube; les ligatures; la fascination, avec le rôle des sorcières et des sorciers pour contraindre à l'amour — toute une gamme de questions que Ferrand inclut dans son traité.

En fait, cette imbrication des deux systèmes a permis une coexistence relativement paisible entre les théologiens et les médecins jusqu'au milieu du seizième siècle, chacun agissant dans sa sphère respective pour tenter de réprimer les comportements sexuels excessifs; les uns libéraient l'âme des tourments de la chair et du diable par l'intermédiaire de prières et de pénitences, les autres traitaient les causes physiologiques des appétits érotiques selon les principes de la médecine. Mais, comme Jean Céard l'a démontré, l'attaque de Jean Wier contre les pratiques de l'Église envers la sorcellerie, énoncée dans son *De l'imposture des diables* (*De praestigiis daemonum*), un ouvrage qui parut tout d'abord en 1563, et la contre-attaque tout aussi célèbre de Jean Bodin dans son ouvrage *De la démonomanie des sorciers* (*De magorum daemonomania*), publié en 1580, créèrent un climat de confrontation entre les médecins et les démonologues qui allait empêcher toute possiblité de retour au temps de la tolérance mutuelle[16]. Il était prévisible que le scepticisme galénique, exercé par les praticiens jaloux de leurs intérêts professionnels, ouvrirait un conflit, étant donné le nombre croissant de théologiens dogmatiques dont la pensée était conditionnée par les divers cas de comportements déréglés, dont ils étaient témoins. Du point de vue des inquisiteurs, non seulement ces personnes étaient des hérétiques qui entretenaient des relations charnelles avec le diable ou qui engageaient ses services pour déranger les autres, mais étaient aussi hérétiques celles qui déniaient la possiblité de telles activités. Dans ces circonstances, il est aisé de voir où réside le danger d'écrire un traité sur l'amour fondé sur les principes de la médecine arabe.

D'autres encore, au cours de ces siècles, s'intéressaient aux doctrines de l'amour érotique présentes dans les écrits médicaux. Les philosophes humanistes, qui ont écrit sur la nature de l'amour et sa valeur pour l'esprit humain, l'avaient fait à la lumière des idées et de l'idéal des poètes et des philosophes classiques. Leurs essais sur les qualités et les conséquences de l'amour divin et vulgaire générèrent un nouvel esprit de curiosité qui allait aussi trouver sa voie dans les traités plus strictement médicaux des maladies d'amour vers la fin du XVIe siècle et au début du XVIIe siècle. Même si les polémiques théologiques et médicales de cette période ne sont pas absentes de ces traités, ils sont malgré tout écrits avec plus d'envergure et d'équilibre. Ce sont des ouvrages qui surgissent en Italie dans les grands centres humanistes d'érudition — Gênes, Florence, Mantoue, Venise — qui sont imprégnés non seulement de la tradition d'érudition la plus déférente à l'égard des anciens, mais aussi d'un idéal de l'amour provenant des poètes de l'école de Pétrarque. Ferrand adopta leurs habitudes d'érudition en dotant ses pages de citations tirées des sources classiques. Comme nous le montrerons plus loin, Ferrand connaissait les ouvrages de Pietro Capretto, Dino del Garbo, Pietro Bembo et d'autres — si-

---

[16] «The Devil and Lovesickness According to the Physicians and Demonologists of the Sixteenth Century», dans *Eros and Anteros*: *The Medical Traditions of Love in Renaissance Culture*, p. 33–48. Voir aussi Sidney Anglo, «Melancholia and Witchcraft: The Debate between Wier, Bodin and Scot», et Jean Céard, «Folie et démonologie au XVIe siècle», tous deux dans *Folie et déraison à la Renaissance*, éd. A. Gerlo, Bruxelles, Éditions de l'Université de Bruxelles, 1976, p. 129–47, 209–22.

non directement, il en avait tout au moins une connaissance intime grâce au *De la nature d'amour* (*Libro de natura de amore*) de Mario Equicola.

Aucun ouvrage ne caractérise mieux le mélange complexe des traditions de l'amour érotique à la Renaissance que l'*Anteros sive tractatus contra amorem* de Battista Fregoso, duc de Gênes, un ouvrage écrit avant 1496 et donc à seulement quelques années d'écart du *Marteau des sorcières* (*Malleus maleficarum*) au nord et du *Commentaire sur le Banquet de Platon* de Marsile Ficin au sud[17]. Fregoso était, avant tout, attiré par le nouveau et riche corpus qui avait émergé de l'analyse attentive des textes grecs et romains — des textes qui abondaient en histoires et en philosophies sur l'amour. Apparaissait clairement un nouveau genre du livre de commentaires, généré par une curiosité philosophique, quant à la nature morale de l'amour avec ses causes sociales, psychologiques et physiologiques. Par le biais d'une série de questions dispersées parmi trois interlocuteurs qui contribuent aux dialogues, Fregoso réalise une étude équilibrée et bigarrée des traditions littéraires et médicales sur l'amour — copieusement illustrée par des allusions et des anecdotes tirées de textes anciens. Le deuxième livre du traité examine les causes du désir érotique et surtout du désir qui génère la mélancolie. Les théories étiologiques dominantes sont avancées une à une, l'argument le plus convaincant étant qu'un tel amour est un produit du tempérament et des humeurs à cause de leur influence sur l'imagination. En bref, Fregoso endosse l'idée la mieux reçue de la tradition médicale arabe, mais non sans avoir auparavant exploré trois explications alternatives, chacune d'elles décrivant un système dans lequel la crise pathologique causée par l'amour peut mener à la mélancolie chronique. La première, suivant la tradition d'Hippocrate, révèle l'importance considérable donnée au sperme. L'on croyait, en effet, que la composition et le mouvement du sperme était responsable de la titillation qui provoquait le désir vénérien et le plaisir. En même temps, l'on croyait que si le sperme était retenu trop longtemps dans le corps, il était sujet à corruption; il devenait alors un irritant qui devait être expulsé sous peine de produire des vapeurs capables de débiliter les facultés du cerveau, tout comme l'assaut des vapeurs nocives des biles brûlées. Selon une seconde opinion, qui remonte à Platon, l'amour érotique émerge de la fascination — bien que, pour Fregoso, le sens du terme vacille entre l'enchantement, qui vient de la vision d'un objet de beauté et la fixation qui découle de cette vision désirable, et l'enchantement qui survient lorsque le rayon émis par les yeux de l'être aimé pénètre par les yeux de l'amoureux et enflamme les désirs concupiscents par magie — ou bien d'une infection du sang, ou du transfert de vapeurs étrangères. Cette construction du procédé de *philocaption* permet plusieurs lectures allant de la métaphore des pouvoirs irrésistibles de la beauté à la théorie de l'empoisonnement, en passant par celle qui tient compte des pouvoirs des philtres et des charmes. Un troisième point de vue commence avec les «principautés et les puissances» de saint Paul et procède à travers les écrits des Pères de l'Église sur les démons et les diables. On ne se préoccupe pas de savoir si ces créatures peuvent vraiment influencer les comportements érotiques, mais plutôt si elles servent de causes directes ou éloignées. Le libre-arbitre est essentiel à la doctrine chrétienne du péché et à la responsabilité morale de l'individu.

---

[17]Battista Fregoso, *Anteros, sive tractatus contra amorem*, Milan, Leonardus Pachel, 1496. Traduction française publiée en 1581 sous le titre *L'Antéros ou contramour de Messire Baptiste Fulgoses, jadis duc de Gennes*, Paris, Chez Martin le Jeune, 1581.

On ne peut donc pas permettre aux démons d'agir directement sur l'âme. Les auteurs du *Marteau des sorcières* (*Malleus maleficarum*) insistent sur ce point: «parce que cette distinction ne suffit pas à expliquer comment le diable produit quelquefois une infatuation frénétique de l'amour, il faut de plus noter que, s'il ne peut pas causer l'amour immodéré en forçant directement la volonté de l'homme, il peut toutefois le faire par la persuasion[18]». Cela peut se faire par des imitations démoniaques ou par l'incitation des besoins du corps et par la corruption des fantasmes de l'imagination. Une fois passée cette difficulté, Fregoso cite abondamment les *Institutions divines* de Lactance afin de révéler l'ampleur de l'agissement des esprits malins sur les émotions et les désirs ardents: ils projettent de fausses images de beauté dans l'esprit humain, manipulent les instincts sexuels naturels et enflamment les désirs.

Le traité de Fregoso embrasse le point de vue d'Hippocrate selon lequel l'amour est une fonction des organes génitaux et un sous-produit des instincts sexuels; du point de vue platonicien, l'amour est une fixation esthétique générée par la vue et l'imagination qui peuvent, en même temps, produire un état de maladie dans le corps. Du point de vue théologique, l'amour est amené par l'invasion d'esprits malins, et du point de vue aristotélo-galénique, il résulte d'une condition somatogénétique causée par un déséquilibre des humeurs et par une corruption des facultés mentales.

Fregoso laissa en héritage, aux analystes de l'amour pathologique qui suivirent, non seulement sa codification des causes multiples de l'amour, mais aussi un répertoire érudit d'allégations classiques qui illustrait, au moyen de préceptes et d'anecdotes, presque toutes les dimensions de son analyse de l'amour. Dans ce sens, on peut dire que Fregoso montra non seulement comment organiser une investigation humaniste de la nature de l'amour autour d'une série de questions médicales essentielles, tel que Dino del Garbo et d'autres l'avaient déjà fait, mais aussi comment embellir le traité médical avec les vignettes et les citations des anciens. Que ce soit directement ou indirectement, Ferrand a hérité à la fois d'un modèle éclectique et d'un répertoire cumulatif d'histoires de l'époque et de références.

De par sa grande influence, l'ouvrage de Marsile Ficin, *Commentaire sur le Banquet de Platon*, procure une dimension finale à ce résumé, bref mais nécessaire, des principaux courants de pensée sur l'amour érotique pendant la Renaissance. Il faut se rappeler que Ficin avait également reçu une formation médicale et que son septième discours fait état d'un grand nombre de guérisons conventionnelles du désir sexuel excessif. Mais de toutes ses idées, c'est le concept de l'amour vulgaire ou érotique comme une forme de fascination qui a eu l'influence la plus innovatrice sur les théoriciens ultérieurs. Parce que le sang de la jeunesse est chaud, doux et clair, son humeur spirituelle doit, dit-il, envoyer «des rayons de même nature que lui à travers les yeux, qui sont comme des fenêtres vitrées. [...] Ce qui montre bien et que ce rayon porte jusqu'à celui qu'il regarde et qu'avec ce rayon sort une vapeur de sang corrompu dont la contagion affecte l'œil de l'observateur[19]». Cette flèche empoisonnée cherche le cœur du serviteur, le blesse et retourne dans le sang

[18] *Le marteau des sorcières*, p. 212 et suiv.
[19] *Commentaire sur le Banquet de Platon*, trad. Raymond Marcel, Paris, Les Belles Lettres, 1956, Discours VII, ch. 4, p. 246–47. Voir aussi Ioan Petru Culiano, *Éros et magie à la Renaissance*, Paris, Flammarion, 1984, p. 164 et suiv.

qu'elle infecte, provoquant un état de maladie. Pour démontrer la plausibilité d'un tel système Ficin fait référence à la façon dont la menstruation des femmes peut ensorceler les jeunes garçons et il poursuit en démontrant combien les vapeurs de ces esprits sont dangereuses pour les personnes froides et mélancoliques par nature. De la manière qui lui est propre, Ficin se préoccupe aussi des phénomènes occultes qu'il s'évertue à réduire en termes physiologiques purement naturels. Pas à pas, il élabore un système qui explique l'amour comme une perturbation du sang; il fournit les mécanismes de causalité par où le mystère de cette vision soudaine d'un objet de désir peut alerter et captiver la personne; il explique comment cet échange de vapeurs provoque à la fois des envies vénériennes et une crise pathologique. Le système de Ficin, en effet, possède la vertu de lier les principes de causalité quasi-médicaux et les explications littéraires sur le choc d'un amour soudain et sur le trauma psychophysiologique de l'amour non partagé. Si les médecins, qui admettent les causes démoniaques, définissent scientifiquement l'amour érotique comme une forme de tentation démoniaque interdite ou comme une forme de possession totale par un sortilège, les médecins qui acceptent l'enchantement physiologique de Ficin établissent leur analyse scientifique des échanges amoureux, grâce à l'illustration qu'en donnent les poètes pétrarquistes. Ces deux systèmes, à même d'expliquer les qualités occultes de l'amour — compulsif, démoniaque, magique, enchanté — en passant par toutes les nuances de ces termes, luttent entre eux tout au long du XVIᵉ siècle pour asseoir leur statut dans les écrits de l'institution médicale.

Il n'est pas difficile de démontrer le pouvoir de séduction qu'exerça la théorie de l'enchantement de Ficin, même sur les plus fervents galénistes, au cours des 150 années qui suivirent. On peut en trouver un exemple remarquable dans l'*Observationum medicinalium libri sex* (1588) de François Valleriola, méritant une analyse plus complète qui sera proposée plus loin[20]. Valleriola développe une longue dissertation philosophique sur les origines de l'amour érotique, dans le contexte de l'étude du cas d'un marchand malade d'amour qu'il traita à Arles. Il décrit les origines de la maladie non seulement dans les termes conventionnels de la médecine humorale, mais aussi comme une fascination qui pénètre par les yeux, parce que, telle une vapeur étrangère, elle propage une contagion empoisonnée dans tout le corps.

Un des galénistes les plus fervents de cette époque, André Du Laurens, admet, dans son *Second discours au quel est traicté des maladies melancholiques et du moyen de les guarir* (1597), que l'amour pénètre par les yeux et se déplace dans une forme matérielle par les canaux du corps jusqu'au foie où il provoque la combustion des humeurs. Heinrich Kornmann, dans son *Linea amoris*, fait de la *fascination* un élément de base de sa théorie de l'amour érotique[21] et Burton, dans l'*Anatomie de la mélancolie* (*The Anatomy of Melancholy*), est prêt à accepter la théorie concernant l'invasion des vapeurs sanguines comme une séquence pathologique parmi d'autres: «le comportement de la fascination, comme le déclare Ficin, est le suivant: les mortels sont plus facilement ensorcelés quand, alors que leurs regards se croisent, ils les posent l'un sur l'autre, alignent leurs yeux sur ceux de l'autre et ainsi boivent et aspirent l'Amour entre eux; car la source de ce désir est

---

[20]Lugduni, apud Antonium Candidum, 1588.

[21]*Anatomie de la mélancolie*, Part 3, Sect. 2, Memb. 2, Subs. 2.

l'œil[22]».

L'œil était le centre de l'échange, non pas comme l'organe de perception aristotélicien, mais comme l'organe où les vapeurs sanguines étaient émises et reçues. D'après la théorie de Ficin, un bel objet provoquait tout d'abord l'attraction de la partie la plus diluée du sang vers l'image dans le cerveau. Il y avait là, en fait, un double danger, car de même que les vapeurs étrangères reçues dans les yeux pouvaient diversement attaquer le foie, le cœur et le sang, l'expansion des vapeurs pouvait assécher le corps et déposer la lie du sang sous forme de résidu. L'adaptation de ces théories conventionnelles indique combien Ficin était influencé par sa propre formation médicale. La beauté elle-même, ainsi que le regard de l'amoureux provoquaient une réaction indépendante qui devenait une nouvelle cause dans la production de symptômes et de pathologies semblables. La dextérité avec laquelle les médecins de la fin de la Renaissance juxtaposèrent l'étiologie provenant de Ficin avec le système arabo-galénique démontre encore plus la relativité des causes et effets dans le vocabulaire circonscrit d'une même analyse.

La résistance de Ferrand à l'infiltration des causes occultes dans son système étiologique contraste avec son inclination à accepter toute explication raisonnable des passions érotiques et à superposer les diverses théories médicales de causalité. À la suite de plusieurs définitions dans les pages précédentes, Ferrand souligne son approche éclectique dans une définition générale: «la cause efficiente de ceste maladie est tout ce qui peut causer l'amour et la melancholie» (chapitre VI). Pour lui, c'était une chose d'incorporer des causes occultes, mais c'en était une autre de mettre ensemble plusieurs systèmes pathologiques distincts dans le corpus reconnu des écrits médicaux. Trois de ces systèmes étaient déjà juxtaposés dans le traité de Fregoso, l'un se rapportant aux humeurs, l'autre aux organes sexuels et un troisième au fonctionnement du cerveau.

L'on tenait pour acquis que la pensée seule était capable de sécher et de refroidir le cerveau et donc de provoquer l'état mélancolique; les procédés cognitifs eux-mêmes, quand ils étaient perturbés par des fixations, étaient potentiellement pathogènes. En même temps, le sperme pouvait produire une réaction en chaîne d'événements tout aussi capables de créer tous les symptômes de la manie ou de la mélancolie. L'association causale du sperme avec l'érotomanie apparaît déjà dans des ouvrages aussi anciens que le *Vade mecum* d'Albucasis (écrit avant 1009), qui attribue la montée du déséquilibre aussi bien à la rétention de sperme superflu qu'à la vision d'une chose externe capable de créer un désir intense[23]. Bernard de Gordon, dans le *Lilium medicinae*, explique que c'est dans les organes génitaux plutôt que dans les hyponcondres, le cœur ou le cerveau que siège la maladie *amor hereos*[24]. Ensuite, aucune description de la démence érotique n'a pu être complétée sans faire référence à ce centre du corps. Comme l'écrit Ferrand au début du chapitre XXXI, «la cause conjoincte et immediate de ceste maladie est la semence [qui] n'est qu'un sang blanchy par la chaleur naturelle, et un excrement de la troisiesme digestion qui irrite par sa quantité, ou qualité la nature à l'expeller hors du corps». Par contraste, dans le chapitre VIII, il donne un résumé équilibré des états pathologiques produits par la pénétration des vapeurs sanguines dans les

---

[22]*The Anatomy of Melancholy*, pt. 3, sec. 2, memb. 2, subs. 2, p. 681.

[23]Voir n. 1, ci-dessus.

[24]*Lilium medicinae*, p. 216–17.

yeux. En ce sens, Ferrand procure un traité de nature hétérogène qui suggère, à première vue, qu'il était incapable de choisir ou de rationaliser les divers éléments de son étiologie. Mais, pour sa défense, il faut faire remarquer qu'il n'était pas le seul à adopter une approche éclectique et que les traités encyclopédiques de ses contemporains, Jean Aubery et Jean de Veyries, étaient bien loin d'être aussi complets et schématiques. Même si plusieurs organes étaient impliqués, chacun avec ses actions pathologiques, il existait des liaisons sympathiques reliant les diverses causes aux divers effets. Le sperme corrompu monte au cœur et au cerveau où il déconcerte les facultés de l'imagination et du jugement. Inversement, les rayons de l'œil, avec leurs vapeurs sanguines, descendent vers le foie où ils déclenchent la combustion des humeurs. Les effets d'un centre deviennent les causes d'un autre, créant ainsi une crise réactionnelle qui contribue au malaise chronique général. Finalement, ce qui différencie ces centres aux yeux du philosophe médical n'est pas tant les processus physiologiques que leur signification symbolique et psychologique. La crise dont l'origine est la putréfaction des sécrétions génitales, causant le déclenchement du désir vénérien, comporte des connotations culturelles particulières; celles-ci contrastaient avec celles associées à la crise surgissant de la contemplation du phantasme manipulé par l'imagination et la mémoire. On peut toujours argumenter que chaque système correspondait à la perception d'un élément de la sexualité humaine.

On peut dire que les médecins de la fin de la Renaissance refusaient de croire à toute nature du comportement érotique qui ne pouvait pas être attestée par les anciens ou qu'ils collectionnaient et juxtaposaient ces systèmes selon l'autorité d'un passé diversifié. En même temps, l'étendue de ce qu'ils comprenaient intuitivement d'un phénomène aussi complexe que la sexualité ne pouvait être exprimée que par une appropriation des systèmes établis de l'analyse physiologique. Dans l'un de ces systèmes, ils reconnaissaient l'amour comme une commotion des facultés cognitives et imaginatives. Alors seulement pouvaient-ils comprendre, en termes médicaux, les fixations érotiques des poètes qui étaient conduits par le monde des images qu'ils avaient construit. D'un côté, ils acceptaient le rôle des passions dans leur effort pour expliquer l'intensité des sentiments qui accompagnent le désir. De l'autre, ils reconnaissaient la force conductrice de l'instinct dans l'envie d'union et de reproduction, force qui était étroitement associée avec la frénésie érotique et la folie. De plus, ils incorporèrent, dans la sphère des causes médicales, le pouvoir propre à l'objet de beauté, qui pouvait s'emparer de l'esprit de celui qui l'observait. Ainsi perçues, les approches éclectiques de Ferrand et de Burton ne devraient pas être considérées comme la preuve d'une confusion méthodologique, mais plutôt comme le moyen d'enrichir les connaissances sur la sexualité, exprimées avec les seuls termes analytiques dont ils disposaient.

La superposition innovatrice de ces systèmes médicaux traditionnels fait aussi partie de l'histoire de l'*amor hereos* en tant qu'idée intellectuelle de la Renaissance. Elle représente un procédé de découverte et de classement de la documentation médicale, aussi important pour l'histoire de cette notion que l'échange d'idées avec les occultistes. Les premiers médecins avaient élargi leurs intérêts afin d'inclure le concept populaire du *maleficium* amoureux, et quelques-uns incorporèrent les guérisons et les recettes issues de la culture populaire dans leurs propres traités — des tactiques de choc telles que la combustion des excréments de l'être aimé en présence de l'amoureux. Ferrand en énumère quelques-unes et les trouve choquantes. On peut les trouver, dès le milieu du XIIIe siècle, dans le *Thesaurus pauperum* attribué à Pierre d'Espagne (le Pape Jean XXI)[25], et elles continuent à apparaître trois siècles plus tard dans les ouvrages de Giovanni de Vigo[26]. Dans les traités surgissant pendant l'Inquisition, on semble donner plus d'importance au diable et à ses émissaires comme agents de la manie érotique et de la mélancolie. Le débat complexe qui émerge entre les naturalistes et les théologiens, à propos du monde occulte, soulève la question du statut intellectuel de sujets tels que la magie amoureuse ou tout ce qui a trait aux philtres, ligatures, incantations et sortilèges. Les écrivains médicaux les plus orthodoxes de la fin de la Renaissance sont enclins à discuter de ces sujets, ne serait-ce que pour démontrer leur scepticisme. Le traité sur l'amour de Jean Aubery fait une large place à ces sujets, et cela dans un but rhétorique. Seul Ficin contribue à une nouvelle étiologie de l'amour, très certainement fondée sur les concepts de la *fascinatio* classiques, mais des concepts qu'il formalise dans une analyse complète de l'érotisme. L'érudition de Ficin, à la fois dans le domaine médical et philosophique, favorisa la diffusion de sa théorie dans le milieu médical galénique, à côté de notions dérivées de Galien, d'Aristote et d'Hippocrate. À cette superposition de systèmes fut ajoutée, à la fin de la Renaissance, la riche tradition des anciens poètes et philosophes vulgarisée par les traités sur l'amour des humanistes italiens. Tels étaient les courants de pensée dominants en ce qui concerne l'*amor hereos* dans les siècles qui précédèrent Ferrand.

---

[25] Mary F. Wack, «The Measure of Pleasure: Peter of Spain on Men, Women, and Love-sickness», *Viator* 17 (1986), p. 173–96.

[26] Jean de Vigo, *La practique et cirurgie [...] nouvellement imprimee et racogneue diligentement sur le latin* (Lyon, s. é., 1537), livre IX, ch. 8, «de maleficiatis», p. 319.

5

Les auteurs de la Renaissance cités par Ferrand

Il serait non seulement peu convaincant, mais aussi trompeur, d'effectuer une évaluation statistique des sources de Ferrand. Il fait référence 126 fois à Galien, plus de 100 fois à Hippocrate, plus de 50 fois à Avicenne, quelque 20 fois à Valleriola, mais seulement 8 fois à Du Laurens, le mentor avoué de Ferrand, et pas du tout à Aubery, dont l'on retrouve néanmoins les traces dans plusieurs passages. De même, il mentionne Ficin 20 fois, alors que Rodrigo de Castro n'est mentionné que 6 fois, bien qu'il exerce une grande influence sur Ferrand. De tous les anciens philosophes, Aristote est le plus mentionné, plus de 100 fois, mais ce serait une erreur d'assurer que Ferrand se tourne directement vers lui pour autre chose qu'une simple corroboration de mots et de phrases.

C'est un des paradoxes de cette période que la déférence aux anciens était la première marque de véritable érudition, même dans des domaines comme celui de la médecine clinique. Selon la pratique de son époque, Ferrand n'avait d'autre choix que d'étayer son livre sur les opinions des écrivains classiques, même si cette base était largement illusoire, car seule une telle procédure pouvait lui donner l'autorité qu'il recherchait. Tant que Ferrand divise son traité par sujets, en de courtes sections qui se prêtent à l'ornement par des citations d'anciens écrivains, il est capable de payer ses dettes à la tradition. Ces références et ces allusions sont enregistrées dans l'annotation du texte. Mais étant donné que l'amour érotique, comme concept médical, a évolué lentement à travers les siècles et qu'il atteint son développement maximum seulement à la fin de la Renaissance, on s'attend à ce que Ferrand utilise les traités les plus récents comme ses véritables sources principales. En fait, c'est le cas. Ce n'est pas chez Aristote, mais chez Valleriola, Du Laurens et Aubery qu'il trouve ses modèles pour rédiger un traité entier sur les maladies d'amour. Parce que nous avons étudié, dans les chapitres précédents, les principaux contributeurs de la pré-Renaissance importants dans la pensée de Ferrand, il nous reste à examiner les traités de ses prédécesseurs immédiats, et l'utilisation qu'il en fait pour placer son travail dans un contexte d'ensemble. Nous ne pouvons aussi limiter notre enquête exclusivement aux sources médicales, car les écrivains italiens de l'amour sont tout aussi importants. C'est la confluence de ces deux courants d'écriture qui rend son approche unique.

Évaluer la place de Ferrand parmi ses contemporains soulève une question de perspective, car bien que son traité soit la continuation d'une réflexion médicale avec une histoire appartenant exclusivement à l'écriture médicale, c'est aussi un ouvrage caractéristique de l'éclectisme humaniste, et qui va au-delà des écoles médicales, pour se tourner vers le monde des lettres et de la philosophie sociale contemporaine. Il devient alors important de faire une distinction entre les sources qui préservent cette notion médicale centrale et le groupe très divers qui a servi à modifier, expliquer et socialiser cette idée. Bien qu'il paraisse difficile d'appliquer les critères de façon précise et constante, étant donné la présence d'allusions historiques et littéraires dans les ouvrages médicaux et l'utilisation abondante de termes médicaux dans les livres de commentaires sur l'amour, une distinction est malgré tout nécessaire pour mesurer le degré avec lequel Ferrand superpose les points de vue philosophiques humanistes et les observations poétiques à sa sous-structure médicale.

L'ouvrage de Ferrand a pris des proportions encyclopédiques grâce à la confluence de ces différentes sources. La tradition médicale doit être identifiée avec les ouvrages déjà décrits, c'est-à-dire ceux qui contiennent un noyau d'idées médicales sur l'amour érotique, tradition qui s'est transmise jusqu'au XVIe siècle par Pedro Pablo Pereda, Cristóbal de Vega, Luis de Mercado, Girolamo Mercuriale, Guillaume Rondelet et Jean Liébault[1]. Les livres de commentaires, dont les idées

---

[1] Ce sont les écrivains médicaux du XVIe siècle qui apparaissent dans la liste préliminaire de Ferrand pour son édition de 1623, «Les noms et emplacements de ces médecins qui ont traité de la guérison d'amour et dont je me suis servi»: Girolamo Mercuriale, *De morbis muliebribus*, Venetiis, apud Felicem Valgrisium, 1587, Mercuriale n'a pas de chapitre sur l'amour, mais dans le livre IV il relate des points de vue traditionnels sur la fureur utérine et la satyriasie qu'il appelle «pruritus matricis»; Luis de Mercado, «De mulierum affectionibus libri quatuor», livre II, ch. 4 et 10, dans *Opera*, vol. III, Francofurti, sumptibus haeredum D. Zachariae Palthenii, 1620; «De internorum morborum curatione», livre I, ch. 17, idem; Cristóbal de Vega, *Liber de arte medendi*, livre III, sec. 1, ch. 17, «De iis qui amore insaniunt», dans *Opera*, Lugduni, apud Gulielmum Rovillium, 1576; Pedro Pablo Pereda, *In Michaelis Joannis Paschalii methodum curandi scholia*, Lugduni, sumptibus Iacobi Cardon, 1630; 9e éd., livre I, ch. 11, «De iis qui amore insaniunt», p. 44. Le chapitre de Pereda est proche de celui de Cristóbal de Vega. Il mentionne l'histoire d'Antiochos et Stratonice et le chapitre de Paul d'Égine. Il décrit les symptômes, les yeux creux, les pleurs et les manières généralement agitées et le pouls irrégulier. Les remèdes principaux sont traditionnels: s'absenter de la présence de la personne responsable de la commotion, le voyage, les jeux, la musique et les passe-temps; et il cite Ovide, tout comme Ferrand le fera. Guillaume Rondelet, *Methodus curandorum omnium morborum corporis humani, in tres libris distincta*, Francofurti, apud heredes Andreae Wecheli, 1592. Pour Liébault, voir ci-dessus. Plusieurs font référence à la mélancolie amoureuse ou la manie amoureuse dans leurs traités et nous les mentionnons ici afin de proposer une liste détaillée, bien qu'incomplète. Ferrand mentionne en passant Amatus Lusitanus (João Rodriguez de Castello Branco, 1511–68), qui offre quelques études de cas notables où les patients sont affligés de «morbus amoris», dans son *Curationum medicinalium centuriae quatuor*, Venetiis, apud Balthesarem Constantinum, 1557. Pieter van Foreest (1522–97) étudie aussi la maladie dans son livre X, Obs. 29, «De furore ex vesano amore», et présente trois études de cas, *Observationum et curationum medicinalium sive medicinae theoricae et practicae, libri XXVIII*, Frankfurt, E. Palthenia, 1602. Félix Platter (1536–1614) offre plusieurs études de cas qui démontrent en termes plus cliniques le comportement de ceux qui sont affligés d'un amour véhément ou secret dans *Observationum, in hominis affectibus [...]. libri tres*, Basileae, impensis Ludovici König, typis Conradi, 1614, surtout pp. 49–54. Ferrand cite à deux reprises son ouvrage, mais de

infiltrent les écrits médicaux français sur l'*heroes* après 1580, sont difficiles à classer, à la fois à cause de la diversité de leur contenu et de la variété de leurs modes de discours. Ces ouvrages sont, en fin de compte, d'origine italienne et peuvent remonter aussi loin que les commentaires médico-philosophiques que Dino del Garbo donne, au XIVᵉ siècle, au poème «Donna me prega» de Guido

façon superficielle. Au début du siècle, Daniel Sennert (1577–1637) écrit un chapitre sous le titre «De amore insano», livre I, pt. 3, ch. 10, *Practicae medicinae liber primus [sextus]*, Wittebergae, impensis haeredum Doct. T. Mevii et E. Schuemacheri, 1652–62, p. 360–65, dans lequel il discute des yeux comme conducteurs de l'objet dans l'esprit, traite de la question du pouls et offre un nombre d'exemples littéraires, ainsi qu'une liste de remèdes conventionnels. Ferrand cite brièvement Johann Schenck. Il discute la mélancolie érotique dans le ch. 25 de son *Observationum medicarum rararum, novarum, admirabilium, et monstrosarum*, Friburgi Brisgoiae, ex calcographia Martini Beckleri, 1599. Ferrand semble ne pas avoir eu connaissance de la publication des deux dissertations. Joannes Lamandus, *Theses medicae de natura amoris et amantium amentium cura*, Basileae, typis J. J. Genathi, 1614, trente six thèses couvrant mais avec certaines variations telles que recommander la castration comme remède ultime. Gregor Horst publia, alors qu'il était professeur à Giessen, sa *Dissertatio de natura amoris, additis resolutionibus quaestionum candidatorum, de cura furoris amatorii, de philtris, atque de pulsu amantium*, Giessen, typis et sumptibus Casparis Chemlini, 1611.

Barthélemy Pardoux (1545–1611) écrivit sur la furie utérine et *amor insanus* dans son *De morbis animi liber*, un ouvrage du XVIᵉ siècle qui, néanmoins, n'a peut-être pas été publié du vivant de Pardoux, Parisiis, L. Bollenger, 1639, et dans *Universa medicina. Editio postrema*, Lugduni, sumptibus Jacobi Carteron, 1649. Pardoux est un parisien galéniste qui embrasse le point de vue que l'amour est un délirium causé par l'assèchement du cerveau et qu'il est aussi un état ayant son siège simultanément dans le foie, le centre des appétits animaux. Il traite des théories de l'imagination et accepte l'idée que la maladie est répandue corporellement par la circulation de sang aduste non raffiné. Son régime de remèdes et de traitements méthodiques est d'orientation galénique et ressemble à celui de Ferrand.

Finalement, il est instructif de comparer les citations des médecins contemporains de Ferrand avec la liste des «many grave and worthy men» qui écrivirent sur l'amour et qui apparaissent dans la préface de la section de Robert Burton sur l'amour mélancolique dans l'*Anatomie de la mélancolie*, Part 3, Sect. 1, Memb. 1, Subs. 1. Il va sans dire qu'il mentionne un grand nombre des sources déclarées de Ferrand. Burton, semble-t-il, était capable de construire son traité à partir d'un nombre de sources indépendantes et le fait que son intention, ses prémisses et ses conclusions ressemblent autant à celles de Ferrand témoigne encore plus de l'existence d'un répertoire générique de littérature qui avait grandi autour du *topos* au cours du XVIᵉ siècle. Parmi les principales sources se trouvent Pierre Godefroy, *Dialogus de amoribus, tribus libris distinctus*, Antverpiae, apud G. Ludium [1551]; Elías Montalto, connu de Burton come Aelianus Montaltus, dans son *Archipathologia, in qua internarum capitis affectionum essentia, causae, signa, praesagia et curatio [...] edisseruntur*, Lutetiae, apud F. Jacquin, sumptibus Caldorianae societatis, 1614; Jason van der Velde, que Burton appelle Jason Pratensis, dans son *De cerebri morbis*, Basileae, per Henrichum Petri, 549; Ércole Sassonia ou Hercule de Saxonia dans son *De melancholia tractatus perfectissimus*, Venetiis, apud Alexandrum Polum, 1620, un ouvrage inclu dans son *Opera practica*, Patavii, ex typographia Matthaei de Cadorinis, 1658; Giovanni Michele Savonarola dans son «De cerebri et capitus morbis», dans *Practica major*, Venetiis, apud Vicentium Valgrisium, 1560 (princeps 1479), et Heinrich Kornmann dans son *Linea amoris, sive Commentarius in versiculum glossae, visus*, Francofurti, typis M. Beckeri, 1610. Ces divers ouvrages sur l'amour, les maladies mélancoliques et les maladies de la tête étaient au centre des connaissances de Burton sur le sujet, et complètent la liste considérable de Ferrand.

Cavalcanti, avec ceux d'un auteur inconnu que l'on a identifié, jusqu'à une date récente, comme étant Egidio Romano[2]. Cela forme un important sous-genre de spéculation intellectuelle sur la nature de l'amour et des passions, dans lequel l'analyse médicale était liée, d'un côté, à une lecture des anciens mythographes et philosophes (surtout Platon, Plotin, Proclus et les néo-platoniciens) et, d'un autre côté, avec une lecture des poètes et essayistes contemporains. C'est principalement à travers la médiation de Ficin que ce matériel a fait son chemin vers le nord durant le XVIe siècle[3]. Sans ces écrivains, Ferrand aurait pu ne produire qu'un autre traité médical conventionnel, dans la tradition d'Arnaud de Villeneuve ou de François Valleriola. En même temps, comme nous le verrons, l'importance philosophique que Ferrand leur accorda ne doit pas être exagérée, car étant donné les rigidités du système galénique auquel il souscrivait, une synthèse entre l'approche médicale de l'éros excessif et de l'amour idéal de tradition italienne allait au-delà de ses intentions.

Selon toute apparence, la connaissance qu'avait Ferrand des traditions italiennes, et des problèmes et controverses qui leur sont associés, lui a été apportée indirectement par ses lectures *De la nature d'amour* (*Libro de natura de amore*) de Mario Equicola, un ouvrage publié en 1525[4]. Mais avant de se pencher sur

[2]Pour un examen plus détaillé des commentaires sur «Donna me prega», voir Marie-Madeleine Fontaine, «La lignée des commentaires à la chanson de Guido Cavalcanti *Donna me prega*: Évolution des relations entre philosophie, médecine et littérature dans le débat sur la nature d'amour (de la fin du XIIIe siècle à celle du XVIe)», *La folie et le corps*, pp. 159–78. Voir aussi, J. E. Shaw, *Guido Cavalcanti's Theory of Love*. Voir aussi E. Fenzi, *La canzone d'amore di Guido Cavalcanti i suoi antichi commenti*, Gênes, Il melangelo, 1999.

[3]La déclaration suivante indique un mouvement important dans l'histoire des idées: la divulgation des idées de Ficin sur l'amour en France au XVIe siècle. «L'œuvre de Tyard représente, en résumé, une sorte de laboratoire idéal où s'opère devant nos yeux la transformation des néo-platonismes, et plus particulièrement de l'apport de Ficin et de celui de Léon l'Hébreu, dans la vision d'un poète et philosophe du XVIe siècle français». Eva Kushner, «Pontus de Tyard entre Ficin et Léon l'Hébreu», *Ficino and Renaissance Neoplatonism*, éd. Konrad Eisenbichler et Olga Zorzi Pugliese, Ottawa, Dovehouse Editions, 1986, p. 50. Parmi les écrivains médicaux de l'amour, le premier qui a attiré attention en utilisant les idées de Ficin est François Valleriola (quondam Valériole) dans son *Observationum medicinalium libri sex*, livre II, obs. 7, Lugduni, apud Antonium Candidum, 1588, qui sera étudié plus loin dans ce chapitre. Nous ne prétendons pas que les idées de Ficin sur la physiologie de l'amour érotique étaient ignorées en France, à une date ultérieure, dans les textes autres que ceux écrits par les médecins galéniques. Prenons à témoin le passage suivant de Pierre Boaistuau dans son livre *Le théâtre du monde* (1558), éd. Michel Simonin, Genève, Librairie Droz, 1981, p. 214–15, dérivé du Discours VII du *Commentaire sur le Banquet de Platon* de Ficin: «Autres philosophes ont dit, que nous venons à jetter nostre veüe sur la chose que nous desirons, soudain quelques esprits, lesquels sont engendrez de la plus subtile et parfaicte partie du sang, partent du cuer de la chose que nous aymons, et montent jusques aux yeulx, et puis après s'eslancent en vapeurs invisibles, et entrent en noz yeulx, lesquels sont disposez à les recevoir, tout ainsi qu'il demeure quelque tache sur un miroir après y avoir regardé, et puis de là penetrent jusques au cueur, et petit à petit se dilatent par tout».

[4]Pour un compte rendu bref mais instructif des traités italiens de l'amour, voir l'introduction de Mario Pozzi dans *Trattati d'amore del Cinquecento*, Rome-Bari, Laterza, 1975, p. vi–lix. Voir aussi John Charles Nelson, *Renaissance Theory of Love: The Context of Giordano Bruno's «Eroici furori»*, New York et Londres, Columbia University Press, 1963

l'utilisation que Ferrand a fait d'Equicola, il faut parler brièvement des humanistes florentins, du mouvement néo-platonicien autour de Ficin et de la diffusion de ces idées à travers *Les Azolains* (*Gli Asolani*), l'important discours de Pietro Bembo sur l'amour, publié quelque vingt années avant celui d'Equicola. Avant Bembo, la spéculation néo-platonicienne sur l'amour avait été principalement confinée aux cercles aristocratiques florentins. Ces philosophes, avec Ficin à leur tête, avaient pris position en faveur de l'amour comme passion noble, par opposition aux humanistes qui le considéraient seulement digne du langage inférieur des poètes vernaculaires. Les humanistes préféraient les thèmes de dérivation classique tels que «plaisir» ou «vertu», sur lesquels ils s'exprimaient exclusivement en latin. Les néo-platoniciens offraient une philosophie fondée sur une fusion du platonisme classique et du néo-platonisme chrétien avec la tradition lyrique italienne, favorisant ainsi la réputation des poètes *dolce stil nuovo* et de Pétrarque. Mais leurs traités étaient aussi écrits en latin et n'étaient accessibles qu'à un groupe restreint d'intellectuels toscans qui étaient membres de l'Académie néo-platonicienne.

Pietro Bembo, un aristocrate vénitien, adapta le discours sur l'amour non pas aux besoins de l'Académie, mais de la cour. Il écrivait dans la langue vernaculaire, adoptant pour ce besoin le langage fleuri des poètes toscans de l'amour. Contrairement à Ficin, qui considérait l'amour d'un point de vue conceptuel, Bembo arriva à sa compréhension de l'amour par un examen des plus belles pièces de la tradition lyrique italienne. Dans le néo-platonisme, il vit une explication théorique de ce qu'il trouva dans les sonnets de Pétrarque et, en même temps, un cadre idéologique pour son propre pétrarquisme. Par de constantes références à des poèmes spécifiques, à des thèmes et à des modes d'expression, il évita les inconvénients de l'analyse abstraite. *Les Azolains* de Bembo offre un traité complet sur l'amour, car, bien qu'il ait eu l'honneur d'être choisi par Baldassare Castiglione comme porte-parole de l'amour néo-platonique dans *Le livre du courtisan*, Bembo n'en parle que dans le troisième et dernier tome de son ouvrage qui en compte trois[5]. C'est la nature

---

(1955). *Gli Asolani* de Pietro Bembo a été édité par C. Dionisotti dans *Prose e rime*, Turin, Einaudi, 2e, 1966. Le *Libro de natura de amore* de Mario Equicola n'a pas été publié dans une édition critique, mais Laura Ricci a publié le manuscrit de l'œuvre, *La redazione manoscritta del «Libro de natura de amore» di Mario Equicola*, Rome, Bulzoni Editore, 1999. Le traité fut rédigé en 1495 et la première édition en italien, celle qui nous citons ici, fut publiée à Mantoue (le nom de l'éditeur n'est pas donné) en 1525. L'ouvrage a été traduit en français par Gabriel Chappuys et publié en 1584 sous le titre *De la nature d'amour, tant humain que divin, et de toutes les differences d'iceluy*. Pour de plus amples informations sur son importance et l'étendue de son influence, voir R. Renier, «Per la cronologia e la composizione del *Libro de natura de Amore*», *Giornale Storico della Letteratura Italiana*, XIV (1889), p. 402–13; Domenico Santoro, *Della vita e opera di Mario Equicola*, Chieti, Pei tipi di N. Jecco, 1906; S. C. Vial, «M. Equicola in the Opinion of his Contemporaries», *Italica*, XXXIV (1957), p. 202–21; S. C. Vial, «Equicola and the School of Lyons», *Comparative Literature* (1960), p. 19–23; Domenico de Robertis, «La composizione del *De natura de Amore* e i canzonieri antichi maneggiati a M. Equicola», *Studi di Filologia Italiana*, XVII (1959), p. 182–220. Sur la relation entre le pétrarquisme et les traités de l'amour à la Renaissance, voir G. Toffanin, «Petrarchismo e trattati d'amore», *Nuova Antologia* (Mars 1925), p. 30–51, et L. Baldacci, *Il petrarchismo italiano nel Cinquecento*, Milan-Naples, Ricciardi, 1957.

[5] *Le parfait courtisan du comte Baltasar Castillonois*, trad. Gabriel Chapvis (Chappuys), Paris, Nicolas Bonsons, 1585.

exhaustive de son traité, ainsi que ses innovations dans le style et le contenu, qui lui ont valu sa place pour la postérité. Pendant les années qui suivirent la publication de l'ouvrage de Bembo, on observa une prolifération de traités sur l'amour, la plupart d'entre eux reprenant les thèmes présentés dans les trois tomes des *Azolains*. De plus, grâce aux exemples donnés par Bembo, la poésie contemporaine était devenue partie intégrante de l'analyse de l'amour dans tous ces nouveaux traités.

On peut observer le même penchant pour les sommes et compendia, qui influencèrent Ferrand, dans l'approche encyclopédique de l'amour chez Mario Equicola. La préface de l'ouvrage d'Equicola est composée d'une série de résumés analytiques, rangés par ordre historique, qui enregistrent les opinions des écrivains «modernes» sur l'amour. Naturellement, il accorda toute son attention aux auteurs italiens: Guittone d'Arezzo, les commentaires de Dino del Garbo sur «Donna me prega» de Guido Cavalcanti, Dante Alighieri, Pétrarque, Francesco da Barberino, Boccace, Marsile Ficin, Jean Pic de la Mirandole, et Jean François Pic de la Mirandole; et parmi les auteurs français: Jean de Meung, auteur du *Roman de la Rose*. Il donna un bref compte rendu du *I tre libri d'amore* de Francesco Cattani (il Vecchio), l'*Anteros* (1496) de Battista Fregoso, *Hécatomphile* (*Hecatomphila*) et *Déiphire* (*Deiphira*) de Leon Battista Alberti, *Dialogue contre les folles amours* (*Dialogus contra Amores*, 1504) de Platina, *Anterotica, sive de amoris generibus* (1492) de Pietro Capretto, les églogues d'amour de Battista Carmelita et l'*Aura* perdu de Jacopo Calandra. Il est significatif que sa liste contienne les noms de tous les écrivains de la tradition italienne mentionnés dans les pages de Ferrand, avec suffisamment d'informations pour expliquer le contenu de la plupart des références et des allusions. Il est tout aussi significatif que l'ouvrage fut traduit en français par Gabriel Chappuys en 1584 et qu'il devint immédiatement l'un des principaux livres ressources dans l'histoire de l'amour. Il y en eut d'autres, comme les dialogues de Platina et Fregoso, traduits par Thomas Sébillet, et publiés en 1581 sous le titre *L'Antéros ou contramour de Messire Baptiste Fulgose, jadis duc de Gennes*. Mais Ferrand semble s'être reposé exclusivement sur Equicola, non seulement parce qu'il lui fournissait sa source principale d'informations sur la tradition italienne, mais peut-être parce qu'il lui faisait confiance. Dans l'édition de 1610, Ferrand mentionne *Le remède d'amour* d'Aeneas Sylvius Piccolomini (le Pape Pie II), ouvrage traduit en français dès 1556[6]. S'il ne réapparaît pas dans l'édition de 1623, c'est peut-être parce que Ferrand décida de n'utiliser que les auteurs inclus dans l'abrégé d'Equicola.

Fidèle à l'approche de l'amour illustré dans *Les Azolains*, Ferrand se tourne également vers les poètes anciens et modernes pour trouver quelqu'indices des symptômes de l'amour. La tradition lyrique, s'intéressant aux amoureux qui soupirent et pleurent, qui errent seuls ou s'enferment ou qui manifestent toutes les indécisions et les tourments caractéristiques de l'âme désirante et torturée, était bien trop cohérente et concentrée, trop fréquemment répétée pour être ignorée. Les commentaires médicaux des premiers poètes italiens de l'amour avaient créé un puissant précédent dans la confluence des conventions poétiques et des observations du médecin. C'est dans cet esprit que Ferrand fait référence aux nombreuses

---

[6] Æneas Silvius Piccolomini (le Pape Pie II), *Le remède d'amour, translaté de latin en françoys par maistre Albin des Avenelles, avec aulcunes additions de Baptiste Mantuen,* dans Ovide, *De l'Art d'aymer*, Paris, E. Groulleau, 1556.

métaphores employées à la louange de la beauté féminine, mais seulement pour illustrer, par de telles effusions, le dérangement mental de l'amoureux. L'hyperbole poétique ajoutait à l'évidence d'une maladie véritable méritant un traitement médical.

Il faut noter que, pour les manifestations poétiques de l'imagination troublée par l'amour ou pour les descriptions des symptômes de l'amour, Ferrand n'avait qu'à se tourner vers la tradition littéraire française du XIe siècle, une tradition qui se préoccupait surtout de la spéculation sur la nature et les effets de l'amour naturel. Dans *Le Roman de la Rose, Le Roman de Tristan, Le Roman de Flamenca*, dans le vaste corpus de la poésie provençale et dans le *Traité de l'amour courtois (De amore)* d'André le Chapelain — surtout dans le troisième livre, «De reprobatione amoris», le premier et le plus influent exposé sur le «contramour» dans le Moyen Âge occidental, Ferrand avait à sa disposition un riche répertoire[7]. Il est difficile de croire qu'il ne connaissait rien de cette littérature, difficile d'expliquer pourquoi André le Chapelain n'a pas mérité une seule référence dans un traité aussi encyclopédique que celui de Ferrand, difficile d'expliquer pourquoi il aurait ignoré les textes populaires non médicaux du XVIe siècle français qui traitaient des maladies de l'amour érotique, tel que *Le théâtre du monde* (1558) de Pierre Boaistuau, avec ses longues descriptions des misères de l'amour pathologique. Selon la mode, Ferrand cite Ronsard, Antoine Héroet et Rémy Belleau, mais le fait qu'il ignore toute la tradition médiévale française et nombre de textes touchant à sa propre époque peut problablement s'expliquer par l'engouement envers les *trattati* italiens.

Du Laurens donne une indication de la popularité des *trattati* et de la tendance croissante à adapter leurs matériaux à la pensée savante française, tout en faisant état de sa propre résistance à la tentation.

> Je ne veux pas rechercher ici l'étymologie de l'amour, ni savoir pourquoi le nom d'Éros lui était donné; je ne me propose pas de le définir — trop de grands écrivains ont tenté de le faire et aucun n'a réussi. De plus, je n'envisage pas d'examiner toutes les différentes sortes d'amour ou même leur généalogie. Vous pouvez lire ce qu'on en a écrit chez Platon, Plotin, Marsile Ficin, Pic de la Mirandole, Mario Equicola et Léon l'Hébreu. Je suis satisfait de n'aborder que l'un de ces effets parmi le millier qu'il produit. Je veux que tout le monde reconnaisse, par la description de cette maladie mélancolique, juste ce qu'un amour aussi violent peut faire au corps et à l'esprit[8].

Mais bien que Du Laurens déclare son indépendance, son énoncé ne suffit pas à contenir l'intérêt de ses successeurs pour ces textes. Ferrand, tout comme Aubery et Jean de Veyries, prend cette injonction comme une invitation à s'expliquer abondamment sur ces mêmes sujets. Ferrand se tourne vers Equicola non seulement comme modèle pour étudier la relation entre l'amour exprimé par les poètes et l'amour examiné par les médecins (un sujet dont nous reparlerons dans l'avant-dernière section de notre introduction), mais il l'a aussi consulté comme source

---

[7] Pour l'analyse de la partie médicale du traité d'André le Chapelain, voir Mary F. Wack, «Imagination, Medicine, and Rhetoric in Andreas Capellanus *De amore*», *Magister Regis: Studies in Honor of Robert Earl Kaske*, New York, Fordham University Press, 1986, p. 101–15. Voir André le Chapelain, *Traité de l'amour courtois*, trad. Claude Buridant, Paris, Klincksieck, 1974.

[8] André Du Laurens, «Des maladies melancholiques et du moyen de les guarir», p. 34v.

au sujet de Cupidon, ses ailes, sa nudité, ses arcs et ses flèches et bien d'autres attributs dont il se sert pour embellir sa thèse. Néanmoins, en étudiant une sorte d'amour, à savoir l'amour mélancolique défini selon la tradition médicale, Ferrand est incapable d'aller au-delà de la surface de la tradition italienne. Paradoxalement, parce que son optique médicale le porte à voir en Pétrarque une victime de la mélancolie érotique qu'il décrit, il ne peut pas voir en même temps, dans sa poésie, la manifestation d'une philosophie de l'amour dans la tradition néoplatonicienne. De toute façon, le peu que Ferrand connaît du travail de Ficin, il le doit probablement à Equicola et Valleriola. Il est plus important de reconnaître que l'incompatibilité fondamentale entre son orientation galénique et la vision néoplatonicienne va bien au-delà de ses pouvoirs de conciliation. Ferrand aurait pu accepter les prémisses de Ficin; il aurait pu accepter que les passions de l'amour excessif soient associées à un état du corps qui entraîne l'incapacité chronique, la maladie de l'imagination et éventuellement la mort. Mais qu'un homme puisse, avec des pouvoirs de concentration et de méditation intellectuels, tenir en mémoire l'objet qui excite les appétits concupiscents, et le contrôle de telle façon qu'il est amené à la contemplation d'une beauté parfaite est une proposition à la fois en dehors de son cadre médical et sans aucun intérêt pour le praticien clinique qu'il est. Il est significatif que Ferrand ne se demande, nulle part dans son traité, si le comportement de l'imagination corrompue par les humeurs brûlées n'est pas aussi une tentative pour spiritualiser l'objet et l'apprécier exclusivement au niveau des images. Malgré son désir d'incorporer le fonds italien dans la tradition médicale française de l'amour, il doit lui aussi choisir son camp. Dans l'analyse finale, il reste fidèle à Du Laurens qui avait admis ces restrictions et qui s'était concentré sur la forme pathologique de l'amour, nuisant au corps et à l'âme.

Au cours des deux dernières décennies du XVIe siècle, on observe un renouveau d'intérêt pour l'*amor hereos* comme sujet concernant la médecine pratique, et tel qu'on en discutait dans les traités médicaux. Certains médecins, avant Du Laurens, s'étaient exprimés sur le sujet de l'amour pathogène — Luis de Mercado et François Valleriola, dont nous allons reparler — mais c'est le traité sur la mélancolie du médecin à la cour d'Henri IV, ancien chancelier de l'école médicale de Montpellier et l'un des apologistes galéniques les plus remarquables, qui résume le mieux ce renouveau d'intérêt médical pour la mélancolie de l'amour. Bien qu'il élargisse grandement le sujet, Ferrand n'entreprend rien qui aille au-delà des théories médicales de ses mentors. Le traité de Du Laurens fut publié à Paris en 1597 et dédié à sa protectrice, la duchesse d'Uzès, qui, paraît-il, était affligée des diverses maladies dont il traite. Il est probable que ce texte a été écrit en français, dans un style relativement facile et accessible, parce qu'il a été conçu tout spécialement pour elle. L'étude est illustrée par quelques anecdotes bien choisies, mais elle demeure relativement dénuée de références et d'apparat critique. Du Laurens ordonne ses deux chapitres sur l'amour selon la division conventionnelle en trois parties: la définition, le diagnostic et les remèdes. Il omet avec tact les controverses pédantes associées à la dissertation médicale, préférant écrire de façon équilibrée et avec autorité, en se basant sur des opinions anonymes et son propre raisonnement. Ainsi, il semble s'éloigner rapidement de la dialectique des anciens traités pour établir un nouveau point de vue central et autorisé sur la mélancolie de l'amour, ce qui peut expliquer le succès et l'influence de son travail.

L'autorité de Du Laurens est le produit de la sûreté de sa plume, de la cohérence de ses pensées, et de la clarté de sa stratégie rhétorique. On retrouve ses idées chez Ferrand, non pas comme simple base des débats et des commentaires, mais comme matière entièrement digérée, mémorisée et absorbée. Le fait qu'il n'existe aucune référence à Du Laurens dans les marges de Ferrand est totalement trompeur. En fait, la dette de Ferrand est globale, donc au-delà de la reconnaissance d'une référence occasionnelle. Nous affirmons que même des sujets tels que le poids et la proportion donnés aux parties principales, la disposition et les niveaux d'intensité des arguments, les techniques médicales de diagnostic et le nouvel accent placé sur les remèdes pharmaceutiques sont grandement redevables à la lecture que fit Ferrand du travail de Du Laurens. Tout bien considéré, il existe peu de concepts ou d'anecdotes, de catégories de causes ou de remèdes, mentionnés dans cette partie du livre de Du Laurens ayant trait à la mélancolie érotique, qui n'aient trouvé leur équivalent chez Ferrand. En un sens, il parle avec l'autorité de la tradition de Montpellier, une faculté médicale où l'amour, en tant que maladie, avait été sporadiquement objet d'un débat durant quelques siècles remontant de Rondelet à Valleriola (né à Montpellier, mais médecin à Arles et professeur à Turin), Jean de Tournemire, Valesco de Tarente, Bernard de Gordon, Arnaud de Villeneuve et Gérard de Solo[9]. Du Laurens donna à ce sujet un nouveau statut et une nouvelle pertinence clinique grâce à un traité populaire qui reposait sur sa réputation en tant qu'un des médecins les plus connus de son époque.

Du Laurens est bref mais clair sur la nature des passions et Ferrand le rejoint sur les points suivants: un homme aux prises avec ses passions est capable d'un comportement bestial; le premier devoir d'un homme est d'exercer sa raison pour censurer ses appétits; le cas échéant, les appétits eux-mêmes peuvent générer des états de maladies. Tous les traités suggèrent que les passions peuvent assombrir la noblesse innée de l'homme, que les victimes du désir sont à blâmer dans les cas où la raison est égale à l'effort de contrôle, mais qu'elles doivent être l'objet de pitié quand les humeurs brûlées assaillent et corrompent la raison. Chaque type de patient manque à sa responsabilité envers la société et chacun d'eux requiert un remède en fonction de sa condition. Étant donné que les maladies d'amour, selon les galénistes, sont causées par les conditions humorales ou par les faiblesses de constitution, les amoureux méritent plus de miséricorde et de soins que de punitions corporelles, comme Bernard de Gordon le recommande[10]. Du Laurens accepte l'idée que la corruption morale peut encourager les désirs surgissant dans l'âme même et que le blasphème et le péché sont des sujets qui relèvent plus du domaine de l'Église que de celui des médecins. Il ne se soucie que des cas qui touchent aux causes physiques. Par contraste, Ferrand admet plus difficilement que les désirs surgissent de l'âme seule et en cela il ne cède aucunement sur le plan du territoire professionnel. Du Laurens et Ferrand soulignent la nature involontaire des maladies humorales, y compris toutes les manifestations de frénésie, de folie et de mélancolie. Les deux relatent le courant des événements durant lesquels le jugement et l'imagination de l'individu sont agressés par de telles conditions physiologiques.

---

[9]Michael R. McVaugh, dans l'introduction de *De amore heroico*, p. 37, donne un abrégé de l'intérêt que ce sujet suscitait à Montpellier. Le titre d'une dissertation de Charles Delorme, *An amantes iisdem remediis curentur quibus amentes?* (Montpellier, 1608), suggère qu'il existe toujours un intérêt constant pour le sujet, même après l'ère de Du Laurens.

[10]Bernard de Gordon, *Lilium medicinae*, p. 217 et suiv.

Aucun écrivain de la génération de Ferrand n'ira au-delà de Du Laurens dans la systématisation des doctrines médicales établies sur les maladies de la mélancolie et personne n'améliorera les grandes lignes brèves, mais concises, de la définition, du diagnostic et des remèdes de l'amour érotique. Mais en ce temps-là, on était bien trop intéressé à ce sujet pour se contenter d'un exposé si court. Plusieurs écrivains relevèrent le défi de développer philosophiquement et rhétoriquement les matériaux de base. Nous pouvons suggérer, avec l'avantage du recul, que cela n'était possible que dans quelques directions générales. L'une se tourne vers la rhétorique formelle des débats d'écoles, prenant ses origines dans les traités médicaux savants. Un écrivain pouvait subdiviser son travail en parties pré-établies dans lesquelles il débattait le pour et le contre des nombreux aspects de l'amour, sa nature et son diagnostic. Jean Aubery favorisa cette approche dans un ouvrage bien connu de Ferrand et qui fut publié en 1599. Les mêmes techniques avaient été employées cent ans plus tôt par Capretto dans son traité sur l'amour. Une autre technique réside dans l'étude de cas approfondie, dans laquelle les éléments de la maladie reçoivent une analyse et une illustration à travers le traitement d'un patient en particulier. François Valleriola suit cette procédure dans une longue «observation» publiée en 1588 sur un cas d'érotomanie. Une troisième solution convertit l'étude de cas annotée en une histoire fictive ou un roman, dans lequel le patient et le héros littéraire se confondent et qui sert en même temps de contexte pour introduire un large assortiment d'observations médicales et non médicales sur l'amour érotique. C'est le format adopté par Jean de Veyries dans un ouvrage qui paraît en 1609 sous le titre *La généalogie de l'amour*[11]. Une quatrième direction possible est l'abrégé encyclopédique qui utilise la plupart des mêmes matériaux, mais qui se construit sur une structure rhétorique tirée des traités médicaux. Telle est la nature essentielle du traité de Ferrand. Ces ouvrages, avec ceux de Du Laurens, forment le noyau des connaissances du traitement de l'amour comme sujet médical en France avant Descartes. En fait, on peut argumenter qu'après Ferrand l'amour érotique comme sujet médical pouvait seulement être repris par les écoles pour y être précisé en termes d'un riche échantillon d'études de cas ou élaboré dans un traité sur les passions disciplinées par des méthodes philosophiques plus rigoureuses. La première direction est adoptée dans les écoles par les débats médicaux sur les sujets psychiatriques; la dernière, par Descartes.

Dans les *Observationum medicinalium libri sex* (1588), François Valleriola s'est exprimé sur les théories de l'amour mélancolique qui fondamentalement anticipèrent l'approche encyclopédique, où les spéculations métaphysiques et mythologiques sont du domaine clinique. Valleriola présente ses réflexions sur les causes, les symptômes, et les remèdes de l'amour, dans le contexte de l'étude de cas d'un marchand d'Arles, entré dans un état de furie et de folie à la suite d'un amour non partagé. Ce marchand affligé était un véritable érotomaniaque; la rebuffade qu'il avait essuyée l'incitait à la colère et à la violence contre son entourage et l'aurait amené à se faire lui-même violence si ses parents ne l'en avaient empêché. Il exhibait les symptômes habituels tels que la minceur, l'insomnie, un chagrin inconsolable; mais il souffrait aussi de psychose, car au milieu de la nuit il était soudain profondément convaincu que sa bien-aimée était en train de le caresser.

---

[11] Jean de Veyries, *La généalogie de l'amour divisée en deux livres*, Paris, chez Abel l'Angelier, 1609.

Valleriola se vante de pouvoir de restaurer toute la santé de cet homme en utilisant les remèdes indiqués dans son traité.

Valleriola, conscient de sa propre autorité en la matière, écrit dans un latin sûr et magistral. Il va au-delà des analyses galéniques abrégées par Du Laurens, et ajoute à ses théories médicales les observations philosophiques tirées de Platon et Plotin et reprises à la Renaissance par Ficin et ses contemporains. Il explique que c'est seulement à la suite de longues recherches que l'on peut montrer jusqu'à quel point les passions sont capables de pousser l'homme à la furie et à la folie. Il reprend la tradition des deux Vénus, comment elles sont nées et comment elles représentent ces formes de désir qui sont attachées respectivement aux choses divines et aux choses terrestres. Deux idées fondamentales émergent de ce matériau: la Vénus terrestre génère un amour qui a pour fonction de charmer, une «fascination» qui entre par les yeux, qui se manifeste comme une perturbation du sang et agit à la fois comme un poison et comme une infection se propageant dans tout le corps; et l'amour est une forme de désir pour «le bien», un désir qui s'exprime comme une envie de posséder et de jouir d'un objet de beauté.

Valleriola retourne en dernier lieu au concept fondamental galénique, c'est-à-dire que les maladies mélancoliques sont causées par l'adustion des humeurs. Il défend aussi le fait que le cœur est le siège de la maladie, car c'est là que les humeurs bouillent et débordent, dégageant des vapeurs noires et fuligineuses qui montent à la tête où elles provoquent ainsi l'agitation et la peur. Il explique comment l'amoureux est distrait par sa pensée incessante pour l'être aimé et comment cette obsession dérange les facultés naturelles et entrave le bon fonctionnement du reste du corps; il en résulte une mauvaise digestion, des matières se répandent sur le foie et sont alors diffusées par les veines comme du rebut jaunâtre responsable de la pâleur caractéristique de la peau. En même temps, Valleriola se demande comment la contemplation, en gâtant le foie, peut elle-même provoquer une réaction en chaîne pour aboutir à ce teint jaune. Il cherche les causes à la fois dans la tête et dans les hypocondres sans se contredire. Ce problème est le même que celui rencontré avec 'Ali 'Ibn 'Abbas et Ishaq 'Ibn Imran: la passion de l'âme qui devient une maladie mélancolique et la mélancolie des hypocondres qui laisse ses effets sur l'esprit convergent, dans la médecine occidentale, sans toutefois se dépouiller entièrement des éléments de leurs origines respectives.

Valleriola poursuit en évoquant la folie causée par un trop-plein de sang et la folie causée par un trop-plein de bile, la première entraînant les éclats de rire et les vertiges, la dernière le chagrin et la douleur. Il fait une distinction entre la bile noire dans le cerveau, où la vraie démence se produit, et la bile dans le cœur, qui provoque seulement la langueur et le chagrin. Dans toutes ces distinctions, il développe ses propres variations sur la question des humeurs et de la combustion. Tout comme Ferrand, il répugne à limiter ses options en rationalisant complètement son système. Il ne tente pas de joindre en une seule séquence causale des agents aussi divers que le sang qui transporte les résidus blêmes vers la peau, les vapeurs noires qui montent au cerveau et l'infection empoisonnée qui s'étend jusqu'aux membres. Les quelques traditions dont il se sert sont autorisées et sont donc placées côte à côte. Alors que les deux auteurs sont prêts à parler de l'amour mélancolique comme d'une maladie du sang empoisonné par les yeux de l'être aimé, Valleriola se fait plus insistant. Les deux suivent Galien en attribuant la folie amoureuse aux vapeurs résultant de la combustion des biles, mais Ferrand le fait avec plus d'emphase que Valleriola.

Le néo-platonisme de Valleriola est particulièrement évident dans plusieurs pages consacrées aux yeux de l'amoureux. C'est la vision d'un bel objet et le pouvoir tyrannique de cet objet sur les sens de son serviteur qui provoquent le malaise. Ferrand a consacré un chapitre aux yeux, mais il se concentre bien plus sur les effets de la maladie: le creux des yeux et le battement des paupières. Selon Valleriola, les yeux sont les organes initiateurs, les voies dont se servent les rayons clairs et subtils pour communiquer l'amour, ces vapeurs du sang qui peuvent, tour-à-tour, charmer comme par magie, pénétrer telles des flèches les entrailles et infecter le sang comme un poison. Pour Valleriola ces actions deviennent matérielles et pathogènes. En tenant les yeux pour des agents pratiquement du domaine de l'occulte, il fait allusion aux théories précédentes où les yeux sont un système de miroirs à travers lesquels l'objet qui s'y mire maintient une sorte de présence physique réduite et un pouvoir qui s'applique à blesser. Ces sujets ont déjà été abordés dans notre section sur l'histoire des l'idées; Valleriola est un médiateur important de ces concepts à la fin de la Renaissance. Il se trouve à mi-chemin entre les points de vue de Platon et ceux de Galien sur l'amour. L'écoulement de sang qui, pour Ferrand, élimine l'excès qui produit la semence, élimine, selon Valleriola, le sang qui contient le venin introduit par les yeux.

Dans les quelques pages qu'il a écrites sur l'amour mélancolique, Valleriola ouvre le chemin d'une approche plus strictement philosophique de l'amour érotique, dans le contexte du traité médical conventionnel. Sa structure clinique attache fermement ses spéculations au domaine médical; son détour par Plotin et Ficin est justifié par sa définition et son diagnostic de la maladie. Ferrand suivra et élargira cette voie, cherchant même plus loin jusque dans la tradition italienne.

Valleriola procure à Ferrand un modèle significatif: il écrit un traité plus ouvert et plus étendu que celui de Du Laurens, mais qui est entièrement sous l'emprise des priorités d'un médecin et d'un professeur de la faculté de médecine. Ferrand le lut de près et lui emprunta autant qu'il lui était possible, tout en restant en harmonie avec sa propre perception de la tradition médicale établie.

L'antidote d'amour (1599) de Jean Aubery est un lien important entre Du Laurens et Ferrand. Aubery, tout comme Ferrand, se propose d'écrire en français (donc pour un lectorat qui n'était pas celui des écoles médicales) un traité sérieux et compréhensif sur le sujet de l'amour érotique comme maladie de la mélancolie. Il fait allusion à la gloire qui devrait incomber de droit au savant qui trouverait un remède pour cette maladie universellement reconnue et il offre son propre ouvrage dans cette perspective. Son livre est dédié au très estimé Du Laurens, auquel il s'adresse comme à un associé personnel (il le connut probablement tout d'abord en tant qu'étudiant à Montpellier vers 1590–91, quand Du Laurens était chancelier[12]). Malheureusement, Aubery est trop fasciné par l'art du débat formel. Son style est élaboré et plein de raisonnements raffinés. En ce qui concerne le contenu, il ne poursuit pas son analyse jusqu'à des conclusions cliniques conséquentes, mais il se contente du point de vue selon lequel la sagesse, la continence, l'auto-discipline

---

[12]Aubery entra à l'université en mars 1590 et obtint son doctorat au printemps de 1593. Il devint le médecin du duc de Montpensier et s'établit à Paris. La dernière publication date de 1605. L'on peut voir, dans son livre, une manifestation de l'intérêt pour le sujet qui vient soit de ses études à Montpellier ou de ses contacts avec Du Laurens. Louis Dulieu, *La médecine à Montpellier*, vol. II, *La Renaissance*, Avignon, Les Presses Universelles, 1979, p. 361.

et quelques bonnes habitudes nutritives sont plus importantes que les procédures purement médicales pour guérir de la maladie. En décrivant la détresse causée par les humeurs brûlées, il se livre à des envolées métaphoriques et à des complaisances littéraires de nature décorative. En tant que penseur, il est donc bien moins redevable à Du Laurens qu'à Ferrand, parce qu'il abandonne l'analyse claire de son mentor et se perd dans des exercices savants.

Aubery revendique la responsabilité du traitement de l'amour érotique pour la profession médicale. Il oublie d'insister sur l'origine somatique de la maladie et de développer le rôle des humeurs comme agents de causalité. En fait, le concept de la mélancolie n'est pratiquement pas mentionné. Aubery insiste sur l'importance de l'effort personnel et réserve sa description du rôle actif du médecin aux vingt dernières pages. L'ordonnance d'un bon mariage légal est son argument suprême. Derrière ces observations diverses, nous détectons un écrivain incertain de ses directions ultimes.

Le reste de son traité comprend une série de questions scolastiques développées selon une formule rhétorique qui tout d'abord déconcerte, puis surprend et qui, en fin de compte, fatigue par sa prévisibilité. Il commence invariablement par le côté le plus faible ou le plus démodé d'un sujet pré-établi, le discute avec une force trompeuse, avant de se tourner contre cette même position en employant des arguments plus modernes et plus éclairés. Après avoir trompé le lecteur en lui faisant accepter l'argument le plus faible, il a recours à toute une batterie d'exemples pour prouver le contraire, tout en s'enorgueillissant de son scepticisme supérieur et de son astucieuse rhétorique; c'est du moins ce que le lecteur est enclin à penser. Un par un, il aborde les sujets élus: l'appétit concupiscent réside dans le foie et non pas dans les autres parties du corps; étant donné la condition du sang, la jeunesse est l'âge où l'être est le plus vulnérable à l'amour; il y a deux sortes d'amours, l'amour céleste centré dans le cerveau et l'amour malhonnête centré dans le foie. Il soulève une fois encore la question du pouls des amoureux – un thème ennuyeux qui remonte aussi loin que Galien, qui fut repris par les médecins arabes et qui depuis a été abandonné par les médecins occidentaux. La question de savoir si l'amour agit par sympathie n'est que le prétexte à un long sermon sur les correspondances qui existent dans la nature, un sermon basé sur le principe de l'attraction d'objets similaires et la philosophie de l'aimant. La discussion d'Aubery sur les influences astrales mérite à peine d'être mentionnée, si ce n'est que Ferrand traite du même sujet. Il s'interroge pour savoir si l'œil possède, à la manière du basilic, le pouvoir d'enchanter. Il se demande aussi si l'amour peut être provoqué par la force de la magie, des nombres, des signes, des caractères ou des philtres. Son étude s'éloigne à plusieurs reprises du sujet, et se préoccupe plus des théories des nombres, de la magie et de l'astrologie, que de la nature des symptômes de l'amour. Mais pour Ferrand c'est dans ce fait que réside la partie la plus importante de la réflexion.

Ferrand connaissait le travail d'Aubery, mais il a refusé de le reconnaître dans son propre traité. Nous soupçonnons que l'omission est plus qu'un simple oubli et que, de tous les livres de ses contemporains, c'est celui que Ferrand aurait le plus désiré qu'il ne fut jamais écrit à cause de la similitude de leurs intentions avouées. Mais, l'étalage de scepticisme rhétorique dans son développement des *topoï* savants ne l'établit pas comme un penseur progressiste; de ce point de vue, Ferrand n'a donc rien à craindre. L'intérêt d'Aubery pour les propriétés occultes de l'amour le distrayait des sujets plus primordiaux concernant l'étiologie et les remèdes de l'amour comme maladie de la mélancolie. Mais la dette de Ferrand envers Aubery est pourtant bien plus grande qu'il n'y paraît, car malgré l'adhésion générale de Ferrand aux approches conventionnelles de l'amour établies par les écrivains médicaux de la tradition arabe et galénique, il est aussi grandement attiré par la possibilité d'intégrer, dans ses propres diagnostics, certaines procédures occultes étrangères à la tradition. Parmi les écrivains médicaux contemporains de la mélancolie amoureuse, seul Aubery soulève ces problèmes de façon systématique. Ferrand n'emprunte pas grand-chose de lui sinon une orientation globale de recherche, dette qu'il n'a jamais avouée. Le fait demeure que ni Du Laurens ni Valleriola n'étaient intéressés par de tels sujets — des sujets qui occupent une grande partie du traité de Ferrand — et que, malgré des différences radicales, *L'antidote d'amour* se rapproche le plus du traité de Ferrand dans l'association qu'il fait des sciences occultes avec l'amour comme sujet médical.

La Généalogie de l'amour (1609) est l'ouvrage d'un médecin formé à Montpellier et établi à Bordeaux. Nous le mentionnons ici parce qu'il complète l'approche des méthodes employées par les médecins de cette période pour amplifier les traités médicaux sur l'amour — dans une forme qui est à mi-chemin entre la science et la littérature. L'histoire est celle d'un marquis malade d'amour dont la future belle-mère réclame l'aide du médecin de famille pour trouver une guérison. Étant donné la nature de l'histoire, il semble que de Veyries ait envisagé de telles manifestations de la passion comme appartenant plus naturellement au milieu aristocratique, où l'on avait à la fois le temps et la formation littéraire nécessaire pour cultiver ces sensibilités. Il semble avoir reconnu, plus que ses prédécesseurs ne l'ont fait, le contenu social et le conditionnement des désirs issus de fantasmes. Ferrand fait des références sporadiques à de Veyries dans son second traité et aucune dans son premier. Mais la question de l'influence n'est pas ici de première importance. Plus significatif est le fait que ces deux auteurs ont travaillé simultanément sur les développements éclectiques d'un même sujet médical dans la première décennie du XVIIe siècle. De Veyries, lui aussi, avait lu les livres italiens et les traditions périphériques des anciens sur l'amour et avait aussi cru bon de tisser en une même œuvre les traditions médicales, mythologiques, et occultes de l'amour érotique.

Le médecin dans l'histoire sert principalement de véhicule pour présenter la vaste érudition de de Veyries sur l'amour. Ce matériau, malgré tout, est présenté sans ordre aucun. Dans le livre I, chap. 1, sec. 4, il explique comment on peut guérir l'amour avec des herbes, alors que dans le chap. 15, sec. 3, il donne les raisons pour lesquelles l'amour appartient au domaine des appétits; dans le livre II, chap. 7, sec. 1, il se demande «Qu'est-ce que l'amour?», alors que dans le chap. 14, sec. 1, il examine la signification de la beauté. Pendant ce temps, l'histoire des amoureux est complètement perdue de vue. Cependant, ce n'est pas le manque d'organisation ou l'imperfection de la narration qui étouffe l'intérêt, mais c'est le style abstrus et impénétrable, car l'ouvrage est écrit dans une prose pompeuse et torturée devant laquelle le lecteur d'aujourd'hui perd patience et qui a très bien pu décourager également les lecteurs du XVIIe siècle. La perspicacité des passages les plus prometteurs est obscurcie par une foule de qualificatifs, de négations et de contre-virages.

De Veyries touche à un nombre de sujets qui sont évidents chez Ferrand, tirés d'un répertoire commun. C'est par bribes qu'il traite de la façon dont l'amour brûle et noircit tout ce qu'il touche. Il comprend que l'amour trouble l'imagination, que le trop-plein de sang amène à la production de sperme, que l'amour est chaud et humide par nature. Il traite de l'influence des sens et mentionne la nature attirante et aguichante de la beauté. Vers la fin de son livre, il en vient à une déclaration générale sur la sujétion de l'âme aux humeurs du corps. Des sections traitent de curiosités spécifiques, plusieurs d'entre elles sont d'ailleurs mentionnées chez Ferrand: le rémora est un poisson qui préserve l'amour; la roquette est une herbe fortement épicée qui est donc dangereuse pour les amoureux; l'amour est révélé par l'expression du visage. Il accompagne ces quelques allusions médicales en mentionnant les propriétés occultes, les philtres, l'effet de la flagellation, la nature et l'utilisation de l'hippomane et autres potions d'amour. Deux éléments, qui nous sont maintenant connus, apparaissent aussi: les sujets savants et les matériaux mythologiques attachés à l'amour. De Veyries examine la différence entre les médecins et les métaphysiciens, il se demande si l'amour d'une femme est plus fort que celui d'un homme, si les personnes âgées sont capables d'amour, si l'amour est la force essentielle de l'univers. Finalement, il voue une portion considérable de son ouvrage à des sujets rejetés par Du Laurens: les noms de l'amour, si le nom de l'amour est plus dangereux que la chose elle-même, comment Vénus et Cupidon ne font qu'un, une description de la peinture de Cupidon piqué par une abeille, enfin la mer comme le chaos duquel Vénus et Cupidon sont nés.

En bref, nous voyons dans *La Généalogie de l'amour* le livre que Ferrand aurait pu écrire s'il s'était permis de libérer ses prédilections littéraires et stylistiques — s'il s'était dévoué entièrement à un type de lectorat élégant, instruit, et oisif, et s'il s'était abandonné corps et âme à collectionner du matériel au hasard, sans s'être senti obligé de les organiser selon les conventions du traité médical. Mais il est à noter à quel point ces deux écrivains ont partagé le même sujet et utilisé les mêmes techniques en accumulant les matériaux populaires afin de développer leurs thèses au gré d'un lectorat plus large. Dans une nouvelle synthèse, les éléments d'origines diverses révèlent leurs contextes respectifs. Chez de Veyries, ce processus est virtuellement complet de façon que les éléments de la tradition galénique apparaissent tissés avec les allusions mythologiques, les spéculations sur l'occulte et les fragments de pensée philosophique concernant l'amour. C'est tout à l'honneur de Ferrand qu'en créant son propre traité éclectique il ait construit son argumentation bien plus scrupuleusement.

En dernière analyse, on peut dire que, d'une part, Valleriola et Du Laurens ont servi de mentors à Ferrand en ce qui concerne la substance et l'approche rhétorique, et que, d'autre part, Aubery et de Veyries n'ont servi de modèle que de loin, soit pour avoir augmenté l'étendue de ses connaissances, soit pour avoir abordé des domaines qui ne faisaient pas alors partie des approches médicales de l'amour. Ces quatre auteurs, avec Ferrand et Burton, représentent toute l'étendue de l'amour érotique comme sujet médical, et les directions variées qui ont été prises dans un effort pour combiner les idées médicales conventionnelles, soulignées au début de notre introduction, avec les autres recueils de matériel traditionnel concernant l'amour. Le traité de Ferrand prend sa place dans le contexte créé par ces ouvrages et se distingue par la comparaison avec leurs méthodes et leurs contenus.

6

Ferrand, la mélancolie érotique et la manie érotique, ses diagnostics et ses définitions

Les instincts de Ferrand, le savant, étaient ceux d'un médiateur, ce qui lui permettait de fondre les nombreuses voix d'autorité en une seule. Néanmoins, on trouve au centre même de ce système une difficulté philosophique qui pouvait être modelée, paraphrasée, divisée, ignorée, mais jamais totalement dominée. Dans le quatrième livre de ses *Tusculanes* (*Tusculanae disputationes*), Cicéron écrit que l'amour idéal ou l'amitié idéale est impossible, que même la plus inspirée des relations contient des éléments d'intérêt ou de désir, et que, par-dessus tout, les hommes «doivent être avertis dans quel abîme ils se précipitent; car, de toutes les passions, celle-ci est la plus orageuse[1]». Il est possible que Ferrand ait été en parfait accord avec ce principe général. Cicéron, en moralisateur qui se soucie des faiblesses de la volonté, déclare ainsi:

> c'est une passion, qui, comme toutes les autres, vient absolument de nous, de nos idées, de notre volonté; et la preuve que l'amour n'est point une loi de la nature, c'est qu'alors tous les hommes aimeraient, ils aimeraient toujours, ils auraient tous les mêmes inclinations et l'on ne verrait personne fuir l'amour par honte, par raison ou par satiété[2].

En bref, même si un tel amour peut produire des états maladifs, il est en lui-même un défaut moral. Ferrand est rarement loin de ce point de vue conventionnel; il achève son traité en souhaitant trouver pour les amoureux mélancoliques et maniaques «la perfection de la sagesse», qui est «le plus facile et efficace remede de nostre faculté» — vœu apparemment en contradiction avec toutes les procédures mécanistes et déterministes selon lesquelles l'amour assaille les corps de ceux qui sont prédisposés par leur tempérament aux maladies mélancoliques.

Ferrand contourne la difficulté en précisant constamment les catégories par lesquelles certains des facteurs moraux et sociaux peuvent contribuer de loin aux maladies mélancoliques — sans pour autant compromettre les causes corporelles

---

[1] Cicéron, *Tusculanes* (*Tusculanae disputations*), IV, xxxv, trad. J. V. Le Clerc dans *Œuvres complètes*, tome 24, Paris, chez Lefèvre, 1821, p. 403. Voir Cicéron, *Tusculanes*, éd. Georges Fohlen, trad. Jules Hubert, Paris, Les Belles Letters, 1960–64.

[2] Cicéron, *Tusculanes*, V, xxxv, p. 403–05.

les plus immédiates, ainsi que la tradition médicale le dicte. Ferrand divise de même l'amour érotique en états prépathologiques et postpathologiques afin d'établir une relation entre causes morales et matérielles. Il sépare les chapitres traitant des patients inclinés vers la maladie de ceux traitant des états pathologiques avancés. Dans le chapitre XXXVII, il rappelle qu'«il est plus facile d'amortir l'amour en sa naissance que lors qu'il est devenu une maladie» et qu'il y a, généralement parlant, deux sortes de remèdes, l'un naturel et l'autre artificiel: le premier implique de sages conseils, un changement d'air, l'abstinence — recommandée par Cicéron comme étant plus propice à la prévention de la maladie — alors que le deuxième, à savoir les traitements pharmaceutiques et chirurgicaux, est nécessaire une fois que la maladie a pris place. Si l'amoureux n'a pas encore montré de signes pathogènes par la combustion des humeurs, l'état peut être décrit en termes de déficience de la volonté, ce qui permet un emploi effectif de toutes les considérations des moralistes tout en restant fidèle au déterminisme matériel des humeurs; c'est pour lui un moyen de contourner un problème difficile sans perdre un matériel de valeur. Néanmoins l'impasse sous-jacente demeure, car nier le libre arbitre en le soumettant aux nécessités du corps malade implique une certaine vulnérabilité de l'argument aux attaques des théologiens, mais renoncer aux procédures déterministes de la médecine galénique, c'est enlever au médecin son pouvoir de guérison. Malgré le traditionalisme de Ferrand, il existe bien des indices qui suggèrent qu'il partageait indirectement le point de vue de Cicéron — que l'amour excessif est une forme de relâchement moral. Jusqu'à un certain moment critique, cet état demeure sous le contrôle des facultés de la raison. Nécessairement ce contrôle disparaît au commencement du processus pathologique. Ferrand n'avait pas de meilleure solution à offrir.

Anthony Levi déclare que «jusqu'en 1637, l'année du *Discours de la méthode*, il n'existait aucune trace de théorie cohérente qui aurait relié les passions aux états physiologiques qui les auraient provoquées[3]». À cela on peut ajouter que ce n'est qu'à la suite de la publication des *Passions de l'âme*, en 1644, que la philosophie médicale fut intégrée systématiquement dans un système déontologique, de façon à ce qu'un rapprochement puisse s'effectuer entre les attractions compulsives et les répulsions qui affectent l'âme et les état du corps. Cette approche fut alors considérée comme le seul moyen d'établir le code déontologique comme une science exacte. Ainsi, personne ne pourrait suggérer que Ferrand ou sa secte sont de véritables précurseurs de Descartes étant donné l'absence de toute méthodologie scientifique rigoureuse. Mais les recherches de Ferrand avaient tendance, du point de vue philosophique, à considérer les canaux de sympathies et les voies de communication physiologiques lorsque les états de l'âme étaient influencés par la constitution physique. Bien avant lui, Nicolas Coëffeteau, évêque de Marseille, s'était emparé de la question et se rapprochait du point de vue des physiciens quand il attribuait la formation des appétits concupiscents à l'influence des étoiles, au régime, au climat et à l'hérédité. Si, en tant qu'homme d'Église, il était poussé à considérer les conditions somatiques comme les effets des passions plutôt que leur causes, il alla néanmoins aussi loin qu'il put dans cette direction. Huarte raisonna différemment pour arriver aux mêmes conclusions dans son *Examen de ingenios*

[3] Anthony Levi, S. J., *French Moralists: The Theory of the Passions 1585 to 1649*, Oxford, Clarendon Press, 1964, p. 236.

para las ciencias[4]. Si l'âme est la partie divine et immuable, elle doit donc aussi être identique chez tous les hommes; si elle est identique, elle ne peut pas être la cause des différences intellectuelles et psychiques. Ces variations, raisonne-t-il, doivent venir du corps et de tous les agents, accidents et forces qui s'y jouent. Soixante deux ans avant les *Discours*, le travail de Huarte progresse vers une théorie des passions basée sur des causes physiologiques.

En précisant sans cesse ses catégories causales, Ferrand occulte ses vacillements fondamentaux sur ces questions. Les premiers chapitres décrivent les causes de la maladie — internes, externes, efficaces, matérielles, contribuantes — puis décrivent les sièges de la maladie et finalement les sièges des causes de la maladie. Il peut ainsi incorporer, dans son argument, tous les éléments divers qui contribuent à la maladie: les étoiles, la nourriture très épicée, l'état du sang, l'anatomie du cerveau, les sens, l'attirance vers les objets de beauté, les atomes qui pénètrent et sortent des yeux, l'oisiveté et la détente, les saisons et les climats, la constitution des humeurs, les tendances héréditaires et plusieurs autres. Sa définition élargie de l'amour polarise ces éléments: un état de peur et de tristesse soulevé par un désir intense pour un objet de beauté; une passion de l'âme influencée par les complexions, les humeurs, le climat, la nourriture, le trop-plein de sperme, la bile brûlée ou le sang. La tristesse et la dépression, associées avec l'état premier, affectent le corps; les influences qui corrompent le corps pervertissent l'imagination et la volonté. Le lecteur veut bien admettre toutes ses catégories, non seulement parce que la dette à toute une variété d'autorités doit être considérée, mais aussi parce que l'expérience prouve que de nombreux facteurs et circonstances contribuent au réveil du désir sensuel.

En tant que médecin, Ferrand souscrit, sans jamais s'en détourner, à une doctrine centrale: en dégageant de la chaleur, les passions sont capables de brûler les humeurs naturelles du corps en les transformant en états calcinés. Ce procédé d'adustion crée à son tour des vapeurs et des fumées nocives, telle la fumée émanant d'une chaudière, qui circule dans tout le corps. En arrivant au cerveau, elles peuvent bloquer la vision mentale, corrompre l'imagination et déformer le jugement. Ce procédé dépend en grande partie du comportement pervers et antisocial de l'amoureux. Dans une deuxième doctrine toute aussi centrale, c'est le cerveau lui-même qui produit son propre état de mélancolie naturelle par la fixation intense sur un objet de désir; un tel ruminement, où l'image est gravée et entaillée plus profondément dans la mémoire, est le même procédé par lequel l'amoureux perd de vue les autres réalités pour accepter l'image reconstruite, idéalisée ou faussée de l'objet aimé. Le jeu des causes, à la fois interne et externe, devait être tiré de supports conformes à ces deux mécanismes: l'amour conditionné, voire même engendré par les humeurs brûlées, et l'amour produit par un désir autonome de l'esprit.

Dans cette mise au point, Ferrand suit la tradition. Du Laurens, avant lui, avait expliqué comment les symptômes de la maladie, la peur et la tristesse, ne sont pas des causes, mais des accidents qui révèlent la nature de l'état antécédent; car la peur et la tristesse ne sont pas les résultats de la chaleur et de l'adustion, mais du froid et de la sécheresse maladive du cerveau causée par le manque de sommeil et de longues heures passées en méditation. Conformément à la vision d'Aretée, si la séquence de sécheresse et de frissonnement touche la partie du

[4]Juan Huarte, *Examen de ingenios para las ciencias*, Baeza, s.é., 1575.

cerveau responsable des actions de l'esprit, la mélancolie s'ensuit; par contre, si elle attaque les ventricules et les passages creux, c'est l'épilepsie. Quand une pensée intense produit un état mélancolique tempéré d'un peu de sang et quand, à la suite de la combustion, il n'y a pas d'excréments qui puisse polluer le cerveau, cette mélancolie produit des hommes aux souvenirs clairs et aux pensées profondes, capables de longues réflexions ou d'extases divines comme celles des poètes, des philosophes et des prophètes[5]. Si les excréments provenant de l'adustion sont présents, un gâtisme sans fièvre s'ensuit, accompagné par des tendances vers la manie ou la dépression, selon la bile qui produit les vapeurs.

Ferrand est plus bref sur ces distinctions que nous le souhaiterions, sans aucun doute parce que ses lecteurs avaient pris pour acquis une grande partie de ces connaissances. Malgré tout, dans le chapitre IX, il dit clairement que «le cerveau est cause de la folie, lorsqu'il est occupé par la bile aduste, sang ou mélancolie brûlée». On interpréterait cela en disant que l'amour mélancolique surgit seulement lorsque l'adustion produit des excréments, que l'adustion non seulement du sang mais aussi de la bile jaune et de la bile noire peut causer la maladie et que l'humeur la plus en abondance déterminera la nature de son expression. Cela entrerait directement dans le cadre des points de vue généraux émis par Du Laurens. Babb écrit que «la frénésie est une inflammation du cerveau provoquée par une invasion de la colère [...]. Les symptômes de la frénésie semblent être identiques à ceux d'une mélancolie courroucée et vociférante», citant Burton et Du Laurens comme ses sources[6]. Sans s'expliquer plus avant, Ferrand retient cette différence essentielle tout au long de son traité: l'amour peut produire à la fois la mélancolie érotique et la manie érotique et son expression peut faire passer par toute une gamme de symptômes, du suicide dépressif par l'inanition à la lycanthropie. Il souligne en notant, dans le chapitre III, «que nos anciens medecins confondent souvent la manie avec la melancolie[7]», oubliant de noter les différents degrés entre les deux.

---

[5]Ferrand ne fait aucune mention de cette forme de mélancolie qui caractérise les philosophes et les poètes. On croyait que la pensée ininterrompue avait la capacité d'apporter des altérations matérielles au cerveau. La condition naturelle permettant de créer des hommes de pensée profonde était une forme de mélancolie mixte, plus sèche qu'humide, mais avec un peu de sang et sans excréments dans le cerveau. Cette combinaison produisait des hommes avec des souvenirs clairs et des pensées profondes, des hommes capables de méditer durant de longues heures ou qui étaient sujets à des extases divines, ce qui convenait aux poètes, aux philosophes et aux prophètes. On peut trouver l'une des discussions les plus intéressantes de cette époque sur la mélancolie des génies dans les *Trois discours philosophiques* de Jourdain Guibelet, Discours III, «De l'humeur mélancholique», Évreux, chez A. Le Marié, 1603. Néanmoins, on trouvera la source principale de la mélancolie scolastique chez Marsile Ficin, *De vita libri tres*, écrit ca. 1480.

[6]Lawrence Babb, *The Elizabethan Malady*, p. 36.

[7]La différence entre la manie et la mélancolie et la confusion des deux parmi les anciens reste un sujet débattu pendant la Renaissance. Forestus fait remarquer la difficulté chez Galien et Alexandre de Tralles dans leurs tentatives d'établir une série de distinctions claires selon les symptômes: «Sed nos loquimur nunc de vera insania et proprie dicta; quae differt a melancholia, quod sine metu et tristitia accidat, sed cum audacia, multiloquio, saltu, agitatione corporis immoderata, oculorum frequenti motu, cum aspectu torvo, intrepido et inverecundo». Il continue en caractérisant la mélancolie et le phrénite. Pieter van Foreest, *Observationum et curationum medicinalium sive medicinae theoricae et practicae, libri XXVIII*, Francofurti, E. Palthenia, 1602, p. 341–42.

La description de la maladie est de surcroît compliquée par la classification traditionnelle de la mélancolie en trois catégories: celle de la tête, celle du corps tout entier et celle des hypocondres. Malgré le fait que, dans l'amour mélancolique, c'est la tête qui est la partie malade et que les vapeurs brûlées circulent à travers les veines pour monter vers le cerveau à cause de leur légèreté, l'amour doit être classé comme une forme de mélancolie hypocondriaque qui prend son origine dans le foie, la rate et le péritoine (mésentérique), parce que c'est du foie et autour de lui que proviennent les vapeurs noirâtres. Ces mêmes fumées, comme le dit Ferrand à la fin du chapitre VII, sont caractéristiques des êtres mélancoliques chauds et secs et «subjects à engendrer plusieres vents que les chatoüillent, et par consequent les rendent lascifs outre mesure». Néanmoins, dans le chapitre IX, Ferrand est d'accord avec Avicenne en ce qui concerne le cœur et la façon par laquelle il «communique l'intemperature au cerveau par les vapeurs et humeurs qu'il luy envoye, et par la sympathie de ses vases[8]». De façon éloignée, le débat sur les causes — qu'elles prennent leur source dans l'esprit ou dans la détermination des états du corps — se perpétue avec les conséquences inévitables que l'on retrouve parmi les définitions des rôles respectifs du cœur et du foie, et de la relation qui laisse perplexe entre une mélancolie froide et sèche de la tête et une mélancolie chaude et sèche des hypocondres. Le débat amène à des définitions et des catégorisations les plus complexes qui distraient finalement le lecteur des sujets à l'étude.

Notre examen historique de l'*amor hereos* en tant qu'idée médicale a montré les diverses étapes de son développement, mais il explique également l'origine des nombreux éléments contradictoires qui rendent le traité de Ferrand sujet à la controverse. L'absence totale d'analyse ou de classification selon des critères historiques produit une argumentation qui continue de révéler les vestiges incertains d'une histoire complexe. De fait, Ferrand apparaît comme un représentant de l'état général de la philosophie médicale de son temps. On peut suivre Lawrence Babb lorsqu'il écrit que «la psychologie physiologique de la Renaissance est un corps de théories comprenant nombre de contradictions et de discordances, de sorte que n'importe quelle exposition falsifierait la réalité en imposant un ordre que ce corps ne possède pas[9]».

L'autorité traditionnelle à propos du comportement et des origines des maladies de la mélancolie contribue à cette superposition de théories étiologiques définissant divers centres dans le corps. Une façon de les coordonner consiste à se concentrer sur les agents de communication qui relient les parties du corps. Ferrand reprend, après Du Laurens, la considération du rôle des esprits vitaux dans la génération de l'amour mélancolique. Il comprend que ces vapeurs sanguines sont le moyen par lequel l'image de l'être aimé se matérialisait à travers les yeux. Comme nous l'avons expliqué plus haut, l'origine et le comportement de cette substance étaient le sujet d'une controverse considérable. Il est significatif que Du Laurens, en tant qu'anatomiste, était parmi ceux qui défendaient l'existence des esprit vitaux; il place leur origine dans la choroïde du plexus et explique comment ils sont bouillis et distillés dans les ventricules puis parfaits dans le cerveau. Le système entier dépendait du fonctionnement du *rete mirabile*, une extension des carotides. C'est grâce à ces agents essentiels que l'amour entrait dans le corps et engendrait le

---

[8]Avicenne, *Canon (Liber Canonis)*, fen I, livre 3, tr. 4, chap. 18.

[9]Lawrence Babb, *Elizabethan Malady*, p. 65.

désir[10].

Ferrand prend pour acquis une connaissance générale du lectorat sur les esprits et leur fonctionnement et trace directement la course de leur parcours amenant au stade de la dépression ou de la manie. Il adopte aussi des métaphores usuelles pour définir la volonté, indépendante de ces agents jusqu'au moment où ils doivent attaquer et assaillir les parties du corps en une séquence amenant pas à pas à la conquête de la citadelle de Pallas. C'est une manifestation de la pensée téléologique qui caractérise même les analyses anatomiques: que la nature et le comportement de chaque partie doivent s'expliquer par leurs fonctions préordonnées. La description de telles fonctions invite à l'utilisation d'un vocabulaire et d'images militaires: siège, citadelle, forteresse, emprisonnement, esclavage. Puisque la raison est trop forte pour être directement attaquée, les esprits portent la corruption d'abord aux hypocondres. Les éléments s'élèvent de la région surchauffée du foie pour monter à l'assaut du cœur qui bientôt se rend et se joint au complot. C'est alors que les nobles facultés de l'âme peuvent être submergées et prises comme esclaves. Par une telle série de batailles et de victoires toutes les parties sont jointes et les procédés métaphoriques deviennent synonymes de procédés physiologiques. Ferrand doit momentanément passer outre au mouvement contraire par lequel les passions de l'âme, elles-mêmes, provoquent la condition de mélancolie en changeant la condition des humeurs, bien que ce point de vue soit également fondamental à sa thèse. Ferrand fait bien, à ce carrefour, d'ignorer les atomistes qui affirmaient que l'amour était une sorte de poison ou de charme porté de corps en corps, un venin qui voyagerait tout droit aux entrailles pour aller se répartir dans tout le corps par les veines et les artères, tout comme une maladie contagieuse. Ce point de vue est amplement défendu par Ficin et Valleriola[11]. Les deux explications cherchent à traduire en termes physiologiques et matériels le pouvoir remarquable d'un objet de beauté sur le corps et l'imagination d'un observateur sensible. Ici encore, sur ces questions, Ferrand reste proche de Du Laurens.

Une fois que la maladie s'est installée, sa présence est révélée par une série de symptômes bien définis: un désir de solitude, des soupirs, des yeux creux, un manque de sommeil et une perte de l'appétit. Comme nous l'avons indiqué dans notre étude historique, ces indicateurs ont été ajoutés dans des traditions parallèles par des physiciens et des poètes depuis les temps anciens. Les physiciens les considéraient comme étant cruciaux pour identifier la maladie — diagnostic à faire souvent sans la collaboration du patient, car l'amoureux était réticent à révéler sa dévotion à cause du plaisir qu'il prenait à sa propre misère. Dans les mots de Thomas Wright, «il n'existe pas de passion très véhémente qui ne modifie pas à l'extrême certaines des quatre humeurs du corps. Et tous les physiciens sont généralement d'accord pour dire que parmi d'autres causes intrinsèques de maladie l'une, et pas la moindre, est l'excès de quelque passion démesurée [...]. Les physiciens sachant donc quelle passion cause la maladie peuvent bien en déduire quelle humeur abonde et par conséquent ce qui doit être purgé, quel remède employer et

---

[10] Pour un résumé des points de vue sur les esprits vitaux, leur création, et leurs rôles dans le corps à la Renaissance, voir Andrew Wear, «Galen in the Renaissance», *Galen: Problems and Prospects*, p. 229–56.

[11] François Valleriola, *Observationum medicinalium libri sex*, p. 198–200.

ensuite, par quel moyen la prévenir[12]». D'où la longue investigation de Ferrand sur les symptômes par lesquels la passion incriminée et ses causes peuvent être identifiées. En plus des causes internes dérivant diversement des caractères et des perturbations de l'âme, sont prises en compte les nombreuses causes externes de l'amour. Elles comprennent le régime alimentaire, le climat, les influences astrologiques et la stimulation des sens. Les amoureux sont sensibles à l'expérience, vulnérables aux déceptions et aux espoirs à moitié réalisés; leur imagination est dominée par les rêves et les fantasmes la nuit, et par des idées fixes le jour. Ferrand consacre les chapitres XIII à XIX à former les médecins dans la symptomatologie et les diagnostics de l'amour érotique.

Ferrand est le premier à dire qu'il est possible de faire le diagnostic de l'amour sans bénéficier de la confession du patient, soit en interprétant son comportement social, soit en observant le changement de couleur, les soupirs, l'état des yeux, l'agitation des paupières, la pâleur, le teint de la peau exactement jaune-verdâtre, l'absence de fièvre ou la soudaine apparition des larmes. Au centre du débat sur les symptômes, la question est de savoir s'il existe un pouls qui soit particulier aux amoureux[13]. Avicenne, comme la majorité des médecins de l'Occident, maintient qu'il n'existe pas, bien que tous s'accordent pour dire que la présence de l'être aimé peut accélérer le pouls ou le rendre irrégulier. Prendre le pouls devint un des moyens favoris pour déceler les amoureux. Ferrand se vante d'avoir utilisé cette méthode avec succès pour traiter un étudiant malade d'amour. L'irrégularité du pouls avait révélé l'affection du jeune homme pour une certaine servante qui était apparue dans la salle de consultation au moment opportun.

C'est dans les chapitres suivants (XX à XXV) que Ferrand se rend le plus vulnérable aux attaques sur des bases non médicales. Ces chapitres sont d'un point de vue rhétorique une extension de la discussion des diagnostics, mais le but et l'opération en changent la teneur. Là où les symptômes sont présents et visibles, l'œil entraîné du médecin suffira à identifier la cause. Mais si les symptômes ne sont pas encore évidents et si le physicien peut à peine identifier une constitution fragile prédisposant à la maladie, il doit s'appuyer sur une autre technique de diagnostic. Quand les maladies causées par le déséquilibre des humeurs sont présentes, principalement chez ceux que leur constitution prédispose à de telles maladies, une analyse du tempérament devrait servir à déceler ces prédispositions. Le galéniste convaincu était donc facilement persuadé qu'il était possible que les signes corporels et extracorporels puissent être reliés par une communication sympathique permettant à de telles inclinaisons d'être dévoilées. Son intérêt pour la sémiotique occulte était une extension de son intérêt pour les symptômes biologiques et constitutionnels qui auraient pu favoriser une médecine préventive pour ceux qui étaient menacés par leurs propres passions érotiques.

Il commence avec les indicateurs les plus évidents: la température des organes génitaux; la quantité de poils; les signes extérieurs attachés au déséquilibre interne des humeurs; l'âge, l'éducation morale et intellectuelle de l'individu; le climat; et

---

[12]Thomas Wright, *The Passions of the Mind in General*, éd. William Webster Newbold, Londres, 1601; New York et Londres, Garland Publishing, 1986, p. 91.

[13]Au temps de Ferrand, la question de savoir s'il existait un «pouls de l'amour» était amplement débattue. Un étudiant de Gregor Horst, Cristophorus Bilitzer, obtint sa thèse médicale sur *De pulso amatorio*, Giessen, 1609. Pour une liste des dissertations sur ce sujet, imprimées avant 1750, voir Oskar Diethelm, *Medical Dissertations*, pp. 157–206.

les caractéristiques nationales. Au moyen de ces quelques indicateurs, le médecin pouvait établir un classement selon les types. Ce classement et par la physionomie et par le caractère permet à Ferrand une analyse de l'individu selon son passé et l'expérience accumulée de sa psyché. L'idée qu'un homme était né avec un destin mettait en évidence la nécessité à la fois de simplement décoder cette nature héritée et de neutraliser ses qualités néfastes en assaillant les éléments humoraux qui les prédisposaient. Afin d'identifier les orientations de cette destinée intime, le médecin, au moment voulu, se tourne vers les horoscopes et l'astrologie, la chiromancie, la magie, la divination et l'interprétation des rêves. Ferrand nous laisse entièrement ignorants de ses croyances sur ces sujets. Il semble être disposé à profiter de tout ce qui est licite afin d'avancer sa pénétration diagnostique, mais toutefois soucieux de mettre en garde contre toute chose illégale ou dangereuse pour le médecin et le patient. Dans l'analyse finale, il est poussé à démentir l'efficacité de la plupart de ces techniques, bien qu'elles le fascinent comme sujet philosophique méritant un commentaire attentif.

Si Ferrand élargit son domaine médical en créant de nouvelles divisions, notamment entre ceux qui sont véritablement affectés et ceux qui démontrent à peine des inclinaisons amoureuses, entre les traitements préventifs et les guérisons, il élargit aussi l'étendue de la maladie elle-même en divisant l'amour mélancolique en trois sortes: pas seulement l'amour mélancolique et l'amour morbide, comme nous l'avons décrit plus haut, mais aussi une troisième catégorie, qui comprend la satyriasis et la furie utérine. Ceci lui vient vraisemblablement par le biais de ses lectures de Jean Liébault et de Luis de Mercado, où il trouva des descriptions des symptômes et des guérisons de la furie utérine qu'il amalgame, à son tour, avec celles de l'*amor hereos*. Il comprend que ces maladies sont différentes l'une de l'autre par degrés seulement. Liébault fournit les éléments essentiels concernant les causes de l'hystérie et les moyens par lesquels les vapeurs s'élèvent dans la colonne vertébrale pour aller attaquer le jugement et l'imagination, puis provoquer des états de furie ou de mélancolie, tellement semblables a ceux qui prennent leurs origines dans les hypocondres qu'ils en sont indissociables. D'autres caractéristiques communes aux trois états comprennent le trop-plein de sang et un désir charnel intense, les deux étant dûment notés par Ferrand. Dans le domaine des guérisons, se révèlent les mêmes corrélations, ce qui permet à Ferrand de condenser les traitements en un seul protocole.

Si erreur il y a, c'est qu'il confond les symptômes avec les causes. La furie utérine peut produire des besoins vénériens intenses, mais qui ne sont pas causés par un désir charnel ni par l'imagination. Nous ne saurions dire si Ferrand est le premier à inclure l'hystérie dans la mélancolie érotique et la manie. En tout cas, l'association fut de courte durée car la tendance des dissertations médicales plus tard dans le XVIIe siècle est d'isoler des états comme l'hystérie et la nymphomanie l'un de l'autre, et de les dissocier également de la mélancolie et la manie. L'idée de ce rapprochement a pu parvenir à Ferrand par le biais de ses lectures du chapitre de Mercado sur la furie utérine, qui contient une classification de la folie en cinq types: la mélancolie, la furie, l'amour, la rage et la lycanthropie. Puisque Ferrand observe, dans cette liste, que la mélancolie et la furie sont distinctes de l'amour, il conclut, selon son propre parallélisme de la furie avec l'amour morbide et de la mélancolie avec l'amour mélancolique, que cet amour distinct doit forcément comporter une troisième espèce, commodément assignée à la furie utérine et au

satyriasis. Ce faisant, Ferrand néglige le fait que de Mercado décrit la folie et non
pas les maladies d'amour et que, si c'était l'amour qui le préoccupait, il aurait
énuméré cinq espèces et non pas trois[14].

Le sujet des diverses espèces d'amour mélancolique se complique encore plus
par la présence du chapitre XXVII, dans lequel il associe aussi l'incubus ou cauchemar avec l'amour mélancolique, bien que dans ce cas il le fasse peut-être seulement
par juxtaposition plutôt que par souci de classification formelle. Il aborde le sujet
en faisant référence à un théologien qu'il ne nomme pas, mais qui se serait penché
sur la question de savoir si les créatures surnaturelles pouvaient souffrir de passions érotiques et si elles pouvaient avoir des relations sexuelles avec des femmes
mortelles. Ferrand continue avec quelques histoires sur l'amour entre les démons
et les humains. Son but, néanmoins, n'est pas de s'étendre sur la vie psychique des
êtres surnaturels, mais d'introduire une condition médicale qui expliquerait que
les femmes puissent croire qu'elles ont été sexuellement attaquées par un être surnaturel alors qu'elles sortent d'un cauchemar appelé incubus, caractérisé par une
sensation de suffocation provoquée par un poids lourds pressant sur tout le corps.
L'approche médicale de cet état remonte à Thémison en passant par Avicenne et
allant jusqu'aux épisodes d'Hippocrate. Les illusions sont produites par des vapeurs lourdes qui touchent le cerveau après les premières heures de sommeil. Cet
état est semblable à l'amour mélancolique en ce sens qu'il est la maladie d'une
imagination corrompue par des vapeurs. Ferrand établit l'association, sans aucun
doute, sur la base des appétits vénériens communs aux deux états. Que l'illusion
de l'assaut vécue par ceux qui souffrent d'incubus ne résulte pas de la fixation de
l'imagination, ni de la vision d'un objet de beauté, ni de l'état du sang ou de la
bile dans les hypocondres ne cause visiblement aucune difficulté à Ferrand. Au
point où il en est, il semble simplement se soucier de réunir toutes les conditions
médicales ayant quelque chose à voir de près ou de loin avec la sexualité, afin de
compléter son enquête encyclopédique des maladies associées à l'amour[15].

Il est important de noter néanmoins que, en décrivant la furie utérine et le
cauchemar, Ferrand rapproche l'amour mélancolique plus près des conditions qui
surgissent entièrement du corps, parce qu'aucun de ces états ne demande un appétit

[14] Pour des renseignements bibliographiques sur ce sujet, voir nos notes du chapitre 12.
[15] Paracelse (1493–1541) emploie aussi le terme *hereos*, mais de façon entièrement idio-
syncrasique. *Amor hereos*, pour lui, commence dans l'imagination où l'image fantasmée de
l'amoureux est créée. Cette image est le produit d'une perversion mentale qui non seulement préoccupe l'esprit, mais mène à une union fantasmale et à l'émission de sperme. D'où,
en corrompant l'imagination, le sperme est libéré, ce qui est non seulement inutile pour la
procréation d'enfants, mais qui attire les incubes et succubes qui l'emportent afin d'engendrer leur race de serpents et de crapauds. *Amor hereos* est le désir anormal qui fournit la
semence nécessaire à la propagation de ces créatures. Selon cette théorie bizarre, Paracelse
offre un lien commun entre le cauchemar qui est la fonction du fantasme et le cauchemar qui
comprend un assaut sexuel par des créatures surnaturelles. Ferrand ne mentionne aucunement ces idées dans son chapitre sur les incubes, idées qui auraient certainement provoqué
une réaction. Aucune évidence ne suggère que Ferrand fut influencé par Paracelse en ce
qui concerne le sujet d'*hereos*; de plus, il exprime de graves inquiétudes quant à l'utilisation de métaux communs par les chimistes, et du dédain pour les charlatans paracelcistes
locaux. Pour la théorie sur l'*hereos*, voir *De origine morborum invisibilium* dans *Opera
omnia*, Genève, sumptibus I. Antonii et Samuelis De Tournes, 1658, vol. I, p. 126, et John
Livingston Lowes, «*The Loveres Maladye of Hereos*», p. 533–34.

initial de l'âme ni un acte de volonté. En abordant la section sur les guérisons, Ferrand devait de nouveau souligner l'aspect somato-génétique de l'amour. Il devait se concentrer sur ce concept d'amour en tant que passion de l'esprit, qui était un produit des causes matérielles dans le corps. Comme il le dit, «si l'esprit est affligé en amour, c'est par la sympathie mutuelle du corps avec l'âme», et, un peu plus loin, les «maladies du corps hebetent et estourdissent l'esprit, tirans à leur sympathie le jugement» (ch. XXVI). Ferrand n'avait pas d'autre choix que de favoriser un concept déterministe de la maladie et une conception matérielle de l'âme. Ce procédé était le seul moyen par lequel il pouvait réduire le conseil moral à un statut secondaire et élever la valeur des remèdes pharmaceutiques à un niveau d'efficacité presque absolue — l'une des raisons d'être principales de son traité.

7

Les remèdes contre la manie érotique
et la mélancolie érotique

Ferrand a composé ses chapitres sur les remèdes dans le même esprit d'éclectisme qui caractérise le reste de son traité. Son but est de décrire presque toutes les formes de thérapie pour lutter contre l'amour érotique (y compris celles pour l'hystérie et le satyriasis) qu'il a pu recenser au cours de ses amples lectures sur le sujet. En même temps, grâce à ses principes d'organisation et à ses habitudes discursives, il révèle une hiérarchie de préférences. Elles impliquent une croyance en la supériorité des remèdes pharmaceutiques, due à sa formation en médecine galénique et aux progrès de la pharmacologie au cours du siècle précédant[1]. Cette foi est elle-même fondée sur la croyance en une corrélation entre le monde des simples et les maladies du corps, une corrélation fondée sur le principe selon lequel le Créateur a pris soin de donner à sa créature des remèdes sous forme de plantes médicinales et de minéraux pour chaque maladie connue ou à découvrir[2].

---

[1] Pour un compte rendu des principaux développements dans la recherche de nouveaux simples et le développement de l'expérimentation des préparations pharmaceutiques aux XVIe et XVIIe siècles, voir Walter H. Lewis et Memory P. F. Lewis, *Medical Botany*, New York, John Wiley & Sons, 1977. Ferrand aurait été capable de concocter ses propres recettes et il est possible qu'il ait été conscient des recommandations en la matière de Joseph Du Chesne dans *Préparation spagyrique des médicamens* et dans *Pharmacopée des dogmatiques*, Paris, Chez Charles F. de C. Morel, 1629 (mais tous deux rédigés bien plus tôt). Cela ne veut pas dire que Ferrand s'intéressait aux écoles d'alchimie ou de pharmacologie associées à Paracelse ou était influencé par elles. Il ne dit rien de la controverse, qui avait déjà touché la faculté parisienne, au sujet de la nouvelle chimie et de l'utilisation clinique des métaux, bien qu'il déconseille vivement l'utilisation de l'antimoine. Pour lui, même dans le domaine de la pharmacologie, le truisme de Starobinski demeure si fort que «les ouvrages médicaux du Moyen Âge, de la Renaissance et de l'âge baroque ne sont, dans leur grande majorité, qu'une studieuse paraphrase de Galien, diversement agrémentée de preuves nouvelles et enrichie de quelques recettes inédites». *Histoires du traitement de la mélancolie des origines à 1900*, p. 25. Pour un résumé des principes galéniques fondamentaux, voir Lester S. King, *The Growth of Medical Thought*, Chicago, University of Chicago Press, 1963, p. 43–85.

[2] Ambroise Paré traduit cette attitude dans *De la faculté et vertu des medicamens simples*, où il établit un parallèle entre la nature des remèdes médicinaux et les miracles, car le monde des simples témoigne la bonté de Dieu envers l'Homme. Paré est émerveillé devant l'abondance de plantes, d'animaux et de minéraux existant sur terre, «a quoy la bonté de

Le protocole de guérison de Ferrand suit une hiérarchie allant des remèdes les moins estimés à ceux qui ont obtenu l'approbation de l'autorité médicale traditionnelle et qui ont été soumis à des expérimentations. Son traitement met l'accent sur le régime des drogues, des topiques et des opiats qui faisaient partie du traitement conventionnel des maladies mélancoliques.

Une fois que la maladie avait été définie et ses éléments cliniques décrits, Ferrand pouvait choisir entre deux catégories de remèdes: méthodiques et pharmaceutiques. Pour lui, la question de choix remontait à des conflits entre diverses autorités et traditions. Nous avons déjà fait remarquer que les médecins romains et byzantins, sauf peut-être Alexandre de Tralles, définissaient l'amour comme une maladie de l'âme et donc dénuée de causes corporelles. Ils admettaient que l'amour pouvait produire tous les symptômes de la mélancolie, mais ils insistaient sur le fait que les deux états n'étaient pas les mêmes et qu'ils ne répondaient pas aux mêmes traitements. Chez les anciens, le coït était le remède de choix contre l'amour érotique. Le procédé était sanctionné par l'histoire d'Antiochos et Stratonice, le compte rendu de l'amoureux frénétique chez Arétée et par l'étude de cas de la femme solitaire chez Alexandre de Tralles. Même après que les médecins arabes eurent transformé les termes de l'analyse en traitant cet état comme une maladie mélancolique, le coït resta un remède privilégié. On pouvait le remplacer par diverses tactiques de diversion, telles que d'envoyer l'amoureux en voyage, l'impliquer dans une vie sociale active, le terrifier ou le dégoûter, diffamer les qualités de l'être aimé, alors que les bains, les régimes alimentaires et les purges ne jouaient que des rôles secondaires dans le régime des remèdes. C'était tout autant le cas dans le *Canon* d'Avicenne et c'est en grande partie grâce à son influence que l'idée de l'*amor hereos*, avec la description de ses symptômes et ses remèdes, fut introduite dans l'Occident latin.

Depuis l'époque des toutes premières traductions des médecins arabes et jusqu'au XVIᵉ siècle, il s'opéra peu de changement dans l'opinion que l'on se faisait alors des remèdes, si ce n'est que, lorsqu'on considérait l'amour comme une maladie mélancolique, les traitements devaient être plus raffinés et spécifiques. On fit quelques pas hésitants dans cette direction, mais l'élaboration du procédé fut retardée de plusieurs siècles. C'est en fait dans ce domaine que la génération de Ferrand put innover. Son propre traité, sans pour autant abandonner les mesures de diversion et autres remèdes méthodiques, représente le transfert ultime de l'influence des anciens — qui prescrivaient selon leur perception de l'amour en tant que passion de l'âme — à un point de vue «moderne» de l'amour comme un état sensible aux remèdes physiologiques. Érasistrate était un analyste astucieux, mais sa solution n'était, en un sens, qu'un aveu d'impuissance face à la tyrannie de l'amour. Par contraste, Ferrand voit dans les drogues le moyen de maîtriser les passions en manipulant de force les humeurs du corps. En donnant une nouvelle dimension à ces moyens, Ferrand rend explicite ce qui avait été depuis longtemps implicite dans l'association de l'amour avec les maladies mélancoliques: comme maladie de la bile noire, on pouvait le réduire avec des purges et des altératifs.

Il est toutefois important que Ferrand n'exclut pas les anciens traitements en faveur des nouveaux. Son but, au niveau le plus pragmatique, est de réorganiser

ce grand Architecte se manifeste infiniement de les avoir donnés à l'homme, tant pour son contentement et plaisir, que pour le nourir et medicamenter», *Œuvres complètes*, éd. J.-F. Malgaigne, Paris, 1840–41; Genève, Slatkine Reprints, 1970, vol. III, p. 520.

toutes les formes acceptées de traitement en un seul régime de thérapie paradigmatique, donnant la priorité selon ses critères aux plus efficaces. Néanmoins, en considérant chaque forme de traitement dans un chapitre séparé, Ferrand échoue dans sa tentative pour exposer la séquence du régime aussi clairement que nous l'aurions voulu, bien que l'envergure et le schéma général soient suffisamment clairs. Sur ce sujet, André Du Laurens est bien plus schématique et François Valleriola un peu plus linéaire. Puisque Ferrand leur voue une confiance presque absolue, nous pouvons nous servir d'eux afin de compléter notre interprétation. Globalement, le régime prescrit s'adressait, de toute façon, aux médecins lecteurs du travail de Ferrand. De plus, l'utilisation de traitements spécifiques était variable selon la constitution du patient et la ténacité de l'affliction. Ferrand conclut son chapitre XXXVII en se penchant sur les mesures de diversion et les remèdes méthodiques, affirmant que «puisque tous ces remèdes mentionnés ne sont pas suffisants pour guerir ceux qui sont travaillez de melancholie erotique [...] nous avons recours aux remedes chirurgiques et pharmaceutiques». Alors seulement il crée un régime hypothétique pour un patient hypothétique. On a l'impression que son régime se compose entièrement de drogues et de topiques. Il arrange les purges, les bains et les opiats en une séquence qui suggère un ordre d'utilisation, mais il ne spécifie pas quand les saignées (prescrites dans le chapitre précédent) doivent être effectuées, comment intégrer le régime alimentaire avec les purges, quand faire quérir les amis ou à quel moment forcer le sommeil. Étant donné la nature intransigeante des humeurs mélancoliques et la volonté butée et secrète de ceux qui souffraient d'érotomanie, le traitement pouvait être long et il fallait avoir le temps d'expérimenter une variété de mesures, administrées en séquences différentes.

Le premier pas de Ferrand vers l'établissement de la suprématie des opérations chirurgicales et des remèdes pharmaceutiques est son attaque, au chapitre XXXIII, de l'utilisation du coït comme forme de thérapie. Répudier cette pratique pour raison morale était chose relativement facile. Comment, en effet, un médecin chrétien pouvait-il souscrire à la fornication thérapeutique? Pourtant, si l'on s'en tient à des raisons médicales, le point de vue de Ferrand est en un sens hérétique. La question touchait aux fondements de la physiologie de la Renaissance. Comme nous l'avons vu, dans les traités antérieurs, le sperme lui-même était placé parmi les causes matérielles des appétits amoureux. C'est seulement en réduisant le sperme qu'on pouvait espérer se remettre d'impulsions érotiques excessives. Fregoso dans son *Contramours* donne toute son attention à ce sujet: «est-il bien aisé a croire, que la racine de cest ardent et mouvant appetit, naist du corps, par moyen du sperme: lequel chatoillant les vaisseaux seminaires, par les esprit, et ventositez, esquels il se resout; ément un desir de confriction, qui est la conjonction charnelle et nous moleste et presse de jetter dehors cest humeur excrémentaux[3]». Cet énoncé ex-

---

[3] Battista Fregoso, *L'Antéros ou contramour*, p. 140. Bien que les théories concernant le sperme en tant que sous-produit de la digestion et d'une distillation du sang dominent, il existe des théories rivales émises par les anciens. Pythagore le définit comme «l'écume de notre sang le meilleur», alors que Platon en parle comme de la moelle de la colonne vertébrale et Alcméon avant lui de «la partie du cerveau plus pure et la plus delicate». Démocrite pense qu'il est tiré de toutes les parties du corps, alors qu'Épicure enseigne que c'était un élixir du corps et de l'âme. Hippocrate croit qu'il vient du cerveau et qu'il est apparenté de très près aux esprits vitaux. De telles définitions encouragent l'idée d'une âme matérielle transmise par la semence au moment même de la conception. Ces définitions

prime un principe médical quasi universel. En fait, rien n'est plus galénique que de trouver les origines de l'appétit dans les organes et les humeurs du corps lui-même. On pensait que le sperme était créé à partir d'un excès de sang brûlé à blanc par la chaleur des passions, tout en étant un sous-produit de la troisième étape de la digestion, et donc l'un des excréments ordinaires du corps. Si les pulsions vénériennes étaient le résultat d'un trop-plein de ce sperme, alors son expulsion par n'importe quel moyen, selon les lois de satiété et d'excrétion, aurait pour effet d'affaiblir l'agent indésirable. D'où le conflit sur le plan éthique pour le médecin chrétien. Le coït thérapeutique était accepté non seulement par Avicenne, mais aussi par ses nombreux adeptes en Occident: par Constantin l'Africain, Gérard de Crémone et les autres commentateurs du *Viaticum*, ainsi que par son traducteur Villalobos et par Arnaud de Villeneuve, Bernard de Gordon, Marsile Ficin, Pereda, Valesco de Tarente pour ne citer que quelques noms parmi les plus représentatifs.

Ferrand argumente, dans son premier traité, contre les recommandations impies d'Ovide, de Valesco de Tarente et de Pereda — disant qu'un homme doit se lier avec plusieurs femmes afin d'éviter les inconvénients de n'être lié qu'à une seule avec les deux raisons suivantes: celui qui s'abandonne fréquemment à ses pulsions sexuelles développe dans l'âme des habitudes pernicieuses; et une pratique excessive du coït fait enfler les veines spermatiques et augmente les appétits vénériens. Il prend comme preuve un passage dans lequel Galien fait remarquer que plus une femme allaite, plus le sein s'élargit et plus il produit de lait. Ces arguments ressurgissent dans le traité de 1623. Simultanément, Ferrand accepte malgré toute l'idée que le mariage puisse guérir la mélancolie érotique. Du Laurens l'avait dit avant lui: «Il y a deux moyens de guarir ceste melancholie amoureuse: le premier est la jouïssance de la chose aimée, l'autre depend de l'artifice et industrie d'un bon medecin[4]». Ces points ne paraissent évidents qu'en apparence. Ferrand complique les choses, de même qu'il interprète «la jouïssance de la chose désirée» de façon morale. Il fait une distinction entre les formes licites et illicites de coït, déclarant qu'un physicien chrétien ne devrait pas tolérer le coït comme moyen thérapeutique, mais qu'«il n'y a aucun medecin qui ne soit d'avis d'ordonner au melancholique ou maniaque érotique la jouïssance de la chose désirée en mariage» (chapitre XXXIII). Mais si, comme le prétend Ferrand, l'activité sexuelle ne réprime pas mais plutôt exacerbe les appétits luxurieux et aggrave la maladie, comment un mariage légal peut-il annuler cet effet? De même, si l'élimination du trop-plein de sperme est bénéfique, comment le corps peut-il faire une différence entre les bénéfices du coït dans un mariage et ses dangers en dehors du mariage? Du Laurens avait anticipé le problème, car il suggère que dans le mariage la guérison s'obtient non pas en réduisant la cause matérielle, mais en satisfaisant le désir ardent qui surgit et réside dans l'âme.

La confusion ici trahit un manque plus général de reconnaissance des différences qualitatives entre le désir érotique produit par une corruption de l'imagination, l'appétit érotique dérivé des instincts sexuels et l'état de dépression résultant de la privation de l'objet de désir. Lorsque Jean de Veyries insiste pour que le jeune marquis soit guéri avant qu'on lui permette de se marier, il reconnaît que le mariage

---

vont aussi contre l'onanisme et préviennent contre les dangers de la semence gâchée; le coït lui-même devient débilitant en privant le corps de sa substance la plus pure. Pierre Darmon, *Le mythe de la procréation à l'âge baroque*, Paris, Éditions du Seuil, 1981, p. 12.

[4] André Du Laurens, «Des maladies melancholiques et du moyen de les guarir», p. 35[v].

ne peut, à lui seul, pallier les ravages physiologiques et psychologiques causés par les humeurs brûlées.

Les erreurs de raisonnement de Ferrand doivent être attribuées en partie au fait que la tradition médicale elle-même avait adhéré à des points de vue contradictoires: on disait qu'accorder l'objet de désir est la première étape de la guérison; que l'évacuation du sperme soulage les symptômes corporels; et que la trop grande activité vénérienne allonge les veines, favorise une plus grande production de sperme, et affaiblit le corps par dessiccation. Si Ferrand n'est pas capable de réconcilier ces théories contradictoires, toutefois plusieurs points sont clairs. Il défend ses arguments diplomatiques et vraisemblablement personnels par principe moral contre la pratique de l'alliance sexuelle comme thérapie, et il tente d'étendre le rayon d'action de la pratique médicale afin d'inclure les traitements pharmaceutiques et chirurgicaux de ceux qui souffrent de maladies causées par un surplus de sperme. Le coït comme forme de thérapie devait être interdit à tout prix par principe clinique afin que l'importance des remèdes pharmaceutiques puisse prendre de l'ampleur.

Dans son optique encyclopédique, avant qu'il en vienne aux «véritables» remèdes dans les chapitres XXXVII à XXXIX, Ferrand couvre les remèdes magiques et «homériques» contre l'amour, qu'il a glanés ici et là dans de multiples sources. Il mentionne les rites, potions, incantations, philtres, amulettes et sortilèges magiques qui avaient pénétré dans la littérature et le folklore de l'amour. Il pose des questions académiques sur le pouvoir des philtres pour attirer l'affection ou celui des charmes pour éloigner les prétendants indésirables. Le concept du remède dit «homérique» n'est pas dû à des doctrines enseignées par le poète, mais à la croyance populaire que ses paroles en elles mêmes possédaient des pouvoirs curatifs magiques. Evidemment, de tels rites magiques étaient en dehors de la sphère de pratique du médecin.

Le pouvoir guérisseur occulte des paroles est un sujet toujours courant au temps de Ferrand, sujet qu'il a dû prendre soin d'éviter. Pomponazzi avait prétendu connaître un homme capable de soigner les dermatites et les brûlures des enfants sans le recours aux médicaments, mais au moyen des paroles seulement[5]. Vanini essayait d'expliquer cette pratique comme un phénomène naturel plutôt qu'occulte. À la Renaissance, on était devenu conscient qu'il existait une distinction entre l'occulte et le naturel et on en avait fait un champ de bataille intellectuel. Brian Vickers résume ainsi cette distinction: «Dans la tradition scientifique, je crois, on fait une claire distinction entre les mots et les choses et entre le langage littéral et métaphorique. La tradition occulte ne reconnaît pas cette distinction: on traite les mots comme s'ils équivalaient aux choses et pouvaient se substituer à elles. Manipulez l'un et vous manipulez l'autre[6]». Du côté médical, les paroles occultes défiaient une philosophie des causes matérielles et des opérations mécaniques utilisées contre elles; du côté de l'Église, l'explication du monde spirituel en termes de forces et d'événements naturels était également inacceptable.

Les remèdes empiriques, ceux qui sont discutés au chapitre XXXVI, comprennent un nombre de coutumes curieuses et de pratiques employées dans l'Anti-

[5]Pietro Pomponazzi (quondam Pierre Pomponace), *Les Causes des merveilles de la nature ou les enchantements*, trad. Henri Busson, Paris, Rieder, 1930, p. 131–55.

[6]Brian Vickers, «Analogy versus identity: The rejection of occult symbolism, 1580–1680», *Occult and Scientific Mentalities in the Renaissance*, p. 95.

quité, comme se baigner dans un certain lac au dessus d'Athènes, sauter du rocher leucadien, calmer les esprits torturés avec les pouvoirs affectifs de la musique dorienne, faire des sacrifices à certains dieux, dégoûter l'amoureux en lui faisant voir le tissu souillé du sang menstruel ou en lui faisant sentir les excréments brûlés de l'être aimé. Ferrand ne fait aucun commentaire, mais passe au chapitre suivant intitulé «les remèdes véritables et méthodiques», véritables parce qu'acceptés et recommandés par des médecins reconnus et parce qu'ils font partie des pratiques établies pour le traitement de la mélancolie, transmises d'écrivain à écrivain[7]. Ces remèdes sont des variantes de quelques principes centraux: la mélancolie est une maladie qui déshydrate et consume (d'où l'importance de l'humectification); le patient est mentalement déséquilibré et peut réagir favorablement aux réprimandes de personnes sages et respectées; et le patient peut devenir agité, frénétique, ou suicidaire et ne devrait jamais être laissé seul. Paul d'Égine recommande les conseils, le vin, les spectacles et les histoires amusantes. Il recommande également d'effrayer le patient afin de le forcer à oublier sa préoccupation de l'être aimé ou le plonger dans l'intérêt des affaires. Rhazès ajoute à cette liste le jeûne, la marche, la boisson et de fréquents rapports sexuels. Avicenne et 'Ali 'Ibn 'Abbas ajoutent d'autres sports, surtout la chasse. À l'exception du coït, Ferrand les inclut tous.

Le genre de nourriture propre à hydrater et fortifier le corps du patient émacié par l'insomnie et les soucis est un élément traditionnel. Ferrand connaissait certainement ces aliments ainsi que d'autres prescriptions similaires, de sources variées. Il note les désaccords en ce qui concerne le jeûne, par exemple, entre Oribase et Rondelet (ce dernier étant chancelier de la faculté de médecine de Montpellier au XVIe siècle). Parce qu'on considérait qu'ils faisaient tous deux autorité, Ferrand établit un compromis — Rondelet se référant aux premières étapes et à la prévention, Oribase aux états pathogènes accomplis et aux guérisons. Malgré tout, il a plus fréquemment sous les yeux le traité de Valleriola et ses sections détaillées sur les remèdes. Valleriola traite brièvement des recommandations de Paul d'Égine en ce qui concerne l'importance de la présence d'amis, de la musique et des jeux; il conseille lui-même que l'amoureux s'éloigne du lieu de ses chagrins, loin de tout contact possible avec l'être aimé. Ferrand soulève des objections mineures ici et là, surtout pour affirmer son indépendance vis à vis d'un homme à qui il doit beaucoup. Il fait remarquer que le fait de s'éloigner physiquement de l'être aimé

---

[7] Ferrand ne mentionne pas Celse à propos des remèdes méthodiques, mais le point de vue développé dans les huit livres sur la médecine de cet encyclopédiste romain en faveur d'une telle thérapie, par opposition à l'utilisation de fortes drogues, a pu aider à maintenir leur place même dans le milieu galénique. Ses travaux sont, après tout, les premiers du type médical classique à avoir été imprimés: Florence, 1478. Pour ceux qui souffraient de la mélancolie il recommandait les voyages, la musique, les jeux, la conversation et le sport; il conseillait fortement aussi que ces personnes soient éloignées des circonstances qui favorisaient cet état. Il recommandait que le patient se fasse choyer et complimenter comme forme de thérapie encourageante. En même temps, il mentionnait la thérapie de choc, les chaînes, les punitions et l'effroi afin de les faire revenir à un comportement approprié. (Cette sorte de thérapie reviendra, par exemple, dans les travaux de Jacques Dubois [Jacobus Sylvius] d'Amiens, *Opera medica*, Genève, sumptibus J. Chouët, 1630.) Celse conseille également les massages à l'huile, des soporifiques légers, au lieu d'opiats et de drogues puissantes. Celse, *De arte medica* dans le *Corpus medicorum latinorum*, vol. I, éd. F. Marx, Berlin, B. G. Teubner, 1915, surtout livre III, sec. 18.

n'enlève pas nécessairement l'idée fixe de l'esprit, que toute blessure à l'imagination et à la mémoire demeurera malgré la distance; mais il concède plus loin
qu'établir une séparation entre l'amoureux et l'être aimé est la première étape et la
plus essentielle de tout traitement.

À la base des remèdes pharmaceutiques se tient la doctrine des contraires, où le
chaud est refroidi, le sec est humecté, le superflu est enlevé et le toxique est évacué
— opérations menées selon l'évaluation de l'état de la maladie, la robustesse de la
personne et les parties affectées. Si la mélancolie devient chronique, les éléments
noirs peuvent se loger dans le foie, le cœur, les poumons, le sang et les nerfs et
provoquer des spasmes, la manie ou la paralysie. Les mesures traditionnelles pour
évacuer de la bile noire comprennent les saignées, l'application de ventouses sur
les régions affectées, l'induction de vomissements et les purges. L'ellébore avait été
l'émétique préféré pour les maladies mélancoliques jusqu'à la fin du XVIe siècle[8].
Le concept d'évacuation est tellement important que Ferrand l'utilise comme terme
générique pour ses procédures cliniques: «il est necessaire que l'amour se guerisse
par solution, laquelle ils sont de deux sortes, naturele et artificielle. La derniere
déspend de l'evacuation [...] et la premiere des remonstrances des personnes vertueuses, pies et doctes, du changement de l'air, de l'abstinence [...]» (chapitre
XXXVII). C'est le principe fondamental selon lequel Ferrand classe ses «vrays»
remèdes. Définir les méthodes et les ingrédients nécessaires à l'évacuation des
humeurs viciées est l'ultime raison d'être du traité.

On peut retracer tout un régime de phlébotomie et de remèdes médicinaux pour
les maladies de la mélancolie jusqu'aux fondements de la médecine occidentale[9],
mais ils ne pouvaient être adaptés au traitement de l'amour avant que celui-ci ne
soit reconnu comme une maladie de la mélancolie. Comme nous l'avons avancé
précédemment, les protestations de médecins tels que Galien et Paul d'Égine contre
ceux qui traitaient l'amour comme une maladie révèlent, de leur point de vue, la
facilité avec laquelle les symptômes des deux états pouvaient être confondus. Les
raisonnements qu'ils avaient pu tenir à ce sujet sont multiples: puisque la mélancolie
est une maladie qui implique de la peine sans raison, l'amour ne peut pas être une
de ces maladies, car on en connaît la raison. L'amour fait maigrir et ne peut donc
pas être responsable de la manie, parce que la maigreur n'est pas un symptôme de
la manie. Les sentiments et les émotions ne peuvent pas provoquer un état maladif.

---

[8]Hippocrate savait que l'ellébore renfermait des vertus thérapeutiques pour purger la bile
noire. L'emploi de l'ellébore produisait des excréments noirs chargés de sang foncé, donnant
ainsi l'impression que la bile noire était éliminée du corps. Pline, *Histoire naturelle*, livre
XXV, chap. 21 et 22, indique que l'ellébore était employée avec un soin religieux car, avant
que l'agaric et le séné soient couramment disponibles, il constituait le remède souverain
pour purger les humeurs corrompues. Starobinski récapitule les pratiques mythologiques et
ritualistes probables associées à cette plante. *Histoire du traitement de la mélancolie des
origines à 1900*, p. 16–17.

[9]Starobinski fait maintes remarques en ce qui concerne l'ancienneté de la pratique consistant à associer les produits pharmaceutiques avec le traitement de la mélancolie. La Grèce
antique reconnaissait le pouvoir qu'avaient certaines drogues pour tranquilliser et apaiser
les angoisses: «Homère nous offre une image mythique de la mélancolie où le malheur
de l'homme résulte de sa disgrâce devant les dieux, il nous propose aussi l'exemple d'un
apaisement pharmaceutique du chagrin, qui ne doit rien à l'intervention des dieux». *Histoire
du traitement de la mélancolie des origines à 1900*, p. 12.

Parce que l'on ne connaît pas de remède contre l'amour, mais nombre de remèdes contre la mélancolie, l'amour ne peut pas être une maladie de la mélancolie. Quoi qu'il en soit, déjà a l'époque de Rhazès, existait un protocole contenant tous les rudiments du régime offert par Ferrand: des saignées jusqu'à ce que le patient perde connaissance, une alimentation hydratante, un sommeil provoqué artificiellement si nécessaire et des purges. Rhazès reconnaît l'importance des narcotiques pour forcer le sommeil et l'urgence des saignées aussi tôt que possible dans la maladie[10]. Le commentaire pharmaceutique de Rhazès est bref, mais son traité rend concevable l'idée de traiter l'amour comme une maladie répondant au régime traditionnel des maladies de la mélancolie.

Les premiers commentateurs des sections touchant à l'*amor hereos* dans le *Canon* et dans le *Viaticum* de Constantin ne s'étaient pas particulièrement intéressés à développer un régime spécifique de médicaments pour évacuer les biles offensantes et les résidus de leur combustion, bien qu'ils eussent clairement compris qu'un excès d'humeur noire était la cause de la maladie. Même Arnaud de Villeneuve, dans sa section sur les remèdes dans le *Tractatus de amore heroico*, ne fait aucune mention des herbes ou de la phlébotomie. Peut-être prenait-on pour acquis que n'importe quelle purge convenant au traitement de la mélancolie en général faisait l'affaire. Gérard de Paris (écrits ca. 1235) dans son commentaire sur le *Viaticum*, a constaté que l'âme, émue par un objet beau et désiré, peut provoquer la folie à cause du refroidissement et dessèchement du ventricule frontal du cerveau. D'un autre côté, Gérard a accepté également la théorie des biles noires. Les distinctions entre les causes suggèrent deux séries de remèdes, un pour l'âme et l'autre pour le corps. Il y eut maintes discussions sur l'usage du vin et de l'utilité de la condition d'ébriété, des bains et de l'évacuation du sperme. Conformément au point de vue d'Avicenne, la place d'honneur était réservée à cette dernière forme de traitement. Avant 1237, Gérard de Berry, commentant sur ce même travail, tente de faire la première synthèse complète entre le *Viaticum* et le *Canon* d'Avicenne, guidé par un esprit galénique qui cherche à expliquer les états mentaux par leurs causes matérielles. Mettre ainsi continuellement l'accent sur les principes somatogénétiques ne pouvait qu'encourager, à la longue, l'utilisation d'un régime plus spécifique des remèdes pharmaceutiques adaptés des recettes traditionnelles pour le traitement de la mélancolie.

Bona Fortuna avait fait un pas dans cette direction dès la fin du treizième siècle. Malgré son nom, c'était probablement un Français établi à Montpellier; il écrivit lui aussi un commentaire du *Viaticum* dans lequel il examine les causes et les symptômes de l'amour érotique. Fait nouveau, il montre un intérêt particulier pour les herbes et les procédures cliniques, intérêt sans doute suscité par la «galénisation» graduelle de la tradition arabe. Comme l'écrit Mary Wack au cours

---

[10]Ferrand répète les procédures de la phlébotomie avec un intérêt clinique, citant Galien, Avicenne, Rhazès, Paul d'Égine, Rondelet, Mustio et Arnaud de Villeneuve, et finit avec l'avertissement de ne pas couper certaines veines telles que celles qui sont derrière les oreilles (Hérodote et Hippocrate ont rapporté que les Scythes anciens le faisaient), car ces procédures peuvent non seulement rendre l'individu stérile, mais aussi perturber la mémoire et le jugement. La pratique montrait que l'évacuation du sang réduisait la production de la semence — ce qui se faisait en ouvrant la veine hépatique du bras droit et ensuite la veine de la cuisse et la saphène ou la veine de la cheville. Jean Starobinski commente la psychologie des saignées dans *Histoire du traitement de la mélancolie des origines à 1900*, p. 19 et suiv.

de son introduction du traité, il est significatif qu'il ait été le premier à avoir insisté sur l'importance de l'expérimentation dans les thérapies avancées[11]. Elle rajoute qu'étant donné son approche empirique, il a dû travailler avec une «population considérable de patients» souffrant de l'amour et en déduit que les médecins de ce temps devaient être équipés pour diagnostiquer l'*amor heroes* et le traiter en utilisant un nombre de thérapies à choisir selon l'état du patient.

Bona Fortuna conserve une distinction entre les causes spirituelles et les causes physiques et signale donc deux séries de remèdes séparées, mais il prend une nouvelle direction en ce qui concerne les causes relatives aux humeurs. Les symptômes d'une humeur aduste sont la dessication, la bouche sèche et un goût amer dans la gorge, ce qui n'est pas sans rappeler les effets ressentis lorsqu'on mange des prunes vertes. De telles conditions exigent une purge qui doit être faite à partir d'une décoction de quatre herbes: l'endive sauvage, la racine de chèvrefeuille, le pissenlit et le basilic, auxquelles s'ajoute l'epithym. Si cela ne marche pas, il conseille une purge plus forte à la hiere (c'est la purge à l'aloès d'Avicenne). Il mentionne également les électuaires de fruits et recommande un bain après l'évacuation, ainsi qu'un bon régime alimentaire[12].

Il continue en conseillant le repos et le sommeil et, bien que l'ébriété soit défendue, il permet au patient de boire de l'alcool modérément pour aider au sommeil. C'est ainsi qu'est né, au milieu du XIIIe siècle en Occident, le régime de base pour la guérison de l'amour. Les humeurs brûlées nécessitaient des purges, à la suite desquelles on prescrivait des remèdes topiques pour réhydrater les humeurs et des périodes de sommeil qui non seulement reposaient le corps, mais aussi rétablissaient l'hydratation. Les liens de Bona Fortuna avec la ville de Montpellier sont significatifs, car c'était un des principaux centres de la recherche pharmaceutique en Europe; il est tentant de penser que dans un tel environnement il était aisé d'inclure les remèdes de ce genre dans le traitement de l'*amor hereos*.

Tenter d'établir l'histoire complète du développement des herbes médicinales pour le traitement de l'amour n'entre pas dans la sphère de notre étude; selon toute indication il y eut, avant le XVIe siècle, peu de progrès dans cette direction. Deux siècles après Bona Fortuna, un autre médecin à Montpellier conseillait au lecteur de se purger et de se référer au chapitre sur la mélancolie pour les détails. Il s'agit de Valesco de Tarente dans son *Philonium pharmaceuticum, et chirurgicum de medendis omnibus*[13]. Même Du Laurens utilisera la même approche bien plus tard en 1597. Ses guérisons dérivent du groupement des remèdes pour la mélancolie en général: les purges qui combattent la bile noire, les opiats et les topiques spécifiés pour la mélancolie des hypocondres. Du Laurens suggère que les amoureux doivent être guéris par les voyages, la musique, la chasse et autres distractions et que si rien de tout cela n'est efficace «il faudra pour lors traicter

[11] Mary F. Wack, «New Medieval Medical Texts on *Amor Hereos*», *Kongressakten zum Ersten Symposium des Mediävistenverbandes in Tübingen*, 1984, éd. J. O. Fichte et al., Berlin, Walter de Gruyter, 1984, p. 297.

[12] Mary F. Wack, «New Medieval Medical Texts on *Amor Hereos*», p. 296. Le texte de Bona Fortuna, *Tractatus super Viaticum*, se trouve aussi dans Mary F. Wack, *Lovesickness in the Middle Ages, the* Viaticum *and its Commentaries*, pp. 254–65.

[13] Valesco de Tarenta, *Philonium pharmaceuticum, et chirurgicum de medendis omnibus, cum internis, cum externis humani corporis affectibus*, Francofurti et Lipsiae, sumptibus Joannis Adami Kastneri, 1680, p. 68. Édition princeps, Lyon, 1490.

ces amoureux comme les melancoliques que j'ay descrits au chapitre precedent, et quasi avec les mesmes remedes[14]». Il donne une liste de ces remèdes que l'on peut retrouver ailleurs dans le traité, notamment les purges légères, les bains et les régimes alimentaires humectants, les opiats pour provoquer le sommeil et les toniques pour rafraîchir le cœur et les esprits. C'est seulement avec Valleriola, dans son *Observationum medicinalium libri sex*, et avec Jean Aubery, dans *L'antidote d'amour*, que des traitements spécifiques sont décrits dans le contexte de l'amour, rendant sans doute plus explicite ce qui avait déjà été largement compris, notamment que les remèdes traditionnels pour la mélancolie serviront de remèdes pour la mélancolie de l'amour.

Le long chapitre de de Mercado sur la mélancolie dans le livre I *De internorum morborum curatione* est rempli de recettes de substances évacuantes, émollientes, somnifères et humectantes. Quand il en arrive au sujet de la mélancolie de l'amour, il ne fait que mentionner que les biles devraient être purgées avant d'explorer diverses thérapies telles que la musique, les jeux, les visites, les réprimandes, les bains, le sport, la critique de l'être aimé et finalement les prières et le jeûne. Les considérations sur le sujet, à l'intérieur même d'un chapitre sur la mélancolie, rendent l'association d'autant plus ferme: les recettes dans les paragraphes environnants font partie de son analyse et sont également applicables dans le traitement de la mélancolie de l'amour[15]. Une fois ce principe établi, les possibilités de choix deviennent stupéfiantes; à partir de ce moment jusqu'à la fin du XVIe siècle, le répertoire de recettes pour la guérison de la mélancolie en général a véritablement pris de l'ampleur.

Du Laurens résume l'ordre de la façon suivante: «[qu'il] faudra purger par intervalle et doucement ceste humeur qui a gravé au cerveau une habitude seiche, la faudra humecter par bains universels, et par applications particulieres, par un regime fort humectant; on le nourrira de bons bouillons de laict d'amande, d'orge mondez, de la bouillie, et du laict de chevre. Si les veilles le travaillent, on choisira des remedes que j'ay descrits. Il faudra aussi par fois resjouyr le cœur et les esprits avec quelque opiate cordiale[16]». C'est, en somme, à cette prescription que Ferrand ajoute des recettes tirées de de Mercado, Jacques Houllier, Valleriola, pour ne citer que quelques noms, qu'il complète à partir de ses lectures des anciens et de sa propre opinion de la nature de la maladie et de ses besoins particuliers. Ferrand concrétise ce qui était de plus en plus implicite ou qui était déja conseillé par ceux qui écrivaient sur la mélancolie au XVIe siècle.

C'est en faisant un bref résumé des traitements que Valleriola utilise pour guérir son marchand malade d'amour que l'on peut mesurer à quel point Ferrand lui est redevable. Il y avait deux sortes de purge: celle qui correspondait à la définition qui voulait que l'amour soit un sortilège ou un empoisonnement du sang amené par les yeux ensorcelés de l'être aimé et celle qui correspondait au concept des humeurs brûlées qui créaient un résidu visqueux dans l'estomac et les intestins. Dans le premier cas, il recommande la saignée, pour le dernier, des purges laxatives. Il donne ensuite trois recettes qui doivent être utilisées en alternance une fois par

---

[14]André Du Laurens, «Des maladies melancholiques et du moyen de les guarir», p. 36ʳ.

[15]L. de Mercado, *De internorum morborum curatione*, livre I, chap. 17, dans *Opera*, vol. III, p. 102–08.

[16]André Du Laurens, «Des maladies melancholiques et du moyen de les guarir», p. 36ʳ.

mois. Pour les patients réticents aux purges, il est possible d'opérer des substitutions telles qu'extraire douze onces supplémentaires de sang de la veine du milieu du bras droit. La troisième purge est conçue pour les cas où l'on trouvait des traces de bile noire dans l'urine. Près de six heures après l'administration de ces purges, on doit donner au patient un réconfortant avec beaucoup de sucre afin de nettoyer et rafraîchir l'estomac. Valleriola insiste sur une utilisation répétée mais mesurée de ces médicaments, étant donné la nature lourde et froide du résidu à évacuer, et ceci pour éviter de choquer le corps.

Valleriola utilise également les lénitifs et les émollients pour préparer les humeurs à des purges supplémentaires et il prescrit des eaux digestives faites avec de la buglosse et du vin blanc. Tout comme Hippocrate, il ouvre les veines hémorroïdales comme remède accessoire. Le sommeil n'est pas seulement une forme de repos, mais il est officiellement classé parmi les moyens de conserver l'humidité du corps, et pour le provoquer on utilise différentes variétés d'opium. Comme Aetius d'Amide, c'est sur un crâne bien rasé qu'il fait goutter des liquides médicinaux spécialement préparés; l'idée étant que le liquide doit pénétrer à travers les sutures du crâne sans le recours au frottement ni à la friction, afin d'humidifier le cerveau desséché. Valleriola souscrit aussi aux enseignements concernant l'ellébore et prescrit un sirop magistral contenant cet ingrédient à prendre deux fois par mois.

Puis il en vient aux bains — un remède qui faisait grandement autorité pour la mélancolie en général — qu'il combine avec les réprimandes et les sermons, mais aussi avec la musique et la présence d'amis et de parents. Les bains doivent être pris tous les jours pendant huit jours ou bien tous les deux jours. Le patient ne doit pas transpirer dans le bain et il faut ensuite l'envelopper pour le tenir au chaud, puis l'envoyer se reposer. Pris deux heures avant de dîner, le bain sert non seulement à hydrater le corps, mais il aide aussi à transporter la nourriture vers toutes les parties du corps.

Finalement, Valleriola reconnaît qu'un régime engraissant et hydratant (au contraire du jeûne) est nécessaire pour fortifier le patient amaigri à force de soucis. Pour cela, il recommande du pain de lotus, du jus d'orge, du lait d'amande, et du riz mélangé à de la farine à pâtisserie, cuits dans du lait de chèvre avec une assez grande quantité de sucre.

Valleriola mérite qu'on l'examine de près, car son régime, bien que moins détaillé que celui de Ferrand, est plus intégré. Ferrand ne spécifie pas la manière de coordonner les saignées et le régime alimentaire avec les purges, le sport, le sommeil, les bains et les visites. Valleriola fournit les limites d'un régime qui commence immédiatement avec la saignée, et qui continue avec les purges et leurs préparations médicamenteuses, elles-mêmes suivies par des réconfortants et des opiats. Les bains sont donnés tous les jours pendant une semaine; les purges sont administrées à intervalles plus longs pour éviter d'épuiser l'organisme. Valleriola rattache les bains au régime alimentaire, aux loisirs et au repos d'une façon qui suggère tout un programme d'attentions et de distractions qui, en lui-même, pouvait avoir une valeur thérapeutique. Si la présence du médecin s'imposait pour superviser un emploi du temps aussi chargé d'activités, on comprend pourquoi Valleriola parle du *riche* marchand d'Arles. Ce programme jette la lumière sur un régime qui n'est qu'implicite dans les divers chapitres de Ferrand sur les remèdes méthodiques, chirurgicaux et pharmaceutiques.

Ferrand prescrit selon la classification tripartite conventionnelle des effets pharmaceutiques. Du Laurens, qui semble avoir été sa source la plus proche à ce sujet, les décrit en termes de diminutifs, d'altérants et de réconfortants. Tout d'abord, le médecin doit effectuer une évacuation en utilisant des diminutifs — ces médicaments qui diminuent ou évacuent les humeurs viciées. Puis il doit travailler sur les humeurs de la mélancolie avec des altérants afin de restaurer l'isonomie désirée dans le corps. Finalement, il doit administrer des réconfortants, en grande partie sous la forme de cordiaux et de soporifiques destinés à renforcer les esprits et rafraîchir le corps. Du Laurens et Ferrand font tous deux confiance à la discrimination opérée par les médecins praticiens pour ajuster ces ordonnances selon l'âge, la condition et le tempérament du patient et l'état de la maladie même.

Ferrand prescrit tout d'abord une purge légère, puis un sirop pour préparer le patient à une deuxième purge plus substantielle, un modèle donné par Du Laurens. La deuxième purge est à base de fruits et d'épices, de prunes, de tamarins, de raisins et de groseilles, le tout parfumé à la cannelle. Les ingrédients qui s'ajoutent au sirop sont le séné d'Orient, la rhubarbe et la confection d'Hamech. La façon dont les médicaments du XVIe siècle étaient composés est clairement mise en évidence, surtout dans ces purges qui comprennent aussi un certain nombre d'herbes hydratantes en plus d'épices ou d'édulcorants pour rendre le mélange plus agréable au goût. Après ces assauts sur l'estomac et les intestins, on permet au patient une période de repos durant laquelle il reçoit des conserves de rose, de fleur de bourrache et de racine de buglosse. Ces recettes pour les diminutifs sont suivies de celles qui concernent les désaltérants. Ferrand progresse par degré dans chaque catégorie, du plus faible au plus fort, arrivant au moment voulu à une recommandation prudente d'ingrédients tels que l'essence de térébenthine vénitienne, la scammonie et la sape de mercure, plante annuelle, mélangée au séné et à la casse fraîche. L'inclusion de ces éléments dans les sirops était un sujet de grand débat, car alors que l'autorité de la tradition pesait considérablement et alors que les médecins s'empressaient d'employer des médicaments considérés souverains dans ces cas, leur expérience clinique pouvaient aussi attester des dangers de tels médicaments dans la pratique.

Malgré son adhésion au passé, le médecin au long du XVIe siècle opère des ajustements tout à la suite d'investigations empiriques. Plus que dans tout autre champ d'exploration, la pharmacologie se prêtait particulièrement bien a ces ajustements, car les résultats des cures pouvaient être scrutés d'une façon qui forçait à défier les doctrines établies[17]. Les purges traditionnelles qui empoisonnaient et l'opium qui tuait ne pouvaient pas manquer d'attirer l'attention. La superstructure métaphorique qui contrôlait l'ordre du monde galénique, avec ses opposés équilibrés, sa classification des herbes en froid et chaud, humide et sec, ses catégories d'associations et d'effets occultes était intacte mais menacée — surtout par les paracelsiens — et bien des sceptiques comme Ambroise Paré étaient prêts

---

[17]A. Rupert Hall donne un bref compte-rendu de cette révolution dans son esquisse du mouvement paracelsien qui se fit sentir en France par l'intermédiaire des écrits de Joseph Du Chesne, entre autres, dans *The Revolution of Science 1500–1750*, p. 80 et suiv. Pour une approche du débat à la Renaissance sur les propriétés occultes des drogues, voir Ambroise Paré, «De la faculté et vertu de medicamens simples», *Œuvres complètes*, éd. J.-F. Malgaigne, Paris, 1840–41; Genève, Slatkine Reprints, 1970, vol. III, dans lequel il décrit les quatre classes d'action et la pression imposée sur le système humoral créée par les logistiques du comportement des drogues en termes empiriques.

à dénoncer les impostures[18]. Ferrand n'est absolument pas adepte de la doctrine de Paracelse et n'est pas non plus un interrogateur méthodique à l'image de Paré, mais il fait preuve de scepticisme dans son utilisation prudente des médicaments. Dans le cas de l'ellébore, de la scammonie et du métal antimoine, il y avait sujet à inquiétude et Ferrand prête sa voix à l'opposition grandissante exprimée par nombre de ses contemporains[19]. En même temps, il reste ouvert aux nouveaux développements dans le domaine de la pharmacologie, comme en témoigne son intérêt pour les médicaments obtenus à partir de plantes récemment rapportées du Nouveau Monde.

D'un point de vue médicinal, les altérants étaient inertes — selon les standards modernes — et relativement inoffensifs, même s'ils devaient avoir dégoûté le patient. Au mieux, ils auraient pu provoquer un effet de placebo. Malgré tout, les préparations de Ferrand n'étaient pas toutes amères, car ses réconfortants pour le cœur, le foie et le cerveau — les trois théâtres de turbulence dans cette maladie — étaient sucrés et exotiques. Un en particulier contenait non seulement des conserves de rose, de nénuphar et une variété de fruits d'Orient, mais aussi des perles d'Orient et de la poudre d'ivoire. De son point de vue, le régime des purges, des réconfortants et des opiats suivis de friandises et autres sucreries pour renforcer le corps apparaît comme un moyen de choquer le patient avec des herbes amères, avant de le consoler avec des confections agréables.

Ferrand est moins concis que Du Laurens en ce qui concerne les caractéristiques séparées des altérants et des réconfortants, bien que ces derniers soient peut-être les plus facilement reconnaissables par les opiats qu'ils contiennent. Provoquer artificiellement le sommeil était une partie importante du traitement. Dans ce but, il y avait des pastilles de rose et de bourrache au pavot blanc, du chanvre avec de la corne de cerf brûlée et du corail. De plus, il y avait les altérants externes qui consistaient principalement en des bains, mais aussi des compresses topiques, des frictions narcotiques de Pline, de la poudre de contra-yerva, de la pierre d'alun et des eaux minérales. En incluant des ingrédients rares et exotiques et en prescrivant du népenthès et du laudanum, de l'ambre, du corail rouge, de la poudre de momie, des perles et du safran, Ferrand pense surtout à ses riches clients, conscient qu'il est peut-être de la valeur thérapeutique de laisser certains patients payer chèrement leurs remèdes.

On peut dire que Ferrand est novateur, en un sens, parce qu'il écrit plus longuement qu'aucun de ses prédécesseurs sur les traitements pharmaceutiques spécifiquement destinés à la mélancolie de l'amour; mais, dans l'organisation de son régime et dans la composition de ses médicaments Ferrand reste entièrement

---

[18] Franz G. Alexander, Sheldon T. Selesnick, *The History of Psychiatry*, New York, Harper and Row, 1966, p. 75. Trad. française de G. Allers, J. Carré et A. Rault, *Histoire de la psychiatrie. Pensée et pratique psychiatriques de la préhistoire à nos jours*, Paris, Librairie Armand Colin, 1972, p. 106.

[19] Au XVIIe siècle la profession médicale était divisée sur la question de l'antimoine. Son utilisation était recommandée par Paracelse bien des années plus tôt et le vin émétique était devenu très prisé des apothicaires. Mais c'était une drogue dangereuse et puissante qui avait été fatale pour plusieurs, comme en témoignent diverses voix telles que celles de Molière et de Guy Patin. Francis R. Packard, *Guy Patin and the Medical Profession in Paris in the XVIIth Century*, New York, 1924; New York, Augustus M. Kelley Publishers, 1970, p. 204–11.

dans le cadre des traditions de la médecine pratique. En un autre sens, en concevant des drogues spécifiques et des pratiques cliniques selon la nature unique de la maladie, il ne faisait que compléter un procédé qui avait été élaboré dans des travaux antérieurs. Ferrand est désinvolte dans la reconnaissance de ses sources. Il mentionne Mercado, 'Ali 'Ibn 'Abbas et Houllier, mais omet de citer Valleriola, qui lui a pourtant fourni quatre de ses plus importantes recettes. Bien qu'une seule recette provienne de Du Laurens, son inspiration est facilement détectée dans d'autres où Ferrand a ajusté les ingrédients selon ses propres préférences. Il serait superflu ici d'aller plus avant dans la pharmacologie associée au traitement de la mélancolie; la lecture de Johann Jakob Wecker, van Heurne et Ferrari da Grado pourrait être un complément[20]. Les structures de leurs recettes suggèrent bien des parallèles que Ferrand aurait pu adapter à ses propres fins. Il mentionne deux fois qu'il existait des centaines de ces recettes.

Un des apothicaires chefs de file de cette époque, Joseph Du Chesne (Quercetanus), explique dans sa *Pharmacopée des dogmatiques* comment il convient de formuler ces recettes selon les dogmes de Galien. Ses modèles permettent nombre de variations individuelles une fois que les principes de composition ont été compris. Pour la guérison de la mélancolie atrabilaire il part d'une base qui doit tout d'abord remédier à la dessiccation; il est favorable à la fumeterre, au houblon, à la buglosse et à un grand nombre de graines froides et de fleurs humides. Il parfume ces préparations selon le goût. À cette base, il ajoute des ingrédients soit pour des actions purgatives ou pour toucher certaines parties du corps selon les traits inhérents ou occultes de la plante elle-même. Avec de telles instructions, on mesure l'impossibilité de chercher des sources exactes, car il était aussi facile pour Ferrand d'improviser avec des ingrédients connus que d'emprunter les recettes des autres[21].

La confiance renaissante dans le pouvoir des herbes sous-tend le traité de Ferrand, qui favorise une psychopharmacologie comme meilleur moyen de traiter cette passion récalcitrante de l'âme. La disposition rhétorique, qui, pour le traitement de l'amour accorde le dernier mot à la pharmacologie, coïncide avec un renouveau de la recherche et de l'expérimentation pharmaceutique. Il y avait dans l'esprit médical du temps une urgence à vouloir qualifier les plantes du monde, avec son abondance de simples conçus par le Créateur pour l'utilisation de l'homme.

Frère Laurent, dans *Roméo et Juliette* (II.iii.15-18), se fait l'écho de ce credo. Levinus Lemnius, dans *Les occultes merveilles et secretz de nature* (*Occulta naturae miracula*), prétend que c'est avec une force et une efficacité étonnante qu'une grande variété d'herbes sont destinées à différentes parties du corps, par des qualités et des vertus innées leur permettant d'aider ces parties[22]. Cette confiance

---

[20]Johann Jakob Wecker, *Le grand thrésor, ou dispensaire et antidotaire*, trad. Ian du Val, Genève, D'Estienne Gamonet, 1616; Giovanni Matteo Ferrari da Grado, *Praxis in nonum Almansoris: omnibus medicine studiosis apprime necessaria*, Vincentius de Portonariis, de Tridino, de Monteferrato, 1527; Johann van Heurne, *Methodi ad Praxin*, dans *Opera omnia*, Lugduni, sumptibus Joannis Antonii Huguetan & Marci Antonii Rivaud, 1658.

[21]Joseph Du Chesne, *Pharmacopée des dogmatiques*, «Electuaire purgeant la melancholie et bile noire», p. 316; Sirops, «Voicy à peu pres ceux qui digerent l'humeur melancholique», p. 249; «Sirop magistral menalogogue avec sucs», p. 270–307.

[22]Nicolás Monardes, *Histoire des drogues*, trad. A. Colin, Lyon, J. Pillohotte, 1602. De *Primera y segunda y tercera partes de la Historia medicinal de los coses que traen de*

était encouragée par l'intensification du marché levantin, les rivalités néerlandaises avec les Vénitiens et le pillage du Nouveau Monde pour une plus grande quantité d'herbes et de minéraux, comme le consigne par écrit Nicolás Monardes, médecin de Séville[23]. Une telle confiance motivait aussi Pietro Andrea Mattioli, Rembert Dodoëns, Charles de L'Écluse et bien d'autres chercheurs infatigables des plantes et de leurs utilisations médicinales. Ambroise Paré, dans son traité *De la faculté et vertu des medicamens simples*, conçoit ses études et classifications d'une manière qui conduit du champ au laboratoire et à la composition de nouveaux médicaments. Le but de Ferrand est de présenter sa psychopharmacologie de l'amour de façon complète et exacte, selon la tradition et cette nouvelle vague de recherche.

Aucune autre approche du traitement des maladies de l'âme ne peut être aussi tentante et séduisante. Là où le patient peut refuser de coopérer au conseil et à la thérapie, des agents tels que les opiats, le séné, l'agaric et les dérivés de *solanaceae* ne peuvent manquer de faire effet; le patient n'a pas le pouvoir de résister. Puisque les causes des comportements aberrants pouvaient être reliées aux humeurs et pour autant que ces humeurs étaient sujettes à la modification par les émétiques, les saignées et autres procédés du même acabit, le médecin pouvait assumer un contrôle visible sur la maladie d'une façon qui ne demandait pas la coopération mentale du patient. Selon une telle logique, quand les causes somatiques sont réduites, les symptômes eux-mêmes doivent diminuer; quand le matériel de base est altéré, la maladie peut être contrôlée par la force, sinon complètement guérie. Peut-être que jamais autant qu'à l'époque de Ferrand on n'a eu une plus grande illusion de pouvoir sur les maladies soulevées par les passions. Il avait la satisfaction de croire que les causes matérielles de l'amour étaient à la portée des médicaments administrés selon les principes des opposés.

Il serait facile d'objecter à ce point que les effets attribués à de telles drogues pouvaient au mieux être crédités à l'effet de placebo dont le patient et le médecin étaient tous deux les dupes. Mais d'un côté, l'effet placebo n'est pas négligeable dans le traitement des déséquilibres psychologiques[24], d'un autre côté, certaines préparations avaient des effets manifestes et évidents, c'est-à-dire émétiques et soporifiques, même contre la volonté du patient.

En un sens, la force du remède s'imposait logiquement au patient malgré lui et

nuestras Indias occidentales que sirven en medicina, Seville, Alonso Escrivano, 1574.

[23] Nicolás Monardes, *Joyfull Newes out of the Newe Found Worlde*, trad. John Frampton, Londres, 1577; 2 tomes, London, Constable, 1925. De *Primera y segunda y tercera partes de la Historia medicinal de los coses que traen de nuestras Indias occidentales que sirven en medicina*, Seville, Alonso Escrivano, 1574.

[24] Howard Haggard, dans *Devils, Drugs and Doctors: The Story of the Science of Healing from Medicine-man to Doctor*, New York, Halcyon House [1929], discute de la psychologie de la guérison, ainsi que de l'effet placebo. À ce sujet, A. K. Shapiro écrit: «pendant des milliers d'années, les médecins prescrivaient des médicaments qui, nous le savons maintenant, étaient inutiles et souvent dangereux. De tels traitements auraient été inacceptables s'ils n'avaient pas soulagé le patient d'une façon ou d'une autre. Aujourd'hui, nous savons que l'efficacité de leur *regimen* était du aux facteurs psychologiques que l'on appelle le plus souvent l'effet placebo». «Placebo effects in medicine, psychotherapy, and psychoanalysis», *Handbook of Psychotherapy and Behaviour Change*, éd. A. E. Bergin et S. L. Garfield, New York, John Wiley, 1971, p. 794 (notre traduction). Voir aussi Donald A. Bakal, *Psychology and Medicine: Psychobiological Dimensions of Health and Illness*, New York, Springer Publishing, 1979, p. 181–87.

s'avérait donc un traitement efficace par le simple pouvoir de la suggestion. Aussi importantes, les drogues étaient elles-mêmes incorporées dans un régime global qui implique patient, médecin, amis et parents. Ce programme continuait tous les jours et s'étendait sur un certain nombre de semaines et de mois. Le médecin ne créait pas simplement un régime de médicaments et un régime alimentaire, mais un programme comprenant les réconfortants, l'activité physique, les voyages, les bains et les loisirs, ce qui démontre implicitement une compréhension de la maladie en tant que phénomène social et psychologique, qui peut à son tour être traité par des moyens sociaux qui ont un contenu psychothérapeutique. En effet, le régime de médicaments lui-même devient une forme de remède méthodique, une thérapie de distraction et de préoccupation, plutôt éloignée de sa revendication de contrainte chimique[25].

Quand le patient lui-même s'implique intellectuellement dans le processus de sa guérison, le régime pharmaceutique devient de plus en plus efficace. À l'orée du XVIe siècle, les principes du système humoral étaient largement divulgués et compris en dehors des cercles médicaux. Le fait est avéré non seulement par la circulation de traités populaires sur la médecine, mais par le nombre abondant d'allusions au système dans les oeuvres littéraires. À partir de ce concept émerge un vocabulaire des mécanismes du corps — le dépôt noir et les vapeurs nocives, le serrement de cœur et les humeurs brûlées — qui entrent dans le langage commun. Le corps compris comme équilibre d'éléments capables de dissonance, qui pouvait être rectifié par des opérations mécaniques, par la chaleur et le refroidissement, par l'addition et le retrait de liquides et de substances et par les drogues aux propriétés occultes capables de se diriger elles-mêmes vers les parties spécifiques, tentait l'imagination[26]. Il y avait donc une attraction psychologique pour ces opérations médicales et chirurgicales, le pouvoir nettoyant des purges, les procédés de reconstruction et de rééquilibre des altérants, et l'action calmante et consolante des réconfortants. Chaque chose répondait à un désir de soins spirituels et corporels. Dans ce procédé, une sorte de psychothérapie se créait en projetant sur le corps une variété d'états psychiques. Tout comme les causes des maladies des passions demandaient une expression physiologique, le contenu de ces passions pouvait être associé aux diverses parties du corps. Dans un tel système de réciprocité, les passions deviennent sujettes à une manipulation «symbolique» que l'on croyait réelle et matérielle à cause des réactions de ces parties du corps aux simples et aux composés sous le contrôle du médecin. Aucune autre philosophie médicale ne pouvait accorder une prérogative aussi grande à la profession médicale pour le traitement des passions de l'âme.

---

[25] Il y a aussi un autre facteur, celui du dégoût: le patient doit vomir et dormir de force, se soumettre aux laxatifs et aux herbes amères. Le programme de drogues de Ferrand pouvait aussi être utilisé de la même façon que celui d'Esquirol qui, au XIXe siècle, utilisait de la «tartrite antimonie de potasse» pour provoquer des troubles intestinaux afin que les patients soient plus convaincus de leur maladie et donc plus à même de suivre le programme de guérison. Voir Jean Starobinski, *Histoire du traitement de la mélancolie des origines à 1900*, p. 65.

[26] Dans la purge il y avait la sensation de libération de soi par rapport à des ingrédients malfaisants, que Starobinski appelle la «rêverie de libération». *Histoire du traitement de la mélancolie des origines à 1900*, p. 44.

8

La sexualité et les débuts de la psychologie

Étant donnée l'approche très conventionnelle de Ferrand face aux maladies des passions, à l'érotisme et à la psychopathologie, c'est avec une certaine prudence qu'il faut parler de son influence novatrice dans le développement de la psychologie. Comme nous l'avons dit plus haut, l'ampleur de son influence dépend principalement de la valeur qu'on lui attribue dans l'histoire des idées, comme une voix exprimant la sagesse accumulée de son époque sur les maladies dérivées de l'amour. Ses dimensions novatrices résident dans sa tendance encyclopédique et conciliatrice en tant que savant, et dans l'élargissement de ses références afin d'inclure certains des facteurs sociaux et artistiques touchant à la sexualité. L'observateur moderne ne peut néanmoins s'empêcher de lire Ferrand avec une double perspective. D'un côté, il cherchera à acquérir des connaissances sur les maladies de l'amour en utilisant des modalités employées par l'auteur et ses contemporains. D'un autre côté, il aura recours à son propre jugement critique afin d'en extraire les hypothèses sous-jacentes. Ferrand offre bien plus qu'il ne le pense, par exemple, sur le rôle du médecin dans la société, sur les relations entre les procédés imaginatifs du poète et de l'amoureux mélancolique, sur les diverses coutumes et mœurs de l'union sexuelle, sur les besoins sexuels conflictuels prenant leur origine dans les impératifs culturels qui contribuent à l'érotisation de l'esprit de l'amoureux. Des réflexions de cette nature sont suggérées à plusieurs reprises. Elles attestent la grande valeur de son traité, non seulement pour l'historien des idées, mais aussi pour l'analyste culturel, l'historien social et le critique littéraire.

En catégorisant les nombreuses causes du désir érotique, Ferrand touche inévitablement aux phénomènes que nous continuons d'examiner aujourd'hui encore: l'instinct sexuel, le sentiment érotique, les facteurs héréditaires et culturels de l'amour, les principes de force et les principes de plaisir dans la sexualité humaine, pour n'en nommer que quelques-uns. Dans les termes de la psychologie de la Renaissance, Ferrand soulève le même genre de questions que l'on peut trouver dans des travaux plus modernes tels que la *Biologie des passions* du neurophysiologiste Jean-Didier Vincent: «Qu'est-ce que le désir, le plaisir, la peine, est-ce le goût du pouvoir et de la domination? En bref, comment expliquer nos passions?[1]» Nous

---

[1] Jean-Didier Vincent, *Biologie des passions*, Paris, Éditions Odile Jacob, Seuil, 1986.

sommes évidemment conscients de la distance entre Ferrand et le XXe siècle, mais nous ne sommes pas autant touchés par ses limitations que par la puissance de ses questionnements, même si un certain défaut de méthode l'empêche de mener ses problèmes à terme vers des conclusions plus novatrices[2]. Les paragraphes qui suivent cherchent à examiner certains des aspects de la psychologie de Ferrand, à la fois avec et sans le système galénique qui dicte ses pensées, et de faire le point, rétrospectivement, sur certaines de ses prémisses.

En parlant de Ferrand, nous nous aventurons à utiliser des mots tels que *psychologie* et *sexualité*, car son but était d'anatomiser les processus de la psyché dans un état de stimulation érotique prolongé et de décrire la séquence de ces événements qui conduisent de la perception des sentiments à la maladie de l'âme. Ce qui le concerne ce sont les causes et les conditions responsables des états de démence liées aux pulsions sexuelles. Le fait de souligner ainsi les facteurs internes et externes dans l'érotisation de la faculté imaginative est en lui-même équivalent à une philosophie de la sexualité.

Néanmoins, comme nous l'avons déjà vu, Ferrand dépendait du vocabulaire de la pathologie sexuelle dérivée des opérations de la médecine humorale. On envisageait les perturbations érotiques, quelles qu'en fussent les causes, comme le produit d'un seul procédé physiologique: la corruption du cerveau par les vapeurs des humeurs brûlées. Pour Ferrand, même les causes psychologiques devaient avoir des origines somatiques. Ainsi, la mélancolie amoureuse et la manie de l'amour ne sont que des variantes d'une seule maladie, non pas par la nature des provocations externes, mais par les combinaisons et les conditions des humeurs. C'est pourquoi nous sommes portés à comprendre que ce ne sont pas les circonstances sociales elles-mêmes, ni les réactions ou le comportement de l'objet désiré, ni les préoccupations intellectuelles de l'amoureux, ses idéaux esthétiques ou ses espérances sociales, ni le conditionnement qui déterminent les caractéristiques de la maladie et les formes de son expression, mais plutôt la constitution du corps et les penchants pathogéniques des humeurs.

Paradoxalement, l'erreur de la médecine humorale, pour nous aujourd'hui, ne tient pas tant à ce qu'elle propose, en termes mécaniques, sur les passions de l'âme, mais dans ce qu'elle refuse du même coup en termes d'analyse culturelle de ce dérangement mental. Ferrand se propose de définir plus précisément qu'auparavant un sous-genre important de la mélancolie, en anatomisant cette forme de dépression chronique causée par les appétits amoureux et le désir contrarié. Mais alors qu'il contribue à la spécialisation de ce terme générique — la mélancolie — il continue de mettre dans la même catégorie les diverses manifestations de la maladie. Comme Starobinski le fait remarquer, là où les anciens ont vu un état se caractérisant par un chagrin persistant et la peur (états que l'on retrouve dans la mélancolie amoureuse), ils étaient certains du diagnostic et n'étaient donc pas enclins à faire des distinctions réelles entre les dépressions provenant de causes internes et celles provenant d'événements déprimants[3]. C'est particulièrement vrai pour Ferrand. C'est pourquoi, tout au long de cette époque, on devient de plus en plus précis

[2]Il faut noter que le terme du XVIIe siècle, *erotomania*, sert encore à l'analyse moderne. Voir François Perrier, «De l'érotomanie», *Le désir et la perversion*, Paris, Éditions du Seuil, 1967, p. 129–62.
[3]Jean Starobinski, *Histoire du traitement de la mélancolie des origines à 1900*, p. 9.

dans la description des différents aspects de la mélancolie, alors que la définition de l'état de démence qu'ils produisent reste généralisée. Les contenus culturels très différents, implicites dans les diverses causes, sont obscurcis par les séquences pathologiques standardisées qui amènent à leur tour à des effets standardisés.

Ferrand a fait l'étude d'une maladie mentale particulière caractérisée par une dépression ou une manie profonde, provoquée par des pulsions érotiques surchargées ou frustrées, et qui apparaît chez des personnes dont l'organisme tout entier, selon leur tempérament, est sensible aux corruptions des instincts naturels. Mais le fait demeure que Ferrand, malgré sa préférence pour l'analyse somatogénétique, fait allusion aux nombreuses causes éloignées qui, ensemble, créent un sens à partir des contextes culturels qui forment et conditionnent la psyché érotisée. Malgré son galénisme radical, une logique d'un autre genre s'introduit avec des suggestions quant aux origines sociales et culturelles de l'amour. Même dans les termes spécifiquement proposés par Ferrand, on peut toutefois se demander si la mélancolie érotique est une maladie des instincts contrariés ou bien, à l'opposé, un sous-produit des institutions sociales, ou encore une maladie de l'imagination provoquée par les arts ou par l'idéalisation de l'objet de beauté. L'analyse humorale tend à relayer au second plan l'analyse des stimuli externes. Mais des éléments littéraires et culturels trouvent leur chemin dans cette étude de l'étiologie de l'amour. Le double point de focalisation vient, en fait, des aspects inhérents au système philosophique de Ferrand, système qui permet des diversifications de causes remontant à un amalgame des théories médicales chez les physiciens arabes.

Ferrand a une nette préférence pour les causes endogènes pour deux raisons essentielles. En termes théoriques, ce sont seulement les causes internes qui ont un potentiel pathologique. En termes pratiques, les composantes physiques de la maladie peuvent être traitées médicalement parce qu'elles relèvent du corps. Une telle concentration sur les causes endogènes tend donc à reléguer les causes exogènes au second plan[4]. Ferrand lui-même essaie de minimiser le rôle joué par les agents ou circonstances externes alors qu'il s'approche de sa section sur les guérisons, bien que celles-ci aient déjà occupé une portion significative de sa discussion des causes.

Ferrand se trouve pris entre deux extrêmes: d'un côté, il ne veut pas traiter de l'amour en termes de causalité sociale; d'un autre côté, il ne veut pas trop insister sur les causes les plus évidentes et les plus directes, c'est-à-dire un excès de sperme accumulé dans les organes génitaux. Cette dernière approche risquait de compromettre l'importance attribuée à la tête comme siège de la maladie et au cœur comme siège de la cause de la maladie. De plus, l'efficacité des moyens pharmaceutiques pour la réduction de cette cause matérielle était mise en doute, tandis que le coït, moyen d'une efficacité absolue, avait été, hors du mariage, jugé immoral et inacceptable. Ferrand ne pouvait pourtant pas nier que l'influence

---

[4] «Dans le diagnostic de la dépression, une distinction est fréquemment faite entre la *dépression exogène* et la *dépression endogène*. Le terme *exogène* (venant de l'extérieur) est utilisé pour décrire la dépression qui résulte des causes psychosociales, comme un deuil familial ou la perte d'un emploi. Quand l'attaque d'une phase de dépression ne peut pas être reliée à une expérience déterminante de la vie, on en déduit que le déséquilibre est endogène et donc d'origine biologique». Donald A. Bakal, *Psychology and Medicine*, p. 111 (notre traduction). Bakal continue en donnant des listes parallèles de symptômes associés aux états de dépression surgissant de ces différentes causes.

des organes reproducteurs pouvait expliquer l'une des plus importantes causes des instincts érotiques et donc du système tout entier, puisqu'on croyait que la corruption du sperme était une des causes principales de la corruption des appétits et des facultés imaginatives.

Selon les plus grands anatomistes et les spécialistes des maladies des femmes — Nicolas Venette, Liébault, Du Laurens — le désir sexuel commence avec les plaisirs associés au coït, lui-même produit des sensations agréables par le sperme et la friction créée par ses mouvements à partir de plusieurs parties du corps vers les parties génitales[5]. Tels sont les fondements physiologiques des instincts sexuels et tels sont les mécanismes de la nature pour préserver la race; ils génèrent l'impétuosité des appétits. La puissance tyrannique du sperme à elle seule est suffisante pour provoquer les désirs érotiques allant au-delà des tolérances sociales et morales. L'excès de sperme doit corrompre et produire des vapeurs nocives qui peuvent amener des rêves érotiques la nuit et des fantaisies sexuelles le jour. La mélancolie érotique peut être entièrement expliquée dans ces termes endogènes. Paré appelle l'appétit sexuel une «rage et cupidité furieuse», Du Laurens «un désir incroyable d'union» et «une sexualité débridée» et Liébault «un besoin chatouillant merveilleux[6]». La mélancolie érotique débute par une quête instinctive de gratification sexuelle. En ce sens, l'imagination mélancolique est la contrepartie mentale au besoin incessant de coït, nécessaire pour relâcher la tension provoquée par les pulsions sexuelles.

Du Laurens décrit la matrice en utilisant également des termes tels que «un animal rempli de désirs concupiscents et donc lubrique et envieux[7]». Non seulement l'utérus est un terrain passif qui peut être fertilisé, mais c'est un organe qui a un appétit auto-établi pour un membre mâle, un penchant dynamique vers les rapports sexuels et qui a grand besoin des propriétés hydratantes du sperme de l'homme. La matrice est insatiable; privée de ses plaisirs, elle produit des vapeurs menant à l'hystérie. Certaines conditions dans les organes reproducteurs peuvent donc conduire une femme à la frénésie ou au suicide. Hippocrate, qui décrit la condition des jeunes filles, recommande un mariage rapide. Une fois les mécanismes de l'instinct ainsi situés dans les organes génitaux et dans le sperme, Ferrand use d'un vocabulaire qui s'appuie sur les modèles de la tension et du relâchement, de l'excès et de l'évacuation et sur le principe de l'anticipation du plaisir et de la récompense.

Ferrand peut joindre l'hyperexcitation sexuelle à sa définition de la mélancolie amoureuse, en déterminant que l'érotomanie et la mélancolie amoureuse sont des phases d'une même maladie, tout en laissant de côté la distinction entre la manie de l'amour et la furie utérine. La classification initiale énoncée dans le chapitre XII, qui promet de faire la différence entre la démangeaison lascive des parties génitales, la furie utérine et le satyriasis, a pour effet non seulement de les grouper encore plus étroitement, mais aussi de les regrouper avec des états d'hypersexualité n'ayant presque aucun rapport entre eux, tels que la philtromanie et l'incube, en vertu de leurs symptômes communs: des désirs érotiques ardents et des appétits sexuels insatisfaits. En fait, on peut retrouver cette ambiguïté taxonomique de l'hystérie et

---

[5] Pierre Darmon, *Le mythe de la procréation à l'âge baroque*, p. 20.

[6] Pierre Darmon, *Le mythe de la procréation à l'âge baroque*, p. 19–20.

[7] Pierre Darmon, *Le mythe de la procréation à l'âge baroque*, p. 16. Malgré tout, l'idée que l'utérus peut être comparé à un animal est aussi ancienne que Soranos d'Éphèse, *Maladies des femmes*, livre I, chap. 4, trad. Paul Burguière, Paris, Les Belles Lettres, 1988.

de la mélancolie amoureuse chez Galien quand son patient, un veuf mélancolique, est diagnostiqué comme souffrant d'hystérie plutôt que de mélancolie amoureuse à cause d'une rétention de sperme[8]. Cette même ambiguïté prend le dessus dans le portrait que fait Valleriola du marchand frénétique et suicidaire souffrant d'un amour non partagé, tout comme dans les études de cas de van Foreest et d'autres de cette époque[9].

La symptomatologie de l'hypersexualité féminine, comprenant les exhibitions publiques, la manipulation fréquente des parties génitales, l'assaut sexuel des membres de la maisonnée ou de l'institution (quel que soit le sexe selon les penchants du patient) et le chant de refrains loufoques sont parmi les signes d'une imagination déséquilibrée[10]. Michael Friedrich Lochner von Hummelstein, à la fin du XVIIe siècle, décrit une nymphomane dont les caractéristiques sont une forte et âcre odeur vaginale, une mauvaise haleine, un visage enflammé, un pouls fort, une langue sèche et des yeux brillants[11]. Du Laurens, en parlant de l'utérus comme d'un animal lubrique, indique à la fois les pulsions sexuelles qui viennent du subconscient et un comportement érotique impulsif, alors que Liébault, en parlant d' «une rage et [d'] une frénésie furieuse provoquées par une ardeur excessive de l'utérus» identifie la force physiologique derrière cette catégorie de manie[12]. Pour l'observateur moderne, la différence entre la nymphomanie et une passion de l'âme polarisée sur l'objet de désir est l'évidence même. De facto, Ferrand fait lui aussi une distinction implicite puisqu'il se concentre en général sur un état d'érotisation de la mélancolie qui commence tantôt avec la dérèglement des humeurs, tantôt avec une rencontre sociale, pour être consommé de façon autistique dans l'imagination. Dans l'analyse finale, le facteur principal déterminant, en dehors des variations étiologiques propres à chaque état, est la qualité du rapport avec l'objet de désir en termes sociaux et psychologiques; Ferrand lui-même explique suffisamment ces termes pour révéler les disparités sous-jacentes.

La mélancolie amoureuse, contrairement à l'hystérie, n'est pas produite dans un seul des organes centraux. Même en termes de cause endogène, c'est un phénomène des hypocondres, du cœur et du cerveau aussi bien que des parties génitales. La diversification des centres contribuants, tout à fait permise dans le système humoral de la médecine, est le plus souvent un moyen effectif de diversifier l'étendue des causes. Tout comme les parties génitales représentent l'instinct de façon presque symbolique, le cœur en vient à représenter les émotions, les hypocondres, les appétits concupiscents et le cerveau, la partie intellectuelle de l'amour. La discussion sur leurs contributions respectives est menée en termes d'une disputatio médicale sur le siège de la maladie.

La tête est le lieu de l'imagination tourmentée. Elle est prise dans les répétitions incessantes d'images corrompues et, par extension, dans le cycle morose de pensées qui prévient toute action apaisante. Selon Aristote, le cœur est considéré comme

---

[8]Galien, De locis affectis, éd. Kühn, VI, ch. 6; VIII, p. 418.

[9]François Valleriola, Observationum medicinalium libri sex, livre II, obs. 7, p. 184–219.

[10]Oskar Diethelm, «La surexcitation sexuelle», L'évolution psychiatrique (1966), p. 184–219.

[11]M. F. Lochner von Hummelstein, De nymphomania historiam medicam, Altdorf, typis Henrici Meyeri, 1684, cité dans Diethelm, «La surexcitation sexuelle», p. 239–40.

[12]Jean Liébault, Trois livres appartenant aux infirmitéz et maladies des femmes, Lyon, par Jean Veyrat, 1598, p. 95.

le lieu des passions brûlantes et, pour Ferrand, le siège de la cause de la maladie. Néanmoins, Ferrand suit la tradition en assignant l'amour à la mélancolie hypocondriaque parce que «les facultés essentielles du cerveau sont corrompues par les vapeurs noirâtres qui surgissent des hypochondres». Ferrand n'essaye pas de résoudre l'impasse, à savoir si le cœur, ou bien les hypocondres, sont le site de la chaudière des passions. Il donne la place d'honneur au cerveau comme siège de la maladie à cause des rôles auxquels les autres centres contribuent — centres qui fournissent un langage figuratif pour discuter des diverses catégories de cause: les instincts du plaisir sexuel et de la procréation; l'intensification du sentiment d'excitation provoqué par la contemplation d'un objet de beauté; l'exaltation inhérente des passions; la rumination intense survenant de la corruption des facultés du cerveau. Les philosophes médicaux se confinent rarement à un choix unique malgré les exigences rhétoriques de la *disputatio*, car si on situe la cause primaire dans les parties génitales, l'érotomanie doit alors être principalement une condition biodéterministe produite exclusivement par un excès de sperme; si la cause primaire est située dans le cœur, c'est que l'érotomanie ne provient que d'un déséquilibre des émotions; et si elle est dans la tête, elle doit venir alors d'un dérangement de la pensée. Le bon sens nous dicte qu'une de ces causes ne peut être seule responsable du déclenchement de cette maladie, mais bien plutôt un ensemble de causes.

Ferrand s'éloigne encore plus de l'ordre des facteurs strictement endogènes en prenant en compte les symptômes chez l'amoureux, car, s'il est vrai qu'ils peuvent être envisagés comme le produit d'un mauvais fonctionnement physiologique, ils encouragent pourtant une analyse sociale. Ferrand se penche sur cette paralysie de la volonté qui résulte d'un sentiment de défaite, puisque la marque principale de l'amoureux mélancolique est son comportement pensif et son retrait de la société. Parmi les symptômes possibles, il relève la torpeur, la confusion, la préoccupation et une délibération incessante sur les différents choix d'actions possibles.

Mais Ferrand ne se soucie jamais de la dynamique même des pensées de l'amoureux. Selon les définitions de la mélancolie, l'esprit torturé est complètement préoccupé par l'image de la bien-aimée, ne laissant aucune place pour la dialectique entre l'espoir et le désespoir, ni pour l'auto-affirmation par le biais de la haine à l'encontre de la dame dédaigneuse, ni pour le dégoût de soi-même à la suite de son refus (malgré l'intérêt médical pour les expériences des poètes pétrarquistes). Cette interprétation du contenu de l'imagination de l'amoureux, fondée sur l'utilisation que fait Ferrand de la philosophie aristotélicienne de la perception et des facultés de l'âme, milite contre l'analyse psychologique du désir érotique en termes de dynamiques sociales. Donc, selon que Ferrand se permet occasionnellement d'être entraîné vers les discussions des causes et des conditions sociales, ces discussions servent inévitablement à incorporer les influences de stimuli externes dans un système de pathologie traditionnelle aux maladies de la mélancolie. Ferrand peut nommer les causes et les symptômes chargés de signification sociale, comme les derniers paragraphes le montreront, mais jamais de façon qui l'encourage à rompre avec les analyses du désir selon la philosophie médicale établie. En bref, l'approche psychophysiologique de Ferrand de l'érotisme dérangé fait obstruction à toute approche thérapeutique basée sur une analyse du contenu social et des origines psychiques de la pensée du patient. Un grand nombre des analyses de Ferrand sur les causes externes pointent ostensiblement vers les questions de psychothérapie dans un sens quasi-moderne, mais le vocabulaire de la médecine humorale empêche toujours le développement de l'analyse en ces termes. Néanmoins, pour le lecteur moderne, son texte est plein d'allusions qui pourraient anticiper une analyse plus dynamique et compréhensive de la psyché érotique.

La définition qu'il donne de l'amour érotique est, pour ces raisons, potentiellement ambiguë pour l'observateur moderne: «une espece de resverie, procedante d'un desir dereglé de jouïr de la chose aimable, accompagnée de peur, et de tristesse» (ch. V). Dans ces trois éléments — désir, objet, peur et peine — il est concevable que le désir seulement soit un produit de l'instinctif ou des processus physiologiques. L' «objet» est un stimulus externe et semblerait requérir une identification et une sélection selon des critères sociaux et esthétiques de la part de l'amoureux, alors que «la peur et la peine» sembleraient être des réponses qui surgissent de l'échec. Donc cet objet de désir, un individu en chair et en os ayant sa propre volonté et une identité sociale, ne fait pas partie du procédé pathologique, à moins qu'il ait été converti en une image sujette à la distorsion dans l'imagination de l'amoureux. Dans un même élan, cette peur qui semblait être une expression de l'incapacité de l'amoureux d'agir pour réussir à atteindre son but et ce chagrin qui semble être la réponse de l'amoureux face à son sentiment de perte sont, en fait, des parties conventionnelles de la condition de la mélancolie; ils sont des produits de la noirceur et de la froideur de l'humeur elle-même.

Ferrand souligne, dans sa définition de l'amour érotique, l'intensité du désir et le rôle de l'objet. Ces deux éléments méritent qu'on s'y attarde et qu'on examine la façon dont ils se conforment à une philosophie médicale qui esquive, dans un même temps, la cause sociale et un choix concomitant de toute une série de modes de guérison qui s'appuient sur des stratégies sociales, et qui sont destinés à faire diversion par rapport aux modes de guérison de la chirurgie et des médicaments. Michel Foucault a fait une étude des dynamiques de l'*aphrodisia* ou de l'utilisation du plaisir dans l'ancien monde, dynamiques qui se recoupent: le désir qui pousse à agir, l'acte qui est lié au plaisir et le plaisir qui mène au désir. Ce procédé cyclique est tout d'abord analysé quantitativement en termes de degré d'activité démontré par le nombre et la fréquence des actes. «Ce qui distingue les hommes entre eux, pour la médecine comme pour la morale, ce n'est pas tellement le type d'objets vers lequel ils sont orientés ni le mode de pratique sexuelle qu'ils préfèrent; c'est avant tout l'intensité de cette pratique. Le partage est entre le moins et le plus: modération ou incontinence[13]». Cette interprétation des valeurs de l'antiquité est également pertinente pour Ferrand. Son étude n'est pas celle des modes de pratiques sexuelles ni des types d'objets, mais de l'intensité du désir et de l'incapacité de participer au cycle du plaisir. L'amour en tant que maladie est, par définition, une perte de société, une crise de l'ego dans l'isolement fixée par une envie intense; l'amour érotique est un état d'excès privé de l'occasion ou de la capacité d'agir. C'est une idée implicite dans la définition que Ferrand propose de l'érotisme pathologique.

Le désir comme anticipation du plaisir est donc une envie intense pour le manque perçu. Ferrand comprend le sentiment du manque qui crée la tension sexuelle, non seulement en tant que quête physique pour épuiser le sperme, mais aussi comme un manque psychique — un manque qu'il tente d'expliquer par la fable de l'androgyne, ce paradigme des pulsions sexuelles humaines interprété

---

[13]Michel Foucault, *Histoire de la sexualité*, vol. II, *L'usage des plaisirs*, Paris, Éditions Gallimard, 1984, p. 53.

comme une quête pour la réintégration du Moi, par le biais d'une étreinte sexuelle qui remplit simultanément des besoins psychologiques profonds. Le désir est donc l'anticipation du plaisir, mais d'un plaisir qui joint le rituel, la conscience et la mémoire de la signification de cette étreinte. Cette fable suggère une sexualité qui inclut le bien-être psychique produit par le lien mutuel et par l'exclusivité de la société en miniature qui est formée à la fois entre le Moi et l'Autre et entre le Moi et son alter ego. Ferrand fait allusion par moment au conditionnement du désir, non seulement par les besoins sociaux conscients, mais aussi par les forces psychologiques subliminales. L'androgyne de Platon n'est qu'un exemple d'intrusion d'idées extérieures au système médical, utilisées pour justifier les dimensions psychiques du désir et de la privation.

Au centre du traité de Ferrand réside donc non seulement un système de comportements déterminés par des instincts et des humeurs, mais aussi un système de comportements déterminés par des désirs d'un ordre supérieur. Ces désirs sont à leur tour influencés par les pouvoirs de l'objet dont l'existence est essentielle à toute définition du désir lui-même. Bon gré mal gré, Ferrand s'implique dans une théorie des passions qui tente d'expliquer l'intensité des sentiments — cet élément humain déconcertant qui accompagne le désir — tantôt comme le produit d'une contemplation mentale, tantôt comme le résultat d'une abondance de sperme, tantôt comme la force transmise par l'objet de désir. Dans la mesure où Ferrand prend l'intensité du désir érotique pour un produit des pouvoirs résidant dans l'objet de beauté ou dans la perception de l'objet que l'on trouve beau, il semble s'éloigner momentanément de son système somatogénétique afin de considérer la condition érotique comme un rapport entre le désirant et le désiré. Mais en réduisant les moyens d'influence entre eux au niveau des mécanismes de la perception ou du transfert des esprits, il dépersonnalise complètement l'objet. Ce procédé, comme nous l'avons préalablement indiqué, permet à Ferrand de rester aveugle à l'impact de l'objet en tant qu'être social sur la destinée du patient. L'objet peut générer une intensité de sentiments, mais une fois que les passions sont enflammées, elles sont à elles seules suffisantes pour compléter le procédé pathologique. Comme les poètes l'ont souvent confessé, un simple coup d'œil est suffisant pour être fatal. Dans le système de Ferrand, la passion dans l'abstrait suffit également.

Pascal, en déclarant que «l'amour émane de la beauté» ne fait que répéter une banalité de l'époque, que le beau provoque le désir. Mais la compréhension du concept à l'époque de la Renaissance prend une dimension spéciale. On pense qu'un bel objet possédait aussi en lui-même le pouvoir de captiver dans un sens physique, de fasciner et d'asservir en fixant la volonté de l'amoureux d'une façon qui peut mener à la folie. En bref, on souscrit à la théorie que l'amour malade est attribuable à la capacité du bel objet d'injecter des esprits étrangers dans le corps de la victime par les yeux. Ferrand montre des signes de scepticisme (chapitre VIII), mais ces idées étaient trop bien établies pour être ignorées. Non seulement les poètes étaient occupés à cataloguer les traits de la dame parfaite capable d'allumer les feux de leur imagination, mais les philosophes étaient eux-mêmes occupés à expliquer les moyens psychophysiologiques par lesquels la beauté pouvait soulever une émeute de passions et produire un dérangement pathologique de l'âme. Une fois de plus, les éléments qui semblent les plus liés aux conditions sociales et psychologiques opérant indépendamment du système galénique sont subordonnés au système de causalité physiologique.

Puisqu'il était possible que le désir, mais non pas l'amour, existe sans objet, le philosophe médecin devait donc incorporer cette cause exogène à un procédé endogène. Cela pouvait être fait de plusieurs façons; Ferrand les mentionne toutes. Selon Ficin (Valleriola lui faisant plus tard écho), les yeux de la belle dame émettent des vapeurs. En pénétrant le corps d'un autre, elles fonctionnent comme un poison qui est transporté par le sang telle une infection générale. Similairement, Épicure croyait que la substance de la vision se transformait en atomes qui pouvaient se joindre au sperme et donc inciter à l'amour. Valleriola épouse l'idée de l'amour comme une forme d'enchantement ou de charme qui garde l'amoureux esclave et le tourmente par le biais d'une perturbation du sang. Du Laurens affirme que les vapeurs des yeux trouvent d'abord leur chemin vers le foie et y créent des désirs ardents. En fait, ces théories correspondent aux différents centres de la maladie déjà mentionnés. À travers ces explications ingénieuses, la force de l'objet de beauté a pour fonction de soutenir les rôles pathogènes des parties génitales, du foie et du cœur. Ferrand ne peut pas entièrement nier ces théories, bien qu'il rejette celle d'Épicure; il demeure sceptique devant les théories de Valleriola sur la fascination et l'infection du sang et il paraphrase la théorie de Du Laurens qui implique le foie. Ferrand est plutôt partisan des théories aristotéliciennes concernant la psychologie de la perception qui expliquent la façon dont la pénétration de l'œil par l'image et son acheminement vers l'imagination engendrent la maladie. Pour Ferrand le désir est causé par les images abstraites de l'objet plutôt que par des substances organiques émises par cet objet. Le système aristotélicien insiste sur les formes, l'esthétique et l'imagination et rend donc l'esprit captivé, responsable lui-même des passions qui brûlent les humeurs.

Étant donné la force tyrannique de l'objet lui-même et quels que soient les moyens de la communiquer à l'amoureux, la beauté prend la forme d'une réalité impressionnante, une réalité qui existe en dehors du système physiologique de l'amoureux. C'est un pouvoir qui peut être contrôlé seulement à travers un exercice presque surhumain des pouvoirs de raisonnement ou une spiritualisation de l'objet de façon à faire battre en retraite les appétits charnels et à les remplacer par une adoration sacrée. Cela nous rappelle l'histoire d'Avicenne qui s'était servi d'une vieille femme pour diffamer et discréditer l'objet aux yeux de l'*amoroso*, de façon à ce qu'il trouvât repoussante celle qu'il avait autrefois admirée. Ce que Ferrand reconnaît c'est une force causale interne qui devait être incorporée dans son système de pathologie. Ce qu'il omet de reconnaître c'est le conditionnement culturel et social à travers lequel les hommes apprennent à classifier et à sélectionner les objets de leurs désirs.

Ainsi donc, la psychologie de l'amour de Ferrand inclut les éléments de l'instinct et de la passion avec leurs différents niveaux d'intensité. Cela comprend les causes internes associées avec les humeurs et les causes externes associées avec l'objet de beauté et son pouvoir sur l'amoureux. Pour Ferrand la cause efficace de la maladie est «tout ce qui provoque l'amour et la mélancolie». Il divise ensuite les causes entre deux catégories: les unes internes et les autres externes. Mais comme nous l'avons vu, les causes externes sont largement limitées aux rôles joués par les cinq sens comme opérations de l'âme plutôt que comme véhicules de contenu social. Ferrand donne une liste des dangers de la danse, des baisers et des attouchements, de la musique sensuelle et de la poésie. Mais sur la question plus immédiate de l'amour comme formation d'une société en miniature entre deux personnes, avec ses termes de manipulation et de négociation, Ferrand a peu à dire. Pour lui cela relève de l'immatériel, selon que la frustration du désir vienne des conditions sociales, comme dans le cas de son patient étudiant dont l'offre de mariage fut refusée par la mère de la fille, ou qu'elle vienne d'une incapacité d'exprimer ce désir, comme dans le cas du patient d'Arétée de Cappadoce, ou qu'elle soit le résultat d'une désorientation totale et profonde par la corruption de l'imagination. Pour autant que tous les objets gardés dans l'esprit restent abstraits par rapport à l'objet externe et pour autant que toutes ces images sont sujettes à la corruption des vapeurs, toutes les formes de la mélancolie érotique sont une maladie de l'imagination. Ces variantes sociales qui affligent le cours de l'amour appartiennent au monde des dramaturges et des romanciers plutôt qu'au traité médical. Nous trouvons néanmoins qu'il est difficile d'abandonner cette autre perspective, c'est-à-dire le fait que le désir opère dans un monde de l'offre et de la demande, qu'il est dépendant de l'occasion, et que la mélancolie se rattache justement au manque d'occasions.

Pour l'être humain, l'économie des appétits est régulée par l'adaptation et la stratégie de la gestion de l'offre. Même dans la recherche d'une gratification sexuelle, cette faculté d'adaptation concernant à la fois l'occasion et l'échec existe. Une dépression mélancolique, faisant suite à la quête, signale soit une impossibi-lité de s'adapter aux obstacles posés, soit une incapacité d'initier la quête afin de satisfaire le désir. La séquence pathologique initiée par les passions est le résultat d'une incapacité, réelle ou perçue, de posséder l'objet de désir. Quand cette perte est absolue et irréversible, ou quand elle est perçue comme telle, les différentes me-sures d'adaptation perdent leur raison d'être; le désespoir s'installe — le désespoir étant un état de l'âme relatif à la perception de l'individu face à la gravité de la perte. Comme nous l'avons vu, la peine elle-même est quelquefois suffisante pour détruire la vie de l'organisme. La tentation persiste d'évaluer de tels états de dépression selon les circonstances et les stratégies sociales — stratégies de force, de tromperie, de sublimation ou d'abandon qui peuvent se rattacher à n'importe quel cas offert à l'époque. Mais elles doivent rester, néanmoins, marginales dans la théorie médicale même.

Ferrand aurait pu accepter l'histoire suivante pour corroborer tout ce qu'il enseignait sur la sensibilité de l'âme face à la passion, l'identité du Moi avec l'être aimé et la folie de l'amour. Pierre de l'Estoile, dans son journal en date du 6 décembre 1593, rappelle brièvement l'histoire de sa propre nièce, Marie de Baillon, qui mourut d'amour. Il décrit son cas comme preuve des «affections folles des jeunes filles». À peine âgée d'une vingtaine d'années, elle avait développé un grand amour pour un jeune homme que sa famille jugeait indigne d'elle. Pour prévenir ce mariage, ses parents l'envoyèrent dans une autre maison à Paris. Mais leurs efforts furent vains, car elle réussit à rencontrer son amant, mais dans les vingt-quatre heures qui suivirent ce dernier échange d'affection elle mourut de chagrin[14]. Ferrand aurait pu lire dans son cas toutes les passions conflictuelles, les exubérances de l'imagination, la fixation sur l'image de son bien-aimé et un tempérament penchant vers la mélancolie. De plus, le cas de cette fille aurait pu servir de témoignage à la réalité de la maladie établie dans son traité. Ferrand

---

[14]Pierre de l'Estoile, *Journal pour le règne de Henri IV*, éd. L. R. Lefèvre, 3 vols., Paris, Éditions Gallimard, 1948–58, l'entrée pour le 6 déc., 1593.

ne se serait pas demandé, comme un romancier l'aurait fait, pourquoi cette jeune fille n'a pas cherché à gagner du temps, à cajoler son monde, à s'enfuir pour se marier ou à continuer sa vie tout en gardant une liaison secrète. Une seule chose importe: Marie de Baillon est morte d'un cœur brisé, résultat de la frustration de ses désirs érotiques. Ferrand ne fait aucune distinction entre les victimes de la démence érotique et celles des circonstances adverses.

De même, Ferrand ne fait aucune distinction entre le chagrin d'un amour partagé empêché et le chagrin d'un amour non partagé. Dans le premier cas, la perte afflige deux personnes qui ont déjà pu apprécier la rencontre de leurs esprits, alors que dans le dernier la blessure vient de la frustration de tout ce qui constitue le désir pour l'objet choisi et de l'humiliation causée par le refus. Le contenu social de chaque état d'esprit est différent. Dans le cas du jeune patient d'Agen traité par Ferrand, nous observons un comportement tourmenté résultant de l'incapacité d'épouser la fille de son choix et, par implication, de son incapacité à trouver d'autres moyens d'arriver à ses fins. Il est vrai que Ferrand tente tout d'abord d'arranger le mariage, imitant peut-être en cela Érasistrate, avant de se tourner vers les modes de guérison médicale. Mais il ne se demande pas pourquoi le patient n'essaye pas autre chose — le déguisement, les complices, le chantage, la liaison secrète, la fugue ou la grossesse — car ce seraient des moyens étrangers à sa philosophie et à la nature du patient. En ce qui a trait à l'amoureux mélancolique, on peut se dispenser d'options sociales car les tempéraments eux-mêmes font que certaines personnes sont gaies et vives alors que d'autres sont mornes et abattues.

Comme nous l'avons dit plus haut, le concept de l'amour comme désir charnel est basé sur une tension sexuelle, et le désir pour la libération de sperme est placé dans une nouvelle perspective quand ce désir érotique est dirigé vers un objet unique de beauté qui engage la conscience la plus haute et qui force une lecture des plaisirs anticipés en termes sociaux et psychologiques. Le désir vient d'une variété de besoins et s'exprime de bien des façons.

La psychologie de Ferrand permet une autre manifestation de l'amour érotique, qui contraste à la fois avec l'évacuation du sperme et la poursuite sociale de l'objet de beauté. Il faut relier cette manifestation aux plaisirs masochistes de l'esprit érotisé lui-même, car le mélancolique érotique, séparé de la société, entre dans un domaine de fantaisies et de fétiches où l'objet externe est réduit à un simulacre. Dans cette forme de fétichisme, l'amoureux préfère l'ombre à la chose elle-même. La distinction est importante pour notre compréhension des idées de Ferrand, car elle illustre toute la portée de sa psychologie de l'éros, même s'il fait des distinctions non rhétoriques entre l'amoureux qui cherche, mais ne réussit pas à gagner un objet en chair et en os et l'amoureux qui crée intentionnellement une image idéalisée de l'être aimé au-delà de toute possibilité de possession afin de stimuler une torture délicieuse de chagrin et de perte. Pour l'observateur moderne, de telles distinctions sont significatives, mais pour Ferrand elles sont complètement obscures à cause des prémisses de son système médico-philosophique. Le facteur peut-être le plus surprenant de ce mélange des comportements érotiques est que, alors que Ferrand s'occupe des hommes rendus fous par leur pulsions érotiques, par leurs esprits corrompus et leurs jugements pervertis, il comprend aussi que leurs symptômes sont synonymes de ceux qui sont décrits dans la poésie amoureuse. Peut-être doit-on choisir entre le fanatique érotisé qui perd contact avec la réalité lors d'un bouleversement de l'esprit et le visionnaire érotique qui se révèle dans l'anxiété des vers; mais dans les termes de Ferrand cette démarcation est presque invisible. Les traités italiens sur l'amour lui ont appris à accepter le témoignage des poètes sur la douce misère d'un amour impossible comme une transcription fidèle de l'esprit mélancolique. Une fois de plus, pour Ferrand, l'explication se situe dans sa psychologie de l'imagination.

L'imagination, comme nous l'avons vu, est une faculté qui intériorise les désirs, y compris les désirs concupiscents et érotiques, ainsi que la forme de l'objet qui les entraîne. C'est dans l'imagination que la falsification critique du plaisir anticipé de l'objet de désir prend place. L'amour érotique, en fin de compte, est la maladie de l'imagination, étant donné la capacité de cette faculté de créer ses propres mouvements et ses propres principes de plaisir et en même temps son propre enfer peuplé de luttes et de pertes, parce que dans l'imagination la bien-aimée est toujours présente, mais en même temps absente, irréelle et inaccessible. La mémoire, les instincts et les passions jouent leur part, mais pour la personne de tempérament mélancolique dont la quête est perdue d'avance ils servent seulement à exacerber la maladie et à la conduire dans des phases chroniques. La psychologie de Ferrand se tourne vers de futurs développements en analyse, mais revient inévitablement au point de départ dans les doctrines scolastiques de l'âme et dans les lamentations exprimées par les poètes de la tradition de Pétrarque — car aux diverses manifestations de la mélancolie érotique il faut ajouter cette folie unique des poètes qui croient qu'à travers leur art ils seront capables de vivre pour toujours avec les objets de leurs désirs. Sans l'intervention des médecins, la seule destinée réservée à ceux qui sont ainsi affligés est la folie ou la mort.

Ferrand a peut-être très peu compris les instincts et les pulsions et certainement pas la sélection naturelle et le système endocrinien, mais il a très bien compris, en ses propres termes, la sexualité, les origines de la stimulation sexuelle, la censure mentale, les frustrations psychiques qui paralysent la volonté, les obsessions et la dépression, même si c'était essentiellement par le biais d'une adaptation des termes de la médecine galénique. Son traité offre les points de vue acceptés à la Renaissance concernant la transition des appétits et leurs plaisirs anticipés vers des états de dépression ou de manie. En même temps que Ferrand écrit un traité sur la nature du désordre psychologique dérivé des désirs érotiques, il écrit un manuel sur les cures destiné à une application clinique. Il est difficile pour nous aujourd'hui d'évaluer l'importance pratique de son œuvre, mais Ferrand nous assure qu'il avait une large clientèle. En effet, il essayait de créer un nouveau domaine de pratique médicale en rapport avec un malaise social reconnu, pratique qui correspondait aussi aux définitions et aux modes de guérison de la médecine traditionnelle. Ferrand a très bien pu tenter de vulgariser le sujet, mais il n'a pas pu vouloir du même coup rendre chaque lecteur spécialiste de sa science. Au contraire, la complexité des procédures diagnostiques, les recettes pharmaceutiques et les opérations chirurgicales ont fait en sorte que le traitement de la mélancolie amoureuse n'ait pu être effectué que par des membres qualifiés de la profession médicale.

Sa confiance apparente dans les traitements pharmaceutiques pour éliminer les causes matérielles des maladies de l'âme anticipe un problème difficile d'éthique médicale. Ferrand va bien au-delà de tous ses prédécesseurs dans son avertissement sur le danger des amoureux envers eux-mêmes et envers la société, au point qu'il propose non seulement de traiter ceux qui sont déjà affligés, mais d'identifier aussitôt que possible ceux qui sont simplement prédisposés à la maladie pour leur imposer un traitement. En laissant une certaine liberté à notre imagination, nous pourrions concevoir une utopie dans laquelle les hommes et les femmes ayant des caractéristiques émotionnelles indésirables seraient traités par la chimie et la chirurgie afin de leur épargner les traumatismes d'un amour malheureux et d'épargner à la société les problèmes de leur comportement anti-social et improductif. Tous les faits sont en place pour donner de Ferrand une image de scientifique fou voulant absolument améliorer la condition humaine en imposant des lois médicales à la personnalité. L'intrusion potentielle de Ferrand dans la vie psychique des autres est fondée sur des normes assumées du comportement et tirées d'une interprétation de valeurs collectives grâce à laquelle le médecin tire aussi son autorité pour pratiquer. C'est un exemple de la science qui essaie de régulariser la vie de l'individu au nom de l'État. Sans aucun doute, ces accusations auraient rendu Ferrand perplexe. Il est indubitable qu'il utilisait sa thérapie avec les meilleures intentions du monde sur un patient chez qui la corruption de la volonté et du jugement par l'état morbide ne permettait plus de percevoir le bien. C'est un dilemme classique. Le médecin devrait-il avoir le pouvoir de légiférer par des moyens pharmaceutiques et chimiques contre le coup de foudre amoureux? Le désir de préserver la vie et, par implication, d'intervenir là où la vie et la santé sont potentiellement en danger ne peut pas être entièrement séparé de la volonté implicite d'une société en ce qui concerne la façon dont ses membres marginaux sont traités. Dans la conviction que la raison et la modération sont les arbitres ultimes de la vie civilisée et que la mélancolie amoureuse ou la manie est un état grave, chronique, et potentiellement fatal, le débat revient à son point de départ.

9

La littérature de la Renaissance et les maladies de l'amour érotique

Dans son adresse préliminaire, Ferrand remarque la façon dont ces jeunes courtisans que l'on voit tous les jours dans un état de profonde dévotion incarnent aussi la maladie d'amour. En ce sens, il reconnaît un rapport de causalité entre les dérangements érotiques mentaux et les codes de conduite des amoureux. En effet, Ferrand perçoit certaines des causes de la maladie comme extérieures à l'organisme et liées aux mœurs de l'époque gouvernant les relations entre les sexes. La ferveur courtoise qui était la marque du gentilhomme et qui fut répandue par la littérature aussi bien que par les modèles sociaux fut l'un des facteurs qui contribua à créer un climat psychologique hautement risqué dans les manières amoureuses. Maintes histoires ont idéalisé la fidélité mise à l'épreuve par des exploits surhumains. Elles ont traité l'amour comme une aventure qui comporte un risque pour l'âme, comme un rite de passage dangereux. Les romans chevaleresques et des poèmes pétrarquistes, des œuvres dans lesquelles les femmes sont représentées ou bien comme des déesses chastes ou bien comme des amazones guerrières, s'offrent comme des tentations pour les imaginations sensibles.

Nous ne pouvons pas déclarer avec certitude, en termes statistiques, que l'époque de Ferrand était vraiment plus encline aux maladies de l'amour qu'une autre. En fait, l'auto-suggestion à elle seule servit simultanément à vulgariser et à créer ainsi cet état de démence que les traités se proposaient seulement de décrire. L'argument ne peut que finir en cercle fermé: que toutes les époques ont connu des états d'amours malheureux, que les propres exemples de Ferrand sont tirés plus fréquemment d'écrivains anciens que de ceux de son époque et que la psyché a pu se trahir à travers l'histoire. Pourtant, l'argument demeure qu'à certaines époques, on a pu institutionnaliser des formes particulières de névroses et que certaines mœurs sont plus propices à un déséquilibre mental que d'autres.

Assurément, tenter de quantifier les aspects de la société qui, à la Renaissance, pouvaient promouvoir les états de désespoir érotiques serait non seulement un long exercice mais aussi un exercice qui ne mènerait à aucune conclusion. Il y a les arguments de Ferrand lui-même qui montrent que la rencontre de tels amoureux était chose commune, que les cas étaient régulièrement mal diagnostiqués, et que la profession causait un tort considérable à ces patients. Il existe des archives sur les coutumes de mariage, les unions forcées, les fugues amoureuses et les innombrables codes religieux et civils qui ont dû être cause de grande frustration. Mais l'évidence la plus convaincante reste au niveau de la culture et de la littérature — l'évidence suggérant que l'époque de Ferrand frôlait le désastre psychologique à cause de ses idéaux sur l'amour. Dans l'exemple de Jean de Veyries concernant le jeune marquis qui se languissait d'amour pour sa fiancée, apparaissent des ambiguïtés de comportement car, selon l'histoire, la mère de la jeune fille exigeait que le marquis se fasse traiter pour son amour excessif, avant qu'elle puisse leur accorder la permission de se marier. Où le jeune homme a-t-il appris ce comportement souffrant et pénible si ce n'est dans la poésie et les valeurs culturelles de sa classe? Qui dit à Orlando dans *Comme il vous plaira (As You Like It)* d'aller vagabonder dans la forêt et de sculpter le nom de Rosalinde sur les arbres et par quels différents codes comprend-elle qu'il doit être guéri? Ferrand lui-même ne peut pas établir le bien-fondé de ses arguments contre l'amour pathologique sans, du même coup, accuser le courtisan et les habitudes culturelles des classes aristocratiques.

Nous avons le sentiment que Ferrand se propose de guérir l'amour idéalisé et les styles érotisés qui l'accompagnent non pas au nom d'un ordre répressif fondé sur les normes bourgeoises, mais d'une façon qui favorise de telles normes. En cherchant à contrôler le désir érotique impossible par le biais de la thérapie, Ferrand participe à un mouvement général vers une régulation sociale de l'amour. C'est ce livre, en fait, qui est l'outil de la réforme et non pas la clinique. Comme Michel Foucault le résume, le «XVIIe siècle: ce serait le début d'un âge de répression, propre aux sociétés qu'on appelle bourgeoises et dont nous ne serions peut-être pas encore tout à fait affranchis. Nommer le sexe serait, de ce moment, devenu plus difficile et plus coûteux[1]». Ferrand, comme Jean de Veyries et Rosalinde, dénonce les attitudes d'extase en réaction à la présence ou même à la mémoire de la bien-aimée[2]. En offrant de guérir l'amour érotique comme une forme de déviance psychique, Ferrand joint ses forces à ceux qui embrassent un point de vue plus désacralisé de la sexualité humaine, voire une vue plus philistine du lien utilitaire qui contribue à la stabilité sociale et à la productivité. En résistant aux sentiments qui étaient le sous-produit du conditionnement de l'amour courtois, Ferrand contribue à ce changement de climat social, marqué durant l'époque de bien des façons: par l'acceptation que la Contre-Réforme met sur l'obéissance, par l'importance grandissante de la famille puritaine et par un changement graduel des idées littéraires[3]. Comme Montaigne l'a prophétisé: «un bon mariage, s'il en est, refuse la compaignie et conditions de l'amour. Il tache à représenter celles de

---

[1]Michel Foucault, *Histoire de la sexualité*, vol. I, *La volonté de savoir*, Paris, Éditions Gallimard, 1976, p. 25.

[2]Voir Lawrence Babb, *Elizabethan Malady*, p. 156 et suiv., pour une étude de la popularité de l'*amoroso* mélancolique, surtout dans la pastorale et dans le théâtre.

[3]Pour un résumé de la transformation touchant à la vie familiale, voir le livre de René Pillorget, *La tige et le rameau: familles anglaises et françaises 16e–18e siècle*, Paris, Calmann-Lévy, 1979, surtout p. 43 et suiv, et aussi *The Family and Sexuality in French History* de Robert Wheaton et Tamara Hareven, Philadelphie, University of Pennsylvania Press, 1980. Un bel exemple de cette moralité nouvelle se trouve dans *Gli Ecatommiti* de Giambattista Cinzio Giraldi, dans laquel Flamineo, dès le premier jour, se moque de la casuistique de l'amour platonique et insiste sur les vertus du mariage comme la seule forme d'amour sur terre capable d'apporter la paix et la satisfaction. Tout le cinquième jour de la collection est dédié aux histoires de fidélité maritale.

l'amitié. C'est une douce société de vie, pleine de constance, de fiance et d'un nombre infini d'utiles et solides offices et obligations mutuelles[4].»

L'époque de Ferrand est un âge de transition dans lequel les expressions de l'amour étaient soit des actes de conformité à une variété de codes de conduite, soit des actes de défiance contre soi-même, contre la société ou contre le destin. L'érotisme tournant en trauma mental est à la fois un élément de la condition humaine et un élément d'un milieu spécifique avec ses standards conflictuels de comportement. Ces divers standards sont implicites dans le traité de Ferrand car, de diverses façons, les affections courtoises qui deviennent des réalités psychiques sont disciplinées par les exigences de la médecine, alors que la victime d'un refus circonstanciel est réconfortée par la médecine et sauvée du désespoir. Si l'hyperérotisation de l'esprit doit être associée à des idéaux raffinés et littéraires, la victime des circonstances doit être associée aux rigueurs des réalités immédiates, sociales et économiques. La nature de la thérapie proposée, malgré sa base purement théorique dans la médecine galénique, doit aussi répondre aux conditions contemporaines et quotidiennes. Si Ferrand se range du côté de la profession médicale pour protéger des cas de dépression attribués aux causes sociales, pour protéger de traitements abusifs aux mains de l'Église ou de la société, il est en même temps d'accord avec Jean de Veyries et avec Montaigne pour décourager les manifestations psychiques du sentiment courtois, en faveur d'un concept d'union fondée sur le contrat, la mutualité utilitarienne et un soupçon d'amitié.

Persistant dans ce mode d'analyse, on pourrait se tourner vers une histoire sociale bien équilibrée telle que l'*Introduction à la France moderne* de Robert Mandrou, qui offre un tour d'horizon des conditions sociales du XVIe et du début du XVIIe siècles en ce qui concerne la vie familiale, les confessions religieuses et les enthousiasmes intellectuels[5]. Quelles sont ses conclusions? C'était une époque de codes sociaux rigoureux et de règlements frustrants, mais en même temps c'était une période de passions où les émotions faisaient partie de la vie religieuse et politique. Le mot même de *renaissance* évoque un renouveau de la vie intérieure en relation avec le monde de l'apprentissage, des arts, de la religion et de l'amour. Nous voyons deux séries de critères, tous deux marquant leurs revendications sur l'expression de l'amour. C'est une chose de vouloir démontrer les motivations des besoins érotiques; c'en est une autre d'identifier les obstacles sociaux qui pouvaient contrarier le plus pragmatique des amoureux et le plonger dans le désespoir. Tout comme les deux genres de circonstances ne pouvaient pas être entièrement réconciliés dans le contexte de la psychologie de Ferrand, ils ne peuvent pas être entièrement réconciliés ici, car l'un se rapporte au conditionnement qui apparaît comme une cause de l'imagination pervertie, alors que l'autre se rattache aux réactions psychologiques face à des circonstances adverses. Au mieux, nous devons nous contenter d'une déclaration de nature générale: l'époque n'était pas seulement une époque humaniste, d'idéalisation du passé, de célébration de la beauté, de conduite courtoise, de raffinement des appétits dans une optique néo-platonicienne,

---

[4]Michel de Montaigne, *Essais*, III, v, «Sur des vers de Virgile», éd. Maurice Rat, 3 tomes, Paris, Garnier Frères, 1952, III, p. 71. Pierre Charron reprend cette pensée, tirée de Plutarque, *De l'amour*, xxiii, (769C), dans *De la sagesse*, livre I, chap. 46, *Œuvres*, Paris, Chez Jacques Villery, 1635, p. 163.

[5]Robert Mandrou, *Introduction à la France moderne 1500–1640*, Paris, Éditions Albin Michel, 1974 (1961).

mais aussi une époque de régularisation et de contrôle, de motivations dynastiques et mercantiles qui limitaient les libertés personnelles; une époque de censure religieuse et de répression et de codification civile stricte. Robert Mandrou conclut que «ces années dans l'histoire de la France moderne doivent être placées sous le signe des passions exaspérées plutôt que sous le signe des plaisirs raffinés[6]». Mais de telles déclarations ne résoudront pas la question de savoir si le patient potentiel de Ferrand était soit victime d'obstacles sociaux face au mariage, soit victime d'appétits érotiques encouragés par la culture poétique. Le traité mène une campagne ouverte contre les excès de conduite de l'amoureux courtois et contre une culture de l'engagement masochiste en amour; il se préoccupe alors des comportements trop sensibles exposés dans les pièces de théâtre érotiques, les romans et la poésie amoureuse de cette époque.

Ferrand, par prédilection philosophique, met en évidence l'amoureux tourmenté par les folies de l'amour, la victime dont l'imagination est dépravée et dont le jugement est corrompu, l'amoureux qui nie son besoin de guérison et qui dépense tous ses efforts en chantant la gloire de Cupidon. Tout cela arrive après qu'il a été frappé par quelque beauté mortelle et quelquefois même par une beauté imaginaire. Présentée en ces termes, la mélancolie amoureuse n'est pas seulement une maladie de l'imagination, mais de l'imagination littéraire; car c'est avant tout dans la poésie amoureuse de l'époque que l'on trouve le culte de la souffrance et la spiritualisation de l'objet d'adoration, traités d'une façon qui permette à Ferrand d'en extraire les symptômes de l'amour aussi facilement que de l'observation des patients. C'est-à-dire qu'il trouve chez les poètes soit une représentation, soit une apologie des attitudes érotiques qui initient les maladies chroniques.

Derrière le culte pétrarquiste se cache un état d'esprit particulier selon lequel l'amour est agent du progrès spirituel, mais seulement si l'homme est malheureux. Souffrir devient la caractéristique centrale et la marque distinctive de l'homme à l'esprit raffiné. L'amour fournit un contexte pour mettre l'intégrité de l'âme à l'épreuve. Une fois engagée, une telle quête de l'esprit risque de passer par des étapes comportant de grands dangers, dans la recherche de l'affirmation de soi. C'était une sorte de soumission psychique au nom de la dame que l'on servait. La mission du vassal dans les prouesses de la guerre se tourne vers l'intérieur, vers un enchevêtrement d'éléments de l'esprit en conflit. La quête héroïque à l'âge post-chevaleresque devient une préoccupation narcissique, le Moi en confrontation avec le destin d'un chagrin prévu à l'avance contre l'inaccessibilité de l'objet béni, un chagrin célébré dans les réflexions érotisées de la poésie. Faire ainsi l'amour est une quête délibérée dans les zones liminales de l'esprit d'où seulement les personnes les plus stables reviennent. Parce que les médecins voyaient que les symptômes traditionnellement reconnus chez l'amoureux en détresse se répétaient dans la poésie, ils ne pouvaient qu'en conclure que les poètes étaient eux-mêmes victimes des passions qu'ils décrivaient.

Pourquoi plusieurs générations d'hommes oisifs aux sensibilités culturellement élevées devaient-ils générer des états de frustration et de chagrin comme exercice de l'esprit? Cette question a été au centre de nombreuses enquêtes concernant les fondements du lyrisme pétrarquisant, la montée de l'amour courtois et les origines de l'esprit romantique. Les réponses sont variées: de l'adaptation du culte

---

[6]Robert Mandrou, *Introduction à la France moderne 1500–1640*, p. 89.

de la Vierge aux buts spirituels des cathares, de l'adoration de la déesse blanche aux modèles fournis par le système féodal de vassalité, des tendances ascétiques et masochistes dans l'esprit occidental aux conditions de la courtoisie pendant les croisades. Dans ce système de valeur, le désir pour un objet de beauté peut être confondu avec un désir de mort, et pour bien des poètes, la menace de la mort devient un gage ultime d'amour et l'ultime pari pour la capitulation de la dame. Nous ne pourrons jamais vraiment savoir si le poète craignait véritablement pour sa vie ou s'il était simplement un rhétoriqueur. Comme nous l'avons mentionné dans la section précédente, non seulement Ferrand fait peu de distinction entre la victime de la muse et la victime d'obstacles sociaux à l'union avec une femme en chair et en os, mais il ne fait aucune distinction entre l'amoureux, poète aux douces contemplations qui se retire dans la solitude afin de goûter au plaisir du chagrin poétique, et l'amoureux à l'imagination démente poussé au-delà de toute raison sociale par une débauche de fantasmes érotiques. L'erreur fondamentale de Ferrand en mettant sur un pied d'égalité les images de l'amour déprimé et les images du poète pétrarquiste tient dans son manque d'appréciation des conventions de l'art, essentiellement de la distance entre l'artiste et sa *persona*. Ferrand ne se penche pas non plus sur les nombreuses postures rhétoriques qui cherchent, à travers les images de l'art, le plaisir de la dame absente ou qui cherchent à échapper aux anxiétés soulevées par les déceptions de tels plaisirs illusoires. Pour le médecin, les alternances entre les états d'extase et de désespoir, entre la foi et l'apostasie, entre la méditation sur l'objet et la méditation sur soi sont simplement les témoins évidents d'une psyché en détresse. Pourtant, une mise en accusation du médecin dans son ignorance des conventions de l'art ne résoudra pas le problème, car l'on peut toujours argumenter que l'art lui-même est imitation de la vie — que, derrière la voix poétique, il existe une réalité sociale et psychologique qui marque et caractérise l'époque et qui conditionne au moins certains hommes dont l'érotisme pourraient mener à la dépression mélancolique. On peut toujours dire aussi que les réalités sociales qui sont reflétées dans l'art sont les mêmes qui produisent des candidats pour la clinique. En somme, le traité de Ferrand doit inévitablement faire valoir son importance non seulement en relation avec les conditions légales et sociales de l'époque qui pouvaient empêcher l'amour, mais aussi avec les traditions littéraires qui fournissaient des modèles pour s'abandonner à une imagination érotisée.

Paradoxalement, la maladie qui était conditionnée par l'art pouvait être renforcée par les traités dédiés à sa guérison. Jusqu'à un certain point, ce sont les traités des médecins eux-mêmes qui ont répandu l'idée de cette maladie dans la société. Nous avons déjà montré combien des travaux, comme le texte de Ferrand, écrit dans la langue vernaculaire, doivent avoir servi à diffuser dans un lectorat plus large une conception de l'amour comme cause potentielle de maladie. Dans un sens, là où les concepts furent compris la maladie pouvait aussi exister. Les écrivains, à leur tour, s'appuyèrent sur les traités médicaux dans leurs représentations de la maladie et illustrèrent la théorie avec la création de caractères possédés par les symptômes. Michel Simonin fait remarquer que la diffusion des idées concernant la mélancolie amoureuse remontait au début du XVIe siècle. Il cite comme exemples de l'exploitation littéraire de ces idées le *Tristan* de Pierre Sala, les romans de Juan de Flores, et les *Angoysses douloureuses* d'Hélisenne de Crenne. Il note les discussions du sujet dans Luis Mexía, Antoine Du Verdier, Guyon et d'autres[7]. En bref, l'évolution de l'idée médicale au XVIe siècle fut nourrie par les traditions humanistes et littéraires, comme nous l'avons dit plus haut. Il conclut qu'au milieu du siècle l'habitude de médicaliser la présentation de l'amour s'était généralisée et fut encore renforcée par la vulgarisation du ficinisme.

Avec la création de caractères littéraires selon les critères mis en place par le médecin, notre étude passe des sources sociales de Ferrand à Ferrand lui-même en tant que source littéraire. À notre connaissance, seul le notaire mélancolique du roman d'Eugène Sue peut être relié directement à Ferrand. Mais quelles que soient leurs sources, il ne fait aucun doute que les dramaturges et les auteurs de courts récits fictifs se sont énormément intéressés à l'amoureux érotique comme étude de caractère. La disponibilité d'études médicales spécialisées permit la création de caractères psychologiques fondés sur des faits scientifiques reconnus, probablement au détriment, à long terme, du théâtre, mais au gain éventuel du roman psychologique. L'importance de Ferrand, dans ce sens, tient ici encore à la nature de son traité très représentatif des points de vue acceptés par l'époque en ce qui concerne le comportement des amoureux. Son traité sert de ressource pour l'évaluation de portraits littéraires fondés sur les concepts courants du désir, des humeurs et de l'imagination pervertie. Ces sujets viennent à l'avant-scène dans des pièces telles que *Lover's Melancholy* de John Ford, où le médecin au service d'une cour de jeunes gens, affligés à différents degrés par leurs passions, leur fait une leçon sur l'amour qui tyrannise le cœur: «l'amour assombrit le raisonnement, confond la discrétion; [il est] sourd au conseil. Il court directement vers une folie désespérée» (III.iii.)[8]. Le traité de Ferrand se trouve à l'origine du théâtre de l'amour pathogène comme source représentative et guide philosophique.

On peut comprendre l'évolution du traitement de l'amour en termes de dynamique du désir. Une intrigue amoureuse consiste typiquement en un mouvement vers l'union d'un ou plusieurs couples d'amoureux — mais une union retardée par les obstacles qui, à leur tour, nécessitent une adaptation et une série délibérée d'actions qui amènent par degrés vers le dénouement désiré. L'adaptation dans la recherche d'une relâche des tensions du désir amoureux est l'ingrédient quintessentiel de la comédie de l'amour. Une telle comédie devient, à son tour, un rite de passage dans lequel l'amour est mérité suivant la capacité des amoureux à vaincre les personnages barrières ou les circonstances du destin. Comme dans la vie, le théâtre exige une attaque à travers l'une des permutations infinies de la ruse, de la persuasion ou de la force. La tragédie amoureuse surgit non seulement des détours insurmontables du destin, mais plus précisément de l'incapacité de la part du protagoniste à s'adapter aux défis, soit à cause d'un défaut personnel, soit à cause d'une rencontre avec un fait insurmontable, soit des deux. Les dramaturges aimaient les propriétés combinatoires de ces éléments de l'intrigue et des personnages et étaient toujours à la recherche de nouveautés par leur manipulation. Une de ces nouveautés était le personnage introverti et tourmenté qui réagissait aux

---

[7]Michel Simonin, «*Aegritudo amoris* et *res literaria* à la Renaissance: Réflexions préliminaires», *La folie et le corps*, ed. Jean Céard, Paris, Presses de l'école normale supérieure, 1985, p. 86. Pierre Sala, *Tristan et Lancelot*, éd. Francesco Benozzo, Alessandria, Edizioni dell'Orso, 2001.

[8]John Ford, *The Lover's Melancholy*, éd. Havelock Ellis, Londres, T. Fisher Unwin, 1935, p. 58 (notre traduction).

obstacles barrant la route à ses désirs par des auto-accusations de médiocrité personnelle et par une introspection morbide conduisant à une paralysie de la volonté
et à une défaite. La tragédie de l'amour psychologique ne pouvait émerger que
dans ces termes et le fit ainsi dans tous les grands théâtres de l'Europe de l'ouest.
Les dramaturges couraient certainement des risques en échangeant l'action pour la
spéculation philosophique dans ces pièces. Mais cet échange résulte de leur désir
d'explorer les passions jouées dans le théâtre de l'esprit, une tendance sans aucun
doute influencée par l'apparition des manuels consacrés à l'analyse de la vie psychique — cette vie intérieure de l'esprit qui préfigure tous les courants de volonté et
d'action. Nous percevons le défi pour les dramaturges dans la représentation de tels
personnages. Marlowe, dans son *Doctor Faustus*, est célébré pour la profondeur
de son étude de la vie psychique, mais critiqué pour les épisodes fragmentés qui
apparaissent si insignifiants en comparaison avec les passions torturantes du protagoniste. Les grandes tragédies de l'amour étaient des études sur l'obstruction des
désirs érotiques, sur le manque de l'objet de beauté, sur l'incapacité pour l'amoureux de choisir un champ d'action efficace ou sur la séparation des amoureux par
des circonstances sociales ou politiques ou par la mort. L'impact de telles pièces,
souvent d'un pouvoir et d'une profondeur extraordinaires, ne peut être atteint qu'en
saisissant les principes scientifiques qui alimentent le procédé de caractérisation
— principes scientifiques qui devinrent de plus en plus explicites au fur et à mesure
que le drame «psychologique» prenait de la maturité.

Dans certaines représentations de ce scénario, il y a même une inversion plus
osée ou le patient exploite le médecin et son diagnostic pour arriver à son but caché.
C'est une tactique qu'on retrouve dans les œuvres littéraires et également dans les
cas cliniques. En gardant comme principe que les maladies psychosomatiques
peuvent elles-mêmes contenir une signification rhétorique sous la forme d'un cri
subliminal, les symptômes du misérable amoureux peuvent être provoqués pour
parler du désir. Il est concevable que le patient puisse persévérer dans son silence,
en espérant qu'un médecin assez déterminé découvre tôt au tard la nature exacte du
déséquilibre. À ce moment, la maladie elle-même devient un élément de ruse. Un
tel potentiel de renversement de perspectives est déjà apparent dans les premiers
récits paradigmatiques, l'histoire d'Antiochos et de Stratonice. Puisque Stratonice
est sa belle-mère, Antiochos est lié par un silence éternel. Mais le désir trouve son
chemin dans les ruses qui permettent au célèbre médecin d'arriver à la vérité sans
un mot d'indiscrétion de la part de l'amoureux. C'est la détermination d'Antiochos
de mourir dans un geste d'auto-sacrifice plutôt que de blesser son père qui dispose
ce dernier à avoir pitié de son fils et à l'aider en favorisant son désir secret. On peut
lire la relation de Troïlus et de Pandarus de la même façon, car Pandarus, lui plus
que tous, doit rester dans l'ignorance car il est l'oncle de Criseyde. Mais qui d'autre
que lui peut mener à bien le service dont Troïlus a besoin pour arriver à ses fins?
C'est la curiosité de Pandarus qui lui fait sonder les profondeurs de l'indisposition
de Troïlus et qui oblige l'amoureux à avouer ses sentiments. À partir de ce moment,
Pandarus joue sa part comme si l'idée était venue de sa propre générosité et non
pas de l'incitation de Troïlus. Dans le récit que donne Ferrand du jeune homme
soigné à Agen, nous notons que le patient est venu à lui volontairement pour se
faire traiter, mais qu'il a refusé de divulguer la source réelle de son malheur. En
tant que diagnostiqueur avisé, Ferrand, dans un sens, joue très bien son rôle; car
en découvrant la véritable cause, ostensiblement contre la volonté du patient, il

cherche lui aussi une solution en faisant tous les efforts pour obtenir la permission du mariage qui sauvera la vie du jeune homme.

La différence reste mince entre l'amoureux désespéré comme victime passive et comme *animateur* d'un dernier plan désespéré pour posséder la dame. C'était le médecin qui devenait un porte-parole auprès de la personne désirée ou de ceux qui pouvaient se laisser fléchir s'ils étaient convaincus de la véritable gravité de la situation. Le pouvoir d'un personnage littéraire était donc renouvelé par la logique des maladies psychosomatiques. Nous ne sommes jamais loin d'un genre d'Antiochos plus rusé qui, en collusion avec une Stratonice anxieuse de sortir d'un mauvais mariage avec le vieux roi, joue aux charades, lui adresse des clins d'œil derrière le dos du docteur. Ferrand serait incrédule face à la perspective d'une telle interprétation, sans doute, mais les gradations dans les modèles littéraires montrent combien de tels comportements de conduite glissent d'un mode à l'autre. Une variation sur cet arrangement, nommément une collusion entre deux amis, l'un feignant la maladie d'amour, l'autre assumant le rôle du docteur, est le moyen employé pour attirer une riche dame dans le lit de l'amoureux «près de mourir», dans *The Witty Fair One* de James Shirley. Le point essentiel est que, dans certains cas de désir frustré, la meilleure tactique est de succomber à la maladie et de se mettre à la merci des soins de la profession médicale. Cela peut paraître comme une forme de ruse désespérée et douteuse, mais elle peut servir à renverser le geste ultime d'inadaptabilité en une forme ultime d'adaptation.

L'emploi artistique du traité de Ferrand est apparemment vague: nous n'avons pu trouver aucun écrivain du XVIIe siècle qui le reconnaisse comme source directe. Mais existe une forte affinité entre ses doctrines et les caractérisations des amoureux érotiques et mélancoliques qui abondent de plus en plus dans le théâtre, surtout en Angleterre et en Espagne, dans la première moitié du siècle. À cette époque, les fortes manifestations des passions et leur emprise sur la psyché exerçaient une grande fascination. Les écrivains se sont penchés sur le sujet des limites de la tolérance et de l'endurance humaine face aux appétits dévorants. Ils donnèrent à maintes reprises une représentation du côté sombre de la quête humaniste pour une réalisation passionnée de soi, reliée à des manifestations dites baroques. C'est le cas du duc Ferdinand, qui souffre de lycanthropie dans une pièce de théâtre de Webster. C'est encore le cas dans une pièce de John Ford, où le chagrin d'amour de l'héroïne est si fort qu'il cause chez elle un arrêt du cœur.

Que cela soit dans la clinique, dans les salons, ou sur la scène, l'amoureux comme patient, poseur ou psychopathe était un phénomène du temps. La Renaissance a trouvé cette idée chez les anciens et l'a intégrée dans sa philosophie moderne afin de recréer sa perception du comportement quotidien selon les principes des traités médicaux du passé. La question de savoir si de tels traités, y compris celui de Ferrand, ont conditionné les perceptions de la réalité sociale, ou plutôt si cette réalité a conditionné les traités, peut être débattue pendant longtemps. D'un côté le traité de Ferrand est issu d'autres traités, travail d'un savant qui cherchait une mise à jour encyclopédique des idées anciennes sur l'amour; d'un autre côté, c'est le traité d'un médecin praticien qui percevait sa société comme particulièrement portée aux désastres en amour, ce qui nécessitait le remaniement et la consolidation des définitions et des modes de guérison afin de faire face aux réalités courantes sociales et cliniques. Le traité de Ferrand est le produit de deux décennies de recherches et de rédaction et répond à ces deux traditions. Sans doute est-il né des impulsions d'un médecin humaniste érudit qui voulait que le corpus entier de connaissance de l'amour érotique fasse un grand pas en avant. La pointe rhétorique de ce traité est aussi fondée sur une réalité médicale moitié perçue, moitié créée, qui était confirmée pour Ferrand par chaque exemple, qu'il fût clinique ou littéraire, de ceux qui avaient souffert des affres de la privation érotique.

Nous regrettons que les archives cliniques de cette époque sur les victimes de la mélancolie érotique ne soient pas plus complètes. Si nous incluons les archives littéraires, comme Ferrand le fit lui-même, nous nous trouvons malgré tout confrontés à un corps riche et complexe de portraits et de points de vue sur les comportements érotiques extrêmes — des portraits qui nous apparaissent être une «imitation de la réalité», avec toutes les qualifications inhérentes à cet ancien concept critique. Les représentations dramatiques et les révélations poétiques de ceux qui souffrent d'amour forment un récit composite de l'amoureux comme victime potentielle, une victime des circonstances, assurément, mais aussi des conditionnements culturels, ainsi que des constitutions physiopsychologiques individuelles. C'est là le point essentiel. Le traité de Ferrand est un témoin parallèle de cette perplexité humaine à travers son propre vocabulaire de causalité et de nécessité. Dans l'histoire de Painter, «The piteous death of an Amorouse Gentleman, for the slacke comfort geven him to late, by his beloved» (La mort pitoyable d'un gentilhomme suite à un réconfort insuffisant et venu trop tard de la part de sa bien-aimée), le sixième conte dans *The Palace of Pleasure* (*Le palais des divertissements*), nous voyons une représentation de son vocabulaire qui permet à la narration fictive de fonctionner essentiellement comme une étude de cas. C'est un récit subtil de l'épisode pathologique qui découle pour certains d'un amour malheureux, mais qui continue de faire souffrir un patient involontairement même après qu'un renversement promet assurément le mariage désiré. Que la mort doive suivre la soudaine dilatation du cœur à l'occasion du baiser d'adieu rattache l'histoire aux principes médicaux avec l'ironie finale, à savoir que celui qui était destiné à mourir de chagrin, en fait, meurt des effets physiologiques secondaires d'une joie intolérable[9].

Dans les symptômes du mélancolique érotique nous reconnaissons le portrait d'un type générique. C'est pourquoi nous proposons une relation entre l'analyse scientifique de la maladie et le portrait du reclus érotique — la figure qui, dans le monde des lettres, se tient à l'opposé de celle de Don Juan. Si le séducteur invétéré des femmes se perd en action hédoniste, l'amoureux morose se perd en paralysie et en pensée, bien que les deux soient conduits par des appétits surchargés et des espoirs romantiques. La conduite associée à chaque type révèle un procédé menant à la désintégration de la psyché: Don Juan à travers une poursuite ennuyeuse d'aventures érotiques sans fin; le mélancolique par un attachement compulsif à un seul objet de désir qu'il lui est impossible d'exiger ou d'abandonner. Il est incontestable que les écrivains de la Renaissance ont été fascinés par les pulsions érotiques qui devinrent vocations et destins et, pour cette raison, ils créèrent un corpus substantiel de littérature pour explorer à la fois le séducteur et le mélancolique. Le traité de Ferrand est le récit le plus complet de cette époque qui parle de cet état d'excès qu'est la mélancolie érotique.

---

[9] William Painter, *The Palace of Pleasure*, éd. Joseph Jacobs, 1575; Londres, David Nutt, 1890; New York, Dover Publications, 1965, vol. II, p. 107–12.

SECONDE PARTIE

De la Maladie D'Amour
ou
Melancholie Erotique

Avec

Notes et Commentaire,
Bibliographie et Index

Préface des éditeurs

Éditer le traité de Jacques Ferrand, c'est devoir se soumettre à la stylistique du début du XVIIe siècle: une écriture avant tout scientifique qui est une partie intrinsèque de l'analyse et de la méthodologie de Ferrand. Ce style est un miroir qui révèle les capacités discursives du penseur à apporter de l'ordre à un sujet qui avait généré des études abondantes et souvent contradictoires et qui était porteur de traditions à la fois antiques et médiévales. Notre but est de rendre Ferrand accessible au lecteur moderne sans rien compromettre ni du style ni de la présentation d'origine. On peut d'abord argumenter qu'un fac-similé ou une édition diplomatique de son traité sont de peu d'utilité au lecteur non versé dans la prose scientifique de la fin de la Renaissance — et que même pour un lecteur averti le texte comporte des obstacles. Les caractères typographiques sont souvent rapprochés afin de respecter la longueur des lignes, le «s» long prête à confusion, les abréviations abondent, la ponctuation de tradition latine déroute les lecteurs modernes, alors que les références dans les marges sont souvent énigmatiques et fréquemment groupées et placées dans des endroits ayant peu à voir avec les passages auxquels elles se rapportent. Tous ces obstacles exigent un travail d'édition qui puisse mettre en valeur plutôt que d'obscurcir les véritables intentions de Ferrand en tant qu'écrivain et penseur.

La question des marges en est un exemple typique. Ces gloses dévoilent les habitudes du savant, car elles fournissent non seulement une documentation superficielle, mais elles révèlent aussi l'ampleur de son savoir. Le traité est accompagné d'une liste préliminaire des traités principaux sur l'amour, ce qui prouve l'étendue des connaissances de Ferrand et qui constitue une aide destinée au lecteur. Il termine son texte avec une liste d'environ 300 noms de tous les auteurs cités. Nous avons supprimé cette liste, non seulement parce que nos propres annotations la rendaient superflue, mais aussi parce que ces noms sont souvent tellement abrégés qu'ils en sont méconnaissables. Une telle liste pourrait également induire le lecteur en erreur puisque Ferrand néglige de mentionner les noms de plusieurs auteurs cités, tandis qu'il en ajoute d'autres qu'il ne cite pas. Les références dans les marges, par contre, sont nécessaires car elles constituent la preuve de son érudition et fournissent un commentaire concernant ses sources. Malheureusement, les reproduire dans nos propres marges serait compromettre leur utilité en tant que documentation, car leur forme tronquée les rend souvent obscures et l'espace limité des marges ne permet pas l'élaboration et l'explication qu'elles requièrent. Les diviser

afin de les intégrer dans le corps du texte aux endroits appropriés n'aurait fait que
bouleverser la prose, et les reléguer en notes aurait minimisé leur rôle rhétorique.
Mais il y a vertu dans le système de notation puisque chaque numéro de note renvoie au passage exact correspondant à la référence. Dans les notes elles-mêmes,
cette référence peut être donnée à la fois textuellement et dans sa version élaborée.
Cela permet également d'ajouter des renseignements sur les éditions et d'indiquer
l'endroit où l'on peut trouver le matériel dans son contexte original. Pour les auteurs classiques et autres du Moyen Âge et de la Renaissance nous avons choisi
les éditions françaises modernes les plus courantes, alors que pour les nombreux
auteurs humanistes contemporains et les traités médicaux qui ne disposent pas
d'édition moderne nous avons cité les sources du XVIe et du XVIIe siècle. Nous
avons consulté les anciennes éditions à divers endroits: la Bibliothèque de la Faculté de Médecine de l'Université de Montpellier, la Bibliothèque Nationale de
Paris, la Bibliothèque Municipale de Toulouse, la Bibliothèque de l'Université de
Toronto, et la Bibliothèque Nationale de Médecine de Bethesda, Maryland.

Le texte de Ferrand est basé sur l'exemplaire de l'édition de 1623 adopté pour
réimpression en fac-similé par Kraus Reprint, Nendeln, Liechtenstein, 1978. Cette
copie comporte toutes les sections textuelles de la première édition. Les exemplaires
qui subsistent encore sont limités, mais en Amérique du Nord il y en a au moins
trois dans les collections de l'Université McGill, de l'Université de Chicago, et de
la Bibliothèque Nationale de Médecine à Washington D.C., et en Angleterre il y
en a également trois exemplaires dans la British Library.

Les modifications suivantes ont été apportées de manière systématique selon
les usages et critères de l'éditeur: dissimilation de *a* et *à, i* et *j, u* et *v*; et la résolution
de toutes les abréviations: *id est* pour *i*, par exemple, mais aussi des noms propres, et
des titres des livres mis en italiques selon l'usage moderne. Par contre, nous avons
respecté les variantes orthographiques (par exemple, «nepveu»), mais corrigé, sans
indication, les erreurs manifestes de l'imprimeur, (par exemple, «du d'humeurs»).
Pour aligner les marges, le compositeur a modifié l'orthographie de mots tels que
«aage», «de quoy», et «oppinion» qui apparaissent ailleurs dans le texte «age»,
«dequoy», et «opinion». Pour les mêmes raisons il a joint des mots, utilisé des
abréviations latines, et a abandonné nombre de «n» et de «m», indiqués en forme
de macron. Les esperluettes sont omniprésentes. Néanmoins, la liste des erreurs
publiée à la fin de la table des matières indique que Ferrand avait lu les épreuves
peu de temps après l'impression du livre. Toutes ces corrections sont intégrées dans
le texte sans commentaire lorsqu'il s'agit d'une erreur de typographie («il» pour
«ils», ou «Garbo» pour «Corbo»). Dans les deux cas où il s'agit d'un changement
de mots, la correction est entre crochets (par exemple jurer [argumenter]). En ce
qui concerne la ponctuation, lorsque la clarification du sens l'exige absolument,
nous avons remplacé les deux points selon sa valeur par un point ou une virgule.
Nous avons aussi ajouté ou supprimé les points ou virgules selon les exigences
du texte. Les nombreuses phrases incomplètes ou décousues ont été conservées
telles quelles, puisqu'il était impossible de les améliorer avec le seul recours de la
ponctuation. Nous avons retiré, ici et là, des virgules qui nuisaient sérieusement à
la cohérence ou qui séparaient un sujet de son verbe. Malgré tout, le style semblera
lourdement ponctué pour le lecteur moderne.

L'emploi des majuscules par Ferrand ou son compositeur suit l'usage pré-
moderne: Les Astrologues, des Superieures, les Melancholiques erotiques, nostre

Coryphee, le Comique, les Prestres juxtaposés avec saint Augustin, pere de la medecine, des jours decretoires, et bien d'autres. Nous avons adopté la pratique moderne: les majuscules pour les noms propres, les lieux, les titres, et les personnifications telles que la Nature et la Fortune, y compris les épithètes remplaçant les noms de certains auteurs, par exemple, «Prince des Medecins» pour Galien, ou «Coryphee des Astrologues» pour Ptolémée.

Les citations de Ferrand en grec et en latin ne correspondent souvent à aucune source, qu'elle soit contemporaine ou moderne. Mais étant donné que les lectures servent souvent leurs contextes mieux que les originaux ne l'auraient fait, force est de conclure que Ferrand a créé ses propres adaptations, soucieux qu'il était de citer, même si cela entraînait un changement de la formulation. Nous avons bien sûr gardé les citations telles que Ferrand les avait construites sans modifier l'orthographe, l'emploi des majuscules ou la ponctuation.

En général, nous avons réservé l'usage des guillemets pour les citations attribuées aux auteurs indiqués, et les italiques pour les mots d'origine étrangère, ou pour les mots qui ont une signification particulière.

Le texte est reproduit intégralement, incluant les multiples sections préliminaires, avec deux exceptions: la «table des chapitres» et «l'index des choses remarquables», un genre d'index, sans doute préparé par l'éditeur, et d'une valeur très inégale, avec une pagination vétuste, et autrement remplacé par les index modernes.

Toutes les références dans les marges du texte de 1623 se trouvent maintenant au début des notes en bas de la page, en italique, et suivies de deux points. En ce qui concerne les passages en grec ou en latin, pour lesquels Ferrand n'a pas fourni de paraphrases, les traductions sont entre crochets dans les notes — ou bien tirées ou adaptées des sources citées, ou bien traduites par les éditeurs.

Donald Beecher
Massimo Ciavolella

De la Maladie D'Amour ou Melancholie Erotique

Discours curieux qui enseigne à cognoistre l'essence, les causes, les signes, et les remedes de ce mal fantastique.

Par Jacques Ferrand Agenois,
Docteur en la Faculté de Medecine.

A Paris,
Chez Denis Moreau, ruë sainct Jacques,
à la Salemandre,
M.D.C. XXIII.
Avec Privilege du Roy

A Messieurs les Estudians en Medecine à Paris

Messieurs,

Bien que je me puisse vanter l'estre hors du ressort d'amour, et dire hautement avec le poëte, «nescio quid sit amor, nec amo, nec amor, nec amavi». Si est-ce toutesfois qu'à la veuë de ce petit discours de l'amour, qui m'est tombé en main par l'adresse d'un mien amy, je me suis laissé insensiblement porter d'amour et d'affection à le publier, et à luy faire voir le jour. Il est vray que ce nom d'amour a je ne sçay quels charmes amoureux, mesme à l'endroit de ceux qui n'ont point d'amour, et force les plus barbares et brutaux à la douceur et à la civilité. C'est ce qui a meu les anciens à l'appeler «artium magistrum», le maistre des arts, le gardien et le concierge de l'univers,

> [...] πάντων κληῖδας ἔκοντα
> Αιθέρος, οὐρανίου, πόντου, χθόνος. [Orphæus in *Hymnis*]

L'ayant veu accoustré et accommodé, non pas nud et en enfant comme les poëtes le descrivent, mais sous un habit de philosophe comme Platon le recommande, je n'ay peu luy desnier cette faveur et cette courtoisie. Ce n'est pas que l'habit fasse le philosophe, et que je croye par cet argument avoir peu atteindre à la vraye et parfaicte cognoissance de l'amour. Je sçay que ce suject a occupé toute l'antiquité, et a donné de la peine à tous ceux qui ont voulu s'embarquer sur cet ocean de merveilles, car apres que les uns l'ont appellé le Pere et le maistre des Dieux, [πατέρα θεῶν τον καὶ ἀνδρων, Hesiod in *Theogonia*], le Demon de la nature [δαίμονα, Orphæus in *Hymnis*], l'Autheur de toutes choses [πανγενέτιου, *Idem*], celuy qui donne la discipline à Jupiter [ἐπεμάστε κεσφνυμφίον ἤρης, Nonnus Dionysus, lib. I], qui chastie Neptune et Bacchus [*Idem*. lib. 42], qui menace et surmonte les dieux [Cointus Smyrnæ, lib. 13], qui est né devant [ἐξ ἀρχης πρῶτον, Hesiod in *Theogonia*], le temps [δυνάσα, Cyr. Theod.], le grand [μεγάλαν ἡγήτορα, Orphæus], le puissant, le monarque du monde [παμβασιλεύς, *Idem*]; apres que les autres l'ont faict enfant [παῖδα, Callistratus], impuissant [μαλαχὸν, *Theogonia*], avorton [μογοστόκον ἔφθασεν ὥρην, Nonnus Dionysus, lib. I], bastard [νοθὸν, Lucianus in *Dialogis*], laron [κλέπτης, *Theogonia*], desbordé [σχέτλιον, Oppian], folastre [μανιώδη, *Theogonia*], effeminé [θηλύτητοι, Nonnus, lib. 36], farouche [ἄγριον, Moschius]; apres que les plus sages ont recherché et trouvé [Marcil Ficin in *Platone et Mythologiis*] des mysteres et des secrets en son nom et en sa vie; âpres l'avoir [Vide Brizardi, *Metamorphoses*], metamorphosé en pie, en puce, en mousche, en soleil, en verre, en plume, en vautour, en hibou; apres que les theologiens l'ont nommé charité et dilection, les philosophes passion et mouvement de l'ame, les medecins concupiscence, maladie d'esprit, melancholie, furie, rage; apres que l'on luy a donné des tiltres d'honneur, et d'infamie; qu'on l'a surnommé chaleur, feu, flambeau, glace, neige, fiel, poison, venin, peste, beste, tygre, lyon, medecin, alchemiste, musicien, soldat, enchanteur, religieux, laboureur, berger, charlatan, encore se plaint-on de n'avoir pas assez dit, et de n'avoir pas penetré assez avant en la cognoissance de sa nature et de son pouvoir. Celuy avoit meilleure grace, qui pour s'exempter de toutes ces difficultez a librement confessé que l'amour estoit je ne sçay quoy, qui vient de je ne sçay où, envoyé de je ne sçay qui, par une façon je ne sçay quelle, nay je ne sçay comment, vivant je ne sçay combien, croissant je ne sçay comment, diminuant et mourant je ne sçay quand, ny de quelle maladie, qui peut deviner ce que se peut estre? J'estois donc bien asseuré que la nature de ce petit demon n'estoit pas si aisée à recognoistre que son accoustrement de philosophe taillé et accommodé à la Françoise. Toutefois m'en rapportant au jugement de quelques gens doctes à qui j'ay communiqué l'ouvrage, je me laissay facilement emporter à ma premiere resolution de luy faire voir le jour, veu qu'il portoit sur le front l'antidote et contrepoison du venin qu'il faict insensiblement glisser au cœur des hommes. Je ne vous vante point les merites de celuy qui a si dignement et judicieusement dressé ce discours, ny ne veux point recommender l'ouvrage par sa nouveauté, et par la recherche curieuse d'une infinité de beaux traicts pris des meilleurs escrivains, dautant que cela surpasse le vol de mon esprit, et que j'attends, comme Appelles de sa Venus, le jugement de ceux qui s'arresteront à la contemplation et à la lecture de ce livre. Or sçachant, Messieurs, combien en ce temps la force d'amour produit de merveilles et d'actions estranges és esprits des jeunes hommes, comme vous, j'ay pensé que ce seroit vous advertir du bon chemin, que de vous faire voir les achoppemens et disgraces des amoureux qui sont tombez en des symptomes si funestes et fascheux, et ay creu par mesme moyen vous donner des remedes et des preservatifs pour semblables malades qui vous tomberont un jour entre les mains. Ce n'est pas peu d'avantage d'avoir des remedes pour soy, et des preservatifs pour autruy. Je me ris de ces astrologues et diseurs de bonne adventure qui promettent des monts d'or et des empires à ceux qui les consultent, et eux ne se peuvent desengager de la mendicité, et le plus souvent de mort ignominieuse. Cassandre ne predisoit jamais rien que mal-heur et mal-encontre. Midas par sa folie fit le profit de ses heritiers, et chercha sa mort, plusieurs font leur fortune, et bastissent leurs maisons aux despens, et sur les ruines des autres. L'advocat profite des procez de ses cliens, le medecin des maladies. Toutes choses ont leur endroit et leur revers, le bien et le mal, le defaut et la perfection. Mais ce discours, Messieurs, n'a point de revers ny de defaut, il ne regarde que vostre instruction et profit, il bute à la vertu et à la doctrine, à l'honneur et à la preud'hommie, ce qui vous le doit rendre beaucoup plus recommandable. Or ayan apris par experience que la curiosité de vos beaux esprits vous porte à la recherche de toutes choses nouvelles et profitables, j'ay pris la hardiesse de vous dedier ce petit, mais rare et precieux ouvrage, estant asseuré que l'ayant leu vous en sçaurez gré à son autheur, et à moy qui le donne au public, et à vous à qui je suis,

MESSIEURS,

　　Tres-humble et tres-affectionné
　　pour vous servir, D. Moreau,
　　Libraire de Paris.
　　De Paris, ce jour de
　　mil six cens vingt et trois.

Au lecteur s[alut]

Le philosophe Possidonius estant jadis pressé d'un si douloureuse maladie, qu'elle luy faisoit tordre les bras et grincer les dents, pensoit bien faire la figue à la douleur pour s'escrier contre-elle: «tu as beau faire, si n'accorderay-je pas que tu soit mal». Nous voyons tous les jours plusieurs beaux esprits espris de quelque beauté perissable, et à parfois imaginaire, tellement piquez et tourmentez de la folie d'amour, qu'ils en ont l'imagination depravée et le jugement alteré, qui à l'imitation de ce sot philosophe, au lieu de rechercher quelque remede salutaire à leur mal, nient que leur folie soit maladie, et employent tout leur estude à chanter les loüanges de l'amour, et de la cause de leur indisposition. Pour nous faire paroistre la vanité de cette opinion stoïque, quoy que je sois philologue plustost que logophile, jugeant celuy assez eloquent qui sçait naïfvement expliquer ses conceptions, je vous offre ce petit discours desnué de toute eloquence, comme dressé par une personne qui professe le faculté que le prince des poëtes Latins appelle *muette*, dans lequel vous trouverez toutes sortes de remedes pour guerir de la plus frequente et dangereuse maladie qui travaille les mortels de tous les deux sexes, lesquels j'ay ramassé és taillis des philosophes, parterres des medecins, et glené és champs des poëtes et theologiens prophanes pour vous plaire par cette varieté:

Omne tulit punctum, qui miscuït utile dulci. [Horace]

Deux principales raisons m'ont poussé à escrire de cette maladie à l'imitation des medecins cy-après mentionnez. La premiere est, pour autant que pratiquant la medecine j'ay cognu que plusieurs traictoient les melancholiques et maniaques d'amour indifferemment comme les autres melancholiques et insensez, sans prendre aucune indication de la cause du mal, et du siege d'icelle, au grand prejudice des malades, et à leur grande confusion, ne voyans les effects qu'ils se promettoient de leurs receptes. La seconde, pour combattre l'opinion erronnée de certains philosophes ou medecins cy-apres nommez, qui quoy que Chrestiens pour la pluspart, conseillent pour la guerison de ce mal, la paillardise, et fornication, laquelle je pretends refuter par plusieurs belles raisons, physiques et morales, remettant le surplus aux theologiens.

Les Noms et les lieux des Medecins qui ont traitté de la guerison de l'Amour, desquels l'Autheur s'est servy.

Aece, Tetrab. 3. serm. 4. cap. 32. et Tetrab. 4. serm. 4. cap. 74. et 82.

Ægineta, lib. 3. cap. de iis qui amore insaniunt.

Avicenne, lib. 3. fen I. tract. 4. c. 23. et 24. de Amantibus, et lib. 3. fen 20. tract. I. à cap. 25. ad cap. 34.

Alzarave, lib. pract. sect. 2. cap. 17.

Arnaut de Villanova, tract. de Amore heroïco, et lib. 2. pract. c. 26. et lib. de regimine sanitatis, c. 28.

Cleopatra, parte 2. harmon. gynæc. cap. 3.

Eros, de passion. mulier. cap. 10.

Gordon, cap. de Amore, part. 2.

Haly Abbas, lib. 5. pract. cap. 25. et lib. 9. theor. cap. 7.

Liebaut, lib. de morb. mul. cap. 29. 32. 33. et lib. 2. cap. 46.

Magnimus, part. 3. de regim. sanitat. cap. 5.

Moschio, cap. 128.

Marsile Ficin, in convivium Platon.

Du Laurens, tr. de la Melanch. c. 10.

Mercurialis, lib. 4. de morb. mulier. cap. 8. et 10.

Mercatus, lib 1. Meth. med. cap. 17. et lib. 2. de morb. mulierum, c. 4. et 10.

Oribasius, lib. 8. Synopsios, cap. de Amantibus.

Pereda, lib. I. Meth. medendi.

Rondelet, lib. I. Meth. medendi, cap. de Amantibus.

Rodericus à Castro, lib. 4. Medico-politici, cap. de Philtris, et lib. 2. de morb. mulier.

Valescus de Tarenta, lib. I. Meth. med. cap. de Amantibus.

Valeriola, lib. 2. observ. 7. de mercatore ex amore insano.

A. Vega, lib. I. Meth. med. cap. de Amore.

JACOBO FERRANDO
Juris Civilis et Medicinæ
Doctori consobrino suo.

Abs Jove principium Clinici, vel Apolline ducunt:
Tu a summo melius praxin amore trahis.
Jupiter huic cedit, Clinices huic cedit et author,
Submittit fasces huic Panace adeo

> Le B. Conseiller au Siege
> Presidial d'Agenois.

EIDEM.
De nato Veneris questa est natura Tonanti,
    Quod generi humano sævior ille foret:
Cum pater immundo, faciam tua, dixit, Amori:
    Ferrandus scriptis vincula frangat Amor.

Au mesme.
Si l'Amour est puissant, Ferrand vous l'estes plus,
S'il blesse, vous sçavez comment guerir l'ulcere:
S'il jette ses brandons, vous esteignez ces feux:
Et de nos passions vous maistrisez le pere.

> G.O. Docteur et Advocat au Siege
> Presidial de Lauraguez.

J. Ferrando fratri charissimo.
Herbis fertur Amor Phœbo immedicabilis, auctor
    Fallitur et prudens artis ab arte sua.
Pharmaciis curet juvenis cum frater Amorem,
    Nonne senex Phœbo nomine maior erit?

Αυτῷ
οὐχὶ πάλαι ἰατροῖσιν Ἔρος μεγάλοισιν ἄκεστος
  ἔοικ᾽, ἰατῶν Φοίβῳ μηδ᾽ἐνὶ γ᾽ἡγεμονῷ
ὄψε δὲ φέῤῥανδον δῶκεν θεὸς ,ὅς γὰρ ἐναργῆ
  καὶ στιβαρὴν τούτου τεῦξεν ἀκεστορίην

> I. F. Advocat au Siege
> Presidial d'Agenois.

[Tables des chapitres]

[Table des choses plus Remarquables Continuës en ce Present Livre]

[Fautes Survenuës à l'impression]

Extrait du Privilege du Roy

Par grace et privilege du Roy, il est permis à Denys Moreau, marchand libraire à Paris, d'imprimer, ou faire imprimer, vendre et distribuer un livre intitulé, *Le traicté de l'essence et guerison de l'amour ou de la melancholie erotique*: Composé par Jean Ferrand Docteur en Medecine. Et defences à tous autres libraires et imprimeurs de ce royaume, de faire le semblable, aux peines portées par lesdites lettres. Donné à Paris le 28 jour de May, 1623.

Par le Conseil. Brigard.

Traicté de l'Essence et Guerison de l'Amour ou de la
Melancholie Erotique

I

S'il est utile d'enseigner les remedes de l'amour ou de la melancholie erotique?

Il semble d'abord que ce soit une vaine et inutile entreprise d'enseigner les remedes de l'amour, que les poëtes, philosophes et anciens theologiens ont presché la cause de tout bien, «αἴτιον τῶν ἀγαθῶν φιλία; τὸ δὲ νεῖκος τῶν κακῶν[1]»; le tableau racourcy de justice, de temperance, de force et de sagesse, l'autheur de la medecine, poësie, musique, et de tous les arts liberaux; le plus noble, le plus puissant, et le plus ancien de tous les dieux que les payens se forgeoient en leur imagination[2]. Veritablement si je disois rien contre cest amour, j'aurois peur d'encourir la peine de laquelle le poëte Stesichore fut puny pour avoir blasmé la belle Helene, jusques avoir chanté la palinodie[3]. Outre que escrivant contre cest amour ce seroit blasmer l'art de la medecine que je professe, attendu que selon Platon sous la personne du medecin Erysimaque, la medecine est la science par laquelle on cognoist les amours du corps concernant la repletion et inanition, comme celuy qui en telles dispositions discerne l'amour honeste du deshonneste est tres-sçavant medecin[4].

Mais il faut remarquer avec Pausanias que comme il y a deux Venus, l'une celeste ou Uranie, fille du ciel sans mere, l'autre plus jeune fille de Jupiter et de Diane, surnommée Pandemie ou vulgaire, ainsi nous recognoissons deux amours fils de deux deesses, le divin, et le vulgaire[5]. Les metaphysiciens et theologiens discourent de l'essence et proprietez du premier; les medecins du vulgaire, qui

---

[1] [*Arist. 1. Metaph. c. 4.*]: Aristote, *Métaphysique*, I, 4 (984a).

[2] [*Plato in Conv. Plut. 1. Symp.*]: Platon, *Banquet* (196A–198A). Plutarque, *Propos de table*, V, ques. 5, *Œuvres morales*, éd. F. Furhmann, vol. IX.2, p. 71–74.

[3] [*Plato in Phedr.*]: Platon, *Phèdre* (243A–B).

[4] Platon, *Banquet* (186C–E).

[5] [*Plotin l. de Amore. Cic. l. 3. de nat. deor. Fulgent. in Mythol.*]: Plotin, *Ennéades*, III, tract. 5, trad. É. Bréhier, vol. I, p. 65. Pour ce concept cf. aussi Platon, *Banquet* et Plutarque, *Dialogue sur l'amour*. Cicéron, *De la nature des dieux*, éd. M. Van den Bruwaene, vol. III, p. 59 et suiv. Fabius Planciades Fulgentius, *Mitologiarum libri tres*. Fulgentius dédie deux *fabulae* à Vénus dans le livre II: «Sur Vénus» et «La fable de l'adultère de Vénus». Dans le livre III, 6, il raconte l'histoire d'Eros et de Psyché. Pausanias, «Boeotia», XVI, 4, *Description de la Grèce*. Voir aussi *Description of Greece*, trad. W. H. S. Jones (Loeb, 1965), vol. VI, p. 241. Cette section sur les deux Vénus est probablement dérivée de François Valleriola (quondam Valériole), *Observationum medicinalium libri sex*, p. 190.

derechef est honneste ou deshonneste. Ils enseignent les moyens de conserver le premier durant le mariage, et donnent des remedes souverains pour guerir et se preserver de l'amour impudique, duquel les ames basses et vicieuses sont souvent transportées.

Les Grecs rapportent qu'Apollon eut deux fils, Æsculape et Platon: cestui-cy pour guerir les maladies d'esprit; Æsculape pour celles du corps[6]. Or l'amour estant maladie du corps et de l'esprit, je me serviray des preceptes de Platon, et des remedes d'Æsculape en la guerison de la melancholie amoureuse[7], que j'ay appris de son nepveu Hippocrate, n'entendant traicter de l'amour qu'entant qu'il est passion ou violante perturbation de l'esprit deshonneste et revesche à la raison:

Utile propositum est sævas extinguere flammas,
Nec servum vitiis pectus habere tuum[8].

Mais je veux principalement enseigner les remedes pour la precaution de la melancholie amoureuse, ou amour melancholique, duquel sont souvent travaillés ceux qui ne sçavent regler leurs desirs par la raison[9], dautant que l'amour impudique est la pepiniere d'un million de maux denombrez par Plaute:

Amorem cuncta vitia sectari solent,
Cura, ægritudo, dolor, nimiaque elegantia,
Insomnia, ærumna, error, et terror, et fuga,
Ineptia, stultitiaque adeo, et temeritas,
Incogitantia, excors, immodestia,
Petulantia, cupiditas, et malevolentia:
Inhæret etiam aviditas, desidia, injuria,
Inopia, contumelia, et dispendium,
Multiloquium, pauciloquium[10].

Ce qui a donné occasion à nostre poëte et consul Bourdelois de feindre que Venus laissa un jour foüetter son fils Cupidon, et apres pendre à un meurthe, pour nous apprendre par ceste fiction poëtique que la volupté foüette bien souvent les amans

[6]Apollon est celui qui prévient les malheurs. En tant que guérisseur de maladies physiques il est vénéré, avec son fils Esculape (alias Asclépias), mais à un niveau plus élevé, c'est un Dieu qui veille sur la pureté mentale et morale: de là son association avec Platon. Cf. Diogène Laërce, *Vie, doctrines et sentences des philosophes illustres*, III, ch. 45, éd. R. Genaille, vol. I, p. 163. Ces deux épigrammes se trouvent dans l'*Anthologie Palatine*, livre VII, nn. 108 et 109, éd. P. Waltz, vol. IV, p. 102. Cette référence était assez commune à la Renaissance: voir, par exemple, Marc-Antoine Muret (Marcus Antonius Muretus), «Oratio V», dans *Opera omnia*, éd. C.-H. Frotscher, vol. I, p. 332–33.

[7][*Soranio*]: Soranos d'Éphèse. Ferrand se réfère probablement à la βίος Ἱπποκράτους (*Vie d'Hippocrate*), éd. Ilberg, vol. IV.

[8]Ovide, *Les remèdes à l'amour*, vv. 53–54, éd. H. Bornecque. [Le but utile que je me propose est d'éteindre une flamme cruelle et d'affranchir les cœurs d'un honteux esclavage.]

[9][*Cic. de senect.*]: Cicéron, *De la vieillesse ou Caton l'ancien*, XII, 42, mais voir aussi le livre XI, 36, trad. P. Wuilleumier, p. 103–04, 108.

[10][*Plaut. act. 1. sc. 1. mercat.*]: Plaute, *Le marchand*, vol. I, i, 18–19, 25–31, trad. P. Grimal, p. 483–84: [L'amour est suivi de tant de défauts: souci, chagrin, trop de recherche dans sa mise (...) insomnie, torture, erreurs, terreur et fuite, sottise, stupidité aussi et puis étourderie, insolence et passion, malveillance!]

des escorgées, signifiées par ses aisles de pourpre, qui, selon Guitton d'Arezzo, sont hieroglyphes de douleur et peine mortelle[11]. Et à Petrarque de le loger dans un palais d'esperances, qui font que toutes personnes de quelle condition et sexe qu'elles soient, desirent y loger, mais qui plus haut y monte, plus descend, dautant que les degrez de ce palais sont faicts de matiere glissante[12]. Les trois premieres marches sont l'effronterie des yeux, desbordement de parole, et l'affeterie ou violance de la main. Les chambres sont parées d'oisivetez, songes, vains desirs, et inconstances. La cheminée de la grand'sale est la poictrine des amans, celle de la chambre est le cœur, et le foye celle de la cuisine. Les sieges de ceux qui le visitent et caressent sont les faux contentemens, sur lesquels ils ne sont pas plustost assis qu'ils se fracassent. Mais pour les reparer il envoye à tous momens querir ses ingenieurs l'ennuy, le tourment et la fraude. L'incertitude et la crainte sont les plus seures gardes de ce palais, duquel la fausse opinion serre les portes le soir, et la nuict la deffiance y entre en sentinelle, etc.

Ce que l'Apollonius Thyaneus ayant bien considéré, un jour sollicité par le Roy de Babylone d'inventer nouveau supplice pour l'adultere qu'il avoit trouvé avec sa favorite, il respondit qu'en luy donnant la vie, il le laissast encores aimer, dautant que ses amours avec le temps le puniroient assez aigrement, desquels le commancement est peur, le milieu perte, et la fin douleur[13]. Ce que vous cognoistrez plus clairement en vous depeignant les symptomes ordinaires de la melancholie erotique.

---

[11]Ausone, «L'Amour crucifié», vs. 54–62, 88–92, dans *Œuvres en vers et en prose*, éd. M. Jasinski. Voir aussi les *Opuscula*, éd. S. Prete, p. 116–21. Ferrand change la signification de la fable allégorique d'Ausone pour l'adapter à ses objectifs secrets. L'allusion aux ailes pourpres de Cupidon dérive de ce qu'on appelle le «traité d'Amour» de Guittone d'Arezzo, une collection de poésies sur la nature et les effets de l'amour, mais la référence dérive de Mario Equicola, *Libro de natura de amore*, p. 4. L'édition du traité de Ferrand publié en 1610 reporte la note marginale «*I. Bocace en son Phileloce*», une indication très claire qu'entre la première et la seconde édition de son traité Ferrand a lu Equicola et a décidé de remplacer la référence générale à l'histoire de Boccace de l'amour contrasté entre Florio et Biancifiore par cette référence plus spécifique à l'iconographie de Cupidon.

[12][*Petr. ch. 4. du triomphe d'Amour*]: Pétrarque, *Le triomphe de l'amour*, IV, 137–53, dans *Opere*, éd. G. Ponte, p. 283.

[13][*Philostr. l. 1. c. 20*]: Flavius Philostrate, *De la vie d'Apollonius Tyaneen en VIII livres*, traduction de B[laise] de Vigenère, livre I, ch. 36. Il est probable que Ferrand prend l'histoire d'André Du Laurens, *Second discours, au quel est traicté des maladies mélancholiques, et du moyen de les guarir*, dans *Toutes les Œuvres*, p. 35[v].

II

Les symptomes de la melancholie erotique

Les divers et pertroublés mouvemens desquels l'ame d'un amant est bourrelée lors qu'il aime avec passion causent plus de maux aux hommes que toute autre passion d'esprit, ores que nous lisions dans nos autheurs classiques que plusieurs sont morts d'une joye extreme, comme Polycrita de Naxe, Diagoras Rhodien, Chilon Lacedemonien, Sophocles poëte, et Denys Tyran de Syracuse, ou bien de tristesse comme P. Rutilius, M. Lepidus, et Hely souverain pontife des Juifs, quelques uns de honte, comme Homere pour n'avoir sceu expliquer l'enigme des pescheurs, et Macrine femme de Torquatus de l'ardent desir de voir un Egyptien monocule ou cyclope qui passoit devant sa maison, son mary estant absent, au temps que l'honnesteté ne permettoit aux femmes mariées de regarder par la fenestre, ou sortir de la maison durant l'absence des marys[1]. Ce neantmoins toutes ces passions

---

[1][*Arist. l.1. Eth. c. 21. Gal. 2. de sympt. caus. c. 5. Val. Max. l. 9. c. 12. Pline l. 7. c. 36. M. Aurele Fulgose.*]: Aristote, *Grande morale* (1191a–b). Galien, *De symptomatum causis*, II, v, ed. Kühn, vol. VII, p. 175–96, établit les raisons médicales pour lesquelles les perturbations qui accompagnent la joie et la douleur excessives peuvent être mortelles. L'histoire de Policrita de Naxos, qui mourut de joie devant les murs de sa ville le jour où il revint de son emprisonnement, est racontée par Plutarque dans *Les vertus des femmes*, 17, et est également mentionnée par Aulu-Gelle dans *Nuits attiques*, livre III, ch. xv, qui attribue l'histoire à Aristote; trad. Réné Marache, vol. I, p. 174–75. Aulu-Gelle raconte aussi, dans le livre III, ch. xv, l'histoire de Diagoras, qui mourut quand ses trois enfants furent vainqueurs aux Jeux Olympiques. Chilo le Lacédémonien était un des Sept Sages de la Grèce (la légende, déjà formulée par Platon, est définie vers la fin du IVe siècle par l'érudit Demetrius Falereus), qui périt de joie lorsqu'il était déjà un vieillard parce que un de ses fils avait remporté un prix aux Jeux Olympiques. Valère Maxime, *Faits et dits mémorables*, livre VIII, ch. 12, éd. R. Combès, raconte que Sophocle mourut de joie quand il entendit dire qu'une des ses tragédies avait gagné un prix. Voir aussi Valerius Maximus, *Factorum et dictorum memorabilium libri novem*, éd. C. Kempf, p. 461. Diodore de Sicile, dans sa *Bibliothèque*, XV, 74, trad. Claude Vial, raconte la même histoire à propos de Dionisius I, tyran de Sicile. Pline l'Ancien, *Histoire naturelle*, livre VII, trad. M. É. Littré, vol. I, p. 299, raconte comment Publius Rutilius mourut quand il fut informé de la trahison de son frère dans la campagne pour devenir consul, et comment Marcus Lepidus périt d'amour pour sa femme après avoir divorcé. Eli était le prêtre de la maison du Seigneur à Shiloh (I Samuel 4). Quand il apprit que les Hébreux avaient été chassés par les Philistins, que ses deux fils avaient

proffitent souvent, et à ces fins sont nombrées par les medecins entre les six choses non natureles[2]. La cholere quoy qu'elle rapporte à la fureur («ira furor brevis est[3]») sert aux faineans, mornes, dormards, paresseux, morfondus et pasles, la crainte aux fols, temeraires, phrenetiques, maniaques[4]. La tristesse est utile aux riards, fols et temeraires, et la honte aux impudens, effrontez, aux pasles et blafardes couleurs[5].

Mais l'amour ne semble proffiter à personne, rapportant à cette espece de passion que l'Avicenne selon André Alpagus appelle *hea* en sa langue Arabesque, attendu que le plus souvent il est composé de plusieurs mouvemens contraires: joye et tristesse, espoir et desespoir, amitié et haine ou jalousie[6].

> Odi, et amo: quare id faciam fortasse requiris.
> Nescio, sed fieri sentio et excrucior[7].

> Luctantur pectusque leve in contraria ducunt:
> Hac Amor, hac odium: sed puto vincet Amor[8].

Encores diray-je que l'amour est le principe et l'origine de toutes nos affections, et l'abbregé de toutes les perturbations de l'ame. Car desirant jouïr de ce qui plaist, soit-il beau reellement ou en apparence, nous l'appellons convoitise ou

été tués et que l'arche de l'Alliance avait été volée, il tomba en arrière, se rompit le cou et mourut. L'histoire de la mort d'Homère causée par la douleur excessive de ne pas avoir réussi à résoudre l'énigme d'un pêcheur de l'île d'Io est racontée par Valère Maxime, *Faits et dits mémorables*, livre VIII, ch. 12, trad. Robert Combès. Voir aussi Valerius Maximus, *Factorum et dictorum memorabilium libri novem*, éd. C. Kempf, p. 461. *M. Aurele Fulgose* est Giovan Battista Fregoso, *Factorum dictorumque memorabilium libri IX*, IX, 12: «De Diagora Rhodio et Chilone philosopho», «De seniore Dionysio Syracusano tyranno», «De Policreta Naxia». Ces histoires furent très diffusées pendant le XVIe siècle; voir, par exemple, Charles Estienne (Carolus Stephanus), *Dictionarium historicum, geographicum, poeticum*, Paris, 1596, publié de nouveau: New York et Londres, Garland Publishing, 1976: Polycrita, p. 360[v]; Diagoras, p. 183[v]; Chilon, p.148[v]; Sophocle, p. 406[r], Dionisius, p. 187[r]. Voir aussi Diogène Laërce, *Vie, Doctrines, et Sentences des Philosophes illustres*, «Chilon», trad. R. Genaille, vol. I, p. 70–72.

[2] [*Gal. l. 6. de plac. Hipp. l. 3. de diff. respir.*]: Galien, *De placitis Hippocratis et Platonis*, livre VI, éd. Kühn, vol. V, p. 505–85, discute du problème des activités et des affections des parties de l'âme. Voir aussi Galien, *De difficultate respirationis*, éd. Kühn, vol. III, p. 888–960.

[3] Horace, *Épitres*, I, ii, 62: «ira furor brevis est», éd. Villeneuve, p. 48.

[4] [*Hipp. 2. Ep. sect. 4. l. 6. Ep. sect. 8. Aph. 46*]: Hippocrate, *Des épidémies*, II, 4 et VI, 8, dans *Œuvres complètes d'Hippocrate*, éd. Littré, vol. V, p. 127, p. 342–57. Ferrand pense probablement à un passage de Jean Fernel, *Pathologie*, p. 68.

[5] [*Avic. l. p. Cant. tr. I*]: Avicenne, traité I, partie 1, de son *Poème sur la médecine* (*'Arjuzat fi't-tibb*), *Cantica Avicennae*, dans *Liber canonis, de medicinis cordialibus et Cantica iam olim quidem a Gerardo Carmonensi ex arabico sermone in latinum conversa*, p. 567[r–v].

[6] *Poème sur la médecine* d'Avicenne, p. 10[r]. Ferrand se réfère à une section préparée par Andrea Alpago de Belluno. Jean Aubery, *L'antidote d'amour*, p. 45[r].

[7] [*Catul.*]: Catulle, LXXXV, trad. A. Ernout, p. 131. [Je hais et j'aime. Comment est-ce possible, demandez-vous, peut-être? Je l'ignore, mais je le sens et c'est une torture.]

[8] [*Ovide*]: Ovide, *Amours*, livre III, xi, vv. 33–34, éd. H. Bornecque, p. 95. [Je sens mon cœur inconstant tiraillé entre l'amour et la haine qui se livrent combat; mais, je le crois, c'est l'amour qui l'emporte.]

concupiscence. N'en pouvant jouïr c'est douleur et desespoir, jouïssant de la chose desirée, amour prend le titre de plaisir et volupté; le croyant pouvoir obtenir c'est espoir, et le croyant perdre du tout, ou en partie, c'est jalousie.

A cause de ces perturbations de l'esprit, le sang devient sec, terrestre et melancholique, comme en toutes autres violantes passions, excepté la joye, selon Galien[9], dont plusieurs sont tombez en des horribles accidens et mauvais symptomes, estans devenus melancholiques, fats, misanthropes, maniaques et loups-garoux, comme rapporte le docte Avicenne au chapitre de l'amour[10]. Le medecin Aretæe faict mention d'un jeune muguet de son temps qui devint fol d'amour, et ne peut guerir par les remedes de ce docte medecin de Cappadoce[11]. Lucrece poëte fameux en perdit le jugement. Iphis se desespera pour Anaxarete, un jeune Athenien pour une statuë de marbre[12], ce qui fust aussi advenu à un riche marchand d'Arles il n'y a pas fort long-temps, sans le secours du docte Valeriola, ainsi qu'il narre en ses *Observations*[13]. Sapho la poëteresse esperduë de l'amour de Phaon, se precipita du rocher Leucadien dans la mer[14], au rapport de Strabon et de Suydas, car les femmes sont plus grievement et plus souvent travaillées de ces maux que les hommes[15], attendu que de l'amour ruisselent les pasles et blafardes couleurs jointes à une fievre lente, que nos modernes pratticiens appellent fievre amoureuse[16], les battemens de cœur, bouffisure de visage, appetits depravez, chagrins, souspirs, larmes sans occasion, faim insatiable, soif enragée, syncopes, oppressions, suffocations, veilles continuelles, cephalalgies, melancholies, epilepsies, rages, fureurs uterines,

[9][*Ch. 86. art. med.*]: Galien, *Ars medicinalis*, dans *Operum Galeni libri isagogici artis me dicae*, ch. 86, «De venereis», p. 223–24, aujourd'hui considéré comme un fragment d'une œuvre perdue.

[10]Avicenne, *Liber canonis*, livre III, fen 1, tr. 4, ch. 23: «De alhash id est amantibus», p. 206[r]–07[r].

[11][*L. I. chron. Morb.*]: Aretaeus, *Of Chronic Diseases (Maladies chroniques)*, livre I, *The Extant Works*, trad. Francis Adams, Boston, Longwood Press, 1978, p. 300. Voir aussi Arétée de Cappadoce, *Des causes et des signes des maladies aiguës et chroniques*, trad. René Théophile, Genève: Droz, 2000.

[12]Rodrigo de Castro, *Medicus-politicus: sive de officiis medico-politicis tractatus, quatuor distinctus libris*, p. 224–25. La source directe de Ferrand est sans aucun doute André Du Laurens, *Des maladies melancholiques et du moyen de les guarir*, ch. 10, dans *Toutes les œuvres*, p. 35[r]. Pour Iphis et Lucrèce cf. aussi Charles Estienne, *Dictionarium historicum, geographicum, poeticum*, p. 254[r] et 275[r].

[13]François Valleriola (quondam Valériole), *Observationum medicinalium libri sex*, p. 184–85.

[14][*Lib. Greg. Girald l. 9. de Poët. Hist.*]: Lelio Gregorio Giraldi, «Dialogus IX», dans *Historiae poetarum tam Graecorum quam Latinorum dialogi decem*, tome II, p. 974–75. [Suidas], *Lexicon (Souda)*, éd G. Bernhardy, tome II, partie 2, *ad vocem* Σαπφώ, p. 674; Strabon, *Géographie*, X, 2, trad. F. Lasserre, vol. VIII, p. 37.

[15]Hippocrate, *Les maladies des jeunes filles*, dans *Œuvres complètes*, éd. Littré, vol. VIII, p. 466–71. Ferrand se réfère au même passage dans le ch. 28; il cite la phrase en grec puis la traduit: «La femme est en ses Amours plus passionnée, et plus acariâtre en ses folies que l'homme.»

[16][*Langius, Mercat.*]: Johannes Lange, *Medicinalium epistolarum miscellanea*, n. 21, «De morbo virgineo», p. 75. Luis Mercado (Ludovicus Mercatus), *De internorum morborum curatione libri IV*, dans *Opera*, livre II, 6, «De febre alba, et de virginum obstructionibus», vol. III, p. 564.

satyriases et autres pernicieux symptomes, qui ne reçoivent mitigation ny guerison le plus souvent que par les remedes de l'amour et de la melancholie erotique selon la doctrine de nostre Hippocrate sur la fin du livre *Des maladies des vierges*, et au livre *De la semence*[17].

Ces accidens ont occasionné plusieurs de croire que l'amour estoit un venin qui s'engendroit dans nos corps, ou s'y glissoit par la veüe, ou bien estoit causé par des medicamens qu'ils appelloient philtres, nombrez parmy les poisons par le Jurisconsulte l. 4.ff. *ad lex Cornelia de sicaris et veneficiis* [*et paricidiis*][18] qui esgaroient le jugement, et consommoient le bon sang, dont les amans devenoient pasles au dire de Theocrite:

αἲ αἲ ῎ερως ἀνιηρε, τί μεν μέλαν ἐκ χροὸς αἷμα
ἐμφὺς ὡς λιμνᾶτις ἄπαν ἐκ βδέλλα πέπωκας[19].

Hippocrate semble donner à l'amour passionné la vertu de changer les hommes en femmes [les femmes en hommes] lors qu'il dict qu'en la ville d'Abderes Phaëtusa ne pouvant jouïr de son mary Pytheus ja dés long-temps absent, qu'elle aimoit avec passion devint homme (ἠνδώϑη) veluë par le corps, la voix virile, et la barbe au menton. Le mesme, dict ce bon vieillard en l'*Aphorismes* suivant de Namysia femme de Gorgippus, laquelle ne fut possible de faire revenir femme (γυναικωϑίναι)[20] j'oserois croire ce changement non du sexe, mais de l'habitude et complexion, car selon le mesme autheur et le Prince des Philosophes, le masle est plus plein, massif et solide, la femme au contraire moins robuste et nerveuse, mais plus humide, delicate, et de plus douce conversation[21]. Toutesfois Galien, Fuchse,

---

[17]Hippocrate, *Les maladies des jeunes filles* dans *Œuvres complètes*, éd. Littré, vol. VIII, p. 469–71. Hippocrate suggère la vie conjugale comme cure parce que «si elles deviennent enceintes, elles guérissent; dans le cas contraire, à l'époque même de la puberté, ou peu après, elles seront prises de cette affection, sinon d'autre». Pour une discussion plus complète des effets produits par l'absence ou par la perte de la menstruation, on devra se référer à son traité *Les maladies des femmes*, vol. V, p. 14–25 et *De la génération*, vol. VII, p. 470–85, 495–97.

[18][*L. 4. ff. ad l. Corn. de sic. & venef.*]: *Lex Cornelia de sicaris veneficis et paricidiis*, Tit. VIII, Marcianus, *Institutiones*, livre XIV, *Codex civilis*. Il est probable que la source de ce passage est F. Valleriola, *Observationum medicinalium libri sex*, p. 189.

[19]Théocrite, Idylle II, 55–56, *Bucoliques grecs*, éd. Ph.-E. Legrand, vol. I, p. 100. [Hélas, Éros funeste, pourquoi, attaché à ma chair comme une sangsue des marais, en as-tu sucé tout le sang noir?]

[20][*L. 6. Epid. sec. 8. Aph. penul. & ult.*]: Hippocrate, *Épidémies. Aforismes*, n. 31 («Rapport entre l'épilepsie et la mélancolie») et n. 32 («Deux observations de femmes qui prirent l'apparence virile à la suite de la suppresion des règles»), dans *Œuvres complètes*, éd. Littré, vol. V, p. 354, 355–57. Pour γυναικωϑίναι on devra lire γυναικωϑήναι. L'origine de l'erreur de Ferrand au sujet du nom de Nanno, femme de Gorgippe, est Du Laurens, de qui sans doute Ferrand prend l'histoire. Voir aussi la note 24.

[21][*Hipp. l. de gland. l. 1. de Morb. mul. Arist. l. Physiog. c. 4. l. 4. de hist. an. c. 21. et l. 9 c. 1.*]: Hippocrate, *Les glandes*, dans *Œuvres complètes*, éd. Littré, vol. V, p. 571–75. Le premier chapitre du traité *Les maladies des femmes* discute de la différence entre la constitution masculine et féminine (Littré, vol. V, p. 13–15). Aristote, dans *Les physionomiques* II (806b), discute des différences entre les hommes et les femmes. Aristote, *Histoire des animaux*, IV, 11 (537b–538b), discute de la différence des dimensions entre les mâles et les

Fœsius, et plusieurs autres medecins ou interpretes du divin Hippocrate[22] (qui n'a jamais trompé personne au dire de Macrobe)[23] se tiennent à la lettre, tellement qu'à leur dire, il nous faudroit croire les fables d'Iphis, Cæneus, et tout ce que les autheurs recitent de Cossitius, Cassinus, et plusieurs autres jeunes filles devenuës masles en leur puberté à Smyrne, Argos, Naples, Auch, Vitry, Conimbre, Salerne, et ailleurs, comme vous pouvez lire dans Fulgose, Amatus Lusitanus, Paré, Pineus, et Schenckius en ses *Observations*, chapitre 25[24].

femelles des diverses espèces d'animaux.

[22] Ferrand a tenu pour acquis que Fuchs et Foës étaient d'accord avec l'analyse d'Hippocrate concernant les transformations sexuelles. L'énoncé de Leonhard Fuchs se trouve dans ses *Paradoxorum medicinae libri tres* (Basileae: ex aedibus Jo. Bebelii, 1535) et aussi dans le *Methodus seu ratio compendiaria cognoscendi veram solidamque medicinam* et dans le commentaire d'Anuce Foës sur les *Aphorismes* d'Hippocrate, dans *Magni Hippocratis Opera omnia quae extant*. Ferrand laisse tomber ici les noms des partisans de l'école grecque contre les prétentions de l'école arabe.

[23] Macrobe, *Commentaire au songe de Scipion*, dans ses *Œuvres complètes*, trad. M. Nisard, I, 6, p. 64.

[24] [*Pl. l. 7. c. 4. Auson. Epigr. 72. Agell l. 9. c. 4 Volater.*]: Pline l'Ancien, *Histoire naturelle*, VII, 4, éd. Littré, vol. I, p. 285, mentionne une jeune fille de Cassino qui s'est transformée en garçon; un homme d'Argo appelé Arescone qui, transformé en femme et marié — portant le prénom d'Arescusa — avec un homme, est ensuite redevenu homme et puis s'est marié avec une femme; et Lucius Constitius, un habitant de la ville de Tisdrite en Afrique, qui avait été une femme puis ensuite redevenue un homme. L'histoire d'Ifis, une jeune femme de Crête élevée comme si elle avait été un garçon qui, quand elle fut fiancée à Ianthé, se métamorphosa en homme, est racontée par Ovide, *Métamorphoses*, IX, 665 et suiv., éd. G. Lafaye, vol. II, p. 115, mais on devra se référer aussi à Charles Estienne, *Dictionarium*, p. 254[r]. L'histoire de Caenis, une fille transformée en homme par son amant Poseidon et par la suite appelée Caeneus, est racontée par Ovide, *Métamorphoses*, XII, 171 et suiv., éd. G. Lafaye, vol. III, p. 36–37, mais voir aussi Virgile, *Énéide*, livre VI, 448, éd. Henri Goelzer, vol. I, p. 180, et Aulu-Gelle, *Nuits attiques*, IX, iv, 14–15, éd. R. Marache, vol. II, p. 121. Ausone, *Epigramme* 76 se trouve dans l'édition de Hugh G. Evelyn White, vol. II, p. 199. Le cardinal Raffaele Maffei de Volterra discute de la mélancolie dans son *Commentariorum urbanorum [...] octo et triginta libri [...]*, sect. «Philologia», XXIIII, p. 259[v]–60[v]. Dans le livre XXIV, ch. 13 du *Commentariorum urbanorum* il raconte l'histoire d'une jeune romaine qui tout à coup s'est trouvée avec un membre masculin le matin de son mariage. Ferrand nourrit sa discussion sur les métamorphoses sexuelles féminines de Du Laurens dont la voix s'était faite entendre dans toute la capitale. Pour l'origine des noms et des lieux cités dans le texte: Cossitius, Cassino, Naple, Salerne, Coimbra (en Portugal), Auch, Argo et Smirne, et pour les histoires de Phaëtusa et de Namisia, on devra se référer à ses *Controverses anatomiques*, livre VII, ch. 8, dans *Toutes les Œuvres*, p. 224[r]–25[r]. Jean Liébault dans son œuvre sur les *Maladies des femmes*, III, 12, p. 632–33, discute des défauts de naissance, des apparences et de leurs causes, et attribue ces transformations sexuelles à une surabondance de semence au moment de la conception. La liste des autorités qu'il mentionne est plus grande que celle de Ferrand ou de Du Laurens. Plusieurs de ces histoires sur le changement de sexe sont aussi racontées par Levinus Lemnius, *Occulta naturae miracula, ac varia rerum documenta*. Giovan Battista Fregoso, *Factorum dictorumque memorabilium libri IX*, livre I, 5, «De L. Cossitio Tisdritano». João Rodriguez Amato (Amatus Lusitanus) parle de la transformation des femmes en hommes dans son *Curationum medicinalium centuriae duae*, centuria II, curatio 39, p. 78[r]–79[r]. Ambroise Paré traite de ce sujet dans *De monstres et prodiges*, ch. 7, dans *Œuvres complètes*, éd. J. F. Malgaine, Genève, Slatkine Reprints, 1970, vol. III, p. 18–20. Voir aussi l'édition *Des monstres et prodiges*, éd. Jean Céard,

Les Peripateticiens ne trouvent pas ce changement miraculeux, dautant que leur Coryphée dict en plusieurs endroits, que la femme est un homme imparfaict, «ἄρρεν πεπηρωμένον[25]», ne differant du masle, que des parties genitales, lesquelles selon Galien, sont en la femelle retenuës et encloses au dedans par defaut de chaleur suffisante pour les pousser au dehors[26], ce que neantmoins nature n'a pas faict par erreur ou impuissance, comme quelques grossiers philosophes ont dict, ains pour la conservation de l'espece[27]. Il se peut donc faire assez facilement selon ceste doctrine du Genie de la Nature, et de Galien, qu'une fille eschauffée de la furie d'amour poussa au dehors ses parties genitales, qui sont celles de l'homme renversées selon le mesme docteur auquel nos modernes anatomistes contredisent, comme vous pouvez amplement lire dans les *Questions anatomiques* de nostre bon precepteur André Dulaurens[28].

Le docte Louys Mercatus, et son singe Rodericus à Castro, sont tellement empeschez en l'explication de ces deux textes de nostre Hippocrate[29] que tantost ils disent que ces matrones estoient travaillées de providence ou descente de matrice, laquelle representoit en semblance le sexe masculin, tantost asseurent que ces bonnes femmes avoient la partie que Manard nomme *queuë*, Albucasis *tentiginem*, Moschio et Mercatus *symptoma turpitudinis*, Aretæ *nympham*, Fallope *clitorida*, Columbus *amorem et dulcedinem Veneris*, Avicenne *albatram, id est, virgam*, tellement grande qu'elle representoit un membre viril[30]: ce qui est arrivé à plusieurs autres femmes qui, abusans malheureusement de ceste partie, ont esté appellées

Genève, Droz, 1971. Severin Pineau (Pineus) en parle dans son *Opusculum physiologum et anatomicum* [...], I, 4, prob. 2. Johann Theodor Schenck von Grafenberg (Schenckius), *Observationum medicarum rarum, novarum admirabilium, et monstrosarum, volumen tomis septem de toto homine in stitutum*. Johann Wier, *Cinq livres de l'imposture et tromperie des diables*, IV, 24, col. 1, p. 598–604. Wier offre un important résumé de ce débat médical et se déclare d'accord avec ceux qui attribuent le changement du sexe féminin en masculin à une extension du clitoris.

[25][*L. 1 de gen. an. c. 20. L. 2. c. 3*]: Aristote, *De la génération des animaux*, I, 20; II, 3 (737a). «ἄρρεν πεπηρωμένον» est dans II, 3.

[26][*Gal. l. 1. de sem. 1. 14. de usu par.*]: Galien, *De semine*, I, éd. Kühn, vol. IV, p. 512–93; *De usu partium*, XIV, éd. Kühn, vol. III, p. 628–30.

[27][*Arist. c. 3. l. 4. de gen. anim.*]: Aristote, *De la génération des animaux*, IV, 3 (767b).

[28][*L. 7. q. 8. anat.*]: André Du Laurens, *Controverses anatomiques*, VII, 8, dans *Les œuvres*, p. 224[r]–25[r].

[29][*Mercat. l. 2. c. 10. & 11. de Virg. & Viduar. Morb.*]: Luis Mercado, *De internorum morborum curatione libri IV*, dans *Opera*, II, 10: «De pruritu et furore uteri, ac de symptomate turpitudinis», et ch. 11: «De uteri procidentia», III, p. 582–89. Rodrigo de Castro se réfère à Mercado et c'est pour cette raison que Ferrand l'appelle le «singe» de Mercado. Cf. son *De universa mulierum medicina*, livre II (*De affectibus qui viduis ac virginibus accidunt*), 9: «De uteri prurito».

[30][*Albuc. 2. Meth. c. 72. Laurens c. 12. l. 7. Anat.*]: Albucasis, *Methodus medendi certa*, II, 72, p. 120 et suiv. André Du Laurens, *Historia anatomica humani corporis* VII, 12, p. 356. Girolamo Mercuriale, *De morbis muliebribus libri IV*, dans *Gynaeciorum sive de mulierum affectibus commentarii*, livre IV, 13, «De nympha et cauda», vol. II, p. 159. Cf. aussi le ch. 12, n. 1. Jean Liébault, II, 63, *Des maladies des femmes*, p. 511. Du Laurens est à l'origine de la phrase attribuée à Colombo, «amorem et dulcedinem Veneris», qui n'apparaît pas dans la section dans laquelle il décrit le clitoris. Pour Colombo, l'organe refroidit l'utérus surchauffé: Realdo Colombo, *De re anatomica libri XV*, p. 444–45.

fricatrices par les Latins, des Grecs τριβάδες [tribades], et des François *ribaudes*[31], au nombre desquelles Suydas et Muret mettent la docte Sapho[32]. Et à la parfin le docte Mercatus conclud qu'il n'entend empescher qu'on ne croye ce changement et metamorphose, attendu les frequens exemples rapportez par les historiens et medecins cy-dessus cottez.

---

[31] Johann Wier, *Histoires, disputes et discours des illusions et impostures des diables*, vol. I, p. 427–28. Wier discute des déviations sexuelles dans un chapitre intitulé «De la vilaine copulation des sorcières», où il reprend de Leo Africanus les rendez-vous entre femmes possédées. Voir aussi Girolamo Mercuriale, *De morbis mulieribus*, p. 254. Ferrand discute de ce sujet d'une manière plus détaillée dans le ch. 12 de ce traité.

[32] Marc Antoine Muret, *Variarum lectionum libri XV*, ch. 21, p. 221–22. Pour Ferrand le fait que Sappho, selon Soudas, se soit jetée dans la mer de la falaise de Leucade signifie qu'elle souffrait de *furor uterinus*.

III

Du nom de l'amour, et de la melancholie erotique

Toutes les maladies, selon nostre Galien, prennent leur nom de la partie malade[1], comme la pleuresie et peripneumonie, ou du symptome, comme le tremblement, ou de tous les deux ensemble, comme la cephalalgie, ou de la semblance de quelque chose, comme la cancer, ou finalement de la cause efficiente, comme nostre melancholie erotique, ou amoureuse, que quelques medecins nomment ἐρω-τομανίαν, c'est à dire rage d'amour, ou folie amoureuse, car veritablement on peut dire des amans ce que Demodocus des Milesiens dans Aristote: «s'ils ne sont fols, ils font au moins ce que font les fols[2]». Ce que le poëte Euripide nous vouloit apprendre quand au rapport du mesme philosophe il derivoit le nom de Venus de la folie, «ἀφροδίτης ἀπὸ τῆς ἀφροδίας[3]»:

Amare et sapere vix diis conceditur[4].

Sur quoy vous remarquerez que nos anciens medecins confondent souvent la manie avec la melancholie, comme ne differant que du plus et du moins[5], laquelle difference ne change point l'espece, comme nous prouverons mieux cy-apres.

---

[1][*L. 2. Meth. med.*]: Galien, *De methodo medendi*, I, 2. Galien, cependant, se réfère à la mélancolie comme exemple d'une maladie dont le nom dérive de la cause efficiente et non de la mélancolie érotique.

[2][*Lib. 6. Eth. Eud. cap. 8*]: Aristote, *Ethique à Eudème*, livre VI, chap. 8, éd. Pierre Maréchaux, p. 164. Voir aussi VII, 8 de l'*Éthique à Nicomaque* (1151a).

[3][*2 Rhet. c. 3*]: Aristote, *Rhétorique*, livre II, chap. 23, 29 (1400b). La citation d'Euripide vient de la *Troades*, l. 990, *Tragédies complètes*, éd. Delcourt-Curvers, vol. II, p. 751.

[4][*P. Syrus*]: Publilius Syrus, *Sententiae*, A22, éd. Meyer, p. 18. Les *Sentences* de Publilius Syrus se trouve dans une édition française avec les *Fables* d'Avianus, et les *Distiques moraux* de Caton, trad. Pierre Constant, Paris, Garnier, 1937. [Même les dieux ne peuvent être à la fois sages et amoureux.]

[5][*Trallian l. 3. ca. 7. Altim. li. i. Meth. 7. c. 3*]: Alexandre de Tralles, *Œuvres medicales*, I, 17, vol. II, p. 226. Donato-Antonio Altomari, *De medendis humanis corporis malis*, I, 7, dans *Opera omnia*, p. 189.

Avicenne, avec toute la famille Arabesque, appelle ceste maladie en sa langue *alhasch* et *iliscus*[6], Arnaud de Villanova, [Bernard de] Gordon, et leurs contemporanées la nomment amour *heroïque* ou *seigneurial*[7], soit que les anciens heros ou demy-dieux soient esté beaucoup travaillez de ce mal, comme les poëtes fabuleux recitent, ou bien que les grands seigneurs et dames soient plus enclins à ceste maladie que le peuple, ou finalement, dautant que l'amour seigneurie et maistrise les cœurs des amans.

L'Amour est nommé des Grecs ἔρος par *o* lors qu'il signifie generalement le desir de toutes choses (quoy que Pindare l'aye usurpé pour Cupidon) et par ω lors qu'il signifie le vray amour[8]. Quelques uns disent que lors qu'il est escrit par ω il signifie l'amour deshonneste, et par *o* l'honneste et loüable amitié[9]. Quoy qu'il en soit, ἔρος ou ἔρως derivé παρὰ τὸ ἐλεῖν ἐλόντα, c'est à dire prendre celuy qui prend, changeant λ en ρ, ou bien ἀπὸ τοῦ Ἄρηος du nom de son pere Mars, ou ἀπὸ τῆς ῥώμης, c'est à dire *force*, car amour est le plus fort de tous les dieux, comme prouve Agathon dans Platon en son *Banquet*, qui, comme dit Lucien, estant encores au berceau surmonta Pan, c'est à dire la Nature à la luicte[10]. Sinon que nous aimions

---

[6] *Iliscus* est une translittération du mot arabe *al-'isq:* amour. Cette forme romancée dérive de Gérard de Crémone qui l'introduit dans sa traduction du *Canon* d'Avicenne, livre I, fen 1, tr. 5, chap. 23: «De alhash id est amantibus». Cf. Guillaume de Saliceto qui, dans le dix-huitième chapitre de sa *Cyrurgia*, l'appelle *ylischi*. Jean Michel Savonarola, *Practica major*, VI, 1, rub. 14, «De ilisci», p. 66: «Ilisci est sollicitudo melancholica qua quis ob amorem fortem et intensum sollicitat habere rem quam nimia aviditate concupiscit, cuius causa secundum plurimum est animi forte accidens. Et ilisci est nomen arabicum; apud nos vero interpretatur amor. Unde haec passio a multis dicta est haereos, quia haerois sive nobilibus plus contingit».

[7] Arnaud de Villeneuve, *Tractatus de amore heroico*, dans *Opera medica omnia*, vol. III, p. 50–51, explique la signification du terme «*amor heroicus*» de la façon suivante: «il est appelé héroïque parce que non seulement il afflige aussi les grands seigneurs, mais il se comporte comme tel en subjuguant l'âme et en régnant sur les cœurs des hommes ou parce que les actes de tels énamourés envers les objets de leurs désirs sont similaires aux actes des sujets envers leurs maîtres» (notre trad.). Cf. aussi Bernard de Gordon, *Lilium medicinae*, «De passionis capitis», II, 20: «De amore qui hereos dicitur». Ferrand semble être conscient que l'étymologie du mot *hereos*, du terme grec ἥρως pour héros ou seigneur est une dérivation récente, mais les origines sont déjà dans le *Cratyle* de Platon (398 av. J.-C.). Sur ce passage de Platon voir Mario Equicola, *Libro de natura de amore*, p. 57. L'origine du terme a été très discutée parmi les critiques contemporains, *q.v.* J. L. Lowes, «The Loveres Maladye of Hereos»; G. Agamben, *Stanze: Parole et fantasme dans la culture occidentale*, ch. 3, p. 17 et suiv., et l'introduction de M. R. McVaugh à son édition du *Tractatus de amore heroico* de Arnaud de Villeneuve, p. 5–17.

[8] [*Cal. Rodig. l. 12. c. 37.*]: Ludovico Celio Ricchieri (Rhodiginus), *Lectionum antiquarum libri triginta*, p. 1272–73: «Cur amor hereos dicatur, item eros, necnon amoris commendatio. De amicitia quaepiam haud exculcata: item Cratero, et Hephestione».

[9] Ferrand s'inspire de Mario Equicola, *Libro de natura de amore*, II, 2, p. 56ʳ–60ʳ pour expliquer la signification du mot amour, en choisissant et en arrangeant les exemples et en les agrémentant de plus amples citations. Se référer également à la discussion sur les mêmes distinctions qui dérivent des voyelles courtes et longues dans Agostino Nifo (Augustinus Niphus), *Medici libri duo, de Pulchro primus, de Amore secundus*, p. 111.

[10] Le discours d'Agathône se trouve dans le *Banquet* (196D). Lucien de Samosate, *Les dialogues des dieux*, VII: «Hephaestus et Apollon», *Œuvres complètes*, éd Émile Chambry, vol. I, p. 112–15.

mieux le prendre de εἴρω (qui dans Hesiode signifie *dedier*) à cause que l'amant passionné consacre ses desirs, ses volontez et actions aux merites de l'aimé. Plotin le faict venir de «ὁρᾶν», pour ce que «ἐκ τοῦ ὁρᾶν τὸ ἐρᾶν», de la veuë naist amour[11]. Theocrite:

──────── ὡς ἴδον ὡς ἐμάνεν[12];
Ut vidi, ut perii, sic me malus abstulit error[13].

Il semble, dict Aristote en ses *Ethiques*, que le principe de toute sorte d'amour et d'amitié soit le plaisir qu'on prend par la veuë[14], à raison dequoy le poëte Properce appelle les yeux les conducteurs et guides de l'amour.

Si nescis, oculi sunt in Amore duces[15].

Aussi sont-ils vrayment les fenestres par lesquelles amour entre dans nous, pour attaquer le cerveau, citadelle de Pallas, et les conduits par lesquels il s'escoule et glisse dans nos entrailles, comme prouvent doctement et copieusement Marsile Ficin, et François Valeriola en ses *Observations Medicales*[16], ce qu'ils semblent avoir appris de l'ancien Musée, qui chante ainsi en son hymne des fameux amans Ero et Leander:

Κάλλος γὰρ περίπυστον ἀμωμήτοιο γυναικὸς
ὀξύτερον μερόπεσσι πέλει πτεροέντος οἴστυ·
ὀφθαλμὸς δ' ὁδός ἐστιν, ἀπ' ὀφθαλμοῖο βολάων
ἕλκος ὀλισθαίνει, καὶ ἐπὶ φρένας ἀνδρὸς ὁδεύει[17].

L'excellante beauté, dit ce poëte de la dame qui est sans contredit parfaictement belle, blesse le cœur par l'œil plus viste que la sagette empennée, et des

──────────

[11] Hésiode, *Odes pythiques*, V. 145, éd. M. Sommer, Paris, Hachette, 1847, p. 132: «Λεγόμενον ἐρέω». [*Ennead. 3. l.5. c. 6.*] Plotin, *Ennéades*, livre III, traité 5. Cf. aussi Hésiode, «À Aphrodite»: «ἑλικοβλέφαρε», «un regard changeant; des coups d'œil rapides», *Hymnes*, éd. Jean Humbert, Paris, Les Belles Lettres, 1951, p. 151 et suiv.

[12] Théocrite, Idylle II, 82, *Bucoliques grecs*, éd. Ph.-E. Legrand, p. 101. [Je vis, et aussitôt quel délire me saisit.]

[13] [*Virg. eccl. 8*]: Virgile, *Les bucoliques*, VIII, 41, éd. Jacques Perret, p. 90. [J'ai vu et j'ai péri; ainsi la déception m'a enlevé mon âme.]

[14] [*9. Eth. ca. 5. & 12*]: Aristote, *Éthique à Nicomaque*, IX, 5 (1167a); IX, 12 (1171b).

[15] Properce, *Élégies*, II, xv, 12, éd. D. Paganelli, p. 54. [... en amour, il n'y a de vrais guides que les yeux.]

[16] Marsile Ficin, *Commentarium in Convivium Platonis de amore*, édité par Sandra Niccoli, Firenze, Olschki, 1987, Oration VII, chap. 4 et 5, p. 189–97. Aussi *Commentaire sur le banquet de Platon*, trad. Raymond Marcel, p. 246–50. Ficin a été la voie par laquelle les idées de Platon sur le rôle de la vue dans la génération de l'amour furent transmises aux philosophes médicaux du XVIᵉ siècle. Valleriola le reconnaît explicitement comme son maître et Ferrand à son tour suit Valleriola. François Valleriola, *Observationum medicinalium libri sex*, p. 189, 196.

[17] Musée, *Les amours de Héro et Léandre*, vv. 92–95, trad. Pierre Orsini, p. 5. [Car la beauté partout célébrée d'une femme irréprochable atteint les mortels d'un trait plus rapide que la flèche ailée. C'est par l'œil que ce trait passe, de l'œil, qui le lance, la beauté glisse et chemine jusqu'au cœur de l'homme.]

yeux se darde et glisse aux entrailles, où il cause un ulcere malin et cacoëthe. Et conformément à ce dire le Plutarque enseigne que l'amant se fond tout en regardant et contemplant la beauté de sa dame, comme s'il entroit dans elle.[18] L'œil de l'aimée reciproquement brille et chasse de tous endroits pour envelopper, lier, et serrer estroictement le cœur de l'amant. A raison de quoy Hesiode appelle les beaux yeux ἑλικοβλεφάρους, et Pindare ἑλικώπιδας, par metaphore de ἕλικες, qui sont les tenons et vuilles de vignes, car tout ainsi que ces tenons s'attachent au premier sarment qu'ils rencontrent, et s'entortillent à l'entoûr. De pareille façon l'œil d'une belle dame s'entortille et s'attache ou cœur de celuy qui la regarde attentivement[19].

Platon en son *Cratyle* veut qu'on appelle amour ἔρως ὅτι εἰσρεῖ, c'est à dire influë des yeux au cœur, ou bien ἵμερος de ῥῶ, c'est à dire fluxion attirant l'ame (jaçoit que quelques autres soustiennent qu'il est dict ἵμερος quasi ἤμερος, c'est à dire apprivoisant) ou bien πόθος, qui neantmoins differe de ἵμερος, dautant que celuy la est le desir de la chose absente, et cestuy-cy de la presente[20]. Nos grammariens le font venir d'ἐρωτῶ, pour ce que les amans sont tousjours supplians, ou s'enquierent de leurs maistresses[21]. Il me semble que l'amour charnel duquel nous recherchons les remedes est mieux appellé par Platon πιγμὸς[22], attendu que cest amour estouffe et suffoque le vray amour, et encores mieux par les Æoliens Ἄρπυς, c'est à dire voleur, παρὰ τὸ ἁρπάζειν τας φρένας [il ravi et vole l'âme], dautant qu'il ravit et vole le cœur, la liberté et le jugement des amans. Parthenius in Crinagora:

Ἀμφοτέροις ἐπίβας Ἄρπμς ἐληίσατο[23].

Quelques autres l'appellent φιλογυνίαν, φιλάνδρειαν, αἰδρομανίαν, «tangendi enim cupido non Amoris pars est, sed potius petulantiæ species, et servilis hominis perturbatio», dit Marsile Ficin apres son maistre Platon[24]. Les noms de φιλία[amitié],

---

[18][L. 5. Symp. q. 7]: Plutarque, *Œuvres morales*, «Propos de table» VII, ques. 7 (710A–D), éd. F. Frazier, vol. IX.3, p. 46–47.

[19][Vigenère sur Philostrate]: Philostrate (III, dit l'Athénien), *De la vie d'Apollonius Thyaneen en VIII livres*, trad. Blaise de Vigenère. Hésiode, *Théogonie*, XVI, éd. Mazon, p. 32. Pindare, *Pythiques*, VI, l, *Œuvres complètes*, éd. J.-P. Savignac, p. 221.

[20]La discussion dérive entièrement de Mario Equicola, *Libro de natura de amore*, p. 57r–v. Voir aussi Platon, *Cratyle* (420a–21).

[21]Un grammairien consulté à d'autres occasions par Ferrand fut Hesychius Varinus, *Lexicon cum variis doctorum virorum notis vel editis antehac, vel ineditis*, Lugduni Batavorum et Roter., ex officina Hackiana, 1668. Pour une édition moderne: Hesychius, éd. K. Latte, Huniae, Ejner Munksgaard, 1953, vol. I, p. 251, ad vocem «ἄρπυν»: «ἔρωτα. Αἰολεῖς».

[22]Le terme grec correct est πνίγος (πνῖγος) et est utilisé avec cette signification par Platon, Aristote et d'autres.

[23]Parthenius de Nicée, poète élégiaque alexandrin, a été fait prisonnier à Rome après la défaite des Mithridates. Il est devenu le précepteur de grec de Virgile et il a continué à écrire des poèmes et des romans. La citation vient du *Etymologicum genuinum*, in *The Love Romances of Parthenius and Other Fragments*, éd. J. M. Edmonds, ad vocem «Ἀρπυς»: Love. [Tel un pilleur, l'Amour s'est abattu sur eux et les a dépouillés. (notre traduction)]

[24][C. 9. orat. 2]: Marsile Ficin, *Commentarium in Convivium Platonis de amore*, livre II, Oration IX: «tangendi enim cupido non Amoris pars est, sed potius petulantiae species, et servilis hominis perturbatio» [le désir de toucher ne fait pas partie de l'amour; c'est plutôt un dévergondage, un asservissement de l'homme]. *Divini Platonis Opera omnia Marsilio Ficino interprete*, p. 262, col. 1. Aussi *Commentaire*, éd. R. Marcel, p. 159. [Le désir de le

φιλότης [bien faisance] et εὐμαθεία[docilité] luy peuvent estre donnez catacristi-
quement.

Les Hebreux, à ce qu'on dit, l'appellent *hahaba*, les Chaldeans *hebeda*, les
Italiens *amore*, c'est à dire mort fascheuse, selon Guitton d'Arezzo, et Jean Jacques
Calandre, pour ce que son nom est divisé en *a* et *more*[25]. Par les Latins il est
proprement appellé *amor*, et des François *amour*, et improprement *dilection, amitié*
et *bien-veillance*.

toucher n'est donc ni un élément de l'Amour, ni un désir de l'amant, mais seulement une
espèce de fougue et la passion d'un homme réduit en esclavage.]

[25][*M. Equicola*]: Mario Equicola, *Libro de natura de amore*, livre I, p. 4: «Etymologica-
mente dice amor poterse dire dogliosa morte, per esser il suo nome partito in A et more».

IV

De la melancholie et de ses especes

La melancholie, selon Galien, est une resverie sans fievre, accompagnée de peur et de tristesse, à raison dequoy les Grecs usoient du terme de μελαγχολᾶν, pour dire estre hors de sens[1]. Aristophanes le prend dans son *Plute* en cette signification: «μελαγχολᾶς, ὦνθρωπε νὴ τὸν οὐρανόν [ciel l'homme est fou!][2]», et τὸ χολαν en langue ou dialecte Attique veut dire estre fol selon le scholiaste de ce poëte. Or ce que nous disons resverie, les Grecs le disent mieux à propos παραφροσύνην, lors que l'une des puissances nobles de l'ame, comme sont l'imagination et le jugement, sont depravées[3], ce que nous remarquons en tous melancholiques, veu qu'ils se forgent mille fantasques chimeres, et des objects qui ne sont, ny ne seront jamais[4]. La peur et la tristesse sont accidens inseparables de ceste miserable passion, qui oste à l'ame immortelle l'exercice de ses facultez et vertus[5].

---

[1][*C. 7. l. de loc. aff.*]: Galien, *De locis affectis*, livre III, ch. 7, éd. Kühn, vol. VIII, p. 178. Voir aussi «Des parties affectées» dans *Œuvres anatomiques, physiologiques et médicales de Galien*, trad. Charles Daremberg, Paris, Baillière, 1954–56. L'évolution du concept de mélancolie a été l'objet d'importantes études critiques parmi lesquelles: R. Klibansky, E. Panofsky, F. Saxl, *Saturne et la mélancolie*; Jean Starobinski, *Histoire du traitement de la mélancolie*; Patrick Dandrey, *Anthologie de l'humeur noire*, Paris, Gallimard, 2005; Rudolph E. Siegel, «Melancholy and Black Bile in Galen and Later Writers», *Bulletin of the Cleveland Medical Library*, p. 10–12; Siegel, *Galen's System of Medicine and Physiology, an Analysis of His Doctrines on Bloodflow, Respiration, Humours, and Internal Diseases*, p. 258–322; Siegel, *Galen on Psychology, Psychopathology, and Functions and Diseases of the Nervous System*, p. 189–99. Cf. aussi Galien, *Des parties affectées*, livre VI, dans *Œuvres anatomiques, physiologiques et médicales*, trad. Charles Daremberg.

[2]Aristophane, *Ploutos*, v. 366, *Théâtre complet*, éd. M.-J. Alfonsi, vol. II, p. 374. Voir la note 5 de ce chapitre pour la source de Ferrand dans Guibelet.

[3]Pour les divers types de folies, cf. Galien, *Hippocratis Epidemiorum I et Galeni in illum commentarius*, livre I, sect. 59, et les chapitres suivants de Siegel: *Delirium without Fever* (Paraphrosyne), *Delirium with Fever* (Phrenitis), *Madness* (Mania), *Melancholy, Dementia* (Morosis), dans *Galen on Psychology*, p. 264–75.

[4]Galien, *De locis affectis* (Des parties affectées), bk. III, ch. 10, éd. Kühn, vol. VIII, p. 190. Voir la note suivante.

[5]Galien, *De locis affectis*, bk. III, ch. 10, éd. Kühn, vol. VIII, p. 191–92. Voir aussi le ch. VII, n. 53, qui correspond au texte dans lequel Ferrand cite l'extrait approprié des

Mais puisque tous les medecins d'un commun accord enseignent que comme l'ombre suit le corps, ainsi tout symptome suit quelque maladie, il faut poser pour fondement asseuré et veritable que la melancholie suit une maladie similaire, qu'ils disent estre l'intemperature froide et seche du cerveau, qui par consequent est la partie offencée et malade (comme celle qui est, dict Aretæe: «χῶρος αἰσθήσιος» [le siège de la sensation])[6], non pas en sa conformation, attendu qu'il n'y a pas de tumeur contre nature, ses ventricules ne sont ny pressez ny remplis, comme en l'epilepsie ou apoplexie, mais en sa propre substance et temperature, qui est par trop dessechée et rafroidie, comme nous pouvons colliger de l'Hippocrate ou livre 6 *Des maladies populaires*, où il dict que les epileptiques deviennent souvent melancholiques, et au contraire, à mesure que l'humeur melancholique occupe les ventricules, ou bien la substance du cerveau: «ἢν μὲν ἐς τὸ σῶμα, ἐπίληπτοι γίνονται, εἰ δ'ἐπὶ διάνοιαν, μελαγχολικοί [les mélancoliques deviennent souvent épileptiques et vice versa; si la maladie s'installe dans le corps, c'est l'épilepsie, dans l'intelligence, c'est la mélancolie.][7]». Si ceste humeur, dit Hippocrate, altere l'ame, c'est à dire la temperature par laquelle les actions plus nobles de l'ame s'exercent, elle causera la melancholie. Mais si elle se respend dans les ventres et cavités du cerveau, sera cause du mal caduc, ou epilepsie.

Outre ce, il faut sçavoir qu'il y a trois especes de melancholie[8]: la premiere se faict de cholere noire engendrée dans le cerveau; la deuxiesme est produite lors que ceste humeur est generalement espanduë par les veines du corps; et la derniere est la flatulente, ou hypochondriaque, par ce que le subject du mal est aux hypochondres, qui contiennent le foye, ratele, mesentere, boyaux, pylore, veine de la matrice et autres parties du corps, toutes lesquelles peuvent estre le siege de la melancholie hypochondriaque, non pas le seul orifice du ventricule (ce que jadis asseuroit l'ancien medecin Diocles) comme soustient doctement Joannes Baptista Sylvaticus, *Controversia* 34[9].

Aphorismes. Dans cette section on perçoit l'écho continuel de Jourdain Guibelet, *Trois Discours philosophiques, discours troisiesme de l'humeur melancholique*, ch. 4, p. 237[r-v].

[6]Arétée de Cappadoce (81–ca. 138). *Des causes et des signes des maladies aiguës et chroniques*, trad. René Théophile, Genève, Droz, 2000. Voir aussi, Aretaeus, *On the Causes and Symptoms of Chronic Diseases*, éd. Francis Adams, p. 299.

[7][*Sect. 8. Aph. 54*]: Hippocrate, *Des épidémies*, livre VI, sect. 8, aph. 31, *Œuvres complètes*, éd. Littré, vol. V, p. 355, 357. Le texte d'Hippocrate ne comporte pas le mot «γίνονται» après «ἐπίληπτοι».

[8]Galien, *De locis affectis*, bk. III, ch. 9, éd. Kühn, vol. VIII, p. 173–79. La définition de Galien de la mélancolie a été acceptée avec très peu de variations jusqu'à la fin du XVIIe siècle. Pour une discussion sur la classification des trois types de mélancolie de Galien, se référer à l'étude de J. Starobinski, *Histoire du traitement de la mélancolie*, p. 25–27, et pour le développement du concept de la mélancolie chez Galien pendant les XVIe et XVIIe siècles, à O. Diethelm, *Medical Dissertations of Psychiatric Interest Printed Before 1750*, p. 32–49.

[9]Giovanni Battista Silvatico, *Controversiae medicae numero centum*, controverse 34: «An in vocata melancholia hypochondriaca, unus tantum locus afficiatur; et a quibus illa fiat causis», Francofurti, typis Wechelianis apud Claudium Marnium, et heredes Joannis Aubrii, 1601, p. 164–67. Mais cf. aussi Arétée de Cappadoce, *Des causes et des signes des maladies aiguës et chronique*, trad. René Théophile, et surtout Jourdain Guibelet, *Discours troisiesme de l'humeur melancholique*, ch. 4, p. 238[r], une des sources de Ferrand, avec André Du Laurens, sur la mélancolie. Voir aussi, *On the Causes and Symptoms of Chronic*

Tellement que nous pouvons rapporter à bon droit l'amour et la melancholie erotique à ceste derniere espece, veu qu'elle depend principalement du foye et parties circonvoisines[10], pervertit les facultez principales du cerveau par les vapeurs noirastres montans des hypochondres à la citadelle de Pallas, c'est à dire au cerveau, comme je vous expliqueray mieux au chapitre suivant.

Diseases, éd. F. Adams, p. 298. [Si, dans la mélancolie dite hypocondriaque, c'est une seule partie du corps qui est affectée; et quelles en sont les causes. (notre traduction)]

[10]L'hypothèse que la luxure réside dans le foie vient de la médecine grecque antique et était acceptée aux XVIe et XVIIe siècles. Cf. par exemple Francisco Valles, *Controversiarum medicarum et philosophicarum libri X*, livre III, ch. 14, p. 145: «amor non est cordis affectus, sed cerebri, si rationalis est; iecoris, si turpis».

V

De la definition de l'amour, et de la melancholie erotique

La vraye definition, selon la doctrine des philosophes, consiste en genre et difference. Mais dautant que souvent nous avons defaut des vrayes differences, il nous est permis de subroger les proprietés, qui ne sont les mesmes en toutes les sciences[1], au moyen dequoy le physicien definit autrement que le metaphysicien, le medecin autrement que le jurisconsulte, et l'orateur ne donnera pas la definition semblable à celle du poëte. Nous verifions ceste doctrine en ce que les Peripateticiens disent que l'amour est argument et marque de bien-veillance par la grace apparente. Les Stoiciens veulent que ce soit un desir advenant par la beauté. Les academiques determinent qu'amour est un desir de jouïr de ce qui est beau, et faire de deux, un. Avicenne enseigne que c'est une passion de l'ame introduite par les sens pour satisfaire au desir[2]. Theophraste demonstre que c'est un desir de l'ame ayant l'entrée prompte, et l'issuë paresseuse. Plutarque, Marsile Ficin, François Valeriola et plusieurs autres doctes personnages veulent que l'amour soit une esmotion de sang prenant force peu à peu par l'esperance de la volupté, et presque une espece de fascination ou charme. Ciceron a creu que ce fust un bien-vouloir, Seneque, une grande vigueur de l'entendement, et une chaleur, qui boult doucement en l'esprit[3]. Galien dit tantost que c'est un desir, tantost un jugement de la chose belle[4].

Nous dirons mieux avec le mesme Galien, que les definitions sont superfluës et inutiles en telles choses, par ce qu'un chacun conçoit mieux à part soy, et comprend qu'est amour, que le plus subtil logicien ne luy sçauroit expliquer par une definition essentielle, laquelle on ne peut bonnement donner en telles matieres, et ceux qui

---

[1][*Arist. l. 2. post. anal. c. 10. l. 1. de anima l. 7. Metaph. c. 12*]: Aristote, *Seconds analytiques*, II, 13 (97a) ; *De l'âme*, I (402a–b) ; *Métaphysique*, VII, 12 (1037b–1038b).

[2]Avicenne, *Liber canonis*, livre III, fen 20, tr. 1, ch. 25, p. 375ᵛ: «De multitudine desiderij». Le concept vient de Galien, *De locis affectis*, livre VI, ch. 6, dans *Œuvres*, éd. Kühn, vol. VIII, p. 377–82, comme les annotations marginales d'Avicenne l'avaient indiqué.

[3]Ferrand résume la définition de l'amour de Mario Equicola, *Libro di natura de amore*, livre II, p. 77ᵛ–78ʳ, en arrangeant de nouveau ses exemples et en ajoutant les noms de Ficin et de Valleriola à ceux de Plutarque.

[4][*L. 4. deplat. Hipp. & Plat.*]: Galien, *De placitis Hippocratis et Platonis*, livre IV, ch. 6, éd. Kühn, vol. V, p. 413.

l'entreprennent sont Sophistes[5].

Vous trouverez plusieurs autres definitions parmy nos medecins, qui en quelque façon expliquent la nature de ce mal, comme dans Arnault de Villanova, Gordon, Christophle à Vega, Mercatus, Rodericus à Castro, Haly Abbas, Alsaravius, Avicenne, et Paul Æginete, que je ne vous rapporteray point à present[6], vous priant d'agreer la mienne, qui sera causele, dautant que la definition des choses qui ont leur essence ἐν τῷ γίνεσθαι, id est, in fieri, ou dependent de leur cause, donnée par la cause efficiente est la meilleure, et autant propre aux accidens, comme l'essentielle est à la substance. Car puis que les substances sont composées de matiere et de forme, et que la forme est au subject sans entre-moyen de necessité la forme est l'essence de la substance. En l'accident au contraire la forme est au suject par le moyen de la cause efficiente. Par example l'eclipse de la lune est en la lune par l'interposition de la terre, lors que ceste planette estant en son plein se rencontre en la teste ou queuë du dragon, il faut necessairement que ceste cause efficiente soit en la definition de l'eclipse de la lune[7]. En outre en la definition de la substance le genre est au lieu de la matiere, et la difference tient la place de la forme, laquelle donne l'estre à la cause. En l'accident au contraire la forme est le genre, et la matiere avec la cause efficiente font la difference, car veu que l'accident inhere, et est attaché au subjet, necessairement par iceluy un accident differe de l'autre[8], ce que recognoissant Hippocrate au *Livre des flatuositez*, dict que les maladies sont differantes à mesure que les parties malades different les unes des autres. Or veu que l'essence de l'accident depend de la cause efficiente, il faut que ceste cause occupe le lieu de la derniere difference. Nous dirons doncques sur ces fondemens, que l'amour ou passion erotique est une espece de resverie, procedante d'un desir dereglé de jouïr de la chose aimable, accompagnée de peur, et de tristesse.

Res est solliciti plena timoris Amor[9].

On ne peut nier que tous les amans n'ayant l'imagination depravée, et le jugement offencé — le jugement, dis-je, qui suit l'election, mais non pas tousjours

---

[5][*L. 4. de diff. puls.*]: Galien, *De differentia pulsuum*, livre IV, ch. 2, éd. Kühn, vol. VIII, p. 703–04. Mais ici Galien ne parle pas de l'amour; il critique plutôt la théorie sur le pouls élaborée par les medecins qui l'ont précédé.

[6]Arnaud de Villeneuve, *Opera medica omnia*, vol. III, *Tractatus de amore heroico*, p. 46. Bernard de Gordon, *Lilium medicinae*, II, 20, p. 216. Cristóbal de Vega, *Liber de arte medendi*, III, 17, p. 414. Luis Mercado, *De internorum morborum curatione*, dans *Opera*, vol. III, p. 102. Haly Abbas, *Liber medicinae dictus regius*, «Theoricae», IX, 7, p. 60^v–61^r: «De melancolia et canina et amore causisque eorum et signis», p. 61^r. Albucasis, *Liber theoricae necnon practicae*, tr. I, sect. 2, ch. 17. Avicenne, *Liber canonis*, livre III, fen 1, tr. 5, ch. 23, p. 206. Paul d'Égine (Paulus Aegineta), *The Seven Books*, éd. Francis Adams, 3 tomes, Londres, The Sydenham Society, 1844–47, vol. I, p. 390. *Septem libri* dans *Corpus medicorum graecorum*, vol. IX, éd. I. L. Heiberg.

[7][*Io. de Sacrobosco Cantuar. lib. 1. de Persp. c. 22*]: Christophe Clavius, *In Sphaeram Joannis de Sacro Bosco, Commentarius*, p. 613.

[8]Hippocrate, *De flatibus* (De la flatuosité), ch. 2, éd. Littré, vol. VI, p. 93. Les maladies sont, de nature, toutes pareilles. Elles diffèrent seulement par rapport aux divers sièges des maladies.

[9]Ovide, *Héroïdes*, I, «Pénélope à Ulysse», v. 12, éd. H. Bornecque, p. 2. [L'amour est chose pleine d'inquiétude craintive.]

celuy qui precede — veu que les amans ne peuvent sainement juger de la chose aimée, et subject de leurs affections, à raison dequoy l'Amour a esté tousjours peint aveugle[10].

Mais sur tout ils ont l'imagination depravée, comme il appert de l'histoire de Menippe, que s'amoura d'une lamie ou fée, Machates d'un spectre ressemblant à Philinion, et Alkidias d'une statuë de marbre[11]. Mais à quel propos ces exemples, puis que tous les jours nous remarquons des jeunes fringans et esperruquez, mu-guets, enveloppez és las de quelque vieille Hecube esquenée et toute landreuse, ayant un front rabotteux, les sourcils touffus et espaiz, les yeux chassieux et lar-moyans, les oreilles avachies, le nez escaché et refroigné, de grosses et moüardes lippes recroquebillées, les dents noires et puantes, le menton s'allongeant en groin tortu et despiteux, qui neantmoins jureront que c'est une seconde Helene, de qui la beauté gist és premieres rides, qui a son front vouté ressemblant au ciel esclaircy, blanc et poly, comme alabastre, les sourcils d'ebene dessous lesquels sont situez deux astres bien clairs à fleur de teste qui brillent et dardent avec une douceur non pareille mille rayons amoureux, qui sont autant d'influences desquelles depend leur vie et leur bonheur[12]. S'imagineront un nez relevé, des joüës blanches et vermeilles, comme lys pourprez de roses, monstrans au costé une double fossette, au dedans de laquelle paroissent deux rangs de perles orientales parfaictement blanches et bien unies desquelles on sent flairer une vapeur plus agreable que l'ambre et le musque:

> Mixtam te varia laudavi sæpe figura,
> Ut quod non esses, esse putaret Amor[13].

[10][*Gal. de cogn. & cur. animi morbis. Quinct. l. 6. de div. aff.*]: Galien, *De cognoscendis curandisque animi morbis*, livre I, ch. 2, éd. Kühn, vol. V, p. 1–57. Quintilien, *Institution oratoire*, livre VI, ch. 2, sect. 6, éd. J. Cousin, p. 24.

[11][*Philost. in Apoll. l. 4. cap 8. Aelian. Phlegon.*]: Philostrate, *De la vie d'Apollonius Tyaneen en vol. VIII livres*, IV, 25. Philostrate ne mentionne pas Alkidias mais raconte l'his-toire d'un homme énamouré d'une statue d'Aphrodite, livre VI, ch. 40. Claudius Aelianus, *Variae historiae libri XIV*, XIII, 9, p. 666. Flegon de Tralles (Phlégon), *De mirabilibus liber deest principium in Antigoni Corystii historiarum mirabilium collectanea*, p. 14. Flegon est la source de l'histoire de Machates et Philinion. L'histoire a été élargie et commentée par Boaistuau, *Histoires prodigieuses et memorables, extraictes de plusieurs fameux autheurs, Grecs, et Latins, sacrez et prophanes, divisees en six livres*, livre VI, 1, p. 1127–45. Selon Boaistuau l'intermédiaire est Pierre Le Loyer, *Discours et histoires des spectres, visions et apparitions des esprits, anges, demons et ames, se monstrans visibles aux hommes, divisez en huict livres*, livre III, 11, p. 245–49. Le Loyer spécule que l'histoire vient de Thessalie, région célèbre, selon Apulée, pour ses sorciers, un endroit dans lequel des choses miracu-leuses se passaient presque chaque jour.

[12]André Du Laurens, *Des maladies mélancholiques et du moyen de les guarir*, dans *Toutes les œuvres*, p. 35[r–v]. Toute la discussion de Ferrand sur l'imagination corrompue à l'exception de la citation de Properce, dérive de Du Laurens, ch. 10. Les deux écrivains ont été influencés par Lucrèce, *De la nature*, livre IV, 1152–72, éd. Kany-Turpin, p. 307. Pour les traits de la vraie beauté platonicienne, Ferrand se réfère toujours à Du Laurens, *Des maladies mélancholiques et du moyen de les guarir*, p. 35[v]. Cf. aussi Mario Equicola, *Libro de natura de amore*, livre IV, 3.

[13][*Propert. el. penul. lib. 3.*]: Properce, *Élégies*, III, xxiv, 5–6, éd. D. Paganelli, p. 91. [Beauté mêlée, je t'ai vantée souvent pour donner à mon amour l'illusion de ce que tu n'étais pas.]

S'ils voyent une gorge enduitte, reblanchie et crespie de ceruse, un sein mouscheté en leopard, des mammelles de chevre, au mitan desquelles paroissent deux gros boutons livides et plombez, ils s'imagineront que c'est une gorge de neige, un col de laict, le sein plein d'œillets, deux petites pommes d'albastre s'enflans par petites secousses, et s'abaissans à la mode du flux et reflux de l'ocean, au milieu desquelles brillent deux boutons verdelets et incarnadins. Bref, ils oseront asseurer impudemment que ceste vieille haha a les trente-six conditions requises par Platon en la beauté parfaicte, et me doute qu'ils ne louënt ses excremens, ou qu'ils ne s'en repaissent, comme L. Vitellius se nourrissoit de la salive d'une libertine qu'il aimoit folement, detrempée en miel[14]. Sur ceste fausse imagination escoutez le poëte Lucrece:

Nigra μελίχροος est, immunda et fœtida αχοσμος,
Cæsia παλλάδιον, nervosa et lignea δορκὰς,
Parvola pumilio χαρίτιον ἵα, tota merum sal,
Magna atque immanis κατάπληξις, plenaque honoris:
Balba loqui non quit, τραυλίζει: muta pudens est:
At flagrans odiosa, loquacula λαμπάδιον sit.
ἰκνὸν ἐρωμένιον tum sit, cum vivere non quit
Præ macie, ῥαδίνη vero est, iam mortua tussi:
At gemina et mammosa, Ceres est ipsa ab Iaccho:
Simula σιλήνη ac Satyra'st, labiosa φίλημα:
Multimodis igitur pravas, turpesque videmus
Esse in deliciis, summoque in honore vigere[15]

---

[14] [*Suet. in Vitel*]: Suétone (*De vita Caesarum*), *Vies des Douze Césars*, «Vitelle» II, éd. H. Ailloud, p. 378.

[15] [*Lucr. l. 4*]: Lucrèce, *De la nature*, IV, 1160–69, 1155–56, éd. Kany-Turpin, p. 307:

nigra «melichrus» est, immunda et foetida «acosmos»,
caesia «palladium», nervosa et lignea «dorcas»,
parvula pumilio, «chariton mia», «tota merum sal»,
magna atque immanis «cataplexis plenaque honoris».
balba loqui non quit — «taraulizi»; muta «pudens» est;
at flagrans odiosa loquacula «lampadium» fit;
«ischnon eromenion» tum fit, cum vivere non quit
prae macie; «rhadine» verost iam mortua tussi;
at gemina et mammosa «Ceres» est «ipsa ab Iaccho»,
simula «Silena ac satyrast»; labiosa «philema»
[...] multimodis igitur pravas turpisque videmus
esse in deliciis summoque in honore vigere.

[Une peau noire a la couleur du miel; une femme malpropre et puante est une beauté négligée; a-t-elle les yeux verts, c'est une autre Pallas; est-elle toute de cordes et de bois, c'est une gazelle; une naine, une sorte de pygmée, est l'une des Grâces, un pur grain de sel; une géante colossale est une merveille, pleine de majesté. La bègue, qui ne sait dire mot, gazouille; la muette est pleine de modestie; une mégère échauffée, insupportable, intarissable, devient un tempérament de flammes; c'est une frêle chère petite chose que celle qui dépérit de consomption; se meurt-elle de

Plutarque nous enseigne que ceste imperfection est commune à tous ceux qui sont passionnez de l'amour: «οἱ γοῦν ἐν ὥρα πάντες ἀμηγέπη δάκνουσι τὸν ἐρώτικὸν, καὶ λευκοὺς μὲν θεῶν παῖδας ἀνακαλῶν, μέλανας δ' ἀνδρικοὺς, καὶ τὸν γρυπὸν βασιλικὸν, καὶ τὸν σιμὸν ἐπίχαριν, τὸν δ' ὠχρὸν μελίχρουν ἀσπάζεται καὶ αγαπᾷ[16]», c'est à dire, celuy qui aime appelle son amy s'il est blanc, fils des dieux, le noir, viril, le camus, gentil, l'aquilin, royal, le pasle, rousseau. Il suffit à l'amant passionné de remonstrer un object qui aye quelque partie du corps belle en effect, ou en apparence, il s'y attachera comme le liere, l'osier, ou tenons de la vigne, s'entortillent et s'attachent à ce que premier ils rencontrent, et tost apres il affollera tellement d'amour, qu'à grand peine le sçauriez-vous recognoistre:

> Dii boni! quid hoc morbi est? adeo homines immutarier
> Ex Amore, ut non cognoscas eosdem esse[17].

A raison de quoy les poëtes ombrageans la verité sous les fables, feignent que les courtisans de Theophanes furent jadis metamorphosés en loups garoux, et ceux de la déesse Circe en pourceaux[18].

Galien et ses sectaires rapportent la peur et la tristesse, caracteres et accidens inseparables de la melancholie, à la couleur noire de ceste humeur, et croyent que les esprits animaux estans devenus obscurs par les vapeurs noires qui s'elevent de sang melancholique, tous les objects se representent horribles et espouvantables à l'imagination[19], comme les tenebres de la nuict, dict ce Coryphée des Medecins, apportent ordinairement quelque effroy ou espouvantement, notamment aux idiots, et aux petits enfans. De pareille façon les melancholiques sont en perpetuelle crainte, comme s'ils avoient des tenebres et obscuritez continuelles dans le cerveau. Ce que le subtil Averroës ne peut gouster, ains se mocquant de Galien, retire plusieurs consequences absurdes de ceste oppinion[20], et rapporte la crainte et

---

tousser, c'est une délicate. Une mafflue, toute en mamelles, c'est
Cérès elle-même venant d'enfanter Bacchus. Ainsi il arrive que
les dames qui sont tenues en très haute estime sont en realité
laides et crochues.]

[16][*De audit.*]: Plutarque, *De recta ratione audiendi*, *Œuvres morales*, livre I, éd. R. Flacelière. Ferrand omet les mots «ὥς φησιν ὁ Πλάτων», «comme le dit Platon». L'extrait dérive de la *République* de Platon (474D).

[17][*Terent. in Eun. act. 1. sc. 2*]: Térence, *Eunuque*, II, i., trad. P. Grimal, p. 113. [Dieux bons, quelle est cette maladie? Que des êtres puissent être à ce point transformés par l'amour que l'on ne reconnaisse plus le même homme!]

[18][*Higin. c. 184. Home. Od. 1.*]: Hygin, *Fabulae*, ch. 188, «Théophane», dans *Hygini fabulae*, éd. H. I. Rose, p. 132; pour Circé voir le ch. 125, «Odyssée», p. 90. Homère, *Odyssée*, X, 229–40. Ferrand cite Du Laurens comme source d'inspiration pour avoir réconcilié les opinions de Galien et d'Averroès sur les causes physiologiques de la tristesse et de la peur qui accompagnent la mélancolie, mais il est probable que son intérêt pour cette controverse est dérivé de sa lecture de Jourdain Guibelet, *Discours troisiesme de l'humeur melancholique*, ch. 7, p. 245ᵛ–46ʳ.

[19][*L. 2. de symp. caus. l. 3. de loc. aff.*]: Galien, *De symptomatum causis liber*. Ferrand se réfère ici au livre I, ch. 10, éd. Kühn, vol. VII, p. 189–93. Galien, *De locis affectis*, livre III, éd. Kühn, vol. VIII, p. 189–90.

[20][*L. 3. Coll. c. ult.*]: Averroès, *Colliget*, III, 41. Pour cette longue polémique que Ferrand

tristesse des melancholiques à la proprieté et idiosyncrisie de l'humeur, ou bien à sa temperature froide, et qui par consequent produit les effets contraires à la chaleur. Le chaud rend les personnes hardies, remuantes, et precipitées en leurs actions. Le froid au contraire les rend timides, pesans et mornes; dont nous voyons que les eunuques, les vieillars et les femmes sont plus timides ou tristes que le reste des hommes, les mœurs et affections de l'esprit suivans le temperament du corps du consentement du mesme Galien[21].

Je croy avec le docte André Dulaurens que nous accorderons ces deux excellens medecins et philosophes bien differens en oppinion si nous joignons ces deux causes ensemble: la temperature de l'humeur, comme la principale, et la couleur noire des esprits, comme celle qui peut beaucoup aider[22]. L'humeur melancholique estant froide rafroidit non seulement le cerveau, mais aussi le cœur, siege de la puissance courageuse, qu'on nomme irascible, et abbat son ardeur, de là vient la crainte. La mesme humeur estant noire rend les esprits animaux, grossiers, obscurs, et comme enfumez, qui doivent estre clairs, purs, subtils et lumineux. Or l'esprit estant le premier et principal organe de l'ame, s'il est noircy et refroidy tout ensemble, trouble ses plus nobles puissances, et sur tout l'imagination, luy representant tousjours des especes noires et des visions estranges, qui peuvent estre veuës de l'œil, encores qu'elles soient au dedans, comme prouve Dulaurens par les exemples de ceux qui ont quelque commancement de suffusion ou hemorrhagie critique.

Pour l'explication du desir, cause efficiente de la melancholie erotique, je vous rapporteray un plaisant apologe tiré de Platon en son *Banquet*, où Diotime raconte à Socrate que quand Venus nasquit, tous les dieux vindrent au banquet, et entre autres Porus, dieu d'affluence fils de conseil[23]. Apres qu'ils eurent souppé, arriva aussi, mais bien tard, Penie, ou pauvreté, mandiant quelque reste des viandes qui abondoient en ce festin, et demeura à la porte. Porus enyvré du nectar s'en alla au jardin de Jupin, où il fut surpris d'un profond sommeil. Penie se couche aupres de luy, et par ruse de son fait conceut Amour, qui retenant la nature de sa mere est tousjours pauvre, maigre, salle, deschauffé, volant par terre, sans litiere, sans maison, sans couverture, dormant és portes, et par les ruës. Mais selon la condition de son pere, il pourchasse les choses belles et bonnes, estant viril, courageux, vehement, et cauteleux, tousjours machinant ruses: veneur, prudent, ingenieux, philosophe, subtil enchanteur, sorcier et sophiste. Passant soubs silence les allegories sur ce rapportées par Plutarque, Marsile Ficin, Plotin, Pic de la Mirandole et plusieurs autres philosophes academiques, je dis que Penie ou pauvreté nous represente l'amant («ἔρως», dict Aristote, «ἐπιθυμία τίς ἐστιν· ἐπιθυμία καὶ ἔνδεία τίς ἐστιν»: Amour est un desir, et le desir est une espece de disette)[24], Porus celuy qui est digne d'estre

_____

résume fidèlement, cf. *Averrois Cordubensis Colliget libri VII*, Venetiis, ap. Junctas, 1562; réimp. Frankfurt am Main, Minerva, 1962, p. 57[v].

[21] [*L. quod animi mores corp. temp. seq.*]: Galien, *Quod animi mores corporis temperamenta sequantur*, éd. Kühn, vol. IV, p. 767–822.

[22] [*Laur. tr. de la Melanc. ch. 5*]: André Du Laurens, *Des maladies mélancoliques et du moyen de les guarir*, p. 26[v].

[23] Platon, *Le banquet* (201D–204E).

[24] [*Probl. 7. sec. 3*]: Aristote, *Problèmes*, livre III, sect. 7 (872a). Mais ici Aristote discute du vin, et non de l'amour; son axiome traite du désir dans un sens général. Cf. *Problèmes*, livre XXII, sect. 3 (930a).

aimé, comme estant naturellement parfaict, et neantmoins ne se soucie pas d'estre aimé. Ce nonobstant en dormant, lors qu'il a les paupieres des yeux de son ame assouppies du pavot de l'inconsideration, sans avoir esgard aux imperfections de l'amant, il satisfaict à ses plaisirs.

VI

Les causes externes de la melancholie erotique ou amoureuse

Je ne perdray pas le temps à rapporter mille oppinions des anciens poëtes, philosophes, et medecins anciens concernans les causes de ceste maladie, par ce que la plus part sont fondées sur de faux principes et pures chimeres. Telle estoit l'oppinion d'Epicure, qui au rapport de Plutarque, disoit que les images et especes des objects aimables esmouvent et chatouïllent toute la masse du corps, glissante et coulante en semence par certaine disposition des atomes, et sont cause de l'amour[1]. Et Platon croit qu'il se faict par enthousiasme, ou fureur divine[2].

Nous dirons suivant la doctrine de Galien que la cause efficiente de ceste maladie est tout ce qui peut causer l'amour et la melancholie. Or ceste cause efficiente est de deux sortes, interieure et externe, evidente, manifeste, ou procatarctique, qu'à par fois le mesme Galien appelle «τινὶ πρόφασιν», c'est à dire occasion[3]. Les causes evidentes de l'amour, selon les philosophes moraux et platoniques, sont cinq: sçavoir, les cinq sens de nature que les poëtes ont entendu par les cinq fleches dorées de Cupidon[4]. La premiere est la veuë, «μὴ γὰρ», dict le Prince des Philo-

---

[1] [*In Erotico*]: Plutarque, *Dialogue sur l'amour*, sect. 19, *Œuvres morales*, trad. R. Flacelière, p. 91. La référence de Plutarque est à Epicure, fragm. 311. Voir aussi Platon, *Phèdre* (241A, 250A–256E), et Lucrèce, *De la nature*, livre IV, 1121 et suiv, éd. Kany-Turpin, p. 305.

[2] Cf. Platon, *Phèdre* (265A–B).

[3] [*L. de diff. morb. L. I. therap. L. de caus. procat. L. de diff. Symp. L. de opt secta.*]: Galien, *De morborum differentiis*, éd. Kühn, vol. VI, p. 836–80. La seconde référence est probablement au commencement de *De methodo medendi libri* de Galien, I, 1, éd. Kühn, vol. X, p. 1–6. Galien, *De causis procatarcticis liber*, livre I, 1, dans *Galeni opera*, Lugduni, apud Joannem Fellonium, 1550, II, p. 495–96. Galien, *De symptomatum differentiis liber*, éd. Kühn, vol. VII, p. 42–53, et particulièrement p. 47. Galien discute longuement de la définition de «passio»: *De optima secta ad Thrasybulum liber*, éd. Kühn, vol. I, p. 168 et suiv.

[4] [*Bēbe en ses Azolins*]: (quondam Pierre Bembe), Pietro Bembo, *Les asolains*. Dans son *index nominorum*, Ferrand écrit le nom comme «Bombe». Il est probable que Ferrand a trouvé la référence dans Mario Equicola, *Libro de natura di Amore*, livre I, «Pier Bembo», p. 33^r–36^v. Cf. aussi la traduction de Bembo, *Les asolaines de Monseigneur Pierre Bembo, de la nature d'amour, traduits de l'italien en français*, par Jean Martin, sécretaire de M. de Cardinal de Lenoncourt, Paris, M. de Vascosan, 1545.

sophes, «προησθεὶς τῇ ἰδέα οὐθεὶς ἐρᾷ»: *id est*, nul n'ayme sans avoir veu[5]:

> Cynthia prima suis miserum me cepit ocellis,
> Contactum nullis ante cupidinibus[6].

Que si nous lisons dans Philostrate que Paris et Helene sont les premiers qui se sont entre-aimez sans se voir, il nous veut apprendre par ceste fable que cest amour estoit extraordinaire. Aussi les Parques leurs octroyerent une conjonction immortelle à ces fins. Juvenal faict mention d'un aveugle amoureux comme d'un prodige. Toutesfois nous lisons dans Mario Equicola que Janfre Rudels Sieur et Comte de Blaye en Guyenne s'amoura de la Comtesse de Tripoly sans la voir, au seul rapport de ceux qui venoient de ceste contrée en Bourdelois, et l'aima si esperduëment qu'il se mit sur mer, et fit voile vers Tripoly, pour voir et contempler la beauté de ceste dame. Mais son voyage fut si desastré qu'il devint malade avant prendre terre entre les bras de sa dame, qui le vint visiter dans la navire pour le conforter[7]. Quelques Italiens veulent asseurer que l'excellent poëte Petrarque aima sa Laure avec passion extreme et long-temps, sans l'avoir jamais veuë, et que du depuis on appelle en Italie ceste espece d'amour «Amor Petrarchevole». Nous respondrons à ces objections sans jurer [arguer] ces histoires de faux, qu'une arondelle ne faict pas le printemps, et que les evenemens qui sont singuliers, ou rare, recognoissent la fortune pour mere, et au contraire, «τὸ ἀιεὶ καὶ ἐπὶ πάντων οὐκ ἀπὸ τύχης, ἀλλὰ φυσικόν» [ce qui se produit à chaque occasion de la même façon ne relève pas de la chance, mais de la nature.][8].

A l'ouye faut rapporter la lecture des livres lascifs, deshonnestes, et qui discourent de la semence, generation de l'homme, et plusieurs maladies secretes concernans l'impuissance de l'homme, et infertilité de la femme, que les medecins ont accoustumé de traicter en termes assez deshonnestes, mais necessaires, veu qu'au dire de nostre Hippocrate Latin: von il est impossible de garder les preceptes de l'art avec l'honnesteté des paroles[9], quoy que quelques impertinens Aristarques ayent voulu dire[10], les fables poëtiques, sonets lascifs, odes, stances, et chansons de semblable estoffe sont plus efficaces, et plus à craindre:

---

[5][*L. 9 Eth. cap. 5*]: Aristote, *Éthique à Nicomaque*, IX, 5 (1167a).

[6][*Propert. el. I. l. I.*]: Properce, *Élégies*, I, 1, éd. D. Paganelli, p. 6. [Je n'étais pas touché par cette maladie avant que Cynthie, de ses jolis yeux, fit ma conquête et mon malheur.]

[7][*L. 5. ca. 5 de Amore*]: Mario Equicola, *Libro de natura de amore*, p. 194[v]–95[v]. Ferrand a souvent utilisé le texte d'Equicola, mais il a remplacé Achille par Paris. Equicola raconte l'histoire amoureuse entre le troubadour provençal Jaufré Rudel, Seigneur de Blaye et la comtesse de Tripoli. L'histoire est dérivée de sa *Vida* écrite au XIIIe siècle; cf. l'édition de J. Boutière et A. H. Schutz, *Biographies des troubadours: textes provençaux des XIIIe et XIVe siècles*, p. 16 et suiv.

[8][*Arist. Prob. 3. sect. 15*]: Aristote, *Problèmes*, livre XV, sect. 3 (910b).

[9][*Cels. l. 6. de re medica c. 18. Manard. l. 7. epi. med. epist. 2.*]: Celse, *De medicina*, VI, 18, éd. W. G. Spencer, vol. III, p. 269. Giovanni Manardo, *Epistolae medicinales diversorum authorum*, p. 43a: «De nominibus morborum in exterioribus corporis partibus evenientium».

[10]Aristarque, célèbre critique alexandrin (né à Samothrace, 160 av. J.-C.), est mieux connu pour son édition méticuleuse d'Homère. Son nom en est arrivé à représenter une critique sévère et rigoureuse, mais il s'agit plutôt ici d'une critique intolérante et revêche.

— Quid enim non excitat inguen
Vox blanda et nequam? — [11]

Et les lettres et poulets farcis de termes attrayans, desquels les amans ordinairement caressent et cajollent leurs dames pour s'insinuer en leur bonne grace ne
sont pas moins à craindre. Ce que la nature n'a pas seulement appris aux hommes,
mais encores aux petits oiselets, qui picquez de l'amour pour exciter leurs com-
pagnes, s'efforcent de rendre leur chant et jargon plus plaisant et melodieux que
l'ordinaire[12]. Voire la perdrix devient amoureuse, et conçoit par la seule voix du
masle, si nous voulons adjouster foy à ce qu'en escrit le Genie de la Nature[13].
Tels termes estoient parmy les anciens Grecs ζωὴ καὶ ψυχή, ὦ φίλη κεφαλή, βάτιόν
μου καὶ νιτάριον [vie et âme, mon cœur, petit canard, colombe, lumière, hirondelle,
chatte, nana], et parmy les Latins *lux mea, hirundo mea, puta mea, putilla mea*, etc.

— dic me tuam
Hirundinem, monedulam, passerculam, putillam.[14]

Les dames, disent les commentateurs de Plaute, sont appellées par leurs amys
et courtisans *putæ* et *putillæ*, de la partie qui distingue leur sexe, d'où peut estre
emané le mot de *putain*, duquel nous appellons les femmes qui sont prodigues de
ceste partie. Les amans sont respectivement nommez *puti* et *salaputia*, et en ce
pays *potons* de πόθων, πόθιον, πόθη, qui selon Dioscoride, Aristophanes et Suidas,
signifient le prepuce[15]. Quelques autres, selon le mesme Plaute, usoient des termes
suivans: *meum cor, mea colostra, meus molliculus caseus* [cœur, piqûre d'abeille,
fromage mou], etc.

Nous rapporterons à l'ouye la musique, car au raport de Boëce, la phrygienne
ravissoit tellement l'esprit, qu'un jeune Tauromenien esmeu d'icelle ne pouvant
joüir de sa dame, transporté de fureur brusla la maison où elle estoit cachée[16].
Quelques fois neantmoins on a si mauvaise grace en chantant, que ceste voix mal
plaisante, ou la mauvaise grace, sert aux amans de remede contre l'amour. Pallas,
disent les poëtes, voulut un jour joüer des fluttes en compagnie, et à l'enuy de Venus

---

[11] Juvénal, *Satires*, VI, 196–97, éd. P. de Labriole, p. 66. [Quels sens n'excite, en effet,
une voix caressante et libertine?]

[12] [*Arist. l. 4. de histor. anim. c. 9.*]: Aristote, *Histoire des animaux*, livre IV, 9 (536a).

[13] [*Arist. l. 4. de hist. ani. c. 5.*]: Aristote, *Histoire des animaux*, livre IV, 5, c'est en effet
le livre V, ch. 5 (541a).

[14] [*Plaut, in Asin.*]: Plaute, *Asinaria*, II, 693–94, éd. A. Ernout, vol. I, p. 124. La phrase
grecque et les mots latins sont probablement dérivés de dictionnaires contemporains. [Alors
appelle-moi ton caneton, ta colombette, ton petit chien, ton hirondelle, ton petit choucas,
ton cher petit moineau.]

[15] [*Dios. c. 247 l. 4. Aristoph. in Neb.*]: Dioscoride, *Pharmacorum simplicium [...] Joanne
Ruellio interprete*, n'a que 205 chapitres dans le quatrième livre, et le mot *preputium* n'est pas
mentionné dans aucun des indices. Dans Pietro Andrea Mattioli, *Commentarii in libros sex
Pedacii Dioscoridis Anazarbei de medica materia*, le livre IV, ne contient que 182 chapitres;
le mot n'est pas mentionné dans les indices des divers livres. Aristophane, *Nuages*. Le mot
«πόθων» n'est pas utilisé dans cette comédie mais il est utilisé, par exemple, dans *Oiseaux*,
v. 362 et dans *Grenouilles*, 53, 55, 66 etc. Il signifie «désir».

[16] Boëce, *De institutione arithmetica libri duo, de institutione musica, libri quinque*,
p. 184–85.

et Junon, mais enflant de son haleine les fluttes, elle rendit son visage si difforme et desagreable, qu'elle en fut nazardée de Junon et Venus, dont par despit elle cassa contre terre ses fluttes[17]. Je laisse à part les formules de salutation, prieres, et plaintes descrites par Æneas Sylvius, Jacques Cavicée, et Bocace, la *Stenographie* de l'Abbé Tritheme, et semblables bagatelles[18].

Vigenere sur Philostrate dict que les anciens se servoient de certain parfum composé de boys d'aloës, roses rouges, musque oriental, et coral rouge empastez, et confits avec la cervelle d'un moineau, et le sang d'un jeune pigeon. Ce qui n'est pas absurde, veu que les medecins ordonnent le musque, civette, ambre gris, poudre de violette, de Cypre, eaux de senteurs, et semblables medicamens odoriferans à ceux qui sont froids, maleficiez et infeconds. Justin et Plutarque recitent à ce propos que le grand Alexandre estoit fort aimé des dames, par ce que sa sueur estoit odoriferante[19].

Mais la plus efficace cause de toutes, et la plus dangereuse est l'usage des viandes chaudes, piquantes, venteuses et melancholiques, telles que nous reciterons cy apres. Je craindrois neantmoins beaucoup davantage la familiarité et frequente conversation:

> — Consuetudo concinnat amorem:
> Nam leviter quamvis, quod crebro tunditur ictu,
> Vincitur in longo spatio tamen, atque labascit[20].

C'est celle qui perdit la belle Deidamie fille du roy Lycomedes in l'isle de Scyros, qu'Achille desbaucha soubs habit de fille, et la belle Helene[21]. De telles familiaritez,

---

[17][*Higin. c. 165*]: Hyginus, *Fabularum liber ad omnium poetarum lectionem mire necessarius et nunc denua excusus*, p. 36^{r-v}. Voir aussi Hygin, *Fabulae*, ch. 165, «Marsyas», éd. H. I. Rose, Lugduni Batavorum, in aedibus A. W. Sijthoff, 1967, p. 115–16. L'histoire se trouve aussi dans Plutarque et dans Aulu-Gelle. Battista Fregoso raconte une variante de cette histoire dans son *Anteros*: «L'Athénien Alcibiade, mené chez un musicien joüeur d'instrumens, pour apprendre a sonner des flutes: quand il vid la difformité du visage des corneurs et flusteurs, qui faisoyent la moüe, ou enfloyent les joües en flustant et cornant: émeu de la lassivie de tel exercise, rompit les instruments qu'on luy presenta; et n'en voulu onques apprendre», p. 106.

[18]Henricus Cornelius Agrippa de Nettesheim, *De vanitate scientiarum*, ch. 64, «De lenonia», dans *Operum pars posterior*, p. 129, est probablement la source de la liste que Ferrand dresse des noms de ceux qui ont écrit sur les salutations des amoureux: «multi etiam inter praeclaros scriptores istis operam navarunt: cuiusmodi ex recentioribus Aeneas Sylvius, Dantes, Petrarcha, Bocatius, Pontanus, Baptista de Campofragoso, et alter Baptista de Albertis Florentinus: item Petrus Hoe[d]ius, et Petrus Bembus, Jacobus Caviceus, et Jacobus Calandrus Mantuanus, et multi alii, inter quos tamen Joannes Bocatius, superatis omnibus, lenonum palmam sibi lucratus est». Dans la page précédente (128), il mentionne «Trithemius Abbas Spanheimen sis duo ingeniosa volumina, quorum unum nuncupavit Poligraphia alterum Steganographiae».

[19]Philostrate, *Les images*, éd. Blaise de Vigenère, (Paris 1614), réimpression New York, Garland Publishing, 1976: «Venus Éléphantine», p. 279–80. Plutarque, «Vie d'Alexandre» (666a), dans *Vies des hommes illustres*, éd. R. Flacelière, vol. IX, p. 33.

[20]Lucrèce, *De la nature*, livre IV, 1283–85, éd. Kany-Turpin, p. 313. [L'habitude engendre l'amour. Car les plus légers chocs, répétés sans relâche sur le même objet, arrivent à en triompher à la longue, et à le faire céder.]

[21]Achille a débarqué à Scyros et s'est marié avec Deidamia en chemin vers Troie. Voir,

on vient aux bals, dances, jeux, masquerades, et autres pass-temps, dangereux à ceux qui sont enclins à l'amour. Comme les piques, dict Baptiste Mantoüen, sont les armes des Macedoniens, les lances des Amazones, les javelots des Romains, et les sagettes des Parthes, ainsi les ris et les jeux sont les armes de Cupidon. Notamment ceste sorte de ris, que les Grecs nomment κικλισμὸν ἀπὸ τῆς κίκλης (qui selon Vigenere signifie *caille*, et selon Aristote et Pierre Belon un *touret, maugis* ou *grive*) et les François *calheter*[22]. Pour ceste raison Venus est nommée des poetes φιλομηδεῖς, c'est à dire *aime-ris*, παρα το μηδεῖν. Quoy que les scholiastes d'Hesiode le derivent de «μηδέα· τὰ αἰδοῖα τοῦ Κρόνου» [les organes génitaux de Saturne], desquels elle print sa naissance selon Platon en son *Phedre*, et Cupidon fut peint par le peintre Praxiteles sous-riant[23]:

> Nec cibus ipse iuvat morsu fraudatus aceti,
> Nec facies grata est, cui gelasinus abest.[24]

Les baisers sont encores plus dangereux que le ris, au dire du poëte Grec Moschus, et de Socrate dans Platon.

> — sunt oscula noxia, in ipsis
> Sunt venena labris — [25]

Il est vray toutesfois, qu'ils le sont moins en France qu'en Italie et en Espagne, à cause de la coustume qu'on a de saluer en baisant, qui est en quelque façon injurieuse aux dames, dict Michel de Montagne en ses *Rhapsodies*, d'avoir à prester leurs levres à qui a trois valets à sa suitte, pour mal-plaisant qu'il soit[26].

---

par exemple, Philostrate, *Heroica*, livre III, ch. 35, éd. Jennifer Maclean, ch. 46, sent. 4, p. 141, et Apollodore, *La Bibliothèque*, III, 18, trad. J.-C. Carrière et B. Massonie.

[22] Giovanni Battista Spagnuoli dit le Mantouan, *Opera omnia in quatuor tomos distincta, pluribus libris aucta*. Blaise de Vigenère, commentaire sur *Philostrate de la vie l'Apollonius Thyaneen en VIII livres*. Pierre Belon du Mans, *L'histoire de la nature des oyseaux, avec leurs descriptions; et naifs portraicts [...] en sept livres, ad vocem*. Aristote, *Histoire des animaux*, livre IV, 1 (559a), parle des grives (κίκλα). Il y a beaucoup de références subséquentes mais pour le rapport entre le rire et la grive, voir Aristophane, *Les nuages*, 1073: «κιχλισμῶν».

[23] [*Pausan. in Att. Cic. 2. de nat. deor.*]: Pausanias, *Description de la Grèce*, «L'Attique», éd. Michel Casevitz et al., passim. Pausanias se réfère fréquemment aux sanctuaires dédiés à Aphrodite mais il ne mentionne pas son rapport avec les parties génitales de Cronos, un mythe qui provient d'Hésiode. Cicéron, *De la nature des dieux*, livre II, ch. 27, éd. M. van den Bruwaene, vol. II, p. 100. Hésiode, «Hymne à Aphrodite», dans *Les hymnes Homériques*, V, v. 17: «φιλομμειδὴς», «celle qui aime rire», éd. J. Humbert, p. 151.

[24] [*Martial*]: Martial, *Épigrammes*, livre VII, no. xxv, 5–6. Dans l'édition critique le vers 6 est le suivant: «Nec grata est facies», éd. H. J. Isaac, vol. I, p. 216. [La nourriture elle-même ne nous fait aucun plaisir si on la frustre de sa pointe de vinaigre, et un visage n'a point de charme si le rire n'y met sa fossette.]

[25] [*L. I. Anthol.*]: Moschus, «Amour fugitif», dans l'*Anthologie grecque*, livre IX, épigr. 440. La citation de Ferrand, «sunt oscula noxia, in ipsis / Sunt venena labris» est la traduction en latin du v. 27 d'un traducteur inconnu. Éd. critique par Pierre Waltz et Jean Guillon, Paris, Les Belles Lettres, 1960, vol. VIII, p. 43–45. [son baiser est funeste, ses lèvres sont empoisonnées (trad. Maurice Rat, *Anthologie grecque*, Paris, Garnier, 1941, vol. 2, p. 307)]

[26] [*L. 3. c. 4*]: Michel de Montaigne, *Essais*, livre III, ch. 5, éd. Maurice Rat, 2 tomes, Paris, Garnier Frères, 1962, vol. II, p. 310.

Sur quoy vous remarquerez avec Galien, que ces causes externes n'ont pas de pouvoir que sur les esprits et corps foibles et disposez au mal, à raison dequoy quelques medecins ne les veulent pas nommer causes morbifiques, mais occasions[27], esquelles il n'est pas bon de s'exposer, par ce que celuy qui s'expose au danger perira in iceluy. Nous les reduirons toutes methodiquement en six classes: à l'air, aliment, exercice ou repos, veilles ou sommeil, excretions ou retentions et aux passions de l'esprit.

Quant au premier, le divin Hippocrate dit que ceux qui habitent les regions froides et septentrionales, comme les Scythes ou Sauromates, sont fort peu enclins a ce mal[28]. La contraire consequence sera bonne pour ceux qui sont exposez à l'air chaud, comme sont les Egyptiens, Arabes, Mores, Espagnols, ce que l'experience journaliere nous confirme estre veritable[29]. Le poëte Hesiode ne s'escarte pas gueres de l'opinion de nostre Coryphée quand il dit que l'esté rend les femmes lascives, et l'hyver les masles, pour les raisons rapportées en confirmation de ceste doctrine par l'Aristote en ses *Problemes*[30], ausquelles je veux adjouster cest axiome general de nostre Hippocrate au livre prealegué au marge: «τῆσιν ὥρῃσι καὶ αἱ κοιλίας μεταβάλλουσι, διότι οὐκ ἐλάχιστον μέρος ξυνβάλλεται ἀστρονομίην εἰς ἰητρικὴν[31]», c'est à dire, que les entrailles et parties principales du corps changent de complexion et de temperature à proportion que les saisons changent, dont il conclud que l'astronomie est beaucoup necessaire à ceux qui font profession de la faculté de medecine[32]. Mais l'Aristote passe plus avant lors qu'il asseure que «ἀρίστη κρᾶσις καὶ τῇ διανοίᾳ συμφέρει[33]», que la bonne temperature qui depend beaucoup de l'air, sert à l'esprit, ce qui a donné occasion à nostre Galien d'escrire son livre intitulé *Que les mœurs de l'esprit suivent le temperament du corps*[34], qui au surplus a impiement, ou pour le moins erronéement philosophé de l'ame en tous

---

[27][*L. 1. de cau. procat. c. 1*]: Galien, *De causis procatarcticis liber*, livre I, ch. 1, dans *Galeni opera*, II, p. 495.

[28][*L. de aëre, loc. & aq.*]: Hippocrate, *À propos des airs, des eaux et des lieux*, dans *Œuvres complètes*, éd. Littré, vol. II, p.75.

[29][*L. 3. fen. 20. tr 1. c. 25*]: Avicenne, *Liber canonis*, livre III, fen 20, tr. I, ch. 25, p. 375^v-76^r: «De multitudine desiderij».

[30][*Sect. 4. Probl. 26*]: Aristote, *Problèmes*, livre IV, n. 28 (880 a). Hésiode, *Les travaux et les jours*, éd. P. Mazon, p. 107. Jean Aubery, *L'antidote de l'amour*, p. 28^v.

[31]Hippocrate, *À propos des airs, des eaux et des lieux*, dans *Œuvres complètes*, éd. Littré, vol. II, p. 15. Le texte complet d'Hippocrate est le suivant: «Εἰ δὲ δοκέοι τις ταῦτα μετεωρολόγα εἶναι, εἰ μεταστείη τῆς γνώμης, μάθοι ἂν ὅτι οὐκ ἐλάχιστον μέρος ξυμβάλλεται ἀστρονομίη ἐς ἰητρικὴν, ἀλλὰ πάνυ πλεῖστον. Ἅμα γὰρ τῆσιν ὥρῃσι καὶ αἱ κοιλίαι μεταβάλλουσι τοῖσιν ἀνθρώποισιν». Ferrand édite et arrange de nouveau ce texte.

[32][*Valeriola l. 6. anar. c. 2 Mizald. in Plat. Aleman. in l. de aëre, loc. & aq. D. Hieron. ep. ad Paul*]: François Valleriola, *Observationum medicinalium libri sex*, livre VI, ana. ii, «probat astrologiam medico esse necessariam»; Antoine Mizauld, *L'explication, usage et practique de l'Ephemeride celeste*, Paris, chez Jacques Kerver, 1556; Adrien Aleman (L'Alemant), éd., *Hippocratis de aere, aquis et locis [...] liber commentariis illustratus*, Parisiis, apud Aegidium Gorbinum, 1557; Saint Jérôme, *Epistola 10 ad Paulum senem concordiae*, dans *Lettres*, éd. J. Labourt, vol. I, p. 27–29. Ferrand prend ces noms des notes marginales de Jean Taxil, *L'astrologie et physiognomie en leur splendeur*, Tournon, éd. R. Reynaud, Libraire juré d'Arles, 1614, p. 31–33.

[33][*Prob. 1. sect. 14*]: Aristote, *Problemata*, livre XIV, n. 1 (909a).

[34]Galien, *De temperamentis*, éd. Kühn, vol. I, p. 509–694.

ses escrits, comme plusieurs autres philosophes payens.

La plus grande partie des astrologues ou mathematiciens ne se contentent pas de rapporter souvent et indirectement ces effects avec les medecins aux qualités manifestes de l'air causées par les corps superieurs, ains aussi aux planetes, disant que nostre ame tient le jugement de Saturne, les actions de Jupin, de Mars le courage et la generosité, les sens du Soleil, de la Lune la vie, et finalement de la planete Venus chaude, mediocrement humide et benevole, l'amour.

Je ne veux pas icy disputer s'il est veritable ou non que les astres par leurs influences puissent quelque chose sur nostre esprit et nostre corps; je traicteray cy-apres ceste question amplement. Il vous suffira à present de sçavoir que c'est l'opinion des astrologues judiciaires, qui croyent que les astres peuvent beaucoup sur le corps et sur les esprits «indirecta motione et contingenter, non directa et necessario: iudicia quippe Astrologorum sunt media inter necessarium et possibile», ainsi que rapporte de Ptolemye sainct Thomas d'Aquin; autrement ils feroient contre le franc et liberal arbitre[35], que les payens n'ont pas nié, en cela plus sages que nos modernes religionnaires et qui pour la plus part esclairez de la seule lumiere naturelle ont accordé que le sage domine les astres, et que nos appetits et concupiscences sont en nostre pouvoir. A raison dequoy je nombre ces influences celestes parmy les causes externes, lesquelles ne sont jamais causes necessaires des maladies, ains seulement lors qu'elles excedent, et rencontrent le corps disposé à recevoir leur vertu[36]. Le mesme devons-nous dire des qualités manifestes de l'air, autrement tous les Egyptiens, Italiens, Espagnols et Africains seroient necessairement lascifs, qui produiront de saincts personnages, surpassans en chasteté les Anglois, Scythes, Moscovites et Polonois,

> ———- Democriti sapientia monstrat
> Summos posse viros, et magna exempla daturos,
> Vervecum in patria, crassoque sub aëre nasci[37].

Si l'air agit plus promptement et continuellement sur nos corps, les breuvages et alimens le font plus efficacement. Tels alimens sont de deux sortes, chauds, flatulens et polytrophes, ou bien engendrans l'humeur melancholique, ainsi qu'on peut colliger du Galien sur la fin du dernier livre *Des parties malades*[38], que nous

---

[35][*Livre 3. contra. gent. c. 86*]: Saint Thomas d'Aquin, *Somme théologique*, III. 83: «indirecta motione et contingenter, non directa et necessario: Judicia quippe Astrologorum sunt media inter necessarium et possibile». Voir *Somme de la foi catholique contre les Gentils* (texte français et latin), éd. M. L'Abbé P.-F. Écalle, Paris, Louis Vivès, 1856, vol. III, p. 43–44.

[36][*Gal. l. de caus. procat. c. 1. l. Introd. in puls. & l. 1. de feb.*]: Galien, *De causis procatarcticis liber*, livre I, ch. 1, dans *Galeni opera*, II, p. 495. Galien, *De febrium differentiis liber*, livre I, éd. Kühn, vol. VII, p. 273 et suiv. Dans les deux citations Galien traite de la chaleur excessive générée par Sirius et de son influence sur les fièvres. Galien, *De causis pulsuum*, ch. 1, éd. Kühn, vol. IX, p. 1 et suiv.

[37]Juvénal, Satire X, 48–50: Ferrand ajoute «Democriti» au texte de Juvénal. *Satires*, éd. P. de Labriolle, p. 126. [Démocrite, dans sa sagesse, démontre que de grands hommes, capables de donner de beaux exemples, peuvent naître dans la patrie des moutons et sous un air épais.]

[38]Galien, *De locis affectis*, livre VI, ch. 6, dans *Œuvres*, éd. Kühn, vol. VIII, p. 377–82.

expliquerons mieux au chapitre de la precaution[39], afin que ceux qui desirent se preserver de ceste fureur, ou folie, evitent leur usage.

L'oisiveté tient aussi des premiers rangs parmy les causes exterieures et manifestes de la melancholie, dautant que durant l'oisiveté les melancholiques ont le loisir d'entretenir leurs pensées, et par ce moyen se rendent plus melancholiques, veu que toutes actions d'esprit dessechent le sang et le rendent melancholique. L'oisiveté d'ailleurs est la mere de l'amour impudique, qui prend sa naissance parmy les oisifs, qui à son imitation employent le temps à se peigner, frisotter et se contempler dans les mirouërs, ennemis au surplus du travail, et des occupations serieuses, comme chante le poëte Menandre:

ἔρως γὰρ ἀργὸν, κ'ἀπὶ τοῖς ἀργοις ἔφυ,
φιλεῖ κάτοπτρα, καὶ κόμης ξανθίσματα,
φεύγει δὲ μόχθους — [40]

Au contraire les oisifs employent le temps aux dances, farces et comedies,

Scalpuntur ubi intima versu[41],

et à divers jeux, desquels les courtisans effeminez sont artistes inventeurs. Nous lisons dans Theocrite, Philod. [Philostrate], Aristophane et Virgile que celuy de pommes estoit fort celebré par les anciens:

Malo me Galatæa petit lasciva puella[42].

Lesquelles à par fois les amans offroient à leurs dames, comme il appert de ce vers du lyrique:

---

[39]Cf. ch. 30, n. 35–41.

[40]Le fragment, faussement attribué à Ménandre, vient d'Euripide, *Danaë*, dans Stobaeus, *Anthologium*, livre IV, ch. 20, sect. 40 (frag. 322, n. 2). La confusion dérive du fait que le fragment précédent (n. 39) de Ménandre se réfère aussi à «ἔρως». [Car l'amour est oisif et fait par nature pour des activités oisives: il aime les miroirs et la fausse blondeur des cheveux. (trad. François Jouan et Hermann Von Looy, *Oeuvres*, Paris, Les Belles Lettres, 1923, vol. 8.2, p. 70)]

[41][*Livre 7. Anthol.*]: la note est mise dans la marge en face d'une citation en latin, mais se réfère à un poème de Philodème qui a inspiré les commentaires de Ferrand sur la danse, la musique et le comportement efféminé. *Anthologie grecque*, livre VII, n. 222, éd. P. Waltz, vol. IV, p. 152. La phrase latine «scalpuntur ibi intima versu» (rectius: «scalpuntur ubi intima uersu») vient de Perse. [et tel vers est comme une main qui les chatouille au bon endroit. (trad. Henri Clouard, *Satires*, Paris, Garnier, 1934)]

[42]Virgile, *Bucolique*, III, 64, éd. J. Perret, p. 67. Dans Théocrite, Idylle III, 8–9, *Bucoliques grecs*, éd. Ph.-E. Legrand, p. 32, la pomme est mentionnée comme cadeau d'amour; Dans l'Idylle VI, 6–7, éd. Legrand, p. 58, Galatée exprime son dédain pour Polyphème en le qualifiant de maudit en amour, en le traitant de berger, et en bombardant son troupeau de pommes. Philostrate, *Epistulae amatoriae*, ép. 63. La pomme était le cadeau traditionnel donné par les amoureux à la femme la plus attrayante. *The Letters of Alciphron, Aelian and Philostratus*, trad. Allen Rogers Benner et F. H. Forbes, p. 531. [Galatée me lance une pomme, la folle enfant.]

Frustis et pomis viduas venantur avaras[43].

Et Lucian en son *Toxaris* raconte que Charyclée pour enamourer Dinias, luy envoyoit des bouquets fennés et des pommes à demy morsillées[44]. Quelques autres subrogeoient les figues, dautant que le figuier est symbole de la femme selon Plutarque, qui a son escorce et ses feuilles rudes et aspres, le fruict au contraire tellement doux et savoureux qu'il sert de hieroglyphe de douceur[45].

Comme trop et mollement dormir rend les personnes enclines au luxe, ainsi les veilles immoderées dessechans le cerveau rendent les personnes melancholique, tellement que nous dirons avec le divin Hippocrate en ses *Aphorismes*: «somnus et vigilia, utraque si modum excesserint, malum[46]». Dormir sur le dos du consentement de tous les medecins provoque à luxure et doit estre nombré parmi les causes manifestes de la melancholie erotique[47].

Nostre Galien sur la fin de ses livres de parties malades prouve par plusieurs raisons, et par exemples que la retention de la semence rend les personnes melancholiques erotiques, notamment ceux qui sont oisifs et bien nourris, si par frequens et violens exercices ou travail ils ne viennent à consumer l'abondance du sang qui se doit convertir en sperme[48]: «Equidem», dit-il, «novi quosdam, quibus huiusmodi erat natura, qui præ pudore a libidinis usu abhorrentes torpidi, pigrique facti sunt: nonnulli etiam melancholicorum instar, præter modum mœsti ac timidi, cibi etiam tum cupiditate, tum concoctione vitiata. Quidam uxoris mortem lugens, et a concubitu, quo antea creberrime fuerat usus, abstinens, cibi cupiditatem amisit, atque ne exiguum quidem cibum concoquere potuit. Ubi vero seipsum cogendo, plus cibi ingerebat, protinus ad vomitum excitabatur: mœstus etiam apparebat, non solum has ob causas, sed etiam ut Melancholici solent citra manifestam occasionem[49]».

---

[43] Horace, *Épître* I.i.78, dans *Odes, Chant Séculaire, Épodes, Satires, Épîtres, Art poétique*, trad. F. Richard, p. 213. [... avec de bons morceaux et des fruits font la chasse aux femmes avares.]

[44] Lucien de Samosate, «Toxaris ou de l'amitié», *Œuvres complètes*, trad. Émile Chambry, 2 tomes, Paris, Garnier Frères, 1933, vol. II, p. 288.

[45] Giovanni Pierio Valeriano Bolzani Pierius], *Les hieroglyphiques nouvellement donnez aux François, par I. de Montlyart*, Lyon, éd P. Frellon, 1615, «La Douceur», ch. 29, p. 713 et suiv.

[46] Hippocrate, *Aphorismi Hippocratis Graecae et Latinae una cum Galeni commentariis, interprete Nicolao Leoniceno Vicentino*, Parisiis, ex officina Jacobi Bogardi, 1542, livre II, n. 3, p. 30[r]: «somnus atque vigilia, utrumque si modum excesserit, malum».

[47] [*Avic. l. 3. fen. 20. tr. 1. c. 25*]: Avicenne, *Liber canonis*, livre III, fen 20, tr. 1, ch. 25, p. 376[r]: «Et dormire super dorsum est de facientibus erectionem».

[48] [*L. 6. c. 6*]: Galien, *De locis affectis*, livre VI, ch. 6, dans *Œuvres*, éd. Kühn, vol. VIII, p. 377–82.

[49] Galien, *De locis affectis*, livre VI, ch. 5, dans *Œuvres*, éd. Kühn, vol. VIII, p. 377–82. [J'ai connu des individus doués d'une semblable nature qui, par pudeur, s'abstenant des plaisirs vénériens, tombèrent dans la torpeur; d'autres, semblables aux mélancoliques, étaient pris d'une tristesse sans raison et de désespoir, de dégoût pour les aliments et avaient de mauvaises digestions. J'ai connu aussi un individu qui, par suite de la douleur que lui causait la mort de sa femme, s'abstint des rapprochements sexuels, dont il usait fréquemment auparavant; il avait perdu l'appétit, et ne digérait même pas le peu qu'il prenait; s'il se forçait pour prendre davantage il le vomissait aussitôt; il s'attristait non seulement pour ces raisons, mais aussi sans cause évidente, comme il arrive aux mélancoliques. (trad. C. Daremberg,

Et un peu plus bas en mesme chapitre il fait mention d'un qui tomba en priapisme pour mesmes causes, et pour n'avoir usé d'exercice ou travail suffisant pour consumer l'abondance du sang. Le mesme dit-il des femmes selon qu'il l'avoit appris de son maistre Hippocrate au livre *Des maladies des vierges*, ce qui nous expliquerons mieux au chapitre de la fureur uterine.

Neantmoins le mesme Galien au lieu preallegué rapporte pareils effects à l'excretion frequente de la semence: «Qui protinus iuventute prima immodice sese permiserunt libidini, id etiam evenit, ut horum locorum vasa amplius patentia majorem ad se sanguinis copiam alliciant, et coëundi cupiditas magis increscat[50]».

Entre les passions de l'ame la joye peut bien rendre les personnes plus portées à l'amour. Mais la crainte et la tristesse les rend tout à faict melancholiques: «Si Metus et Mœstitia perseveraverint Melancholia fit», dit le Pere de la Medecine en ses *Aphorismes*[51] pour ce que ces deux passions d'esprit rafroidissent et dessechent le corps, notamment le cœur, suffoquent et perdent la chaleur naturelle avec les esprits vitaux, causent les veilles immoderées, depravent la digestion, incrassent le sang et le rendent melancholique[52], à raison de quoy, à mon jugement, l'amour est dict αὐχμηρὸς, *id est, squalidus* [sordide] par Diotime la fatidique dans Platon en son *Phedre*[53].

Mais les poëtes soustiennent que l'or et la fortune sont les plus puissantes causes de l'amour et de la melancholie erotique, entendans par la fortune les rencontres et occasions que les sages doivent fuir s'ils ne veulent estre pris:

Me fortuna aliquid semper amare dedit[54].

Ce qui occasionna les Achéens, au recit de Pausanias, de mettre en la ville d'Egire sous mesme toict l'Amour et la Fortune, et par l'or Danaë se porta à l'amour de Jupiter, et Atalante se laissa vaincre par Hippomenes à cause des pommes d'or qu'il luy jetta sur son chemin en courant[55]:

Secum habet ingenium, qui cum licet, accipe, dicit.
Cedimus, inventis plus valet ille meis[56].

Oeuvres, Paris, Garnier, 1850, vol. II, p. 688)]

[50]Galien, *De locis affectis*, livre VI, ch. 6, dans *Œuvres*, éd. Kühn, vol. VIII, p. 377–82.

[51][*Aph. 23. l. 6.*]: Hippocrate, *Aphorismi Hipprocratis Graecae et Latinae una cum Galeni commentariis, interprete Nicolao Leoniceno Vicentino*, Parisiis, ex officina Jacobi Bogardi, 1542, livre VI, n. 23, p. 147ʳ: «si timor atque moestitia longo tempore persevererint, ex eo atro bilis significatur».

[52][*Gal. l. de praecogn ex puls. & l. 4. de caus. puls.*]: Galien, *De praesagitione ex pulsu*, livre IV, ch. 8–9, éd. Kühn, vol. IX, p. 405–16. Galien, *De causis pulsuum*, livre IV, éd. Kühn, vol. IX, p. 156–204.

[53]Platon, *Le banquet* (203c).

[54][*Propert.*]: Properce, *Élégies*, livre II, él. xxii, 18, éd. D. Paganelli, p. 64. [Mon sort à moi est de toujours aimer.]

[55]Pausanias, *Description de la Grèce*, «L'Attique», livre I, ch. 43, éd. M. Casevitz et al., p. 129–30. Théocrite, Idylle III, 40–42, *Bucoliques grecs*, éd. Ph.-E. Legrand, p. 34.

[56]Ovide, *L'art d'aimer* (*Ars amandi*), livre II, 163–64, éd. H. Bornecque, p. 37. [On a toujours de l'esprit quand on peut dire toutes les fois que l'on veut, «accepte ceci». À celui-là nous cédons le pas, ce que je puis trouver plaît moins que lui.]

VII

Les causes interieures de l'amour, et de la melancholie erotique

Nous avons cy-devant assez bien verifié par plusieurs textes de Galien que les causes evidentes ou externes ne peuvent introduire leurs effects que sur les corps foibles et incapables de resister aux efforts de Cupidon. Ainsi la docte Sapho recognoist la mollesse de son cœur pour cause principale de son ardeur amoureuse:

> Molle meum levibus cor est violabile telis:
> Hæc semper causa est cur ego semper amem[1].

La disposition du corps est aussi preallable, par defaut de laquelle les enfans au dessous de quatorze ans, les filles au dessous de douze ou environ, les vieillards decrepites, les eunuques froids et maleficiés redoutent peu ce mal. Ceste disposition du corps est appellée par Galien cause antecedente ou interieure, consistant és humeurs, excremens, et esprits du corps[2], toutes lesquelles causes Hippocrate comprend sous le nom de «*τῶν συγγεγονότων*[3]» [les causes congénitales].

Le sang copieux, bien temperé et abondant en esprits par l'assiduelle influence du cœur, par ce qu'il est la cause materielle de la semence est veritablement cause antecedente de l'amour, comme passion de l'ame[4]. Mais l'humeur melancholique qui est chaud et sec par adustion de la cholere, du sang, ou de la melancholie naturelle est la principale cause de la melancholie ou manie erotique, à raison dequoy Aristote en ses *Problemes* dict que les melancholiques sont subjects à ce mal: «*oi μελαγχολικοὶ ἀφροδισιαστικοί*[5]» [les mélancoliques sont sujets à un appétit charnel constant], ce qui semble estre absurde, si vous entendez ce texte des melancholiques

---

[1]Ovide, *Héroïdes* XV, 79–80, dans *Epistulae Heroidum*, éd. Henricus Dörrie, Berlin, Walter de Gruyter, 1971, p. 318; *Héroïdes*, éd. H. Bornecque, p. 94. [Mon cœur est tendre et pénétrable aux flèches légères; toujours il est une cause pourquoi j'aime toujours.]

[2][*Cap. 88. art. med.*]: Galien, *Ars medicinalis*, dans *Operum Galeni libri isagogici artis medicae*, ch. 88, «De solutione continuitatis», p. 225 et suiv. Voir *Art médical*, trad. Véronique Boudon, tome II, Paris, Les Belles Lettres, 2000, xxvii.1, p. 359 et suiv.

[3]Hippocrate, *De natura hominis*, ch. 5, éd. Littré, vol. VI, p. 42.

[4][*Valeriola obs. 7. l. 2.*]: François Valleriola, *Observationum medicinalium libri sex*, livre II, obs. 7, p. 196. Voir aussi Battista Fregoso, *Contramours*, p. 173.

[5][*Probl. 31. Sect. 4.*]: Aristote, *Problemata*, livre IV, sect. 30 (880a).

par abondance de la melancholie naturelle qui de sa nature est froide et seche, et par consequent repugne à ce mal. Autrement le vieillard abondant en melancholie affoleroit plus souvent d'amour que l'adolescent, et son desir desordonné croistroit à mesure que son aage declineroit, lequel au contraire oyant parler de l'amour charnel:

Nauseat, et priscum vomitu ceu fundit amorem[6].

Mais ceux qui sont melancholiques par adustion des humeurs, comme sont les melancholiques hypochondriaques, au nombre desquels nous avons mis les amoureux, sont chauds et secs, et subjects à engendrer plusieurs vents qui les chatoüillent, et par consequent les rendent lascifs outre mesure[7], comme nous apprend le Galien en ses commentaires sur le livre 6 des *Epidemies* d'Hippocrate[8]. Outre que tels melancholiques par adustion du pur sang ont l'imagination forte, à raison de laquelle l'homme est souvent incontinent au dire de l'Aristote en ses *Problemes*[9]. Ce que nous ne devons pas entendre des melancholiques froids et secs, qui sont mornes, stupides, niaiz, etc. comme prouve doctement et copieusement Ioannes Baptista Silvaticus en sa premiere controverse[10].

---

[6][*Corn. Gall.*]: Cornelius Gallus, Élégie II, 15. Le texte critique a «fundat». *Catullus, Tibullus, Propertius cum Galli fragmentis*, Biponti, ex typographia societatis, 1783, p. 327. [... pris de nausée, comme pour se purger, en vomissant, de ses amours passés. (notre traduction)]

[7]Jean Liébault, *Des maladies des femmes*, livre I, ch. 39, p. 65–69.

[8][*Part. 2. com. 12.*]: Dans le texte, Ferrand se réfère spécifiquement au deuxième commentaire de Galien sur *Des épidémies*, livre VI d'Hippocrate, mais la référence vient, en effet, du troisième commentaire de Galien sur *Des épidémies*, livre VI, ch. 12, éd. Kühn, vol. XVII/2, p. 25 et suiv. La référence suivante au *Problèmes* d'Aristote (voir n. 9) vient de Galien.

[9][*Probl. 7. Sect. 29.*]: Aristote, *Problèmes*, XXX, sect. 1 (953b).

[10]Giovanni Battista Silvatico, *Controversiae medicae numero centum*, p. 1–3. Jean Aubery, *L'antidote d'amour*, p. 27[r]–28[v].

VIII

De la generation de l'amour et de la melancholie erotique

L'amour ayant abusé les yeux, comme vrays espions et portiers de l'ame, se laisse tout doucement glisser par des canaux, et cheminant insensiblement par les veines jusques au foye, imprime soudain un desir ardent de la chose qui est réellement, ou paroist aimable, allume la concupiscence, et par ce desir commance toute la sedition[1]:

> Hinc illæ primæ Veneris dulcedinis in cor
> Stillavit gutta, et successit frigida cura[2].

Mais craignant d'estre trop foible pour renverser la raison, partie souveraine de l'ame, s'en va droit gaigner la citadelle du cœur, duquel s'estant une fois asseurée comme de la plus forte place, attaque apres si vivement la raison, et toutes les puissances nobles du cerveau, qu'elle se les assujettit et rend du tout esclaves. Tout est perdu pour lors, c'est fait de l'homme, les sens sont esgarés, la raison est troublée, l'imagination depravée, les discours sont impertinens. Le pauvre amoureux ne se represente plus rien que son idole. Toutes les actions du corps sont pareillement perverties. Il devient pasle, maigre, transi, sans appetit, ayant les yeux caves et enfoncés, et ne peut voir la nuict (comme dit le poëte) ny des yeux ny de la poictrine[3]. Vous le verrez pleurant, sanglottant, et souspirant coup sur coup, et en une perpetuelle inquietude, fuyant toutes les compagnies, aimant la solitude pour entretenir ses pensées: la crainte le combat d'un costé, et le desespoir bein souvent de l'autre.

---

[1] [*Dulaurens c. 10. des mal. Melanch.*]: André Du Laurens, *Des maladies melancholiques, et du moyen de les guarir*, ch. 10, p. 34ᵛ.

[2] [*Lucret.*]: Lucrèce, *De la nature*, livre IV, 1059–60, éd. Kany-Turpin, p. 307. Les strophes ont été probablement suggérées à Ferrand par Ficin qui les cite dans son *Commentaire sur le banquet de Platon*, Oration VII, ch. 5, trad. R. Marcel, p. 246–50, 254. [Voilà pour nous ce qu'est Vénus; de là vient le nom de l'Amour; c'est ainsi que Vénus distille dans notre cœur les premières gouttes de sa douceur, à laquelle succède le souci glacial.]

[3] Ferrand n'identifie pas l'auteur parce qu'il paraphrase Du Laurens qui à son tour n'identifie pas le poète. Voir André Du Laurens, *Des maladies melancholiques, et du moyen de les guarir*, ch. 10, p. 34ᵛ.

Marsile Ficin sur le *Banquet* de Platon, et François Valeriola docte medecin d'Arles, parlant de la cure d'un riche marchant Provençal qui avoit affolé d'amour, disent que l'amour se fait par voye de charme ou de fascination, entant qu'à leur dire les esprits animaux dardez par l'amant vers l'aimée, et par elle renvoyez vers l'amant à cause de leur grande subtilité penetrent dans les entrailles, et par les veines et arteres se communiquans par tout le corps troublent le sang, et causent par ce moyen ceste maladie, qui à leur dire n'est qu'une perturbation de sang, mais notamment du melancholie[4]. Ils prouvent leur opinion par plusieurs raisons, et par l'exemple des corps meurtris, qui rendent du sang lors qu'ils sont regardés fixement par le meurtrier durant les six ou sept heures premieres apres le meurtre[5]. De sorte que selon l'advis de ces doctes autheurs, ceux qui ont les yeux beaux, quoy qu'au surplus du corps ils ne soient gueres beaux, feront affoler d'amour ceux qu'ils regarderont, si par la raison ils ne maistrisent leur passion. Et au contraire, pour si belle que soit une personne, si elle n'a les yeux beaux, elle ne sçauroit donner de l'amour passionné, ains une simple amitié ou bien-veillance, comme si par la beauté des yeux (qu'à bon droit à raison de ce les Grecs ont appellé ἑλικοβλεφάρους [un coup d'œil rapide]) elles invitoient les personnes qui les regardent de loing de s'approcher, pour par ce moyen les enamourer. Mais je vous prie, quelle raison rendroient ces messieurs academiques des amours de Janfré Rudels, Sieur et Comte de Blaye, de celuy de Petrarque et des femmes Scythes, qui crevoient les yeux aux esclaves et prisonniers de guerre qui leur agreoient, avant d'en jouïr[6]?

Me tenant à ma premiere opinion, je dis que le foye est le foüyer de ce feu, et le siege d'amour:

> Cor sapit, et pulmo loquitur, fel commovet iras,
> Splen ridere facit, cogit amare iecur[7].

Ce qui semble estre confirmé du Sage, quand il dict en ses *Proverbes*, «sequitur meretricem vecors iuvenis donec sagitta transfigat iecur eius[8]». Et des poëtes, qui ont feint qu'un vautour rongeoit assiduellement le foye de Tityus en punition du stupre attenté sur la déesse Latone, car comme on couppoit la langue aux esclaves babillards, menteurs et rapporteurs, et l'on brusloit les jambes aux fuitifs, de mesme façon Jupiter vouloit que le membre de Tityе, qui avoit esté l'origine de ce vilain

---

[4][*C. 3. 9. & 10. orat. 7*]: Marsile Ficin, *Commentaire sur le banquet de Platon*, Oration VII, ch. 4, 5, 10. François Valleriola, *Observationum medicinalium libri sex*, p. 196–205, prend de Ficin sa longue discussion sur le rôle des yeux dans l'amour.

[5][*Mars. Ficin. c. 10*]: Marsile Ficin, *Commentaire sur le banquet de Platon*, Oration VII, ch. 10, éd. R. Marcel, p. 254.

[6][*M. de Montagne*]: En citant Michel de Montaigne sur les Scythes, Ferrand se référait peut-être au livre I, ch. 20 des *Essais*, dans lequel il parle de la capacité des femmes des Scythes de tuer au moyen de leur regard. La référence à Jaufré Rudel et à Pétrarque vient de Mario Equicola; voir dans ce volume, la note 7 du ch. 6. La référence originale est dans les *Histoires* d'Hérodote, livre IV, «Melpomène», ch. 2, éd. Legrand, vol. V, p. 48.

[7]Baptiste Fulgose, *L'Antéros ou contramour* (Paris: chez Martin le Jeune, 1581), p. 59, qui cite Lactance, *Divines Institutions*: [Le cœur dirige la raison, et les poumons, la parole; la vésicule cause la colère, la rate nous pousse à rire, et le foie nous porte à aimer. (notre traduction)]

[8][*Cap. 7*]: Proverbes 7: 22–23.

attentat fust principalement puny[9], à raison de ce les grammairiens nomment ceux qui sont sans amour *evisceratos*, ou sans foye, les craintifs et pusillanimes *excordes*, et les fols *sans cerveau*[10] :

— Vacuumque cerebro
Iamdudum caput hoc ventosa cucurbita quærit[11].

Gordon ne nie pas que le foye soit siege d'amour pour la cause antecedente, mais il veut que les genitoires le soient pour la conjoincte[12].

Il n'est pas raisonnable de clorre ce chapitre sans rapporter l'oppinion du divin Platon, qui sous la personne d'Aristophanes, rapporte qu'au temps passé il y avoit trois sortes d'hommes: masle, femelle, et androgyne (duquel il ne reste à present que le nom infame)[13], que la figure d'un chacun estoit ronde, ayant dos et costez en cercle, quatre mains, et autant de jambes, deux visages opposites, quatre oreilles, et ainsi des autres membres. Que pour avoir conspiré temerairement contre les dieux, Jupiter les divisa en deux, comme ceux qui partissent les œufs pour les confire en sel, ou qui les couppent avec des cheveux, et commanda aussi-tost à Apollon leur tourner le visage, et la moitié du col au costé, où la division estoit faicte, à fin que l'homme voyant sa coupure fust plus modeste, et au reste luy enjoinct de guerir la playe. Du depuis chacun desirant recouvrer sa moitié, couroient les uns aux autres, desirans estre reunis, dont ils mouroient de faim pour ne vouloir rien faire l'un sans l'autre. Et quand l'une moitié defailloit, et l'autre restoit, la restante en cherchoit une autre, fusse la moitié d'une femme, ou d'un homme, et ainsi perissoient. Mais Jupiter en ayant compassion, invente un autre remede, et leur transporte les parties honteuses au devant, et par ce moyen ordonna la generation entr'eux par le masle et femelle, car auparavant ils concevoient et engendroient en terre comme les cigales. Deslors fut produit l'amour naturel des hommes entre eux reconciliateur de l'ancienne nature, voulant faire un des deux, et remedier à l'humaine fragilité, qui semble n'estre autre chose que le desir et poursuitte du total. Ne vous semble-il pas que l'Aristote, ou pour mieux dire avec Jules Scaliger, Theophraste au livre 2 *Des plantes*, chapitre 1, approuve ceste oppinion Platonique, quand il dict que le masle a esté separé de la femelle, à fin qu'il peust vacquer aux sciences, et autres actions plus nobles que la generation? Ce qu'il n'eust peu faire sans le retranchement de la partie feminine[14].

[9]Ferrand ne spécifie pas sa source pour l'histoire du géant et de Leto; le mythe est raconté, entre autres, par Homère, *Odyssée*, livre XI, 567–81; Pindare, *Pythiques*, livre IV, 46; Apollodore, *Bibliothèque*, livre I, IV, 1; Ovide, *Les métamorphoses*, IV, 457–58; Hygin, *Fabulae*, n. 55, et par Pausanias, *Description de la Grèce*, livre X, iv, 5–6. Jean Aubery *L'antidote d'amour*, p. 122[v].

[10][*Gal. 3. de placitis Hippo. & Plat.*]: Galien, *De placitis Hippocratis et Platonis*, livre III, ch. 4, éd. Kühn, vol. V, p. 310–20. Galien se réfère à Euripide.

[11]Juvénal, Satire XIV, 57, éd. P. de Labriolle, p. 174. Texte critique: «Vacumque cerebro / iam pridem caput». [Ta tête, vide de cervelle, réclame depuis longtemps des ventouses.]

[12][*Part. 2 c. de amore*]: Bernard de Gordon, *Lilium medicinae*, le chapitre sur l'amour, p. 216 et suiv.

[13][*Phedr.*]: Platon, *Phèdre*. Le discours d'Aristophane ne se trouve pas dans *Phèdre* mais dans *Le banquet* (189d et suiv.).

[14][*L. 2. De gen. an. c. 1.*]: Aristote, *De generatione animalium*, livre II, ch. 1 (732a). Pour l'observation de Scaligero, voir *Theophrasti Eresii de historia plantarum libri decem Graece*

Il semble que Platon au voyage qu'il fit en Egypte ayt puisé ceste oppinion fabuleuse de la perverse interpretation des livres de Moyse qu'il feuïlleta, dautant que Moyse semble dire en la *Genese*, que nostre premier pere Adam fut au commencement du monde créé masle et femelle, et que par apres la femme fut separée du corps d'Adam, de peur qu'il ne demeurast seul au monde[15]. De là les rabbins Abraham, Hieremias, et Abraham Aben-Esra ont voulu inferer qu'Adam fut créé en deux personnes conjointes, sçavoir, d'une partie masle et l'autre femelle, qui furent depuis separées par la vertu divine. Ceste oppinion a esté si bien refutée par plusieurs docteurs bien versez en la langue Hebraique que ce seroit temerité de l'entreprendre. Voyez ce que Louys le Roy en ses *Commentaires sur le Phedre de Platon* en a recueilly[16].

Nous dirons que les anciens theologiens ethniques comme Platon cachoient souvent les secrets de leur science soubs des figures, hieroglyphes et fables, quoy que, comme dict apres Sainct Augustin, Marsile Ficin, «non omnia quæ in figuris finguntur, aliquid significare putanda sunt: multa enim propter illa quæ significant, ordinis et connexionis gratia sunt adiuncta[17]». Partant sans mespriser l'interpretation de Ficin, je dis que par ce fabuleux discours, Platon nous a voulu monstrer la force de l'amour, qu'il avoit auparavant verifié estre le plus fort de tous les dieux, qui comme restaurateur, et reconciliateur de deux divisez, en faict un par le lien du mariage, et par la conformité des volontez qui se rencontre és amans[18].

---

et Latine [...] Latinam Gazae versionem nova interpretatione [...] accesserunt Julii Caesaris Scaligeri in eosdem libros animadversiones, Amstelodami, apud Henricum Laurentium, 1644.

[15][*Euseb. de prep. Evan. ca. 7.*]: Eusèbe de Césarée essayait en effet de démontrer l'adhésion de Platon à la doctrine hébraïque. Voir par exemple, sa *Préparation évangélique*, livre XII–XIII, éd. Edouard des Places, Paris, Les Éditions du Cerf, 1983, p. 70–73.

[16]Ferrand se réfère aux commentaires sur *Le banquet* plutôt qu'à ceux sur *Phèdre*. Louis Le Roy (Ludovicus Regius) *Le Sympose de Platon, ou de l'amour et de beauté, traduit de grec en françois, avec trois livres de commentaires*, Parisiis, Sertenas, 1559, p. 42 et suiv. Ferrand a utilisé le commentaire de Le Roy pour son discours sur l'androgyne et c'est sans doute la source où il puise sa connaissance de la *Préparation évangélique* (cf. la note précédente de ce volume), et aussi des autorités hébraiques dont il fait mention.

[17]Marsile Ficin, *Commentaire sur le banquet de Platon*, Oration IV, ch. 2, éd. R. Marcel, p. 245.

[18][*A. Heroet en l'Andr.*]: Antoine Héroët, «L'androgyne de Platon», *Œuvres poétiques*, éd. Ferdinand Gohin, Paris, Société de Textes Français Modernes, Eduard Cornély et Cie., 1909, p. 76–95.

IX

Si en la melancholie erotique le cœur est le siege de la maladie ou le cerveau

Si vous interrogez nos amans quelle partie ils ressentent plus affligée, ils vous respondront tout d'un commun accord que c'est le cœur, dont il est à croire avec Aristote, que le cœur est le vray siege de l'amour passionné[1], ce qui se peut confirmer par l'authorité d'Hippocrate au livre *Des maladies des vierges*, où il dict que les filles sont travaillées de crainte, de tristesse, chagrin, et de resveries, par ce que le sang superflu, qui devroit chasque mois fluer hors du corps par les canaux destinez par la nature à ceste excretion, estant retenu dans le corps par les obstructions desdits canaux, regorge de la matrice au cœur, où il cause la crainte, la tristesse et la desipiscence, symptomes accompagnans la melancholie, comme l'ombre suit le corps[2]. D'ailleurs il est tout certain que les vrayes marques de la melancholie sont la tristesse, et la crainte sans cause evidente. Or est-il que ces deux passions sont pareillement indices d'un cœur froid, selon la doctrine d'Aristote, et de Galien, à raison dequoy on nomme ordinairement les craintifs ἀθύμος, *excordes* [sans cœur][3]. Voire un chacun de nous experimente journalierement, que le cœur se serre durant la tristesse et la crainte, et semble au contraire s'ouvrir et dilater en la joye et esperance.

Ceste oppinion semble avoir esté du grand Avicenne puis qu'il dict, Fen. I, lib. 3, tract. 4, cap. 18 qu'en la melancholie le cœur communique l'intemperature au cerveau par les vapeurs et humeurs qu'il luy envoye, et par la sympathie de ses vases[4].

Marsile Ficin et François Valeriola és lieux prealleguez font deux especes de resverie, desipiscence, grecque παραφροσύνης, ou *folie*: l'une desquelles se faict par la vice du cerveau; l'autre par le vice du cœur. Le cerveau est cause de la folie,

---

[1][*L. 3. de par. anim. ca. 4.*]: Aristote, *De partibus animalium*, livre III, ch. 4 (666a).

[2]Hippocrate, *Les maladies des jeunes filles*, dans *Œuvres complètes*, éd. Littré, vol. VIII, p. 467–71. Voir aussi le ch. 2, n. 17, et aussi les *Aphorismes*, livre VI, aphorisme 23.

[3][*2. de part. anim. ca. 4. 2. 3. de plac. c. 4. C. 30. art. med.*]: Aristote, *De partibus animalium*, livre II, sect. 4 (650b). Galien, *De placitis Hippocratis et Platonis*, livre III, ch. 4, éd. Kühn, vol. V, p. 311. Galien, *Ars medicinalis*, dans *Operum Galeni libri isagogici artis medicinae*, ch. 30, p. 210: «Signa cordis frigidi».

[4][*Fen. 1. lib. 3. tract. 4. ch. 18*]: Avicenne, *Liber canonis*, livre III, fen 1, tr. 4, ch. 18, p. 204[r] et suiv, «De melancholia».

lors qu'il est occuppé par la bile aduste, sang ou melancholie brulée. Mais lors que ces humeurs sont retenus au cœur, ils y causent de l'angoisse et chagrin, non pas la folie, sinon que le cerveau vient à patir par sympathie, et croyent ces doctes personnages que les amans passionnez sont travaillez de la folie, qui se faict par le vice du cœur, ce que Valeriola tasche de prouver par plusieurs raisons[5].

Au contraire Guydo Cavalcanti en une sienne chanson, que Dine Garbo medecin Italien a commenté, prouve que le cerveau est le siege de l'amour, aussi bien que de la memoire, car en iceluy gist l'impression de la chose aimée[6], d'où vient que les amans sur toutes choses desirent estre en la souvenance de la chose aimée.

Les medecins disent mieux, premierement que la crainte est un troublement, ou perturbation d'esprit, à cause de l'imagination d'un mal vray, ou semblant tel, selon Aristote en ses *Rhetoriques*[7], deuxièmement que la tristesse ne differe pas de la crainte longue et inveterée, selon Galien, troisièmement que la crainte et la tristesse sont signes pathognomoniques de toute sorte de melancholie suivant ladite maladie de necessité, comme nous avons ja cy devant monstré[8]. Et finalement que puis que la crainte et la tristesse sont effects de l'imagination depravée, et characteres de la melancholie erotique, il est à conclure qu'elle se faict au cerveau, aussi bien que l'imagination.

Mais encores disons mieux avec la docte Mercurial, que la partie malade se prend souvent pour le siege de la maladie, et a par fois pour le siege de la cause de la maladie[9]. En la premiere signification, nous soustenons qu'en la melancholie erotique, le cerveau est la partie malade, et le cœur siege de la cause de la maladie, comme en amour le foye et les parties naturelles le sont de la cause conjoincte, selon Gordon au chapitre de l'amour[10].

Nous satisferons doncques à l'authorité d'Hippocrate, en disant premierement qu'on doute que le livre *Des maladies des vierges* soit d'Hippocrate, deuxièmement que ce texte prouve seulement que le cœur peut estre siege de la cause de la crainte, tristesse et resverie. Et finalement nous respondrons à Galien, qu'il y a deux especes de crainte, naturelle et contre nature: celle-là accompagne les hommes dés leur naissance, et se fait par l'intemperature du cœur, de laquelle Galien parle és lieux citez. Celle qui est contre nature naist par le vice du cerveau lors que l'imagination est depravée, comme nous enseigne doctement et clairement le Pere de la Medecine

---

[5] Marsile Ficin, *Commentaire sur le banquet de Platon*, Oration VII, ch. 3, éd. Marcel, p. 240. François Valleriola, *Observationum medicinalium libri sex*, p. 196. La page n'est qu'un remaniement de l'extrait de Ficin cité ci-dessus.

[6] Ferrand trouve les renseignements sur Dino del Garbo chez Mario Equicola, dans son *Libro de natura de amore*, livre I, «Guido Cavalcante», p. 9^r. Equicola résume le poème de Guido Cavalcanti, «Donna me prega», et mentionne le commentaire du médecin florentin.

[7] [2. *Rhet. c. 2.*]: Aristote, *Rhétorique*, livre II, ch. 5, «De la crainte et de la confiance» (1382a), trad. M. Dufour, vol. II, p. 72.

[8] [4. *De caus. pulsuum.*]: Galien, *De causis pulsuum*, livre IV, ch. 4–5, éd. Kühn, vol. IX, p. 160.

[9] [*L. I. Meth. cap. 10.*]: la note marginale semble correspondre à ce que Girolamo Mercuriale dit sur les sièges des causes des maladies. Ferrand se réfère probablement à la *Medicina practica [...] libri IV*, Francofurti, in officina Joannis Schonwetteri, 1602. Il est également possible que Ferrand se réfère à un des nombreux médecins qui avaient écrit un *Methodus medendi*.

[10] Bernard de Gordon, *Lilium medicinae*, chapitre sur l'amour, p. 216 et suiv.

au livre *Du mal caduc* où il refute l'oppinion de ceux qui croyent que le cœur soit le siege de la sagesse, du soing, et de la tristesse[11], quoy que le cerveau reçoive souvent ce vice par la communication, non pas seulement du cœur, mais aussi de l'estomach[12], notamment és petits enfans, comme prouve Némésius, livre *De la nature de l'homme*, chapitre 20[13].

---

[11]Hippocrate [?], *La maladie sacrée*, dans *Œuvres complètes*, éd. Littré, vol. VI, p. 357–91.

[12][*Gal. li. De demonst. 3. l. 2. de plac c. 8.*]: la référence au traité de Galien, *De demonstratione*, livre III, vient de Némésius d'Émèse, ch. 20, «De timore» de sa *De natura hominis*, éd G. Verbeke, p. 103. Galien, *De placitis Hippocratis et Platonis*, livre II, ch. 8, éd. Kühn, vol. V, p. 273–84.

[13]Némésius d'Émèse, ch. 20, *De natura hominis*, p. 103.

X

Si l'amour ou melancholie erotique est maladie hereditaire

Le Genie de la Nature dict que celuy qui ne ressemble à ses geniteurs est en quelque façon un monstre: «ὁ μὴ ἐοικὼς τοῖς γονεῦσιν, ἤδη τρόπον τινα τέρας ἐστίν[1]». Car en cela la nature s'est escartée de son devoir et a commencé à degenerer, quelquefois par necessité absoluë, comme en faisant la femme pour la conservation de l'espece, autres fois empeschée par le vice de la matiere, ou par les causes externes, parmy lesquelles les astrologues genethliaques mettent les influences des astres. Nostre Hippocrate: «τὰς μεταβολὰς τῶν ὡρεών καὶ τὴν φύσιν τῆς χώρης», *id est* le changement et varieté des saisons et la nature des lieux[2]. Mais les medecins Arabes n'oublient pas de donner des premiers rangs à l'imagination en tels affaires[3], et taschent de prouver leur oppinion par belles raisons, et par les exemples rapportez par Pline, livre 7, chapitre 12, François Vallesius, Albert, et plusieurs autres autheurs authentiques[4].

Ceste similitude et ressemblance requise és enfans est de trois sortes: sçavoir, en l'espece, en sexe, et és accidens[5]. La premiere depend de la varieté specifique de la faculté informatrice. La seconde, de la complexion et temperature des semences, du sang menstrual, et de la matrice, selon la doctrine de Galien, et la dernière rapporte sa force à la varieté de la faculté informatrice, non pas specifique

---

[1]Aristote, *De la génération des animaux*, livre V, ch. 3 (767b).

[2][*L. De aere. loc. et aqu*]: Hippocrate, *À propos des airs, des eaux et des lieux*, ch. 13, éd. Littré, vol. II, p. 56.

[3][*Avicen. l. 9. anim. Gal. l. de Theriaca ad Pison. cha. 14.*]: Avicenne, *Compendium de anima. Ab Andrea Alpago Bellunensi ex Arabico in Latinum versa*, ch. 7, Venetiis, apud Juntas, 1546, p. 20^r–21^v. Galien, *De theriaca ad Pisonem liber*, ch. 14, éd. Kühn, vol. XIV, p. 267–70.

[4][*Valles. l. 4. contr. Med. & Phil. c. 6.*]: Francisco Valles, *Controversiarum medicarum et philosophicarum [...] liber*, Compluti, excudebat Ioannes Iñiguez a Lequerica, 1583, livre IV, ch. 6, p. 76^r–77^v: «De sympathia, et idiopathia, protopathia, et antipathia et consensus». Pline, *Histoire naturelle*, livre VII, ch. 12, sect. 52, éd. Littré, vol. I, p. 289.

[5][*Tho. à Veiga in c. 49. art. med.*]: Tomás Rodriguez da Viega, *Ars medica*, dans *Opera omnia in Galieni libros edita, et commentariis in partes nouem distincta*, Lugduni, apud Petrum Landry, 1593, p. 77. Luis Mercado, *De morbus haereditariis*, dans *Opera*, vol. II, p. 670.

comme la premiere, mais individuelle, laquelle gisant en la semence, et restrainte par la matiere signée et marquée, reçoit d'elle la vertu de produire des individus semblables en proprietez, qualitez, et autres accidens à l'individu, duquel elle est descheuë[6].

Or ces qualitez corporelles qui passent des peres aux enfans sont celles seulement qui sont és parties informées de telle sorte qu'elles ont ja contracté une habitude, tellement que les proprietez et vertus qui dependent des facultez superieures et plus nobles que la faculté informatrice, comme sont la sensitive, l'imaginative, et la rationnelle ne sont pas hereditaires (autrement un docte medecin engendreroit un fils docte en medecine sans estude) ny mesmes les maladies qui ne sont pas en habitude, comme fievres putrides, pleuresies, catherres, et les intemperatures qui ne sont pas confirmées. Mais seulement celles-la sont hereditaires qui sont confirmées et en habitude, soient-elles en tout le corps, ou és parties principales d'iceluy. A raison de ce les bilieux engendrent des fils bilieux, les foibles des enfans foibles, et au contraire:

> Fortes creantur fortibus et bonis[7].

Et ceux qui ont les parties de la generation chaudes et seches font des enfans doüez de pareille intemperature, et par consequent, selon Galien, enclins à l'amour deshonneste[8], dequoy Helene vouloit pretexer son adultere fort impertinemment quand elle disoit,

> Qui fieri, si sint vires in semine amorum,
> Et Jovis et Ledæ filia casta potes[9]?

Quoy que Fernel au livre I de sa *Pathologie*, chapitre 1, assure que souventesfois les fils ne sont pas seulement heritiers des maladies qui sont en habitude ἐν ἕξει, mais encores des autres, dautant qu'on voit souvent des enfans subjects à la fievre quarte, à la pleuresie, catherres, et semblables maladies, par ce que leur mere a esté travaillée de semblables maladies durant sa grossesse[10].

---

[6][*Fernel c. 12. l. 7. Phys.*]: Jean Fernel, *Les VII liures de la physiologie, composez en latin [...] traduits en françois par Charles de St.-Germain*, Paris, chez Jean Gaignard le Jeune, 1655, p. 758–63. La discussion de Ferrand est considérablement influencée par le texte de Fernel. Se référer aussi a Johann Wier, livre III, ch. 8, des *Histoires, disputes et discours des illusions et impostures des diables*, livre I, p. 310, et Jean Liébault, *Des maladies des femmes*, livre III, ch. 7: «Les causes de la conception des masles et femelles», p. 563–84, et ch. 9: «Si les vices, indispositions et maladies des pères et mères sont imparties à la conception», p. 602–04.

[7][*Horat. Od. 4. l. 4*]: Horace, *Les odes*, livre IV, Ode iv, 29, éd. F. Villeneuve, p. 160. [Les vaillants sont engendrés par les vaillants et les braves.]

[8][*C. 46. art. med.*]: Galien, *Ars medicinalis*, dans *Operum Galeni libri isagogici artis medicae*, ch. 46, p. 212.

[9]Cf. Ovide, *Héroïdes*, XVI, 293–94, éd. Henricus Dörrie, p. 208. Le texte original commence par «Vix fieri» et ne constitue pas une question. [Fille de Jupiter et le Léda, s'il est une vertu dans la semence des ancêtres, tu peux malaisément devenir chaste.]

[10]Jean Fernel, livre I, ch. 9, «Les genres et différences des maladies», *La pathologie de Jean Fernel [...] mis en françois par A. D. M. docteur en medecine*, Paris, chez Jean Guignard le père et Jean Guignard le fils, 1655, p. 36–37.

De ce discours nous pouvons conclure que ceux qui sont engendrez de personnes qui ont tellement affollé d'amour qu'ils en sont devenus melancholiques
en habitude, courent hazard d'estre heritiers de pareille maladie, si la semence de
l'autre geniteur ne corrige ce vice, ou bien on n'y remedie par bonne discipline,
education et regime de vivre[11]. Voire nous pouvons craindre que ceux qui sont
enclins à l'amour par l'intemperature de tout le corps, ou des parties principales, et
non par la depravation de la vertu imaginatrice (comme est la plus part des amans)
engendrent des enfans subjects à mesme vice.

---

[11] [*Mercat. de mor. haered.*]: Luis Mercado, *De morbis haereditariis*, dans *Opera*, vol. II,
p. 678–79.

XI

Des differences de la melancholie erotique

Mon dessein n'est pas de vous rapporter les differences de l'amour, Cupidon, ou Venus, que les curieux peuvent lire dans Pausanias en ses *Eliaque* et *Boeotia*, dans Plutarque en son *Erotique*, Ciceron és livres *De la nature des dieux*, et autres autheurs prophanes[1]. Je me contenteray de vous apprendre les differences de l'amour passionné, et de la melancholie erotique, en laquelle ores l'imagination est seule depravée, ores le jugement et discours avec l'imagination. Galien dict à ce propos en divers lieux, que les resveries des melancholiques sont diverses à proportion que l'imagination est diversement offencée, ce qui provient de la diverse complexion des corps[2], à raison de quoy Aristote en ses *Problemes* et Anacreon en ses *Odes* [les] parangonnent aux yvres[3].

Il y a des personnes si aveuglées de leur concupiscence qu'ils n'aymeront pas moins Hecube qu'Helene, et Thersites qu'Achilles. Autres qui appliqueront leurs amours aux choses inanimées et insensibles, comme ceux qu'Ælian et Philostrate en la *Vie d'Apollonius* recitent s'estre amourachez d'une statuë de marbre si esperduëment qu'ils se tuerent du regret qu'ils recevrent de ce que le senat d'Athenes leur defendoit d'acheter ces belles idoles de leur ame. Xercés s'enamoura d'un arbre, Alkidias Rhodien d'une statuë de Cupidon de l'ouvrage de Praxiteles, Charicles d'une statuë de Venus Cnidienne, Narcisse et Eutelidas de leurs ombres[4].

---

[1][*M. Equic. l. 3. de la nat. d'Amour.*]: Mario Equicola, *Libro de natura de amore*: une référence générique au livre III. Pausanias, *Description de la Grèce*, «Boeotia», livre IX et livre XVI, 4, «Ellis», livre V et livre II, 25 dans *Description of Greece*, trad. W. H. S. Jones, vol. IV, p. 241; vol. III, p. 152–53. Cicéron, *De la nature des dieux*, livre III, sect. 57, *De natura deorum*, éd. M. van den Bruwaene, vol. III, p. 108–12. Plutarque, *Dialogue sur l'amour*, dans *Œuvres morales* (756B), éd. R. Flacelière, vol. X, p. 67–69. 2.

[2][*2. de Symp. caus. 3. de loc. aff. c. 7.*]: Galien, *De symptomatum causis liber.* Comme dans le ch. 5, n. 19, nous retrouvons ici la même série de références par lesquelles Ferrand veut dire le livre I, ch. 10. Cf. éd. Kühn, vol. VII, p. 189–93. Galien, *De locis affectis*, livre III, éd. Kühn, vol. VIII, p. 189–90; *Des parties affectées*, livre III, ch. 7; livre III, cap. 10; livre VI, ch. 6. Aristote, *Problèmes*, XXX. sect. 1 (953a).

[3]Aristote, *Problèmes*, XXX, sect. 1 (953b). Anacréon, *Anacréon et les poèmes anacréontiques*, éd. A. Delboulle, p. 47.

[4][*L. 6. c. 17*]: Philostrate, *Vie d'Apollonius de Tyane*, livre VI, ch. 50, éd. G. Chassang,

Quoy que le Prince des Peripatheticiens en ses *Morales* nous enseigne que l'affection qu'on porte aux choses inanimées n'est pas vray amour, pour autant qu'on ne
peut pas estre d'elles reciproquement aimé, et par ce qu'on ne leur peut desirer du
bien, en quoy consiste la nature de l'amour[5].

Passant sous silence les vilains et brutaux amours de Myrrha, Valeria, Tuscu-
lanaria, Canace, Aristonymus, Fulvius, Tellus, Pasiphaë, Phedre, Phyllis, et autres
que pourrez lire dans Ovide, Plutarque, Ælian, et autres poëtes ou historiens avoir
esté vilainement et brutallement picqués de l'amour de leurs peres, meres, freres,
ou bestes irraisonnables. Je vous prieray remarquer que les symptomes survenans
à l'amour font diverses especes de la melancholie erotique, dont il y a amour avec
jalousie, et sans jalousie, furieux, et non furieux, etc. comme fait aussi la diversité
des regions et climats[6]. Les orientaux sans mesure et discretion courent servilement
avec toute lascivité à la chose desirée. Ceux qui habitent les contrées meridionales
aiment avec impatience, rage et furie. Les occidentaux sont industrieux en leur
poursuitte, et les septentrionaux tardifs à s'amouracher.

L'Italien rusé poursuit celle qu'il aime en dissimulant son ardeur avec de
plaisantes et industrieuses façons de faire, comme par sonets et stances composées
à la loüange de sa dame[7]. S'il joüit, il est jaloux et voudra tenir sa femme sous
la clef comme prisonniere. Mais s'il se voit deceu de ses pretentions, il la hait,
et n'y a mal qu'il n'en die. L'Espagnol prompt et impatient de l'ardeur qui le
picque, se ruë furieusement sur l'amour, folastrant sans se donner aucun repos, et
par pitoyables lamentations se plaint du feu qui le consomme, invoque et adore
sa dame, mais quand il l'a gagnée par voyes illicites, la tuë transporté de jalousie,
ou la prostituë pour le gain. S'il n'en peut joüir, il se tourmente jusques à mourir.
Mais le folastre et lascif François faict le bon valet envers celle qu'il aime, essaye
d'acquerir sa bonne grace par honnesteté, l'entretient de chansons et plaisans devis.
S'il devient jaloux, il s'afflige et pleure. Si on luy donne congé, et qu'il ne puisse
joüir, il brave avec injures, et menace de se vanger, voire souvent veut user de
force. S'il joüit de sa dame, il la mesprise tost apres et recherche nouvelle amie. Au
contraire de l'Espagnol, le froid Alemand s'eschauffe d'amour peu à peu; estant
espris, il poursuit avec art et jugement, et s'efforce d'attraire sa dame par dons. S'il
entre en jalousie, il retire sa liberalité. Est-il deceu? Il en faict peu de cas. Joüit-il?
Son amour se rafroidit.

Le François dissimule en aimant, le Tudesque cache son amour, l'Espagnol

---

p. 237 et suiv. Claudius Aelianus, *Variae historiae libri XIV*, Argentorati, sumptibus Johannes
Friderici Spoor et Reinhardi Waechtleri, 1685, livre IX, ch. 39, p. 484–85. Cf. aussi la
Varia Historia, éd. Menin R. Dilts, Leipzig, B. G. Teubner, 1974, p. 112–13. La source
intermédiaire la plus probable est Pedro Mexía, *Les diuerses leçons*, Lyon, par Claude
Michel, 1526, livre III, ch. 14: «De l'estrange et furieuse amour d'un jeune Athenien et du
ridicule amour du Roy Xerxes, et comme les bestes ont maintesfois aimé les hommes et les
femmes», p. 511. Plutarque, «Propos de table,» *Œuvres morales* (682B), éd. F. Furhmann,
vol. IX. 2, p. 81.

[5][*L. 8 Eth. c. 2. L. 2 mag. mor. c. 21.*]: Aristote, *Éthique à Nicomaque*, VIII, 2 (1155b
25). Aristote, *Magna moralia*, II, xi, 7 (1208b 30).

[6][*Hipp. l. De aire, loc. & aq.*]: Hippocrate, *À propos des airs, des eaux et des lieux*, dans
Œuvres complètes, éd. Littré, vol. II, p. 30–85.

[7][*Aequic. l. 4. de l'amour cha. 7.*]: Mario Equicola, *Libro di natura di amore*, chapitre
sur les soupirs et la pâleur des amants, p. 158.

se persuade d'estre aimé, et l'Italien est en perpetuelle jalousie. Le François aime celle qui est plaisante, quoy que ne soit gueres belle. Il ne chaut à l'Espagnol que sa dame soit endormie et morne, moyennant qu'elle soit belle. L'Italien la veut craintive et honteuse, l'Allemand un peu hardie. En poursuivant ses amours obstinément, le François de sage, devient fol, l'Allemand sur le tard apres avoir beaucoup dependu, de fol devient sage, l'Espagnol hazarde tout pour sa dame, et l'Italien ne redoute rien pour en jouïr[8].

Finalement les plus asseurées differences de l'amour sont prises de la varieté des complexions de ceux qui sont affligés de ce mal. Si le sanguin aime son semblable c'est un amour doux, gracieux et loüable. Mais si le bilieux aime le cholerique, c'est plustost une servitude qu'amour, tant il est suject à riotes et choleres nonobstant leur ressemblance en complexion. Il n'y a pas tant de danger és amours du cholerique avec la sanguine, ceux-cy seront tantost contans, tantost mescontans. L'amour de la melancholique envers le sanguin est assez bon et gracieux, car le sang tempere la mauvaise qualité de la melancholique[9]. Mais s'il s'attache au cholerique, c'est une peste plustost qu'amour, et qui finit souvent par desespoir, comme celuy de Lucrece, Didon, Phyllis et autres cy-dessus mentionnés.

---

[8][*Agrip. l. des Paradox.*]: Cornelius Agrippa de Nettesheim, *Paradoxe sur l'incertitude, vanité et abus des sciences, traduicte en françois du latin*, sans éd., 1603, p. 72–74.

[9][*Marsil. Ficin. c. 9. orat. 7. in Com. Plat. Fr. Valer. Obseru. 7. l. 2.*]: Marsile Ficin, *Commentaire sur le banquet de Platon*, Oration VII, ch. 9, *Commentaire*, éd. R. Marcel, p. 253–54. François Valleriola, *Observationum medicinalium libri sex*, livre IX, obs. 7, p. 206, prend ses idées de Ficin. Voir aussi Mario Equicola, *Libro di natura de amore*, livre IV, ch. 7.

XII

Si la fureur uterine est une espece de melancholie erotique?

Je remarque dans nos autheurs gynecæes cinq maladies fort semblables proven-antes de l'amour, la ferveur de matrice ζέσις τῆς μήτρυς, le prurit de la matrice «κνησμονὴ τῶν αἰδοίων μερῶν», le symptome de vilanie ou νύμφα, sive *caudam*, la satyriase et la fureur de l'amarry[1]. Quoy que bien à propos je deusse parler de toutes ces maladies, je me contenteray pour n'estre trop long de parler de deux dernieres qui ne semblent estre differentes que du plus et du moins, car selon Mo-schio en son livre *Des maladies des femmes*, chapitre 128, la satyriase des femmes (qu'Aretæe nie) est «κνησμονὴ τῶν αἰδοίων μερων σὺν ὀδὺνη, οὕτως αἰνυπρωφερόντως τὰς ἰδίας χαίας, ἐκεῖσε βάλλουσι σὺν ἀκορέζῳ ἀνδρῶν ἐφέσει, ἀποβαλλοῦσαι δηλονότι πάσης αἰδοῦς εὐλάβειαν», *id est*, un prurit ou demengaison des parties secretes avec douleur provenante d'un desir insatiable de Venus qu'elles indiquent portant leurs mains ausdictes parties, ayant perdu toute honte et erubescence[2], ce qui ne se peut faire sans que le cerveau endure beaucoup, attendu que toute personne bien sensée et qui a le cerveau bien faict est honteuse de toutes actions deshonnestes au dire des philosophes, «ὅσα ἀπὸ κακίας ἔργα ἐστὶν· οἷον τὰ απ'ἀχολασίας[3]». Or si le cerveau patit en la satyriase des femmes, en quoy sera elle differente de la fureur uterine? qui est une rage ou folie furieuse provenant d'un ardeur extreme de l'amarry ou intemperature chaude communiquée au cerveau et au reste du corps par la conduitte de l'espine du dos, ou par les vapeurs acres eslevées de la semence

---

[1]Girolamo Mercuriale, *De morbis muliebribus libri IV*, livre IV, ch. 8: «De pruritu matricis». Galien, dans *De locis affectis*, éd. Kühn, vol. VI, p. 418, parle de l'hystérie liée au comportement sexuel. Cf. *De praenotione ad Posthumum*, éd. Kühn, vol. XIV, p. 630.

[2]Moschion, *De morbis muliebribus, Graece cum scholiis et emendationibus Conradi Gesneri*, Basileae, Th. Guarin, 1566, ch. 128, p. 28. Voir aussi «De satyriasi», ch. III, ex Moschio, de Felix Platter, *De mulierum partibus generationi dicatis*, dans *Gynaeciorum sive de mulierum affectibus*, Basileae, par Conradum Waldkirch, 1586, p. 51. Ferrand inclut les démangeaisons aux symptômes, mais il n'explique pas les raisons physiologiques. Jean Aubery dans *Antidote d'amour*, p. 139[v], attribue cet état aux esprits dans le sang et affirme que saigner est le seul moyen d'évacuer la cause matérielle de l'amour érotique.

[3][*L. 2. rhetor. c. 6. L. 4. Ethic. c. 15*]: Aristote, *Rhetorica*, livre II, ch. 6 (1383b 22). Aristote, *Éthique à Nicomaque*, livre IV, ch. 9 (1128b 1–8), discute de la honte. Il y a un passage en parallèle au livre II, ch. 14.

corrompuë croupissante à l'entour de l'amarry[4], à raison dequoy telles femmes babillent incessament, et parlent ou veulent ouïr parler des choses veneriennes, et sentent un grand prurit en leurs parties honteuses, sans douleur neantmoins, en quoy ce mal differe de la satyriase, peut-estre à cause de la lesion des facultés principales du cerveau, car Hippocrate a dit: «dolentes aliqua parte corporis, si dolorem non sentiunt, his mens ægrotat[5]» [ceux qui sont insensibles à la douleur provenant d'une affliction corporelle souffrent sûrement d'un désordre cérébral]. Et par ce que tels accidens procedent de l'abondance de la semence acre et flatulente, elle ne se trouve qu'és jeunes filles, vefves, ou femmes de temperature chaude, et se plaisans à toutes delices et voluptez deshonnestes, se nourrissans beaucoup de bonnes viandes, frequentans compagnies, et n'ayants l'esprit attentif qu'à contenter leur sensualité[6].

Vous pouvez lire la nature de ceste maladie dans Hippocrate en son livre *Des maladies des vierges*, lesquelles souvent estans sur le poinct de se marier tombent en quelque melancholie ou manie, de laquelle la fille n'est pas plustost atteinte, que «ὑπὸ τῆς ὀξυφλεγμασίης μαίνεται, ὑπὸ δὲ τῆς σηπεδόνος φονᾷ, ὑπὸ δὲ τοῦ ζοφεροῦ φοβέεται, καὶ δέδοικεν. ὑπὸ δὲ τῆς περὶ τὴν καρδίαν πιέξιος ἀγχόνας κραίνουσιν. ὑπὸ δὲ τῆς κακίης τοῦ αἵματος ἀλύων. Καὶ ἀδημονέων ὁ θυμὸς κακὸν ἐφέλκεται». Et pour tout remede propre à leur guerison il conseille de les marier, autrement il est dangereux qu'elles se precipitent de furie dans des puits, ou se viennent à estrangler, croyans faulcement par ces remedes, «ὅτε ἀμείνονά τε ἐόντα καὶ χρείην ἐξέχοντα παντοί» [acceptés comme infaillibles et d'un effet certain], trouver guerison à leur mal[7]. Ce qui me faict croire que les filles Milesiennes, qui au rapport de Plutarque[8] se pendoient à troupes jusques à ce qu'on eut ordonné que les corps de celles qui se feroient estranglées demeureroient sans aucune sepulture, nuës à la voirie, estoient travaillées de ce mal, veu que par aucunes remonstrances ny menaces on ne les pouvoit destourner de se tuer[9]. J'ose encores faire le mesme jugement des femmes de Lyon qui se precipitoient dans les puits, croyans trouver remede à leur feu, comme durant la grande peste d'Athenes les malades pour trouver soulagement à leur fievre ardente se precipitoient avec desespoir dans les fleuves, ou cloaques, au rapport de Thucydide et Lucrece[10].

---

[4][*Aëce tetrab. 4. ser. 4. c. 82*]: Aetius d'Amide, *Tetrabiblos [...] per Ianum Cornarium [...] Latine conscripti*, Basileae, Froben, 1542, livre IV, sermo 4, ch. 82, p. 909.

[5]Hippocrate, *Aphorismes*, livre II, aph. 6, dans *Aphorismi Hippocratis Graecae et Latinae*, p. 30ᵛ: «quicunque dolentes parte aliqua corporis, omnino dolorem non sentiunt, iis mens aegrotat».

[6]Jean Liébault, *Des maladies des femmes*, livre I, ch. 33: «Fureur de l'amarry», p. 95.

[7]Hippocrate, *Les maladies des jeunes filles*, dans *Œuvres complètes*, éd. Littré, vol. VII, p. 468–69. Ferrand ajoute: «ὅτε ἀμείνονά τε ἐόντα καὶ χρείην [...] ἐξέχοντα παντοί,» mais le texte d'Hippocrate est le suivant: «ἅτε ἀμείνονά τε ἔοντα καὶ χρείην ἔχοντα παντοίην». [Les choses étant ainsi, la femme a des transports à cause de l'inflammation aiguë, l'envie de tuer à cause de la putridité, des craintes et des frayeurs à cause des ténèbres, le désir de s'étrangler à cause de la pression autour du cœur. Le sens intime, troublé et dans l'angoisse en raison de la perversion du sang, se pervertit à son tour.]

[8]Plutarque, «Conduites méritoires de femmes», *Œuvres morales*, éd. Jacques Boulogne, vol. IV, p. 54–55.

[9]Girolamo Mercuriale, *De morbis muliebribus libri IV*, Venetiis, apud Felicem Valgrisium, 1587, livre IV, ch. 10, p. 153–54.

[10]Thucydide, *Histoire de la guerre du Péloponèse*, livre II, ch. 49, trad. Jean Voilquin,

Dont appert clairement qu'à bon droit nous pouvons nombrer ces deux maladies (qu'en terme general nous pouvons avec le poëte Euripide nommer «φιλανδρί αν» [amour des hommes])[11] parmy les especes de la melancholie erotique, aussi bien que le priapisme ou satyriase des hommes, quoy que l'une d'icelles porte le nom de fureur, veu que Hippocrate et Galien prennent souvent le nom de manie pour melancholie, et au contraire, comme ne differans que du plus et du moins, ainsi que nous avons remarqué cy-devant, et pouvons apprendre de l'Avicenne lors qu'il dict au chapitre de la melancholie: «cum Melancholia componitur cum rixa, saltu, contentione seu pugna, mutatur eius nomen, diciturque mania[12]», de laquelle les modernes faisans cinq especes: *furor*, *rabies*, *hydorolcos* seu λυκάων [lycanthropie], *melancholia* et *amor*. Par ce dernier nous pouvons entendre la satyriase et fureur uterine[13], de laquelle par consequent nous rapporterons les signes et les remedes conjoinctement avec ceux de la melancholie erotique et erotomanie, vous renvoyant pour le surplus au chapitre 10 du livre 2 *Des maladies des femmes* de Mercatus. Au chapitre pareillement 10 du livre 2 de Rodericus à Castro, copiste dudit Mercatus, au chapitre 33 du livre I de Jean Liebaut. Et finalement au chapitres 9 et 10 du livre 4 des *Maladies des femmes* du docte Mercurial[14].

---

vol. I, p. 128. Lucrèce, *De la nature*, livre VI, 1172–79, éd. Kany-Turpin, p. 461.

[11] Euripide, *Andromache*, 229: «φιλανδρία», *Euripides*, éd. L. Méridier, vol. II, p. 121.

[12] [*L. 3. fen. 1. tract. 4. c. 18*]: Avicenne, *Liber canonis*, livre III, fen 1, tr. 4, ch. 9, p. 149ᵛ.

[13] [*Mercat. c. de mania*]: Luis Mercado, *De internorum morborum curatione libri IV*, livre I, ch. 18, «De mania et reliquis furoris generibus», dans *Opera*, Francofurti, sumptibus haeredum D. Zachariae Palthenii, 1620, vol. III, p. 109.

[14] Luis Mercado, *De internorum morborum curatione libri IV*, dans *Opera*, livre II, ch. 10, p. 582–86. Se référer aux deux auteurs suivants: Rodrigo de Castro, *De universa mulierum medicina*, livre II, ch. 10, «De furore uterino», p. 152, et Girolamo Mercuriale, *De morbis muliebribus libri IV*, livre IV, ch. 9, «De mala uteri temperie», p. 152–53; ch. 10, «De furore uterino», p. 153–57.

XIII

Si l'amour peut estre recogneu du medecin sans la confession du malade

Les ennemis de la medecine que le philosophe Democrite appelle à bon droit, sœur et compagne domestique de la sagesse[1], asseurent que les medecins ne sçauroient cognoistre les amours d'une personne si l'amant dissimule. Quoy qu'on voye par experience tous les jours le contraire, et que plusieurs autheurs dignes de foy l'asseurent[2]. Le premier que je vous produiray sera Soranus Ephesius, qui en *La vie du divin Hippocrate* rapporte les moyens par lesquels ce bon vieillard recognut les amours du Roy Perdicca envers Phyla, concubine de son pere, à raison desquels il estoit ja devenu hetique[3]. A l'imitation duquel Erasistrate medecin descouvrit finement et utilement à Seleucus les amours d'Antiochus esperdu de l'amour de sa marastre Stratonice, et par ce moyen le guerit parfaictement[4]. Il ne faut pas tousjours estre medecin pour descouvrir ce mal, veu que Jonadab cogneut l'amour passionné d'Amnon second fils de David envers sa sœur Thamar[5], et la

---

[1][*Epist. ad Hippocr.*]: Hippocrate, «Épître de Démocrite», *Œuvres complètes*, éd. Littré, vol. IX, p. 395; cf. aussi le ch. 26 de ce traité, note 13.

[2][*Avic. l. 3. fen. 1. tetrab. 4. c. de amore*]: Avicenne, *Liber canonis*, livre III, fen 1, tr. 5, ch. 23–24.

[3]Soranos d'Éphèse, *Vie d'Hippocrate*, Βίος Ἱπποκράτους. Cette œuvre, douteusement attribuée à Soranos, raconte l'histoire de la guérison de Perdicca, fils d'Alexandre qui devint roi de Macédoine, fou d'amour pour Fila, concubine de son père. L'authenticité de l'anecdote est restée suspecte par manque de commentaires de Galien dans la seconde partie du chapitre des *Pronostics* d'Hippocrate, dans lequel il discute d'Erasistrate. En effet, l'histoire semble dériver de celle d'Antiochos et Stratonice. *La vie d'Hippocrate* ne remonte pas plus loin que le premier siècle après J. C. *Vita Hippocratis secundum Soranum*, éd. Johannes Ilberg, *Corpus medicorum graecorum*, vol. IV, Lipsiae, B. G. Teubner, 1927. Voir aussi *Aegritudo Perdiccae*, éd. L. Zurli, B. G. Teubner, 1987.

[4][*Plutarq. in Demetr. Val. Max. l. 5. c. 7*]: Plutarque, *Vies*, «Démétrios», sect. 38 (907e), éd. R. Flacelière, vol. XIII, p. 60–62. L'explication de Plutarque devient la base d'une tradition médicale concernant le diagnostic de *aegritudo amoris*. L'histoire a pourvu les termes par lesquels les symptômes de la maladie ont été définis, ainsi que le rôle du médecin. Valère Maxime, livre V, ch. 7, *Factorum et dictorum memorabilium libri novem*, p. 261–63; *Faits et dits mémorables*, éd. R. Combès, vol. II, p. 128.

[5][*L. 2. Reg. c. 13.*]: On se réfère ici à l'histoire de l'amour d'Amnon pour sa demi-sœur Tamar, II Samuel 13. Bien avant Ferrand, cette histoire faisait partie de la discussion sur la

nourrice de Canace celle de sa fille[6].

>   Prima malum nutrix animo præsensit anili[7].

Galien au livre *De ceux qui font les maladies* se vante avoir cogneu les amours du serviteur d'un chevalier Romain, qui avoit faict enfler son genoüil avec le suc de thapsia pour ne suivre son maistre aux champs, et par ce moyen jouïr de sa garce, et au livre de la *Præcognitione* il descouvrit les amours de la femme de Justus enamourée de Pylades en luy touchant la main et regardant le visage[8].

>   —— Quis enim bene celat amorem?
>   Emicat inditio prodita flamma suo[9].

Mais escoutons comme Remy Belleau faict vanter Anacreon d'avoir la perfection de ceste science:

>   Les chevaux pour les mieux cognoistre
>   Bien souvent à la cuisse dextre
>   Portent une marque de feu:
>   On cognoist la Parthe Barbare
>   A la façon de sa tiare:
>   Et moy, aussi tost que j'ay veu
>   Un amoureux, je le devine:
>   Car il porte en sa poictrine
>   Un signal, qui paroist peu[10].

Dés aussi tost que le dieu Cupidon a allumé un brasier dans nos cœurs, nous sommes contraints d'ouvrir la poictrine et crier au secours. L'ardeur de ce feu se manifeste souvent és jouës, y representant autant de figures qu'il en y a en l'arc en ciel.

>   ———— bene quis celaverit ignem?
>   Lumine nam semper proditur ipse suo.

---

philocaption, et avait suscité diverses interprétations. Heinrich Institoris (Kraemer) et Jakob Sprenger, *Le marteau des sorcières*, (*Malleus maleficarum*), éd. A. Danet, partie 2, ch. 3, sont persuadés qu'Amnon fut la victime de la «tentation des démons».

   [6]Ferrand mentionne l'histoire de Canace comme un autre exemple d'amour découvert par quelqu'un qui n'était pas médecin. L'histoire est racontée par Apollodore, *La bibliothèque*, livre VII, 3–4, éd. J.-C. Carrière, et dans Hygin, *Fabulae*, n. 238 et 242. Voir aussi le ch. XIV, n. 14, où elle est attribuée à Cristóbal de Vega, *Liber de arte medendi*, livre III, ch. 17.

   [7]Ovide, *Héroïdes*, XI. 35, éd. Henricus Dörrie, p. 143. Le vers fait partie de la lettre de Canace à son frère Macareus. Voir aussi, Ovide, *Héroïdes*, éd. H. Bornecque, p. 66. [Ma nourrice, la première, pressentit le mal avec son expérience de vieille femme.]

   [8]Galien, *Quomodo morbum simulantes sint deprehendendi libellus*, éd. Kühn, vol. XIX, p. 4–5. Galien, *De praenotione ad Posthumum*, éd. Kühn, vol. XIV, p. 630–35.

   [9][*Ovid. epi. 12*]: Ovide, *Héroïdes*, XII, «Médée à Jason», 39–40, éd. H. Bornecque, p. 71; éd. Henricus Dörrie, p. 160: «Eminet indicio». [Qui peut, en effet, bien cacher l'amour? Le jaillissement d'une flamme, c'est l'indice qui la trahit.]

   [10][*Ode ult.*]: Remy Belleau, «Qu'on cognoist les amoureux», *Les odes d'Anacréon*, *Œuvres poétiques de Remy Belleau*, éd. Ch. Marty-Laveaux, Paris, Alphonse Lemerre, 1878, vol. I, p. 45. Le dernier vers dans l'édition critique est: «Un signal, qui paroist un peu».

Quod licet, et possum conor celare pudorem,
Attamen apparet dissimulatus amor[11].

A raison de quoy Diotime au *Banquet* de Platon disoit que l'Amour avoit ce defaut de par sa mere Penie, qu'il estoit ἄστρωτος, c'est à dire sans aucune couverture, et les poëtes le peignoient nud, par ce que, dit Erasme en ses *Adages*, l'amour ne peut estre celé les yeux, vueillons ou non[12], le manifestent, la parole le declare aussi bien que le visage changeant à tous moments de couleur, avec les souspirs, plaintes perpetuelles, loüanges importunes, vanterie, et demandes effrontées, et tel cuide, dit Pier Hedo en ses *Antheriques*, ses amours cachez, qui sont manifestez à tout le peuple[13].

J'accorderay bien qu'il n'est pas facile de descouvrir les amans legerement passionnés, mais ceux qui ont tellement affolé d'amour qu'ils sont ja atteints de la melancholie ou manie erotique. Je les veux aussi aisement recognoistre que toutes autres personnes travaillées des passions violantes d'esprit, moyennant que je puisse un peu contempler les actions du malade, ainsi que je l'ay appris de Galien[14].

Nous rapporterons doncques cy-apres les signes par lesquels on peut cognoistre ceux qui sont travaillez de ce mal, et ceux qui sont enclins à l'amour passionné[15], qu'il nous faudra emprunter de toutes facultez, et mesmes à par fois il se faut ayder, dit Galien, des conjectures, comme il fit lors qu'il descouvrit la feinte d'un chevalier Romain qui se plaignoit de la colique pour ne se trouver à l'assemblée du peuple: «quod medicinæ proprium non fuerat, sed captus eius et rationis, quæ communis dicitur: quam licet omnibus sit communis, pauci tamen exactam habent. Experientia igitur medicæ si conjungatur hæc externa facultas, alia quoque similia fingentes deprehendere licet[16]». [Cette découverte ne relève pas d'une analyse médicale, mais du sens commun—une faculté générale. Rajoutez un peu d'éxperience médicale et une telle découverte est à la portée de tous.]

---

[11][*Ovid. ep. 25*]: Ovide, *Héroïdes*, XVI, «Paris à Hélène», 7–8, 237–38, éd. Bornecque, p. 100, 108. Les deux derniers vers dans l'édition critique sont: «Qua licet et possum, luctor celare furorem, / Sed tamen apparet dissimulatus amor». [Qui donc cacherait un feu qui sans cesse se trahit lui-même par sa lumière? (...) Autant qu'il m'est permis et que je le peux, je lutte pour cacher ma fureur, et pourtant il apparaît, l'amour que je dissimule.]

[12]Erasme, *Chiliadis* vol. IV, centuria 8, «In ore atque oculis», 23, dans *Adagiorum Chiliades quatuor*, Lugduni, apud haeredes Sebast. Gryphii, 1592, p. 1142.

[13]Pietro Capretto (Petrus Haedo), *Anterotica*, Treviso, Gerardus de Lisa, 1492, livre I, «*Primo autem libro tractatur de cupidinis natura*», ch. 27: «De amantum dolore et cruciatu», p. 21[r].

[14][*L. de cogn. & cur animi morb. L. de praecogn. ex puls.*]: Galien, *De cognoscendis curandisque animi morbis*, éd. Kühn, vol. V. Galien, *De praesagitione ex pulsu*, éd. Kühn, vol. IX, p. 205–55.

[15][*Heurn. l. 3. meth. c. 30*]: Johann van Heurne (Ioanne Heurnio), *Praxis medicinae nova ratio qua libris tribus methodi ad praxin medicam*, livre III, ch. 30, Lugduni Batavorum, ex officina Plantiniana, 1590, p. 496.

[16][*L. quom. morb. simul. sint arguendi*]: Galien, *Quomodo morbum simulantes sint deprehendendi libellus*, éd. Kühn, vol. XIX, p. 3–4.

XIV

Les signes diagnostiques de la melancholie erotique

Comme ce mal glisse par les yeux dans les entrailles, ainsi nous en donnent-ils les premiers tesmoignages[1]. Si tost qu'une ame est atteinte de ceste maladie, elle faict les doux yeux, que les Latins appellent *emissitios oculos*, les Grecs ὀψεών ἀπόδειξιν vel ὀμμάτων ἔρριξιν [les yeux saillants, brillants, agités]. Et nos modernes anatomistes appellent le muscle qui est cause de ceste sorte de regard, l'*amoureux*[2]. Mais si le mal est un peu grand, les yeux deviennent profonds, secs, sans larmes (sinon qu'à raison du refus, ou de l'absence, l'amant vient à pleurer) et tels qu'on remarque és personnes qui voyent des yeux du corps, ou de l'esprit, quelque chose agreable, l'entendent, ou l'esperent[3]. Et si les amans ont les yeux inquietés, ils ont encores l'esprit moins en repos: à present ils rient, dans un moment ils pleureront, et s'attristeront; à present ils se plaisent és discours plaisans et amoureux, et dans peu d'heures seront tristes, pensifs et solitaires. Entendez comme Virgile vous depeint en Didon les symptomes de ceste maladie.

> Uritur infelix Dido, totaque vagatur Urbe furens, etc.
> Nunc media Æneam secum per mœnia ducit,
> Sidoniasque ostentat opes, urbemque paratam.
> Incipit effari, mediaque in voce resistit:
> Nunc eadem labente die convivia quærit,
> Iliacosque iterum demens audire labores
> Exposcit, pendetque iterum narrantis ab ore[4].

---

[1] [*Avic. l. 3. fen. 1. tract. 4. c. 23*]: Avicenne, *Liber canonis*, livre III, fen 1, tr. 5, chaps. 23–24.

[2] [*A. Dulaurens*]: André du Laurens, *Controverses anatomiques*, livre V, ch. 12, dans *Toutes les œuvres*, p. 119ʳ.

[3] [*Gordon c. de Amore part. 2. de alsp. capit. Mercat. l. 1. meth. med. l. 17*]: Bernard de Gordon, *Lilium medicinae*, «De passionibus capitis», particula 2, ch. 20: «De amore, qui hereos dicitur», p. 216–19. Luis Mercado, *De internorum morborum curatione*, livre I, ch. 17, dans *Opera*, vol. III, p. 103.

[4] [*4. Aeneid.*]: Virgile, *L'Énéide*, livre IV, vv. 68–69, 74–78, éd. H. Goelzer, vol. I, p. 102. [La malheureuse Didon brûle et va, errante, égarée, à travers toute la ville. Tantôt la reine conduit Enée au milieu de la ville; elle lui montre avec orgueil les ressources de Sidon et de la cité prête à le recevoir. Elle commence une phrase et tout à coup s'arrête. Tantôt, à la tombée

Ces inquietudes proviennent de la diversité des objets qu'ils se proposent, et à proportion que les objets sont tristes ou joyeux, les amans rougissent ou pallissent[5]:

> Nec latet haustus amour, sed fax vibrata medullis
> In vultus, atque ora redit, lucemque genarum
> Fingit, et impulsam tenui sudore pererrat[6].

Et le babil vient de l'abondance du cœur. L'amour, dit Plutarque, estant de sa nature babillard en toutes choses, il l'est encores plus à loüer ce qu'il aime, dautant que les amans veulent persuader aux autres ce qu'ils se persuadent les premiers: sçavoir qu'ils n'aiment rien qui ne soit parfaict en bonté, beauté, et utilité, et desirent que d'autres leurs en portent tesmoignage[7]. Ce fut ce qu'induisit à son advis Candaules à tirer Giges jusques à sa chambre pour luy monstrer la beauté de sa femme à nud. Sinon que vous vueilliez dire que l'amant est babillard pour se rendre persuasif, et par ce moyen aimable.

> Non formosus erat, sed erat facundus Ulisses:
> Attamen æquoreas torsit amore deas[8].

Ce qui occasionna les anciens de colloquer l'image de Venus entre celles de Mercure et de Pytho: l'un dieu de l'eloquence, et l'autre déesse de persuasion. Et donna subject à Lucian de feindre que le seul Mercure, à grand peine né, surmonta à la luitte le dieu Cupidon, qui avant sa naissance triomphoit de tous les dieux et demons[9].

Par ces signes et par le languissement Jonadab descouvrit qu'Amnon fils du Roy David s'estoit enamouré de quelque princesse[10], car en amour, dict Cydippe dans Ovide, le languissement sans cause apparente suit les amans[11]. Comme aussi la pasle couleur et la lassitude de genoux avec les signes cy-dessus mentionnés

---

du jour, elle veut retrouver le même banquet que la veille et dans son délire redemande au Troyen le récit des malheurs d'Ilion et de nouveau reste suspendue à ses lèvres.]

[5][*Gal. com. 1. progn.*]: Galien, *In Hippocritis prognostica commentarius*, livre I, ch. 4, éd. Kühn, vol. XVIII/2, p. 19: «Sunt autem et qui propter amorem moerore afficiuntur».

[6][*Stat. 2. Achill.*]: Stace, *Achilléide*, I, 304–06, éd. J. Méheust, p. 20. [Cet amour dont il a épuisé la coupe n'est pas sans se trahir—après être allé brandir son flambeau jusqu'à la moëlle de ses os, il en revient pour transparaître dans les traits du visage et colorer la blancheur éclatante de ses joues, qui s'empourprent et se couvrent d'une sueur légère.]

[7][*Quest. 5. l.1. sympos.*]: Plutarque, «Propos de table», livre I, n. 5, *Œuvres morales*, éd. R. Flacelière, vol. IX, p. 37. L'origine de l'histoire de Candaule se trouve dans les *Histoires* d'Hérodote, livre I, 8–12, trad. Ph.-E. Legrand, p. 34–38.

[8]Cf. Ovide, *L'art d'aimer*, II, 123, éd. H. Bornecque, p. 36. [Ulysse n'était pas beau, mais il était beau parleur; cela suffit pour que deux divinités marines ressentent pour lui les tourments de l'amour.]

[9][*Pausan. in Eliac. Plut. tract. de praecept. matrim*]: Pausanias, *Description de la Grèce*, livre V, «Elis», éd. M. Casevitz. Voir aussi l'édition de W. H. S. Jones, Loeb Classics, vol. II, p. 443. Plutarque, «*Préceptes de mariage*», *Œuvres morales* (138A), éd. J. Defradas, vol. II, p. 146–47. Lucien de Samosate, «Dialogues des dieux», livre III, 3, *Œuvres complètes*, éd. É. Chambry, vol. I, p. 114.

[10]II Samuel 13, 4. Cf. n. 5 du ch. précédent.

[11]Ovide, *Héroïdes*, XXI, «Cidippe à Acontius», vv. 215–20, éd. H. Bornacque, p. 157.

monstrent dans Apulée au doigt une marastre fole de l'amour de son beau fils: «pallor deformis, marcentes oculi, lassa genua, quies turbida, et spiritus cruciatus tarditate vehementior». Ce qu'Apulée semble avoir appris de l'Avicenne, ou de quelque autre medecin plus ancien[12]. Il n'y a aucun ordre en leurs gestes, mouvemens et actions[13], ils souspirent à tous momens, et se plaignent sans raison[14]. Sapho ne peut tixtre sa toile, Paris ne peut dormir, Canace devient pasle, maigre, degoustée, ne peut dormir, et se plaint sans douleur, et par ces signes sa nourrisse la recognoist amoureuse:

> Fugerat ore color, maciesque obduxerat artus.
>   Sumebant minimos ora coacta cibos:
> Nec somni faciles, et non erat annua nobis,
>   Et gemitum nullo pressa dolore dabam,
> Prima malum nutrix animo præsensit anili[15].

Comme le souverain medecin Erasistrate recogneut jadis fort artistement que le Prince Antioche estoit amoureux de Stratonice sa marastre, en ce que son visage changeoit de couleur lors qu'elle entroit dans sa chambre, la voix s'arrestoit, les yeux estoient sous-rians et doux (ou bien selon Vigenere *immobiles*) le visage estoit enflambé, les sueurs acres, le pouls esmeu, battant sans ordre, finalement le cœur luy defailloit, devenoit souvent pasle, confus et estonné, et par tels autres signes que Sapho chante paroistre és amans melancholiques: «φωνῆς ἐπίσχεσιν, ἐρύθημα πωρῶδες, ὀψέων ὑπόδειξιν, ἱδρώτας ὀξεῖς, ἀταξίαν καὶ θόρυβον ἐν τοῖς σφυγμοοῖς, τέλος δὲ τὰ τῆς ψυχῆς κατὰ κράτος ἡττωμένης, ἀπορίαν καὶ θάμβον καὶ ὠχρίασιν[16]». Nous lisons encores les vers de ceste docte et amoureuse poëteresse Sapho dans Dionysius Longinus en ceste sorte:

> ἀλλὰ καμμὲν γλῶος' ἔαν ἄν δὲ λεπτὸν
> ἀντίκα χρῶ πῦρ λὼοδεδρόμακεν.

---

[12]Apulée, *Métamorphoses*, livre X, trad. Paul Vallette, vol. III, p. 103. L'origine de cette référence se trouve dans l'œuvre de Giovan Battista della Porta, *De humana physiognomonia libri IV*, livre I, ch. 1, p. 2.

[13][*Arnal. de Villan. cap. de Amore*]: Arnaud de Villeneuve, *De amore heroico*, p. 51: la section traite des «accidentia» de la maladie.

[14][*Chr. Avega l. 3. met. med. c. 17.*]: Cristóbal de Vega, *Liber de arte medendi*, livre III, ch. 17, p. 414.

[15]Ovide, *Héroïdes* XI, «Canace à Macarée», 29–32, 35, éd. H. Bornacque, p. 66. Voir l'édition de Henricus Dörrie, p. 151: «Fugerat ore color, macies adduxerat artus»; «Nec somni facile et nox erat annua nobis»; «laesa» pour «pressa». [Les couleurs avaient fui mon visage. La maigreur avait desséché mes membres. Ma bouche prenait, contrainte, le moins possible d'aliments. Il m'était malaisé de dormir; la nuit me semblait une année, sans que nulle douleur me poignît, je poussais des gémissements. Ma nourrice, la première, pressentit le mal, avec son expérience de vieille femme.]

[16][*Val. Max. l. 5. c. 7. Plut. in Demetr.*]: Valère Maxime, *Faits et dits mémorables*, livre V, ch. 7, éd. C. Kempf, p. 261–63; éd. R. Combès, vol. II, p. 128. La citation vient de Plutarque, *Vies*, «Démétrios», sect. 38 (907c), éd. R. Flacelière, vol. XIII, p. 60–61. Cf. la n. 4 du ch. précédent. [... perte de la voix, rougeurs enflammées, obscurcissement de la vue, sueurs soudaines, désordre et trouble du pouls, et à la fin, quand l'âme est entièrement abattue, détresse, stupeur et pâleur.]

ὀμμάτεσσιν δ᾽ οὐδὲν δ᾽ ὄρηνυ. βομβεῦσιν δ᾽ ἀχοαί μοι[17].

Lesquels sont tres bien exprimez en Latin par Ovide, Stace et Catulle en ces termes:

Lingua sed torpet, tenues sub artus
Flamma demanat, sonitu suopte
Tinniunt aures, gemina et teguntur
Lumina nocte[18].

Et en François plus copieusement et disertement par Remy Belleau en ses vers, que je rapporteray en faveur de ceux qui haissent le Grec, et n'aiment gueres le Latin:

Nul ne me semble egaler mieux
　　Les hauts Dieux,
　　Que celuy qui face à face
　　T'oit parler, et voit la grace
De ton soubs-ris gracieux.

Ce qui va jusqu'au dedans
　　De mes sens
　　Piller l'esprit qui s'esgare,
　　Car voyant ta beauté rare,
Le voir fallir je me sens.

Ma langue morne devient,
　　Et me vient
　　Un feu qui furette
　　Desoubs ma peau tendrelette:
Tant ta beauté me retient!

Rien plus de l'oœil je ne voy
　　Prez de moy:
　　Tousjours l'oreille me corne,
　　Une sueur froide, et morne
Soudain coule dedans moy.

Je suis en chasse, à l'horreur,
　　A la peur,
　　Je suis plus palle et blesmie,
　　Que n'est la teste flestrie
De l'herbe par la chaleur.

---

[17][*L. de subl. gen. dicend.*]: Longin, *Du sublime*, éd. D. A. Russell, p. 15: «ἀλλὰ κάμ μὲν γλῶσσα † ἔαγε. λέπτον δ᾽ / αὔτικα χπῷ πῦρ ὑπαδεδρόμακεν· / ὀππάτεσσι δ᾽οὐδὲν ὄπημμ᾽, ἐπιρρόμβεισι δ᾽ἄκουαι». [il ne m'est plus possible de parler [...] et que subtil aussitôt sous ma peau court le feu; dans mes yeux il n'y a plus un seul regard, mes oreilles bourdonnent. (trad. J. Pigeaud, 1991, p. 71)]

[18]*Catulle*, No. 50, vv. 9–11, éd. A. Ernout, p. 59: lire «tenuis» pour «tenues» et «tintinant» pour «tinniunt». [... ma langue est paralysée, un feu subtil coule dans mes membres, un bourdonnement intérieur fait tinter mes oreilles et une double nuit s'étend sur mes yeux.]

> Ja peu s'en faut que la mort,
>   Sur le bord
>   De sa barque ne m'envoye,
>   Et soudain que l'on me voye
>   Souffler l'esprit demy-mort[19].

Ne vous semble-il pas que Sapho estoit autant docte et experimentée en cet art que nos medecins Grecs, Arabes et Latins, attendu qu'ils ne mentionnent aucun signe certain que ceste dame n'aye cognu[20]?

Galien adjouste avec Erasistrate et tous nos modernes medecins à ces signes l'inegalité et confusion du poulx, et par ces signes assemblez se vante avoir descouvert que la femme de Justus aimoit esperduëment certain Pylades, comme j'eus apperceu (dit Galien au livre de la *Cognoissance et guerison des maladies de l'ame*, et au chapitre 6 du livre de la *Præcognitione ad Posthumum*) que ceste matrone estoit sans fievre, et toute autre maladie corporelle, il me fut facile de cognoistre qu'elle estoit amoureuse, et en ce qu'oyant nommer Pylades, elle avoit changé de couleur, le pouls estoit devenu inegal en plusieurs façons, de mesme façon qu'il advient à ceux qui entreprennent quelque œuvre de consequence, je cogneus qu'elle estoit amoureuse de Pylades[21]. Duquel texte s'est esmeuë une question fort curieuse entre nos medecins modernes: sçavoir est, s'il y a certaine espece de pouls pour cognoistre l'amour, outre ceste inegalité que Galien appelle ἀνωμαλίαν [anomalie], et Plutarque θόρυβον καὶ ἀταξίαν [confusion d'esprit]: laquelle vous pourrez lire dans le docte Franciscus Vallesius medecin Espagnol, soustenant la negative avec Avicenne, et la plus saine partie de nos medecins, par ce que l'amour raisonnable est affection du cerveau, l'irraisonnable et desordonné du foye, et non du cœur (comme nous avons cy-dessus prouvé) qui n'endure rien en amour que par sympathie[22]. Il ne nie pas neantmoins, que par le pouls on ne puisse cognoistre les amans passionnez, à cause de l'emotion de leur esprit. A raison dequoy l'Avicenne dict que si on veut cognoistre le nom de la maistresse de nostre amant passionné, il luy faut taster le pouls, et en mesme temps nommer celle qu'on doutera estre cause

[19]Rémy Belleau, «Traduction d'une Ode de Saphon», voir *Œuvres poétiques de Rémy Belleau*, vol. I, p. 46: v. 10, «De voix faillir»; v. 13, «Un petit feu»; v. 17, «Prez de toi».

[20][*Oribas. l. 8. synops. c. 9. de amore. Paul Égineta. l. 3. c. 17. de amore. Haly Abb. 9. Theo. c. 7. Alsar. lib. pract. sect. 2. c. 17*]: Oribasius, *Synopsis*, dans *Œuvres*, éd. U. C. Bussemaker et C. Daremberg, 7 vols., Paris, Imprimerie Nationale, 1873, vol. V, p. 413 et suiv. Paul d'Égine (Paulus Aegineta), *Septimus libri*, livre III, ch. 17: «De amantibus», éd. I. L. Heiberg, p. 254. Haly Abbas, *Liber medicinae dictus Regius*, livre VIII, ch. 7: «De amore», p. 60ᵛ–61ʳ. Albucasis, *Liber theoricae necnon practicae*, Venetiis, Augustus Vindicianus, 1519, tr. 1, sect. 2, ch. 17.

[21]Galien, *De cognoscendis curandisque animi morbis*, éd. Kühn, vol. V, passim. L'histoire de la femme de Justus et de Pylades vient de Galien, *De praenotione ad Posthumum*, ch. 6, éd. Kühn, vol. XIV, p. 630–35.

[22][*L. 3. contr. Philos. et medic c. 14. Christ. à Vega ca de amore.*]: Francisco Valles, *Controversiarum medicarum et philosophicarum*, livre III, ch. 14: «Utrum sit aliquis pulsus amatorius», p. 51ᵛ–52ᵛ. Cristóbal de Vega, *Liber de arte medendi*, livre III, ch. 17, p. 414. Plutarque, «Démétrios», *Vies*, éd. R. Flacelière, vol. XIII, p. 60: «ἀταξία καὶ θόρυβος». Avicenne ne parle pas du problème du pouls amatoire dans son chapitre sur l'amour, mais il déclare que le pouls de l'énamouré est irrégulier («diversus absque ordine»). Cf. la note suivante.

de son mal, louër sa beauté, bonne grace, aage, alliance, accoustremens, et belles qualitez d'esprit, car dés l'instant «pulsus diversificabitur in varietate magna, et fiet similis intersecto»: ce que peut estre il avoit appris de Galien és lieux prealleguez, et de Paul Æginete, livre 3, chapitre 17[23].

Christophle à Vega nous apprend un autre signe, qui est à mon jugement fort peu asseuré: sçavoir, que les amans passionnez ne veulent pas manger des raisins, à cause que ce fruict enfle l'estomach et le ventre. Ceste enflure leur presse le diaphragme et serre le cœur, empesche la respiration, et ne leur permet de souspirer à leur aise[24].

Par la plus part des signes, commençant l'exercise de ma vacation, je recogneus au mois de May de l'année 1604, dans Agen lieu de ma naissance, les folles amours d'un jeune escolier natif du Mas d'Agenois. Il se plaint à moy que quelques remedes que les medecins du lieu et un charlatan Paracelsiste luy eussent ordonné. Il ne pouvoit dormir, ne se plaisoit à rien du monde, estoit tellement inquieté qu'il avoit esté contrainct de se retirer de Tholouse à Agen, esperant trouver soulagement à son mal par le changement du lieu, où au contraire il se trouvoit en pire estat, degousté et alteré. Je remarque un jeune homme triste, sans cause quelconque, que peu auparavant j'avois veu jovial. J'apperçois son visage palle, citrin, et blafard, les yeux enfoncez, et le reste du corps en assez bon point[25]. J'entre en doute que quelque passion d'esprit luy bourreloit l'ame, et veu son aage, bon temperament sanguin, et sa profession, je conclus à part-moy qu'il estoit malade d'amour, et comme je le presse de me descouvrir la cause externe de sa maladie, une belle fille du logis porte de la lumiere cependant que je luy tastois le pouls, qui dés l'instant varie en diverses sortes, il pallit, et rougit en divers momens, et à peine peut-il parler. Se voyant à demy convaincu, il accorde son mal, mais ne veut guerir que par le moyen de celle qui l'a blessé, me prie de la demander à la mere de la fille pour luy en mariage, se fiant que quoy qu'elle ne fust de party sortable, son pere ne luy refuseroit ce contentement, duquel dependoit sa vie, repetant souvent ce vers de Properce:

Nescit amor priscis cedere imaginibus[26].

Ce mariage ne se pouvant accomplir, il desespere, la fievre le surprend avec un grand crachement de sang. Cela l'estonne et l'induit à suivre mon conseil, et par

---

[23][*L. 3. Fen. 1. tract. 4. ca. 23 de Amore*]: Avicenne, *Liber canonis*, livre III, fen 1, tr. 4, ch. 23, p. 206[v]. La méthode suggérée par Avicenne est simplement une extension de celle développée par Erasistrate dans l'histoire d'Antiochos et Stratonice. Galien, *De praenotione ad Posthumum*, ch. 6, éd. Kühn, vol. XIV, p. 630–35. Paul d'Égine, *Paulus Aegineta*, livre III, ch. 17: «De amantibus», éd. I. L. Heiberg, p. 254. Jean Aubery, *L'antidote d'amour*, p. 56[v]–63[r].

[24][*L. 2. arth. Medic. sect. 3. cap. 6.*]: Cristóbal de Vega, *Liber de arte medendi*, livre II, sect. 3, ch. 6, p. 200.

[25]Dans le chapitre XVI, Ferrand prendra le parti d'Oribase et d'Alsaravius contre Paul d'Égine dans la discussion qu'il provoque par rapport à leurs points de vue concernant les yeux des amants; soit que les yeux seuls soient affectés comme le soutient Paul ou soit le corps tout entier comme le défendent Oribase et Alsaravius.

[26][*Eleg. 5. l. 1.*]: Properce, *Élégies*, livre I, Élégie V, 24, éd. D. Paganelli, p. 11. [L'amour ne sait pas s'incliner devant d'antiques images.]

les remedes de la medecine receut la guerison de son mal. Vous pouvez lire une
plus belle histoire dans Valeriola, medecin d'Arles, d'un marchand de ladite ville,
qui demeura fol d'amour durant six mois, et qui sans l'assistance de ses parens se
fust tué de ses propres mains[27]. Mais à quel propos ces examples, veu qu'il n'y a
gueres maladie plus frequente à nos yeux, si nous la sçavons distinguer des autres
especes de melancholie, manie, et suffocation de matrice, avec lesquelles maladies
ceste-cy a quelque rapport?

---

[27] [*Obser. 7. l. 2.*]: François Valleriola, *Observationum medicinalium libri sex*, p. 185. Voir
aussi ci-dessus, ch. 2, n. 13. Pour une autre étude de cas médical contemporain, cf. João
Rodriguez de Castello Branco (Amatus Lusitanus), *Curationum medicinalium centuriae
septem*, Burdigalae, ex typographia Gilberii Vernoi, 1620, «Medicinalium centuria tertia,
curatio LVI, in qua agitur de iuvene Hebraeo, puellae Hebreae capto», p. 309.

XV

Les causes de la couleur palle des amans

Ceste couleur palle est si familiere aux amans passionnez, que d'icelle Diogenes un jour rencontrant un jeune homme, il devina qu'il estoit ou envieux, ou amoureux[1] :

Palleat omnis amans, color hic est aptus amanti[2].

Mais il ne faut pas entendre par ce mot palle une couleur blanche, ny bonnement une decoloration, qui au dire du Philosophe est quasi une pourriture de la peau : «ἄχροια ἔοικεν εἶναι οἷον σῆψίς τις χρωτὸς[3]» [parce que la pâleur indique la décomposition de la peau], ains plustost une couleur meslée de blanc et de jaune, ou de blanc, jaune et verd, que nostre Hippocrate appelle «ὠχρὸν, ἔπωχρον, ἵπωχρον, ἀρπίπωχρον», Plutarque et Lucrece «μελίχρον», tous les Grecs «χλωρὸν» ou «ἀπόχλωρον[4]» [pâle, jaunâtre, couleur de miel jaune-verdâtré], car ces termes ne signifient pas seulement verd, mais aussi palle, et telle couleur qui paroist au bled lors que la chaleur immoderée et le vent de midy avance leur maturité trop promptement, comme nous apprend Galien clairement en ces termes, parlant des Asiatiques : «ὠχρούς τινας ἰδόντες, ἐρωτῶσι τινι αἰτίαν, διὰ ἣν οὗτο γεγόνασι χλωροί: μηδὲν διαφέρειν ἡγούμενοι χλωρὸν εἰπεῖν καὶ ὠχρόν», etc. id est que quand les Asiatiques voyent quelqu'un pasle, ils demandent la cause qui les a rendus χλωρὲς, comme si ce mot de χλωρὸς [vert] et ὠχρὸς [pâle] ne differoient de rien[5]. Or dict ce mesme docteur, ceste couleur

---

[1] La source probable utilisée par Ferrand est Levine Lemne (Levinus Lemnius), *Occulta naturae miracula*, livre I, ch. 12, p. 64. Voir aussi *Les occultes merveilles et secretz de nature*, trad. Jacques Gohory, Paris, P. Du Pré, 1567.

[2] Cf. Ovide, *L'art d'aimer*, I, 727, éd. H. Bornecque, p. 29. Ce vers d'Ovide est le premier d'une série de citations tirées de Giovan Battista della Porta, *De humana physiognomonia libri IV*, livre III, p. 200–02. [Tout amant doit être pâle. C'est le teint qui convient à l'amant.]

[3] [*Problem 4. sect. 38*]: Aristote, *Problèmes*, livre IV, n. 38, se trouve en effet dans le livre XXXVIII, n. 4 (967a).

[4] Ferrand tire cette discussion de Giovan Battista della Porta, *De humana physiognomonia libri IV*, p. 201.

[5] [*Com. 3. in l. 6. epid. Com. 47. l. 2. Proch.*]: La citation est dérivée de Galien, *In Hippocratis de victu acutorum commentarii quatuor*, éd. G. Helmereich, dans *Corpus medicorum*

pasle est telle que nous vouyons au feu, et en ce medicament que nous appellons *ocre* ou *orpiment*, laquelle se fait ésorps humains par la permixtion de la cholere jaune avec les serositez, ce qui est confirmé par Phavorin, qui veut de surplus que ce mot de ὠχρὸς soit descendu de χλωρὸς adjoustant un λ apres χ, et transposant ω⁶.

Dont nous voyons combien s'est trompé Ruellius sur le chapitre 78 de Dioscorides niant que nous ayons la vraye myrrhe par ce qu'elle n'est pas verde, croyant que ce mot d'ἀπόχλωρος signifie seulement verd, et non pas jaunastre, ou pour meiux dire, telle coleur qui paroist és herbes seches, és lentilles, et en l'escorce des grenades seches⁷. A raison dequoy Hippocrate appelle souvent ces gens palles «σιδιοειδεῖς» [jaune pâle] et «ὑποφακώδεις» [jaune des lentilles], Aretæe «τοὺς χροίη κλοηβάφους» [complexion vert-teintée], le Comique «oculos herbeos⁸»[vert comme l'herbe].

Les poëtes ont recogneu que ceste couleur appartenoit aux amans, et non pas la blanche, quand ils ont feint que Clytia mourant de l'amour du soleil fut changé en une herbe palle et sans sang que les Grecs nommerent *heliotropion*⁹, les François *soucy*, *œillets d'Inde*, ou semblable. Qui est le plus souvent marque d'un foye maltemperé, selon Galien, «τὸ χλοῶδες χρῶμα κακοπραγοῦντος ἥπατος γνώρισμα¹⁰» [jaunâtre indique le foie malade], qui engendre quantité de cholere jaune, laquelle meslée avec les cruditez, et espanduë par toute l'habitude du corps, infecte de sa couleur la peau, emunctoire universel d'iceluy, d'où vient que la peau denote le vice des humeurs croupissans dans le corps: «τὸ χρῶμα τῶν χυμῶν ὅκου μὴ ἄμπωτις ἐστιν: ὥσπερ ἀνθέων¹¹» [à moins que les humeurs retournent au centre du corps, la peau révèle leurs couleurs], notamment celle du visage, parce que le cuir de ceste partie est plus delié, rare, et reçoit plus facilement la couleur de l'humeur croupissant. Que si quelque petite parcelle de melancholie se mesle parmy l'humeur bilieux, le

---

Graecorum, V. 9. 1, Leipzig, Teubner, 1914, p. 182: «ὠχροὺς γάρ τινας ἰδόντες ἐρωτῶσι τὴν αἰτίαν, δι'ἣν οὕτω γεγόνασι χλωροί, μηδὲν διαφέρειν ἡγούμενοι χλωρὸν εἰπεῖν ἢ ὠχρόν». Galien, *Commentarium in Hippocratis prognostica*, éd. Kühn, vol. XVIII, 2, p. 70–71.

⁶Toute la discussion, y compris les références à Guarino de Favora (Varinus Favorinus), à Dioscoride et à Aristote (voir la note suivante), proviennent de Giovan Battista della Porta, p. 202. Pour la référence à Guarino de Favora, cf. son *Dictionarium [...] multis variisque ex autoribus collectum totius linguae Graecae commentarius*, Basileae, R. Chimerinus, 1538, p. 1868.

⁷[*Arist. l. de color.*]: Aristote, *Des couleurs* (797a).

⁸[*L. de inter. aff. Aret. l. 1. de caus. l. sig. morb. chr. c. 13.*]: Hippocrate, *Des affections internes*: «σιδιοειδὴς» «ὑπωφακύδης», *Œuvres complètes*, éd. Littré, vol. VII, p. 249. Arétée de Cappadoce, *Des causes et des symptômes des maladies chroniques*, ch.13: «Du foie»: «χροίη χλοήβαφος». La citation est dans le livre I, ch. 13, de l'*editio princeps* en grec, *De acutorum et diuturnorum morborum causis et signis*, éd. J. Goupyl, Parisiis, A. Turnebus, 1554. Pour une édition moderne d'Arétée, voir celle éditée par C. Hude du *Corpus medicorum Graecorum*, Berlin, Teubner, 1958, vol. II, p. 54. Plaute, *Curculio*, v. 231, éd. A. Ernout, vol. III, p. 77.

⁹[*Ovid 4. Metam.*]: Ovide, *Les métamorphoses*, IV, 264–70, éd. G. Lafaye, vol. I, p. 196–97.

¹⁰[*3. De diff. resp.*]: Galien, *De difficultate respirationis*, livre III, ch. 12, éd. Kühn, vol. VII, p. 952.

¹¹[*Hipp. l. de humor*]: Hippocrate, *Les humeurs*, *Œuvres complètes*, éd. Littré, vol. V, p. 477. Le texte original est le suivant: «Τὸ μὲν χρῶμα τῶν χυμῶν, ὅκου μὴ ἄμπωτις ἐστι τῶν χυμῶν, ὥσπερ ἀνθέων».

malade devient comme bazané, ou verd brun, ou pour mieux dire avec l'Aretæe et Plutarque, «$\mu\epsilon\lambda\acute{\alpha}\gamma\chi\lambda\omega\rho o\varsigma$[12]» [olivâtre].

---

[12]Arétée de Cappadoce (81–ca. 138). *Des causes et des signes des maladies aiguës et chroniques*, trad. René Théophile. Voir aussi Aretaeus, *De acutorum et diuturnorum morborum causis et signis*, éd. C. Hude, *Corpus medicorum graecorum*, vol. II, p. 300.

XVI

Quels yeux ont les amans melancholiques

Il n'y a partie quelconque qui indique mieux les indispositions du corps que les yeux, selon Hippocrate: «ὀφθαλμοὶ ὡς ἂν ἰσκύωσιν, οὕτω καὶ γῆον»[1]. Ce que nous exprimentons en nos amans, qui selon Avicenne, Paul Æginete, Oribaze, Haly Abbas, et Alsaravius és lieux cy-devant cottez ont les yeux caves, enfoncez, secs, et sans larmes, neantmoins claignans assiduellement avec un regard sous-riant[2]. Ceste cavité qu'Alexandre Aphrodisias en ses *Problems* appelle «χοιλοφθαλμίαν»[les yeux enfoncés], et Rufus Ephesius «χοιλιδιᾶν[3]» [les yeux creux], provient selon Stephanus Athenensis de l'imbecillité de la chaleur naturelle, et dissipation des esprits qui abondent és yeux, ou bien par la malignité des humeurs, ou finalement par atrophie[4].

Je remarque neantmoins une grande contrarieté entre ces autheurs, car Avicenne, Oribasius, et Alsaravius disent que les melancholiques erotiques ont tout le corps maigre et extenué, tant à cause qu'ils mangent et boivent peu, qu'à cause de la depravation de la digestion qui provient de la revocation des esprits, et de la chaleur naturelle de l'estomach au cerveau; et neantmoins ils disent que les yeux «soli non concidunt». Paul Æginete dit au contraire, que «cæteris partibus corporis

---

[1][*L. 6. Epid. sect. 4. aph. 26.*]: Hippocrate, *Les épidémies*, livre 6, sect. 4, aphorisme 26. Aujourd'hui l'aphorisme n'est pas attribué à Hippocrate.

[2]Avicenne, *Liber canonis*, livre III, fen 1, tr. 4, ch. 23, p. 206^v.

[3][*L. de corp. part.*]: Rufus d'Ephèse, *Œuvres*, éd. Charles Daremberg et Emile Ruelle, Amsterdam, Adolf Hakkert, 1963, p. 136. Alexandre d'Aphrodisias, *Problemata*, livre I, n. 98, dans *Physici et medici Graeci minores*, éd. I. L. Ideler, Amsterdam, Adolf Hakkert, 1963, p. 34.

[4][*Gorraus. Merc. in progn. Hipp. Foësius in Hippocr.*]: Jean de Gorris [Gorraeus], *Definitionem medicarum libri XXIV literis Graecis distincti*, Francofurti, apud Claudium Marnium, et heredes Joannis Aubrii, 1601, p. 233. Girolamo Mercuriale, *Commentarii eruditissimi in Hippocratis [...] prognostica, prorrhetica, de victus ratione in morbis acutis, et epidemicas historias*, Francofurti, typis Joannis Saurii, 1602, p. 735. Hippocrate, *Opera omnia*, éd. Anuce Foës, Francofurti, apud Andreae Wechli heredes, 1595, p. 277. Stefanus d'Athènes, *Alphabetum empiricum sive Dioscorides et Stephani Atheniensis philosophorum et medicorum, de remediis expertis liber, justa alphabeti ordinem digestus, ad vocem «1581»*, p. 18^r–51^v.

illæsis, nullaque calamitate collabentibus soli illi amatoribus concidunt[5]».

Christophle à Vega voulant excuser Paul, dit qu'il a entendu «per collapsum segnem motum et decidentiam[6]». Mais je trouve ceste explication un peu forcée, attendu que le mesme autheur dict avec tous les autres cy-dessus mentionnez, que les amans ont perpetuel mouvement des paupieres («semper conniventes») lequel Hippocrate appelle «ἔῤῥιξιν» [les yeux agités] en ses *Epidemies*[7]. Galien me semble favoriser l'oppinion d'Oribase et Avicenne quand il dit au livre 2 des *Crises*, que les yeux enfoncez, et les pasles couleurs sont les marques et signes de ceux qui sont malades de tristesse, et autres passions semblables[8].

Je voudrois accorder ces autheurs en disant que l'oppinion d'Oribase et de l'Avicenne est la plus conforme à la raison et à l'experience. Ce qu'ayant cogneu le Divin Philosophe en son *Banquet*, dict que l'amour de sa nature, et par le vice hereditaire de sa mere Penie, ou Pauvreté, est dur, sec, maigre et sale, «σκληρὸς καὶ αὐχμηρὸς[9]», par ce que par les longues pensées et solicitudes l'amant perd son embon-point. Ce que niant Paul Æginete, il entend parler de ceux qui sont espris de l'amour, mais non pas affollés. Si ceste explication ne vous agrée, j'en attends de vous une meilleure.

---

[5]Avicenne, *Liber canonis*, livre III, fen 1, tr. 5, ch. 23. Oribase, *Synopsis*, livre VIII, ch. 9, p. 414. Albucasis, *Liber theoricae necnon practicae*, tr. L, sect. 2, ch. 17. Paul d'Égine, *Paulus Aegineta (Septem libri)*, livre III, sect. 17, éd. I. L. Heiberg, p. 254.

[6][*L. 3. de arte Medica ca. de Amore*]: Cristóbal de Vega, *Liber de arte medendi*, livre III, ch. 17, p. 414.

[7]Hippocrate, *Les épidémies*, livre VI, sect. 1, aphorisme 15: «ἔῤῥιψιν», *Œuvres complètes*, éd. Littré, vol. V, p. 276–77.

[8]Galien, *De crisibus*, livre II, ch. 13, éd. Kühn, vol. IX, p. 695 et suiv.

[9]Platon, *Le banquet* (203D).

XVII

Si les larmes sont signes d'amour

Hippocrate en ses *Epidemies* faict les larmes de deux natures, volontaires et involontaires. Celles-cy procedent de ce que la faculté retentrice du cerveau est affoiblie et debilitée par maladie, ou par grande abondance d'humidité croupissante dans la capacité de la teste, ou bien de ce que la faculté expultrice du cerveau est irritée par l'acrimonie des humeurs du cerveau, ou des vapeurs qui s'exhalent des parties inferieures, comme il se voit souvent és febricitans, ou finalement pour quelque particuliere maladie des yeux, comme ulcere, fistule, ophthalmie, epiphore, ou semblables, sans oublier la fumée, poussiere, et autres causes externes[1].

Quant aux volontaires, Empedocles disoit jadis, que quand on est travaillé de quelque forte passion d'esprit, le sang se trouble, et que de là viennent les larmes, comme le megue du laict. Alexandre Aphrodisias croit que la melancholie resserrant la chaleur, l'humidité se monstre où elle trouve plus libre issuë[2]. Mais nous dirons que la cause materielle des larmes est la mesme que de la salive: sçavoir l'abondance des serositez restantes dans le cerveau apres la troisiesme digestion, a raison dequoy les vieillards, femmes, et enfans pleurent plus facilement, comme estans plus humides que le reste des hommes.

Ceste humidité fluë des yeux par la compression du cerveau durant les tristesses, ou par la dilatation quand on est en joye, ou on rit grassement. Or puis que les amans sont subjects à toutes ces passions, joye, ris, et tristesse, il est evident que les larmes involontaires ne suivent pas les amans qui ont les yeux secs et sans larmes, mais seulement les volontaires, quand l'amant doute ou desespere des faveurs de sa dame[3], dont vous voyez que les poëtes vous representent souvent les amans pleurans, et larmoyans, par ce qu'amour se plaist aux larmes:

Non nihil aspersis gaudet Amor lachrymis[4].

---

[1][*Aphor. 17. sec. 1. l. 6*]: Hippocrate, *Les épidémies*, livre VI, sect. 1, aphorisme 13, *Œuvres complètes*, éd. Littré, vol. V, p. 273.

[2]Alexandre d'Aphrodise, *Problemata*, livre I, n. 21, dans *Physici et medici Graeci minores*, éd. I. L. Ideler, vol. I, p. 10.

[3][*Avicen. Arnald*]: Avicenne, *Liber canonis*, livre III, fen 1, tr. 4, ch. 23, p. 206ᵛ. Arnaud de Villeneuve, *De amore heroico*, p. 52.

[4][*Propert. l. 1. eleg. 11.*]: Properce, livre I, Élégie XII, 16, éd. D. Paganelli, p. 20.

Je ne dis pas pourtant que ce signe soit pathognomonique, ny gueres certain, notamment és femmes, lesquelles selon le poëte:

Quove volunt, plorant tempore, quove modo[5].

XVIII

Les causes des veilles et souspirs des amans

Les causes des veilles qui travaillent les amans et les rendent plus melancholiques, tristes, maigres et secs[1],

Attenuant iuvenum vigilata corpora noctes[2]

sont les diverses imaginations qui coulent dans leur cerveau, et ne laissent jamais l'ame en repos, dont le cerveau devient sec et froid, outre que de l'humeur melancholique, qui est naturellement froid et sec, comme la cendre, ne se peut eslever aucune vapeur douce, qui relaschant par sa moicteur, et bouschant les nerfs, fasse que tout sentiment et mouvement cesse. Que si quelquefois ils sont surpris de quelque leger sommeil, que la nature procure pour la reparation des esprits animaux, dissipés par la violence des imaginations et veilles excessives; tel sommeil est accompagné de mille fantosmes, et des songes espouventables, dont ils s'esveillent plus mescontens, tristes, pensifs, chagrins, et craintifs, et se trouvent souvent plus affligez du sommeil que des veiles[3].

Les souspirs viennent aux amans melancholiques de ce qu'ils ne se souviennent de respirer, à cause des fortes imaginations qu'ils nourrissent, soit en contemplant leurs objets, ou en leur absence, meditant leurs belles qualitez, et les moyens de jouïr de la chose desirée. Dont s'estans recognus, nature est contrainte de se tirer en un coup autant d'air qu'elle eust attiré en deux ou trois fois, et telle respiration se nomme souspir, qui est veritablement un redoublement d'haleine[4].

---

[1] [*Arnal. c de Amore. Gord. de Amore.*]: Arnaud de Villeneuve, *Tractatus de amore heroico*, dans *Opera medica omnia*, vol. III, p. 51. Bernard de Gordon, *Lilium medicinae*, «*De passionibus capitis*», partie 2, ch. 20: «De amore, qui heros dicitur», p. 216–19.

[2] Ovide, *L'art d'aimer*, livre I, 735, éd. H. Bornecque, p. 30: «Attenuant invenum vigitatae corpora noctes». [Le corps maigrit par les veilles.]

[3] André Du Laurens, *Des maladies melancholiques, et du moyen de les guarir*, dans *Toutes les œuvres*, p. 27^v–28^r.

[4] Du Laurens, *Des maladies ...*, dans *Toutes les œuvres*, p. 27^v. Voir aussi J. Aubery, *L'antidote d'amour*, p. 31^v. Cristóbal de Vega, *Liber de arte medendi*, livre II, ch. 6, p. 200. La tradition de la physiologie des soupirs est dérivée d'Alexandre d'Aphrodise, *Problemata Aristotelis*, livre I, n. 21, Venetiis, apud Aldum, 1497. Voir l'édition de Ideler, vol. I, p. 10. De plus, la section d'Alexandre est citée dans *L'Anteros* de Battista Fregoso.

XIX

Durant quel aage on est subject à l'amour ou melancholie erotique

Jaçoit que Democrite, au rapport du divin Hippocrate, ait dict que tout homme dés sa naissance est, non pas seulement enclin à la maladie, mais la mesme maladie: «ὅλος ἄνθρωπος ἐν γενετῆς νοῦσος[1]» [car il est lui-même la maladie]. Si est-ce neantmoins que certaines maladies se sont plustost en certains aages et saisons qu'és autres, par l'aphorisme 19 du livre troisiesme[2], quoy que le mesme Hippocrate en ses *Predictions coaques* enseigne que l'homme est subject à toute espece de maladie dés l'an quatorziesme de son aage jusques au quarantedeuxiesme: «ἀπὸ ιδ´ ἐτέων μέχρι β καὶ μ. πάμφορος ἡ φύσις νοσημάτων ἤδη τοῦ σώματος γίνεται[3]». Partant il nous faut rechercher si l'homme hors de cest aage est subject à ce mal.

Amour estant un violent desir de l'homme d'engendrer au beau, selon Platon, tandis qu'il est capable d'engendrer, il sera aussi subject à l'amour et à la melancholie erotique si son desir outrepasse les bornes de la raison. Or quelques uns disent l'homme capable d'engendrer dés les neuf ou dix ans, ce qu'ils confirment par les exemples des roys Salomon et Achaz, qui eurent des enfans à dix ou onze ans, ce que Sainct Gregoire, Sainct Hierosme et Albert Rosarius escrivent avoir veu par experience en quelques autres[4]. Et ce qui semble estre incroyable, Pline asseure que parmy les Indes, les Mandres et Calinges enfantent à cinq et six ans[5].

Plusieurs autres au contraire privent l'homme de ceste faculté tandis qu'il est au dessous de vingt ans, et à ceste occasion les Allemans defendoient aux adolescens la copule charnelle avant l'aage de vingt ans[6]. Nous suivrons la commune opinion

---

[1][*Epist. ad Damag.*]: Hippocrate, «Hippocrate à Damagète», *Œuvres complètes*, éd. Littré, vol. IX, p. 372.

[2]Hippocrate, *Les aphorismes*, sect. 3 n. 19, *Œuvres complètes*, éd. Littré, vol. IV, p. 495.

[3][*Sent. 571*]: Hippocrate, «Prénotions coaques», *Œuvres complètes*, éd. Littré, vol. IV, p. 487; dans l'original, les années sont entièrement écrites, et le mot «ἐτέων» suit 42 au lieu de 14.

[4][*Rosar. in Ind. l. I. verb. matrim.*]: Alberico da Rosate (Rosciate), *Vocabularius utriusque iuris*, Lugduni, apud Jacobum Wyt, 1535, également appelé *Lexicon* comme dans l'édition de 1498, et plus tard *Dictionarium iuris tam civilis, quam canonici*, éd. Giovanni Francesco Deciani, Venetiis, apud Guerreos fratres et socios, 1573.

[5][*Pli. l. 7. c. 2.*]: Pline, *Histoire naturelles*, livre VII, sect. 29, éd. Littré, vol. I, p. 284.

[6][*Caesar l. 6. de bello Gall.*]: Jules César, *Commentaire sur la Guerre des Gaules*, livre

que les hommes et les femmes sont subjects à la melancholie erotique dés aussi tost qu'ils sont en puberté, laquelle se manifeste és hommes par la voix qui devient plus grossiere, et par l'inspection des tetins aux filles qui enflent environ l'an douziesme ou quatorziesme pour le plus souvent, qui à raison de ce servent de regle generale, «indagatione corporis inhonesta cessante» [arrêtant les actes honteux en examinant le corps], par les *Constitutions* de l'Empereur Justinian[7].

Nous respondrons aux histoires cy-dessus rapportées, que nous supposons estre veritables, que ces exemples sont fort rares, et que telles personnes ont esté de vie courte (et de vray Salomon ne vesquit que cinquante ans) et par consequent il falloit de necessité que leur puberté fut precipitée, dautant que la nature veut que les creatures qui doivent tost perir, veinnent promptement à leur perfection, comme il se voit és femmes qui selon Aristote: «θάττων νεότητα, ἀχμήν, καὶ γῆρας λαμβάνει τῶν ἀρρένων[8]» [parce qu'elles atteignent la maturité avant les hommes, souvent elles meurent avant eux aussi.].

Comme l'adolescence ou puberté ouvre la porte à l'amour, de mesme la vieillesse la ferme, ce que Solon experimentant en soy remercioit dieu de ce qu'il luy avoit donné la vieillesse, ressentant plus de contentement et de plaisir de l'affranchissement de ceste ardeur amoureuse, que d'incommodité de la vieillesse[9]. Aristote dict que c'est environ les soixante et dix ans que le vieillard ne craint plus Cupidon, et faict la nique à Venus, et l'Empereur Tibere vouloit que ceux qui au dessus de 60 ans se laissoient transporter à ceste passion fussent punis, faisant à ces fins publier la loy Poppæa Popilia, à laquelle faict allusion le poëte Gallus lors qu'il s'escrie:

O miseri, quorum gaudia crimen habent![10]

Mais le bon vieillard Avenzoar refute l'Aristote par plusieurs belles raisons, que je ne rapporteray pour eviter prolixité[11], me contentant de les confirmer par l'exemple du Roy Massinissa, qui aagé de quatre-vingts ans eut un enfant, et Caton le Censeur à huictante cinq[12]. Nos historiens passent plus outre, asseurans

---

VI, éd. L.-A. Constans, p. 192.

[7][*Lib. 1. Instit. tit. 22. l. vult. C. quando tut. esse desin.*]: Justinien, *Institutionum juris libri IV*, tit. xxii, «Quibus modis tutela finitur», «indagatione corporis inhonesta cessante». *Justiniani, Institutionum juris, libri IV, compositi per Tribonianum v. magnificum et exquaestorem sacri palatii; et Theophilum et Dorotheum VV. illustres et antecessores*, Genevae, apud Eustathium Vignon, 1580, p. 13–14.

[8]Aristote, *De generatione animalium*, IV, vi. L'idée était commune pendant la Renaissance; cf. par exemple Levine Lemne, *Occulta naturae miracula*, livre II, ch. 39, p. 251, et Jean Liébault, *Des maladies des femmes*, livre II, p. 167.

[9][*4. polit. c. 16. 5. de histor. an. c. 14. et l. 7, c. 6*]: Aristote, *Politique*, livre VII, ch. xiv. 3 (1335a 5). Aristote, *Histoire des animaux*, livre V, ch. 14 (544b). Aristote, *Histoire des animaux*, livre VII, ch. 6 (585b).

[10]Cornelius Gallus, Élégie I, 180; *Catullus, Tibullus, Propertius cum Galli fragmentis*, p. 323. [Malheureux ceux dont les plaisirs entraînent tout autant de châtiments ! (notre traduction)]

[11][*L. 2. tr. 3. c. 1*]: Avenzoar (Ibn Zuhr), *Liber Theizir*, imprimé avec le *Colliget* d'Averroès, Venetiis, Otinus de Luna, 1497, livre II, tr. 3, ch. 1: «Quod est de testiculis et de sterilitate que ex mala complexione ipsorum procedit», p. CII[v]/ b.

[12][*Pl. l. 7. c. 14*]: Pline, *Histoire naturelle*, livre VII, ch. 14, éd. Littré, vol. I, p. 289.

qu' Vladislaüs Roy de Pologne eut deux fils aagé de nonante deux ans ou environ, et Felix Platerus medecin en ses *Observations* asseure que son pere eut une fille à quatre-vingts ans, et son bisaeul un fils masle apres cent ans[13].

J'accorderay volontiers que le plus grand nombre des vieillards au delà de soixante ans ont toutes les cupiditez comme dit Plutarque, *edentées*, sauf l'avarice. Neantmoins je ne les veux pas totalement exempter du danger de ce mal. Car outre les exemples rapportez, nous lisons que Thesée avoit plus de soixante ans quand il affola de l'amour de la belle Helene, qu'il ravit[14], et tous les jours experimentons que l'Empereur Claude successeur de Tibere abrogea à bon droit la loy Popée[15].

---

[13] Felix Platter, *Obseruationes et curationes aliquot affectuum partibus mulieris genera-tions dicatis accidentium*, dans Israel Spachius, *Gynaeciorum siue de mulierum tum com-munibus, tum grauidarum, parientium, et puerperarum affectibus et morbis*, Argentinae, sumptibus Lazari Zetneri, 1593. Les pages de cette édition ne sont pas numérotées; Ferrand se réfère aux premières pages.

[14] Plutarque, dans ses *Vies*, écrivait que Thésée (Theseus) avait un peu plus de 50 ans.

[15] Pour des renseignements sur la «Lex Papia Poppaea» voir Ronald Syme, *The Roman Revolution*, Oxford, Oxford University Press, 1939, 1960, p. 443 et suiv., et H. B. Scullard, *From the Gracchi to Nero*, London, Methuen, 1968 (1959), p. 239.

XX

Les signes de ceux qui sont enclins à l'amour, ou à la melancholie erotique

Aristote en ses *Morales*, et Ciceron en ses *Tusculanæ* distinguent l'amant ou ἐραστής de l'amoureux ou ἐρωτικὸς, comme nous distinguons l'yvre de l'yvrongne, attendu que l'amant est celuy qui est ja embabouïné de l'amour, et l'amoureux celuy qui est enclin à ceste folie de sa complexion naturelle, nourriture, discipline, habitude, ou autrement[1]. Nous avons recité les signes diagnostiques des amans, il reste à reciter à present ceux des amoureux, puisque nostre dessein est d'enseigner la precaution de ce mal aussi bien que la guerison. En premier lieu il faut considerer la complexion et habitude de tout le corps pour recognoistre à quel mal on est enclin[2], car par icelle Helene cognut Paris plus idoine à l'amour qu'à la guerre:

> Quod bene te iactas, et fortia facta recenses,
>> A verbis facies dissidet ista tuis.
> Apta magis Veneri, quam sunt tua corpora Marti.
>> Bella gerant fortes, tu Pari semper ama[3].

En second lieu, la temperature des parties principales et secretes, ce que je vous expliqueray mieux au chapitre de la physiognomie, me contentant de vous dire à present que la temperature chaude et seche, ou simplement chaude, est celle qui est plus encline à l'amour; puis apres la temperée, dont vous voyez qu'ordinairement les jovials sont amoureux, non pas que pour cela je veüille qu'on se fie aux visages refroignez, tristes et rhabarbatifs, car:

> —— habet tristis quoque turba cinædos[4].

---

[1] [*2. ad. Eud. 2*]: Aristote, *Éthique à Eudème*, livre II, ch. 2, 1–5 (1220b). Cicéron, *Tusculanes*, livre IV, xii. 27, éd. G. Fohlen, vol. II, p. 67.

[2] [*Hipp. l. de steril. L. de mor. mul. Gal. l. 1. ad Glauc. c. 1.*]: Hippocrate, *De la stérilité des femmes*, livre III *Des maladies des femmes*, éd. Littré, vol. VIII. Hippocrate, *Des maladies des jeunes filles*, éd. Littré, vol. VIII, p. 467–71. Galien, *Ad Glauconem de methodo medendi*, livre I, ch. 1, éd. Kühn, vol. XI, p. 1–6.

[3] Ovide, *Héroïdes*, XVII, 253–56, éd. H. Dörrie, p. 229: lire «suis» à la place de «tuis» et «Quod bene te iactes et fortia facta loquaris». «Hélène à Pâris», 253–56, éd. H. Bornecque, p. 123.

[4] [*Martial l. 7. ep. 57*]: Martial, *Épigrammes*, livre VII, lviii, 9, éd. H. J. Isaac, vol. I,

Nous regarderons à suitte l'aage, car les jeunes sont plus enclins à ce mal que les vieux, notamment lors que la voix vient rude que les Grecs disent τραγίζειν[5] [rustique], les Latins *hircire* [comme une chèvre], et lors que les tetins enflent aux filles, que les Grecs nomment κυαμίζειν[6], les Latins *fratrare, sororiare, catullire*; en Lauragois nous disons *vertiller*. Auquel temps le Genie de la Nature commande aux peres de garder soigneusement leurs filles de la conversation des courtisans, pour autant qu'il se faict un merveilleux orgasme par tout le corps en cest aage. Les vieillards au contraire ne sont pas tant censez enclins à l'amour, si naturellement ils ne sont vilains et paillards, car Euripide dit que Venus est courroucée contre les vieillards, à raison de quoy les payens selon Plutarque reputoient les nopces celebrées en May desastrées et malencontreuses comme font encores ce jourd'huy les superstitieux Chrestiens, parce que Venus haïssoit ce mois consacré en l'honneur de la vieillesse[7].

Lacydes roy des Argiens fut recogneu amoureux à sa perruque trop curieusement regredillée et frisottée, comme Pompée le grand à la façon de gratter d'un seul doigt trop mollement sa teste:

> Magnus, quem metuunt omnes, digito caput uno
> Scalpit, quid credas hunc sibi velle? virum[8].

Nos dames font le mesme jugement des velus avec l'Aristote: «ἡ διασύτης σημεῖον πλήττους περιττώματός ἐστι, διὸ καὶ τῶν ἀνθρώπων οἱ δασεῖς ἀφροδισιαστικοὶ καὶ πολύσπερμοι μᾶλλόν εἰσι τῶν λείων[9]» [les poilus ont un excès d'excréments, et c'est la raison pour laquelle ils produisent plus de sperme; ils sont donc plus vénériens que les hommes glabres]. Peut estre par ce que le lievre est extremet velu, ayant luy seul entre tous les animaux la patte du pié dessus et dessoubs veluë, et est estimé fort luxurieux[10], au contraire elles haïssent ceux qui ont peu de barbe, non tant à

p. 227. [la troupe aux visages chagrin a elle-même ses invertis]

[5][*Arist. l. 7. de hist. an. c. 1. et l. 5. de gen. an. c. 7.*]: Aristote, *Histoire des animaux*, livre VII, ch. 1 (581 a). Aristote, *De la génération des animaux*, livre V, ch. 7 (787b–788a).

[6][*Alex. Aphrod. l. 1. probl. 123. Cal. l. 13. c. 24. Alb. Botton. c. 15. de morb. mul.*]: Alexandre d'Aphrodise, *Problemata*, livre I, n. 123, dans *Physici et medici Graeci minores*, éd. I. L. Ideler, Amsterdam, Adolf M. Hakkert, 1963, p. 42. Nicéphore Calliste, *L'histoire ecclésiastique [...]*, Paris, Antoine le Blanc, 1587, livre II, p. 941. Albertino Bottoni, *De morbis mulieribus*, ch. 15: «Quo tempore menstrua fluere incipiant», dans Israel Spachius, *Gynaeciorum sive de mulierum affectibus*, vol. II, p. 291. Le terme «κυαμίζειν» vient d'Aristophane, frag. 500 (*Pollux*, II, 18), dans *Comoediae*, ex recensione C. Dindorfii: «Perditarum fabularum fragmenta», Oxonii, ex Typographeo Academico, 1835, vol. II, p. 672.

[7]Plutarque, «La fortune des Romains», *Œuvres morales*, éd. M. A. Screech, vol. I, p. 306.

[8]Gaius Licinius Calvus, fragm. 18, dans *Fragmenta poetarum Latinorum epicorum et liricorum*, éd. W. Morel, Lipsiae, B. G. Teubner, 1927, p. 18. [Voici le grand homme, craint de tous, qui se gratte la tête avec un seul doigt: que penses-tu qu'il désire? Un homme. (notre traduction)]. Comparer avec Plutarque, *Vie de Pompée*: [Qui est l'imperator aux mauvaises mœurs? Qui est l'homme qui se cherche un homme? Qui est celui qui se gratte la tête avec un seul doigt?], trad. R. Flacilère, Paris, Les Belles Lettres, 1973.

[9]Aristote, *De generatione animalium*, livre IV, ch. 5 (774b).

[10][*Io. Bapt. Porta.*]: Giovan Battista della Porta, *De humana physiognomonia libri IV*, livre II, ch. 24, p. 262. Della Porta est aussi la source de Ferrand en ce qui concerne les références aux travaux sur la physionomie de Polemo, Aristote, et Adamantius.

cause qu'ordinairement [ils] sont froids et maleficiez, que dautant que rapportant aux eunuques ils sont souvent enclins au vice, cruels et trompeurs[11], tel qu'au dire de Platon, estoit Melitus Pittheus accusateur et faux tesmoing contre Socrates[12]. Mais ceste opinion se trouve plus veritable lors que telles gens sont gresles, ont les joües maigres, ridées et enfoncées, car selon les physiognomistes telles figures marquent un homme paillard par depravation de la faculté imaginatrice[13], mais envieux, cauteleux, et par consequent meschant selon la doctrine du Philosophe: «πανουργία δεινότης οὐκ ἐπαινετή ἐστι[14]» [l'ingéniosité, si elle n'est pas louable, n'est que de la filouterie].

La race, et l'extraction est fort considerable, tant à cause que les fils peuvent avoir la mesme temperature des parties principales et servans à la generation que les parens, comme à raison de la mauvaise discipline, et mauvaise exemple. Nous y pouvons adjouster le laict de la nourrice, qui selon Phavorin a beaucoup d'energie d'ameliorer ou deteriorer la complexion du corps, et les mœurs de l'ame entant qu'elles dependent de la temperature du corps[15], ce que croyant le Poëte, faict que Didon reproche à Enée son education, et luy attribuë sa cruauté,

> Non tibi diva parens, generis nec Dardanus author,
> Perfide, sed duris genuit te cautibus horrens
> Caucasus, hircanæque admorunt ubera Tygres[16].

Michaël Scotus rapporte sur ce subject avoir veu un enfant nourry par une truye, qui estant grandelet mangeoit gouluement à la mode des pourceaux, se veautroit et patroüilloit dans les bourbiers. Encores un autre allaicté par une chevre qui sauteloit à la mode des chevres en marchant, et prenoit plaisir à ronger l'escorce des arbres[17].

Hippocrate, Ptolemée et Vegece ont en grande consideration l'air, le climat, terroir et lieu de la naissance, ou sejour, et «plaga cœli non solum ad robur corporum,

[11][*Polemon*]: Antonius Polemo, *Polemonis physionomia*, dans Claudius Aelianus, *Variae historiae libri XIV*, Romae, [A. Blado], 1545; Antonius Polemo, *Physiognomica*, dans *Aristotle varia opuscula*, Francofurti, 1587.

[12][*In Eutyph.*]: Platon, *Euthyphron* (16A).

[13][*Adamant. Porta.*]: Adamantius, *Physiognomonicon, id est de naturae judiciis cognoscendis libri duo*, per Janum Cornarium medicum physicum Latine conscripti, Basileae, per Robertum Winter, 1543, ch. 20: «De genis et faciebus», p. 60. Giovan Battista della Porta, *De humana physiognomonia libri IV*, livre II, ch. 10, p. 176.

[14][*In physiog.*]: Aristote, *Physiognomica*, mais les mots proviennent de l'*Éthique à Nicomaque*, livre VI, ch. 12 (1144a).

[15][*Agell. l. 12. Noct. Att. c. 2.*]: Aulu-Gelle, *Les nuits attiques*, livre XII, ch. 1, éd. René Marache, vol. III, p. 33–34. Ferrand utilise aussi une source intermédiaire, le *Dictionarium multis variisque ex auctoribus collectum totius linguae Graecae commentarius* de Guarino de Favora, qui prend ces notions de Aulu-Gelle.

[16][*4. Aen.*]: Virgile, *L'Énéide*, livre IV, vv. 365–67, éd. H. Goelzer, vol. I, p. 113. [Non, une déesse n'est pas ta mère, Dardanus n'est pas l'auteur de ta race, perfide! Mais le Caucase t'a engendré dans les durs rochers qui le hérissent, et les tigresses d'Hyrcanie t'ont donné le sein.]

[17]Michael Scot, *De secretis naturae opusculum*, dans Albert le Grand, *De secretis mulierum libellus*, Amstelodami, 1740. Aussi, *Les admirables secrets d'Albert le Grand*, Lyon, Héritiers de Beringos fratres, 1755.

sed etiam animorum facit[18]». Et de vray, vous voyez ordinairement les Alemans biberons, les Espagnols superbes, les Anglois deloyaux, les François inconstans, les Atheniens subtils, les Thraces grossiers, les Sauromates chastes, et au contraire les Neapolitains, Ægyptiens, Asiatiques, Africains paillards et enclins à l'amour desordonné, lesquels Ovide accompagne des Thraces parlant de Tereus:

> Digna quidem facies, ast hunc innata libido
> Exstimulat, pronumque genus regionibus illis
> In Venerem, et flagrat vitio gentisque suoque[19].

Mais tous ces signes sont incertains, ou plustost simples conjectures, car, dit Apulée, «apud socordissimos Scythas Anacharsis sapiens natus est, et apud Athenienses Melecides fatuus[20]» [la Scythie, pays arriéré, a donné naissance au sage Anacharsis, Athène cette inbécile, Melecides].

   Que dirons-nous du petit chien aveugle qui en Italie durant l'empire de Justinian par certains signes marquoit ceux qui estoient piqués de l'amour impudique? et de l'oiseau Porphyrion, qui faict tous les semblans de s'estrangler s'il sent dans le logis de son maistre un amoureux adultere?[21]

   Ou bien des eaux de probation, qui estoient en usage parmy les anciens Hebreux pour cognoistre si la femme mariée estoit esprise d'aucun amour illicite, desquelles à grand peine la femme impudique avoit gousté, qu'elle commançoit à secher, ou bien au contraire si le soupçon estoit faux reprenoit une santé plus vigoureuse?[22]

   Et finalement de ceste fontaine, l'eau de laquelle brusloit les femmes impudiques et adulteres, et n'offençoit aucunement les chastes? Ce que jadis Burgolfe croyant fabuleux, pour asseurer son mary Burgondion justement jaloux, plongea

---

[18] [*Veget. l. 1. c. 2.*]: Flavius Végèce, *De re militari libri quatuor*, livre I, ch. 2, «Ex quibus regionibus tyro eligendus», Parisiis, apud Carolum Perier, 1553, p. 2: «et plaga coeli non ad robur corporum tantum, sed etiam animorum plurimum valet [...]».

[19] Ovide, *Métamorphoses*, livre VI, 458–60, éd. G. Lafaye, vol. II: lire «sed et hunc» au lieu de «ast hunc» et «In Venerem est: flagrat». [Certes, tant de beauté le méritait, mais Térée est aussi poussé par l'ardeur de son tempérament; d'ailleurs les hommes de sa contrée sont naturellement portés à l'amour: il brûle du vice de sa race autant que du sien propre. (notre traduction)]

[20] Lucius Apulée, *Apologia sive pro se de magia liber*, ch. 24, éd. H. E. Butler et A. S. Owen, Hildesheim, Georg Olms, 1967, ch. 25, p. 18–19: «apud Athenienses catos Melicides fatuus». *Apologie, Florides*, éd. P. Vallette, p. 30.

[21] [*Niceph. Cal. l. 17. c. 32. Dupreau en l'an 563.*]: Nicephorus Callistus Xenthopoulos, *L'histoire ecclésiastique*, vol. II, p. 941. Gabriel Dupreau, *Histoire de l'estat et succès de l'Eglise dressée en forme de chronique géniralle et universelle [...] depuis la nativité de Jésus Christ jusques en l'an 1580*, Paris, J. Kerver, 1583, année 563. Athénée de Naucratis, *Deipnosophistarum libri quindecim*, Lugduni, apud viduam Antonii de Harsy, 1612, livre IX, ch. 10, p. 388.

[22] [*P. Belon*]; [*Fulgos. l. 8*]: Pierre Belon, *Les observations de plusieurs singularitez et choses memorables, trouvées en Grece, Asie, Judée, Egypte, Arabie, et autres pays estranges, redigées en trois liures*, Paris, Gilles Corrozet, 1553, p. 142ᵛ. Giovan Battista Fregoso, *Factorum dictorumque memorabilium libri IX*, Paris, Cavellat, 1589, livre II, ch. 1, p. 59ᵛ: «De veteribus Hebraeis zelotypis». Voir aussi Flavius Josèphe, *Les antiquités juives*, éd. Étienne Nodet, vol. II, p. 181, au sujet de la femme juive morte à cause de ses mensonges dans le temple.

un jour son bras dans ceste fontaine, que dans peu de temps elle retira rosty et bruslé[23]. Que dirons-nous, dis-je, sinon que Dieu a donné à plusieurs choses des proprietez si occultes, que le plus docte philosophe n'en sçauroit rendre raison pertinente? «Naturæ rerum vis, atque majestas in omnibus momentis fide caret[24]».

> Multa tegit sacro involucro Natura; neque ullis
> Fas est scire quidem mortalibus omnia, multa
> Admirare modo, necnon venerare, neque illa
> Inquires quæ sunt arcanis proxima, namque
> In manibus quæ sunt, hæc nos vix scire putandum est.
> Est procul a nobis adeo præsentia veri[25].

Il est bien plus facile de rendre raison de ce que plusieurs cognoissent les amans impudiques par les pierres precieuses de leurs bagues, qui deviennent obscure, fuligineuses et blafardes à cause des vapeurs qui sortent des corps luxurieux, ce que particulierement j'ay remarqué en l'eranos ou turquoise[26].

Les astrologues genethliaques ont des signes plus curieux, mais non pas plus asseurez, qu'ils prennent de l'horoscope. Ils disent que si quelqu'un est nay sous la conjonction de Venus avec Mars il sera indubitablement enclin à la melancholie erotique et à l'amour, mais peut estre trop à son dam, car si le soleil se leve sous la conjonction de ces deux planetes, il ne sera

> —— felicior astro
> Martis, ut in laqueos non incidat —— [27]

---

[23] [*Ebor. tit. de absol. reor.*]: Andreas Rodrigues da Viega (Andreas Eborensis), *Exemplorum memorabilium [...] per Andream Eborensem Lusitanum selectorum*, Paris, Nicolas Nivelle, 1590, vol. II, sect., «De reorum quorumdam absolutione», p. 207.

[24] [*Pl. l. 7. c. 1.*]: Pline, *Histoire naturelle*, livre VII, sect. 5 et 7, éd. Littré, vol. I, p. 286. Pline paraphrase en prose un passage de Lucrèce, *De la nature*, livre II, v. 1022 et suiv., éd. Kany-Turpin, p. 171.

[25] [*Lucret.*]: Vers non identifiés attribués à Lucrèce. La source de Ferrand est Jean Fernel, *De abditis rerum causis*, Paris, A. Wechel, 1567, livre II, ch. 18, partie 2, p. 130. [La Nature recouvre de nombreuses choses de son voile sacré, et empêche les mortels de connaître tous. L'homme est invité à s'émerveiller et à contempler; mais nous ne devons pas chercher à percer tous ces mystères si profonds. Au contraire, il nous faut accepter que nous ne pouvons atteindre à la connaissance des choses réservées aux seuls esprits. (notre traduction)]

[26] [*Lemn. de occ. nat. mirac. c. 30*]: Levine Lemne, *Occulta naturae miracula*, livre II, ch. 30, p. 224–25. Cf. aussi Johann Jakob Wecker, *Les secrets et merveilles de nature, recueilles de divers autheurs, et divisez en XVII livres*, Lyon, chez Louys Odin, 1652, livre XVII, p. 902, et (pseudo) Albert le Grand, *De secretis mulierum libellus*, Amstelodami, 1740, p. 142.

[27] [*Ptolem. in Cent. prop. 51. Jul. Firmicus*]: Ptolémée, *Centiloquium, sive centum sententiae, Jo. Joviano Pontano interprete*, Basileae, per Joannem Hervagium, 1551, Prop. LI, p. 76. Julius Firmicus Maternus, *Lollianum, Astronomicon libri VIII, per Nicolaum Pruacknerum astrologum nuper ab innumeris mendis vindicati*, Basileae, per Joannem Hervagium, 1551, voir ch. 38, p. 191, «Veneris decreta cum temporum domina fuerit». Juvénal, *Satires*, X, 313–14, éd. P. de Labriolle, p. 135: «laqueos numquam incidat». [Son astre ne pourra, plus heureux que celui de Mars, l'empêcher de tomber une fois dans le filet.]

Aristote en ses *Politiques* veut que cecy soit dit pour denoter que les martiaux et gens de guerre se laissent facilement prendre et piper à l'amour: «φαίνονται κατακώχιμοι πάντες οἱ τοιοῦτοι εἰς ὁμιλίαν[28]» [tous ces hommes sont enclins à la luxure]. Et les medecins disent que les astrologues entendent par Venus le phlegme ou plustost le sang, et par Mars la cholere, car Mars est chaud et sec, Venus humide, lesquelles deux complexions joinctes ensemble rendent les personnes enclines à se entre-aimer. Le mesme disent-ils de celuy qui est nay Venus estant au Lion, ou lors que la Lune regarde Venus, ou bien encores lors que Jupiter regarde de trine ou sextile aspect le Soleil ou Mercure, notamment si cela se rencontre le second ou quinziesme jour de la Lune[29].

Mais il ne faut pas s'arrester beaucoup aux paroles de ces gens, qui sont le plus souvent des charlatans comme nous enseigne Sainct Augustin[30], pour les raisons rapportées et amplement deduites par Jean Pic de la Mirandole és douze livres qu'il a composé contre les astrologues judiciaires (en haine de ce que Bulanus l'un d'iceux luy fit voir par son horoscope qu'il ne vivroit que trente quatre-ans, comme luy advint)[31] dans lesquels semble estre compris tout ce qui se peut dire contre ces vandeurs de fumées, lequel a esté secondé par son nepveu François Jean Pic aux livres des *Prenotions*[32], et plusieurs autres autheurs modernes[33].

---

[28] [*2. Polit. c. 9.*]: Aristote, *Politique*, livre II, ch. 6 (1269b). Ferrand ajoute «εἰς ὁμιλίαν».

[29] [*Ficin. c. 9. orat. 7. in conv. Plat. Fr. Valer. Obs. 7. l. 2. Aequic. c. 2. l. 4. de nat. anim.*]: Marsile Ficin, *Commentaire sur le banquet de Platon*, Oration VII, ch. 9, éd. R. Marcel, p. 253–54. François Valleriola, *Observationum medicinalium libri sex*, livre II, obs. 7, p. 205–06. Mario Equicola, *Libro di natura de amore*, livre IV, p. 130ʳ.

[30] [*L. 7. Conf. c. 6. l. 2. de doctr. Chr. c. 21.*]: Saint-Augustin, *Les Confessions*, livre VII, ch. 6, éd. Pierre de Labriolle, vol. I, p. 153–56: «Iam etiam mathematicorum fallaces divinationes et impia deliramenta reieceram». Saint Augustin, *La doctrine chrétienne*, (De doctrina christiana) livre II, ch. 21, trad. M. Moreau. Voir aussi *On Christian Doctrine*, trad. D. W. Robertson Jr., p. 56–57.

[31] Jean Pic de la Mirandole, *Disputationes adversus astrologiam*, éd. Eugenio Garin, 3 vol., Firenze, Vallecchi Editore, 1946, vol. 1, p. 47. La référence de Ferrand est tirée de Christopher Clavius, *In Sphaeram Joannis de Sacro Bosco. Commentarius*, cf. n. 33 ci-dessous.

[32] [*Cardan. Aph. 63. segm. 1. Aph. Astr.*]: Jérôme Cardan, *Aphorismorum astronomicorum segmenta VII*, dans *Opera omnia in decem tomos digesta*, Lugduni, sumptibus I. A. Huguetan et M. A. Ravard, 1663, vol. V, p. 37b. La référence à *Praenotione* de François Pic de la Mirandole est tirée des commentaires de Christoph Clavius dans *Sphaeram Joannis de Sacro Bosco*. La référence est également dans Cardano, *Aphorismorum astronomicorum liber*, Nuremberg, J. Petreius, 1547, sur la note dans la marge du folio 211ᵛ. Jean François Pic de la Mirandole, *De rerum praenotione libri novem*, Argentorati, Joannes Knoblochus, 1507. Cf. aussi Mario Equicola, *Libro di natura de amore*, livre IV, ch. 2, sur la relation entre l'astrologie et l'amour.

[33] [*Jul. Syren. l. de fato. A. Bernard. Mirand. l. 22. 23. & 24. monom. Michael Medina l. de rect. in Deum fide. c. 1. Vultur. l. 3. de art. mil. chap. 1*]: Les références sont dérivées de Christoph Clavius, bien qu'il ne soit pas mentionné dans ce chapitre. Voir l'introduction à son *In Sphaeram Joannis de Sacro Bosco. Commentarius*, Lugduni, ex officina Q. Hug. A. Porta, sumpt. Jo. de Gabiano, 1607. Giulio Sirenio, *De fato libri nouem in quibus inter alia: de contigentia, de necessitate, de providentia diuina, de praescentia divina, de prophetia, et de divinatione tam secundum philosophorum opinionem, quam secundum catholicorum theologorum sententiam*, Venetiis, ex officina Jordani Zileti, 1563, livre IX, ch. 18, p. 153 et suiv. Antonio de Bernardi della Mirandola, *Disputationes [...] accessit locuples rerum*

Neantmoins par ce que Galien, prince des medecins rationels, au livre troisiesme *Des jours decretoires* chapitres 5 et 6 donne beaucoup de vertu aux influences des planetes sur les choses sublunaires, lesquelles il divise avec le commun des astrologues en benignes et malignes[34], et que plusieurs s'efforcent de prouver que nul ne peut estre bon medecin sans avoir la cognoissance de l'atrologie genethliaque, laquelle ils disent estre fondée sur l'experience comme la medecine, et avoir ses aphorismes aussi certains que nostre faculté. Au contraire quelques autres trop supersticieux ont horreur du seul nom des astrologues, qu'ils estiment tous sorciers ou magiciens. Il est expedient de faire le chapitre suivant pour mieux esclaircir la certitude et utilité de ceste science en l'exercice et pratique de nostre medecine, puisque nostre Hippocrate a dit que la medecine et l'astronomie estoient sœurs, filles d'un mesme pere Apollon[35].

---

et verborum toto opere memorabilium, Basileae, H. Petri et N. Bryling, 1562. P. Miguel Medina, O. F. M., *Christianae paraenesis, sive de recta in Deum fide libri septem [...]*, Venetiis, ex officina Jordani Zileti, 1564, ch. 1. «Vultur» est Roberto Valturio (Robertus Valturius), *De re militari libris XII*, Paris, apud Christianum Wechelum, 1535. Il existe une traduction française de l'œuvre, *Les douze livres de Robert Valtrin touchant la discipline militaire*, éd. Loys Meigret, Paris, Chez Charles Perier, 1555.

[34] Galien, *De diebus decretoriis liber*, livre III, ch. 5–6, éd. Kühn, vol. IX, p. 908–13.

[35] Hippocrate, *Hippocrate à Philopemène*, éd. Littré, vol. IX, p. 343. Cf. également Ferrand, ch. 23, n. 2.

XXI

Si par l'astrologie on peut cognoistre ceux qui sont enclins à l'amour et à la melancholique erotique?

L'astrologie selon l'opinion de quelques philosophes est une partie de la philosophie naturelle, discourant des astres, inventée par [un] certain Actinus, qui à raison de ce fut appellé fils du Soleil, ou bien par Mercure, ou son ayeul Atlas, lequel pour ceste raison les poëtes ont feint soustenir de ses fortes espaules tout le ciel[1]. Servius sur la 6 ecclogue de Virgile donne ceste loüange à Promethée[2], Pline aux Pheniciens ou à Jupiter Belus, et Diodore aux Ægyptiens, lesquels l'avoient apprise du pere de croyance Abraham[3], au dire de Josephe en ses *Antiquitez Judaïques*[4], qui par la contemplation de ces voultes azurées si magnifiquement dressées, et lambrys si artistement ouvragez s'excitoit à la contemplation de la bonté, puissance et providence divine, comme apres luy à son imitation plusieurs philosophes ont prattiqué. Car l'astrologie, dit Platon en son *Timée* et en ses *Loix*[5], revoque

---

[1] [*Aristot. 1. Phys. c. 2. Fonseca 2. Metaph. c. 3. q. 3. Polyd. Ver. l. 17 de Invent. rer. c. 17. S. August. l. 18. de Civ. Dei.*]: Les sources de ce chapitre sont particulièrement complexes. La plus importante est Jean Taxil, *L'astrologie et physiognomie en leur splendeur*, Tournon, édité par R. Reynaud, Libraire Juré d'Arles, 1614. Aristote, *Physica*, livre II, ch. 2 (193b): Taxil, p. 119. Pedro da Fonseca, *Commentarium [...] in libros metaphysicorum Aristotelis Stagiritae*, ch. 3, Lugduni, sumptibus Aratii Cardon, 1601, p. 165–73: Taxil, p. 119. Taxil à son tour tire beaucoup de ses références de Polidore Virgile d'Urbin, *Des inventeurs des choses, traduict de Latin en François, et de nouveau revuez et corrigez*, Lyon, édité par Benoist Rigaud, 1576, par exemple, p. 81–82. Saint-Augustin, *La cité de Dieu* (*De civitate Dei*), livre XVIII, éd. L. Moreau: Taxil, p. 162. La référence semble provenir originellement de Clavius, *In Sphaeram Joannis de Sacro Bosco. Commentarius*, p. 4. Voir ci-dessous, n. 7.

[2] La référence à Servio provient de Polidore Virgile, *Des inventeurs des choses* [n. 1 ci-dessus], p. 81. Virgile, *Les bucoliques*, VI, 42, trad. Saint-Denis, p. 66.

[3] [*Pl. l. 1. c. 15 & 16. Diod. sic. l. 4.*]: Pline, *Histoire naturelle*, livre V, ch. 13 et 14, éd. Littré, vol. I, p. 220. Diodore de Sicile, *Bibliothèque historique*, livre I, ch. 81, éd. M. F. Hoefer. Les deux références proviennent de Taxil, p. 118, et Polidore Virgile cite la référence de Pline à la p. 82. Voir aussi *Diodorus of Sicily*, trad. C. H. Oldfather, 12 tomes, vol. II, p. 359.

[4] Flavius Josèphe, *Les antiquités juives*, livre I, ch. 7, éd. É. Nodet, vol. II, p. 38–39. La référence provient de Polidore Virgile, p. 81. Voir ce chapitre, n. 1.

[5] [*Procl. in Plat.*]: La référence à Proclus est générique et provient de Taxil, p. 119. Platon, *Timée* (71E–72A). *Lois*, livre XII (967D–968B). Les références proviennent de Taxil, p. 119.

les esprits de l'impieté et atheisme à la religion et cognoissance d'un vray Dieu, premier moteur et principe de toutes choses[6], à raison de quoy plusieurs appellent l'astrologie la theologie naturelle, et Ptolomée la voye et sentier pour parvenir à la cognoissance d'un Dieu[7].

Elle est divisée communement en astronomie ou theorique, et en astrologie judiciaire, prognostique, divinatrice ou astronomie practique, laquelle est derechef de trois sortes. La premiere est celle qui predit les changemens communs et vicissitudes des choses comme la pluye, desbordemens de rivieres, vents, serenitez, secheresse, peste, santé, cherté, paix, guerre, et accidens semblables. La seconde contient la methode de dresser les nativitez, et les horoscopes, qui à cause de ce est nommée *genethliaque*. La derniere enseigne les eslections, comme en quel temps faut bastir, voyager, intenter un procez, seigner ou purger, laquelle est trop supersticieusement observée et enseignée par plusieurs medecins, comme sont P. Aponensis, Paracelse, Arnaud de Villanova, Dariot et autres[8].

Neantmoins Hippocrate et Galien avec plusieurs doctes philosophes et medecins confondent l'astrologie judiciaire ou divinatrice avec l'astronomie, par ce que les predictions prennent fondement du cours, mouvement, conjonctions, oppositions, et divers aspects des astres, que l'astronomie enseigne[9].

Or Manard[10] avec plusieurs autres doctes medecins et philosophes soustiennent conformément à la doctrine du Prince des Peripatheticiens, que les astres n'agissent sur les choses inferieures et sublunaires, que par leur chaleur et mouvement («cœlum», dict Aristote, «in hæc inferiora agit mediante lumine et motu»)[11] que tout ce

---

[6][*Cic. 2. de nat. deor. Sen. l. de vita beat. c. 32.*]: Jean Taxil, p. 4–5. Cicéron, *De la nature des dieux*, livre II, éd. M. van den Bruwaene, vol. II, p. 42 et suiv. Sénèque, *Ad Gallionem de vita beata*. L'allusion de Ferrand à cette œuvre est faite dans le contexte d'une discussion sur l'astrologie comme maître de la vraie religion, un sujet que Sénèque ne discute pas. Les éditeurs modernes croient que cet essai de Sénèque est interrompu au chapitre 28.

[7][*Clavius praef. in Jo. de Sacrob. P. de Alliaco in conc. Theol. & Astrol.*]: Clavius, *In Sphaeram Joannis de Sacro Bosco. Commentarius*, p. 7, «Introduction». Pierre d'Ailly (Petrus de Alliaco), *Concordia Astronomiae cum Theologia et concordantia Astronomiae cum Hystorica narratione*, Vienne, 1594. La référence vient de Taxil, p. 165–66.

[8]Les références à Pietro d'Abano, à Paracelse et à Dariot se trouvent dans le traité de Taxil, p. 120. Pietro d'Abano (Petrus Aponensis), *Conciliator controuersiarum, quae inter philosophos et medicos versantur*, Venetiis, apud Juntas, 1548. Paracelse, *Operum medico-chimicorum sive paradoxorum tomus genuinus sextus*, 4 tomes, Francofurti, a collegio Musarum Palthenianarum, 1603–05. Voir p. 248: «De generatione rerum. Liber nonus de signatura rerum naturalium». Claude Dariot (Dariotus), *Ad astrorum judicia facilis introductio [et] tractatus de electionibus principiorum idoneorum rebus inchoandis*, Lugduni, apud Mauricium Roy & Ludovicum Pesnot, 1557. Antoine Mizauld (Mizaldus), *L'explication usage et practique de l'Ephemeride celeste*, Paris, chez Jacques Kerver, 1556. Cf. surtout le ch. VI, «Saturne estant avec la lune en Sextile aspect», p. 61[v]. Voir aussi Jean Aubery, *L'antidote d'amour*, p. 81[v]–89[r].

[9][*L. de aere, loc. et aqu. Gal. l. 3. de dieb. decr. Delrio l. 4. cap 3. qu 1. disq mag.*]: Hippocrate, *A propos des airs, des eaux et des lieux*, dans *Œuvres complètes*, éd. Littré, vol. II, p. 15. Galien, *De diebus decretoriis liber*, livre III, éd. Kühn, vol. IX, p. 901 et suiv, surtout ch. 2. Martin Del Rio, *Disquisitionum magicarum libri sex*, Lugduni, apud Joannem Phillehotte, 1612, livre IV, ch. 3, ques. 1, p. 259.

[10][*L. 2. Epist. 1 & l. 15 Ep. 5*]: Taxil, p. 121. Giovanni Manardo, *Epistolae medicinales diversorum authorum*, livre I, ép. 2; livre XV, ép. 5, p. 8, 156–57.

[11][*8. Phys. l. 2. de gen. et corrupt. & l. 2. de coelo.*]: Ces références à l'œuvre d'Aristote

qu'Hippocrate, Platon, Avicenne ont dit de l'astrologie se doit expliquer de l'astronomie, comme Celse prend le ciel pour l'air à l'imitation des poëtes, et l'Avicenne
par les celestes facultez entend «certam et præfinitam qualitatum primarum men-
suram, et cœlestium siderum accessu, et recessu progenitam», laquelle il nomme
occulte[12], attendu que nous n'en pouvons avoir une parfaite cognoissance, non plus
que de la mixtion des elemens, comme dict Averroës[13].

Jean Taxil piqué de ce que quelque bigot l'avoit taxé d'erreur et d'impieté en
sa *Cometologie*, a mis en lumiere un docte traicté de *L'astrologie en sa splendeur*,
dedié à Monsieur du Vair, où il prouve par Sainct Thomas d'Acquin que comme le
medecin peut juger de la bonté de l'entendement par la complexion et conformation
du cerveau, ainsi que par une prochaine cause, semblable jugement en pourra faire
l'astrologue par le moyen des mouvemens celestes, comme par une cause esloignée
de la mesme disposition[14]. Et de là il conclud que souvent les astrologues sont veritables en la prediction des mœurs de l'homme, sans que cela apporte aucune
necessité aux choses futures, lesquelles peuvent estre empeschées en beaucoup
de manieres[15]. Ce qui est confirmé par Martin Delrio en ces termes: «Astrologiæ
illa species non est superstitiosa, si tantum profitetur opinionem seu suspicionem
oppositi. Verbi gratia suspicio est, hunc puerum fore talem, inclinabitur ad hac,
horoscopus illi talia portendit, etc. Licet enim nobis metuere aut suspicari similia,
neque ullum peccatum in hac observationis cautione versatur, quæ est portio quæ-
dam prudentiæ, et ideo secundum se bona[16]». Le Cardinal Tolet dict presque la
mesme au livre 4, chapitre 15, *Instructio sacerdotum*[17]. Car il ne faut pas conclure
de là que les astrologues impugnent le liberal et franc-arbitre, veu que les payens

proviennent de Taxil, p. 121; *Physique*, livre VIII, ch. 6 (260a), *De la génération et la
corruption*, livre IV, et *Du ciel*, livre I, ch. 3 (270b).

[12]Ferrand attribue la citation à Avicenne. Elle a un certain rapport avec des passages de
la *Métaphysique*, sect. 57, éd. A. Jaulin. Voir *The Metaphysica*, trad. Parviz Morewedge,
p. 107, 252, 255. Menardus a également fait campagne contre l'astrologie et son usage dans
la médecine dans ses *Epistolae medicinales diversorum authorum*, livre II, ép. 1, et livre
XV, ép. 5.

[13]La citation d'Averroës a été oubliée par l'imprimeur; Il n'y a pas de passage correspondant dans l'édition de 1610.

[14][*L. 3. contr. gent. c. 54, 84 & 86 L. de gener. sub finem.*]: Taxil, p. 69. Saint Thomas
d'Aquin, *Summa contra Gentiles*, dans *Opera omnia*, éd. Stanislaus Fretté, Paris, apud
Ludovicum Vivès, 1872, vol. XII: ch. 54, p. 168–69; ch. 84, p. 361–63; ch. 86, p. 366–68.
Id. *In Aristotelis stagiritae libros nonnullos commentaria*, dans *Opera omnia*, éd. S. Fretté,
De generatione et corruptione, livre I, lect. 24, vol. II, p. 337.

[15][*I. part qu. 115 ar. 4. l. 2 q. 9. art. 5. tra. de Iud. astror*]: Thomas d'Aquin, *Summa
theologica*, dans *Opera omnia*, partie 1, ques. 115, art. 4, «Utrum corpora caelestis sint
causa humanorum», vol. II, p. 53–54; partie 2, ques. 9, art. 5, «Utrum voluntas moveatur a
corpore caelesti», vol. II, p. 137.

[16][*L. 6. c. 3. q 1. disq. magi.*]: Taxil, p. 64. Martín Del Río, *Disquisitionum magicarum
libri sex*, livre VI, ch. 3, ques.1. [Une telle pratique de l'astrologie n'est pas de nature
superstitieuse, pourvu que l'on en use seulement à fins de prévention; comme par exemple
si l'on s'inquiète de savoir si un enfant sera de telle ou telle nature, s'il aura une inclination
vers telle chose ou une autre, si l'horoscope lui prédit tel ou tel évènement, et ainsi de
suite. Il est légitime de nourrir des craintes et des inquiétudes dans ces domaines, et ce n'est
nullement pécher que de prendre des précautions de telle sorte, puisqu'elles relèvent de la
prudence, et sont donc bonnes en elles-mêmes. (notre traduction)]

[17]La référence provient de Taxil, p. 66 qui, dans la marge, explique la provenance de la

mesme n'ont pas creu que les astres forçassent nostre volunté, ains que le sage dominoit les astres[18]. Mais les astrologues disent que les astres peuvent mouvoir nostre volunté «indirecta motione, *id est* remote et ex accidente, eam inclinando interventu organorum corporis, et potentiarum ei inhærentium. Astra non cogunt», dict Junctin in *Speculum astrologiæ*[19]. «Hac distinctione manifestum est, quantum errarint Neoterici nescientes distinguere hoc nomen Astrologiæ: omnes enim sacræ Scripturæ authoritates, et omnes fere leges adversantur opinioni Stoicæ et Priscianistæ, et non huic Astrologiæ a Sanctissimis Theologis decantatæ, et quam SS. Canones concessere[20]».

Nous dirons avec Rodericus à Castro que l'astrologie judiciaire est de deux sortes: physique ou artificielle, et imaginaire, lesquelles different l'une de l'autre en trois manieres[21]. En premier lieu la naturelle ou physique observe les influences naturelles, et les impressions des astres, qui se peuvent verifier par les sens et demonstration naturelle. Mais l'artificielle se forge certaines influences des constellations et asterismes imaginaires qu'ils appellent proprietez occultes, dautant qu'elles ne se peuvent verifier par la demonstration, ou experience, comme quand ils disent que ceux qui sont nez soubs Venus seront amoureux, ayans atteint la puberté, soubs Mars, cholere, soubs Mercure, eloquens, soubs la Lune, fols, soubs Capricorne, roys, etc.

En second lieu, l'astrologie judiciaire physique croit que les vertus et influences des astres ne peuvent rien sur l'esprit que par accident, et indirectement, à raison

citation: François Toleti (Francisco de Tolède), *Instructio sacerdotum ac de septem peccatis mortalibus*, 2 tomes, Lugduni, apud Horatium Cardon, 1604, livre IV, ch. 15, vol. I, p. 241[v].

[18][*Ptolem. in Centil. l. I. quadr. c. 3*]: Taxil, p. 123. Ptolémée, *Le livre unique de l'astrologie: Tetrabile de Ptolémée*, trad. Pascal Charvet, p. 23. Jean Aubery mène une discussion en parallèle dans *L'antidote d'amour*, p. 88[v].

[19][*D. Th contr. gent. ca 85. 86. & 92*]: Taxil, p. 69. Saint-Thomas d'Aquin, *Summa contra Gentiles*, dans *Opera omnia*, éd. Stanislaus Fretté, livre III, ch. 85, «Quod corpora coelestia non sunt causae voluntatum et electionum nostrarum», vol. XII, p. 363–66; ch. 86, «Quod corporales effectus, in istis inferioribus, non sequuntur ex necessitate a corporibus coelestibus», vol. XII, p. 366–68; ch. 92, «Quomodo dicitur aliquis bene fortunatus, et quomodo adjuratur homo ex superioribus causis», vol. XII, p. 373–76. Ch. 85, Comment les corps célestes ne sont causes ni de nos vouloirs, ni de nos choix; ch. 86, Comment dans ce monde inférieur les effets corporels ne relèvent pas nécessairement de l'influence des corps célestes; ch. 92, En quel sens dit-on de quelqu'un qu'il a pour lui la bonne fortune, et comment les causes supérieures sont un secours pour l'homme. [indirectement, c'est-à-dire à distance et par accident, la dirigeant par l'intermédiaire des organes du corps et les pouvoirs qui y résident.]

[20][*Can. non licet 26. q. 5. glos in verb. propt. seget*]: cette référence provient de Taxil, p. 71–72, et fait partie d'une discussion tirée quasi verbatim de François Junctinus (Giuntini), *Speculum Astrologiae universam mathematicum scientiam, in certas classes digestam complectens*, Lugduni, in officina Q. Phil. Tinghi, Florentini, apud Simphorianum Beraud, 1583, vol. I, p. 2. [Les astres ne peuvent nous mouvoir par force. Si l'on établit cette distinction, on peut voir jusqu'à quel point les Néotériques étaient dans l'erreur, pour n'avoir pas su faire la différence entre ces différentes formes de l'astrologie. Toutes les autorités dans les Saintes Ecritures, et presque toutes les lois rejettent les opinions des Stoïques et celle des disciples de Priscien, et non pas cette forme de l'astrologie dont les bienheureux théologiens ont fait l'éloge, et que le Canon sacré autorise. (notre traduction)]

[21][*L 2 Medicopol. c. 2*]: Rodrigo de Castro, *Medicus-politicus*, livre II, ch. 2, p. 58–59. Ferrand paraphrase ce texte dans les trois paragraphes qui suivent. Cf. Taxil, p. 31.

de la sympathie qui est entre le corps et l'ame, qui faict que les mœurs suivent souvent le temperament du corps.

Finalement la physique ne faict pas profession de predire certainement et precisement les evenemens des singuliers, comme fait l'astrologie imaginaire, qui predira à Jules Cesar qu'il mourra és Ides de Mars, au poëte Æschyle qu'il finira ses jours par un coup sur la teste, à Neron qu'il sera veritablement empereur, mais qu'il tuera sa mere Agrippine, qu'Ascletarion sera mangé des chiens, que Galba, Vitellius et Tibere seront empereurs, evenemens qui dependent, ou de la fortune, c'est à dire de nulle cause certaine et determinée, ou bien de nostre volonté, sur laquelle les astres n'ont aucun pouvoir, non plus que sur l'intellect duquel nostre volonté depend[22].

Mais qui pis est, ces astrologues judiciaires rapportent souvent aux astres les vertus des miracles et propheties, avec un million de superstitions, et mesme à par fois ils traictent mal-heureusement la magie noire, soubs la couverture de l'astrologie judiciaire, ce qui occasionna le Pape Sixte V de fulminer excommunication contre les astrologues judiciaires, et mathematiciens[23].

Tellement que me tenant à la doctrine de l'Eglise Catholique Apostolique et Romaine, à la determination de laquelle je sousmets tous mes escrits, quoy que Hierosme Cardan asseure qu'on peut mieux cognoistre par l'astrologie judiciaire les passions et affections des hommes, que non pas predire les vents, la pluye et les gresles, dautant qu'on sçait mieux l'heure de la nativité que celle de l'amas des vapeurs, et de leur anathymiase[24]. Je dis que par l'astrologie judiciaire on ne peut cognoistre si une personne est encline à l'amour passionné ou melancholie erotique, dautant que selon Ptolemée Coryphée des Astrologues «soli divino numine afflati prædicunt futura particularia[25]». S'il n'estoit ainsi ils prediroient les amours illicites de leurs filles et femmes, ainsi que Thomas Morus reproche à certain astrologue:

Astra tibi æthereo pandunt sese omnia vati,
Omnibus et quæ sunt fata futura monent.
Omnibus ast uxor quod se tua publicat, id te
Astra, licet videant omnia, nulla monent[26].

Et pour responce à tous les exemples qu'ils ramenent, disons avec le poëte Euripide

---

[22] [*Sueton. in Caes. et Neron & Domit. Val. Max. l. 8 ca. 11. Volat. l. 13. Pl. l. 10. c. 3. Tac. l. 14. ann.*]: les références proviennent de Taxil, p. 78–79. Suétone, *Vies*, «César», lxxxi, et «Domitien», xv, éd. H. Aillourd, vol. I, p. 56 et vol. III, p. 93–95. Valère Maxime, *Factorum et dictorum memorabilium libri novem*, livre VIII, ch. 11, éd. C. Kempf, p. 401. Raffaele Maffei (Volaterranus), *Commentariorum urbanorum*, livre XIII. Pline, *Histoire naturelle*, livre X, sect. 3, 2, éd. Littré, vol. I, p. 393. Tacite, *Annales*, livre XIV, ch. 9, éd. Henri Bornecque, p. 382.

[23] Le Pape Sixtus V, de Taxil, p. 68.

[24] [*Aph. 27. segm. 5. Aph. Astr.*]: Jérome Cardan, *Aphorismorum astronomicorum liber*, segm. V, aph. 26. La référence provient de Taxil, p. 129.

[25] Ptolémée, *Centiloquium*, prop. I. Cf. Taxil, p. 126.

[26] Saint-Thomas More, *Epigrams*, n. 61. *The Complete Works of St. Thomas More*, éd. Clarence H. Miller et al., New Haven, Yale University Press, 1984, III, partie 2, p. 135. Au lieu de *sint* lire *sunt*. [Chaque étoile te révèle son secret, prophète des cieux, et t'informe de la destinée de chacun. Mais que ta femme se donne à tout le monde, voilà ce dont les étoiles, qui pourtant voient tout, ne t'ont pas informé. (notre traduction)]

que ce sont gens propres à mentir souvent, et à dire rarement la verité, fils de la temerité, et nourriçon de la folie[27] :

ὑμέας ἀφροσύνη μαιώσατο, τόλμα δ'ἔτικτεν
τλήμονας, οὐδ'ἰδίην εἰδότας ἀκλείην[28].

---

[27][In Iphig.] : Taxil, p. 126, Euripide, «Iphigénie en Aulide», 520–21, Tragédies complètes, éd. M. Delcourt-Curvers, vol. II, p. 1307.

[28][Leonid. in Anthol.] : Léonide d'Alexandrie, dans l'Anthologie grecque (Antologia Palatina), livre IX, n. 80, éd. P. Waltz, vol. VII, p. 32. [La Démence vous a accouchés, l'Audace vous a enfantés, pauvres gens, qui n'avez même pas le sentiment de votre propre bassesse. (trad. Maurice Rat, Anthologie Grecque, vol. II, p. 208)]

XXII

Si on peut cognoistre ceux qui sont enclins à l'amour par la physionomie et chiromance

Galien de l'authorité du divin Hippocrate enseigne que ceux qui se meslent de la medecine sans avoir parfaicte cognoissance de la physionomie sont en perpetuelles tenebres et commettent de lourdes fautes[1], dautant que la physionomie est une partie de la medecine simiotique, laquelle les narturalistes divisent en metoscopie, chiromance et physionomie particuliere[2].

La premiere est la plus asseurée, dautant que le visage est comme l'ame racourcie, sa montre, son image, son escusson à plusieurs cartiers representant le recueil de tous les tiltres de sa noblesse, planté et colloqué sur la porte et au frontispice, à fin que l'on sçache que c'est sa demeure et son palais: «animi est omnis actio, et imago animi vultus est. Indices oculi, dit Ciceron, quos natura dedit nobis, ut equo, et leoni setas, caudam, aures ad motus declarandos[3]». A raison dequoy Alexandre Aphrodisée appelle les yeux «τὰ τῆς ψυχῆς κάτοπτα[4]», c'est à dire les miroüers de l'ame. Il semble, dit Plotin, que tout ce qui est beau soit bon (aussi n'ont-ils qu'un mesme nom Grec τὸ καλὸν) comme si la beauté exterieure dependoit de la forme interieure[5], ce que considerans nos anciens Grecs estimoient les belles personnes seules dignes du sceptre et de la couronne:

πρῶτον μὲν εῖδος ἄξιον τυραννίδος[6],

---

[1][*Libr. de decub. agr.*]: Galien, *Prognostica de decubitu ex mathematica scientia*, ch. 1, éd. Kühn, vol. XIX, p. 530.

[2]Jean Taxil, *L'astrologie et physiognomie en leur splendeur*, ch. 1, p. 2. Ferrand s'est probablement servi de Levine Lemne, *Occulta naturae miracula*, livre II, ch. 26, p. 212–215.

[3][*L. 3. de ora. Cael. Rodig. l. 2. c. 27.*]: Cicéron, *De l'Orateur*, livre III, ch. 59, éd. E. Courbaud, p. 93. Lodovico Ricchieri (Rhodoginus), *Lectionum antiquarum libri triginta*, cols. 96–97. La référence provient encore de Taxil, p. 8: «Ac ut imago animi vultus est ita indices oculi». [C'est l'âme, en effet, qui anime toute l'action, et le miroir de l'âme c'est la physionomie, comme son truchement ce sont les yeux (...) Or, les yeux nous ont été donnés par la nature, comme au cheval et au lion la crinière, la queue et les oreilles, pour traduire les mouvements de l'âme.]

[4]Ferrand attribue ces mots à Alexandre d'Aphrodise, *Problemata, Physici et medici Graeci minores*, éd. I. L. Ideler; mots non trouvés.

[5]Plotin, *Ennéades*, livre I, tr. 6, éd. É. Bréhier, p. 42–43.

[6]Euripide, *Fragmenta*, éd. A. Nauch, dans *Tragicorum Graecorum fragmenta*, Leipzig,

et prouvoient leur oppinion par les exemples de Priam, Achilles, Saul, Cyre, Darie, Alexandre, Auguste, Hecube, Andromaque, Ester, et plusieurs autres qui ont eu la beauté du corps conjoincte à celle de l'ame, dautant que la beauté corporelle depend d'une bonne temperature et habitude, selon Galien[7], or il est determiné en nos escholes que la bonne et loüable complexion du corps est souvent cause des loüables actions du corps, et par consequent des causes de celles de l'esprit: «multa enim in corpore existunt, quæ acuant mentem, multa quæ obtundant[8]». De là Hippocrate juge en ses *Epidemies* qu'il importe d'estre maigre pour estre prudent[9]: «συμφέρει καὶ ἀσαρκέειν πρὸς τὸ φρονίμους εἶναι». Car ceux qui sont trop gras, dict son fidele disciple Galien, ont l'esprit comme ensevely dans un bourbier, et à cause de ce ils sont ordinairement tardifs et stupides comme des bestes brutes[10]. Homere depeint Thersites insigne bouffon, laid, petit, et ayant la teste φόξον ou pointuë, pour nous apprendre que telles personnes sont meschantes, envieuses, effrontées et babillardes[11]. Saluste note Catilina de laideur et de meschanceté, et la difformité de Julian l'Apostat estoit un evident argument de sa maudite vie. Au contraire l'experience journaliere fait foy que conformément à la doctrine d'Hippocrate les begues, et ceux qui hesitent en parlant (φαυλοὶ, ἰχνέφωνοι) sont de leur naturel bons[12]. Au contraire que ceux qui ont les yeux petits, secs, et mediocrement enfoncez, le visage maigre, long, ridé, les joües aussi fort ridées, gresles, enfoncées, et souvent erysipelateuses, sont vains, rusez, medisans, envieux, avares, traistres, sacrileges et concussionnaires. Notamment s'ils sont ordinaires à regarder fort attentivement, et des dents mordre leurs levres en songeant à leurs affaires, mais surtout s'ils ont peu de barbe[13]:

Poco barba, et men colore
Sotto 'l ciel non è pegiore[14].

Teubner, 1889; réimp. Hildesheim, Olms, 1964, n. 15, livre 2, p. 367. [C'est avant tout la beauté qui est digne de régner. (notre traduction)]

[7][*L. I. de san. tu.*]: Galien, *De sanitate tuenda*, livre I, éd. Kühn, vol. VI, p. 6-7.

[8][*Cic. Tusc. I*]: Cicéron, *Tusculanes*, livre I, ch. 33, sect. 80, éd. G. Fohlen, vol. I, p. 49. [Car le corps exerce nombre d'influences propres à aiguiser comme aussi à émousser l'intelligence.]

[9][*L. 6. Ep. sect. 5.*]: Ferrand cite les *Épidémies*, livre 6, sect. 5, mais les mots proviennent du *Régime des maladies aiguës*, livre I, *Œuvres complètes*, éd. Littré, vol. VI, p. 521; lire: «Συμφέρει δὲ καὶ ἀσαρκέειν τοῖσι τοιούτοισι πρὸς τὸ φρονίμους εἶναι».

[10][*Exhort. ad bon. discip. l. I. de san. tu. L. 5 de plac.*]: Galien, *Adhortatio ad artes addiscendas*, éd. Kühn, vol. I, p. 24. Galien, *De sanitate tuenda*, éd. Kühn, vol. VI, p. 28. Galien, *De placitis Hippocratis et Platonis*, livre VI, ch. 6, éd. Kühn, vol. V, p. 472-73.

[11][*L. De mutua corp & an. mor. consec.*]: Galien, *Quod animi mores corporis temperamenta sequantur*, éd. Kühn, ch. 9-10, vol. IV, p. 807 et suiv.

[12][*2. Epidem. sect. 5.*]: Hippocrate, *Épidémies*, livre II, sect. 5, *Œuvres complètes*, éd. Littré, vol. V, p. 128. Salluste, *De conjuration Catilinae*, sect. XV, trad. A. Ernout, p. 69.

[13][*Arist. Polem. Porta*]: Aristote et Polèmo sont continuellement mentionnés par Giovan Battista della Porta, *De humana physiognomonia libri IV*, que Ferrand utilise dans tout le chapitre. Pour des renseignements sur Polèmo voir n. 11 au ch. 20. La physionomie en tant que technique pour identifier la passion érotique est étudiée dans les traités médicaux vers la fin du XVIIe siècle. Cf. Giovanni Benedetto Sinibaldi, *Geneanthropeiae, sive de hominis generatione decateuchon*, Romae, ex typo. Fran. Caballi, 1642.

[14]Giovan Battista della Porta, *De humana physiognomonia libri IV*, livre II, ch. 24, p. 261.

Telle estoit presque du tout la physionomie de ce maudit Melitus Pittheus accusateur de Socrates dans Platon[15].

Je ne veux pas neantmoins qu'on croye ces signes aucunement necessaires, car Alcibiades estoit le plus beau jeune homme de son siecle, neantmoins il estoit luxurieux et envieux. Au contraire le sage Socrate estoit laid, chauve, velu et camus; ce nonobstant il fut jugé l'exemplaire et prototype de vertu, de sagesse, et de continence par l'Oracle d'Apollon[16], quoy qu'il fut recerché des femmes, au raport de Ciceron: «Cum Socrates videret uxores inter se iurgantes, et ille eas deridebat, quod propter se fœdissimum hominem, simis naribus, recalva fronte, pilosis humeris, repandis cruribus disceptarent[17]». Non pas qu'il ne fust enclin dés sa nature à la paillardise, tel que Zopyrus fameux physionomiste le jugea, et Socrate luy accorda fort librement, mais par la philosophie morale il avoit corrigé ses mauvaises inclinations naturelles[18].

Toute la physionomie est fondée sur la sympathie qui est entre le corps et l'ame, car, dit Aristote, «ἡ τῆς ψυχῆς ἕξις ἀλλοιουμένη συναλλοιοῖ τὴν τοῦ σώματος μορφήν. πάλιν τε ἡ τοῦ σώματος μορφὴ ἀλλοιουμένη συναλλοιοῖ τίνι τῆς ψυχῆς ἕξιν[19]». Si les mœurs de l'ame ne dependoient nullement de la complexion du corps, dict ce Genie de la Nature, les medecins ne sçauroient guerir jamais la folie d'amour par leurs medecines et elleborismes, non pas que je die que les marques physionomiques indiquent necessairement et tousjours les passions et affections de l'ame, mais bien souvent et probablement. Outre que tous les physionomistes nous enseignent que de la conformation ou temperature d'une seule partie, il ne faut rien conclure d'asseuré, mais il faut conferer plusieurs signes ensemble, sans estendre la jurisdiction de ceste science plus avant que des passions qui sont naturellement en l'homme, comme la cholere et concupiscence, et non pas sur celles qui sont seulement de l'esprit, comme d'estre astrologue, medecin, chiquaneur[20].

Partant nous concluërons qu'on peut cognoistre par la physionomie, non pas tant seulement ceux qui sont actuellement melancholiques erotiques, mais encores ceux qui sont amoureux, ou enclins à ceste maladie, car voyant un homme chaud,

---

[Un teint pauvre et une barbe à peine plus fournie — rien de pire sous le soleil. (notre traduction)]

[15][*In Eutyph*]: Platon, *Euthyphro* (16a).

[16][*Pl. in The. Xenoph. Ammon. Hieron. ad Jovin.*]: Platon, *Théétete* (143–44). Xénophon, *Banquet*, IV, 9, trad. François Ollier, p. 53. *Ammon* est probablement une référence au philosophe grec, auteur de travaux philosophiques et d'une *Vie d'Aristote* publiée plusieurs fois aux XVIe et XVIIe siècles. Saint Jérôme, *Adversus Jovinianum libri duo*, dans *Œuvres complètes de St. Jérôme*, éd. L'Abbé Bareille, 18 tomes, Paris, Louis Vivès, 1877–85, vol. II, p. 500–633. Voir aussi Jean Taxil, *L'astrologie et physiognomie en leur splendeur*, ch. 1, p. 14.

[17][*L. de fato*]: Cicéron, *Traité du destin*, IV, 10, éd. A. Yon, p. 5. La citation provient néanmoins de Taxil, p. 87.

[18]André Du Laurens, *Des maladies melancholiques et du moyen de les guarir*, dans *Toutes les œuvres*, p. 24[v].

[19][*L. Physion. c. 1. & 4.*]: Aristote, *Physiognomica*, ch. 4 (1808b–10). [Lorsque les facultés de l'âme sont altérées, elles modifient aussi la forme du corps. De même, lorsque la forme du corps change, les facultés de l'âme s'en trouvent altérées.]

[20][*Innoc. V. l. 2. comp. Theol. c. 32*]: Le Pape Innocent V, *In IV libros sententiarum commentaria*, Tolosae, apud Arnaldum Colomerium, 1652, livre II, «Distinctio 32», vol. I, p. 273.

velu, rouge de visage, au poil noir, espais et regredillé, aux veines grandes et voix
forte, je diray qu'il a le foye chaud et sec, comme aussi les parties secretes, et que
par consequent il est enclin à l'amour desordonné. Mais je l'asseureray plus s'il est
chauve comme Socrate, Galba, Otho, Domitian, et Jules Cesar[21], duquel on disoit
jadis à Rome:

> Urbani servate uxores, nam mœchum calvum adducimus[22],

ou bien s'il a les oreilles petites, le nez grand, les cuisses grosses, debiles, et le
sourcil luy tombe, ou est camus comme Socrate[23]. Valescus de Tarenta, fameux
medecin de son siecle, noircit de ce vice les femmes qui ont les levres fentillées, car
cela denote l'intemperature seche de l'amarry, «quæ appetit (ce sont ses termes)
semen tanquam terra cœli rorem[24]». Et Levinus Lemnius les boiteux apres Athenée,
et le scholiaste de Theocrite, qui a voulu qu'à raison de ce les Amazones rendoient
leurs enfans boiteux[25], quoy que nostre Hippocrate plus digne de foy rapporte
d'autres raisons plus pertinentes[26].

Aristote au livre 2 *De la generation des animaux*, chapitre 7, veut que nous
considerions particulierement l'œeil en telles predictions: «ὅτε ὁ περὶ τοὺς ὀφθαλμοὺς
τόπος σπερματικώτατός τῶν περὶ τίνι κεφαλὴν ἐστιν[27]» [car de toutes les parties de
la tête, la region autour des yeux est la plus réliée au sperme]. Et mesme le Sage
recognoist la femme paillarde aux yeux, mieux et avec plus d'asseurance qu'à la
main, qui ne peut, selon Averroës, plus particulierement signifier la disposition du
corps, que fait un autre membre[28], ny par consequent nos passions et affections,
sinon par le battement des arteres du carpe ou poignet, et en ce que par la figure de
la main nous recognoissons tellement quellement la temperature du foye. Veu que
le grand Avicenne et Rhazis conjecturent de la grandeur des doigts celle du foye[29],

---

[21][*Gal. in Microtegn. Arist. 3 de gen. ca 1. Problem. 2. sect. 4. et 26 sect. 10*]: Galien,
Ars medica, éd. Kühn, vol. I, p. 324. L'œuvre fut connue pendant le Moyen-Âge et la
Renaissance sous les noms *Microtechni, Tegni Galieni, Ars parva, Articella*, et fut un des
textes médicaux les plus fondamentaux jusqu'à la fin de la Renaissance. Aristote, *De la
génération des animaux*; la note dans la marge ne correspond pas au ch. 1 mais au livre III,
ch. 3 (783b). *Problèmes*, livre IV (876a–877a). Ferrand mentionne la section 2 mais résume
les idées tirées de diverses parties, plus particulièrement 2, 4, et 31. Cf. aussi livre X, n. 34.

[22][*Sueton.*]: Suétone, *Vies des Césars*, «César», ch. 51, éd. H. Aillourd, p. 64. [Citoyens,
surveillez vos femmes: nous amenons un adultère chauve.]

[23][*Arist. ca. 6. Physiog. Proble. 19. sect. 4.*]: Aristote, *Physiognomica*, ch. VI (810a–
814b). Aristote, *Problèmes*, livre IV, ch. 18 (878b), traite de la sexualité et des calvities.

[24][*C. ult. l. 2. Meth. med.*]: Valesco de Taranta, *Epitome morbis curandis in septem
congesta libros*, Lugduni, apud Joan. Tornaesium, et Gulielmum Gazeium, 1560, livre II,
ultima sect., «De affectibus labiorum», p. 208.

[25][*L. 2. de occult. nat. mira. c. 26*]: Levine Lemne, *Occulta naturae miracula*, livre II,
ch. 26, p. 213.

[26][*L. de Artic.*]: Hippocrate, *Des articulations*, dans *Œuvres complètes*, éd. Littré, vol. IV,
p. 233.

[27][*C. 26*]: Aristote, *De la génération des animaux*, livre II, sect. 7 (746b), trad. Pierre
Louis, p. 89.

[28][*L. 4. Coll. c. 5. et 6.*]: Averroès, *Colliget*, livre IV, ch. 4, p. 62ᵛ.

[29][*Fen. 2. l. I. doctr. 3. c. 1. Fen 14. l. 3. tr. 1*]: Avicenne, *Liber canonis*, livre I, fen 2, tr. 3,
ch. 1, p. 42ᵛ et suiv., «De accidentibus et significationibus». *Liber canonis*, livre I, fen 14,

et confirment leur conjecture par raisons et par l'experience, car les veines venans du foye, comme de leur principe de radication, ou dispensation («ῥίζωσις φλεβῶν ἧπαρ» ex Hippocrates, livre *De aliment*)[30] aboutissans aux mains, sont cause de leur mutuelle et reciproque sympathie qu'ils ont avec le foye, et par consequent la temperature du foye paroistra plus en ces parties que plusieurs autres[31]. D'ailleurs la grandeur des doigts indique la quantité de la matiere communiquée du foye aux extremitez du corps, et par consequent la grandeur du foye. Or est-il que ceux qui ont le foye grand sont souvent adonnez à la gourmandise, et les gourmans à la paillardise et lubricité?

Mais ceste chiromance est tellement infectée de superstition, tromperie, et si je l'ose dire, de magie, que les docteurs canonistes, et depuis peu de temps le Pape Sixte V, ont esté contraincts de la condemner[32]. Aussi personne ne fait publiquement profession de cet art fallacieux, que les larrons, coquins et vagabons, que nous appellons Bohemiens, Egyptiens, ou Caramaras venus en Europe dés l'an 1417 selon G. Dupreau, Albert Krants et Polydore Virgile[33].

---

tr. 1: «De universalibus dispositionibus hepatis».

[30]Hippocrate, *De la nourriture*, sect. 31, *Œuvres complètes*, éd. Littré, vol. IX, p. 111.

[31][*Th. à Vega in c. 8. art. med.*]: Thomas à Viega (Tomás Rodriguez da Viega), *Ars medica*, dans *Opera omnia in Galeni libros edita*, p. 16b et suiv.

[32][*C. illud 26. q. 2. Tol. Sacer. Instr. c. 15. l. 4.*]: cf. le ch. 21 nn. 17, 20, et 23. Les références au Cardinal Tolet et au Pape Sixte proviennent de Taxil. Franciscus Tolet (Francisco de Tolède), *Instructio sacerdotum ac de septem peccatis mortalibus*, 2 vols., Lugduni, apud Horatium Cardon, 1604, livre IV, ch. 15, vol. I, p. 242[r].

[33][*Krants l. 11. ca. 2. Verg. l. 7. c. de rer. invent.*]: Albert Krantz, *Rerum Germanicarum liber*, Francofurti, ad Moenum, apud A. Wechelum, 1580, livre II, ch. 2, anno 1417. Polidoro Virgilio, *Des inventeurs des choses*, livre VII, ch. 23, p. 108–09. Gabriel Dupréau, «anno 1417», *Histoire de l'estat et succès de l'Eglise, dressée en forme de chronique géneralle et universelle*.

XXIII

Si par magie on peut cognoistre les amoureux

Dautant que Platon en son *Banquet* appelle l'amour «δεινὸν γόητα καὶ φαρ-μακέα», *id est* subtil enchanteur et sorcier[1], quelques sots ont voulu dire impiement qu'il se falloit servir de la magie pour la cognoissance et guerison de ceste maladie, ce que nous refuterons amplement cy apres, me contentant à present de vous dire, que comme il y a des estomachs mal complexionnez, qui corrompent les meilleures viandes au lieu de les digerer, aussi les esprits malicieux et les cerveaux mal tymbrez corrompent le sens des escrits des autheurs les plus authentiques.

Il est vray qu'il y a deux sortes de magie, la naturelle, et l'artificielle. Par la premiere, nous entendons une exacte et parfaite cognoissance des secrets de la nature, qui nous fait predire et prognostiquer les choses futures par la cognoissance des presentes et passées, laquelle nostre Hippocrate en ses *Prognostiques* et en *L'epistre à Philopemen* appelle sœur ou cousine de la medecine, comme estans toutes deux filles d'un mesme pere Apollon[2]. Mais l'artificielle, soit-elle operatrice ou divinatrice, est du tout abominable, et defenduë par les loix divines et humaines[3]. De ceste maudite goëtie et theurgie ont jadis faict profession Numa Pompilius, Zoroastre, Pythagoras, Hostanes Procones, Democrite, les prestres Egyptiens, mages Persans, druydes Gaulois, et à present, à ce qu'on dit, les rabbins parmy les Juifs[4]. Ce maudit art a sous soy un million d'especes rapportées par les canonistes, cap. Illud, 26, q. 2 seq. et cap. igitur et seq., q. 3, par Giraldus, Francescus Venetus,

---

[1]La phrase provient du *Banquet* de Platon (203D): «δεινὸς γόης καὶ φαρμακεύς».

[2]Hippocrate, *Pronostic*, dans *Œuvres complètes*, éd. Littré, vol. II, p. 111, 113; *Hippocrate à Philopemène*, éd. Littré, vol. IX, p. 343. La paraphrase de Ferrand provient de ce dernier texte.

[3][*C. 18. Deut. c. 33. Paral. Can. sort. 26. q. 1. Aug. ep. ad Jan et c. 3. l. 4. confes.*]: Deutéronome, 18: 10–14. *Corpus Juris Canonici*, pt. 2, causa 26, Gratien, ques. 1–4, éd. A. L. Richter, 2 vols., Graz, Akademische Druck-U. Verlagsanstalt, 1959, vol. I, p. 1019–26. Saint Augustin, *Ad inquisitiones Januarii liber II, seu epistola LV*, partie 8, dans *Opera*, vol. XXXVIII de *Collectio selecta SS. Ecclesiae Patrum*, éd. D. A. B. Caillan, Parisiis, ap. Parent-Desbarres, 1840, sect. 7, p. 499. Saint Augustin, *Les Confessions*, livre IV, ch. 3, éd. Pierre de Labriolle, vol. I, p. 68.

[4]Ce passage ressemble à l'œuvre suivante de Johann van Heurne, *Praxis medicinae nova ratio qua libris tribus methodi ad praxin medicam*, livre III, ch. 28, p. 481.

Polydore Virgile, Vecker, Delrio et autres[5].

Nos damoiselles trop curieuses en mettent mal-heureusement quelques unes en pratique qu'elles ont appris de leurs meres ou nourrices par tradition, et ne croyans rien faire de mal, paganisent à leur damnation, car il est tout certain que la botanomantie qu'elles font par le bruit et cliquetis des feuïlles de brust, bouys, ou laurier brisées entre les mains, ou jettées sur les charbons ardens estoit jadis pratiquée par les payens, qui brisoient entre deux mains la fleur du pavot, que Theocrite à raison de ce nomme τηλίφιλον, quasi δηλίφιλον, c'est à dire *indique amour*[6].

La oionoscopie se faisoit par le moyen des pies, corneilles, corbeaux, moineaux, hiboux, ducs, chat-huans, frefayes [effrayes], et autres oiseaux qu'ils appelloient oscines, où nous pouvons rapporter les augures, et auspices tant celebrez parmy ces prophanes[7], et dire de ces maistres oiseleurs avec Pacuve:

— istis qui ex alieno iecore intelligunt
Plusque ex alieno iecore sapiunt, quam ex suo,
Magis audiendum, quam auscultandum censeo[8].

Theocrite en ses *Idylles* fait mention de la coscinomantie, qui se faict avec le crible ou tamis[9], d'autres de la cleromantie par le sort et hazard de fortune qu'ils disoient prenestine[10]. Les remontres [rencontres] fortuites qui se recherchent à l'ouverture des livres, ou le sort valentinien, estoient appellées sorts virgiliens, desquels l'Emperour Adrien se servoit souvent[11]. Je laisse l'astragalomantie ou jeu de grignon, la ceromantie et semblables farfanteries ausquelles on ne doit en

[5][*Giral. de diis gent. synt. 7. Venet. in praef. sacr. Scrip. tom. 2. prob. 275 276 277 et 286*]: Lilio Gregorio Giraldi, *De deis gentium libri sive syntagmata XVII. Quibus varia ac multiplex deorum gentium historia, imagines ac cognomina, plurimaque simul multis hactenus ignota explicantur*, Lugduni, apud haeredes Jacobi Junctae, 1565, «Syntagma VII», p. 201. Francesco Giorgio (Francescus Venetus), *In scripturam sacram problemata*, Venetiis, 1536, vol. II, prob. 275, 276, 277 et 289. Polidore Virgile, *Des inventeurs des choses*, ch. 21, n. 1, p. 81 et suiv. Johann Jakob Wecker, *Les secrets et merveilles de nature, recueilles de divers autheurs, et divisez en XVII livres*, livre XV, ch. 8: «De la goetie, et necromantie», p. 694. Martin Del Rio, *Disquisitionum magicarum libri sex*, voir les notes 9 et 16 au chapitre 21. *Corpus Juris Canonici*, partie 2, causa 26, ques. 3, ch. 1, «De multiplici genera divinationis», vol. I, p. 1024–25.
[6]Théocrite, *Bucoliques grecs*, III, 29, éd. Ph.-E. Legrand, p. 33.
[7][*Varro 5. de ling. lat. Horat 4. Carmin.*]: Marcus Terentius Varro, *In libro de lingua Latina conjectanea Josephi Scaligeri*, dans *Opera quae supersunt*, sans éd., 1581, p. 59. Horace, *Les odes*, livre III, Ode xxvii, 11, éd. F. Villeneuve, p. 152.
[8]Pacuve, *Cryses*, 104–06, dans *Remains of Old Latin*, éd. E. H. Warmington, vol. II, p. 200. Les lignes sont aussi citées dans Cicéron, *De la divination*, livre I, ch. 57, éd. G. Freyburger et J. Scheid. Ferrand remplace la première ligne avec: «nam isti qui linguam avium intellegunt». [Ceux qui comprennent le langage des oiseaux et qui sont plus sages par le foie des autres êtres que par le leur, méritent à mon sens plus d'être entendus qu'écoutés.]
[9]Théocrite, *Bucoliques grecs*, III, 31–34, éd. Ph.-E. Legrand, p. 33. Cf. ci-dessus, n. 6.
[10][*Val. Max. l. I, c. 4*]: Valère Maxime, *Faits et dits mémorables*, livre I, ch. 4, éd. R. Combès, vol. I, p. 112–33, «Les présages».
[11][*Cael. Rodi. l. 15. c. 5.*]: Luigi Ricchieri (Rhodoginus), *Lectionum antiquarum libri triginta*, livre XV, ch. 5. Voir plutôt livre VIII, ch. 8, vol. II, p. 720.

façon quelconque avoir recours, pour la cognoissance ou guerison de ce mal, ains à l'expert et prudent medecin[12].

---

[12] Pour une liste des différentes formes de magie, voir Raffaele Maffei (Volaterranus) *Commentariorum urbanorum octo et triginta libri*, livre XXX, «De Divinatione», p. 326, et Lilio Gregorio Giraldi, *De deis gentium libri sive syntagmata XVII*, p. 198–99.

XXIV

Si par oniromance, ou interpretation des songes on peut cognoistre les amoureux?

Macrobe *Sur le songe de Scipion* rapporté par Ciceron[1] et Hugues de Saint Victor[2], font cinq especes de songe, mais Saint Gregoire en ses *Morales* livre 8, chapitre 16, [et] livre 4 *Dialogues*, chapitre 48 en veut six[3]; Tertullien se contante de trois[4], et nostre Coryphée Hippocrate au *Livre des songes* n'en recognoist que deux: le divin et le naturel[5]. Si nous comprenons les animaux sous le naturel, et les diaboliques sous le divin, peut-estre qu'il sera facile d'accorder ces docteurs, quoy que le Prince des Peripatheticiens[6] avec le Petrone ne voulent recognoistre le divin.

> Somnia quæ mentes ludunt volitantibus umbris,
> Non delubra deum, nec ab æthere lumina mittunt:
> Sed sibi quisque facit: nam cum prostrata sopore
> Languent membra, quies et mens sine pondere ludit,
> Scribit amatori meretrix, dat adultera numos[7].

---

[1] *In Somnium Scipionis* de Macrobe, «Typologie des songes», I, 3, 3, éd. M. Armisen-Marchetti, p. 10. Voir Artémidore, *Le clef des songes*, trad. J.-Y. Boriaud, Paris, Arléa, 1963.

[2] [*Hugo, l. de Spir. & an. c. 25*]: Hugues de Saint Victor, *De anima libri quatuor*, dans *Opera omnia tribus tomis digesta [...]*, Rothomagi, sumptibus Ioannis Berthelin, 1648, livre II, ch. 16, vol. II, p. 157. Mais cf. *Patrologiae cursus completus seria latina*, éd. J. P. Migne, vol. 177, cols. 165–90.

[3] Le Pape Grégoire I, *Dialogorum libri*, dans *Opera omnia*, Parisiis, sumptibus Claudii Rigaud, 1705, vol. II, p. 456–57. Voir *Dialogues*, éd. A. de Vogüé, III, p. 173–75.

[4] [*Tertul. l. de anim. c. 47.*]: Tertullien, *De anima*, ch. 47, éd. J. H. Waszink, p. 65–66.

[5] Hippocrate, *Régime IV*, dans *Œuvres complètes*, éd. Littré, vol. VI, p. 641–63.

[6] Aristote, *De diuinatione per somnum*, éd. H. J. Drossaart Lulofs, Leiden, Brill, 1947. «De la divination dans le sommeil» (462b). Voir aussi *Le sommeil*, trad. J. Pigeaud, Paris, Payot et Rivages, 1995.

[7] Pétrone, *Œuvres complètes*, 31, *Satiricon*, ch. 104, éd. H. de Guerle, p. 189–90. [Ces songes qui se jouent de notre intelligence, leurs fantômes insaisissables ne viennent pas des sanctuaires des dieux, ni de l'éther, demeure des bienheureux: chacun se les crée soi-même. Car, lorsque le sommeil nous couche, et que la fatigue engourdit nos membres, notre esprit joue sans entrave (...) La courtisane écrit à son amant. La femme infidèle donne de l'argent au sien.]

Les raisons qu'Aristote rapporte sur ce subject sont sans raison, si on les espluche bien, et son authorité est de moindre poids et valeur que celle de Moyse, Hippocrate et Homere, qui enseignent que souvent,

ὕπαρ ἐκ διός ἐστιν[8].

c'est à dire avec Ronsard:

> Des dieux çà bas certains viennent les songes,
> Et Dieu n'est pas artisan des mensonges[9].

Les diaboliques sont causez par les mauvais esprits[10], tel fut celuy de l'Empereur Tibere, qui par l'industrie de certain magicien songea qu'il luy falloit donner de l'argent, mais l'empereur recognoissant la piperie fit pendre l'autheur du songe[11]. Les payens captoient ces songes se couchans sur des peaux dans le temple d'Esculape, ou de Castor et Pollux[12]:

> Pellibus incubuit stratis, somnosque petivit,
> Multa modis simulacra videt volitantia miris;
> Et varias audit voces, fruiturque deorum
> Colloquio, atque imis Acheronta affatur avernis[13].

Nos dames piquées d'amour iroient plustost au temple de la déesse Bona, qu'à celuy d'Æsculape, s'il estoit en nature, au moins celles qui malheureusement se mettent au lict de reculons sans se vouloir souvenir de Dieu, qui à raison de cest abominable peché ne se souviendra d'elles que pour les punir, et ayans songé quelque songe confus, ont recours à des charlatans pour en apprendre l'explication, qui sera telle que ces cauteleux truchemens cognoistront pouvoir plaire à la dame songearde:

---

[8][Ιλ. α]: Homère, *L'Iliade*, livre I, 64, éd. E. Lasserre, p. 3. [car le songe aussi vient de Zeus.]

[9][*4. Franc.*]: Ronsard, *La Franciade*, livre IV, vv. 181–82, *Les œuvres de Pierre de Ronsard* (1587), éd. Isadore Silver, Chicago, University of Chicago Press, 1967, p. 178: «De Dieu certain çà bas viennent les songes / Et Dieu n'est pas artizan de monsonges.»

[10][*Tertul. in Apol.*]: Tertullien, *Apologeticus* [*adversus Gentes*], XXIII, 1, dans *Apologétiques*, trad. Jean Pierre Waltzing. Voir *Apologeticus*, trad. T. R. Glover, p. 123.

[11][*Dio*]: Dion Cassius (Cocceianus; ca. 150–235). *Histoire romaine*, trad. Marie-Laurie Freyburger et François Hinard, Paris, Les Belles Lettres, 2002. Voir *Dio's Roman History*, trad. E. Cary, vol. VII, p. 153.

[12][*Philostr. in vita Apoll. l. 4, c. 3.*]: Philostrate, *Apollonius de Tyane*, livre IV, ch. 11, éd. A. Chassang. Ferrand fait allusion à la pratique de l'incubation, c'est-à-dire de dormir dans les sanctuaires afin d'obtenir l'effet désiré pendant le sommeil; cf. Mary Hamilton, *Incubation, or the Cure of Diseases in Pagan Temples and Christian Churches*, London, Simpkin, Marshall, Hamilton, Kent. & Co., 1906, p. 25.

[13][*Vergil 7. Aen.*]: Virgile, *Énéide*, livre VII, 88–91, éd. H. Goelzer, vol. II, p. 13. [Il s'est couché sur les peaux étendues des brebis sacrifiées et s'est endormi, c'est là que de nombreux simulacres lui apparaissent volant d'une étrange manière et qu'il entend des voix diverses et qu'il jouit de l'entretien des dieux, et qu'il parle aux ombres de l'Archéron dans les profondeurs des enfers.]

Qualiacumque voles Judæus somnia vendit,
Spondet amatorem tenerum, vel divitis orbi
Testamentum ingens ——[14]

Les songes naturels sont ceux qui viennent de la disposition du corps, car en dormant l'ame semble se retirer au plus profond et secret cabinet de son palais, pour là exempte de tout trouble percevoir plus facilement les dispositions du corps, et jouïr de toutes choses qu'elle desire, possibles ou impossibles, de mesme que si elles estoient presentes et en son pouvoir[15]. La consideration de ces songes est fort necessaire au medecin d'un commun accord de nos autheurs[16], pour cognoistre l'humeur qui domine, et la disposition [du] corps. Ceux qui ont un grand amas du [sic] d'humeurs songent porter quelque fardeau, et semble à ceux qui sont exempts de toute repletion qu'ils vont viste, sautent ou volent. Les bilieux se courroucent, frappent et injurient; les melancholiques voyent en songe des funerailles, tenebres, meurtres; les phlegmatiques et les catarrheux des rivieres, fontaines, pluyes, neiges; les fameliques se trouvent és banquets; et les amoureux parmy les assemblés des dames, bals, comedies et masquerades[17]. Sur quoy vous remarquerez que toutes choses paroissent plus grandes, plus agreables ou desagreables en songe à l'imagination qu'elles ne sont réellement, pour les raisons que vous pourrez lire dans Thomas à Viega sur Galien[18].

Au contraire les songes animaux proviennent de ce qu'on a faict, veu, ou medité durant le jour, comme nous apprend Herodote: «αὖταὶ μάλιστα ἐνίθασιν αἰ ὄψιες τῶν ὀνειράτων, ἃ τῆς ἡμέρης φροντίζει[19]». Les bons ont de bons songes, dit l'Aristote

---

[14] [*Iuven.*]: Juvénal (Decimus Junius Juvenalis; fl. 98–128). *Satires*, VI, 547–49, trad. Pierre Labriolle, p. 81: «qualiacumque voles Iudaei somnia vendunt. / Splendet amatorem tenerum vel divitis orbi testamentum ingens.» [Pour quelque menue monnaie les Juifs vous vendent toutes les chimères du monde: un amant joli garçon, ou le testament d'un richard sans enfants.]

[15] [*Hipp. de Insomn. Aris. de divin. per insomn. Gal. eod. ti.*]: Hippocrate, *Régime IV*; Aristote, *De divinatione per somnum*; Galien, *eodem titulo*, id est *De dignotione ex insomniis.* Hippocrate, *Œuvres complètes*, éd. Littré, vol. VI, p. 641–63. Aristote, *De la divination dans le sommeil* (462b), éd. R. Mugnier, p. 88. Galien, *De dignotione ex in somniis*, éd. Kühn, vol. VI, p. 832–35. Avicenne, *Liber canonis*, livre III, fen 1, tr. 1, ch. 7, offre une discussion sur la psychologie du rêve qui a influencé toute la culture médiévale.

[16] André Du Laurens, *Des maladies melancholiques, et du moyen de les guarir*, dans *Toutes les œuvres*, p. 28[r]. Levine Lemne, *Occulta naturae miracula*, livre II, ch. 31, p. 229.

[17] [*Plu. de san: Pl. l. 7, c. 50, Alex. ab Alex. l. 1. genial. dior. c. 11, & l. 3, c. 26*]: Plutarque, «Préceptes de santé», *Œuvres morales* (129A), éd. J. Defradas, vol. II, p. 116. Pline, *Histoire naturelle*, livre VII, ch. 36, éd. M. É. Littré; matière non trouvée. Alessandro Alessandri (Alexander ab Alexandro), *Genialium deorum libri sex*, Paris, apud Joannem Roigny, 1550. Avicenne, *Liber canonis*, livre I, fen 2, tr. 3, ch. 7. Pietro D'Abano (Aponensis), *Conciliator controversiarum, quae inter philosophos et medicos versantur*, dif. CLVII, p. 202. Pour une discussion parallèle sur les amoureux et leurs rêves naturels cf. Jean Aubery, *L'antidote d'amour*, p. 34[r]–35[v].

[18] [*In c. 84, art. med.*]: Thomas à Viega (Tomás Rodrigues da Viega), *Ars medica*, ch. 84, dans *Opera omnia in Galeni libros edita*, p. 107 et suiv.

[19] [*In Polyhymn.*]: Hérodote, *Histoires*, livre VII, «Polymnia», ch. 15–16, éd. Ph.-E. Legrand, VII, p. 39–40. [Ce qui, d'ordinaire, hante en songe sous forme de visions, est ce à quoi on pense pendant le jour.]

en ses *Problemes*[20], à cause qu'en veillant ils ont de bonnes pensées. Tels estoient les songes des premiers Chrestiens, dautant qu'incessamment ils meditoient, dit Philon Juif, la puissance et providence de Dieu[21]. L'advocat plaide en dormant, le soldat combat, le nautonnier single en haute mer, et le chasseur revient chargé de proye de la chasse[22]:

> Iudicibus lites, aurigæ somnia currus,
> 　　　Vanaque nocturnis meta cavetur equis:
> Gaudet amans furto ———[23]

Que si nos songes ne sont comformes aux actions et pensées du jour, ils arguent du trouble parmy les humeurs. Tellement qu'il est croyable que nous pourrions descouvrir si une personne est amoureuse par les songes naturels et animaux, si elle nous les vouloit raconter à son resveil, sans avoir esgard aux astres et autres farfanteries qu'on lit dans Julien Cerve, Arthemidore, Arnault de Villanova et autres semblables autheurs, qui ont infecté nostre medecine de mille niaiseries[24].

---

[20][*Sect. 30. probl. ult.*]: Aristote, *Problèmes*, XXX, No. 14 (957a), trad. Pierre Louis, p. 42. Jean Aubery, *L'antidote d'amour*, p. 35^v–37^r, parle des rêves des animaux d'une manière similaire à Ferrand mais analyse de façon approfondie les origines physiologiques des rêves qui sont une extension des fantaisies et de l'imagination de l'amant.

[21]Philon d'Alexandrie, *Quod a Deo mittantur somnia*, dans *Les œuvres de Philon D'Alexandrie: De somniis*, éd. Pierre Savinel, livres I–II, Paris, Éditions du Cerf, 1962.

[22]Lucrèce, *De la nature*, livre IV, 961 et suiv., éd. J. Kany-Turpin, p. 297.

[23]Claudien, *Sextum consulatum Honorii Augusti praefatio*, vv. 5–7, dans *Œuvres complètes*, trad. Héguin de Guerle, 2 vols., Paris, Panckoucke, 1833, vol. II, p. 165. Ce passage est devenu traditionnel dans les discussions sur les rêves au Moyen-Âge; Chaucer, par exemple, le cite au début du «Parlement of Foulys», éd. D. S. Brewer, London, Thomas Nelson and Sons Ltd. 1960, p. 74:

> The wery huntere, slepynge in his bed;
> To wode ayen his mynde goth anon;
> The iuge dremyth how hise pleis been sped;
> The cartere dremyth how his carte is gon;
> The riche of gold; the knyght fygt with his fon:
> The syke met he drynkyth of the tunne;
> The louere met he hath his lady wonne;

La popularité de ces vers dépend probablement du fait qu'ils étaient inclus dans le *Liber Catonianus*. [Dans ses rêves, le juge retrouve ses procès; le cocher, monté sur son char, guide ses coursiers, et tâche d'éviter une borne imaginaire; l'amant se réjouit de ses doux larcins.]

[24][*Arnal. tr. de vision. per insomn.*]: Arnaud de Villeneuve, *Expositiones visionum quae fiunt in somnia*, partie I, ch. 1–2, dans *Opera omnia*, Basileae, Conrad Waldkirch, 1585, p. 625 et suiv. «Artemidorus et Julianus Cervus» (Jean Corvé dans l'édition de 1610) sont des références à la même œuvre d'Artemidore d'Ephèse, *De somniorum interpretatione libri quinque*, éd. en latin par Jan Hagenbut (Julianus Cervus), mais plus fréquemment Janus Cornarius, Lugduni, apud S. Gryphium, 1546. Pour l'interprétation astrale des rêves dans le monde arabe médiéval, cf. Albohazen Haly Filius Abenragel, *De judiciis astrorum*, Basileae, 1551, partie III, particulièrement le ch. 12.

XXV

Si la jalousie est signe diagnostique de l'amour et de la melancholie erotique?

Alexandre Picolominy en ses *Institutions morales* s'efforce de prouver que le vray amour doit estre exempt de toute jalousie, dautant que celuy qui poursuit quelque chose avec la vertu est aisé d'avoir quelque compagnon en sa poursuitte, attendu qu'il sert de relief et d'esclat à son merite. L'imbecillité seule craint le rencontre pour ce qu'elle pense qu'estant comparée avec un autre son imperfection paroistra incontinant[1]. Plutarque au contraire dict que comme la loüange de vertu n'est, ny ne produit de beaux effects, si elle ne pique au vif et n'esguillonne le cœur d'un zele, au lieu d'envie de vouloir ressembler aux gens de bien, et de desirer remplir ce qu'il s'en faut que nous n'arrivions au faiste de la perfection[2], ainsi l'amour s'il n'a un peu de jalousie n'est point actif, ny efficace. Ce fut celle qui enflamma les amours d'Achille envers son esclave Briseïs, de Menelaüs envers Helene, et d'Orestes envers Hermione:

> Acrius Hermionen ideo dilexit Orestes,
> > Esse quod alterius cœperat illa viri.
> Quid Menelæ doles? ibas sine coniuge Creten,
> > Et poteras nupta lætus abesse tua:
> Ut Paris hanc rapuit, tum demum uxore carere
> > Non potes, alterius crevit amore tuus[3].

Je diray avec Simonides que comme tout cochevy a la houppe sur la teste, ainsi il faut que tout vray amour aye un peu de la jalousie, et que par consequent Phaulius

---

[1] [*L. 10. c. 7.*]: Alessandro Piccolomini, *Della institution morale*, Venetia, apresso Giordano Ziletti, 1579, livre X, ch. 7, «Quante specie si trovino di timore amoroso; et di quella specie, che si chiama gelosia», p. 447–52. Voir Robert Burton au sujet des causes, symptômes et guérison de la jalousie, *Anatomie de la mélancolie*, pt. 3, sect. 2, subs. 1, memb. 4, subs. 2.

[2] Plutarque, «Comment l'on pourra appercevoir si l'on amende et profite en l'exercise de la vertu», *Œuvres morales* (84F), éd. M. A. Screech, vol. I, p. 113 et suiv.

[3] Ovide, *Les rémèdes de l'amour*, 771–76, éd. H. Bornecque, p. 37: *lentus* pour *laetus* et *nunc* pour *tum*. [Si Oreste ressentit pour Hermione un amour plus vif, c'est qu'elle avait appartenu à un autre homme. Pourquoi te plaindre, Ménélas? Tu allais en Crète sans ta femme et tu pouvais quitter tranquillement celle que tu avais épousée; mais Pâris l'enlève et voilà que tu ne peux te passer de ta femme: l'amour d'un autre a augmenté le tien.]

cocu volontaire, et vilain maquereau de sa femme en faveur de Philippe Roy de
Macedoine, ne l'aimoit pas d'un vray amour[4], non plus que cest infame Galba, qui
donnant un soir le soupper à Mecenas, le voyant escrimer des yeux avec sa femme
fit semblant de dormir, pour luy donner le loisir d'assouvir ses amours. Cependant
il y eut un valet, qui croyant que son maistre dormoit vrayement, approcha de la
table pour derober un pot de bon vin, ce que Galba ne voulant endurer et escria: «Ne
vois-tu pas coquin que je ne dors que pour Mœcenas?[5]». L'un et l'autre estoit de la
nature du bouc, qui seul entre tous les animaux au dire des naturalistes n'est jamais
jaloux (quoy que la mort violante de Gratis tué par un bouc verifie le contraire) non
plus que les femmes de Tartarie, et jadis les Lacedemoniens, Cypriots, Rhodiens,
et Assyriens[6].

Mais comme la jalousie s'insinuë dans les ames soubs le tiltre d'amitié, si tost
qu'elle les a gagnées, elle les tirasse et tyrannise, rendans les amans pasles, transis,
maigres et à par fois les precipitant au desespoir, comme Lepidus et un million
d'autres. Les mesmes causes qui servoient de fondement à l'amour, servent par
apres de fondement à la haine capitale, la vertu, la santé, le merite et reputation
de l'aimée. Si nous avions de tous les maux à choisir duquel nous voudrions estre
exempts, il n'en y a point à mon advis que nous deussions tant eviter que la jalousie,
par ce que des autres la peine ne dure non plus que la cause, mais la jalousie se forme
indifferemment de ce qui est, de ce qui n'est pas, et de ce qui peut-estre ne sera pas. O
ingenieuse passion, qui souvent d'un mal imaginaire tire une vive et vraye douleur!
Ainsi faisoit le peintre Parrhasius, qui mettoit ses serfs au tourment pour pouvoir
plus promptement imiter les façons plaintives et dolentes du fabuleux Promethée[7].
Pourquoy sommes-nous si ambicieux en nos maux que de courir au devant et les
devancer de pensée? Nous voyons plusieurs qui ont perdu leurs maistresses pour se
deffier de leur chasteté, comme les melancholiques hypochondriaques deviennent
souvent malades de peur de l'estre. Tellement que nous pouvons dire que la jalousie
est un poids de recharge pour nous faire tresbucher en ce que nous fuyons le plus
que nous pouvons, à raison de quoy un facetieux autheur disoit que le cocuage et
la jalousie estoient festez en mesme jour. Et de vray pour en venir aux exemples,
tandis que Danaë fut en liberté, elle fut chaste; si tost perduë comme emprisonnée
par son pere Acrisius dans la tour d'airain[8]. Car il n'y a chambre si bien fermée,

[4]Plutarque, «Philip et Phaÿlus», Œuvres morales (760B), éd. J. Defradas, vol. X, p. 78.
[5]Plutarque, «Dialogue sur l'amour», Œuvres morales (760A), éd. J. Defradas, vol. X,
p. 77. Galba (Gabbas) était un bouffon à la cour d'Auguste qui en fait récitait une plaisanterie
de Lucilius (v. frag. 251), qui est répétée dans Juvénal, Satire I, 57, éd. Pierre de Labriolle,
p. 8.
[6][Bellef. l. 2. c. 2. Boem. Auban. l. 2. c. 3.]: François de Belleforest, livre II, ch. 2,
L'histoire universelle du monde, contenant l'entière description et situation des quatres
parties de la terre [...] ensemble l'origine et particulières mœurs, loix, coustumes, religion
et ceremonies de toutes les nations, et peuples par qui elles sont habitées, Paris, chez G.
Mallot, 1570. Johann Boemus (Aubanus Bohemus), Discours des Pais selon leur situation,
avec les mœurs, loix et ceremonies d'iceux. Reveu et corrigé, Lyon, Jean de Tournes, 1552,
livre III, ch. 3: «De Laconie, et mœurs des Laconiens, autrement dit Lacédémoniens», p. 110.
[7]L'anecdote à propos de Parrhasius d'Éphèse (fl. 400), le célèbre peintre grec, provient de
Pline, Histoire naturelle, livre 35, ch. 36, éd. Littré, vol. II, p. 473. L'anecdote est également
rapportée par Jean Aubery, L'antidote d'amour, p. 48[v].
[8]Ferrand reprend probablement l'histoire de Danaë, n. 63 de Hygin, Fabulae, éd. H. I.
Rose, Lugduni Batavorum, in aedibus A. W. Sijthoff, 1967, p. 48.

ny cabinet si secret, où le chat et le paillard ne puissent entrer:

$$\text{———————— } οὐδὲ εἷς$$
$$τέκτων ὀχυρὰν οὕτως ἐποίησεν θύραν$$
$$δι'ἧς γαλῆ, καὶ μοιχὸς οὐκ εἰσέρχιται^9.$$

_____

[9][*Apollodor. Comic.*]: Apollodore de Caryste, [*Le Calomniateur*], *The Slanderer*, éd. J. M. Edmonds, *The Fragments of Attic Comedy*, vol. III-A, p. 188. Ferrand omet la première moitié du premier vers du fragment: «κεκλείσεϑ'ἡ ϑύρα μοχλοῖς». Cf. aussi Stobaeus, *Florilegium (Anthologium)*, VI, 28, «De la licence». [Certains se sont fait fabriquer une porte impénétrable même à un chat — ou à un adultère. (notre traduction)]

XXVI

Les signes prognostiques de l'amour, et de la melancholie erotique

Plusieurs ont dit ceste maladie incurable, attendu qu'à leur jugement elle est totalement divine, comme punition, vangeance ou mauvaise affection d'un petit demon de mesme nom, auquel les payens rapportent l'amour, comme la fievre à la déesse Fievre, les incubes et succubes à Hecate ou demy-dieux, les terreurs et effroys nocturnes à Pan, le mal caduc à Hercule[1], faisant Cupidon autheur de l'amour, Venus de la paillardise, Mercure du larcin, et Mars de la cholere, pour meriter meilleure excuse des fautes que les hommes commettent transportez de ces passions: «quasi de cœlo tibi sit inevitabilis causa peccandi, et Venus hoc fecerit, aut Saturnus, aut Mars: scilicet ut homo sine culpa sit; culpandus autem cœli ac siderum creator et ordinator[2]». C'est la coustume des idiots, dit Hippocrate, de dire les maladies et leurs causes divines, lors qu'ils remarquent en icelles quelque chose de nouveau et extraordinaire, fort abusivement, car s'il estoit ainsi, toutes les nouvelles maladies, comme la coqueluche, sueur Britannique, la verole, la chrystalline et semblables seroient divines, et celles-la incurables qui ne reçoivent guerison par les vains remedes des empiriques, charlatans et triacleurs, ou par les charmes et sortileges des magiciens et sorciers. Outre que si toutes personnes ne sont indifferemment affligées de ce mal, comme les eunuques, enfans, vieillards decrepites, si l'amour naist de la veuë, croist par la conversation et familiarité, baisers et attouchemens, s'effarouche par l'usage de certains animaux, plantes, et mineraux, ou s'amortit par les remedes doüez de contraire qualité. Il n'y a aucune apparence que ce mal soit plus divin que les autres. Car en tous generalement Hippocrate recognoist θεῖον, quelque chose de divin.

Nous dirons doncques avec Galien que l'amour ny le mal caduc ne sont pas

---

[1][*Hipp. l. de Epil. l. de morb. virg. Gal. 1. prognost. com. 5. Val. Max. l. 2, c. 1.*]: (Pseudo) Hippocrate, *La maladie sacrée*, dans *Œuvres complètes*, éd. Littré, vol. VI, p. 353, 355. Hippocrate, *De maladies des jeunes femmes*, éd. Littré, vol. VIII, p. 467. Galien, *In Hippocratis prognostica commentaris*. Ferrand se trompe de livre (V); il s'agit du livre I, ch. 4, éd. Kühn, vol. XVIII/2, p. 18. Valère Maxime, *Faits et dits mémorables*, livre II, ch. 1, éd. R. Combès, vol. I, p. 157–60.

[2][*S. August. 4. Confess. c. 3.*]: Saint Augustin, *Les Confessions*, livre IV, ch. 3, éd. Pierre de Labriolle, vol. I, p. 68.

maladies divines: «μήτ' οὖν οἰόμετα τὴν ἐπιληψίαν θεῖον εἶναι νόσημα, μηδὴ Ἔρωτα[3]».

Non Deus, ut perhibent, Amor est, sed amaror et error.

Quelques autres ont jugé ceste maladie incurable pour ce que les malades semblent n'en vouloir guerir.

Vive, Deus, posito, si quis mihi dicat, Amore:
Deprecor, usque adeo dulce puella malum est[4].

Se nourrissans de vaine esperance de pouvoir guerir sans l'aide de nostre faculté, comme des playes chironiennes.

————————— Amantis credula vitam
Spes fovet, et melius cras fore semper ait.
Sed quia delectat Veneris decerpere fructus,
Dicimus assidue, cras quoque fiet idem.
Interea tacitæ serpunt in viscera flammæ[5]

Ceste esperance allumant de son doux vent les fols desirs des amans, embrase en leurs esprits un feu plein d'une espaisse fumée, qui esblouït leurs entendemens, et emportant avec soy les pensées, les tient penduës entre les nuës, leur oste le jugement, renverse la raison, et les fait songer en veillant. Tandis que les esperances durent, ils ne veulent point quitter leurs desirs. L'un pour si disgracié qu'il soit, esperera ramollir le cœur diamentin de sa dame par sa beauté, l'autre par bonne grace, gentillesse et doux entregent: cestui-cy se fiera à sa grandeur, et noblesse de ses ancestres, celuy-la à ses discours affilez, ou finalement esperera par ses plaintes et frequens souspirs exciter sa maistresse à compassion, qui est le dernier refuge des amans.

J'accorderay librement aux sectaires de ceste opinion qu'il est bien difficile de guerir les malades des maladies desquelles ils ne desirent guerir, dautant que la cure de toutes maladies depend autant du malade que du medecin: «ἴησις ἀντίνοον μὴ ὁμονοεῖν τῷ πάθει[6]» [traitment: faites obstruction à la maladie; ne l'encouragez pas.]. Mais il n'est pas impossible, dautant qu'on invente souvent des moyens pour porter les malades au desir et à la recherche du leur salut, comme vous verrez ou chapitre 31 de ce traicté.

---

[3][L. I. progn. part. I]: Galien, In Hippocratis prognostica commentarius, livre I, partie 1, éd. Kühn, vol. XVIII/2, p. 18.

[4]Ovide, Les amours, livre II, ix, 25–26, éd. H. Bornecque, p. 53. [Vis sans amour, si un dieu me tenait ce langage, je le prierais de m'épargner cette tristesse, tant est doux le mal que nous fait une belle.]

[5][Tibul. el. 7, l. 2. Ovid]: Tibulle, Tibulle et les auteurs du corpus tibullianum, livre II, Élégie vi, 19–20, éd. M. Ponchont, p. 115. Ferrand ajoute «Amantis» et inverse les mots «fore cras». Ovide, Rémède à l'amour, vv. 103–05, éd. Bornecque. [(Tib.) L'espoir entretient toujours l'étincelle de l'amour, et murmurant que demain tout ira mieux. (Ovide) Mais parce que nous nous délectons à cueillir les fruits de Vénus, nous croyons que demain il sera encore temps. Entretemps, des ardeurs secrètes envahissent le cœur. (notre traduction)]

[6][Aph. 7, sec. 8, l. 6. Epid.]: Hippocrate, Des épidémies, livre VI, sect. 5, aph. 4, Œuvres complètes, éd. Littré, vol. V, p. 316.

Finalement quelques doctes personages ont dit l'amour incurable, non pas par le defaut du patient, mais de l'agent, qui est le remede. La desesperée Oenone plus docte en amour qu'en la medecine est de ceste opinion quand elle s'escrie:

> Me miseram! quod Amor non est medicabilis herbis,
> Destituor prudens artis ab arte mea[7].

Voire mesme Apollon pere et inventeur de la medecine est blasmé de ne sçavoir aucun bon remede pour la guerison de ceste maladie, veu qu'il ne s'en sceut jadis guerir:

> Ne potuit curas sanare salubribus herbis,
> Quicquid erat Medicæ viverat artis Amor[8].

Tels autheurs font injure à la faculté de medecine sœur de la sagesse, pour user des termes de Democrite, et sa commensale, la privant de tous remedes profitables à ce mal, et semblent tancer imprudemment la bonté divine, qui comme prototype de bonté, dit Galien, ne nous a rien refusé de necessaire[9]. Que si Dieu nous a donné les remedes, il est croyable qu'on les a descouverts dans six ou sept mille ans par la raison et par l'experience, qui sont les instrumens par lesquels on invente les remedes de toutes maladies[10].

Il ne sert rien de dire que c'est une maladie de l'ame, la guerison de laquelle on doit laisser aux philosophes moraux et theologiens, veu que le dieu Æsculape et Apollonius Thyaneus ne voulurent entreprendre la guerison d'un riche seigneur Cilicien desesperément amoureux d'une dame de Tharse, pour si riches presens qu'il leur promist[11]. Car nos devanciers ont traité la cure de ceste maladie non pas simplement comme medecins, mais aussi comme philosophes, qui est une qualité inseparable d'un bon medecin, comme Galien prouve par un traicté entier suivant l'opinion de son maistre Hippocrate[12].

Que si l'esprit est affligé en amour, c'est par la sympathie mutuelle du corps avec l'ame, comme nous apprend fort clairement le Genie da la Nature en sa *Physiognomie*, et plusieurs autres textes que je ne vous rapporteray[13], me contentant

---

[7]Ovide, *Héroïdes*, V. 149–50, éd. Bornecque, p. 31; éd. H. Dörrie, p. 90. [Hélas, pourquoi l'amour n'est-il pas guérissable par des herbes! Habile dans mon art, mon art m'abandonne.]

[8]Tibulle, *Tibulle et les auteurs du corpus tibullianum*, livre II, Élégie III, 13–14, éd. M. Ponchont, p. 91. Cf. aussi Ovide, *Les métamorphoses*, livre I, 521–26, éd. G. Lafaye, vol. I, p. 25. [Il n'a pu guérir son chagrin par la vertu des herbes. Toutes les ressources de l'art médical avaient échoué devant l'amour.]

[9][*3. de usu part.*]: Galien, *De usu partium*, livre III, éd. Kühn, vol. III, p. 200. Hippocrate, «Lettres de Démocrite», *Œuvres complètes*, éd. Littré, vol. IX, p. 395.

[10][*Arist. 1. Meta. 1.*]: Aristote, *Métaphysique*, livre I, sect. 1 (981a).

[11][*Philostr. l. 1. c. 2. in vita Apoll.*]: Philostrate, *Vie d'Apollonius de Tyane*, livre I, ch. 10 et 12, éd. A. Chassang, p. 10–11 et 12–14. Voir *Life of Apollonius of Tyana*, trad. F. C. Conybeare, vol. I, p. 22–27, 28–31.

[12][*L. de dec. hab.*]: Galien, *De bono habitu liber*, éd. Kühn, vol. IV, p. 750–56. Ferrand attribue à l'œuvre galénique le titre d'une œuvre d'Hippocrate, *De decoroso habitu*; voir ci-dessous, n. 17.

[13][*Probl. 1, sect. 14, L. 1, Eth. c. 6, L. de anima c. 1, l. 14.*]: Aristote, *Problèmes*, livre I, sect. 14 est en effet livre XIV, sect. 1 (909a). Aristote, *Éthique à Nicomaque*, livre I, ch. 6;

de vous dire avec le riard Democrite, que les maladies du corps hebetent et estourdissent l'esprit, tirans à leur sympathie le jugement: «νοῦσος παρέουσα ψυχὴν
δεινῶς ἀμαυροῖ, τὴν φρόνησιν ἐς συμπαθείην ἄγουσα[14]». Cleomenes fils d'Anaxan-
dridas estant malade ses amis luy reprochoient qu'il avoit des humeurs et fantasies
nouvelles et non accoustumées. Je croy bien, fit-il, aussi ne suis-je pas celuy que
je suis estant sain; estant autre, aussi sont autres mes opinions et fantasies[15]. Si
l'apoplexie assoupit et esteint tout à fait le veüe de nostre intelligence, il ne faut pas
douter que la melancholie, l'amour, voire le morfondement ne l'esblouïsse, et par
consequent à peine se peut-il rencontrer une seule heure en la vie, où nostre jugement se trouve en sa deüe assiette, nostre corps estant subject à tant de mutations,
et estoffé de tant de sortes de ressorts, qu'il est malaisé qu'il n'y en ait tousjours
quelqu'un qui tire de travers, quoy que tousjours on ne le puisse recognoistre, sans
admettre neantmoins l'accipathie.

Ces considerations faisoient souhaitter le mesme philosophe, que tous les
hommes fussent doctes en la medecine, à fin que guerissans leur corps, par mesme
moyen ils conservassent leur esprit en santé, ce que Galien confirme en ses *Pre-
cognitions*, où il se vante avoir guery plusieurs maladies corporelles en appaisant
les perturbations de l'ame par remedes physiques, subtiles inventions, et doctes
discours, qui sont les medecins de l'ame malade[16].

ψυχῆς νοσούσης οἷσιν ἰατροὶ λόγοι[17].

Dont nous pouvons tirer consequence, que ceux qui bannissent de la medecine
toute sorte de bien dire sont poussez de rancune, et que le poëte l'a mal à propos
appellée muette:

Scire potestates herbarum, usumque medendi
Malvit, et mutas agitare inglorius artes[18].

Sinon que nous disions que Virgile appelle la medecine muette, pour autant qu'il
ne faut pas que le medecin soit trop babillard, selon nostre Hippocrate[19], car dit

---

mais plus pertinent est le livre VIII, ch. 11 (1161b). Aristote, *L'âme humaine*, surtout livre
I, ch. 3 et livre II, ch. 1 (404b–405b), trad. R. Bodéüs, p. 96–99.

[14][*Democr. epist. 2. ad Hipp.*]: Hippocrate, «Lettres de Démocrite», *Œuvres complètes*,
éd. Littré, vol. IX, p. 395: «νοῦσος γὰρ παρεοῦσα δεινῶς ψυχὴν ἀμαυροῖ, φρόνησιν ἐς συμπαθείν
ἄγουσα».

[15]La vie de Cléomènes roi de Sparte est narrée par Hérodote dans les *Histoires*, livre V,
sect. 40 jusqu'au livre VI, sect. 85, éd. Ph.-E. Legrand, tome V, p. 92 à tome VI, p. 91.

[16]Le *Praenotione ad Posthumum* de Galien est probablement l'œuvre à laquelle il fait
allusion. Il contient le chapitre dans lequel on parle du cas de l'amour de la femme de Justus
pour Pilade, éd. Kühn, vol. XIV, p. 599–673.

[17]Le vers provient d'Eschyle, *Prométhée enchaîné*, v. 380, dans *Eschyle*, éd. P. Mazon,
vol. I, p. 174: «ὀργῆς νοσούσης εἰσὶν ἰατροὶ λόγοι». [pour traiter la maladie colère, il existe des
mots médecins.]

[18]Virgile, *L'Énéide*, livre XII, 396–97, éd. H. Goelzer, vol. II, p. 209: lit «artis» à la place
de «artes». [Il choisit la connaissance des simples, l'art de guérir, et préfera exercer sans
gloire un obscur métier.]

[19][*De dec. hab.*]: Hippocrate, *De decoroso habitu*, dans *Œuvres complètes*, éd. Littré,
vol. IX, p. 237.

l'ancien Comique:

ἰατρὸς ἀδολεσχὸς νοσοῦντι πάλιν νόσος[20].

Concluons doncques que l'amour n'est pas incurable, mais bien difficile à guerir, auquel les poëtes à ces fins donnoient les pieds de gryphon pour denoter son entrée prompte, mais sa sortie lente[21] :

Amor animi arbitrio sumitur, non ponitur[22].

Mais ce mal est encores de plus difficile guerison s'il est accompagné des symptomes mentionnez au chapitre 2, notamment de la jalousie,

Qui timet ut sua sit, ne quis sibi subtrahat illam,
Ille Machaonia vix ope tutus erit[23].

Car alors le cœur et le cerveau endurent par la sympathie du foye, et des parties secrettes. Or est-il que selon Hippocrate «ὁκόσα τῶν νοσημάτων ἀπὸ τοῦ σώματος γίνεται, τῶν μελέων τοῦ ἰσχυροτάτου ταῦτα δεινότατά ἐστιν»[24]. [les maladies qui se déclenchent dans les organes principaux sont toujours les plus graves]

Les astrologues disent qu'il faut beaucoup de temps, de soing, et de diligence pour guerir les melancholiques erotiques s'ils ont affollé sous l'influence de Saturne, mais encores plus si pour lors ce dieu porte-faulx estoit retrograde ou en conjonction avec Mars, ou en opposition avec le soleil. Que si Venus s'est rencontrée en la maison de Saturne, ou a regardé la lune de trine ou sextile aspect lors de la naissanace de nostre malade, il est à craindre qu'il soit long-temps affligé de ceste maladie[25]. C'est l'opinion des astrologues, et la mienne est que les vieillards travaillez de la melancholie erotique sont plus grief vement malades que les jeunes:

Senex amore captus ultimum malum[26].

---

[20]D'une scène d'origine inconnue, voir *Thesaurus Graecae Linguae*, vol. II, Graz, Akademische Druck-U. Verlagsanstalt, 1954, *ad vocem* «᾿Αδόλεσχος». [un médecin bavard vaut, pour le malade, une seconde maladie.]

[21][*Bocace*]: Giovanni Boccaccio, *Genealogie deorum gentilium libri*, éd. Vincenzo Romano, vol. II, p. 451. La source intermédiaire est peut-être Mario Equicola, *Libro de natura de amore*, p. 19ᵛ.

[22]Publilius Syrus, *La sagesse et les sentences*, A 31, «Amitié», éd. E. Robillard, p. 36; *Sententiae*, éd. Gulielmus Meyer, p. 19. [l'amour ne s'impose pas, mais doit se soumettre à la volonté de l'âme. (notre traduction)]

[23]Ovide, *Les remèdes à l'amour*, vv. 545–46, éd. Bornecque, p. 29. [Celui qui pourrait se demander avec terreur comment sera maîtresse pourrait lui rester fidèle, ou qui redoute qu'un rival ne lui enlève, c'est à peine si les soins de Machaon pourront le guérir.]

[24]Hippocrate, *De la nature de l'homme*, dans *Œuvres complètes*, éd. Littré, vol. VI, p. 56.

[25][*Mar. Ficin. orat. 7. c. 11 in conv. Plat.*]: Marsile Ficin, *Commentaire sur le banquet de Platon*, Oration VII, ch. 11, éd. R. Marcel, p. 207–08. Ce paragraphe est paraphrasé par Valleriola, *Observationum medicinalium libri sex*, p. 206, 211.

[26][*Menander*]: Ménandre d'Athènes, *Sententiae*, éd. S. Jaekel: «Senex amore captus ultimum malum», attribué à Ménandre. [Un vieillard esclave de l'amour court le plus grave des dangers. (notre traduction)]

Dautant que nostre Coryphée a dict en ses *Aphorismes* que les maladies qui ne rapportent au temps, au naturel, habitude et à l'aage du malade sont plus dangereuses
que celles qui sont semblables[27]. Tel est l'amour des vieillards, que le Sage deteste
aussi bien que le Comique:

> Amare iuveni fructus est, crimen seni[28].

Pindare dict des amours prohibées par les loix divines, ou humaines, «ἀπρόσικτων
ἐρώτων ὀξύτεραι μανίαι[29]» [pour cette rasion les hommes les poursuivent au point
d'en devenir fou], ce que nostre Hippocrate a dit des superieures, et l'Avicenne enseigne que si ce mal est en habitude, il est du tout incurable, et rend les malades hectiques, fats, niais, et a parfois tellement sauvages, qu'ils deviennent loups-garoux,
ou se tuent de leurs propres mains, comme j'ay verifié cy-devant par plusieurs
exemples[30].

---

[27]Hippocrate, *Aphorismes*, sect. 3, aph. 3, dans *Œuvres complètes*, éd. Littré, vol. IV,
p. 487.
[28]Publilius Syrus, *La sagesse et les sentences*, A. 29, éd. Robillard, p. 36; *Sententiae*, éd.
Meyer, p. 19. [L'amour, plaisir d'un jeune, est crime pour les vieux.]
[29]Pindare, «Première Néméenne», éd. J.-P. Savignac, vol. I, p. 48.
[30][*L. 3. fen. 1, tr. 4. c. 23*]: Avicenne, *Liber canonis*, livre III, fen 1, tr. 4, ch. 23, p. 207[r].

XXVII

Des incubes et succubes

Quelques theologiens ont creu que l'amour desordonné et melancholique pouvoit estendre son pouvoir et sa jurisdiction jusques aux anges et demons, et qu'à raison de ce, il est commandé par l'Apostre aux femmes de voiler leur teste dans l'eglise[1]. Mais par ce mot d'*ange* plusieurs disent que l'Apostre entend les prestres, qui par la saincteté de vie doivent ressembler aux anges, ou bien les bons Chrestiens, qui par l'integrité de leur vie, et pureté de leur conscience different du vulgaire prophane, comme les anges des hommes. Encores se veullent-ils aider du texte de la *Genese*, où Moïse dict que les fils de Dieu ayans recognu la beauté des filles des hommes s'amouracherent d'elles. Sur l'explication duquel texte, Josephe, Clement Alexandrin, Justin, et autres, par les fils de Dieu, entendent les anges. Quoy que Abraham Aben-Esra rabby interprete cela des hommes vertueux, ou bien des fils de Seth le Juste, et par les filles des hommes, il entend celles de Cain mondaines et voluptueuses. Mais le rabbi Kimhy veut que les fils de Dieu soient les hommes de haute stature, selon la commune maniere de parler des Hebreux, qui disent les montagnes de Dieu, celles qui sont hautes, ce qu'il confirme par la suitte du texte de Moïse, où il dict que de ces amours des fils de Dieu avec les filles des hommes nasquirent les geants[2]. Quand à moy j'en croiray ce que les ecclesiastiques en determineront, comme de tous autres textes sacrez.

Mais je ne veux adjouster foy à ces fats rabbins, qui disent que les incubes et succubes ont pris leur naissance de la semence d'Adam en cent trente-cinq ans ou environ qu'il abstint de cognoistre sa femme, apres le meurtre commis par le maudit Cain en la personne du juste Abel son frere[3]. Moins est-il croyable, si je ne me trompe, que quelques femmes ayent esté engrossées par les demons incubes, quoy qu'on rapporte que de telle copule sont nez Hercules, Romulus,

---

[1][*I. ad Cor. 11*]: 1 Corinthiens, 11:10.

[2]Cette discussion provient de Jourdain Guibelet, *Trois discours philosophiques: Discours second du principe de la generation de l'homme*, ch. 8, «Sçavoir si les Demons ont semence de laquelle puisse estre engendré un homme», Evreux, chez Antoine la Marié, 1603, p. 215–16.

[3][*Fernel li. 1. de abd. rer. causis. Hollerius l. 1. Meth. med. c. 14*]: Jean Fernel, *De abditis rerum causis*, Parisiis, apud Jacobum Dupuys, 1551, livre I, p. 69. Jacques Houllier, *De morbis internis libri II*, Parisiis, apud Carolum Macaeum, 1577, p. 50[r-v].

Servius Tullus, Merlin, l'apostat epicurien Luther, et plusieurs autres[4]. Peut-estre que Satan trouble le sens et l'imagination de telles maudites personnes, et leur fait enfler le ventre, comme si elles estoient réellement enceintes d'une creature raisonnable, et peut-estre lors des travaux des accouchées leur suppose quelque enfant exposé et perdu.

Jacques le Roux raconte de certaine Magdeleine, qui en la ville de Constance, ayant donné congé à son demon incube à la persuasion de son confesseur, s'accoucha de mille farfanteries, comme sont verres cassez, cloux, chevilles, bois, poils, poix, estouppes, pierres, et ossemens, avec une douleur extreme[5].

A par fois ce malin esprit s'affeuble de quelque corps mort, pour allecher les paillards à se mesler avec luy, car le mesme Vincent narre qu'un jeune homme se lavant sur le vespres, et nageant dans une riviere, prit une femme par le poil, laquelle il conduict en sa maison, sans qu'elle parlast jamais, et d'elle eut un fils, lequel faisant un jour semblant de vouloir tuer pour faire rompre ce long silence qui rendoit au mary et aux alliez suspecte la condition et l'extraction de ceste incogneuë garce, elle parla bien quelque peu, mais dés l'instant se perdit de veuë[6].

Jacques le Roux, medecin cy-dessus allegué, recite que certain boucher fut de mesme façon seduit par un demon succube, histoire qui n'est pas gueres dissemblable à celle de Machates et Philinion, rapportée par Ælian Phlegon, Loyer, et le Sieur de Lancre, Conseiller de Bourdeaux[7]. Si vous en voulez sçavoir davantage,

---

[4] [*Vinc. Hist. spec. l. 21. c. 30. Delrio l. 2. contr. mag. De Raemond de l'Heres.*]: Vincent de Beauvais, *Speculum Quadruplex, naturale, doctrinale, morale, historiale*, Duaci, Baltazaris Belleri, 1624. Les noms cités dans le texte de Ferrand ne se trouvent pas dans cette œuvre mais dans Jourdain Guibelet, *Trois discours philosophiques: Discours second du principe de la generation de l'homme*, ch. 18: «Scavoir si les demons ont semence de laquelle puisse estre engendré un homme», p. 201–11. Martin Del Rio, *Disquisitionum magicarum libri VI*, livre II, ques. 15: «An sint unquam daemones incubi et succubae, et an ex tali congressu proles nasci queat?», p. 74–77. Florimond de Raemond, *L'histoire de la naissance progrez et decadence de l'heresie de ce siecle divisee en huit livres [...]*, Paris, chez la Veufe Guillaume de la Nore, 1610, livre I, ch. 5: «La naissance de Martin Luther, auteur du schisme qui afflige la Chrétienté», p. 26. Pierre de Lancre, *Tableau de l'inconstance des mauvais anges et démons*, p. 230.

[5] Jakob Rueff (Jacques le Roux), *De conceptu et generatione hominis* (1558), Francfort ad Moenum, 1580, livre I, ch. 6, p. 59b, est la source de l'histoire de Magdeleine de Constance, mais la source de Ferrand est Jourdain Guibelet, *Trois discours philosophiques: Discours second du principe de la generation de l'homme*, ch. 18, p. 214–15, ou plutôt Johann Wier (Weyer), *Histoires, disputes et discours des illusions et impostures des diables*, livre III, ch. 32, vol. I, p. 444–45.

[6] [*L. 3. ca. 26. & 27*]: la référence est à Vincent de Beauvais cité par Johann Wier, *Histoires, disputes et discours des illusions et impostures des diables*, vol. I, p. 443. L'histoire est également racontée par Jourdain Guibelet, *Trois discours philosophiques: Discours second du principe de la generation de l'homme*, ch. 18, p. 211^v–12^r, qui l'attribue à Godefroy d'Autun.

[7] Ferrand continue de relater des anecdotes de Jakob Rueff, *De conceptu et generatione hominis*, livre V, ch. 6, p. 59a, mais toujours prises chez Guibelet. Phlégon de Tralles, *De mirabilibus liber*, ch. 7, relié avec Apollonius Dyscole, *Historiae commentitiae liber*, Lugduni Batavorum, apud Isaacum Elzevirium, 1620, p. 1–14. Pierre Le Loyer, *Discours et histoires des spectres, visions et apparitions des esprits, anges, demons, et ames, se monstrans visibles aux hommes*, Paris, chez Nicholas Buon, 1605, livre III, ch. 11. L'histoire est racontée de façon amplifiée par Belleforest et Boaistuau, *Histoires prodigieuses et memo-*

voyez ce que Jourdain Guibelet medecin d'Evreux en a escrit apres ledit Jacques le Roux en son discours de la melancholie, faisant voir clairement que, selon Sainct Chrysostome, «Quoscumque diabolus superat, per melancholiam superat», et qu'à bon droict on appelle l'humeur melancholique «le baing du diable[8]».

Il est neantmoins certain que plusieurs femmes ont creu estre violées et forcées par le malin esprit à l'accointance charnelle, ou par les magiciens, qui neantmoins estoient seulement travaillées de la coquemarre[9], maladie que les Latins appellent *incubum* et *succubum*, les Grecs ἐφιάλτην ἀπὸ τοῦ ἐφάλλεσθαι, id est, *insilire* vel *ascendere* [sauter ou monter], ou bien ἐπιβολή [rester figé], et par le medecin Themison πνιγάλιον ἀπὸ τοῦ πνίγεσθαι [cauchemar dans le sens de suffoquer]. Les Arabes la nomment *alchabum*, *algiathum*, ou *alneidalan* au rapport d'Avicenne[10].

Ce mal prend principalement au premier sommeil, lors que les vapeurs espaisses et grossieres portées des parties superieures au cerveau, bouchent les nerfs qui servent à la voix, et à la respiration, au moyen dequoy le malade a oppinion d'un pesant fardeau sur son corps, d'un demon, ou d'un magicien, qui veut faire breche à sa pudicité[11]. Ce que nostre Hippocrate nous a voulu enseigner quand il dict que

---

rables, extraictes de plusieurs fameux autheurs Grecs, et Latins, sacrez et profanes, divisées en six livres, Paris, Gabriel Buon, 1598, livre VI, ch. 1. Ferrand mentionne également Le Sieur de Lancre, *Tableau de l'inconstance des mauais anges et démons*, mais probablement au sens général parce que l'histoire de Machates n'apparaît pas dans son œuvre. Il y a néanmoins plusieurs discussions sur l'union avec les incubes et succubes dans le ch. «De l'accouplement de Satan avec les sorciers, et sorcières, et si d'iceluy se peut engendrer quelque fruict».

[8][*C. 18. Chr. l. de Provid.*]: Saint Jean Chrysostome, *De providentia Dei ad Stagirium monachum obrepitium*, ch. 9: «Quos cumque diabolus superat, per melancholiam superat», dans *Opera omnia, tomus quintus*, Parisiis, apud Robertum Pipic, 1687. La citation est peut-être une version corrompue d'une citation de Jourdain Guibelet, *Discours troisiesme de l'humeur melancholique*, ch. 10, p. 284 et suiv.: «le desespoir, qui est une des portes principales, pour donner entrée au Diable. *Daemon quoscunque superat per maerorem superat* ». [Dans la marge: *Johannes Chrysost. Lib. 9. De provid.*]. La source intermédiaire de ce dicton, selon lequel l'humeur mélancolique est le bain du diable, est Rodrigo de Castro, *Medicus-politicus*, p. 172–73, mais selon Johann Wier, *Histoires, disputes et discours des illusions et impostures des diables [...]*, livre IV, ch. 25, vol. 1, p. 603, la première source est saint Jérôme.

[9]Pour une autre définition d'*incubus*, Ferrand continue à suivre Jourdain Guibelet avant de se tourner vers d'autres écrivains. *Trois discours philosophiques: Discours second du principe de la generation de l'homme*, ch. 18, p. 216[v].

[10][*Gorraeus.; Aurel. c. 3. l. 1. Chron. Avic. l. 3. Fen. 1. tr. 5. c. 5.*]: Jean de Gorris, *Definitionem medicarum libri XXIV literis Graecis distincti*, Francofurti, typis Wechelianis apud Claudium Marnium, et heredes Joannis Aubrii, 1601, p. 162. Caelius Aurélien, *De morbis acutis et chronicis libri VIII*, Amstelaedami, Wetsteniana, 1755, livre I, ch. 3: «De Incubone», p. 288–89. Avicenne, *Liber canonis*, livre III, fen 1, tr. 5, p. 208[r]. Johann Wier, *Histoires, disputes et discours*, livre III, ch. 19, vol. 1, p. 387–89, donne une explication du cauchemar appelé *incubus*. Jacques Houllier, *De morbis internis libri II*, ch. 14, p. 48[v]. La source la plus probable de la discussion de Ferrand à propos de l'incubus est Rondelet, ch. XIV, «De incubo», dans *Methodus curandorum omnium morborum corporis humani*, p. 237.

[11][*Aegin. l. 3. c. 15. Aet. tetr. 2. ser. 2. c. 12. Haly Abbas 9. theor. c. 6*]: Paul d'Égine, *Opera*, livre III, ch. 15, p. 252 et suiv. Aetius d'Amide, *Tetrabiblos*, livre II, ser. 2, ch. 12, p. 281. Haly Abbas, *Liber medicinae dictus regius*, «Theoricae», livre 9, ch. 6, p. 60.

les filles nubile et femmes vefves travaillées de la melancholie erotique semblent voir les demons «ὀρῆν δοκεοῦσι δαίμονας», car il ne dict pas qu'ils[elles] voyent les malins esprits[12]. Et quoy que ceste maladie soit faicte «διὰ τίνὶ εἰς κεφαλὴν ἀναζζού-χουσαν ἀναθυμίασιν ἐξ ἀδδηφάγας καὶ ἀποψίας[13]» [par un excès de vapeurs à cause d'une satiété et d'une mauvaise digestion qui afflige le cerveau.], il est asseuré que les medecins ne l'appellent pas incube, ou coquemarre, que l'imagination ne soit offencée aussi bien qu'en la melancholie laquelle elle presage souvent, ou le mal caduc. Je puis attester avoir veu en ceste ville de Castelnaudarry en Lauraguez deux femmes jeunes, qui soustenoient que le diable ou un magicien couchoient chaque nuict avec elles, leurs maris couchez à leurs costez, lesquelles Dieu guerit par nos remedes, et recognoissent à present la depravation de leur imagination et leur folie.

---

[12] [*L. de Virg. morb.*]: Hippocrate, *Des maladies des jeunes filles*, dans *Œuvres complètes*, éd. Littré, vol. VIII, p. 467: «ὀρῆν δοκέειν δαίμονας».

[13] Hugues de Saint Victor, *Opera omnia tribus tomis digesta*, Rothomagi, sumptibus Joannis Berthelin, 1648, livre II, ch. 16, vol. II, p. 157.

XXVIII

Si l'amour des femmes est plus grand et pire que celuy des hommes

Il est certain que, selon la doctrine de Galien, la complexion chaude, ou seiche et chaude, est plus portée à l'amour desordonné que toutes les autres complexions et temperatures[1]. Je veux aussi de-là inferer que ces complexions doivent aussi avoir les amours plus violens, et que par consequent les hommes doivent estre plus souvent et plus griefvement tourmentez de ceste folie que les femmes, qui sont doüées d'une temperature moins chaude et moins seche, attendu que la nature ne fait jamais la femme que par defaut de chaleur[2], à raison dequoy le Philosophe l'appelle defaut et imperfection naturelle «ἀναπηρίαν φυσικὴν, ἀδυναμία γὰρ τινι τὸ θηλύ ἐστιν[3]». [la femelle semble être un produit de la déficience de la nature]

Mais le philosophe Chrysippe au rapport de Galien, sans avoir esgard à ces raisons, enseigne le contraire, lors qu'il dict que l'amour est un mouvement de l'ame revesche à la raison, ce qui est approuvé de l'Aristote, et de toute l'eschole de medecine. Dont nous pouvons conclure que sans doute la femme est en ses amours plus passionnée et plus acariastre en ses folies que l'homme («ὀλιγωτέρη γὰρ καὶ αἰθυμοτέρη τῶν θηλειῶν φύσις ἐστιν», dict le Pere de la Medecine)[4] dautant que la femme n'a pas la raison si forte que le masle pour pouvoir resister à une si forte passion, comme dit Galien,[5] et la belle Hero accorde à son cher Leandre:

> Urimur igne pari, sed sum tibi viribus impar,
> Fortius ingenium suspicor esse viris.

---

[1] [*C. 46. art. med.*]: Galien, *Ars medicinalis*, dans *Operum Galeni libri isagogici artis medicae*, ch. 46, Lugduni, apud Joannem Fellonium, 1550, p. 212.

[2] [*Arist. 4. de gen. an. c. 5. Hipp. l. 1. de diaeta. Gal. ca. 6. l. 14 de usu part.*]: Aristote, *De generatione animalium*, livre IV, ch. 5 (774a). Hippocrate, *Régime*, livre I, dans *Œuvres complètes*, éd. Littré, vol. VI, p. 513. Galien, *De usu partium*, livre XIV, ch. 6, éd. Kühn, vol. II, p. 628–30.

[3] [*L. I: de gen. an. c. 20. & l. 4. c. 6.*]: Aristote, *De generatione animalium*, livre I, ch. 20 (728a). *De generatione animalium*, livre IV, ch. 6 (775a).

[4] [*L. de morb. virg.*]: Hippocrate, *Des maladies des jeunes femmes*, dans *Œuvres complètes*, éd. Littré, vol. VIII, p. 466. Le texte de Ferrand a «τῶν θηλειῶν» au lieu de «γυναικείη».

[5] [*5. de plac.*]: Galien, *De placitis Hippocratis et Platonis*, éd. Kühn, vol. V, p. 429. Voir aussi Jean Aubery, *L'antidote d'amour*, p. 26ᵛ–27ʳ.

Ut corpus teneris, sic mens infirma puellis[6].

Ceste oppinion est confirmée par l'experience journaliere qui nous fait voir plus grand nombre de femmes maniaques, furieuses ou fades d'amour, que non pas des hommes, que nous voyons moins reduits à ceste extremité, sinon que ce soient courtisans effeminez, nourris dans le luxe et dans le sein des courtisannes:

Parcior in nobis, nec tam furiosa libido:
Legitimum finem flamma virilis habet[7].

Nous pouvons encores fortifier ceste oppinion d'une belle raison physique espuisée de la doctrine d'Aristote en ses œuvres physiques, où il enseigne que la nature a donné les intestins droits sans replis ny revolutions aux animaux goulus et voraces, comme sont les oiseaux de proye, et le loup. Au contraire elle a diversement replié et artistement entrelassé les boyaux de ceux qu'il estoit expedient d'estre sobres, comme l'homme[8]. Dont nous apprendrons que veu que la mesme nature (quæ «οὐδὲν ποιεῖ περίεργον, οὔτε μάτην, ἀλλ᾿ἀεὶ ἐκ τῶν ἐνδεχομένων τῇ οὐσίᾳ περὶ ἕκαστον γένος ζῴου το ἄριστον»)[9] [ne fait rien qui est superflu ou inutile, choisissant ce qui est le meilleur pour chaque catégorie d'animal] a situé en la femme ses vases spermatiques bien proches, et joignant les cornes de l'amarry, comme il se verifie par autopsie és dissections anatomiques, et au contraire en l'homme elle les a rejetté bien loing hors du ventre, de peur que les facultez principales de l'ame, l'imagination, la memoire, et le jugement ne fussent par trop troublez par la sympathie et voisinage des parties honteuses[10] («τὰ γὰρ ἐγγῇ καὶ τὰ κοινὰ πρῶτα καὶ μάλιστα κακοῦται»)[11] [les organes à proximité des parties malades sont les premières à souffrir.] Il est à juger que la femme a ce desir brutal plus violent, non sans raison, car il estoit necessaire que par quelque plaisir la nature contrebalançast la peine que ce sexe endure durant la grosse et accouches.

Que si nous voyons que les hommes semblent d'abord plus portez à la lubricité, n'exemptons pas les femmes de mesme desir, qu'elles cachent tant qu'elles peuvent, en quoy leur mine est semblable à des alembics gentiment assis sur des tourrettes sans qu'on voye le feu dehors. Mais si vous regardez au dessous de l'alembic, et mettez la main sur le cœur des dames vous trouverez en tous les deux lieux un grand brasier.

---

[6]Ovide, «Héro à Léandre», Héroïdes, XIX, 5–7, éd. Bornecque, p. 132. [Nous brûlons d'une flamme égale, mais je ne t'égale pas en force. Je suppose que les hommes ont plus de fermeté d'âme. Aux tendres jeunes filles, un esprit débile ainsi que leur corps.]

[7]Ovide, L'art d'aimer, vol. I, 281–82, éd. Bornecque, p. 12. [Plus réservée chez nous est la passion et moins furieuse; la flamme de l'homme respecte les lois de la nature.]

[8][L. 3. de par. an. c. 4. L. 1. de gen. an. c. 4.]: Aristote, De partibus animalium, livre III, ch. 14. Aristote, De generatione animalium, livre I, ch. 4 (717a).

[9][Arist. 2. de gen. c. 4. l. 3. de ani. c. 9 t. 45]: La partie qui précède la virgule provient de De generatione animalium (744a); le reste provient de De incessu animalium (2. 704b 16). Ferrand substitue «οὐδέν» à «οὐδὲν».

[10][Gal. l. de Dissect. uteri & l. 4. de usu par.]: Galien, De uteri dissectione liber, éd. Kühn, vol. II, p. 900–01. Galien, De usu partium, livre XIV, éd. Kühn, vol. III, p. 628 et suiv.

[11][Hipp. l. de humor.]: Hippocrate, Les humeurs, dans Œuvres complètes, éd. Littré, vol. V, p. 482–83: «Τὰ ἐγγὺς καὶ τὰ κοινὰ τοῖσι παθήμασι πρῶτα καὶ μάλιστα κακοῦται».

XXIX

De la precaution de l'amour, et de la melancholie erotique

En premier lieu, pour la precaution de toutes maladies, il faut oster la disposition du corps, selon Galien, qui n'est autre chose que la cause interieure du mal[1],
qui ne se peut deraciner sans avoir au prealable banny l'evidente qui la nourrit et
conserve. Celuy doncques qui voudra entreprendre la guerison ou precaution de
la melancholie erotique doit, comme dit le Pere de la Medecine, bien cognoistre
le naturel de son malade, à fin qu'il puisse «ἐναντίον ἵστασθαι τοῖσι καθεστεῶσι καὶ
νουσήμασι καὶ εἴδεσι, καὶ ὥρῃσι καὶ ἡλικίῃσι» [employer les remèdes convenables,
selon la nature et l'âge du patient, et selon la saison de l'année], autrement il combat
contre la mal les yeux clos à la mode des andabates[2].

Et dautant que cet amour charnel donne l'escalade au cerveau, divine forteresse
de Pallas, par les fenestres des yeux, nous procurerons qu'il n'aye à l'advenir tel
object devant les yeux, et ne luy parle en façon quelconque, quand ce seroit en
intention de la desobliger à jamais, de peur qu'il ne luy arrive ce que Galien escrit
estre jadis advenu à Menelaüs, qui deliberé de tuer sa femme adultere, n'eut pas
plustost apperceu ses blancs tetins et sa gorge de neige, que l'espée luy tomba de
la main, baisa sa femme, et par ce moyen sa fureur fut convertie en amour[3]. Quoy
que le scholiaste de Stesicorus rapporte cecy aux soldats que Menelaüs envoya
pour lappider Helene[4]. Tant y a que le plus souvent la querelle des amans ralume
les amours:

> Amantium iræ amoris redintegratio est[5].

---

[1][*C. 88 art. med l. 4. Meth. Med.*]: Galien, *Ars medicinalis*, dans *Operum Galeni libri
isagogici artis medicae*, ch. 88, p. 225 et suiv.: «De solutione continuitatis». Galien, *De
methodo medendi*, livre IV, éd. Kühn, vol. X, p. 232–304.

[2][*L. de nat. hom.*]: Hippocrate, *La nature de l'homme*, dans *Œuvres complètes*, éd. Littré,
vol. VI, p. 52–53.

[3][*L. 4. de plac. Hipp. & Plat.*]: Galien, *De placitis Hippocratis et Platonis*, livre IV, ch. 6,
éd. Kühn, vol. V, p. 405 et suiv.

[4]Ovide décrit un épisode parallèle dans *Les remèdes à l'amour*, vv. 661–70, éd. Bornecque, p. 33.

[5][*Terent. in Andr. act. 3 sc. 3.*]: Térence, *Andrienne*, vol. III, iii, 555, *Comédies*, éd.
E. Chambry, vol. I, p. 93. [Brouilleries d'amants, renouvellements d'amour.]

Et comme un flambeau à demy esteint se ralume plus vivement si on le couche et faict pancher tant soit peu en bas, de mesme l'amour à demy estouffé, si on le recouche et incline tant soit peu vers la chose aimée reprent de nouvelles flammes:

Quam facile irati verbo placantur amantes[6].

Nos defences seront plus estroittes si la dame est fort belle, car les belles semblent les fendeurs de bois: leur beauté sert de coignée pour fendre le cœur, le cry qui tesmoigne et suit l'ahan du fendeur rapporte à nos souspirs, mais comme donnant coup sur coup, le bois se fend, et par reaction la coignée se gaste et emousse. Aussi les belles à force de frapper et refrapper, ayans ouvert les cœurs endurcis, mettent souvent leur honneur en pieces.

Quelques autheurs assez celebres, admirans la force de la beauté, ont creu que certains esprits influoient du corps de l'amant dans celuy de l'aimé et y causoient un amour reciproque et anterique, lesquels donnerent jadis subjet aux dames Romaines de porter au col une figure deshonneste qu'elles nommoient *fascinum*, et peut-estre à leur exemple les Espagnoles de nostre siecle portent une main de corail, ou de geyet, ayant le point serré et le poulce passé entre le doigt indice et celuy du mitan, qu'elles appellent *higo per no ser oiadas*; les Grecs appellent ces brouïllerses τὰ βασκάνια [le mauvais œil], desquelles ils se servoient aussi contre les envieux[7].

Les Arabes parlans des remedes de l'amour recommandent au medecin de descouvrir la maistresse de son malade, à fin de luy representer devant les yeux ses vices et imperfections, faisant comme l'on dit, d'une mouche un elephant, et crayonnant ses virtus des couleurs du vice[8]:

Et mala sunt vicina bonis, errore sub illo:
Pro vitio virtus crimina sæpe tulit.
Quam potes in peius dotes deflecte puellæ[9].

Ou bien, dit Avicenne, il donnera ceste commission à quelque vieille matrone qui sera plus apte que le medecin pour deguiser les qualitez de l'aimée, à la charge que l'amant ne soit pas naturellement abject, sale et vilain, car chacun aime son semblable. Si on ne peut pas nier la beauté de la dame, il la faudra au moins ravaller en la parangonnant avec les plus belles de sa cognoissance[10]:

[6][*Proper. l. 2. el. 4.*]: Properce, *Élégies*, livre II, v, 13, éd. D. Paganelli, p. 42. On lit «mutantur» au lieu de «placantur». [Le nuage est moins mobile que les amants irrités.]

[7][*Pollux l. 7.*]: Jules Pollux, *Onomasticum Graece et Latine*, livre VII, ch. 24, Amstelaedami, ex officina Wetsteniana, 1706, vol. II, p. 764–65. «Higo per no ser oiados» (du verbe *hollar*, faire un trou mais aussi humilier) signifie littéralement «une figue ratatinée par manque de rapport sexuel». Pour cette interprétation, cf. Desmond Morris, *Manwatching: A Field Guide to Human Behaviour*, St. Albans, s. éd., 1978, p. 202.

[8][*Avic. l. 3. Fen 20. t. [.7]. c. 24. Alsarav l. pract. sect. 2. c. 17.*]: Avicenne, *Liber canonis*, livre III, fen. 1, tr. 4, ch. 23. Albucasis, *Liber theoricae necnon practicae*, tr. 1, sect. 2, ch. 17.

[9]Ovide, *Les Remède à l'amour*, vv. 323–25, éd. Bornecque, p. 21. [De plus le mal est voisin du bien: l'on s'y trompe et l'on dirige souvent des griefs contre la vertu comme on ferait contre un vice. Autant que tu le peux, envisage sous leur mauvais jour les qualités de ta maîtresse.]

[10][*Gordon c. de amore part. 2. Chr. à Vega c. de amore. l. 3. Meth. med.*]: Bernard de Gordon, *Lilium medicinae*, partie 2, ch. 20, p. 218–19. Cristóbal de Vega, *De Arte medendi*,

Vos quoque formosis vestras conferte puellæ:
            Incipiet dominæ quemque pudere suæ[11].

et prouvant par raisons probables que ce qu'il juge de beau est au jugement des
mieux oculez, laid et difforme[12]. Par exemple, si la dame a le nez beau, mediocre,
et affilé, nous dirons que c'est une cholere, rioteuse, et furie infernale au jugement
d'Aristote, et luy loüangerons le petit nez avec Catulle, l'aquilin avec les Perses,
ou le grand avec Albert, pour estre marque de bonté, comme aussi si elle a les yeux
blancs et brillans, nous dirons que c'est un sotte, paillarde, volage et glorieuse[13],
luy vanterons au contraire avec Hesiode, Pindare, Juvenal et Catulle celles qui ont
les yeux noirs, et ainsi des autres qualitez, car les conditions requises à la beauté
sont en si grand nombre, comme remarquent les naturalistes, qu'il n'y a corps si
beau et si accomply au monde que nous ne puissions remarquer plusieurs defauts en
chaque partie[14]. Ce que sçachant le peintre Zeuxis, estant prié par les Crotoniates
de leur representer la beauté d'Helene, voulut preallablement voir à nud les plus
belles filles de leur contrée, pour tirer de chacune d'icelles ce qu'il en jugeroit
exceller en beauté[15]. Outre que ce jugement varie à proportion que les personnes
sont de diverse humeur. Ovide la veut blanche et petite, Hector la choisit brune et
grande comme Andromache.

            Turpis Romano Belgicus ore color[16].

L'Italien la souhaitte grosse, carrée, et porelée, l'Alemand forte, l'Espagnol gresle,
vuidée et estrillée, le François molle, delicate, mignarde et affetée, et l'Indien
bazanée[17]. Mais nostre Hippocrate et Celse son singe aiment la hauteur durant la
jeunesse, et la vituperent en la vieillesse[18]. Partant, à bon droit on a feint la beauté
fille d'Iris, et arriere-fille de l'Admiration, par ce que comme le soleil battant sur

---

livre III, ch. 17, p. 414–15.

[11] Ovide, *Les remèdes à l'amour*, vv. 709–10, éd. Bornecque, p. 23. [Vous aussi, comparez
votre amie à de belles femmes: chacun commencera à rougir de sa maîtresse.]

[12] [*Alex Picolom. l. 10 Inst mor c. 6.*]: Alessandro Piccolomini, *Della institution morale
[...] libri XII*, livre X, ch. 6: «Del disoglimento dell'amore», p. 443. Cicéron, *Tusculanes*,
livre IV, ch. 35, sect. 74, éd. G. Fohlen, vol. II, p. 94. Ovide, *Les remèdes à l'amour*, vv.
325–35, éd. Bornecque, p. 21.

[13] [*Bapt. Porta cap. 9. l. 3. physion. Aristo. c. 6. physion.*]: Giovan Battista della Porta,
De humana physiognomonia libri IV, livre III, ch. 11: «Splendidi oculi», p. 422. Aristote,
Physiognomica, VI (811a). Cf. aussi della Porta, *De humana physiognomonia libri IV*,
p. 110.

[14] [*Vitruvius. Æquicola l. 2. c. 8. de nat. am.*]: Pollio Vitruve, *De l'architecture*, éd. L.
Callebat, livre III, ch. 1, partie 3, p. 7. Mario Equicola, *Libro di natura de amore*, livre II,
p. 81ᵛ–88ᵛ.

[15] Zeuxis était un peintre d'Héraclée et fut célèbre dans la seconde partie du Vᵉ siècle
av. J.-C.

[16] [*Propert. l. 2 el. 13.*]: Properce, *Élégies*, livre II, xviii B, v. 26, éd. D. Paganelli, p. 59.
[Le rouge belge déshonore le visage d'une romaine.]

[17] [*De Lancre l. 4. disc. 4. de l'inconst.*]: Pierre de Lancre, *Tableau de l'inconstance
et instabilité de toutes choses, où il est montré qu'en Dieu seul gît la vraie constance, à
laquelle l'homme sage doit viser*, Paris, chez A. L'Angelier, 1607, réimp. en 1610 avec un
Livre nouveau de l'inconstance de toutes les nations.

[18] [*Aph. ult. l. 2. Cels. l. 3. c. 1.*]: Hippocrate, *Aphorismes*, sect. 2, n. 54, dans *Œuvres*

la nuée, nous trompe et faict voir diverses couleurs en apparence, ainsi la beauté n'est qu'une fausse visée et esparpillement des rayons, qui dissipe et esgare nostre veuë, lors qu'elle se porte dans ceste nuë pleine de varietez attrayantes. Dont nous pouvons conclure que les plus rares beautés ne sont le plus souvent que par le seul defaut de ceux qui regardent, et par la foiblesse de nos yeux, qui ordinairement jugent belle la femme qui est blanche, molle, et delicate contre le jugement de nostre Galien, qui dict que ce sont marques d'une beauté fausse et fardée, et que la vraye et naifve beauté consiste en l'adjancement, proportion, ou symmetrie des membres, mediocrité de chair, et couleur gracieuse[19]. Qui voudra cognoistre si le corps est bien proportionné, il le faut selon nos anatomistes renverser, estendre les pieds et les bras esgalement, et prenant le nombril pour centre le compasser en rond, toute partie que outrepassera le cercle, ou ne l'atteindra, est mal proportionnée[20]. La face, dit Vitruve, doit estre la dixiesme partie du corps. Si le corps est bien carré et robuste il surpassera sept fois la teste, ou huict à neuf fois s'il est delicat[21]. Les sourcils joints ensemble rendent les deux cercles des yeux, et ainsi du reste du corps, comme vous pourrez lire dans le susdit autheur, dans Equicola, et le Sieur Veyries en la *Genealogie d'Amour*[22]. Neantmoins ceux des Indes aiment les levres grosses et enflées, le nez plat et large, ceux du Peru jugent les grandes oreilles les plus belles, et les Mexicains les petits fronts.

Si vous ne pouvez convaincre l'amant, et le contraindre d'accorder que sa dame soit privée des principales conditions requises à la beauté arrestée, il faudra tascher de la priver de la beauté mouvante, qui se nomme bonne grace, et consiste en la conduite des membres ou bien de celle de l'esprit, sans laquelle, selon Platon, Plutarque et Galien, celle du corps est fade[23], et luy verifierons par raisons, par exemples et authoritez de bons autheurs, que souvent les belles sont aussi communes, comme les laides sont mauvaises et capricieuses, ainsi que dit le comique Anaxandrides.

— ἔλαβεν αἰσχράν, οὐ βιωτόν ἐστ᾿ἔτι
οὐδ᾿εἴσοδος τὸ παράπαν εἰς τὴν οἰκίαν:
ἀλλ᾿ἔλαβεν ὡραίαν τις; οὐδὲν γίνεται

complètes, éd. Littré, vol. V, p. 487. Celse, *De la médecine*, livre II, ch. 1, éd. G. Serbat, vol. I, p. 47.

[19][*L. de san. ad Thras. 5. De plac. Hipp. l. 1. & 11. de usu part.*]: Galien, *Ad Thrasybulum liber, utrum medicinae sit an gymnastices hygiene*, ch. 14, éd. Kühn, vol. V, p. 828 et suiv. Galien, *De placitis Hippocratis et Platonis*, livre V, ch. 3, éd. Kühn, vol. V, p. 449. Galien, *De usu partium*, livre I.

[20][*A. Laurent. l. 1. Anat. c. 2.*]: André Du Laurens, *Questiones anatomiques*, dans *Toutes les œuvres*, p. 2–3.

[21]Pollio Vitruve, *De l'architecture*, éd. Callebat, livre III, ch. 1, partie 3, p. 6. Pietro Bembo, *Les Azolains*, livre III, dans *De la nature l'amour*, trad. en français par Jan Martin, Paris, M. de Vascosan, 1545, p. 163.

[22]Ferrand fait référence à Mario Equicola, *Libro di natura d'amore*, livre IV, «Segni da cognoscere li inclinati ad amare il presente amatore», p. 134[r]. Jean de Veyries, *La Genealogie de l'amour*, Paris, chez Abel L'Angelier, 1609, livre II, ch. 15, p. 327.

[23][*Plut in qu. Plat. Gal. l. de usu part. l. 5. de Placit. Hipp.*]: Plutarque, *Questions platoniques*, n. 6, dans *Moralia*, trad. H. Cherniss, XIII, partie. 1, p. 63. Galien, *De usu partium*, livre I. Galien, *De placitis Hippocratis et Platonis*, livre V, ch. 3, éd. Kühn, vol. V, p. 450 et suiv.

μᾶλλόν τι τοῦ γήμαντος, ἢ τῶν γειτόνων,
ὥστ' οὐδαμῶς χαχοῦ, γ'ἁμαρτεῖν γίνεται[24].

—— rara est concordia formæ
Atque pudicitiæ ——[25]

C'est une proye qui a un million de chiens et de chasseurs apres soy[26], ou bien
une lettre de recommandation:

Formosa facies muta commendatio est[27],

qui seduit et preoccupe le jugement, donne des impressions, et presse avec authorité,
lettre au reste escrite sur l'areine, qui s'efface aussi tost:

Florem decoris singuli carpunt dies[28]

Mais dautant que, selon la doctrine de tous les medecins qui ont traicté de
la cure de ce mal, il est totalement necessaire de representer à telles personnes
embabouïnées leur faute, et leur depeindre par vives couleurs l'enormité de leur
erreur, et de leur peché, je voudrois laisser ceste belle commission aux theologiens,
pour en estre plus capables que les medecins[29].

Nous remarquerons toutesfois que souvent telles admonitions ne servent de
rien, ains au contraire rendent l'amant plus acariastre et obstiné en ses folies[30],
comme chante le poëte Euripide dans Galien:

——Venus admonita laxat nihil,
Si namque cogas, amplius intendere appetit:

---

[24] Les vers suivants d'Anaxandride (fr. 52 K.) sont dans le *Florilegium* de Joannes Stobaeus, éd. C. Wachsmuth et Otto Hense, Berolini, apud Weidmannos, 1958, vol. IV, p. 512.
[Si un homme épouse une femme laide, il la trouvera vite repoussante; il n'aura aucun plaisir
à sa compagnie, et répugnera même à rentrer chez lui. Mais si la femme qu'il épouse est
belle, ses voisins auront commerce avec elle tout autant que lui-même. Ainsi le mariage
entraîne l'un ou l'autre de ces désagréments. (notre traduction)]

[25] Le vers provient de Juvénal, *Satires*, X, 298, éd. P. de Labriolle, p. 135. [Il est si rare
que beauté et pudeur aillent ensemble.]

[26] [*Stobaeus*]: Johannes Stobaeus, *Florilegium (Anthologium)*, vol. IV, «Eclogae», ch. 22,
partie 2, p. 512.

[27] [*P. Syrus*]: Publilius Syrus (Lochius), *Sententiae*, f. 169, éd. Meyer, p. 30: «Formosa
facies muta commendatio est.» [Un beau visage est une recommandation muette.]

[28] [*Seneca in Octa. act. 2.*]: Sénèque, *Octavie*, Acte II, 550, *Tragédies*, éd. Gauthier Li-
bermann, vol. II, p. 236. [Chaque jour qui passe fane la fleur de la beauté (trad. Jean-Régis
Chaumartin, *Tragédies*, tome III, Paris, Les Belles Lettres, 1996, p. 124)]

[29] [*Oribas. c. 9. l. 8. synop. Gordon. c. de Amore. Plato l. 8. de leg. Valer. Obs. 7. l. 2.*]:
Oribase, *Synopsis*, livre VIII, ch. 9, dans *Œuvres*, vol. V, p. 413 et suiv. Bernard de Gordon,
Lilium medicinae, partie 2, ch. 20, p. 218–19. Platon, *Lois*, livre VIII (841A–E). François
Valleriola, *Observationum medicinalium libri sex*, p. 209. Battista Fregoso, *Contramours*,
p. 215.

[30] [*Ficin. orat. 7. c. 11*]: Marsile Ficin, *Commentaire sur le banquet de Platon*, Orat. VII,
ch. 2, p. 207–09, éd. R. Marcel, p. 255.

Admonitus autem Amor magis premit[31].

Ce que Plaute deduit encores mieux:

> Amor mores hominum moros et morosos efficit,
> Minus placet quod suadetur; quod dissuadetur, placet.
> Cum inopia est, cupias: quando copia est, tum non velis:
> Ille qui aspellit, is compellit: ille qui non suadet vetat.
> Insanum est malum divuorti ad cupidinem[32].

A cause que tout amant vit selon ses passions, dit sur ce propos le Philosophe, et partant ferme l'oreille à raison, qui seule le peut remettre au chemin de la vertu, duquel il s'est fourvoyé: «ὁ κατὰ πάϑος ζῶν οὐχ ἂν ἀχούσειε λόγου ἀποτρέποντος, οὐδ' ἂν συνείη[33]». Ains Tibulle juroit souvent et promettoit à ses amis de ne voir plus sa maistresse, et toutesfois il ne s'en pouvoit abstenir:

> Iuravi quoties rediturum ad limina numquam,
> Cum bene iuravi, pes tamen ipse redit[34].

Peut-estre sous la fauce croyance que ces payens avoient que les dieux pardonnoient aux amans parjures, dautant qu'ils sont sans jugement et raison, à guise de petits enfançons[35]. Il nous faudra doncques guetter l'occasion de les admonester doucement selon les preceptes de Pol Æginete et du grand Avicenne és lieux prealleguez[36], car avec le temps, comme dit Galien, les passions s'amortissent, et

---

[31] [*Gal. 4. de Plac.*]: In Galien, *De placitis Hippocratis et Platonis*, livre V, ch. 3, éd. Kühn, vol. V, p. 411. [Vénus ne lâche pas prise si on la contrarie. Au contraire, plus on s'efforce de la contrer, plus elle en devient séduisante: l'amour que l'on punit est d'autant plus tenace. (notre traduction)]

[32] [*In Trinum. act. 3. sc. 2.*]: Plaute, *Trinummus*, III. ii. 669–72, éd. A. Ernout, vol. VII, p. 55:

> ita est amor, ballista ut iacitur: nihil sic celere neque volat; atque is mores hominum moros et morosos efficit; minus placet magis quod suadetur, quod dissuadetur placet; quom inopiast, cupias, quando eius copiast, tum non velis; *[ille qui aspellit is compellit, ille qui consuadet vetat]* insanum malumst in hospitium devorti ad Cupidinem.

[Tel est ce dieu: c'est comme un trait qu'on lance: rien d'aussi prompt, rien d'aussi rapide dans son vol. Une fois dans le cœur des hommes il y jette la folie et la bizarrerie: ce qu'on nous conseille le plus cest ce qui nous plaît le moins; ce qu'on nous déconseille nous plaît. On désire ce qu'on n'a pas, et quand on l'a, on n'en veut plus. (...) c'est un malheur insensé que d'être logé à l'hôtel de Cupidon.]

[33] [*L. 10. Eth. c. 10.*]: Aristote, *Éthique à Nicomaque*, livre X, ch. 9 (1179b). Ferrand conserve les mots mais inverse l'ordre de l'original.

[34] Tibulle, livre II, Élégie vi, 13–14, éd. M. Ponchont, p. 115: lire «quotiens» pour «quoties». [Car celui qui vit sous l'emprise de la passion n'entendra ni ne comprendra le raisonnement que lui tient celui qui tente de l'en dissuader: comment pourrait-on donc le faire changer d'avis par un raisonnement quelconque?]

[35] [*Plato in Philebo*]: Platon, *Philebus* (65D).

[36] Avicenne, *Liber canonis*, livre III, fen. l, tr. 4, ch. 24. [J'ai juré, combien de fois, de ne jamais revenir, mais après mes beaux serments, mes pas d'eux-mêmes m'y ramènent.]

non pas toutes les fois qu'il plaist, de mesme façon que ceux (dit le philosophe Chrysippe) qui courent par la plaine s'arrestent quand bon leur semble, pour ce que la pesanteur du corps ne les pousse à passer plus avant. Au contraire ceux qui roulent par quelque pante ne se peuvent bonnement arrester quand il leur plaist, contraints par la gravité du corps de rouler, ainsi quand la raison est cause des mouvemens de l'ame, il nous est facile de les arrester, mais lors que la concupiscence et la cholere, facultez reveches à la raison, et semblables à la pesanteur du corps luy sont conjointes, elle ne les peut arrester soudainement, ains peu à peu. Nous guetterons doncques l'occasion de nous bien servir de ce remede et de tous autres, attendu que l'occasion est l'ame de la medecine: «ψυχαὶ τῶν θεραπειῶν οἱ καιροί, ὧν ἡ παραφυλακὴ τὸ τέλος[37]». [connaître le moment propice pour intervenir, c'est l'essentiel dans la guérison de l'âme]

Il seroit aussi profitable de convertir cest amour en haine ou jalousie, luy persuadant qu'il n'est pas aimé, que toutes les caresses, faveurs, baisers, mignardises, et attouchemens sont des amorces et des ruses pour le tenir tousjours en servitude. Autrement l'aimé satisferoit aux plaisirs de l'amant, veu que l'amour est desirer tout bien à l'aimé pour son contentement et profit, non pas pour le sien propre, et au contraire estre dolent et marry des maux et afflictions de la personne aimée plus que des siens propres[38]. Adjoustons-y la dissimulation aussi familiere aux hommes, que l'inconstance est commune aux femmes, ensemble le danger que ce sexe encourt de perdre son honneur, dequoy le voulant advertir le peintre Phidias avoit accoustumé peindre leur déesse Venus ayant le pied droit sur une tortuë, non pas tant pour denoter leur imposture comme quelques uns ont dit ou le soing qu'elles doivent avoir de la maison, que pour admonester les femmes de prendre garde à leur honneur, dautant que comme la tortuë craint en recevant le masle de se renverser vers le ciel, pour ce que le masle apres la jouïssance la laisse en proye à l'aigle, pour la difficulté qu'elle a de se remettre en son plant naturel, preferant sa vie au plaisir[39]. De mesme la femme doit apprehender le danger auquel le masle la laisse, quand il a une fois renversé son honneur, l'exposant non seulement à l'aigle (qui est le diable) mais aussi aux corneilles, qui sont les medisans et trompettes pour publier sa faute. On dit que par ceste industrie on guerit les filles de Milet de la folie d'amour, car le senat leur ayant fait deffence de se tuer à peine d'estre apres la mort penduës à nud, elles vindrent en resipiscence, et se garderent de courir les ruës transportées de ceste fureur, et se defaire de leurs propres mains[40].

Je voudrois pareillement que les hommes se representassent devant les yeux les malheurs qui sont arrivés aux plus sages, forts et riches, pour avoir affolé d'amour impudique, et si cela ne suffi, contemplassent l'imperfection et immondicité des femmes[41].

---

[37][*Galien 4. de Plac. Hipp. & Plat.*]: Galien, *De placitis Hippocratis et Platonis*, livre IV, ch. 2, éd. Kühn, vol. V, p. 368 et suiv.

[38][*Arist. 2. Rhet. c. 4. l. 8. Eth c. 3. & 4.*]: Aristote, *Rhétorique*, livre II, ch. 4 (1380b–1381a). Aristote, *Éthique à Nicomaque*, livre VIII, ch. 13 (1162b).

[39]Pausanias (2e siècle), *Description de la Grèce*, livre II, «Elis,» ch. 25. Voir *Description of Greece*, trad. W. H. S. Jones, vol. III, p. 152–153.

[40][*Mercur. l. 4. de morb. mul. c. 10.*]: Girolamo Mercuriale, *De morbis muliebribus*, livre IV, ch. 10, p. 154.

[41][*Arnal. tra. de Amore Her.*]: Arnaud de Villeneuve, *De amore heroico*, p. 53.

Ille quod obscœnas in aperto corpore partes
Viderit, in cursu qui fuit hæsit Amor[42].

Hypetia fille à Theon le Geometre estoit si docte et accomplie qu'elle surpassoit en vertu et doctrine tous ceux de la ville d'Alexandrie, où elle lisoit publiquement la philosophie durant l'empire d'Honorius et Arcadius. Il advint qu'un sien escholier fut tellement espris de la beauté de son corps et de son esprit, qu'il en affola. Mais un jour ce jouvenceau luy ayant demandé la jouïssance pour sa guerison, ceste docte fille qui n'ignoroit pas les preceptes de la medecine tire de dessous sa cotte un drappeau teint de ses fleurs menstruales, et luy disant, «Voila, jeune adolescent, ce que tu aimes tant, où il n'y a que vilanie», amortit l'ardeur de ce jeune homme, et le preserva de la melancholie erotique[43].

Le bon Gordon donne tant de pouvoir et d'efficace à ce remede ou stratageme medical, qu'il croit le malade incurable qui ne guerit par ceste ruse: «Et si ex his amare non dimiserit, iam non est homo, sed est diabolus incarnatus: fatuitas igitur sua secum sit in perditione[44]». Mais quoy qu'il soit dict en commun proverbe, «que le medecin qui va sans Gordon, va sans baston», nous ne nous arresterons à son dire, ains rechercherons des remedes plus salutaires, que nous puiserons des trois fontaines de la medecine: de la diætetique, chirurgique, et de la pharmaceutique.

---

[42]Ovide, *Les remèdes à l'amour*, vv. 429–30, éd. Bornecque, p. 38. [Tel vit à découvert certaines parties que l'on doit cacher: cela suffit pour que l'amour s'arrêtât au milieu de sa course.]

[43][*Niceph. Cal. l. 14. c. 16. Dupreau Suydas.*]: Nicéphore Calliste, *L'histoire ecclesiastique*, livre XIV, ch. 16, p. 764–65. Gabriel Dupréau, *Histoire de l'estat et succès de l'Eglise, dressée en forme de chronique générale et universelle*, vol. I, p. 141[r]. [Suidas], *Lexicon (Souda)*, éd. A. Adler, tome I, partie IV, p. 644–66: «Ὑπατία».

[44]Bernard de Gordon, *Lilium medicinae*, «De passionis capitis», partic. 2, ch. 20: «De amore, qui hereos dicitur», p. 218.

XXX

Regime de vivre pour la precaution de la melancholie erotique

Mercurial conseille pour la guerison et preservation de ce mal que la malade choisisse un air froid et humide[1], et s'estonne de ce que Moschion vieux medecin Grec ordonne que la chambre du malade soit mediocrement chaude et claire[2]. Quant à moy j'aimerois mieux en ce poinct suivre l'Avicenne, qui en la precaution de ce mal ordonne aux hommes l'air chaud, et aux femmes le froid, et avec le vieillard Rhazis, je deffendrois à telles personnes de porter les accoustremens fourrez de peaux, hermines, pane ou velours à cause qu'ils eschauffent le sang[3], comme aussi les parfums odoriferans du musc, poudre de Cypre, civette, ambre, gallia moschata, alipta moschata, et semblables doivent estre bannis de la chambre et des habits de nos malades, qui subrogeront en leur place le camphre, pource que,

Camphora per nares castrat odore mares[4].

Il boira de l'eau et non pas du vin, pour ce qu'il rend enclin à l'amour, «ποιεῖ τοὺς φιλητικοὺς ὁ οἶνος» [le vin rend les hommes amoureux] selon Aristote[5], à raison de quoy les poëtes disent que le vilain Priape estoit fils de Bacchus, et les anciens legislateurs avoient ordonné par les loix des Douze Tables à la femme qui beuvoit du vin pareille peine qu'à l'adultere[6]. Gordon neantmoins veut que l'amant boive

---

[1] [L. 4. De morb. mul. c. 10]: Girolamo Mercuriale, De morbis muliebribus, livre IV, ch. 10, p. 156.

[2] [C. 128]: Moschion, De morbis muliebribus liber, p. 27–29.

[3] [L. 3. fen. 20. tr. 1. c. 25.]: Ferrand se réfère au Liber canonis, livre III, fen 20, tr. 1, ch. 27, p. 376[r], dans lequel Avicenne offre un remède contre le désir excessif.

[4] Ferrand liste «gallia moschata» ainsi que l'«alipta moschata», faisant une distinction entre les muscs de France et ceux associés à la Rome antique. L'alipta était l'huile utilisée par les romains lors des luttes. [Lorsqu'il est inhalé par le nez, le camphre, par son odeur, rend les hommes stériles. (notre traduction)]

[5] [Arist. prob. 1. Sect. 30. Hieron. ep. ad Eustoch.]: Aristote, Problèmes, livre I, n. 30, est plutôt dans le livre XXX (953b): «ποιεῖ δὲ καὶ φιλητικοὺς ὁ οἶνος». Saint Jérôme, «Ad Eustochium, de custodia virginitatis», dans Lettres, éd. J. Labourt, vol. I, p. 126.

[6] [Halycarn. l. 2: Pl. l. 14. c. 19. Agel. l. I. c. 23.]: Denys d'Halicarnasse, livre II, Les Antiquités Romaines, éd. V. Fromentin. Pline, Histoire naturelle, livre XIV, ch. 19, éd. Littré,

du vin, non pas peu, ny en si grande quantité qu'il en devienne yvre[7]. Ovide au contraire dit:

Vina parant animos Veneri, nisi plurima sumas,
Et stupeant multos corda sepulta mero.
Nutritur vento, vento restinguitur ignis:
Lenis alit flammas, grandior aura necat.
Aut nulla ebrietas, aut tanta sit, ut tibi curas
Eripiat, si qua est inter utrumque, nocet[8].

Je pardonnerois à un poëte de tenir licentieusement ceste opinion, mais non pas à un philosophe Platonique, tel que nous estimons Marsile Ficin, qui sur le *Banquet* de Platon conseille pour la guerison de ce mal de s'enyvrer à par fois, à fin de pouvoir refaire nouveau sang et nouveaux esprits, pour subroger au sang et aux esprits infectez du regard de la personne aimée[9]. Ceste opinion me semble impie enseignant de guerir un vice par un autre vice, et aux despens de la santé, outre que l'inceste de Loth l'a convaincu de faulceté et de mensonge[10]. Il boira doncques de l'eau au lieu du vin, s'y accoustumant peu à peu «ἐκ προσαγωγῆς τ᾽ἀναντία αἲ προσάγειν καὶ διαναπαύειν[11]» [afin de remplacer progressivement les habitudes et les dispositions du corps par leurs contraires]. Ou pour mieux faire on le fera jeusner au pain et à l'eau, car comme chante le poëte Achée:

ἐν τοῦ κενῇ γὰρ γαστρὶ τῶν καλῶν ἔρως ἐκ ἔζι[12].

vol. I, p. 535. Aulu-Gelle, *Les nuits attiques*, livre X, ch. 23, sect. 1, éd. R. Marache, vol. II, p. 182. Cf. aussi Rabelais, *Le Tiers Livre*, éd. P. Michel, Paris, Éditions Gallimard, 1966, p. 345.

[7]Bernard de Gordon, *Lilium medicinae*, partie 2, ch. 20, «De amore, qui hereos dicitur», p. 219.

[8]Ovide, *Remèdes à l'amour*, vv. 805–10, trad. Henri Bornecque: [Le vin dispose notre âme à l'amour, si l'on n'en prend pas beaucoup et que nos sens noyés par d'abondantes libations ne soient pas engourdis. Le vent entretient le feu, le vent l'éteint; légère, une brise alimente la flamme; trop forte, elle l'étouffe.]

[9][*C. 11. orat. 7.*]: Marsile Ficin, *Commentaire sur le banquet de Platon*, Orat. VII, ch. 11, éd. R. Marcel, p. 255. Ficin était appuyé par un grand nombre d'autorités concernant le rôle du vin comme cure de l'amour dont Paul d'Égine, Haly Abbas et Guglielmo de Saliceto dans *Cyrurgia*, Venetiis, 1520, ch. 18. Au temps de Ferrand, beaucoup de médecins s'opposaient catégoriquement à l'utilisation du vin comme par exemple Luis Mercado, lequel affirme simplement dans *De internorum morborum curatione*, dans *Opera*, vol. III, p. 103, «vinum fugiat», mais voir également Jean Aubery, *L'antidote de l'amour*, p. 135[v]. Voir aussi Rabelais, *Le tiers livre*, ch. 31, p. 343.

[10]Genèse 19:30–38.

[11][*Hipp. Aph. 18. Sect. 7. l. 6. Epid.*]: Hippocrate, *Des épidémies*, livre VI, sect. 2, n. 12, *Œuvres complètes*, éd. Littré, vol. V, p. 284: «Ἐκ προσαγωγῆς τ᾽ἀναντία αἲ προσάγειν, καὶ διαναπαύειν».

[12]Achaeus, Αισθων (fragm. d'une comédie satirique perdue). *Achaei Eretriensis quae supersunt*, assemblés et illustrés par C. Urlichs, Bonnae, ap. A. Marcum, 1834: «Ἐν κενῇ γαρ γαστρὶ τῶν καλῶν ἔρως». La citation grecque qui suit dans le texte de Ferrand provient d'Athénée VI, 270C, et se trouve dans Achaeus, p. 43: «Ἐν πλασμονῇ τοι Κύπρις, ἐν πεινῶντι δ᾽οὔ». [un ventre vide n'a pas d'yeux pour la beauté. (notre traduction)]

L'amour ne loge jamais dans un ventre vuide, mais au contraire, «ἐν πλησμονῇ
κύπρις¹³» [aime une variété de mets délicats et aime avoir l'estomac plein], notamment si le malade est bien charnu, bien nourry, et de complexion sanguine, temperée
ou bilieuse, auquel cas toutes ses viandes seront peu nourrissantes, mais bien ra-
fraichissantes, partant nous userons en ses boüillons et salades du pourpié, ozeille,
endive, cichorée, laictuë, laquelle est si souveraine à ceste maladie, que Venus
voulant oublier ses amours illicites, ensevelit son cher Adonis sous une laictuë¹⁴.
Quelques medecins se servent de la graine plustost que de la feüille, ou bien de
la conserve de roses rouges ou de provins, qu'on dit estre fort energique en ces
affaires¹⁵. Le mesme asseure-on de la menthe, non pas qu'elle rafroidisse comme
ont creu Aristote, Pline, Magnime, Arnaud de Villanova, et plusieurs autres¹⁶, pour
n'avoir remarqué dans Hippocrate que la menthe oste le desir de Venus en faisant
fondre et liquefier la semence de l'homme s'il en mange souvent: «ἤν πολλάκις ἐσθίῃ τις, τὸν πρόσογον αἰτιῶν τήκει, ὥστε ῥέειν καὶ ἐντείνειν χωλύει¹⁷». Ce qui me faict
croire que le texte d'Aristote est depravé, et qu'au lieu de καταψύχειν, c'est à dire
rafroidir, il faut lire, κατατήκειν, *id est, fondre*. Pour ceste cause Oppian appelle
la menthe βοτανὴν, *id est, maudite herbe*¹⁸. Mais les poëtes rapportent fabuleu-
sement ceste proprieté de la menthe à une autre cause: sçavoir est, que Menthe
estoit jadis une belle nymphe fille de Cocytus fleuve des enfers, cherie de Pluton,
laquelle advertie que ce dieu aimoit avec passion Proserpine, fille de Cerés déesse
des plantes et legumes, s'osa vanter de surpasser Proserpine en beauté, et de luy
faire la guerre, si Pluton la conduisoit en son royaume sousterrain, de quoy Cerés
advertie, obtint de Jupiter que ceste nymphe seroit metamorphosée en herbe de
ce nom, avec ceste malediction d'estre à jamais inutile aux mysteres d'amour¹⁹,
quoy que l'Avicenne tienne contraire opinion à celles d'Hippocrate et du Prince
des Philosophes, asseurant qu'elle est contraire à la precaution et guerison de ce
mal, conformément à la doctrine de Pol Ægineta, Aëce, Dioscoride, et plusieurs
autres²⁰.

---

¹³[*Arist. Prob. 9. Sect. 4.*]: Aristote, *Problèmes*, livre IV, ch. 9 (877b); livre IV, ch. 17
(878b).

¹⁴[*Lev Lemnius de occult. nat. mirac. c. 43*]: Levine Lemne, *Occulta naturae miracula*,
livre II, ch. 42, p. 264–65.

¹⁵[*Mercat. c. 10. l.2. de morb. mul.*]: Luis Mercado, *De internorum morborum curatione
libri IV*, dans *Opera*, livre II, ch. 10, vol. III, p. 585.

¹⁶[*Sect. 10 prob. 1.*]: Aristote, *Problèmes*, livre XX, n. 1 (923a, 9–13). Pline, *Histoire
naturelle*, livre XX, ch. 53, éd. Littré, vol. II, p. 22–23. Ferrand fait référence à une œuvre
d'Arnaud de Villeneuve avec les commentaires du médecin milanais Magnimo (Magnimus):
Arnaud de Villeneuve, *Medicina Salernitana id est conservandae bonae valetudinis praecepta, cum luculenta et succincta Arnoldi Villanovani in singula capita exegesi*, Excudebat
Jacobus Stoer, 1599, ch. 61: «De mentha», p. 259–61.

¹⁷[*2. De dieta.*]: Hippocrate, *Régime*, livre II, *Œuvres complètes*, éd. Littré, vol. VI, p. 560:
«ἤν πολλάκις ἐσθίῃ τις, τὴν γονὴν τήχει ὥστε ῥέειν, καὶ ἐντείνειν χωλύει».

¹⁸Opien de Cilicie, *Halieutiques*, trad. E.-J. Bourquin. Dans le livre III, p. 485, il mentionne la menthe «herbe faible», mais pas dans les même termes utilisés par Ferrand.

¹⁹*P. Dioscoridae pharmacorum simplicium [...] Libri VIII. Io. Ruellio interprete una cum
Hermolai Barbari corollariis, et Marci Vergilii, in singula capita censuris sive annotationibus*, Argentorato, apud Jo. Schottum, 1529, p. 165ᵛ.

²⁰[*L. 2. tr 2. c. 495. L. 3. fen. 20. tr. 1. c. 32. Paul. l.7. Aet. tetr. 1. serm. 1. Diosc. l. 3. c. 37.*]:
Avicenne, *Liber canonis*, livre II, tr. 2, ch. 495, p. 148ʳ, discute les propriétés curatives de

Nous accorderons à mon jugement ces graves autheurs, sans mettre en consideration l'opinion de Hermolaus Barbarus[21], sinon [si nous] disons que conformément à la doctrine du Pere de la Medecine et du Genie de la Nature, la menthe est contraire à l'amour lors qu'il est causé par repletion humide, car alors les alimens et medicamens secs sont salutaires, ainsi qu'on peut colliger du mesme Avicenne és chapitres 28 et 29 du livre 3, fen 20, traité 1[22]. Mais si la complexion du malade est chaude et abondante en serositez, humeurs acres et salez, la menthe est fort nuisible selon l'opinion de Pol, Aëce et Avicenne. Il pourra aussi souvent manger des melons, raisins frais, cerises, prunes, pommes, poires, et fruits semblables. Entre les chairs l'Epigrammatiste loüe fort les bizets, ou plustost les pigeons ramiers et mansars:

Inguina torquati tardant hebetantque palumbi,
    Non edat hanc volucrem qui cupit esse salax[23].

Mais je desirerois aussi qu'il se nourrist du pain bis ou syncomyste, pain de segle, orge, millet ou espeaute (que Quercetanus en son *Thresor de la santé* a creu lourdement estre une espece de bled sans barbe, veu que l'espeaute s'appelle zea d'un commun accord de tous les herboristes) qui est un grain bien leger, plus nourrissant que l'orge, et moins de beaucoup que le bled[24]; usera quelque fois de la graine de chanure, ou de vitex ou agnus castus (veu que Galien denombre ces deux grains parmy les alimens) ruë, cumin, ou coriandre. Et en ses sauces du vinaigre, jus de limons, citrons, ozeille, verd-jus et semblables liqueurs. Mais il se contregardera des espices, fricassées, et saleures, attendu que le sel provoque à luxure par sa chaleur et acrimonie ceux qui en usent en trop grande quantité, à raison de quoy les prestres Egyptiens s'abstenoient en toutes viandes du sel, ayans experimenté que la saleure imprime quelque demangeaison et chatoüillemens és parties servant à la generation[25], et les Rhodiens selon Athenée, appelloient la feste de Cupidon Ἅλια[26], comme les poëtes avec Platon ont surnommé Venus ἁλιγενῆ, c'est à dire fille du sel, ou de la mer, nous donnans couvertement à entendre par ceste

---

la menthe alors que dans le livre II, fen 20, tr. l, ch. 32, p. 376[v], il présente le remède pour la condition discutée dans le ch. 30: «De multitudine exuberationis spermatis, et humoris, qui praecedit coitum, et humoris, qui praecedit urinam vel qui egreditur post ipsam». Paul d'Égine parle de la menthe plusieurs fois dans le livre VII de son *Opera*. Aetius d'Amide, *Tetrabiblos*, livre I, sermo l, p. 31: «Edyosmon, menta, minthe». Dioscoride, *Pharmacorum simplicium libri VIII*, p. 165.

[21][*Herm. Barb. c. 363*]: Ermolao Barbaro, C. *Plinii naturalis historiae libros castigationes*, Basileae, apud Joannem Valderum, 1534, livre XIX, ch. 8, p. 285.

[22]Ferrand cite Avicenne, *Liber canonis*, livre II, fen 20, t. l, ch. 28, p. 376[r]: «De exiccativis frigidis spermatis»; voir aussi le ch. 29, p. 376[r–v]: «De exiccativis spermatis calidis».

[23]Martial, *Épigrammes*, XIII, 67, éd. H. J. Izaac, vol. II, p. 206. [Les ramiers à colliers alanguissent et émoussent la virilité. Que celui-là ne mange point de cet oiseau, qui veut être lascif.]

[24][*Theophr. l. 8. de hist. plant. Dioscor. l. 2. Mathiol.*]: *Theophrasti Eresii Graece et Latine opera omnia*, Lugduni Batavorum, ex typographio Henrici ab Plaestens, 1613, p. 173. Pietro Andrea Mattioli, *Commentarii in libros sex Pedacii Dioscoridis Anazarbei de medica materia*, livre II, ch. 82, p. 251–52.

[25]Jean Aubery, *L'antidote d'amour*, p. 135[v]–36[v].

[26]Athénée de Naucratis, *Les deipnosophistes*, livre XIII (561), éd. A. M. Desrousseaux. Voir *The Deipnosophists*, trad. C. B. Gulick, vol. VI, p. 35.

fiction la vertu generative du sel, qui est merveilleuse, qui faict que les poissons sont les plus fecons animaux, et les vaisseaux à sel produisent un grand nombre de souris, les femelles concevans sans masle en lechant du sel selon Aristote[27], les pasteurs donnent du sel à ces fins aux chevres et brebis, et les chasseurs eveillent la vertu generative des chiennes trop endormie par les chairs confites en saulmure. Ce qui me fait croire que le mot de *salacitas* a esté derivé par les grammariens de celuy de *sal*, qui signifie aussi beauté ou bonne grace parmy les Latins:

> Neque est in tanto corpore mica salis[28].

Il se doit aussi abstenir des viandes trop nourrissantes, chaudes, venteuses, et melancholiques, comme sont œufs mollets, perdrix, pigeons, moineaux, cailles, levrauts, et notamment de l'oison, à cause de certaine occulte proprieté que les medecins Magnimus et Arnaud de Villanova luy donnent[29]. Ce que je voudrois entendre du foye, qui est bien nourrissant, et que les Romains estimoient plus que tout le reste de l'oison, selon Athenée[30], estant tout certain que la chair de l'oye est de fort difficile digestion, et abonde en excrements, excepté les aisles, comme nous apprend Galien au livre troisiesme *Des aliments*[31]. Evitera de manger gueres souvent des pignons, pistaches, noisettes, eschalottes, artichaux, choux, navets, carottes, chervy, zizembre confit, panicaut, satyrions, bulbes, truffes, roquette:

> Nec minus erucas aptum est vitare salaces,
> Et quicquid Veneri corpora nostra parat[32].

Les huistres, chastagnes, les poix ciches, que Pline appelle, à cause de ce, veneriens, et viandes semblables[33].

Les medicaments alteratifs doüez de pareille qualité sont plus dangereux que les aliments, comme la semence de l'ortie Romaine, de fresne, les feüilles de chevr-

---

[27][L. 6. de His. anim. c. 19. & 37.]: Aristote, *Histoire des animaux*, livre IV, ch. 19 (574a); livre VI, ch. 37 (580b). Cf. cependant Plutarque, «Propos de table», livre V, ch. 10, vol. VIII (685A–D), *Œuvres morales*, éd. F. Frazier, vol. IX, 87–88.

[28][Catul.]: Catulle, LXXXVI, 4, éd. A. Ernout, p. 132. [Il n'y a pas la moindre grâce dans ce grand corps, pas un grain de sel.]

[29][Gal. 6. de loc. aff. c. 6. Arnal. tr. de coitu c. 4. Plut. in qu. Rom.]; [Parr. 2. c. 6. de reg. san.]: Galien, *De locis affectis*, livre VI, ch. 6, dans *Œuvres*, éd. Kühn, vol. VIII, p. 377–82. Dans le livre III, ch. 10, p. 90, Galien donne une liste d'aliments qui causent la mélancolie. Plutarque, «Les demandes des choses romaines», *Œuvres morales*, éd. Screech, vol. II, p. 475[r]. Arnaud de Villeneuve, *De coitu*, ch. 4: «De his, quae multiplicant semen, et augmentum faciunt in coitu», dans *Opera omnia*, p. 846–48. Pour le *Regimen sanitatis* voir ci-dessus, n. 16, la référence à Magnimo.

[30][L. 9. dipnos.]: Athénée, *Les deipnosophistes*, livre IX (384), éd. A. M. Desrousseaux. Voir *The Deipnosophists*, trad. C. B. Gulick, vol. IV, p. 237.

[31]Galien, *De alimentorum facultatibus liber*, éd. Kühn, vol. VI, p. 703–06.

[32]Ovide, *Les remèdes à l'amour*, vv. 799–800, éd. H. Bornecque, p. 38. [De même, il est bon d'éviter les roquettes, cet aphrodisiaque et tout ce qui porte nos sens aux plaisirs de l'amour.]

[33][L. 18. c. 12.]: Pline, *Histoire naturelle*, chap. 18 du livre XVIII, «[cicer] columbinum, quod alii Venerium appellant».

feuïlles, les vrays scinques (qui selon Rondelet sont les crocodiles terrestres)[34], le diasatyrion, tryphera Sarracenica, diazinziber, et semblables poudres et opiattes, que vous pouvez lire dans Avicenne, Nicolas, Serapion, Mesué, Andernac, Arnaut, Matheus de Grady, Rhazis, et autres autheurs authentiques[35].

Si l'usage des aliments et medicaments mentionnez cy-dessus est dangereux, je tiens que l'oisiveté l'est encores davantage, partant faisons occupper nostre amant à des actions serieuses, selon sa qualité et profession[36]:

> —— finem qui quæris Amori,
> Cedit Amor rebus, res age, tutus eris[37].

Soit à la guerre, à la chasse, à l'estude des lettres, ou à la mesnagerie, car les poëtes rapportent que Cupidon ne sceut jamais vaincre Vesta, Pallas, et Diane, quoy qu'il eust triomphé de tous les dieux et déesses[38], nous voulans apprendre par ceste fable que ceux qui se plaisent à l'estude des muses, à la chasse, et à la mesnagerie de la maison ne sont pas subjects aux piperies de l'amour. Bref, en toutes manieres il fuira l'oisiveté[39]:

> Ergo ubi visus eris nostra medicabilis arte,
> Fac monitis fugias otia prima meis:
> Hæc ut ames, faciunt; hæc quæ fecere, tuentur;
> Hæc sunt iucundi causa, cibusque mali[40].

---

[34] [*L. de Amphib. c. 4.*]: Guillaume Rondelet, *L'Histoire entiere des poissons, composée premierement en Latin [...] traduite en françois*, Lyon, Mace Bonhome, 1558, p. 173.

[35] La source de la liste des auteurs mentionnés par Ferrand pourrait être Giovanni Matteo Ferrari da Grado, qui, dans *Praxis in nonum Almansoris*, Vincentius de Portonariis de Tridino de Monte Ferrato, 1527, ch. IX: «De melancolia», p. lviii[r]–lxvii[r], présente une grande quantité de recettes dérivées d'auteurs arabes qui employaient souvent de l'ellébore. Andernacus était Johann Winter von Andernach (alias Johannes Guinterius et Jean Gonthier), un auteur prolifique dont les *Œuvres* sont aujourd'hui très rares. Il était connu en France avant tout pour *Le Régime de vivre et de prendre médecine que l'on doibt observer en tout temps et principallement en temps de peste*, Poitiers, J. et E. de Marnef, 1544. Ferrand se réfère probablement à son commentaire dans *Medicamentis purgatoriis libri* d'Hippocrate, dans *Anatomicorum institutionum libri IV*, Lugduni, Seb. Gryphius, 1541.

[36] [*P. Æginet c. 17. l. 3.*]: Paul d'Égine, [*Septem libri*], livre III, ch. 17, éd. I. L. Heiberg, p. 254.

[37] Ovide, *Remèdes à l'amour*, vv. 143–44, trad. Bornecque. [l'amour fuit l'activité: mène une vie active et tu seras tranquille.]

[38] [*Plut. in Erot.*]: La référence suggère que la source provient de *Dialogue sur l'amour* de Plutarque mais la source de Ferrand est André Du Laurens, *Des maladies melancholiques et du moyen de les guarir*, p. 36[r]. Voir Jean Aubery, *L'antidote d'amour*, p. 131[r].

[39] [*Rondel. c. de Amant.*]: Guillaume Rondelet, *Methodus curandorum omnium morborum corporis humani, in tres libros distincta*, Francofurti, apud heredes Andreae Wecheli, 1592, livre II, ch. 45, p. 239: «Seminis redundantia et otium sunt causae amoris insani unde Ovidius: otia si tollas, periere cupidinis arres»; le vers est tiré de *Les remèdes à l'amour* d'Ovide, v. 139, éd. Bornecque: «Otia si tolle periere cupidinis arcus». Cf. aussi Rabelais, *Le tiers livre*, ch. 31, p. 345–46.

[40] Ovide, *Les remèdes à l'amour*, vv. 135–38, éd. Bornecque, p. 20. [Donc aussitôt que tu paraîtras en état de profiter des remèdes de notre art, fuis l'oisiveté ; ce sera mon premier conseil. Elle fait naître l'amour, après l'avoir fait naître, elle l'entretient; elle est la cause et

Mercurial louë un exercise moderé; je prefererois le violent jusques à suer, avec
Galien et Marsile Ficin, sinon que le malade fust ja maniaque[41], et de tous les exer-
cises, j'approuve beaucoup la chasse, par laquelle Hippolyte conserva sa chasteté,
et l'equitation, quoy que moderée, et d'abord elle semble esmouvoir le corps à la
lubricité, au dire du philosophe en la section quatriesme de ses *Problemes*[42]. Qui
toutesfois en usera souvent, se trouvera bien de ce remede, au tesmoignage du divin
Hippocrate: «ὅκου ἱππάζονται μάλιστα καὶ πυκνότατα, ἐχεῖ λαγνεύειν κάκιστοί εἰσι»
[ceux qui se excellent distinguent en équitation ne sont pas enclin à la luxure]. Ce
qu'il confirme par l'exemple des Scythes, qui estoient «εὐνουχοειδέστατοι τῶν ἀνθρώπων» [les hommes les plus impuissants et les plus chastes du monde], à cause du
violent et continuel exercice qu'ils faisoient à cheval[43]. Il y a neantmoins quelques
exercices extremement dangereux, comme la lecture des livres impudiques, la musique, jeux de violes, luths, et autres instrumens, encores plus, les comedies, farces,
bals, et danses, car tels exercices n'ouvrent pas moins les pores du cœur, que ceux
du corps[44], au moyen dequoy si quelque serpent sur cela vient souffler aux oreilles
quelque parole lascive, quelque muguetterie, quelque cajolerie, ou quelque basilic
vienne jetter des regards impudiques, et des œillades d'amour, les cœurs sont fort
aisez à se laisser saisir et empoisonner, notamment les cœurs de ceux qui autresfois
ont esté blessez. Et comme le leopard attire toute sorte d'animaux par son odeur,
mais notamment les singes, lesquels ne pouvant prendre à la course, dautant qu'ils
gagnent le somet des arbres, il tasche de les avoir par finesse, se tapissant soubs la
ramée, où il represente les derniers abois de la mort, en telle maniere que les singes
le croyans veritablement mort, l'environnent, sautelent à l'entour, le harcelent de
toutes parts, et foulent aux pieds jusques à ce que le leopard les sentant ja las de
bondir, se relevant promptement en sursaut, en prend un avec les dents, l'autre
avec les ongles, deschire l'un, et devore l'autre[45]. Ainsi le demon d'amour et de
luxure se jouë au commancement avec ceux qu'il veut attraper, et les convie par
le plaisir de quelque passe-temps qu'on prend aux bals et autres assemblées. Delà
il les pousse à la frequentation, et à l'amitié honneste, de ceste amitié à l'amour
passionné, et de l'amour il les convie à la jouyssance. Mais comme il les sent pres,
il les saisit par les parties les plus nobles, pervertit à l'un le jugement, trouble l'ima-

---

l'aliment de cet agréable mal.]

[41][*L. 4 de mor. mul. c. 10. l. 6. de loc. affect. c. 6. Auic. l. 3. Fen 20. tr. 1. c. 35.*]: Girolamo Mercuriale, *De morbis muliebribus*, livre IV, ch. 10, p. 156: «Exercitationes moderate
conveniunt, omnes animi motus, sive ad iram, sive ad laetitiam vitandi». Galien, *De locis
affectis*, livre VI, ch. 6, dans *Œuvres*, éd. Kühn, vol. VIII, p. 377–82. Platon, *Lois*, livre
VIII (841A). Avicenne, *Liber canonis*, livre III, fen 20, tr. 1, ch. 35, p 377ʳ. Marsile Ficin,
Commentaire sur le banquet de Platon, Orat. VII, ch. 11, éd. R. Marcel, p. 208–09.

[42]Aristote, *Problèmes*, livre IV, ch. II (877b).

[43]Hippocrate, *Des airs, des eaux et des lieux*, dans *Œuvres complètes*, éd. Littré, vol. II,
p. 80–81. Le texte original est le suivant: «Ἄκου γὰρ ἱππάζονται μάλιστα καὶ πυκνότατα, ἐχεῖ
πλεῖστοι ὑπὸ κεδμάτων καὶ ἰσχιάδων καὶ ποδαγριῶν ἁλίσκονται, καὶ λαγνεύειν κάκιστοί εἰσιν»,
et «εὐνουχοειδέστατοί εἰσιν ἀνθρώπων».

[44][*Tertul. l. de spectat. Cyprian. 1. 2 epist.*]: Tertullien, *Les spectacles*, X [95v], trad.
Marie Turcan, p. 179–97. Saint Cyprien, *Correspondance*, lettre II, éd. Bayard, vol. I, p. 4.

[45]Sur le renard, cf. T. H. White, *The Bestiary: A Book of Beasts*, New York, G. P. Putnam's
Sons, 1960, p. 53–54. White mentionne que les chats et les rats jouaient un rôle important
dans certaines versions médiévales et que Francis Meres dans *Palladis Tamia*, London, P.
Short for Cuthbert Burbie, 1598, écrit la même chose des léopards et des singes.

gination à l'autre, et soubs l'apparence d'une douceur endormie, il les enveloppe
en mille peines veritables, douceur au reste qui rapporte au miel d'Heraclée, qui
est à cause de l'aconit, plus doux d'abord que le miel commun, mais sur le point
de la digestion, il excite tournoyement de teste, trouble la veuë, et sur la fin estant
bien savouré, rend la bouche amere[46].

Ce qui est plus dangereux en tels exercices, c'est la cajolerie et le baiser, que
nos dames disent mal à propos vain et sans efficace, avec la pastorelle de Theocrite:

κενὸν τὸ φίλαμα λέγουσιν[47].

Et en ce point sont semblables aux voleurs Egyptiens que jadis on nommoit *phi-
lettes*, c'est à dire baiseurs, par ce qu'en baisant, ils trahissoient les personnes, et
les voloient. Je redoute encores plus la muguetterie et attouchement des parties,
qui ne sont de la juridiction de l'œil, mesmes des mains, et des tetins, ce que les
Grecs appelloient βλιμάζειν, par une belle metaphore, car ce mot signifie proprement palper les oiseaux au marché, et sonder en les maniant leur graisse et bonté,
nous voulant apprendre que celles qui endurent tels attouchemens sont à vendre,
ou à prester[48].

Pour la preservation de ce mal, les tristesses, craintes, et affaires fort importans
sont fort salutaires, selon le grand Avicenne, et Paul Æginette, comme sont les
procez criminels[49]. J'aymerois mieux que quelque docte theologien luy donnast la
crainte de la mort et de l'enfer, et par mesme moyen le rendit devost et assidu à
l'oraison, attendu que l'oraison et le jeusne sont de souverains remedes contre le
demon de la luxure, et voudrois qu'il frequentast les personnes devotes et vertueuse
à fin qu'il participast à leurs qualitez par la frequentation, comme la vigne plantée
pres les oliviers, selon les naturalistes, apporte ses fruicts plus onctieux que de
coustume[50].

Quelques medecins conseillent d'enfermer dans la prison ces amants, s'ils
sont jeunes adolescens, et leur donner souvent la discipline, mais il me semble que

---

[46][*Albert. Arnal. de Vallan. tr. de venef.*]: (pseudo) Albert le Grand, *De mirabilibus mundi*,
dans *De secretis mulierum libellus*, p. 188. Arnaud de Villeneuve, *De venenis*, dans *Opera
omnia*, p. 1531-62. Dioscoride, *De medica materia libri sex, Joanne Ruellio [...] interprete*,
Lugduni, apud Joan. Francis de Gabiano, 1555, livre VI, ch. 8: «De venenato Heracliae
melle». Voir aussi [Pietro Andrea Mattioli], *Les commentaires [...] sur les six livres de
Pedacius Dioscoride Anazarbeen, de la matiere medicinale*, Lyon, Claude Rigaud & Claude
Obert, 1627.
[47]Théocrite, XXVII, 3, *Bucoliques grecs*, éd. Ph.-E. Legrand, vol. II, p. 104. [Le baiser,
dit-on, est chose vaine.]
[48][*Hesichius Varinus. Aristoph. in Auib. Foës. in l. 5. Epid. sect. 1.*]: Hesychius d'Alexandrie, *Lexicon, ad vocem* «βλιμάζειν», éd. M. Schmidt, Amsterdam, Adolf M. Hakkert, s.d.,
vol. I, p. 381. Aristophane, *Les oiseaux*, 530, trad. Victor Coulon et Hilaire van Dalle,
vol. III, p. 49: «βλιμάζοντες»; Hippocrate, *Des épidémies*, livre V, ch. 1: «ἐβλιμάσθη», éd.
Littré, vol. V, p. 204. Hippocrate, *Opera omnia*, éd. A. Foës, p. 234.
[49]Avicenne, *Liber canonis*, livre III, fen I, tr. 5, ch. 23, p. 206ᵛ. Paul d'Égine, [*Septem
libri*], livre III, sect. 17, éd. I. L. Heiberg, p. 254.
[50][*Mercat. l. 2 de morb. mul. Roder. à Castro l. 4. medicopol. c. 2.*]: Luis Mercado,
De internorum morborum curatione libri IV, dans *Opera*, livre II, mais cf. *De internorum
morborum*, livre I, ch. 17, vol. III, p. 103. Rodrigo de Castro, *Medicus-politicus*, livre IV,
ch. 2, p. 223.

Gordon est trop severe quand il dict qu'il les faut fesser et flageller, «donec totus incipiat fœtere», jusques à ce qu'il soit puant[51]. Les anciens en ce cas attachoient mieux à propos aux jeunes muguets qu'ils vouloient preserver de la paillardise un anneau, ou boucle ou prepuce, au rapport de Celse medecin[52], où semble faire allusion Martial:

> Dum ludit media populo spectante palæstra:
> Heu! cecidit misero fibula, verpus erat[53].

Il se gardera de dormir sur le dos, de peur que les reins ne s'eschauffent, ny ne ceindra ses lombes trop estroictement, de peur de causer dilatation de veines[54]. Le matelas sur lequel il dormira ne sera pas remply de laine, ou plume, mais plustost de paille, feüille de saule, de ruë, roses, nenufar, pavot, ou agnus castus, duquel les licts des femmes Attiques estoient tapissez aux Thesmophores, à fin qu'elles gardassent leur pudicité[55]. L'Avicenne Prince des Medecins Arabes, au chapitre de l'amour, Gordon, Arnaud de Villanova, et plusieurs modernes medecins veulent que si quelqu'un commence de s'embaboüiner de l'amour, pour le preserver de la melancholie, ou manie erotique, que nous travaillons à l'enamourer d'une autre nouvelle amie, laquelle comme il commancera de regarder des doux yeux, on luy fera de rechef haïr celle-cy, et en aimer une troisiesme, et ainsi par plusieurs fois, jusques à ce qu'il soit las d'aimer, croyant que comme au dire d'Aristote, ceux qui ont plusieurs amis, n'en ont aucun[56], aussi que ceux qui aiment plusieurs femmes

---

[51] [*Avic. c. de coitu inhonesto.*]: Ferrand se réfère probablement à Avicenne, *Liber canonis*, livre III, fen 20, tr. 1, «De universalibus appetitu coeundi», et surtout au ch. 2, p. 373[r–v]: «De nocumento coitus, et dispositionibus eius, et malitia figurarum», et au ch. 15: «De diminutione coitus». Bernard de Gordon, *Lilium medicinae*, partie 2, ch. 20: «De amore, qui hereos dicitur», p. 218. Cf. Valesco de Taranta, *Epitome [...] morbis curandis in septem congesta libros*, Lugduni, apud Joan. Tornaesium, et Gulielmum Gazeium, 1560, p. 36.

[52] [*Mercur. l. 1. de var. lect. c. 19.*]: Girolamo Mercuriale, *Variarum lectionum libri IV*, Venetiis, sumptibus Pauli et Antonii Meieti fratres librarii Patavini, 1571, livre I, ch. 19, p. 22–23. Laurent Joubert, *La premiere et seconde partie des erreurs populaires touchant la médecine et le régime de santé*, Paris, chez Claude Micard, 1587, livre V ch. 4, p. 215.

[53] Martial, *Épigrammes*, livre VII, 82, 5–6, éd. H. J. Izaac, vol. I, p. 235. [Mais comme il s'exerçait en pleine palestre sous les yeux de la foule, la fibule du malheureux a glissé jusqu'à terre; il était circoncis!]

[54] [*Gal. l. 6. de loc. aff. c. 6. Auic. l. 3. Fen. 20. tr. 1. ca. 25. 32. 47.*]: Galien, *De locis affectis*, livre VI, ch. 6, dans *Oeuvres*, éd. Kühn, vol. VIII, p. 377–82. Avicenne, *Liber canonis*, livre III, fen 1, tr. 5, ch. 24, p. 207[r]. Le chapitre parle des remèdes de la mélancolie. Pour le ch. 25 d'Avicenne voir Ferrand ch. 5, n. 2. Le livre II, fen 20, tr. 1, ch. 32, p. 376[v]: «De multitudine exuberationis spermatis, et humoris qui praecedit coitum, et humoris, qui praecedit urinam vel qui egreditur post ipsam». Le ch. 37, p. 377[r], discute «De multitudine erectionis absque desiderio, et de priapismo».

[55] [*Rhazis 24 cont.*]: Rhazès, *Liber continens*, livre XXIV. La référence de Ferrand provient des marges de l'édition de l'œuvre d'Avicenne citée dans la note précédente. Les Thesmophories étaient une fête célébrée dans la Grèce antique; elle avait lieu en octobre et seulement les femmes y assistaient. La fête était en l'honneur de Déméter, et son but était de garantir la fertilité des champs. L'agnus castus était employé pendant la cérémonie, placé sous les matelas et les coussins afin de calmer l'appétit sexuel. Voir ch. 32, n. 1.

[56] Pour les références pertinentes dans Bernard de Gordon et Avicenne, voir la n. 3 du ch. 33.

n'en peuvent affoller d'aucune, ce que Gordon dict avoir appris du poëte folastre:

Hortor et ut pariter binas habeatis amicas:
Fortior est, plures si quis habere potest.

Secta bipartito cum mens discurrit utroque,
Alterius vires subtrahit alter Amor[57].

Mais ceste oppinion, soubs correction de ces doctes medecins, est impertinente, dautant qu'il est dangereux qu'on ne puisse porter le malade à changer d'amours à nostre volonté, (ce que l'Avicenne semble accorder quand il dict que si nous ne pouvons obtenir ce changement d'amour, que nous commettions ceste charge à des vieilles edentées) et que pour le preserver des amours de la premiere maistresse, en luy faisant aimer une seconde, nous le facions affoller des amours de la seconde. Outre que j'ay veu plusieurs personnes, qui par ceste mauvaise habitude, aimoient indifferemment toutes les femmes qui faisoient semblant de les aimer, et sembloient és compagnies des femmes à marier fats, et non és autres rencontres, dautant que toutes les passions demeurans long temps dans l'ame, elles y impriment de mauvaises habitudes, lesquelles apres y avoir avec le temps pris force de nature, s'esmeuvent pour la moindre occasion, et avec grande peine se peuvent effacer. Qu'il soit ainsi, vous voyez les coüards redouter cela mesme qui les sauve, et les cholerez se courroucer souvent contre leurs amis. Aussi ceux qui sont adonnez à l'amour charnel, ne se contentent pas d'aimer une seule personne, mais plusieurs indifferemment, car la coustume, comme une autre nature, acquise par habitude, a une force merveilleuse de conduire la disposition à ce qui luy est familier[58]. Et comme celuy qui est disposé à broncher, chope à tout heurt, ainsi celuy qui a contracté une disposition amoureuse, s'amourache selon la particularité de sa passion, et quand une fois il est esmeu, il ne fait pas ce qu'il veut, mais ce à quoy il est enclin et disposé, ne plus ne moins qu'une boule, quand elle se meut est forcée se mouvoir rondement, et un rouleau en façon de rouleau selon sa figure: «Dum servitur libidini facta est consuetudo, et dum consuetudini non resistitur, facta est necessitas», dict sainct Augustin[59].

---

[57] Ovide, *Les remèdes à l'amour*, vv. 441–44, éd. Bornecque, p. 25. Cf. Jean Aubery, *L'antidote d'amour*, p. 127r–28r. [Je vous conseille également d'avoir en même temps deux maîtresses: on est plus fort contre l'amour, si l'on peut en avoir davantage. Quand le cœur se partage et court d'une amie à l'autre, l'amour pour l'une affaiblit l'amour pour l'autre.]

[58] [*Gal. 2 de motu muscul. Plutarq.*]: Galien, *De motu musculorum*, livre II, éd. Kühn, vol. IV, p. 440 et suiv.

[59] [*L. 7. Confes.*]: Saint Augustin, *Les Confessions*, livre VIII, ch. 5, éd. P. de Labriolle, vol. I, p. 184–85.

XXXI

Remedes chirurgiques pour la precaution de l'amour et de la melancholie erotique

Puis que la cause conjoincte et immediate de ceste maladie est la semence, comme prouve Galien par belles raisons et plusieurs exemples sur la fin du livre 6 *Des parties malades*[1], et veu que la semence n'est qu'un sang blanchy par la chaleur naturelle, et un excrement de la troisiesme digestion qui irrite par sa quantité ou qualité la nature à l'expeller hors du corps. Autrement il se corrompt dans ses reservoirs, et de-là il jette et darde par l'espine du dos, et autres conduicts occultes mille vapeurs au cerveau, qui troublent ses facultez et vertus principales. Il sera fort utile de tirer hors du corps la quantité superfluë du sang par la seignée de la veine basilique du bras droit[2], voire quelque petite quantité de plus, si le corps est temperé, sanguin, et bien carré et charnu, pour ce que les forces de telles personnes endurent une copieuse seignée, laquelle on pourra reïterer trois ou quatre fois l'an, tandis qu'on craindra ce mal, notamment si on cognoist que ce remede soit esté utile au malade dés le commencement[3]. Apres la seignée de la basilique, je suis d'advis de tirer certaine quantité de sang selon les forces, l'aage et complexion du malade de la veine du jarret, notamment si le malade est travaillé de satyriase, et qu'il se trouve chirurgien capable de ce faire. En defaut de ceste veine, je voudrois ouvrir la veine saphene de quelqu'un des pieds, ou bien appliquer pres les parties honteuses, sur les cuisses des ventouses, avec suffisante scarification. Mais il n'en faut pas venir à ces evacuations particulieres sans avoir preallablement fait la seignée du

---

[1]Galien, *De locis affectis*, livre VI, ch. 6, dans *Œuvres*, éd. Kühn, vol. VIII, p. 377–82.

[2][*Auic. l. 3. Fen. 20. tr. I. c. 27. & 39. Rhaz. 1. divi. c. 80*]: Avicenne, *Liber canonis*, livre III, fen 20, tr. 1, ch. 27, p. 376[v], parle des remèdes contre le désir excessif (cf. ch. 25, p. 375[v]) et établit la phlébotomie comme un des remèdes. Le ch. 39, p. 377[r-v], recommande l'effusion de sang comme remède contre le priapisme. Rhazès, *Divisionum liber*, Basileae, in officina Henrichi Petri, 1594, réimp. Bruxelles, 1973, ch. 80, p. 403: «De nocumento quod fit ex multitudine desiderij coitus et spermatis». Cf. Rabelais, *Le tiers livre*, ch. 31, p. 345. Voir aussi P. Darmon, *Le mythe de la procréation à l'âge baroque*, p. 12.

[3][*Mars. Ficin. c.11. orat. 7. In symp. Plat.*]: Marsile Ficin, *Commentaire sur le banquet de Platon*, Oration VII, ch. 11, éd. R. Marcel, p. 255: «Spesse volte trarsi el sangue». Jean Aubery, dans *L'antidote d'amour*, p. 136[r-v].

bras (qui en danger de satyriase, ou fureur uterine, se doit administer dés le premier jour), autrement on attireroit plus de sang aux parties affectées, et siege de la cause du mal, qu'on n'en pourroit retirer par la derivation[4].

Quelques uns se servent des caustiques aux jambes, mais je trouve assez foible ce remede, et les Scythes, selon Herodote, couppoient les veines ou arteres qui sont derriere les oreilles, et par ce moyen se rendoient αγόντες, ἐνάριας et ἀνανδριοῖς, c'est à dire effeminez et impuissants. Reduits en ce miserable estat, ils prenoient des habits de femmes, et filoient avecques elles[5], selon que nostre Hippocrate rapporte, pour ce que la section des veines ou arteres qui sont joignant les oreilles rendent les personnes impuissantes et infertiles[6], quoy que Vesal et quelques autres anatomistes veillent que ce vice depende plustost de la section des nerfs de la sixiesme conjugation, qui passans joignant les oreilles, vont fondre aux genitoires et vases spermatiques[7]. Ce remede pourroit sembler facile et utile à ceux qui ont fait vœu de chasteté, si nous n'avions à craindre la depravation de la memoire et du jugement, comme il se peut colliger de l'Avicenne[8], et se peut confirmer par l'exemple des Scythes mentionnez, qui par ceste operation chirurgique devenoient fats et niais.

---

[4][*Paul. l. 3. c. 56. Aet. tetr. 3. ser. 4. c. 32 Rondel. c. 56. l. 3. Meth. Moschio c. 128. Arnal. de regim. san. c. 28.*]: Paul d'Égine, *Opera*, livre III, ch. 56: «De satyriasi», éd. Andernacus, p. 386. Paul d'Égine discute de la surexcitation de la femme dans la tradition de Soranos d'Éphèse et d'Aëtius d'Amide. Aëtius d'Amide, *Tetrabiblos*, livre III, sermo 4, ch. 32, p. 657 et suiv.: «Pharmaca et edulia eorum, qui flavae bilis influxu infestantur». Guillaume Rondelet, *Methodus curandorum omnium morborum corporis humani*, dans *Opera omnia medica*, Genevae, apud Petrum et Jacobum Chouët, 1620, livre III, ch. 56, p. 548: «De priapismo». Moschion, *De morbis muliebribus liber*, p. 27–29. Voir aussi ch. 30, n. 2. Arnaud de Villeneuve, *Commentum super regimen Salernitanum*, dans *Medicina Salernitana, id est conservanda bonae valetudinis praecepta, cum [...] Arnaldi Villanovani in singula capita exegesi*, Roterodami, ex officina Arnoldi Leert, 1599.

[5]Hérodote, [*Histoires*], «Clio», livre I, ch. 106, 107, éd. Ph.-E. Legrand, vol. I, p. 131. Le trois premiers mots grecs dans le texte de Ferrand ne sont pas d'Hérodote. Ils signifient un manque de courage, de virilité.

[6][*L. de aere loc. & aq. L. de genit.*]: Hippocrate, *À propos des airs, des eaux et des lieux*, dans *Œuvres complètes*, éd. Littré, vol. II, p. 79, 81. Hippocrate, *La génération*, dans *Œuvres complètes*, éd. Littré, vol. VII, p. 473.

[7]André Vésale, *Opera omnia anatomica et chirurgica, cura Hermanni Boerhaave [...] et Bernhard Siegfried Albini*, Lugduni Batavorum, apud Joannem du Vivie, et Joan. et Herm. Verbeck 1725, vol. I, p. 372, 449. Battista Fregoso, *L'anteros ou contramour*, livre II, p. 158.

[8][*L. 3. Fen 20. tr. 1. c. 25.*]: Avicenne, *Liber canonis*, livre III, fen 20, tr. 1, ch. 25.

XXXII

Remedes pharmaceutiques pour la preservation de l'amour ou de la melancholie erotique

Le premier remede pharmaceutique sera un clystere composé de simples froids et humectans, parmy lesquels il sera fort à propos de mesler la graine de chanvre, agnus castus, et semblables, et le lendemain vous luy donnerez un bolus de casse, de catholicon, diaprun, ou tryphera persica, avec quelques grains d'agnus castus, ou une potion catharctique fort benigne, car on ne se doit servir des purgatifs violents et fort laxatifs selon Avicenne, Æginette et Aëce, qui a ces fins donne la decoction de bete, mauve, et mercuriale[1], dautant que les medicamens violents eschauffent les humeurs, troublent le sang, et font descendre les excremens vers les parties inferieures et vases spermatiques, à raison dequoy Arnaud de Villanova, au chapitre du *Regime de vivre pour les chastes*, prefere le vomissement à la purgation[2]. Par apres il prendra durant quelques matins le petit laict, ou bien des bouïllons ou juleps, qui ayent la vertu de rafraischir le sang, y adjoustant quelque potion des medicamens qui sont contraires à la generation de la semence, notamment si le malade est de complexion humide, auquel tels medicaments sont fort propres, ainsi qu'on peut apprendre de l'Avicenne[3]. Ceste description m'est familiere.

> ℞ Radicum buglossi, borraginis et cicoreæ ana unciæ 5; foliorum endiviæ, acetosæ, portulacæ, lupuli e lactucæ ana manipulus 1; seminum 4 frigidorum maiorum et minorum ana drachma 1; seminum viticis et papaveri albi ana scrupuli 2; passulæ Corinthiacarum, florum nenufaris et violæ ana pugillus 1. Dequoquitur ad libram 1. Incolatur, dissolvitur syrupi de pomis redolenti viola et nenufar ana uncia 12. Misce. Fiat iulep clarificatus et aromatizatus drachma 1 santali albi pro tribus aut 4 dosibus matutinis[4].

---

[1] [*Paul. Ægi. l. 3. c. 36. Aet. tetr. 3. ser. 4. c. 32.*]: Paul d'Égine, *Opera*, livre III, ch. 36. Aëtius d'Amide, *Tetrabiblos*, livre III, sermo 4, ch. 32, p. 657 et suiv.; cf. ch. 31, n. 4. Avicenne discute le sujet dans *Liber canonis*, livre III, fen 1, tr. 4, ch. 20, p. 205[r-v].

[2] Arnaud de Villeneuve, «De regimine caste viventium», ch. 28 de *De regimine sanitatis*, in *Opera omnia*, p. 749.

[3] [*L. 3. Fen 20. tr. 1. c. 27. 28. & 29.*]: Avicenne, *Liber canonis*, livre III, fen 20, tr. 1, p. 376[r-v].

[4] ℞ Cinq onces ana (chacun des ingrédients suivants) de racines de buglose, de bourrache, et de chicorée; un manipule ana de feuilles d'endives, d'oseille, de pourpier, de houblon, et de laitue; une drachme ana des quatre graines froides «majeures», et des quatre graines

À par fois j'y adjouste quelque grain de canfre, ou bien je le mesle parmy les eaux de laictuë, du pourpié, ou nymphée, et le donne à boire durant quelques matins, notamment à ceux qui sont de complexion chaude et bilieuse, car, selon Dioscorides, ces plantes sont fort energiques pour la precaution et guerison de ce mal[5].

Les prestres d'Athenes se servoient de la ciguë ou cocuë en tels affaires, quoy que ce fust le poison ordinaire duquel les Areopagites se servoient pour faire mourir les criminels, comme on peut colliger de Platon, et sainct Basile (qu'on dict avoir esté docte medecin, et eloquent theologien) asseure avoir veu des femmes qui amortissoient leurs cupiditez enragées par la boisson de la ciguë[6]. Il se faut neantmoins garder d'user d'aucun remede diuretique pour les mesmes raisons que nous avons cy-dessus apporté en la purgation, outre que tels medicamens sont ordinairement chauds et secs, sans pour cela improuver le petit laict, et les eaux des bains, qui ont vertu de rafraischir, car Mercurial se jacte avoir guary des femmes de la folie d'amour par ces seuls remedes[7], ou bien:

℞ Lenticulæ palustris pugilli 5; seminum lactucæ, portulacæ et papaveri albi ana drachmæ 3; rosarii et nenufaris ana pugilli 5. Coquantur in [a]qua et cum quantum satis sacchari fiat syrupus quo utatur singularis diebus[8].

Quelques autres mettent et cuisent dans leurs bouïllons de la morelle et ciguë, lesquels je ne voudrois imiter.

Que si les ventositez sont à craindre, comme és personnes melancholiques, usez des apozemes, juleps, ou oxymels faits de la graine de coriandre, ruë, cumyn, agnus castus et semblables, plustost que des simples froids.

Apres avoir pris ces breuvages, il sera utile de repurger nostre amant avec les mesmes medicamens cy-dessus mentionnez, ou bien avec la rhubarbe et syrop de roses, ou bien avec le syrop de cichorée, composé avec la rhubarbe.

Je me ris d'Arnauld de Villanova, quand il escrit qu'il n'y a meilleur remede pour se garantir de ce mal qu'apporter un couteau manché du bois d'agnus castus[9].

froides «mineures»; deux scrupules de graines de vigne et de pavot blanc; une pugille ana de raisins de Corinthe, de fleurs de nénuphar, et de violettes. Réduisez par ébullition à une livre. Filtrez. Faites dissoudre dans ce liquide une once et demie de sirop de fruits, parfumé de violettes et de nénuphars. Mélangez. Aromatisez ce julep clair avec une drachme de santal blanc. Prenez-en trois ou quatre fois le matin.

[5][*C. 117. 129 l. 2.*]: Dioscoride, *De medica materia libri sex*, livre II, ch. 128, éd. J. Ruelle, p. 180.

[6][*Homil. 5. sup. hexam.*]: Saint Basile, *Opera omnia [...] Graece et Latine*, Parisiis, sumptibus Claudii Morelli, 1618, *Hexameron, homilia quinta: «De germinatione terrae»*, p. 58–59. La source de Ferrand est Girolamo Mercuriale, *De morbis muliebrium libri IV*, livre IV, ch. 10, p. 157.

[7][*L. 4. de morb. mul.*]: Girolamo Mercuriale, *De morbis muliebribus libri IV*, livre IV, ch. 10, p. 157.

[8] ℞ Cinq pugilles de lentilles d'eau; trois drachmes ana (chacun des ingrédients suivants) de graines de laitue, de pourpier, et de pavot blanc; cinq pugilles ana de roses (églantier odorant) et de nénuphars. Faites cuire dans l'eau, et, avec une quantité suffisante de sucre, préparez un sirop qui devra être pris tous les jours.

[9][*C. 26. l. 2. pract. med.*]: Arnaud de Villeneuve, *Breviarium practicae*, livre II, ch. 26. Dans l'édition que nous avons consultée, les références correspondent au ch. 40: «De extinguenda libidini, et voluntate coeundi removenda», dans *Opera omnia* (1585), p. 1283, mais

Il vaudroit mieux tremper les parties honteuses dans l'oxycrat, suc de morelle, plantain, nombril de Venus, joubarbe, ou liqueur semblable, notamment si c'est une personne qui ne se soucie de se marier. Il y a moins de danger de se baigner dans l'eau froide, et peut estre qu'il n'en reussira pas moins de proffit, veu que les filles de Lion guerirent jadis de ce mal, se jettans dans le Rosne, comme nous avons rapporté cy-dessus[10]. Lesquels bains d'eau froide en esté, et de la tiede en hyver vous reïtererez souvent, et oindrez les reins, entrefesson et penil de l'onguent refrigerant de Galien, du rosat de Mesué, ou du camphorat, ausquels vous pourrez adjouster les jus des herbes froides mentionnées cy-dessus[11]. «Observare tamen convenit», dit Pol Æginete, «ne dum tanto certatim studio lumbos refrigerare molimur, renes iacturam faciant[12]». Il es bien plus à craindre d'arrester le flux menstrual aux femmes et filles par l'impertinant ou trop frequant usage de ces remedes topiques froids et narcotiques, et partant de peur que pour eviter Scylle on ne tombe en Charybde, vous prendrez aussi garde de donner aux femmes aucun medicament interieur avec le vinaigre: «ὑστεραλγὲς γάρ ἐστιν» [car il provoque des crampes et des douleurs dans l'utérus] selon Hippocrate pour les raisons raportées par le vieillard Avanzoar[13].

Aëce ne se contente point d'oindre les reins, lombes, penil et entrefesson ou perinée, mais encores il est d'advis de faire des embrocations sur la teste, ou que l'on frotte le front de l'oxyrrhodinon, sçavoir est lors qu'on craint que l'amant passionné entre en resverie, manie, fureur uterine, ou melancholie erotique[14].

dans d'autres éditions comme par exemple celle de 1520, le numéro du chapitre est exact.

[10] Jean Fernel, *La pathologie*, p. 72.

[11] [*Gal. 6. de loc. aff c. 6. L. de san. tu. L. 9. sec. loc. L. 14. Meth. med.*]: Galien, *De locis affectis*, livre VI, ch. 6, dans *Oeuvres*, éd. Kühn, vol. VIII, p. 377–82, ne parle pas spécifiquement des médicaments. Galien, *De sanitate tuenda*. éd. Kühn, vol. VI, p. 390 et suiv., voir particulièrement le livre VI, ch. 3 et aussi ch. 14. Galien, *De methodo medendi*, éd. Kühn, vol. X, p. 951 et suiv. C'est la source de la recette qui suit, et qui provient de la *Pharmacopoeia Londinensis*, 1618, éd. G. Urdang, Madison, State Historical Society of Wisconsin, 1944, p. 128: «Cerae albae uncias quatuor. Olei rosati omphacini libram unam. Liquentur in duplici vase et transfusa in vas aliud, sensim effusa aqua fregidissima ac subinde mutata diù subigantur, postremo adde aceti clari et tenuis parum». Cf. Jean Aubery, *L'antidote d'amour*, p. 137ᵛ–38ʳ: «pendant l'usage des bains, on luy oindra les reins et tout le bas du ventre d'huile de ranes de pavot, de semence de ioschiame, ou on les reduira en onguent en ceste façon. Prenez huiles de nymphee, de ranes, de pavot de chacun deux onces, de la pierre de jaspe une dragme, des semences de laictues et de ioschiame blanc de chacun une demy dragme avec la cire blanche, on incorporera le tout, et reduira-on en consistance d'onguent, duquel on usera comme dessus jay dit»; André Du Laurens, *Des maladies melancholiques, et du moyen de les guarir*, dans *Toutes les œuvres*, p. 32ᵛ, et Luis Mercado, *De internorum morborum curatione libri IV*, dans *Opera*, livre II, ch. 10, vol. III, p. 586.

[12] Paul d'Égine [*Septem libri*], livre I, sect. 37, *Opera*, éd. I. L. Heiberg, «De la semence en excès», p. 48.

[13] [*L. 2. tr. 5. c. 1.*]: Ibn Zuhr (Avenzoar), *Liber Theizir*, livre II, tr. 5, ch. 1: «De sterilitate propter malam complexionem», particulièrement p. civʳb, dans lequel il discute des effets du vinaigre en détail. Hippocrate, *Régime des maladies aigues*, dans *Œuvres complètes*, éd. Littré, vol. II, p. 358–59. Jourdain Guibelet, *«Discours troisiesme de l'humeur melancholique»*, ch. 4, p. 233ʳ–34ʳ.

[14] Ferrand se réfère probablement à Aëtius, *Tetrabiblos*, livre IV, sermo 4, ch. 74: «De furore uterino», p. 903. Aëtius, cependant, ne mentionne pas l'*oxyrrhodinon*. João Rodriguez

Quand on craindra l'application des onguents, ceras ou fomentations de qualité fort froide, on ceindra le malade d'une lame de plomb, à laquelle Galien, Avicenne, Pol, Andernacus et tous nos medecins modernes donnent beaucoup d'energie en tels accidens[15]. Il faut bien neantmoins prendre garde de la porter trop long-temps, dit l'Avicenne, dautant qu'à parfois elle nuit aux reins[16]. Outre tous ces remedes le bon Arnauld de Villanova conseille aux religieux de Cisteaux, et tous autres qui veulent et doivent vivre chastement, d'aller pied nud[17].

Il y a quelques remedes particuliers pour les femmes, lors qu'on craint qu'elles deviennent folles d'amour, comme il arrive trop souvent. Tels remedes sont clysteres communs faits des herbes fort froides avec certaine quantité de camfre, de castor ou de ruë[18], ou bien vous userez de clysteres uterins semblables à cestuy-cy.

℞ Lenticulæ excorticatæ pugilli 2; florum salicis et rosarii ana pugillus 1; foliorum olivæ manipulus 1. Fiat decoctio ad libram 1, in qua dissolvitur trochisc de camphora drachma 1. Misce. Fiat clyster. Iniiciatur in sinum pudoris[19].

Vel ex Aëtius:

℞ Nitri et cardamomi ana drachma 1 cum ceratis excipito. Fiat pessus quem pudendis subdito, vel certam quantitatem diacodii cum solani succo mixtum in sinum Veneris indito[20].

Les femmes qui ont voulu escrire ce qu'elles sçavoient en medecine, comme Cleopatre sœur d'Arsenoës, nous ont donné plusieurs remedes à ces fins, et si le mal a ja terminé en manie ou fureur uterine, ceste bonne dame (qui veut estre appellée la Roine des Medecines comme elle parle en son prologue) enseigne sa fille Theodota de mettre dans ledit lieu «radiculam panno involutam», et ce qui est merveilleux, elle dit qu'on trouvera dans ce drapeau, quand on le retirera de la

de Castello Branco (Amatus Lusitanus), *Curationum medicinalium centuriae duae*, Parisiis, apud Sebastianum Nivellium, 1554, p. 123.

[15][*L. 6. de san. c. 14.*]: Galien, *De sanitate tuenda*, livre VI, ch. 14, éd. Kühn, vol. VI, p. 446. Cf. Jean Liébault, *Des maladies des femmes*, livre I, ch. 30, p. 74; Jean Aubery, *L'antidote d'amour*, p. 136[r]; Luis Mercado, *De internorum morborum curatione libri IV*, dans *Opera*, livre II, ch. 10, vol. III, p. 585.

[16][*L. 3. fen. 20. tr. 1. c. 27 & 33.*]: Avicenne, *Liber canonis*, livre III, fen 20, tr. 1, ch. 27, p. 376[r]; ch. 33, p. 376[v]: «De multitudine pollutionis».

[17][*L. 2. pract. c. 26.*]: Arnaud de Villeneuve, *Breviarium practicae*, livre II, ch. 26: «De provocantibus et stringendibus haemorrhoides», p. 1241–44. Aristote, *Problèmes*, livre IV, n. 5 (877a). Les moines blancs étaient les moines du monastère de Citeaux, fondé en 1090.

[18][*Tetrab. 4. serm. 4. c. 74.*]: Aëtius d'Amide, *Tetrabiblos*, livre IV, sermo 4, ch. 74, p. 903.

[19]℞ Deux pugilles de lentilles écossées; une pugille ana de fleurs de saule et de rose; un manipule de feuilles d'olivier. Faites une livre de cette décoction dans laquelle il faudra dissoudre en forme de trochisque une drachme de camphre. Mélangez. Faites un clystère qui devra être introduit dans le vagin.

[20]℞ Une drachme ana de graines de cardamome (la maniguette) et de nitre (salpêtre); rendez-le en cire. Faites un pessaire qui devra être inséré dans le vagin. Ou bien mélangez une quantité de pavot blanc avec du jus de morelle et introduisez-ceci dans la grotte de Vénus.

porcherie de Venus, de petits vermisseaux[21].

J'advertiray en cest endroit le lecteur, que je desire parler le plus modestement qu'il m'est possible, mais je veux bien aussi garder les preceptes de la medecine, qui ne s'accordent pas souventefois avec l'honnesteté des paroles: «amo verecundiam, sed magis libertatem loquendi», disoit Ciceron, quoy qu'au reste je ne sois point de la secte de Zenon: «cui placuit suo quamque; rem nomine appellare, sic enim disserit nihil esse obscœnum, nihil turpe ductu[22]»; et qu'il semble d'abord que les paroles ne peuvent estre deshonnestes, puis que les parties signifiées ne le sont pas, puisque naturels, utiles, et necessaires, desquelles nous faisons la dissection et demonstration en public, et apprenons leur substance, nombre, figure, situation, connexion, action et usage.

Nostre Agenois Penot distille le camfre douze fois, et asseure que ce remede surpasse tous autres en vertu[23]. Et Arnauld de Villanova dit que si on met le genitoire droit d'un loup sous celuy d'un homme amoureux et paillard, il perdra dans peu de temps ce vilain desir, mais ce n'est pas la seule sornette que ce docte medecin rapporte en son livre *Des venins*[24]. Si cela est veritable, nous devons rapporter cest effect à quelque proprieté occulte, comme la vertu que le mesme donne avec plusieurs autres medecins à l'escarboucle, saphir, esmeraude, et jaspe de preserver de la melancholie erotique si on porte ces pierres precieuses au doigt medical gauche[25].

---

[21] [*Harm. gynac. part. 2. c. 3.*]: Cléopâtre, «De fervore matricis», dans *Harmonia gynaeciorum, sive de morbis muliebribus liber*, dans Spach, *Gynaeciorum libri IV*, vol. I, p. 23. Cf. Girolamo Mercuriale, *De morbis muliebribus libri IV*, dans Spach, *Gynaeciorum libri IV*, livre IV, ch. 10, p. 157.

[22] [*Cels. l. 6. de re med. c. 18. Manard. l. 7. epist. 2. Cic. l. 9 ep. fam. ep. 2.*]: Celse, *De arte medica*, livre VI, ch. 18, dans *Corpus medicorum latinorum*, éd. F. Marx. Giovanni Manardo, *Epistolae medicinales diversorum authorum*, livre VII, ép. 2, p. 43a–54a. Cicéron, *Lettres familières*, IX, 22, 1, éd. E. Bailly. Voir aussi *Correspondance*, livre 9, n. 22, «Cicéron à Pétus» (943), trad. J. Beaujeau, XI, p. 199.

[23] Bernard Penot, *Tractatus varii, de vera praeparatione, et usu medicamentorum chymicorum*, Basileae, impensis Ludovico Regis, 1616, p. 59.

[24] [*Tract. de Venen.*]: Arnaud de Villeneuve, *De venenis*, dans *Opera omnia*, p. 1531.

[25] [*Lemnius c. 11. l. 2. de occult. nat. mirac. Paracelse l. vexat. Cardan. Albert.*]: Levine Lemne, *Occulta naturae miracula, ac varia rerum documenta*, p. 179. Paracelse, *Operum medico-chimicorum siue paradoxorum, coelum philosophorum siue liber vexationum*, p. 292. Girolamo Cardano, *Somniorum synesiorum omnis generis insomnia explicantes libri IV*, avec *Actio in Thessalicum medicum, de secretis, de gemmis et coloribus*, Basileae, ex officina Henrici Petri 1562. Voir aussi *Les liures [...] intitulés de la subtilité et subtiles inuentions, ensemble les causes occultes et raisons d'icelles*, trad. Richard Le Blanc, Paris, G. De Noir, 1556. Pour les références à Albert le Grand voir la note 26 du ch. XX.

XXXIII

La guerison de la melancholie erotique, et folie amoureuse

L'oracle d'Apollon en Delphes un jour consulté par Diogenes quel remede estoit le plus souverain pour guerir tost et facilement son fils forcené d'amour, luy respondit que c'estoit la jouïssance de celle qui le faisoit affoler. Le mesme remede conseilla malheureusement Jonadab ou Prince Amnon fils de David fol de l'amour de sa sœur Thamar, Hippocrate au fils du Roy Perdicca, et Erasistrate au fils du Roy Seleucus[1]. Ceste opinion est en termes exprez de nostre Hippocrate sur la fin du traicté *Des maladies des vierges*: «κελεύω δ'ἔγωγε τὰς ὁκότας τὸ τοιοῦτο πάσχωσιν, ὡς τάχιστα ξυνοικῆσαι ἀνδράσιν[2]» [le mariage est prescrit pour toutes les filles touchées par cette maladie]; de Galien sur la fin de ses divins livres qu'il composa sur ses vieux ans *Des parties malades*, du grand Avicenne, Halyabbas, Gordon, Arnauld, Valescus de Tarenta, Pereda, Lucrece, Ficin, Ovide et plusieurs autres[3]. Mais la jouïssance ne peut pas seule guerir de ce mal, ains aussi la licence

---

[1][*Soran. in vita Hippoc.*]: Soranos d'Éphèse (attribué à), *Vie d'Hippocrate*, éd. Ilberg, dan *Corpus medicorum graecorum*, tome IX. Cette référence accompagne l'histoire de la guérison de Perdicca: voir, dans ce volume, ch. 13, n. 3. La source principale du début de ce chapitre provient d'André Du Laurens, *Des maladies melancholiques, et du moyen de les guarir*, p. 35[v].

[2]Hippocrate, *Sur les maladies des jeunes filles*, dans *Œuvres complètes*, éd. Littré, vol. VIII, p. 468–69. Le texte de Ferrand n'inclut pas le mot «παρθένους» après «τὰς».

[3]Galien, *De locis affectis*, livre VI, ch. 6, dans *Oeuvres*, éd. Kühn, vol. VIII, p. 377–82. Voir aussi Galien, «Des parties affectées», livre VI, ch. 6, *Œuvres anatomiques*, éd. C. Daremberg. Ferrand dirige encore une fois le lecteur vers les textes les plus connus qui traitent du remède de la mélancolie érotique. Haly Abbas, *Liber medicinae dictus Regius*, tr. 9, ch. 7, «de amore». Avicenne, *Liber canonis*, livre III, fen 1, tr. 5, ch. 23, sect. «de cura». Bernard de Gordon, *Lilium medicinae*, partie 2, ch. 20: «De amore, qui hereos dicitur», p. 218. Arnaud de Villeneuve, *De amore heroico*, dans *Opera medica omnia*, III, éd. M. McVaugh, p. 53. Valesco de Taranta, *Epitome operis perquam utilis morbis curandis in septem congesta libros*, Lugduni, apud Joan. Tornaesium et Gulielmum Gazeium, 1560, p. 306. Pedro Pablo Pereda, *Michaelis Joannis Paschalis methodum curandi scholia*, Lugduni, sumptibus Jacobi Cardon, 1630, editio novissima, livre I, ch. 11: «De iis qui amore insaniunt», p. 44. Marsile Ficin, *Commentaire sur le banquet de Platon*, éd. R. Marcel, p. 256: le passage est pris de Lucrèce, *De la nature*, livre IV, 1063–66, éd Kany-Turpin, p. 301. Battista Fregoso, *Contramours*, p. 218.

d'en jouïr[4]:

> Illi peccandi studium permissa potestas
> Abstulit, atque ipsum talia velle subit[5].

Mesmes à par fois le songe, comme resulte de l'histoire du jeune Egyptien fol de l'amour de la courtisane Theognide rapportée par Plutarque. Il arriva que ce pauvre amoureux songea une nuict qu'il dormoit avec sa Theognis, et esveillé qu'il fut, sentit cest ardeur qui l'alloit consumant, du tout rafroidie. La courtisane advertie du faict fit appeller cest Egyptien en justice demandant son salaire, et alleguoit pour toute raison que elle l'avoit guery. Le juge Bochor ordonna que le jeune homme apporteroit dans sa bource la somme promise, laquelle il verseroit dans un bassin, et que la courtisane se payeroit du son et de la couleur des escus, comme le jeune Egyptien s'estoit contenté du plaisir imaginaire. Ce jugement fut approuvé de tous, sauf de la courtisane l'amie, qui remonstra à Demetrius que le songe avoit esteint le desir de l'Egyptien, au contraire le son et la couleur de l'or avoit augmenté celuy de Theognide, et que partant ce jugement estoit injuste[6].

Avant d'approuver, ou reprouver ce remede, nous diviserons ceste jouïssance en licite et illicite. Il n'y a aucun medecin qui ne soit d'advis d'ordonner au melancholique ou maniaque erotique la jouïssance de la chose desirée en mariage, selon les loix divines et humaines, pour ce que:

> Amoris vulnus idem qui sanat, facit[7].

> Τήλεφος εἰμὶ κόρη, σὺ δὲ γίνεο πιστὸς Ἀχιλλεύς·
> κάλλει σου παῦσος τὸν πόθον, ὡς ἔβαλες[8].

Avicenne au lieu preallegué dit que souventesfois c'est le seul et dernier remede auquel il faut avoir recours: «Amplius cum non invenitur cura nisi regimen coniunctionis inter eos secundum modum permissionis fidei et legis, fiat: et nos quidem iam vidimus cui reddita est salus et virtus, et rediit ad carnem suam, cum iam pervenisset ad arefactionem, et pertransisset ipsam, et tolerasset ægritudines pravas antiquas et febres longas propter debilitatem virtutis factam propter nimietatem Ilisci», id est, *amoris*[9]. Mais si le mariage ne se peut accomplir pour certaines

---

[4][*Auic. l. 3. fen. 1. tr. 4. c. 23.*]: Avicenne, *Liber canonis*, livre III, fen 1, tr. 4, ch. 23.

[5][*Corn. Gallus*]: Cornelius Gallus, *Élégies*, III. 91–92, *Catullus, Tibullus, Propertius cum Galli fragmentis*, p. 332: «Si tibi peccandi [...] velle sugit». [Permis, le crime devient vil, et l'ardeur languit. (notre traduction)]

[6]Plutarque, «Démétrios», *Vies*, éd. R. Flacelière, XIII, p. 48–49. L'histoire est également racontée par André Du Laurens — la source probable de Ferrand — dans *Des maladies melancholiques et du moyen de les guarir*, p. 35[v], et de Jean Aubery, *L'antidote d'amour*, p. 36[v].

[7]Publilius Syrus (Lochius), *La sagesse et les sentences*, éd. E. Robillard, p. 47; *Sententiae*, A. 31, éd. Meyer, p. 19. [La blessure d'amour: qui la fait, la guérit.]

[8][*Maced. 7. Anth.*]: Macedonius, Consul, *Anthologie Palatine*, livre V, n. 225, vv. 5–6, trad. P. Waltz, vol. II, p. 100. [Jeune fille, je suis Télèphe; sois un loyal Achille. Guéris par ta beauté ce désir dont elle m'a meurtri. (trad. M. Rat, *Anthologie grecque*, vol. II, p. 59)]

[9][*C. de amore*]: Avicenne, *Liber canonis*, livre III, fen 1, tr. 1, ch. 23, p. 206[v]. [Si l'on ne peut trouver autre remède que de les laisser s'unir conformément à la loi et la religion,

considerations, il est totalement impie et absurde d'ordonner à nostre amant avec le mesme Avicenne et Halyabbas, «emptionem puellarum, et plurimum concubitum ipsarum, et earum renovationem, et delectationem cum ipsis[10]». Je ne m'estonne pas si ces Mahometans et infideles tiennent ceste maudite opinion, veu que l'*Al-coran* leur permet autant de femmes ou concubines qu'ils peuvent nourrir, comme recitent ceux qui ont escrit des mœurs des Turcs et Mahometans[11]. Moins encores des poëtes Lucrece et Ovide, qui faisoient vertu de la vilainie et impudicité. Mais ceste opinion est totalement impie et erronée en la bouche d'Arnauld de Villanova, Magnimus, Valescus de Tarenta, Pereda, Marsile Ficin, et autres autheurs Chrestiens[12]. Je laisseray aux theologiens à prouver que la paillardise n'est jamais licite à un Chrestien, et qu'il n'est pas permis de faire mal pour eviter un autre mal, et me contenteray avec les philosophes moraux de dire que le vice ne se guerit pas par le vice, mais par la vertu, comme par son contraire: «τὰ ἐναντία τῶν ἐναντίων ἐστιν ἰήματα[13]», et vous verifieray par l'Aristote que telles personnes au lieu de guerir par ce vilain remede, se rendroient davantage enclins à la luxure et paillardise: «οἴτε γὰρ πόροι ἀναστομοῦνται, καὶ ποιοῦσιν εὕρουν τὸ σῶμα ταύτῃ, καὶ ἅμα ἡ τότε

---

qu'il en soit ainsi. Nous avons été témoin d'un cas où le patient a retrouvé force et santé, ainsi que son poids habituel, alors même qu'il avait atteint, et même dépassé, un degré de déshydratation des plus extrêmes, et qu'il avait souffert de terribles maladies chroniques et de longues fièvres, à cause de l'affaiblissement de ses forces qu'avait entraîné une mélancolie d'amour excessive. (notre traduction)]

[10][*Auic. l. 3. fen. 1. tr. 4. c. 24. Haly. l. 5. pract. c. 25.*]: Avicenne, *Liber canonis*, livre III, fen 1, tr. 4, ch. 24, p. 207ʳ, sur les remèdes de l'amour. Ferrand mentionne plusieurs médecins arabes et chrétiens qui recommandent l'union sexuelle comme remède contre la mélancolie érotique, mais seulement pour condamner cette opinion comme pratique immorale. Haly Abbas, *Liber medicinae dictus regius practicae*, livre V, ch. 25, «De hereos et amoris medela», p. 128. Pour un exemple de l'usage de cette thérapie dans Fracastor, voir Pierre Le Loyer, *Discours et histoires des spectres, visions et apparitions des esprits, anges, demons, et ames se monstrans visibles aux hommes*, livre I, ch. 11, et cf. Rabelais, *Le tiers livre*, ch. 31, p. 351. [... qu'il achète des jeunes filles et couche avec elles fréquemment, et qu'il en change régulièrement pour satisfaire son plaisir avec les nouvelles. (notre traduction)]

[11][*G. Postel. P. Iouius. Chalcondyl.*]: Guillaume Postel, *De la republique des Turcs: et là ou l'occasion s'offrera, des meurs et loys de tous muhamedistes*, Poitiers, de l'imprimerie d'Enguilbert de Marnes, s.d., p. 4–5. Paolo Giovio, *Turcicorum rerum commentarius [...] ex Italico Latinus factus*, 2 tomes reliés ensembles, D. Petrus Abbas Cluniansis, 1550, vol. I, p. 107–40. Laonicus Chalcondylas, *L'histoire de la decadence de l'empire Grec et establissement de celuy des Turcs de la traduction de B. de Vigenere*, Paris, chez Sebastien Cramoisy 1650, vol. I, p. 59. Pierre Belon, *Les obseruations de plusieurs singularitez et choses memorables, trouvées en Grece, Asie, Judée, Egypte, Arabie, et autres pays estranges, redigées en trois livres*, Paris, Gilles Corrozet, 1553 ch. 10, p. 178: «Du mariage des Turcs et dont vient qu'ils ont le congé de se marier à quatre femmes».

[12]Voir ci-dessus, n. 3, et aussi Auger Ferrier, *Vera medendi methodus, duobus libri comprehensa, eiusdem castigationes practicae medicinae*, Tolosae, apud Petrum du Puys, 1557, p. 271–72. Arnaud de Villeneuve, *De amore heroico*, p. 53, écrit que le plaisir est en effet un bon remède pour l'*hereos*, incluant «quantum est ex arte coitus precipue vi cum iuvenibus et magis delectationi congruis exerceatur».

[13]Hippocrate, *De flatibus*, ch. 1, dans *Œuvres complètes*, éd. Littré, vol. VI, p. 92. [les contraires sont les remèdes des contraires]

μνήμη τῆς συμβαινούσης ἡδονῆς, ἐπιθυμίαν ποιεῖ τῆς τότε γινομένης ὁμιλίας[14]». Ce qu'il semble avoir appris de nostre Hippocrate, qui discourt sur ce subject en ces termes: «ἢ ὁ ἀνὴρ λαγνεύει πολλὰ, εὑρούτερα γινόμενα τὰ φλέβια μᾶλλον ἐπάγει τὴν λαγνείην[15]». Galien suit l'opinion de son bon maistre, et la prouve par ceste belle et veritable maxime du divin Platon en son *Theotete*: «ignavia quidem exsolvit, proprii autem officii exercitatio robur auget», et par l'exemple des tetins, qui ont plus grande quantité de laict en celles qui allaictent souvent. Au contraire, dict nostre Coryphée, «cantoribus et athletis, qui iam inde ab initio nullam vitæ partem Veneris illecebris contaminaverunt, nullam admittentes venereorum cogitationem vel imaginationem, iis pudenda exilia et rugosa veluti senibus fieri consueverunt, nullaque libidine tentantur[16]», texte fort remarquable par ceux qui font vœu de vivre chastement. Au reste si l'opinion des autheurs susnommez estoit veritable, et leur conseil salutaire, les personnes mariées ne seroient jamais travaillées des amours impudiques, et de la folie d'amour, quoy que nous voyons par experience le contraire, ce qui occasionné quelques bons peres de dire qu'il estoit autant ou plus difficile de garder la chasteté que la virginité[17].

---

[14][*Arist. l. 7. de hist. an. c. 1.*]: Aristote, *Histoire des animaux*, livre VII, ch. 1 (585a–585b), éd. P. Louis, vol. II, p. 134. [En effet, les conduits s'élargissent et favorisent ainsi les sécrétions du corps. Et en même temps le souvenir qu'on a alors du plaisir éprouvé fait désirer l'instant du coït.]

[15][*Hipp. l. de nat. pueri.*]: Hippocrate, «De la nature de l'enfant» dans *Œuvres complètes*, éd. Littré, vol. VII, p. 514–515. [Chez l'homme aussi qui se livre beaucoup au coït, les veines, s'étant élargies, attirent davantage la semence.]

[16][*Gal. 6. de loc. aff. c. ult.*]: Galien, *Des parties affectées*, livre VI, ch. 6, *Œuvres anatomiques*, éd. C. Daremberg. La citation du *Theaetetus* de Platon provient de ce texte de Galien: «ignavia quidem exsolvit, proprii autem officii exercitatio robur auget», et aussi l'exemple des seins et l'idée que «cantoribus et athletis, qui iam inde ab initio nullam vita partem veneris illecebris contaminaverunt, nullam admittentes venereorum cogitationem vel imaginationem, iis pudenda exilia et rugosa veluti senibus fieri consueverunt, nullaque abidine tentantur». [Chez ceux qui dès le principe, athlètes ou chanteurs, ont vécu étrangers aux plaisirs vénériens, et qui se sont gardés de toute idée, de toute pensée de ce genre, le pénis devient grêle et ridé comme chez les vieillards (...) cela s'explique par une raison commune à toutes les facultés, raison ainsi exprimée par Platon (cf. *Lois* VII, passim; Erast. 183 D, suiv.): 'Le repos énerve la vigueur du corps, tandis que l'exercice des fonctions qui lui sont propres l'augmente'.]

[17][*D. Hieron. ad Gerunt. Tertul. l. I. ad uxor.*]: Saint Jérôme, *Opera*, 5 vols., «*Ad Geruntii Filias de contemnenda haereditate*», vol. V, p. 33–36. Voir ses *Lettres*, éd. J. Labourt. Tertullien, *Ad uxore*, livre I, dans *Opera*, Parisiis, apud Audoenum Parvum, 1566, p. 115. Cf. aussi *À son épouse*, trad. C. Munier, Paris, Éditions du Cerf, 1986. La source probable de Ferrand est Girolamo Mercuriale, *De morbis muliebribus libri IV*, livre IV, ch. 10, dans *Gynaeciorum libri IV*, vol. II, p. 155–56.

XXXIV

Les remedes pour guerir les mariez de la melancholie erotique

Nous voyons que les mariez soit qu'ils ayent esté conjoints ensemble de leur bon gré, consentement et sans aucune contrainte, ou contre la volonté de l'un ou de l'autre conçoivent une haine secrette l'un contre l'autre, qui engendre en eux tel discord, contemnement et mespris, qu'ils fuyent et abhorrent du tout la compagnie l'un de l'autre, et au contraire se laissent embabouïner de quelque amour estranger, duquel ils affolent, ce qui est entierement contraire aux loix divines, humaines et naturelles. L'occasion de ce malheur est diverse, aucunefois la dissimilitude de mœurs, ou antipathie occulte, à par fois l'imperfection du corps ou de l'esprit, à par fois quelque charme ou ligature, ou bien la croyance de n'estre reciproquement aimé, souvent le defaut du plaisir que la nature a donné tres-grand aux parties genitales par le moyen des nerfs qui y sont dispersez, et l'humidité sereuse, acre et piquante qu'elle reserve dans les prostates. Vous pourrez lire dans Marinello, de Vigo, Avicenne et autres celebres autheurs les remedes convenables à reparer ce defaut, notamment dans Liebaut au livre 1 *Des maladies des femmes*, chapitre des moyens de rejoindre et reunir les nouveaux mariez, qui hayent et fuyent la compagnie l'un de l'autre[1], car vous noterez que comme nous voyons des hommes froids et maleficiez, ainsi y a-il des femmes qui ne ressentent aucun esguillon de la

---

[1] [*Io. de Vigo l. 9 de addit. c. de his qua delecti fac. in coitu. Auic. l. 3. fen. 10 tr. 1. c. 44. & 45. Rhaz. 14. contin.*]: Giovanni de Vigo, *La practique et cirurgie [...]* (1537), livre IX: «Sensuit le chapi. v. lequel traicte de his que augmentant sperma, et delectationem prebent in coitu», p. 317–18. Avicenne, *Liber canonis*, livre III, fen 10, tr. 1, ch. 44: «De excusatione medici in illis quae docet de deiectatione, et magnificatione virgae, et coangustatione receptricis, et calefactione eius»; ch. 45: «De delectando viros et mulieres», p. 377ᵛ. Rhazès, *Liber continens*, livre XIV. Ferrand reprend la référence des marges de l'édition d'Avicenne citée ci-dessus. Giovanni Marinelli, *Le medicine partenenti alle infermità delle donne*, Venetia, apresso Giovanni Valgrisio, 1574, ch. 9: «Come quegli, i quali per la continua erettione de' membri genitali diconsi incordati, siano guariti», pp 17ʳ et suiv.; ch. 10: «Le cagioni, i segni, et la cura di quegli, che sono debili, et impotenti al generare», p. 19ᵛ et suiv.; ch. 11: «Il marito, o la moglie che odia la compagnia e fugga, come naturalmente, e senza offendere la divina legge, tornano santamente ad unirsi», p. 36 et suiv. Jean Liébault, *Des maladies des femmes*, livre I, ch. 35: «Rejoindre et reunir les nouveaux mariez qui hayent et fuyent la compaignie de l'un l'autre», p. 130–34.

chair. Platerus en ses *Observations* faict mention de deux[2], qui à raison de ce furent à jamais steriles: tel fut jadis Amasis Roy d'Egypte selon Herodote, et Theodoric Roy de France au rapport de Pol Æmilius estoit impuissant envers sa femme, et non pas à l'endroit de ses concubines. Le mesme rapportent les *Annales d'Aragon* et Dupreau en l'an 1196 de Pierre II Roy d'Arragon, ce que recognoissant la reine, s'alla coucher une nuict au lict d'un concubine du roy, et engrossa celle nuict du bon Roy Jaques et par ceste ruse ce roy s'abstint des amours illicites[3].

Junon affin d'empescher que son mary Jupiter n'affolast plus de l'amour de Latone, Yo, Calixto, et autres siennes concubines au rapport d'Homere emprunta de Venus son tissu ou ceinture, en laquelle estoient entrelassez tous les cupidons, graces, persuasions, appasts et allechemens requis entre les mariés:

> ——— ἔνθα δὲ οἱ θελκτήρια πάντα τέτυκτο,
> ἔνθ'ἐνὶ μὲν φιλότης, ἔνθ'ἵμερος, ἔνθ'ἀορυσὸς
> πάρφασις, ὦτ'ἔκλεψε νόον πύκα περ φρονεόντος[4].

que Ronsard a traduits en ces termes François:

> En la tissure estoient pourtraicts au vif
> Deux Cupidons, l'un avoit un arc d'if
> Au traict moussu, qui tire aux fantaisies,
> Craintes, soubçons, rancueurs et jalousies:
> L'autre de palme avoit l'arc decoré,
> Son traict estoit à la pointe doré,
> Poignant, glissant, dont il cache dans l'ame
> Et verse au sang une gentille flamme
> Qui nous chatoüille, et nous faict desirer,
> Que nostre genre entier puisse durer.
> Là fut jeunesse en long cheveux pourtraite,
> Forte, puissante, au gros cœur, la retraicte
> Des chauds desirs: jeunesse, qui tousjours
> Pour compagnie ameine les amours
> Comme un enfant pendoit à sa mammele
> Le jeu trompeur, la fraude, et la cautele,
> Les ris, les pleurs, les guerres et la paix,
> Tresves, discords et accords imparfaits,

---

[2]Felix Platter, *Observationes et curationes aliquot affectuum partibus mulieris generationi dicatis accidentium*, dans *Gyneciorum libri IV*, au début du commencement de la pagination, sect. «Congressus sine voluptatis sensu».

[3]Hérodote, [*Histoires*], «Euterpe» livre II, ch. 181, éd. Legrand, vol. II, p. 93–94. [*L. 1.*]: Paul Émile, *De rebus gestis francorum libri X*, Lutetiae, Parisiorum ex officina Vascosani, 1576, p. 23ʳ–24ᵛ. [*In Clotar.*]: Gabriel Dupréau, «Vie de Clotaire II», *Histoire de l'estat et succès de l'Eglise dressée en forme de chronique géneralle et uniuerselle [...] depuis la nativité de Jésus-Christ jusques en l'an 1580*, «l'an 1196», p. 508ᵛ–09ʳ. Ferrand a sans doute trouvé l'histoire dans Jean Bodin, *De la demonomanie des sorciers*, p. 62–63.

[4]Aristote, *Éthique à Nicomaque*, livre VII, ch. 6 (1149b). Pour la ceinture de Vénus, voir Homère, *L'Iliade*, livre XIV, 214–17, éd. E. Lasserre, p. 252. [... d'amour, de désir, et des caresses exquises qui font perdre la raison même aux plus prudents et judicieux. (notre traduction)]

Et le devis, qui deçoit nos courages,
Voire l'esprit des hommes les plus sages[5].

Si l'un des mariez a quelque defaut de beauté, qui soit cause que sa partie ne l'aime pas, elle taschera de reparer ce defaut par les remedes convenables[6], ou s'il est impossible, compensera ce defaut par la beauté d'esprit:

Ut teneas dominam, nec te mirere relictum,
Ingenii dotes corporis adde bonis[7].

Tyrius Maximus philosophe Platonique escrit qu'Achille sembloit beau à quiconque le voyoit, non tant à cause des cheveux longs et dorez, car Euforbe les avoit plus beaux, mais dautant que sa beauté estoit ornée de vertu[8]. La docte Sapho se rend recommandable par ceste qualité en l'epistre qu'elle escrivoit à Phaon transportée de ceste fureur:

Si mihi difficilis formam natura negavit,
Ingenio formæ damna rependo meæ[9].

Les mariez tascheront aussi de se rendre conformes en volonté, maniere de vivre et mœurs[10]:

Certus amor morum est, formam populabitur ætas,
Et placitus rugis vultus aratus erit.
Sufficit, et longum probitas perdurat in ævum,
Perque suos annos hinc bene pendet Amor[11].

Que s'ils recognoissent quelque antipathie entre eux, ils ne resteront pas pour cela de faire semblant de s'aimer, à fin qu'avec le temps cest amour feint se change en vray amour. Cœlius Romain faisoit semblant d'estre gouteux, se faisoit oindre les jambes et les envelopper pour fuir à faire la cour à quelques grands de Rome, en fin la fortune luy fit ce plaisir de l'en rendre tout à fait, dit Martial:

---

[5][*Livre 3. de la Franc.*]: Pierre Ronsard, *La Franciade*, livre III, 627–6, *Œuvres complètes*, éd. P. Laumonier, Paris, Librairie Marcel Didier, 1952, vol. XVI, p. 302.

[6][*Vide Rondel tr. de fucis.*]: Guillaume Rondelet, *Tractatus de fucis*, suivant le *Methodus curandorum omnium morborum corporis humani*, p. 1256–77.

[7]Ovide, *L'art d'aimer*, vol. II, 111, éd. Bornecque, p. 36. [Si tu veux conserver ton amie et n'avoir jamais la surprise d'être abandonné par elle, joins les dons de l'esprit aux avantages du corps.]

[8]Maxime de Tyr, *Dissertationes XLI Graece*, Lugduni Batavorum, apud I. Patium, 1607. Voir aussi l'édition suivante: *Traitez de Maxime de Tyr autheur grec, qui sont quarante et un discours mis en francois* [par Guillebert], Rouen, J. Osmont, 1617.

[9]Ovide, *Héroïdes*, XV, vv. 31–32, éd. H. Dörrie, p. 315: lire «damna repende meae». «Sapho à Phaon», éd. Bornecque, p. 93. [Si la nature jalouse m'a refusé la beauté, le génie supplée au défaut de beauté.]

[10][*Arist. 8. Eth. c. 20. l. 9. ca. 5.*]: Aristote, *Ethique à Nicomaque*, livre VIII, ch. 5 (1162a).

[11]Ovide, «*Les produits de beauté pour le visage de la femme*», dans *Les remèdes à l'amour*, éd. Bornecque, p. 51–52. [L'amour fondé sur le caractère est durable; la beauté sera ravagée par l'âge et les rides sillonneront votre visage séduisant. (...) La vertu suffit, dure toute la vie, si longue soit-elle, et entretient l'amour autant qu'elle-même subsiste.]

Tantum cura potest et ars doloris,
Desiit fingere Cœlius podagram[12].

Et quelque autre dans Appian contrefaisant le borgne fut dans peu de jours aveugle[13]. L'amour oblige à rendre amour reciproque: «monstrabo tibi amatorium sine medicamento sine ullius veneficæ carmine; Si vis amari, ama», dit Seneque[14]. Nous lisons sur ce propos un plaisant apologue ou fable morale dans Themiste et Prophyre: sçavoir, qu'un jour Venus s'appercevant que son petit Cupidon ne profitoit point s'en alla consulter la déesse Themis, qui luy fit responce que Cupidon avoit besoin d'un frere, qu'on devoit nommer Anteros ou amour reciproque, pour s'entreaider l'un l'autre. Anteros ne fut pas presque nay, que Cupidon commença à croistre et dilater ses aisles et pennage, et mesmes tandis qu'Anteros estoit present, Amour paroissoit plus beau et grand, et en son absence sembloit diminuer[15], et à ces fins les honnestes caresses, les douces paroles, et gentil entregent ne seront pas inutils, à raison de quoy les anciens donnoient le jour des nopces à l'espouse un coing à manger selon Plutarque[16].

Nam facit ipsa suis interdum fœmina fastis,
Morigerisque modis, et mundo corpori cultu,
Ut facile insuescat, secum vir degere vitam[17].

Philostrate rapporte que les Romains pour entretenir les mariez en mutuelle amitié et les preserver des amours estrangers avoient en singuliere recommandation la chair du lievre, peut estre à cause qu'au dire de Pline, la chair de lievre rend les personnes belles et gracieuses[18], où fait une belle allusion Martiale escrivant à certaine Gellia:

Si quando leporem mittis mihi, Gellia, mandas,
Formosus septem, Marce, diebus eris.
Si non derides, si verum, Gellia, mandas,
Edisti numquam, Gellia, tu leporem[19].

---

[12][*L. 1. epigr. 28.*]: Martial, *Épigrammes*, livre VII, xxxix, 8–9, éd. H. J. Isaac, vol. I, p. 221. [... ô pouvoir de la volonté et de l'art de cultiver la souffrance! Caelius a cessé de simuler la goutte.]

[13]Le manque de références spécifiques suggère que Ferrand avait obtenu d'une source intermédiaire l'anecdote tirée de l'*Histoire romaine* d'Appien d'Alexandrie.

[14][*L. 1. ep. 9*]: Annaeus Sénèque, *Lettres à Lucilius*, livre I, 6, trad. H. Noblot, vol. I, p. 27: «monstrabo amatorium sine medicamento, sine herba, sine ullius veneficae carmine: si vis amari, ama».

[15]Temistius, *Orationes*, Oration 24, éd. W. Dindorf, p. 367 et suiv. Les sources de la citation de Ferrand sont probablement Mario Equicola, *Libro de natura de amore*, p. 69v–70v, Celio Calcagnini, *Anteros sive de mutuo amore*, Basileae, Froben, 1544, p. 436 et suiv., et Lelio Gregorio Giraldi, *De deis gentium libri sive syntagmata XVII*, syntagma XII.

[16]Plutarque, «Préceptes de mariage», *Œuvres morales*, éd. J. Defradas, vol. II, p. 147.

[17][*Lucret.*]: Lucrèce, *De la nature*, IV, 1280–82, éd. Kany-Turpin, p. 313. [C'est souvent par sa conduite, sa complaisance, par le soin de sa personne, qu'une femme réussit d'elle-même à amener un homme à partager son existence.]

[18][*L. 28. c. 10.*]: Pline, *Histoire naturelle*, livre XXVIII, ch. 79, éd. Littré, vol. II, p. 293–94.

[19]Martial, *Épigrammes*, V, xxix, 1–4, éd. Isaac, vol. I, p. 158: lire «dicis» pour «mandas»

Aristote recommande l'arreste-navire, remore ou echeneis: «χρῶντοί τινες αὐτῶ πρὸς δίκας καὶ φίλτρα» [comme amulette ou philtre dans les liaisons amoureuses], lequel texte Pline a traduit en ces paroles: «Echeneis amatoriis beneficiis infamis, iudiciorum et litium mora» [le rémora a mauvaise réputation comme aphrodisiaque et comme obstacle aux procés légaux]. Je ne sçay si la fable auroit eu croyance de ce que tel poisson arresta la navire de l'ambassadeur de Periandre, qu'il avoit envoyé pour chastrer tous les adolescens de noble extraction: «tanquam indignum iudicante natura homini id, quod conservationi speciei dicatum est, aufferri[20]» [car c'est un offense à la nature de sectionner les organes humains propre à la génération et préservation de l'espèce].

La mesme vertu est donnée par quelques autres naturalistes au coral nommé *charitoblepharon*, à l'herbe catanance, et par Philostrate a l'huile qui degoutte de certains arbres naissans ou bord du fleuve Hyphasis en Indie, duquel tous les Indiens avoient accoustumé s'oindre le jour des nopces[21]. Mais j'estime que le plus fort lien pour retenir les mariez en mutuelle amitié et concorde sont les enfans, avec le poëte Menandre:

φιλίας μέγιστος δεσμὸς αἱ τέκνων γοναί[22].

Pour ce que les enfans, comme nous enseigne le Philosophe, sont communs, et comme mitoyens entre les mariez, or ce qui est commun et mitoyen est propre à joindre et rassembler: «τὰ γὰρ τέκνα κοινὸν ἀγαθὸν, συνέχει ὁ τὸ κοινον[23]». Or si vous voulez sçavoir les remedes propres à rendre l'homme viril et la femme feconde, lisez nostre discours *De la sterilité*.

Je sçay bien que les dames Romaines donnent grande vertu pour entretenir et rejoindre les mariez en amitié à l'herbe *hippoglossum*, ou langue de cheval, qu'elles nomment *bonifaciam*[24]. Albert et Lemnius à certaine pierre que l'on trouve dans le

---

et «lux mea» pour «Gellia». [Toutes les fois, Gellia, que tu m'envoies un lièvre, tu dis, «Marcus, tu seras beau pendant sept jours.» Si ce n'est pas te moquer de moi, si tu dis vrai, astre de ma vie, tu n'as jamais, toi, Gellia, mangé de lièvre.]

[20][*Cap. 14. 1. 2. de hist. anim.*]: Aristote, *Histoire des animaux*, livre II, ch. 14 (505b). Pline, *Histoire naturelle*, éd. Littré, vol. I, p. 372: «Echeneis amatoriis beneficiis infamis, judiciorum et litium mora». Cf. Rondelet, *L'histoire entiere des poissons*, livre XII, ch. 18, p. 286 et livre XVI, ch. 18, p. 334; François Belleforest et Pierre Boaistuau, *Histoires prodigieuses et memorables*, livre I, ch. 18, p. 133–34. Jean de Veyries, *La genealogie de l'amour*, livre II, ch. 26, p. 418. Pline, *Histoire naturelle*, livre IX, ch. 41, éd. Littré, vol. I, p. 372.

[21][*In vita Apoll. l. 1. c. 3.*]: Philostrate, *Apollonius de Tyane*, livre III, ch. 1, éd. Chassang, p. 95 et suiv. Jean de Veyries, *La genealogie de l'amour*, livre II, ch. 26, p. 418 et livre II, ch. 26, p. 419.

[22]Ménandre, *Sententiae*, éd. S. Jaekel, Leipzig, Teubner, 1964, 33–83: lire «μέγιστον» pour «μέγιστος». [les enfants sont le lien d'amour le plus fort. (notre traduction)]

[23][*L. 8. Eth. c. 14.*]: Aristote, *Éthique à Nicomaque*, livre VIII, ch. 12. 7 (1162a). Ferrand remplace le mot «ἀμφοῖν» avec une virgule.

[24][*Rondelet l. 1. de piscib. c. 1.*]: Guillaume Rondelet, *L'histoire entiere des poissons*, livre IX, ch. 15, «Hippoglossum» est décrite comme «ceste espece de sole, qu'en France on nomme Flettan». (Pseudo) Albert le Grand, *De virtutibus herbarum quinta herba [...] amorem induit inter virum et uxorem si utatur illa in cibariis*, in *De secretis mulierum libellus*, p. 129.

ventre d'un chapon chastré depuis quatre ans, pierre claire et transparente à mode de crystal, et esgalant en grandeur une febve, si on la porte enveloppée dans une peau[25], et Pline à la racine de panicaut, mais j'oseray dire avec le poëte:

> — male quæritur herbis:
> Moribus et forma conciliandus Amor[26].

A par fois il se fait par charme et malefice que les mariez ne s'aiment pas mutuellement, et neantmoins affolent des amours estrangeres et deshonnestes, lesquels charmes on appelle ordinairement *ligatures*, ou *nœuds d'aiguillette*, desquelles plusieurs de nos medecins ont traicté que vous pouvez voir, et particulierement Arnaud de Villanova, *Tractatus de ligaturis physicis*[27].

Je me contenteray de vous dire que plusieurs theologiens et medecins croyent vray-semblablement que le diable, autheur de toute meschanceté, peut rafroidir les amours licites et allumer les illicites, premierement rendant l'homme impuissant envers sa femme par application de choses naturelles, lesquelles il peut oster lors qu'il s'approche de quelque autre femme; en second lieu, en causant riottes, ou jalousies entre les mariez; encores par quelque maladie, comme on dict que Medée rendit par ses charmes et sorceleries l'haleine des femmes Lemniennes puantes, à fin que leurs maris les haïssent. Davantage troublant l'imagination, faisant paroistre les maris ou femmes legitimes laides, et les autres belles, ou bien causant quelque occulte et secrette antipathie[28]. Car nous lisons dans B. Egnatius que certaine Valasque chambriere Bohemienne, par ses charmes porta les femmes de Boheme à tuer dans une nuict tous les hommes du lieu[29]. Finalement en alterant par quelque estrange maniere les parties genitales des hommes ou des femmes, dont les hommes

[25] [*Lemn. l. 4. de occult. nat. mir. c. 12.*]: Levine Lemne, *Occulta naturae miracula*, livre IV, ch. 12, p. 433–35. (Pseudo) Albert le Grand, *De secretis mulierum libellus [...] de virtutibus herbarum, lapidum, et animalium*, p. 135–36.

[26] Ovide, *Héroïdes* VI: «Hypsipyle à Jasone», vv. 93–94, éd. Bornecque, p. 35. [Il est odieux de provoquer avec des herbes l'amour que doivent gagner la beauté et les vertus.]

[27] [*Bodin, Delrio.*]: Jean Bodin, *De la demonomanie des sorciers*, Paris, chez Jacques du Puys, 1587, p. 61v–64r. Martin Del Rio, *Disquisitiones magicarum libri VI*, livre III, p. 1, ques. 4, sect. 8: «De maleficio ligaminis», p. 60 et suiv. Arnaud de Villeneuve, *De physicis ligaturis*, in *Opera omnia*, p. 619 et suiv. Ferrand ne semble pas savoir que le traité n'est pas d'Arnaud de Villeneuve mais de Costa ben Lucas, mais Del Rio reconnaît ben Lucas comme l'auteur véritable dans le livre I, ch. 4, ques. 4, p. 45–46: «De amuletis et periaptis». Voir aussi Ambroise Paré, *De monstres et prodiges*, éd. J. Céard, Genève, Librairie Droz, 1971, ch. 33, p 100. Michel Baudier, *Histoire du serrail et de la cour du Grand Seigneur*, Paris, chez Sebastien Cramoisy, 1650, livre I, p. 25; Nicolas Venette, *Tableau de l'amour conjugal, ou histoire complete de la generation de l'homme*, Paris, chez L. Duprat-Duverger, 1810 (orig. 1687), vol. II, p. 95–96.

[28] [*Paluda. in 4. sent. d. 34 q. 2. art. 3. Rod. à Castro l. 4. medico pol. c. 1.*]: Pierre de la Palud, *In quartum sententiarum*, Venetiis, impressum per B. Locatellum, 1493, p. 171r–v. Probablement Ferrand tire la référence de Martin Del Rio, *Disquisitiones magicarum libri sex*, livre III, p. 1, ques. 3, p. 18. Rodrigo de Castro, *Medicus-politicus*, livre IV, ch. 1, p. 212–13. Cf. Giordano Bruno, *De magia et theses de magia*, dans *Opera latine conscripta publicis sumptibus edita*, éd. H. Viteli, Napoli, D. Morano, 1879–91, vol. III, et *De vinculis*, dans *Opera*, vol. III, pour un point de vue opposé à celui des théologiens et des médecins. Voir aussi Ioan Couliano, *Eros et magie à la Renaissance*, Paris, Flammarion, 1984.

[29] La source de Ferrand est Giovanni Battista Cipelli (Egnazio), cf. la traduction française

sont rendus impuissants, et quelques femmes semblables aux chiennes, au rapport de Saxon le Grammairien[30].

Mais il se faut garder de rapporter à magie, charme et sorcelerie les effects de causes naturelles par ignorance, comme jadis les Scythes au tesmoignage de nostre Hippocrate, rapportoient leur impuissance causée par les paracontese des veines, arteres, ou nerfs joignant les oreilles, à la vengeance de la déesse Venus Uranie, pour ce que leurs ancestres avoient ruiné et volé son temple en Ascalon, ville fameuse de la Palestine[31].

On prendra aussi garde que la femme ne soit ἀνρῆτος et πουπηρωμάνη [non perforée et frappée d'incapité], telle que fut jadis Cornelia mere des Gracches, et en ce cas on ouvrira ce passage avec le rasoir, selon la doctrine d'Albucasis, Aëce, Jean Vuyer, Paré, et autres autheurs authentiques[32], comme j'ay faict faire par deux fois en la ville de Castelnaudarry à deux jeunes filles, quoy que ce mal puisse arriver aux femmes veufves, ou bien aux mariées durant la longue absence de leurs maris, ainsi que Jean Liebaut asseure avoir experimenté en deux siennes voisines[33]. Et je me doute que Namysia et Phaëtusa, que nostre Divin Vieillard dict avoir esté changées en hommes[34], avoient ceste maladie, laquelle est plus rare

de Geofroy Tory de Bourges, *Sommaire de chroniques [...] de tous les empereurs d'europe depuis Iules César iusques à Maximilian dernier décédé*, Paris, G. Tory, 1529, dont la version donne à Ferrand un exemple d'astuce et de sorcellerie féminine. Pour l'histoire légendaire de Valasca, voir aussi Enée Silvio Piccolomini (le pape Pie II), *Historia Bohemica*, Basileae, Michael Furter, 1489, ch. 7–8; Raffaele Maffei de Volterra, *Commentarium urbanorum libri XXXVIII*, section «Geographia», ch. VII; Ortensio Landi (Philalethe Polytopiensi), *Forcianae questiones, in quibus varia Italorum ingenia explicantur*, Neapoli, excudebat Martinus de Ragusia, 1536; et Robert Estienne, *Dictionarium nominum propriorum virorum, mulierum, populorum*, Coloniae Agrippinae, apud I. Gymnicum, 1576, qui répète le texte de Maffei: «Valasca Bohemorum regina fuit, quae facta cum caeteris mulieribus coniuratione de excutiendo virorum principatu, copiarum ductrix bellum movit, interfectisque viris foemines omnes asservit in libertatem, ita ut instar Amazonum multos annos imperarint sine viris». En prenant l'histoire de Battista Cipelli, Ferrand ne considère pas Valasca comme une reine, mais comme une femme de chambre diabolique qui utilisa la magie noire pour forcer les femmes de sa ville à tuer leurs maris.

[30][*L. 14 de Histor. Dano.*]: Saxo Grammaticus, *Danorum historiae libri XVI [...] des Erasmi Roterdami de Saxone censura*, Basileae, apud Jo. Bebelium, 1534, livre XIV, p. 162^(r–v). Ferrand a probablement pris la référence de Martin Del Rio, *Disquisitionum magicarum libri VI*, livre III, partie 1, ques. 4, sect. 8: «De maleficiis ligaminis», vol. I, p. 63.

[31][*L de aere loc. & aq. Herod. in Clio.*]: Hippocrate, *Des airs, des eaux et des lieux*, dans *Œuvres complètes*, éd. Littré, vol. II, p. 79, 81. Hérodote, *Histoires*, livre I, «Clio», 105–06, éd. Legrand, vol. I, p. 103–04.

[32][*Albuc. li. 2. c. 72. Cels. ca. 28.l. 7. Ægin. l. 6. c. 72.*]: Albucasis, *De chirurgia Arabice et Latine cura Johannis Channing*, Oxonii, Clarendoniano, 1778, Sect. 72: «*De perforatione pudendi muliebris non perforati*», p. 317–19. Celse, *De medicina*, éd. W. G. Spencer, livre VII, ch. 28, vol. III, p. 453–5. La référence marginale à Paul d'Égine est de nature générale. Le chapitre en question discute «De non perforatis et phymo». Voir aussi Johann Wier, *Medicarum observationum rararum liber I*, sect. «De curatione meatum naturalium clausorum et quibusdam aliis», Basileae, Joannem Oporinum, 1567, p. 98.

[33][*Liebault l. 2 des mal. des femmes, ca. 61.*]: Jean Liébault, *Des maladies des femmes*, livre II, ch. 61, p. 501.

[34][*L. 6. epid. sect. 8.*]: Hippocrate, *Des épidémies*, livre V, sect. 8, dans *Œuvres complètes*,

que son opposite, qui rafroidit souvent les amours des mariez. Je ne vous parleray
à present des remedes de ces deux maladies, que vous lirez dans Avicenne, Aëce,
Æginete, et tous les modernes qui ont traité de la sterilité, ou des maladies des
femmes[35].

Arnaud de Villanova en son *Traicté des receptes contre le diable et ses sorceleries* ordonne d'apporter une plume remplie d'argent vif, du coral, armoise, ou bien
de la squille, ou oignon marin[36]. Jean de Vigo faict arrouser la maison de celuy qui
est charmé du sang d'un chien noir[37], quelques autres vieux resveurs font manger
da la chair de la pie, ou pivert, ou bien oignent le corps de l'ensorcelé avec le fiel
du corbeau meslangé avec la poudre de seseli. Mais je croy que les charmes et
sorceleries sont plustost guerissables par prieres, jeusnes, et oraisons, que non pas
par les remedes physiques.

éd. Littré, vol. V, p. 357.

[35] Pour les médecins modernes voir le ch. 34, n. 1 et le ch. 35, n. 25. Comme exemple de
médecins anciens voir par exemple Aëtius d'Amide, *Tetrabiblos*, livre IV, sermo 4, ch. 74,
«De furore uterino».

[36] Arnaud de Villeneuve, *Remedia contra maleficia*, dans *Opera omnia*, p. 1532.

[37] [*C. de malefic. l. 9.*]: Giovanni de Vigo, *Le practique et cirurgie*, livre IX, ch. 8: «De
maleficiatis», p. 319.

XXXV

Des philtres et remedes homeriques

Avant d'escrire les remedes de la melancholie erotique, il est necessaire de sçavoir si ce mal se peut faire par philtres, et s'il est guerissable par les remedes homeriques, ou autres contraires à ces philtres.

Ceux qui soustiennent qu'il y a des philtres ou breuvages amatoires disent que si les sorciers et magiciens peuvent causer la haine, ils peuvent aussi bien exciter à l'amour par characteres, charmes, venins, alimens, ou medicaments, qui peuvent troubler les humeurs, eschauffer le corps, ou autrement exciter à luxure[1], ce qu'ils taschent de confirmer par un texte du prophete Nahum: «propter multitudinem fornicationum meretricis speciosæ et gratæ, et habentis maleficia[2]», *id est* philtres, qu'elles faisoient en bruslant les os ou noyaux des olives, comme il se peut colliger du *Livre de Baruch*[3]. A raison dequoy le philosophe Platon en son *Banquet* à leur jugement, dict que l'amour est un fin magicien et sourcier, «δεινὸς γοής καὶ φαρμακεύς[4]». Les anciens donnoient tant de force à ces philtres que qui les humoit estoit à leur dire esclave de celle qui les donnoit:

      —— hic Thessala vendit
Philtra, quibus valeant mentem vexare mariti,
Et solea pulsare nates[5].

Plutarque en son discours du mariage a creu la force de tels philtres, mais il les rejette et reprouve, disant que comme la pescherie qu'on faict du poisson avec

---

[1][*Rod à Castro l. 4 medicopol. c. 2.*]: Rodrigo de Castro, *Medicus-politicus*, livre IV, ch. 2, p. 223. Voir aussi Jean Aubery, *L'antidote d'amour*, p. 92ᵛ–96ʳ, Heinrich Kornmann, *De linea amoris commentarius*, ch. 3, p. 59, Heinrich Kramer (Institoris) et Sprenger, *Le marteau des sorcières*, partie 2, ques. 2, ch. 3, éd. A. Danet, p. 172, et Hercules de Sassonia, *De melancholia tractatus perfectissimus*, Venetiis, apud Alexandrum Polum, 1620, ch. 12, p. 26.

[2][*C. 3.*]: Nahum, 3: 4. De Castro, *Medicus-politicus*, p. 215–16.

[3]Rodrigo de Castro, *Medicus-politicus*, p. 216.

[4]Platon, *Le banquet* (203b–c).

[5][*Iuven. sat. 6.*]: Juvénal, Satire VI, 610–12, éd. G. G. Ramsay (Loeb Classics), p. 180–81: lit. «valeat» per «valeant», et «natis» à la place de «nates». *Satires*, éd. P. de Labriolle, p. 83. [Parmi ces charlatans, l'un apporte philtres thessaliens grâce auxquels la femme abrutira son mari et le fessera à coups de savate.]

des appasts empoisonnez est prompte à arrester et prendre le poisson, mais il en est rendu d'autant pire et dangereux à manger[6]. Aussi les femmes qui mixtionnent certains breuvages d'amour, certains charmes et sorceleries pour assujettir leurs amans possedent des amis furieux et insensez, sans aucun contentement. Circe, dit-il, fut de tel sexe et naturel, toutesfois elle prisa peu ceux qu'elle avoit abbesty et enchanté par ses philtres; au contraire elle affolloit de l'amour d'Ulisses, qui sçavoit aimer avec prudence nonobstant les charmes de Circe. Vous trouverez diverses sortes de ces sottises dans Tibule, Properce, Horace, Theocrite, et dans Virgile celle-cy:

> Limus ut hic durescit, et hæc ut cera liquescit:
> Uno et eodem igni, sic nostro Daphnis amore[7].

Mais Apulée au commencement de sa *Metamorphose* recite un facetieux accident, qu'il apperceut faire à son hostesse Pamphile, à qui Photis sa chambriere apporta du poil de chevre au lieu de cheveux de son amy, sur lesquels Pamphile n'eut pas faict ses charmes, que les barils couverts des peaux de ceste chevre vindrent heurter à la porte de Pamphile pour satisfaire à sa volonté[8].

Joubert et Liebaut apportent que les femmes en lieux plusieurs commandent aux matrones lors des accouches leur garder la vedille ou nombril de leurs filles pour leur faire des amoureux en temps et lieu, croyans supersticieusement que si on donne de ceste poudre à un homme qu'il deviendra dés aussi tost amoureux de la fille[9]. Vous lirez dans ces medecins l'explication de ceste coustume ou erreur populaire. Et la sorciere Medée du conseil de la déesse Venus se servoit à ces fins de l'oiseau jinx[10], qui est au dire de Noël le Conte en ses *Mythologies*, et de Vigenere sur Philostrate, l'oiseau que les Latins nomment *motacillam*, les François *hochequeuë, lavandiere* et *battelessive*, laquelle faisoit affoller d'amour, dont Pindare l'appelle «μαίναδα ὄρνιν[11]» [oiseau enragé]. Il me semble neantmoins que ces autheurs se sont trompez, car l'jynx est l'oiseau qu'Aristote dict avoir deux doigts en chaque pied au devant, et autant en la partie posterieure contre le naturel de tous

---

[6]Plutarque, «Préceptes de mariage», *Œuvres morales* (139A), éd. J. Defradas, vol. II, p. 148. Au sujet de Circé, voir aussi Ovide, *Les remèdes à l'amour*, 285–90, éd. Bornecque, p. 20.

[7]Virgile, *Bucoliques*, livre VIII, «La magicienne», 80–81, trad. E. de Saint-Denis. Cf. De Castro, p. 217. [Comme cette glaise se durcit, et comme cette cire se liquéfie au seul et même feu, qu'ainsi notre amour agisse sur Daphnis.]

[8]Lucius Apulée, *Métamorphoses*, livre III, ch. 16–19, trad. P. Vallette, p. 73–76.

[9][*Liebaut l. 3 des malad. des femm. c. 47.*]: Jean Liébault, *Des maladies des femmes*, livre III, ch. 47, p. 892. Voir aussi Laurent Joubert, *La premiere et seconde partie des erreurs populaires, touchant la medecine et le régime de santé*, Paris, chez Claude Micard, 1587, p. 156–57.

[10][*Pindar. ode 4. Pyth.*]: Pindare, *Pythiques*, IV, 214–19, *Œuvres complètes*, éd. J.-P. Savignac, p. 201. Cf. Horace, *Épodes*, XVII, 7, et le refrain d'Idylle II de Théocrite, «Pharmaceutria», *Bucoliques grecs*, éd. Legrand, p. 98 et suiv. Voir aussi la note suivante.

[11]Natale Conti (Natalis Comitis), *Mythologiae sive explicationis fabularum, libri decem: in quibus omnia prope naturalis et moralis philosophiae dogmata fuisse demonstratur*, Francofurti, apud Andreae Wecheli, 1588, p. 571. Philostrate, *De la vie d'Apollonius Tyaneen en VIII livres*, éd. B. de Vigenère, p. 255–56.

les autres[12], lequel Pierre Belon appelle *turcot* ou *tercot*[13], les Latins *torquillam*, Gaza et Paccius traducteurs du philosophe, *turbinem*; la lavandiere au contraire se nomme en Grec κνιπολόγος, *id est*, *culvilega* et *susurada*[14].

La plus grande partie des philtres estoit mixtionnée de certains simples venimeux, qui causoient souvent la mort: tel fut celuy qui fut donné à Luculle et Leandre gendre d'Aretaphile, selon Plutarque; à Lucrece, selon Eusebe; à Frideric Duc de Baviere Roy des Romains, selon Cuspinian[15]; et celuy, pour lequel à bon droict Temnia matrone d'Athenes fut condamnée à mort par les Atheniens, qui peu auparavant avoient pardonné à une autre femme, au rapport d'Aristote, atteinte de mesme crime, sur la croyance que les Areopagites eurent que le regret d'avoir tué son cher mary seroit plus cruel supplice à ceste miserable que la mort, qui est decretée à telles personnes, *l. etiam ff. ad lex Cornelia de sicaris et veneficis*[16]. Nous y pouvons adjouster celuy qui fut donné à Lancelot Roy de Naples par un sien medecin despité de ce qu'il jouïssoit de sa fille vilainement, duquel le roy et la fille innocente moururent d'une cruelle et maudite façon, comme vous pouvez lire dans Nauclere, M. Montagnes, et Gabriel Dupreau en l'an mil quatre cens quatorze[17].

Les philtres qui ne faisoient perdre la vie, ostoient la jugement, tel que fut celuy que Circe donna aux soldats d'Ulisses, Cæsonia à l'Empereur Caligula son mary.

> tamen hoc tolerabile, si non
> Et furore incipias, ut avunculus ille Neronis

[12][*L. 4. de par. an. cap. 12.*]: Aristote, *De partibus animalium*, livre IV, ch. 12 (695a).

[13]Pierre Belon, *L'histoire de la nature des oyseaux, avec leurs descriptions; et naifs portraicts [...] en sept livres*, sect. XVIII, «Du tercou, torcou ou turcot», Paris, chez Guillaume Cavellat, 1555, p. 306–07.

[14]Théodore Gaza de Thessalonique, *Aristotelis de natura animalium, eiusdem de partibus animalium; eiusdem de generatione animalium; Theophrasti historia plantarum; eiusdem de causis plantarum; Aristotelis problemata: Alexandri Aphrodisiensis problemata*, Venetiis, apud Aldum, 1504; à la fin du livre: Venetiis, In aedibus Aldi, et Andrea Asulani Soceri, Mense Februario, 1513. Ferrand se réfère également à Giulio Pace (Julius Pacius de Berigo), cf. *Opera omnia quae extant, Græce et Latine*, Lutetiae Parisiorum, 1619. Pour «culvilega» lire «culicilegam», un terme que Ferrand aurait pu avoir trouvé chez Gaza. Cf. Henri Estienne, *Thesaurus Graecae linguae*, Graz, Akademische Druck- U. Verlags- anstalt, 1954, *ad vocem* «κνιπολόγος»: «culicilegam vocat Gaza». Il est probablement la source du terme «susurada», une espèce de pivert qui se nourrit d'insectes: «κνῖπες».

[15]Les histoires de Plutarque, d'Eusèbe et de Cuspinianus proviennent de De Castro, *Medicus-politicus*, p. 217. Plutarque, *Vies*, ch. 43, «Lucullus», éd. R. Flacelière, VII, p. 120. Cuspinianus est Johann Speisshammer, et l'histoire du duc de Bavière est rapportée dans *De Caesaribus atque Imperatoribus Romanis opus insigne [...] à Julio Caesare ad Maximilianum primum commentaris*, Strasbourg, Crato Mylius, 1540.

[16][*l. etiam ff. ad l. Corn. de sic. & venef.*]: *Lex Cornelia de sicaris veneficis et paricidiis*, Marcianus, *Institutiones*, livre 48, viii; *Corpus Iuris Civilis*, éd. T. Mommsen et P. Krueger, 3 tomes, Dublin/Zurich, apud Weidman, 1973, vol. I, p. 852–53.

[17]Johann Vergen (Johannes Nauclerus), *Cronicon*, vol. II, Coloniae, apud Haeredes Johannes Quentel et Gervinum Calenium, 1564. La source de Ferrand provient de Michel de Montaigne, *Essais*, livre II, ch. 33, éd. M. Rat, Paris, Garnier Frères, 1962, vol. II, p. 136–37. L'histoire est aussi dans Gabriel Dupréau, «l'an 1414», Histoire *de l'estat et succès de l'eglise*. Pour les autres versions, voir Laon Chalcondylas, *Histoire de la décadence de l'empire Grec*, livre V, ch. 2, et Paolo Giovio, *Turcicorum rerum commentarius*.

Cui totam tremuli frontem Cæsonia pulli
Infudit[18].

Ce philtre au dire du Satyrique estoit certain loppin de chair, qui paroist au front du poulain en naissant, de la grandeur d'une figue seche, noir et presque rond, selon Aristote et Pline[19]. Ores que le mesme philosophe donne aussi ce nom ailleurs à certaine liqueur qui degoutte du jument lors qu'elle est en rut, semblable à la semence du jument, mais plus liquide et sereuse: «καὶ καλοῦσι τοῦτο Ἱππομανὲς, ἄλλοι δὲ τὸ ἐπὶ τοῖς πώλοις ἐμφυόμενον[20]» [pour certaines personnes l'hippomane est ce genre de substance et non pas une excroissance sur le front d'un poulain], avec lequel s'accorde la poëte Tibulle:

–ubi indomitis gregibus Venus afflat amores
Hippomanes rabid stillat ab inguine equæ[21].

Quoy que Aloysius Anguillara, Cratevas, Dodoneus et Vecker asseurent que Theocrite appelle *hippomanes* l'herbe stramonia, dicte des Arabes *nux methel*, et des François *pomme du Peru*, et Rodericus à Castro veut que ce soit une petite plante d'Arcadie que nous appellons *faugere[22]*.

Porphyre au livre *Des sacrifices* (quoy qu'insigne magicien au tesmoignage de sainct Augustin, livre 10 de la *Cité de Dieu*, chapitre 9) recognoist les demons autheurs de tels philtres, comme de toutes fraudes, tromperies, et mensonges[23]. Tellement que je ne trouve point croyable que Moyse eust composé des anneaux d'oubly et d'amour, comme plusieurs rapportent apres Josephe[24].

[18][*Iuven sat. 6*]: Juvénal, *Satires*, VI, 614–17, éd. P. de Labriolle, p. 83. [... pourvu que tu n'entres pas en folie furieuse comme cet oncle de Néron à qui Caesonia versa toute l'excroissance du front d'un poulain.]

[19][*Arist l. 6. de hist. an. c. 22. Pl. l. 8. c. 42*]: Aristote, *Histoire des animaux*, livre VI, ch. 22 (577a). Pline, *Histoire naturelle*, livre IX, ch. 41, éd. Littré, vol. I, p. 372.

[20][*Ar. l. 6. c. 18.*]: Aristote, *Histoire des animaux*, livre VI, ch. 18 (572a). Pour l'*hippomanes* voir Pausanias, *Description de la Grèce*, livre V, ch. 27, «Elis», éd. M. Casevitz. Voir aussi *Description of Greece*, éd. Jones (Loeb Classics), II, p. 545.

[21][*Eleg. 4.1.2.*]: Tibulle, *Tibulle et les auteurs du corpus tibullianum*, livre II, Élégie iv. 57–58, éd. M. Ponchont, p. 103. [... dans la saison où Vénus inspire leurs ardeurs aux troupeaux indomptés, coule des flancs de la jument en folie.]

[22]Toute la discussion sur l'*hippomanes* provient de l'influence de De Castro que Ferrand cite dans la marge [*L 4. Medicop. c. de philtris.*]: *Medicus-politicus*, livre IV, ch. «de philtris», p. 226. Mais Ferrand utilise aussi le *Stirpium historiae pemptades sex sive libri XXX*, Antverpiae, ex officina Plantiniana, apud B. et J. Moretos, 1616, de Rembert Dodoëns, p. 449–60, qui cite le *De simplicibus liber primus* de Andrea Anguillara et Cratevas, auteur d'un livre cité par Dioscoride et Pline. Johann Jakob Wecker, *Le grand thresor, ou dispensaire, et antidotaire special ou particulier des remedes servans a la santé du corps humain*, Genève, de l'imprimerie D'Estienne Gamonet, 1616, p. 296. Cratevas était un rizonom grec contemporain de Mithridate. Son œuvre, intitulée Τὰ ῥιζοτομούμενα, est citée par Pline et Dioscoride et est conservée à la bibliothèque Marciana de Venise.

[23]Le *De regressu animae* de Porphyre est connu seulement par des fragments conservés dans *La cité de Dieu* de saint Augustin, éd. P. Labriolle, vol. II, p. 405–07. Voir particulièrement le livre X, ch. 9.

[24][*Loys d'Orleans. Vigenere.*]: Philostrate, *De la vie d'Apolonius Thyaneen en VIII livres*,

Quoy qu'il en soit, nous dirons que veritablement il y peut avoir des medicaments, aliments, ou venins incitans à luxure, desquels vous trouverez plusieurs catalogues chez l'Avicenne, Aëce, Æginete, Oribase, et tous nos modernes medecins qui ont traicté de la sterilité, ou impuissance de l'homme[25]. Mais nous nions qu'il s'en trouve aucun qui face que Jean aime Jeanne plustost que Jacquette, moins de faire affoller d'amour.

> Non facient ut vivat Amor, Medeides herbæ,
> Mixtaque cum magicis marsa venena sonis.
> Phasias æsonidem, Circe tenuisset Ulissem,
> Si modo servari carmine posset Amor[26].

Celle qui se vantoit, chante le poëte, de changer les hommes en plusieurs et diverses figures ne sceut changer la volonté d'Ulisses, pour ce que,

> Non hic herba valet, non hic nocturna Citæis,
> Non per Medea gramina cocta manus[27].

Les vrays et plus efficaces philtres consistent en la beauté, bonne grace, doux entregens que les Grecs ont aussi nommé τὰ φίλτρα, notamment s'il se rencontre quelque mutuelle sympathie parmy des personnes oisives et vivantes delicieusement[28]:

éd. B. de Vigenère, livre I, p. 565. Louis d'Orléans, *Novae cogitationes in libros annalium C. Cornelii Taciti quae extant*, Parisiis, sumptibus T. Blasii, 1622, p. 619.

[25] Dans le ch. 23 de l'édition de 1610, Ferrand inclut un chapitre sur la stérilité et sur la façon d'augmenter la performance sexuelle et le plaisir. Les auteurs contemporains qui écrivaient sur le sujet sont: Fredericus à Fonseca, *Consultationes medicae singularibus remediis referte*, Venetiis, apud Joannem Guerilium, 1619, *Consultatio LXXI*: «Pro sterilitate seu impedita conceptione atque abortu», p. 209 et suiv.; Giovanni de Vigo, *La practique et cirurgie*; Guglielmo da Varignana [*Secreta medicina*], *ne secreta sublunia ad varios curandos morbos verissimis autoritatibus illustrata*, Vicentius de Portonariis de Tridino de Monte Ferrato, 1553, p. 54ᵛ–56ʳ. Parmi les anciens médecins qui en parlaient: Oribase, *Synopsis*, livre I, ch. 6, dans *Œuvres*, p. 10; Paul d'Égine, *Opera*, livre III, ch. 66, p. 386; et Aëtius d'Amide, *Tetrabiblos*, livre IV, sermo 4, ch. 74, p. 903.

[26] Ovide, *L'art d'aimer*, vol. II, 101–04, éd. Bornecque, p. 35. Pour le second vers, lire: «Mixtaque cum magicis naenia Marsa sonis». [Pour faire durer l'amour, les herbes de Médie ne serviront à rien, non plus que les formules des Marses et leurs chants magiques. La princesse née sur les bords du Phase aurait retenu le fils d'Eson et Circé Ulysse, si les enchantements pouvaient entretenir l'amour.]

[27] Properce, *Élégies*, livre II, No. iv, 7, éd. D. Paganelli, p. 41. [L'herbe ici est sans forces. Les charmes nocturnes de la Colchidienne ne peuvent rien, pas plus que Médée et les plantes qu'elle a fait cuire.]

[28] [*Valeriol. obser. 7 l. 2. R. à Castro c. de Philtris, et c. de fur. uteri*.]: Bien que ces références soient rassemblées, elles correspondent à différentes parties du texte. La référence à Valleriola ne peut se référer qu'à l'histoire d'Ulysse et Circé, alors que celle de Rodrigo de Castro ne s'applique qu'au concept de sympathie et de beauté fonctionnant comme philtres. François Valleriola, *Observationum medicinalium libri VI*, p. 219. Rodrigo de Castro, *Medicus-politicus*, livre II, ch. 2, p. 222. Cf. Jean Aubery, *L'antidote d'amour*, p. 71ᵛ–80ʳ, et Rodrigo de Castro, *De universa mulierum medicina*, livre II, «De furore uteri», Hamburgi, in officina Frobeniana, 1603, p. 153 et suiv., et enfin Jean Riolan, *Ad libros Fernelii de abditis rerum causis*, Parisiis, apud H. Perier, in officina Plantiniana, 1598, p. 112–13.

> Male quæritur herbis:
> Moribus et forma conciliandus Amor[29]

comme accorda Olympia quand on luy rapporta que son mary Philippe estoit charmé par une garce, car ayant contemplé la beauté de la favorite de son mary, elle s'escria: «valeant calumniæ, tu in te philtra habes[30]».

> Si possent homines delinimentis capi,
> Onmes haberent nunc amatores anus.
> Æias, et corpus tenerum et morigeratio,
> Hæc sunt venena formosarum mulierum:
> Mala ætas nulla delinimenta invenit[31].

Les payens contre ces philtres se servoient de certains remedes de mesme farine qu'ils appelloient *homeriques,* non pas que le poëte Homere en ait esté l'inventeur, comme quelques uns ont creu, mais plustost ils ont esté ainsi appellez dautant qu'ils estoient à leur jugement du tout admirables, comme toutes les actions de ce divin poëte, qui, à ce qu'on dict, par certaines paroles guerissoit plusieurs maladies, et par certains vers, arrestoit le flux de sang, à l'imitation des fils d'Autolyque, qui arresterent celuy d'Ulisses, blessé en la cuisse sur le mont de Parnasse[32]:

> ——— ἐπ' ἀοιδῇ δ' αἷμα κελαινὸν
> ἔσχεθον———[33]

Ces remedes Homeriques consistoient en charmes, caracteres, brevets, ou periaptes, desquels les medecins Chrestiens ne se doivent servir, quoy que le vulgaire en mette

---

[29] Ovide, *Héroïdes,* VI, «Hypsipyle à Jasone», vv. 93–94, éd. Bornecque, p. 35. [Il est odieux de provoquer avec des herbes l'amour que doivent gagner la beauté et les vertus.]

[30] Le vers cité en latin par Ferrand: «Valeant calumniae, tu in te philtra habes» provient de Plutarque, «Préceptes de mariage», *Œuvres morales,* sect. 23 (141B), éd. J. Defradas, vol. II, p. 154. Voir aussi le ch. «De philtris» dans De Castro, p. 222, et Johann Wier, *Histoires, disputes et discours des illusions et impostures des diables,* livre III, ch. 40, vol. I, p. 481–82.

[31] Les vers proviennent de *Vopisco,* comédie perdue de Lucius Aphranius, et sont conservés dans Nonius Marcellus, *De compendiosa doctrina,* éd. W. M. Lindsay, Hildesheim, Georg Olms, 1964, vol. I, p. 4. Ferrand prend les vers de De Castro, ch. «De philtris», p. 222. Le fragment d'Aphranius est aussi dans O. Ribbeck, *Scænicæ Romanorum poesis fragmenta,* Hildesheim, Georg Olms, 1962, vol. II, p. 213. [Si les sortilèges pouvaient rendre les hommes amoureux, toutes les vieilles auraient des amants. La jeunesse, un corps tendre, et la complaisance, voilà les philtres des séductrices. Mais pour la vieillesse, point de consolation. (notre traduction)]

[32] [*Alex. Tral l. 9. c. 4. Heurn. l. 3. Meth. c. 28. Silvat. cont. 43.*]: Alexandre de Tralles, *Affections génito-urinaires,* livre XI, ch. 1, dans *Œuvres médicales,* éd. F. Brunet, Paris, Librairie Orientaliste Paul Geuthner, 1937, vol. IV, p. 169. Johann van Heurne, *Praxis medicinae novo ratio qua libris tribus methodi ad praxin medicam,* livre III, ch. 28, p. 481–82. La source principale du passage de Ferrand sur ces remèdes est Silvatico, *Controversia* 34, dans *Controversiae medicae numero centum,* p. 206. Jean Aubery, *L'antidote d'amour,* p. 104[r]–10[r], a une section entière dédiée au pouvoir des mots et des charmes et leur capacité d'influencer la santé.

[33] [*od. 19*]: Homère, *L'Odysée,* XIX, 457–58, éd. M. Dufour, p. 294. [... arrêtent le sang noir par le moyen d'un charme.]

supersticieusement plusieurs en usage, qui ressentent le paganisme. Partant nous concluërons que les plus souverains remedes contre les philtres sont les prieres, lecture de bons livres, et autres exercices serieux[34] :

> Ergo quisquis opem medica tibi poscis ab arte,
> Deme veneficiis, carminibusque fidem[35].

---

[34][*à Castro l. 4. medico. pol. c. 2.*]: Rodrigo de Castro, *Medicus-politicus*, livre IV, ch. 2, p. 223. Cf. Heinrich Kramer (Institoris) et Springer, *Le marteau des sorcières*, partie 2, ques. 2, ch. 3, éd. A. Danet.

[35]Ovide, *Les remèdes à l'amour*, vol. V, vv. 289–90, éd. Bornecque, p. 20. [Donc, toi qui demandes à mon art un secours dont tu as besoin, n'aie aucune confiance dans les sortilèges et les enchantements.]

XXXVI

Remedes empiriques pour la guarison de l'amour et de la melancholie erotique

Les anciens Gregeois recommandoient à ces fins le lac Copaïde, dans lequel Agamemnon se baigna, au rapport de Plutarque, pour guerir de la folie d'amour envers Chryseïs[1], et Dexicreon par certaines ceremonies et sacrifices expiatoires guerit de ce mal les femmes Samiennes qui en couroient les ruës. Quelques autres faisoient prieres au sepulcre de Rhadine et Leontine, ou bien à celuy d'Iole. Mais le plus fameux remede estoit le saut que les fols amans faisoient se precipitans du rocher Leucadien en la mer, la vertu duquel Sapho experimenta la premiere :

> ———- saltusque ingressa viriles
> Non formidat a temeraria Chalcide Sapho[2].

Et ce pour s'estre trop piquée de l'amour du joly Phaon, (comme elle se lamente en ses œuvres) qui l'ayant refusée, l'incita à faire la premiere le saut Leucadien, pour guarir de ceste fureur amoureuse[3]. Mais ceux qui ont voulu rechercher plus curieusement l'antiquité, disent que le premier qui sauta fut Phocas, ou bien Cephalus amoureux de Pterela[4]. Sapho dans Ovide donne ceste loüange à Deucalion transporté de l'amour de Pyrrha sa femme :

> Hinc se Deucalion Pyrrhæ succensus amore
> Misit, et illæso corpore pressit aquas :
> Nec non versus Amor, fugit lentissima mersi
> Pectora, Deucalion igne levatus erat[5].

---

[1]Plutarque, «Que les bestes usent de la raison», *Œuvres morales*, éd. M. A. Screech, vol. I, p. 273ʳ.

[2][*Stat. in Epic.*] : Stace, *Silvae* V, iii, 154–55, trad. H. J. Isaac, vol. II, p. 199 : lire «Leucade» pour «Chalcide». [L'audacieuse Sappho ne craignit pas de se jeter héroïquement du haut du rocher de Chalcédoine. (notre traduction)]

[3][*Auson. Suydas.*] : Ausone, «Cupidon crucifié» [Cupido cruciatus], *Opuscula*, éd. S. Prete, p. 116–21. Voir aussi *Oeuvres en vers et en prose*, éd. M. Jasinski. [Suidas], *Lexicon* (*Souda*), éd. G. Bernhardy, vol. II, partie 2 (*ad vocem* «ΣΑΠΦΩ»), p. 674.

[4][*Strabo l. 10 geogr.*] : Strabon, *Géographie*, X. 2, 9, éd. F. Lasserre, vol. VII, p. 37.

[5]Ovide, *Héroïdes*, XV, 167–70, «Sapho à Phaon», éd. Bornecque, p. 97. [De là s'est

La belle Calyce loüée par le poëte Stesichorus aima si esperduement Evanthle, que se voyant refusée en mariage, se hazarda de faire le mesme saut et fin funeste que Sapho[6]. Ce remede estant trop cruel occasionna plusieurs de luy subroger la fontaine de Cupidon en Cizice, laquelle, à ce que Mutian escrit, avoit l'energie d'attiedir les folles amours, comme celle de Selemne en Argire[7]. Mais s'il estoit ainsi, dit Pausanias, «τιμιώτερον χρημάτων πολλῶν ἔστιν ἀνθρώποις τὸ ὕδωρ τοῦ σελέμνου[8]» [l'eau de cette rivière serait plus valable que l'or], ce que neantmoins je ne juge nullement absurde, veu qu'il est tout certain que le bain d'eau froide est souverain à la cure de la fureur uterine (qui est la manie erotique) comme aussi l'hydropisie, notamment si l'eau est minerale, comme pouvoit estre l'eau de ces fontaines, et à ce propos Mercurial se jacte d'avoir guery plusieurs femmes de l'amour desordonné en leur faisant boire grande quantité d'eaux froides, et les baignant dans un baing de pareille vertu[9].

La musique Dorique avoit telle reputation d'appaiser les perturbations de l'esprit, au rapport de Galien, que le Roy Agamemnon, conducteur de l'armée Grecque contre les Troyens, ne laissa autre gardien de la pudicité de sa femme, qu'un excellent musicien Dorien, qui par son harmonie empescha que Clytemnestra ne fust piquée d'aucun amour villain et impudicque, jusques à ce que ce musicien fut tué par l'adultere Egiste, qui voyoit que sans ce meurtre, il ne pouvoit jouïr des amours de la Reyne Clytemnestra[10]. Pythagoras estant en compagnie de jeunes hommes, lesquels il sentit complotter, eschauffez de la feste, d'aller violer une maison pudique, commanda à la menestriere de changer de ton, et par une musique poisante, severe, spondaïque enchanta tout doucement leur ardeur, et l'endormit[11].

Et Ovide faict mention de certain amour oublieux ou lethean auquel jadis les Romains edifierent un temple joignant celuy de Venus au sommet de la montagne Eryx, où les amans se transportoient pour sacrifier à ce dieu, à fin qu'ils peussent oublier leurs fureurs amoureuses[12].

---

précipité Deucalion, enflammé d'amour pour Pyrrha, et son corps y pressa les eaux sans dommage. Aussitôt l'amour retourné transperce le cœur si insensible de Pyrrha, Deucalion fut délivré de sa flamme.]

[6]Stésichore, «ΚΑΛΥΚΗ», dans *Poetae melici Graeci*, éd. D. L. Page, Oxford, Clarendon Press, 1962, p. 136–37. La source directe de Ferrand provient probablement d'Athénée, *Les deipnosophistes*, livre XIV, 619, éd. A. M. Desrousseaux. Voir aussi *The Deipnosophists*, trad. C. B. Gulick, vol. VI, p. 337–339.

[7]La référence à Mutianus provient *verbatim* de Mario Equicola, *Libro de natura de amore*, livre IV, p. 153[r]. Mutianus Rufus (1471–1526) est connu pour ses épîtres.

[8]Pausanias, *Description de la Grèce*, «Achaïe», ch. 23, éd. M. Casevitz, vol. VII, p. 77.

[9][*L. 4. de morbis mulier. ca. 10.*]: Girolamo Mercuriale, *De morbis muliebribus praelectiones*, livre IV, ch. 10, p. 157.

[10][*L. 5. de pla. Hipp. & Pl.*]: Galien, *De placitis Hippocratis et Platonis*, livre V, bien que Galien ne parle nulle part de la musique dorienne ni de l'histoire d'Agamemnon et de Clytemnestre. Une source possible est Philostrate, *Apollonius de Tyane en VIII livres*, livre I, ch. 16, éd. Chassang, p. 18–20.

[11][*M. de Montagne l. 1. c. 46.*]: Michel de Montaigne, *Essais*, livre I, ch. 46, éd. Rat, vol. I, p. 308. Boèce, *De institutione arithmetica libri duo, de institutione musica libri quinque*, éd. G. Friedlein, Lipsiae, in aedibus B. G. Teubneri, 1867, p. 184–85. Cf. Jean Aubery, *L'antidote d'amour*, p. 132.

[12][*T. Livius. Cæl. Rodigin.*]: Tite-Live, *Histoires romaines*, livre XXII, ch. 9, éd. B. O. Foster, vol. V, p. 23. Ludovico Celio Ricchieri (Rhodiginus), *Lectionum antiquarum libri*

Est illic lethæus amor, qui pectora sanat,
Inque suas gelidam lampadas addit aquam.
Illic et iuvenes votis oblivia poscunt,
Et si qua est duro capta marita viro[13].

Au lieu duquel les Grecs recognoissoient et honoroient Venus ἀποστροφία [apostrophia], qui à mon advis estoit la Venus celeste ou Uranie adorée en Ascalon par les Scythes selon Herodote, lors que par la section des veines ou arteres qui sont joignants les oreilles ils estoient devenus faitards, steriles, et effeminez[14].

Thersicles dans Athenée donne du vin dans lequel on ait estouffé un surmulet ou barbeau marin[15], auquel Pline adjouste du *chrysocolla*, que les Arabes nomment *baurach*, ou bien de l'urine dans laquelle on aye estouffé la lezarde. On fait pareillement grand cas de l'ordure de l'oreille gauche, de la fiente de pigeon delayée avec l'huile commun, et de l'urine du bouc meslée avec le nard Indien ou Celtique[16]. Jean de Vigo chirurgien du Pape Jule II faict prendre la fiente de la personne qui est aimée, et la brusle, asseurant que tel parfum a vertu singuliere pour rompre le lien des amours illicites, si l'amant flaire ceste puanteur[17]. Mais telles ordonnances sont de la boutique des medecins que l'Aristophanes appelle «ὑροπότας καὶ σκατοφάγους[18]» [les buveurs d'urine et les mangeurs de merde]. Quelques autres coupent le poil à la fille obstinée en ses folles amours, à l'imitation des mareschaux qui couppent le crein aux juments lors qu'elles sont en rut[19]. Bref il n'y a pas un naturaliste qui n'aye excogité quelque remede pour la guerison de ceste maladie. Albert et Cardan loüent l'esmeraude, le rubys, ou saphir, ceux-cy les diamans, ceux-la la topaze et ametiste[20]. *Picatrice* le suc du meurtre, le cerveau des arondelles, et le sang de la personne aimée[21], ce que nous lisons avoir esté practiqué par l'Empereur Marc Aurele pour amortir l'amour desordonné que sa femme Faustine portoit à certain gladiateur, de l'advis des Chaldéens qui luy conseillerent de faire

---

triginta, p. 338. Cf. livre XIV, ch. 6, p. 741, et livre XXIX, ch. 18.

[13]Ovide, *Les remèdes à l'amour*, vv. 551–54, éd. Bornecque, p. 29. [Là règne l'Amour Léthéen, qui guérit les cœurs et verse de l'eau glacée sur les torches. Là pour demander l'oubli viennent les jeunes gens, ainsi que les jeunes filles éprises d'un homme insensible.]

[14]Pour ce qu'Hérodote a écrit sur les Scythes voir ci-dessus, ch. 31, n. 5.

[15][*L. 7.*]: Athénée, *Les deipnosophistes*, livre VII, vol. III, éd. Desrousseaux. Voir aussi *The Deipnosophists*, trad. Gulick, vol. III, p. 436.

[16][*Plin. l. 32. c. 15. l. 28. c. 30. 32.*]: Pline, *Histoire naturelle*, livre XXVIII, ch. 30 et 32; livre XXXII, ch. 25, livre XXXII, ch. 50, éd. Littré, vol. II, p. 270; vol. II, p. 383; vol. II, p. 393.

[17][*C. de Malef. l. 9. de addit.*]: Giovanni de Vigo, *Le practique et cirurgie*, livre IX, ch. 18, p. 319: «De maleficiatis».

[18]Aristophane, *Plutus*, v. 706, *Théâtre complet*, éd. M.-J. Alfonsi, vol. II, p. 381.

[19][*Arist. 6. de hist. an. c. 12.*]: Aristote, *Histoire des animaux*, livre VI, ch. 18 (572a).

[20][*Arnauld de Regim. castor. c. 28*]: Arnaud de Villeneuve, «De regimine caste viventium», ch. 28 du *De regimine sanitatis*, dans *Opera omnia*, p. 749. Albert le Grand, *De virtutibus herbarum, lapidum, et animalium quorundam libellus*, dans *De secretis mulierum libellus*, p. 144–45.

[21]Abul-Casim Maslama Ben Ahmad, *Picatrix*, tratado III, ch. 10, éd. M. Villegas, Madrid, Editora Nacional, 1982, p. 293–94. Ferrand tire sa référence de Mario Equicola, *Libro de natura de amore*, livre IV, p. 153[r]: «Ne Piccatrice ne Plines removeranno una minima particella di tal passione col sangue de homo, cerebro de rondina, lacte e succo do myrto».

tuer secretement l'escrimeur, et donner à boire le sang du gladiateur à sa femme la mesme nuict qu'il coucheroit avec elle. Ce qui advint veritablement, mais de ceste couche fut engendré Antonin Commode, un des plus sanguinaires et cruels empereurs de Rome, qui demeuroit tousjours parmy les escrimeurs, et ressembloit plustost aux gladiateurs qu'à ce bon Empereur Marc Aurele[22], qui comme dit Ausone:

Hoc solum patriæ, quod genuit, nocuit[23].

Dejanira jalouse de ce que son vaillant Hercule caressoit Iole par le fallacieux conseil du centaure Nessus, pour esteindre cest amour illicite envoya à son mary une robe teinte en huile et au sang du centaure, mais tant s'en faut que le grand Hercule receut guerison de ses folles amours, qu'au contraire il en mourut furieux et enragé[24].

---

[22][*Jul. Capitolin. Crinit. l. 2. de hon discipl. c. 1.*]: Julius Capitolinus, «M. Antoninus philosophus ad Diocletianum Augustum», in *Scriptores Historiae Augustae*, éd. H. Iordan et F. Eyssenhardt, Berolini, apud Weidmannos, 1864, vol. I, p. 57 et suiv. L'histoire de Faustina est devenue très célèbre et souvent répétée, par exemple dans les œuvres de Pietro Crinito (Piero Riccio), *De honesta disciplina libri XXV*, Basileae, excudebat Henricus Petrus, 1532: «Remedium de solvendis amoribus, cum mirifico exemplo Faustinae, ac de natali Commodi imperatoris qui omnium crudelissimus fuit», p. 24–25, qui fut probablement la source de Ferrand, ou André Du Laurens. Voir la note suivante.

[23]Ausone, «Les douze empereurs», XVII, *Œuvres en vers et en prose*, éd. M. Jasinski: «Hoc solum patriae, quod genuir, nocuit»; aussi dans *Opuscula*, éd. S. Prete, p. 209. Voir aussi *The Twelve Emperors*, trad. H. G. Evelyn White, p. 342–343. La source de Ferrand est André Du Laurens, *Des maladies melancholiques, et du moyen de les guarir*, p. 36^{r–v}. Autres sources intermédiaires: cf. Pierre Boaistuau, *Le théâtre du monde*, livre III, p. 218 (dans l'édition. du 1558, p. 97^r) et Pedro Mexía (Pierre Messie), *Les diverses leçons*, Lyon, édité par Claude Michel, 1526, livre III, ch. 13, p. 208–11. [Le seul mal qu'il ait fait à sa patrie, c'est d'avoir eu un fils.]

[24]Pour les origines de l'histoire de Déjanire cf. Apollodore, *La bibiothèque*, livre II, ch. 7, sect. 5–8, éd. J.-C. Carrière. Déjanire est également un des personnages principaux de *Trachiniae* de Sophocle, *Tragédies*, éd. M. Artaud.

XXXVII

Vrays et methodiques remedes de la melancholie erotique, et premierement les diætetiques

Marsile Ficin sur le *Banquet* de Platon, et François Valeriola docte medecin d'Arles disent que puisque toute maladie se guerit par son contraire, selon ce commun et veritable axiome du Pere de la Medecine, «τὰ ἐναντία τῶν ἐναντίων ἐστιν ἰήματα» [les opposés sont les remédes pour leurs opposés]: «Illaque ationis autem contrarium sit solutio» [et de plus, que l'opposé soit purgatif], il est necessaire que l'amour se guerisse par solution, laquelle ils font de deux sortes, naturele et artificielle[1]. La derniere despend de l'evacuation, comme nous discourrons aux chapitres suivants, et la premiere des remonstrances des personnes vertueuses, pies et doctes, du changement de l'air, de l'abstinence, soings, cures, craintes et tristesses, remedes que je trouve plus propres à la precaution de ce mal (commē nous avons cy-dessus dit) qu'à la guerison, dautant qu'il est plus facile d'amortir l'amour en sa naissance que lors qu'il est devenu maladie:

Dum nonus est cœpto potius medeamur Amori
Flamma recens sparsa parva resedit aqua.
Opprime dum nova sunt, subiti mala semina morbi.
Nam mora dat vires[2].

Le regime des melancholiques erotiques n'est pas gueres different de celuy de la precaution. Il est vray qu'il doit estre plus humectatif et moins rafroidissant, sans oublier les alimens qui par leur proprieté occulte sont salutaires à la melancholie erotique, comme sont la tourterelle, le cœur du loup, les poucins du duc ou chathuant cuits avec le suc de la marjolaine, la chair du rat et semblables, et si le malade est fort sec et extenué on le nourrira, selon Avicenne, à la mode des hectiques[3].

---

[1][*Val. Obser. 7. l. 2.*]: François Valleriola, *Observationum medicinalium libri sex*, livre II, obs. 7, p. 208, 210. Marsile Ficin, *Commentaire sur le banquet de Platon*, Orat. VII, ch. 11, éd. R. Marcel, p. 255–256.

[2]Ovide, *Héroïdes*, XVII, 191–92, éd. H. Dörrie: lire «potius coepto pugnemus amore» et «parva sparsa». *Héroïdes*, «Hélène à Paris», éd. Bornecque, p. 120. Ovide, *Remèdes à l'amour*, vv. 81, 83, éd. Bornecque, p. 13. [Combattons plutôt, pendant qu'il est neuf, un amour commençant; une flamme récente, aspergée d'un peu d'eau, s'éteint.]

[3]Avicenne, *Liber canonis*, livre III, fen 1, tr. 5, ch. 23 et 25.

Outre cela il est tout certain que tous les theologiens, philosophes, medecins, orateurs, et poëtes conseillent à nostre malade le changement de l'air et du lieu[4], non pas tant comme remede salutaire à toutes maladies longue et chroniques, selon la doctrine de nostre Hippocrate en ses *Epidemies*, «ἐπὶ τοῖσι μακροῖσι νουσήμασι γῆν μεταμείβειν σύμφορον[5]» [en cas de maladie chronique un changement de lieu est conseillé], mais plustost par ce que ce changement et varieté de lieu esveille l'esprit de l'amant melancholique, divertit ses pensées, et finalement le prive de la veuë et frequentation de son object[6]. «Adducendus amator» [il faut distraire l'amoreux par d'autres intérrêts et responsibilités et de le faire changer de lieu comme les autres convalescents], dict Ciceron en sa quatrième *Tusculana*, «ad alia studia, curas, sollicitudines, negotia: loci denique mutatione, tanquam ægri convalescentes, curandus[7]». Mais ce changement d'air et de lieu de soy n'a aucune vertu de guerir la folie, ny de rendre sage qui ne le desire estre, «τύπων μεταβολαὶ οὔτε τε ἀφροσύνην ἀφαιροῦνται, οὔτε φρόνησιν διδάσκυσι», disoit un des sept sages de Grece[8], ny ne proffite plus à l'amant passionné selon Platon que le changement du lict à un febricitant, dautant que l'amant est le plus souvent en perpetuels regrets et meditations des belles qualitez de sa dame, qu'il se feindra plus relevées durant son absence[9]:

— animus quod perdidit, optat:
Atque in præterita se totus imagine versat[10].

Que sert à l'ame de fuir, dit un ancien poëte Grec, puisque Cupidon a deux aisles pour attraper promptement les fuyards, encores qu'ils gallopent?

φεύγειν δεῖ τὸν ἔρωτα κενὸς πόνος, οὐ γὰρ ἀλύξω
πεζός ὑπὸ πτηνοῦ πυκνὰ διωκόμενος[11].

---

[4][*S. Ambrois. l. de pænit.*]: Saint Ambroise, *De poenitentia*, surtout livre II, ch. 6 et 11, dans *Opera*, 2 tomes, Parisiis, Johannis Baptistae Coignard, 1686, vol. II, p. 425, 437. La source la plus probable de cette idée est saint François de Sales, «Avis et remèdes contre les mauvaises amitiés», *Introduction à la vie dévote*, éd. E.-M. Jajeunie, p. 182–85.

[5][*L. 6. Epist. Sect. 5. Aph. 19.*]: Hippocrate, *Les épidémies*, livre VI, sect. 5, aph. 13, dans *Œuvres complètes*, éd. Littré, vol. V, p. 318–19.

[6][*Gord. c. de Amore Arnauld. tr de Amo. Heroico c. 4.*]: Bernard de Gordon, *Lilium medicinae*, ch. «De amore», p. 216 et suiv. Arnaud de Villeneuve, *De amore heroico*, dans *Opera medica omnia*, vol. III, p. 53 et suiv.

[7]Cicéron, *Tusculanae disputationes*, livre IV, xxxv, 74; *Tusculanes*, éd. G. Fohlen, p. 94: «Parfois il faut chercher un dérivatif dans des goûts, des soucis, des soins, des occupations autres: enfin déplacement».

[8][*Arist. c. 5 l. 8. Eth.*]: Aristote, *Éthique à Nicomaque*, livre VIII, ch. 5 (1157b). Ferrand attribue la citation grecque à un des sept sages, mais la source provient d'Euripide, frag. 322, dans l'édition. de A. Nauck, *Euripides tragoediae superstites*, Lipsiae, B. G. Teubneri, 1854: «Τόπων μεταβολαὶ οὔτε φρόνησιν διδάσκουσιν οὔτε ᾿αφροσύνεν βέβαιον».

[9][*Arist. 9. Eth. c. 5. Plut. in Erot.*]: Aristote, *Éthique à Nicomaque*, IX, 5 (1167a). Plutarque, *Dialogue sur l'amour* dans *Œuvres morales*, éd. R. Flacelière: matière non trouvée.

[10][*Petron. Arbiter.*]: Pétrone, *Le Satiricon*, 128, éd. A. Ernout, p. 154. Pour un passage parallèle cf. Ovide, *Les remèdes à l'amour*, 214–20, éd. Bornecque, p. 17. [Notre esprit désire ce qui est perdu, et se rue de toutes ses forces vers les ombres du passé.]

[11][*L. 7. Anth.*]: Archias, dans l'*Anthologie Grecque*, livre V, n. 59, éd. P. Waltz et J. Guillon, vol. II, p. 43. [Il faut fuir l'amour, dit-on; peine inutile! Je ne pourrai pas, à pied, échapper à un dieu qui a des ailes pour m'atteindre sans trêve.]

Ces deux aisles selon Pier Hedo en ses *Antheriques* signifient la double esperance de l'amant d'estre aimé et de pouvoir jouïr de ce qu'il aime, qui sont les
principaux obstacles de la cure de la melancholie erotique[12]. Ce remede est fort
souverain à la precaution de ceste maladie, et n'est pas inutile à celuy qui a faict
bonne et ferme resolution de quitter ces desirs, comme il profita à Ulisses, et au
pie Ænée tant caressé et aimé de la Royne de Carthage; autrement ce remede est
nuisible aux amans melancholiques.

> Namque si abest quod amas, præsto simulacra tamen sunt
> Illius, et nomen dulce observatur ad aures[13].

Pour rendre doncques ce remede efficace il se faudra quitter, et son ardent
desir, avant de quitter la patrie (comme jadis conseilla Diogenes à un jeune muguet
esperruqué, malade de l'amour) et revenant du pelerinage, respondre à sa dame
avec le jouvenceau, duquel faict mention sainct Augustin, «si vous estes encore la
mesme, je ne le suis pas[14]»:

> Dii faciant, possis dominæ transire relictæ
> Limina, proposito sufficiantque pedes.
> Et poteris, modo velle tene. ——[15]

La solitude n'apporta pas plus de soulagement à Phyllis, Echo, Pan et plusieurs
autres mentionnez par les poëtes. Voire j'oseray l'improuver pour la guerison de
ce mal, avec Pol Æginete, qui asseure que plusieurs ignorans medecins ont perdu
leurs malades erotiques par la solitude et abstinence: «hos igitur mœstos et pervigiles cum quidam dispositionem non satis pernossent, illotos in silenti solitudine,
tenuique victus ratione collique facerent, ex quibus cordattores deprenso amante,
in lavacra et comessatum, et gestationes, et spectacula, et modulationes, fabulasque
animum abducunt[16]». Dautant que ces malades en leur solitude ne songent qu'à

---

[12] Pietro Capretto (Petrus Haedo), *Anterotica*, livre I, ch. 19, p. 21[r].

[13] Lucrèce, *De la nature*, livre IV, 1061–62, éd. Kany-Turpin, p. 301: lire «ames» et
«obversatur». [Car, en l'absence de l'objet aimé, toujours son image est présente à nos
yeux, toujours son doux nom obsède notre oreille.]

[14] L'anecdote du jeune homme amoureux attribué par Ferrand à saint Augustin provient
en effet de saint Ambroise, *De poenitentia*, livre II. La source directe est saint François de
Sales, *Introduction à la vie dévote*, ch. 21, éd. E.-M. Jajeunie, p. 146. Voir aussi Robert
Burton, *Anatomie de la mélancolie*, trad. B. Hoepffner et C. Goffaux, pt. 3, sect. 2, memb.
5, subs. 2.

[15] Ovide, *Les remèdes à l'amour*, vv. 785–87, éd. Bornecque, p. 37. [Veuillent les dieux
que tu puisses passer devant le seuil de la maîtresse que tu as abandonnée sans que tes pieds
te trahissent dans ton dessein. Et tu le pourrais: aie seulement la constance de le vouloir.]

[16] [*Paul l. 3. c. de Amore; Mercat. l. 1. Meth. c. 17.*]: Paul d'Égine [*Septem libri*], livre III,
ch. 17, éd. I. L. Heiberg: «Hos igitur moestos et pervigiles cum quidam dispositionem non
satis pernossent, illotos in silenti solitudine, tenuique victus ratione collique facerent, ex
quibus cordattores deprenso amante, in lanacra et comessatum, et gestationes, et spectacula,
et modulationes, fabulasque animum abducunt». Luis Mercado, *De internorum morborum
curatione*, livre I, ch. 17, in *Opera*, vol. III, p. 103: «Quod enim in hoc potissimum est
praesidium, fuga a re amata proculdubio existit: item exemplaris et sancta variarum rerum
lectio, amicorum et familiarum mutatio, ludus, musica omnis generis, et omnis tandem

leurs amours, le regret au cœur, le souspir en la bouche, et la larme souvent à l'œil, ce qui augmente d'autant plus leur maladie:

> Quisquis amas, loca sola cave, loca sola caveto:
> Quo fugis? in populo tutior esse potes.
> Nam tibi secretos augent secreta furores:
> Est opus auxilio, turba futura tibi est.
> Tristis eris si solus eris, dominæque relictæ.
> Ante oculos facies stabit ut ipsa tuos[17].

Loth fut transporté d'amour impudique et incestueux au desert, plustost que parmy les vilains Gomorrheans et infames Sodomites. Et les poëtes nous despeignent les amours d'un million de faunes, satyres, cyclopes, nymphes et hamadryades. Les compagnies au contraire divertiront l'esprit de l'amant acariastre, le resjouïront, et luy feront recognoistre son erreur. François Valeriola en ses *Observations medicales* dict qu'il experimenta ce remede nuisible à la guerison d'un riche marchand d'Arles fol d'amour, lequel il faisoit visiter continuellement par ses amis, parents et alliez[18]. Je diray bien plus, que si le malade est d'humeur atrabilaire, il est à craindre s'il est solitaire, qu'il ne se tuë, comme plusieurs ont faict, ou devienne loup-garou, comme nous advertit l'Avicenne sur la fin du chapitre des amans[19]. Neantmoins j'approuve beaucoup la solitude pour la precaution de ce mal, moyennant qu'on y adjouste les jeusnes, veilles et oraisons, à l'imitation de plusieurs saincts personnages, qui se sont retirez dans les deserts à ces fins.

A la solitude plusieurs ont joinct la chasse, par le moyen de laquelle Diane defioit le dieu Cupidon, Hippolyte vivoit sans amour et mesprisoit les impudiques caresses et la vilaine recherche de son effrontée marastre[20]. Ce remede semble utile tant à cause du divertissement d'esprit que pour ce qu'il excite l'appetit au pauvre melancholique extenué, et par la lassitude provoque un doux sommeil qui ne donne le loisir à nostre malade de songer à ses fols desirs[21]. Neantmoins la chasse alluma les amours de Didon, et de plusieurs nymphes. Ceux qui ne se plaisent à la chasse peuvent subroger plusieurs autres exercices du corps, et de l'esprit («ψυχῆς περίπατος φροντὶς ἀνθρώποισιν» [la marche est la meilleure thérapie pour l'âme])[22], qui

distractionis modus».

[17] Ovide, *Les remèdes à l'amour*, vv. 579–84 éd. Bornecque, p. 30. Dans le premier vers on doit lire: «Quisquis amas, loca sola cave nocent». [Vous tous qui aimez, la solitude est dangereuse pour vous; évitez la solitude. Où fuyez-vous? Au milieu de la foule tu peux être mieux en sûreté. Pas besoin pour toi de retraite isolée (l'isolement augmente les fureurs de l'amour); la société t'apportera un soulagement. Tu seras triste, si tu es seul, et devant tes yeux se dressera l'image de ta maîtresse abandonnée: ce sera comme si elle-même était là.]

[18] François Valleriola, *Observationum medicinalium libri sex*, p. 209, 210.

[19] Avicenne, *Liber canonis*, livre III, fen 1, tr. 5, ch. 23.

[20] [*Alex. Picolom. Seneca in Hipp.*]: Alessandro Piccolomini, *Della institution morale*, Venetia: appresso Giordano Ziletti, 1569. Probablement une référence générale au livre X, ch. 6: «Del discioglimento dell'amore», p. 443–47. Sénèque, *Hyppolyte (Phaedra)*, particulièrement v. 718 et suiv., éd. F. R. Chaumartin, vol. I, p. 231.

[21] Un passage d'Ovide, *Remède à l'amour*, vv. 199–213, éd. Bornecque, p. 17, est le texte fondateur de la recommandation de la chasse comme remède de l'amour.

[22] [*Aph. 16. Sect. 4. 1. 6. Epid.*]: Hippocrate, *Des épidémies*, livre VI, sect. 5, aph. 5, dans *Œuvres complètes*, éd. Littré, vol. V, p. 517.

sont les plus salutaires remedes de ceste maladie, d'un commun accord de tous
nos docteurs, attendu qu'ils peuvent divertir les pensers amoureux, aneantir la memoire du plaisir passé, consumer l'abondance de la semence, recréer les malades,
et les refaire s'ils sont extenuez, notamment les promenades, confabulations, jeux
honnestes, les banquets, la musique, et semblables exercices recreatifs[23], desquels
je voudrois bannir les jeunes hommes si la malade estoit fille ou femme vefve,
et au contraire si le malade estoit homme, contre l'opinion du docte Valeriola[24].
Vous remarquerez neantmoins qu'à parfois, selon le Prince des Arabes, ces remedes
sont nuisibles à plusieurs, partant le medecin clinique advisera de s'en servir avec
prudence et dexterité.

Le poëte Menandre y adjouste la pauvreté et la faim, soustenant que l'amour
desordonné ne s'attaque point aux pauvres et mendians:

οὐδεὶς προσαιτῶν βίοτον ἠράσθη βροτῶν[25].

Cur nemo est Hecalem, nulla est quæ ceperit Irum?
Nempe quod alter egens, altera pauper erat.
Non habet unde suum paupertas pascat amorem[26].

Rondelet en sa *Methode*, Mercatus et plusieurs autres medecins modernes ordonnent aux amants melancholiques le jeusne et l'abstinence[27], comme font aussi
les autheurs gynæcées aux femmes travaillées de la fureur uterine, que nous avons
prouvé estre veritablement une espece de la melancholie erotique, en quoy ils
contrarient à l'opinion de Paul Æginete et d'Oribase, qui blasment les medecins
qui ordonnent telles abstinences. Voicy leurs paroles traduites du Grec en Latin au
chapitre de l'amour: «eos qui ex amore curis affecti, vigiliisque torti essent, cum
nonnulli id minus intelligerent, balnei, cibique abstinentia, et tenui victu consump-
serunt: in quibus cum nos amorem in causa eorum esse deprehenderemus, corum
animos ab Amore ad blanea, ad compotationes, ad gestationes, ad ludos, et ad fabu-
las adduximus[28]». Et de vray, la faim profita bien peu à Phedre esprise de l'amour

[23]André Du Laurens, *Des maladies melancholiques et du moyen de les guarir*, p. 36[r].

[24]François Valleriola, *Observationum medicinalium libri VI*, p. 210.

[25]Le vers attribué à Ménandre provient de Libanius, frag. 88 in *Opera*, éd. R. Foerster,
Lipsiae, G. B. Teubneri, 1922, vol. XI, p. 666: lire «οὐδεὶς προσαιτῶν βίοτον ἠράσθη». [Peut-on
aimer la vie quand on en est réduit à mendier? (notre traduction)]

[26]Ovide, *Remède à l'amour*, vv. 747–49, éd. Bornecque, p. 36. [Pourquoi nul homme ne
séduisit-il Hécalé, nulle femme Irus? Sans doute parce que celui-ci était dans l'indigence,
l'autre dans la pauvreté. La pauvreté n'a pas de quoi nourrir l'amour.]

[27][*L. 1. Meth. c. de amant. Merc l. 1. Meth. c. 17*]: Guillaume Rondelet, *Methodus curandorum omnium morborum corporis humani*, livre II, ch. 45, p. 239. Luis Mercado, *De
internorum morborum curatione*, in *Opera*, livre I, ch. 17, vol. III, p. 103.

[28][*Paul. 1. 3 c. 17. Orib. l. 8. synops. c. 9.*]: Paul d'Égine, *Septem libri*, livre III, sect. xvii,
éd. Heiberg. Voir aussi *The Seven Books*, trad. F. Adam, vol. I, p. 391. Mais la citation de
Ferrand provient d'Oribase, *Synopsis*, livre VIII, ch. 9: «De amantibus», in *Œuvres*, p. 413.
Le proverbe vient de Térence, *L'Eunuque*, IV, 5, v. 735: «Sine Cerere et Baccho, friget
Venus», éd. J. Marouzeau, p. 279. Ensuite, le même proverbe se trouve dans *Les adages*
d'Erasme et dans Rabelais, *Le tiers livre*, ch. 31, p. 345. [Certains médecins, voyant des
amoureux en proie à la tristesse et à l'insomnie, méconnaissent leur maladie, et les épuisent
en leur défendant de manger et de prendre des bains et en leur prescrivant un régime; mais,

d'Hippolyte, comme elle accorde dans Euripide, et quoy qu'on die en commun proverbe que «sans Ceres et Bacchus Venus n'a point de force», si est-ce que nous lisons dans nos poëtes que Neptune avec la trouppe des dieux et déesses de la mer, des rivieres, et des fontaines a esté souvent piqué de ce mal, aussi bien que nos anciens peres, quoy qu'ils ne se repeussent que de gland et de chastagnes:

> Glans aluit veteres, et passim semper amarunt[29].

Nous accorderons ces autheurs, si nous disons, comme il est veritable, que si le malade erotique est tellement travaillé de la melancholie qu'il en soit devenu sec, maigre, extenué, tant s'en faut que le jeusne et l'abstinence luy soient utiles, qu'au rebours il luy faut ordonner plusieurs bonnes viandes à fin de l'humecter, mais si ce malade est encores en son embon-point, bien charnu et succulent, l'abstinence luy sera profitable, «ad seminis (ut pote causæ primariæ Amoris) consumptionem[30]». Tellement que nous pouvons conclure que ce remede est plustost necessaire pour la preservation que pour la cure de la melancholie erotique.

Galien recognoissant le temps pour souverain remede de nos passions, nous le donne pour remede à la melancholie erotique, lequel gagne son effect principalement par là, que fournissant autres et autres affaires à nostre imagination, il démesle et corrompt ceste premiere, fole et enragée imagination, pour forte qu'elle soit[31]. Et Clement Alexandrin dit que c'est le dernier remede d'amour, sauf la mort: «θηβαῖος κράτης ἐν ἄλλοις ἐυθηρρη μόνιος γράφοι, τῆς εἰς τὰ ἀφροδίσια ἀκατασχούτου ὁρμῆς κατάπαυσμα εἶναι λιμόν, εἰ δὲ μὴ χρόνον, εἰ δὲ μὴ βρόχον», c'est à dire que Crates Thebain a fort bien dit ailleurs, que pour assoupir un effrené desir venerien, il falloit avoir recours à la faim, ou bien au temps, que si ces deux remedes n'estoient assés energiques, il restoit le licol, car c'est ainsi que je veux lire et interpreter ce passage, puisque les vers de Crates Thebain sont couchez dans Diogenes Laërce, et au premier livre de l'*Anthologie* en ces beaux termes:

> ἔρωτα παύει λιμὸς· εἰ δὲ μὴ, χρόνος.
> ἐὰν δὲ μὴ ταῦτα τίνι φλόγα σβέση,
> θεράπεία σοι τὸ λοιπον ἠρτήσθω βρόχος.

que le docte Alciat a ainsi traduit:

> Amorem egena sedat ac superat fames.
> Sin, tempus, ast id si nequibit vincere,
> Laqueus medelam gutturi nexus dabit[32].

---

ayant reconnu, dans des cas analogues, qu'il s'agissait d'amour, nous avons tourné notre pensée vers les bains, l'usage du vin, les mouvements passifs, les spectacles et les jouissances de la musique.]

[29][*Tibul. el. 3. l. 2.*: Tibulle, [*Élégies*], livre II, Élégie iii, 69, éd. M. Ponchant, p. 98. [Le gland a été la nourriture des anciens et ils ont toujours promené leurs amours à l'aventure.]

[30]Phrase d'auteur inconnu.

[31][*L. 4 de pla. Hipp. & Platon.*]: Galien, *De placitis Hippocratis et Platonis*, livre IV, éd. Kühn, vol. V, p. 426. Cf. *De crisibus*, livre II, ch. 13, éd. Kühn, vol. IX, p. 695 et suiv.

[32]La référence au philosophe cynique Cratès de Thèbes provient de Diogène Laërce, *Vie, doctrines et sentences des philosophes illustrés*, VI, éd. R. Genaille, vol. II, p. 39: «La faim tue l'amour, sinon c'est le temps. S'ils ne suffisent pas, il reste le lacet». Dans Diogène se

Plusieurs ont recours aux fustigations et verges pour amortir ce feu interieur, en mattant et meurtrissant la chair jusques à pourriture comme dit Gordon au chapitre 15 de l'Amour[33], mais la courtisane qui eschauffoit son amy, au rapport de Seneque, par les coups, soustiendroit le contraire si elle vivoit, non pas sans quelque raison, attendu qu'il est veritable que par les fustigations et contusions sur le dos et lombes le sang s'eschauffe, les flatuositez s'esmeuvent, qui remplissans le nerf fistuleux peuvent causer la maladie que les medecins appellent satyriase[34], et de vray la garce de Cornelius Gallus aimoit d'autant plus esperduëment, qu'elle en estoit rigoureusement battuë par son pere:

> Increpitat, ceditque, ignes in pectore crescunt:
> Ut solet accenso crescere flamma rogo:
> Tunc me visceribus perterrita quærit anhelis,
> Emptum suppliciis quem putat esse suis[35].

Ce remede doncques sera de nostre advis plustost prophylactique que therapeutique.

Or puisque tous ces remedes mentionnés ne sont pas suffisans pour guerir ceux qui sont travaillez de la melancholie erotique, ny tous les autres denombrez au chapitre 21 [30] que je ne veux icy repeter, nous aurons recours aux remedes chirurgiques et pharmaceutiques.

---

trouve le poème de Crates qui contient la citation de Clément.

"Ερωτα παύει λιμός· εἰ δὲ μή, χρόνος.
'Εὰν δὲ μηδὲ ταῦτα τὴν φλόγα σβέσῃ,
θεραπεία σοι τὸ λοιπὸν ἠρτήσθω βρόχος.

L'histoire est également racontée par Mario Equicola, *Libro de natura de amore*, p. 152[v]. [La faim tue l'amour, sinon c'est le temps / S'ils ne suffisent pas, il reste le lacet.]

[33][*Arnald. de Villan. tra. de Amore c. 4.*]: Arnaud de Villeneuve ne mentionne pas, dans son traité *De amore heroico*, les remèdes discutés par Ferrand. Mais voir Bernard de Gordon, *Lilium medicinae*, partie 2, ch. 20: «De amore, qui hereos dicitur», p. 218.

[34][*Gal. l. 6. de loc. aff. ult.*]: Galien, *De locis affectis*, livre VI, ch. 6, dans *Œuvres*, éd. Kühn, vol. VIII, p. 377–82.

[35]Cornelius Gallus, *Catullus, Tibullus, Propertius cum Galli fragmentis*, Élégie vol. III, vv. 31–32, 35–36, p. 330: lire «adjecto» à la place d'«accenso». [... crie et la frappe; mais le feu grandit en son sein, de même que croît la flamme quand on y jette du bois (...) alors, dans sa terreur, elle me cherche, le cœur battant, moi qu'elle pense insensible à son supplice. (notre traduction)]

XXXVIII

Remedes chirurgiques de la melancholie erotique

Si nostre amant est assez charnu, refaict, et plethorique, des l'instant qu'il nous appellera à son aide, nous luy ferons tirer la quantité du sang de la veine basilique qu'il conviendra à la grandeur de son mal, et à la complexion de son corps, et telle que ses forces permettront de la veine basilique du bras droit, comme nous avons faict cy-dessus au chapitre de la precaution, dautant que,

> Exhilarat tristes, tratos placat, Amantes,
> Ne sint amentes phlebotomia facit[1].

Mais si le malade a ja le jugement troublé, j'aimerois mieux luy faire ouvrir la veine mediane, que Rhasis et Almansor appellent *vena matrix* ou *cardiaca* à l'imitation de François Valeriola[2], avec ceste observation que si le sang fluë noir, espais et grossier, on en tire suffisante quantité. Si au contraire, il est beau, subtil et vermeil, on doit des aussi tost fermer la veine, selon la doctrine de Galien, d'Avicenne et leurs sectaires[3]. Apres avoir faict la seignée universelle pour corriger l'intemperature du foye, et pour vuider une portion du sang melancholique, je voudrois venir à la seignée de la cheville, notamment és femmes, qui parmy ce mal sont travaillées de la suffocation hysterique, ou fureur uterine[4], dautant que par ceste seignée se faict plus grande et prompte revulsion: «ανтισπᾶν, ῆν μή ῆ δεῖ

---

[1][*Schola Salern.*]: Arnaud de Villeneuve, Commentaires sur le *Medicina salernitana, id est conservanda bonae valetudinis praecepta*, excudebat Jacobus Stoer, 1599, ch. 97: «De quibusdam phlebotomiae effectibus», p. 169–70. Les vers cités par Ferrand proviennent de l'École de Salerne. Dans *Le regole salutari salernitane*, ch. xcv, éd. L. Firpo, Torino, UTET, 1972, p. 76. [La saignée réconforte les pensifs et apaise les flammes dévorantes d'un amour brûlant. (notre traduction). Dans la note: la saignée réjouit les tristes, apaise les courroucés, et empêche les amants de devenir déments.

[2]François Valleriola, *Observationum medicinalium libri sex*, p. 212.

[3][*Gal. l. 3 de loc aff c. 6. Auic. l. 3. fen. 1. tr. [ ], c. 20*]: Galien, *De locis affectis*, livre VI, ch. 6, dans *Œuvres*, éd. Kühn, vol. VIII, p. 377–82. Avicenne, *Liber canonis*, livre III, fen 1, tr. 3, ch. 20, p. 205ʳ–06ʳ, et particulièrement p. 205ᵛ.

[4][*Aret. li. 1. chr. morb. c. 5. Arnal. tr. de amore*]: Arétée de Cappadoce, *Arétée*, «Les maladies chroniques», éd. C. Hude. Cf. Arétée, *De causis et notis diuturnorum affectum*, livre I, ch. 4: «De melancholia», in *Medicae artis principes post Hippocratem et Gale-*

ῥέπῃ[5]». Outre que les parties qui sont situées au dessous des rognons ont plus grande sympathie, fraternité, ἀδελφιξίαν, et correspondance avec les veines du jarret, ou de la cheville, qu'avec celles du bras[6]. Quelques modernes medecins font ouvrir les veines du front avec la lancette, ou par le moyen des sang-suës, mais je prefererois la seignée de la salvatelle de la main gauche, laquelle j'ay trouvé par experience estre fort utile à la cure de toutes maladies melancholiques[7]. Ou bien encores plus utilement je provoquerois le flux des veines hemorrhoïdales, comme estant un remede des plus asseurez et necessaires pour la guarison de toute melancholie hypochondriaque[8], attendu que par ce flux la ratte et le mesentere se deschargent des humeurs grossiers et terrestres qui oppilent ces parties, ce que le grand Hippocrate nous a appris en ses *Aphorismes*, et livres *Epidemiques*, et son disciple et fidel truchement Galien au *Traicté de la melancholie*, et sur l'aphorisme 25 du livre 4: «τῷ ὄντι μελαγχολίας ἤδη γεγενημένης ἅμα μέγιστόν ἐστιν αἱμόρροις, μελλούσης ἔσεσθαι γε κώλυμα[9]». [le sectionnement des hémorroïdes est le remède le plus efficace pour la prévention ou guérisson des maladies mélancoliques]

Les varices ont presque mesme vertu, si elles surviennent aux melancholiques erotiques, dautant que les vents et flatuositez s'escoulent et derivent des parties honteuses aux veines du jarret, et autres veines variqueuses, selon l'Aristote en ses *Problemes*, et la commune oppinion de nos medecins[10]. Mais je vous diray franchement que j'ay trouvé par experience ce remede de peu, ou plustost de nulle efficace. Nous subrogerons par consequent avec le bon Arnaud de Villanova, les ventouses avec scarification sur les jambes, ou cuisses, ou bien mettrons en ces mesmes parties un ou deux cauteres potentiels[11]. Que si le clitoris par sa longueur estoit cause de ce furieux desir et maladie enragée, comme il arrive assez souvent, il le faudra coupper en la maniere que nous ont enseigné le Grec Moschio, et l'Arabe

_____

num, [Genève], Henricus Stephanus, 1567, vol. I, p. 22. Arnaud de Villeneuve, *Tractatus de amore heroico*; Arnaud ne mentionne pas la phlébotomie dans cette œuvre. Guillaume Rondelet, *Methodus curandorum omnium morborum corporis humani*, ch. 42: «De melancholia hypochondriaca», p. 223–29.

[5][*Hipp. aph. 21. sec. 2. l. 6. Ep.*]: Hippocrate, *Des épidémies*, livre VI, sect. 2, aph. 14, *Œuvres complètes*, éd. Littré, vol. V, p. 285. Galien, *De atra bile liber*, éd. Kühn, vol. V, p. 121. Galien, *In Hippocratis aphorismos commentarius*, livre IV, aph. 25, éd. Kühn, vol. XVII, p. 652. Ferrand omet la conjonction «γὰρ».

[6][*Tract. de Mania. Gal. l. 13. Meth med.*]: Galien parle de la phlébotomie en cas d'inflammation (*phlegmone*) dans le livre XIII de son *De methodo medendi*, éd. Kühn, vol. X, p. 874–944. Cf. *Galen on Bloodletting: A Study of the Origins, Development and Validity of His Opinions, with a Translation of the Three Works*, éd. P. Brain, Cambridge, Cambridge University Press, 1986.

[7][*Manard. l. 4. ep. 5 Mercat. l. 2. de morb. mul. c. 10.*]: Giovanni Manardo, *Epistolae medicinales diversorum authorum*, livre IV, ép. 5: «Ad amicum atra bile agitatum», p. 21b. Luis Mercado, *De internorum morborum curatione libri IV*, dans *Opera*, livre II, ch. 10, vol. III, p. 585.

[8][*Valer. obs. 7. l. 2.*]: François Valleriola, *Observationum medicinalium libri sex*, p. 214.

[9]Galen, *Hippocratis aphorismos commentarii VII*, éd. Kühn, vol. 176, p. 640. Cf. Luis Mercado, *De internorum morborum curatione libri*, dans *Opera*, vol. III, p. 105.

[10][*Prob. 21. sec. 4.*]: Aristote, *Problèmes*, livre VI, sect. 1 (885b).

[11][*L. 2. c. 36*]: La référence est à Arnaud de Villeneuve, *Breviarium practicae*, livre II, ch. 40: «De extinguenda libidine, et voluntate coeundi removenda», dans *Opera omnia*, p. 1282–84.

Albucasis, ausquels je vous renvoye pour eviter prolixité[12]. Me contentant de vous dire que si ceste maladie empiroit de telle façon qu'on doutast que le melancholique erotique devint loup-garrou, alors il le faut seigner des veines du bras jusques au syncope ou defaillement de cœur exclusivement, et neantmoins on luy appliquera un cautere actuel, ou en son refus, ou defaut, un potentiel sur le devant de la teste, ainsi que nous ont enseigné de faire Paul Æginette, Oribase, Avicenne, et autres autheurs classiques aux chapitres de lycanthropia, lycaone, lycano, alchatrab, et alcutubut, en laquelle la melancholie erotique a par fois degeneré, au rapport du grand Avicenne, au chapitre de l'amour, ou de ilisco[13].

---

[12][*Mosch. c. 18. Albuc. l. 2. Meth. c. 71.*]: Moschio, *De morbis muliebribus liber*, ch. 18, p. 2. Albucasis, *Methodus medendi certa*, Basileae, per Henricum Petrum, 1541: «De incisione tetiginis et carnis eminentis ex vulvis mulierum», p. 118–19.

[13]Oribase, *Synopsis*, livre VIII, ch. 10, dans *Œuvres*, p. 414 et suiv. Paul d'Égine [*Septem libri*], livre III, sect. 16, éd. Heiberg, p. 252. Avicenne, *Liber canonis*, livre III, fen 1, tr. 5, ch. 22. Cf. aussi C. F. Otten, éd., *A Lycanthropy Reader: Werewolves in Western Culture*, Syracuse, Syracuse University Press, 1986.

XXXIX

Remedes pharmaceutiques de l'amour et de la melancholie erotique

Comme la galle, gratelle et demangeaison ne se peut bonnement guarir sans preallablement purifier le sang et purger les humeurs salez et nitreux, qui sont meslez parmy la masse sanguinaire dans les veines par medicaments convenables deuëment administrez[1], non pas avec precipitation et violence, mais lentement et comme nous avons accoustumé de dire, par epicrase: «τὸ γὰρ κατὰ πολὺ καὶ ἐξαπίνης κονοῦν, ἢ πληροῦν. ἢ θερμαίνειν, ἢ ψύχειν, ἢ ἄλλως ὁσιοκοῦν τὸ σῶμα κινέιν, σφαλερὸν; καὶ πᾶν τὸ πολὺ τῇ φύσει πολέμιον. τὸ δὲ κατ᾽ ὀλίγον, ἀσφαλές[2]». Et quoy que ceste maxime de nostre Hippocrate soit generalement prononcée, elle se verifie particulierement veritable en la gratelle et prurit, qui empire par les onctions et evacuations faictes avec precipitation et imprudence. De pareille façon nous faut-il gouverner en la cure de la melancholie ou manie erotique, qui requierent beaucoup de temps pour leur guarison, tant pour les raisons rapportées au chapitre 21 [26?] que dautant que l'humeur peccant est extremement rebelle à cause de sa grande siccité[3] («τὸ δὲ ξηρὸν δυσαλλοίωτον καὶ δυσμετάβλητον» [l'humeur mélancolique est la plus épaisse et la plus gluante, exigeant une longue période pour l'évacuer])[4] comme nous enseigne le Pere de la Medecine au livre de la *Nature de l'homme*: «μέλαινα χολὴ τῶν ἐν τῷ σώματι ἐνεόντων χυμῶν γλιχρότατον, καὶ τὰς ἕδρας χρονιωτάτας πεποίηται[5]». Ce que le riche marchand provençal guary par Valeriola dans six ou sept mois nous

---

[1][*Marsil. Ficin. in Conviv. Plat. Valeriol. obs. 7. l. 2.*]: Marsile Ficin, *Commentaire sur le banquet de Platon*, Orat. VII, ch. 11, éd. R. Marcel, p. 255. François Valleriola, *Observationum medicinalium libri sex*, livre II, obs. 7, p. 210–11.

[2][*Aph. 51. l. 2. Aph.*]: Hippocrate, *Aphorismes*, sect. 2, n. 51, *Œuvres complètes*, éd. Littré, vol. IV, p. 485. [Évacuer, ou remplir, ou échauffer, ou refroidir, ou d'une façon quelconque troubler le corps avec excès et subitement, est chose dangereuse, et partout l'excès est l'ennemi de la nature.] Après le premier mot Ferrand inclut la conjonction «γὰρ».

[3]André Du Laurens, *Des maladies melancholiques et du moyen de les guarir*, ch. 9, p. 31[v].

[4][*Alex. q. 82*]: Alexandre d'Aphrodisias, *Problemata*, livre I, n. 84, éd. I. L. Ideler, p. 27: «τὸ δὲ ψυχρὸν δυσαλλοίωτον καὶ δυσμετάβλητον».

[5]Hippocrate, «La nature de l'homme», *Œuvres complètes*, éd. Littré, vol. VI, p. 47. Le texte original est le suivant: «[μέλαινα χολὴ] ἐν τῷ σώματι ἐνεόντων γλισχρότατον, καὶ τὰς ἕδρας χρονιωτάτος ποιεῖται».

tesmoigne estre veritable[6].

Mais pour proceder en la cure de ceste maladie plus methodiquement et medicalement, nous la diviserons en deux poincts principaux, sçavoir est, en l'humectation du corps, ou de l'humeur peccant, et en la purgation de l'humeur noirastre[7], selon la doctrine du Prince des Arabes: «Canon curationis melancholiæ est, ut pervenias ad ultimum in humectatione; et cum hoc non sis diminutus, in evacuatione choleræ nigræ». L'humectation se fera par aliments, medicaments alteratifs, bains, et autres topiques. Et la purgation s'accomplira promptement, doucement, et par intervalles, de peur que ceste humeur ne s'effarouche, quoy que souvent elle mesprise la vertu des medicaments doux et benins, à raison dequoy nous la pouvons avec un ancien docteur comparer à une fascheuse garnison, qui vit à discretion dans une ville: si elle est doucement traictée, elle ne peut desloger qu'avec regret; si elle au contraire reçoit du mescontentment, elle voudra tarder encores pour se vanger et donner davantage d'affliction[8].

Nous commancerons nostre purgation par un doux clystere, à fin d'evacuer les excrements de la premiere region du corps, lequel nous ferons d'une decoction remolitive et rafrachissante, y adjoustant du catholicon, diaprun simple, ou semblable opiatte. Le lendemain nous donnerons à nostre malade un bolus de casse, avec un peu de la poudre de sené de Levant bien preparée, ou bien une dragme de la confection hamech, ou diasenna. Si mieux il n'aime une potion minorative faicte de catholicon, tryphera persica, et syrop rosat, à laquelle bien à propos on pourra adjouster un peu de la rhubarbe, et de l'agaric. Apres ceste minorative nous vaquerons à la preparation de ceste humeur par juleps ou apozemes semblables à ceux-cy.

> ℞ Buglossi et borraginis cum radice cichorii, endiviæ, acetosæ, pimpinellæ et cæterach ana manipulus 1. Summitur lupuli, fumariæ, bethoniæ ana manipulus 2; polypodi querni uncia 2; passularum mundatarum et Corinthiacarum ana drachmæ 3; prunorum dulcium partes 3. Seminum melonis, cucurbitæ et cucumeri mundati ana drachmæ 2; seminum lactucæ et papaveri albi ana drachma 1 et 2; seminum agni casti, et anisi ana drachma 1; florum trium cordialium, thymi et epithymi ana pugillus 1. Fiat omnium decoctio ad libras 2. Colaturæ adde succorum borraginis, lupuli et pomorum redolentum depuratorum ana unciæ 3. Iterum leviter bulliant, addendo sacchari electi libra $\frac{1}{2}$. Fiat iulep clarificatus et aromatizatus pulveris lætificantis Rhazis, aut laetitiæ Galeni vel diamargaritonis frigidi drachma 1 et $\frac{1}{2}$ pro quinque aut sex dosibus[9].

[6]François Valleriola, *Observationum medicinalium libri sex*, p. 213.

[7][*Auic. 3. l. fen. 1. tr. 4. c. 20. Rhaz. 7. cont. c. 3.*]: Avicenne, *Liber canonis*, livre III, fen 1, tr. 4, ch. 20, sur la guérison de la mélancolie, p. 205[r]–06[r], surtout p. 205[v]. Rhazès, *Liber continens*, livre VII, ch. 3.

[8]Jourdain Guibelet, *Trois discours philosophiques: Discours troisiesme de l'humeur melancholique*, ch. 4: «Que les maladies causées de cete humeur sont pour la pluspart estranges et incurables», p. 234[r-v].

[9]℞ Un manipule ana (chacun des ingrédients suivants) de buglose et de bourrache, avec des racines de chicorée, d'endive, d'oseille, de boucage (prunelle blanche), et de ceterach (fougère «langue de cerf»). Ajoutez un demi-manipule (grande poignée) ana de houblon, de fumeterre, et de bétoine; une demi-once de polypode (du chêne); trois drachmes de raisins de Corinthe mondés, ou trois pruneaux. Deux drachmes ana de graines de melon, de courge, et de concombre, bien préparées. Une drachme et demie ana de graines de laitue, et de pavot blanc, et une drachme ana de graines d'agnus castus, et d'anis. Une pugille ana de thym,

Voire si besoin est, vous le reïtererez encores pour deux ou trois jours, attendu que ceste humeur atrabilaire à cause de sa qualité froide, seche, grossiere et terrestre, comme rebelle à la nature a besoin d'une grande preparation à laquelle le medecin doit vaquer par plusieurs jours, à fin qu'on la puisse facilement evacuer par medicaments dejectoires, que je veux preferer aux vomitoires à cause de l'authorité de nostre Coryphée: «τοὺς μελαγχολικοὺς ἁδροτέρως τὰ κάτω[10]». [pour purger les mélancoliques, les laxatifs sont plus éfficaces] Quoy que le bon Arnaud de Villanova asseure le contraire[11], sinon que le malade ressentist quelque crudité en l'estomach, ou aigreur en la bouche, car alors il le faudra faire vomir, attendu que c'est signe que la viande s'est corrompuë dans l'estomach, comme nous enseignent Avicenne, et Rhazis és textes cy-dessus cottez[12]. Nous purgerons doncques l'humeur preparé, notamment s'il y a signe de coction és urines, par ce medicament dejectoire et catharctique.

> ℞ Prunorum dulcium partes 3; passularum Corinthiacarum et florum cordialum ana pugillus 1; tamarindi recenti et selecti unciæ 2; foliorum senæ orientalis mundatorum unciæ 3; anisi, agni casti et cinnamoni interioris ana uncia $\frac{1}{2}$; epithymi pugillus 2. Fiat decoctio ad uncias 4 in quibus colatis dissolvitur expresse unciæ 4 rhabarbari per noctem in sero caprillo infusicum cum sex granis santali rubri, confectionis Hamech drachmæ 2, syrupi rosati soluti uncia 1 et $\frac{1}{2}$. Fiat potio. Detur mane cum regimine artis[13].

Et le lendemain vous luy donnerez un peu de la conserve de roses, fleurs de borrache, ou [de] la racine de buglosse.

Si vous voulez user des vomitoires, prenez une once de la racine de reffort, une dragme d'agaric, et une et demie de l'asarum, faictes bouïllir le tout en eau d'horge, prenez dix onces de ceste decoction, et y delayant deux onces de miel scyllitic, ou du syrop aceteux, faictes-les avaler au melancholique tiedement. Si vous y adjoustez des fleurs de genest, le vomitoire sera plus energique, mais gardez-vous d'en venir

d'épithym, et de cordial à trois fleurs. Avec tous ces ingrédients préparez une décoction de deux livres. Une fois la décoction filtrée ajoutez-y trois onces ana de jus de bourrache, de houblon, et de fruits aromatiques, le tout bien nettoyé. Faites bouillir de nouveau à petit feu. Rajoutez une demi-livre de sucre raffiné. Préparez un julep aromatique clarifié en y mettant de la poudre euphorisante de Rhazis, ou de Galien, ou encore une drachme et demie de diamargariton froid. Prenez-le en cinq ou six doses d'une drachme et demie.

[10][Aph. 9. l. 4. Gal. l. quos. quib. & quando.]: Hippocrate, Aphorismes, sect. 4, n. 9, Œuvres complètes, éd. Littré, vol. IV, p. 505; le texte de Littré a «δὲ» après «τοὺς». Galien, Quos, quibus catharticis medicamentis et quando purgare oporteat, éd. Kühn, vol. XI, p. 347: «At melancholicus perpetuo per inferiora educendus».

[11]Arnaud de Villeneuve, De regimine caste viventium, ch. 28 de De regimine sanitatis, dans Opera omnia, p. 749; cf. aussi ci-dessus, ch. 32, n. 3.

[12]Cf. ci-dessus, n. 7.

[13] ℞ Trois pruneaux, une pugille (petite poignée) ana (chacun des ingrédients suivants) de raisins de Corinthe, et de cordial à trois fleurs; deux onces de tamarins frais et de choix; trois onces de feuilles de séné du Levant bien propres; une once et demie ana d'anis, d'agnus castus, et d'écorce de cannelle; une demi pugille d'épithym. Faites-en une décoction de quatre onces. Une fois filtrée, faites dissoudre quatre onces d'extrait de rhubarbe, d'abord infusé une nuit dans du petit-lait de chèvre, six graines de santal rouge, deux drachmes de confection de Hamech, et une once et demie de sirop d'eau de rose. Faites-en une potion qui devra être prise le matin selon l'ordonnance d'un médecin.

à l'hellebore, ny à l'antimoine, attendu que tels medicaments vomitoires sont fort dangereux[14].

Les medecins Paracelsistes se servent plus doucement de sept ou huict grains du sel de vitriol, qu'ils donnent avec du vin, ou du bouïllon, ou du *vomitivum pantagogum*, et semblables vomitoires, que vous pourrez lire dans Rulandus, Quercetanus et autres autheurs de ceste secte[15].

Apres la purgation, vous donnerez à vostre malade melancholique quelques jours de relasche, sans luy donner aucun remede, et par apres vous ferez reïterer les medicaments alteratifs de l'humeur peccant: «ἐκ προσαγωγῆς γὰρ τ' ἀναντία αἵ προσάγειν, καὶ διαναπαύειν[16]». [car l'humeur offensante devrait se faire évacuer lentement et par intervalles] Avec ceste observation du docte Rondelet au chapitre «des amans», où il advertit de bannir de la categorie des remedes alterans l'humeur melancholique ceux qui peuvent multiplier la semence[17]: « [...] αὐτόσσυτον ἄφρον ἐρώτων[18]» [sperme anto-généré par les passions], et par mesme moyen augmentent le desir desordonné de nostre amant melancholique, comme sont les racines de panicaut, satyrions, et autres de semblable qualité[19]. Et quant à la purgation, si ce malade se fasche de reprendre le medicament cathartique cy-dessus escrit, il usera du diasenna, ou du syrop magistral suivant, une ou deux fois le mois.

℞ Radicis buglossi utriusque, asparagi, cappari, scorzoneræ ana uncia 1; endiviæ, cichorii, buglossi, borraginis, acetosæ, lupuli, fumariæ, cæterach ana manipulus 1; absynthii Pontici, mentæ et melissæ ana manipulus 2; glycyrrhizæ et passularum

[14][*Celse.*]: Celsus, *De medicina*, trad. W. G. Spencer, vol. I, p. 301. Celse recommande l'ellébore sans aucune restriction, et particulièrement dans son livre III, ch. 18. Voir aussi l'usage d'ellébore chez Caelius Aurélian dans *Maladies chroniques*, éd. Drabkin, p. 466, 512, et le commentaire de Pigeaud dans *Folie et cures*, 1987, p. 206–10.

[15][*M Ruland. in Centur. Quercet. Pharm. rest. l. 1. c. 16.*]: Martin Ruland, *Curationum empiricarum et historicarum, centuria VII*, Basileae, Sebast. Henricpetri, 1595, centuria V, ch. 13, «Panchymagogum». Ferrand tire peut-être sa source de Joseph Du Chesne (Quercetanus), *Pharmacie des Dogmatiques*, p. 370: [Vomitif Pantagoge de Roland.]: «En fin se trouve encores un autre vomitif dans le mesme Roland, qui est son crocus de metaux, dont il prend seulement la grosseur d'un pois qu'il fait macerer par 24. heurs, en quatre ou 5. onces de vin blanc: le coule tout, et en fait prendre. Il l'appelle purgatif vomitoire pantagogue, il s'en sert contre la degoust, l'indigestion et le spasme.»

[16][*Aphor. 18. sect. 7. l. 6. epid. & l. de flat.*]: Hippocrate, *Les épidémies*, livre VI, sect. 2, aph. 12, *Œuvres complètes*, éd. Littré, vol. V, p. 284–85. L'édition de Littré ne contient pas «αἵ».

[17]Guillaume Rondelet, *Methodus curandorum omnium morborum corporis humani*, livre II, ch. 45, p. 239: «A melancholicis autem medicamenta auferantur, quae venerem excitate nata sunt, ut satyrium, et conserva eryngii, quibus utimur in affectu melancholico». Jean Aubery, *L'antidote d'amour*, p. 136ᵛ–37ʳ est plus explicite que Ferrand sur l'importance des préparations pharmaceutiques pour absorber la semence: «Pour les remedes qui consomment ou empeschent la naissance de la semence sont la semence de ruë et chanure, d'agnus castus, les lentilles [...].»

[18][*Nonnus in Dionys.*]: Nonnos de Panopolis, *Les Dionysiaques*, livre V, v. 613, éd. P. Chuvin, vol. II, p. 132.

[19]Levine Lemne, *Occulta naturae miracula*, livre I, ch. 9, p. 43–44 donne une liste d'aliments qui encouragent la production de sperme. Cf. Giovanni de Vigo, *La practique et cirurgie*, livre IX, ch. 5, «lequel traicte de his que augmentant sperma, et delectationem prebent in coitu», p. 317ᵛ–18ʳ.

Corinthiacarum, aqua tepida lotararum ana drachmæ 2; seminum citri, cardui, bene-
dictæ, lactucæ, papaveri albi et agni casti ana drachmæ 2; florum trium cardiacum,
thymi et epithymi ana pugillus 1; polypodii querni et foliorum senæ orientalis mundatorum ana unciæ 4; agarici recentis, trochisci uncia $\frac{1}{2}$; caryophylli drachma 2; florum
nymphææ et anthos ana pugillus 2. Fiat decoctio ad libras 2 in quibus dissolvitur
expresse uncia $\frac{1}{2}$ rhabarbari in parte dosis cum pauco cinnamomo infusi et sacchari
albi quantum satis. Misce. Fiat syrupus perfecte coctus et aromatizatus drachmæ 2
pulveris læetitiæ Galeni de quo capiat æger unciæ 2 bis in hebdomade cum iusculo
pulli vel aqua cardiaca[20].

François Valeriola docte medecin d'Arles adjoustoit une dragme de l'hellebore noir au syrop magistral, duquel il purgeoit son riche marchand fol d'amour,
lequel en ce point je n'oserois imiter[21], quoy que ce fust un medicament familier
au grand Hippocrate en telles maladies, comme il resulte de ses œuvres[22], par
lequel Melampus avoit guary les filles de Prœtus folles d'amour, dont le veratre
ou hellebore estoit surnommé *melampodium*[23], ny aussi le grand Avicenne, en ce
qu'il ordonne les grandes hieres[24]. Mais si les remedes mentionnez n'estoient suffisants pour purger ceste humeur rebelle, j'oserois plustost donner au malade trois
ou quatre grains, et quelque peu davantage, de l'antimoine preparé, à l'imitation de
nos autheurs modernes[25]. Quelques autres de la cabale Paracelsiste se servent du

---

[20] ℞ Une once ana (chacun des ingrédients suivants) des deux genres de buglose, d'as-
perge, de câpres, et de scorsonere; un manipule ana d'endive, de chicorée, de buglose,
d'oseille, de houblon, de fumeterre, et de fougère «langue de cerf», un demi manipule ana
d'absinthe de Pontique, de menthe, et de mélisse (citronelle); deux drachmes ana de réglisse,
et de raisins de Corinthe lavés dans l'eau chaude; deux drachmes ana de graines de citron,
de chardon, de nard celtique, de laitue, de pavot blanc, et d'agnus castus; une pugille de
chacune des trois fleurs pour l'estomac (les trois fleurs cardiaques; l'agripaume), le thym,
et l'épithym; quatre onces ana de polypode de chêne et de feuilles de séné du Levant bien
lavées; une demi once d'agaric de chêne frais en forme de trochisque; un demi drachme de
girofle; un demi pugille ana de fleurs de nénuphar et de romarin. Préparez au moins deux
livres de cette décoction, dans laquelle vous ferez dissoudre une demi once de rhubarbe en
purée infusée avec un peu de canelle et une quantité suffisante de sucre blanc. Mélangez.
Préparez un sirop magistral. Aromatisez avec deux drachmes de poudre «réconfortante» ou
«euphorisante» de Galien. Prenez deux onces de ce mélange deux fois par semaine, avec un
bouillon de poulet ou de l'eau digestive.

[21] [*Obser. 7. l. 2*]: François Valleriola, *Observationum medicinalium libri sex*, p. 215–16.

[22] [*Hipp. epist. ad Crat. tr. de Mania, tr. de Helleb.*]: Hippocrate, «Epître à Cratevas», dans
Œuvres complètes, éd. Littré, vol. IX, p. 347. Hippocrate, «Discours sur la folie», *Œuvres
complètes*, éd. Littré, vol. IX, p. 387.

[23] L'histoire de Melampus provient d'Apollodore, *La bibliothèque*, livre I, ch. 9, et livre
II, ch. 5, éd. J.-C. Carrière, et Diodore de Sicile, *Bibliothèque historique*, livre IV, ch. 12,
éd. M. F. Hoefer.

[24] Avicenne, *Liber canonis*, livre IV, fen 1, tr. 5, ch. 24, p. 207^r: «et evacuentur humores
eorum praedicti cum hieris magnis». Ferrand est plutôt d'accord avec l'opinion d'André Du
Laurens, *Des maladies melancholiques, et du moyen de les guarir*, p. 32^r: «Le Roy Ptolemée
usoit aux melancholiques rebelles du hieralogadium, mais le hiere deseiche trop».

[25] [*Mercat. l. 1 Meth. c. 17 & c. 6. l. 2. de morb. mul.*]: Luis Mercado, *De internorum
morborum curatione libri IV*, livre I, ch. 17, dans *Opera*, vol. III, p. 108 et suiv. Luis Mercado,
De mulierum affectionibus libri IV, livre II, ch. 6, dans *Opera*, vol. III, p. 571–74. Voir André
Du Laurens, *Des maladies melancholiques et du moyen de les guarir*, p. 32^v.

turpethum mineral, et du ladanum Mercurial, qui ne sont gueres dissemblables[26].

Je ne voudrois pas mespriser la poudre de Haly Abbas, laquelle il vante et descrit en ceste façon: «Posito quod aliæ medicinæ non valeant, ista valet nutu Dei misericordis, et est medicina coronata, quae secretissime teneatur, ut humanus intellectus quasi deperditus cum hac medicina restauretur[27]».

℞ Epithymi uncia 2; lapidis lazuli (aut securius cum Mercato, armeni) et agarici ana drachmæ 2; scammoni drachma 1; caryophylli N.° X. Fiat pulvis, de quo æger capiat semel in hebdomade scrupuli 2 aut scrupuli $2\frac{1}{2}$ cum syrupo rosato soluto aut conserva rosarii et violæ[28].

Si le malade se fasche de se purger si souvent par medicaments liquides, quoy que plus commodes à purger l'humeur melancholique que les solides, pour luy complaire ordonnez-luy une opiate laxative pareille en vertu à celle-cy.

℞ Succi Mercurii depurati unciæ 2 in quibus infunde per 24 horas foliorum senæ mundatorum unciæ 2; expressio decoquatur cum quantum satis sacchari in formam electuarii, postea adde pulpæ cassiæ recenter e canna extractæ unciæ 2, epithymi uncia 2, caryophyllorum conquassatorum drachmæ 2. Misce. Fiat opiata, de qua capiat semel aut bis in mense uncia 1 et 2[29].

Cependant il ne faut pas oublier de conforter le cœur, le foye et le cerveau du malade par quelque bonne opiate, comme seroit celle-cy:

℞ Conservæ rosarii uncia 1; conservæ floris nenufaris et borraginis ana drachmæ 6; carnis citrei et lactucæ saccharo conditæ ana uncia 2; myrobalanorum emblicorum saccharo conditorum numero 2; confectionis Alkermes drachmæ 2; pulveris laetitiæ Galeni drachma 1; margaritis orientalis scrupuli 4; rasuræ eboris scrupuli 2. Misce cum syrupo de pomis. Fiat opiata, de qua capiat ad quantitatem unius castaneæ superhausto tantillo vino albo aqua buglossi multum dilutum, alternis diebus horis circiter duabus ante cibum[30].

---

[26][*R à Castro l. 2. de mor. mul. c. 5.*]: Rodrigo de Castro, *De morbis mulierum*, livre II, ch. 5, et surtout p. 136–38.

[27] Les mots attribués à Haly Abbas et les recettes attribuées par Ferrand au médecin arabe ne semblent pas appartenir à aucune de ses œuvres.

[28] ℞ Une demi-once d'épithym; deux drachmes ana de lapis-lazuli (celui d'Arménie, pour être plus sûr, selon Mercatus), et d'agaric; une drachme de scammonée, et dix clous de girofle. Réduisez en poudre. Prenez-en deux à deux scrupules et demi hebdomadairement avec un sirop de roses, ou avec une confiture de roses et de violettes.

[29] ℞ Deux onces de jus exprimé de mercuriale dans lequel vous aurez fait tremper pendant vingt-quatre heures deux onces de feuilles de séné du Levant. Faites bouillir avec une quantité suffisante de sucre en forme d'électuaire. Ajoutez ensuite deux onces de pulpe de casse frais, une demi once d'épithym, et deux drachmes de girofle réduit en miettes. Mélangez. Faites-en un opiat et prenez-en une once et demie une ou deux fois par mois.

[30] ℞ Une once de confiture de roses; six drachmes de confiture de fleurs de nénuphar, et six de conserve de bourrache, le tout assaisonné d'une demi-once ana de pulpe de citron et de sucre de laitue; deux myrobolans emblics conservés dans le sucre; deux drachmes de «confection» d'Alkermes; une drachme d'«euphorisant» de Galien réduit en poudre; quatre scrupules de perles fines; deux scrupules d'ivoire pulvérisé. Mélangez avec un sirop de fruits. Faites-en un opiat. Prenez-en la quantité d'une châtaigne suivie de vin blanc dilué avec beaucoup d'eau de buglose. Prenez-en tous les deux jours, deux heures avant le repos.

Ou bien,

> ℞ Terebinthinæ Venetæ aqua lactucæ lotæ uncia 2; seminum dauci, agni casti
> et cinnamomi ana grani 8; agarici recenti trochisci drachma 1. Fiat bolus purgando
> semini corruptoidoneus, ex Hollerio, Mercato, etc.[31].

Dioscoride faict boire à ces fins de la poudre des aphrodilles et graine du pas
d'asne[32], et Porphyrius au rapport de Stobée et Pline donnent la fleur de saule, avec
de l'eau froide[33]:

> Cuius flos in aqua sumptus frigescere cogit
> Instinctus veneris cunctos acres stimulantes[34].

> ℞ Seminum agni casti, portulacæ et rutæ ana drachma 2; seminum lactucæ et
> papaveri albi ana drachmæ 2; granorum cannabis grani 8; cornucervi usti, corallii
> et antherici ana grani 6; seminum meloni drachmæ 3; saccharo, aqua, rosarius et
> borrago dissoluti quantum satis. Misce. Fiant tabellæ vel lozengæ pondere drachma
> 1. Capiat unam hora somni, vel mane longe ante cibum[35].

Si ne sera-il pas inutile de donner à parfois au malade quatre grains de bezoar
oriental, delayé avec l'eau de scorzonera, ou de laictuë, laquelle à cause de ceste
vertu, les Pythagoriciens appelloient ἐννούχεον [eunuque], au rapport d'Athenée[36].

Nous viendrons de-là aux medicaments exterieurs, entre lesquels les bains
d'eau douce tiennent le premier lieu, veu que Paul Æginette et l'Oribase se glorifient
au chapitre de l'amour avoir guary plusieurs malades de la melancholie erotique par
les bains d'eau douce, lesquels sont aussi approuvez par le Coryphée des Arabes:
«fac ipsos balneari secundum conditionem humectationis notam [normam]», et

---

[31] ℞ Une demi once de térébenthine de Venise lavée avec de l'eau de laitue; huit graines
ana de carotte, d'agnus castus, et de cannelle; une drachme de trochisque d'agaric frais.
Faites-en un bol. Ceci est efficace pour l'évacuation de semence corrompue, selon Mercatus,
Hollerius et d'autres.

[32] [L. 2. c. 187 & 149]: Dioscorides, Pietro Andrea Mattiole commentarii in libros sex Pedacii Dioscoridis [...] de medica materia, Venetiis, in officina Erasmiana, apud Vincentium
Valgrisium, 1558, livre II, p. 164: «Hastula regia»; livre III, ch. 109, «Tussilago».

[33] [Stob ser. 98. Pl l. 24. c. 9]: Joannes Stobaeus, Anthologium libri, livre IV, ch. 26, p. 873.
Pline, Histoire naturelle, livre XXIV, 38 (62), éd. Littré, vol. II, p. 143, en parlant de l'agnus
castus (vitex) écrit que cette plante «ad venerem impetus inhibent».

[34] Flos medicinae Scholae Salerni, in Collectio Salernitana, éd. S. De Renzi, réimpression
avec préface d'Antonio Garzya, Naples: D'Auria Editore, 2001, p. 478, §73. Salix. Rectius: «Huius flos sumptus in aqua frigescere cogit / Instinctus veneris omnes, acres, stimu-
lantes [...]».

[35] ℞ Une demi-drachme ana de graines d'agnus castus, de pourpier, et de rue; deux
drachmes ana de graines de laitue et de pavot blanc; huit grains de graines de chanvre;
six grains ana de corne de cerf brûlé, de corail, et d'anthericum (tige d'asphodèle); trois
drachmes de graines de melon; une quantité suffisante de sucre dissout dans l'eau de rose
et de bourrache. Mélangez. Préparez des pilules ou des pastilles d'une drachme chacune.
Prenez-en une heure avant le coucher, ou le matin avant de manger.

[36] Athénée, Les deipnosophistes, livre II, éd. Desrousseaux. Voir The Deipnosophists, trad.
Gulick, vol. I, p. 303. Charles L'Ecluse (Carolus Clusius), Rariorum plantarum historia,
Antverpiae, ex officina Plantiniana, apud Joannem Moretum, s.d., livre V, sect. 137.

de tous nos pratticiens authentiques[37], ausquels nous pourrons adjouster quelques simples propres à ce mal en la maniere suivante:

> ℞ Althææ cum toto, malvæ, lactucæ, borraginis, nympheæ, cucurbitæ, fumariæ, lupuli, lapathi acuti ana manipuli 4. Summitur salicis et pampinorum vitis ana manipuli 2; florum nenufaris, violæ, borraginis, rosarii, calendulæ ana pugilli 4; seminum viticis et cannabis ana unciæ 2; capitum vervecis numero 2. Fiat decoctio in aqua fluviatili pro balneo 4 dierum, in quo sedeat hora una circiter[38].

Et cependant que le malade se baignera, plusieurs autheurs commandent qu'on gausse, folastre dans sa chambre, on y chante la musique, et qu'on y fasse le recit de plaisantes fables et histoires[39].

Aëce ordonne qu'on use de quelque oxyrhodin sur la teste pour repousser les vapeurs qui montent des vases seminaires à la teste, et de la matrice és femmes[40], lesquelles se pourront aussi servir d'un pessaire faict du medicament *diacodion*, meslé avec un peu de vinaigre, et le suc de morelle, ou bien un peu de nitre et de cardamome, ou finalement d'un nascal, ou pessaire fait de *castoreum* avec la ruë, auquel Avicenne adjouste la racine de lys, et de nenufar[41] ou bien servez-vous de ce clystere uterin, descrit par Louys Mercatus premier medecin des roys d'Espagne.

> ℞ Lactis caprilli vel bubuli unciæ 4; aquæ marinæ unciæ 2; melli uncia 1. Misce. Fiat clyster, iniiciatur in sinum pudoris[42].

Je prefererois cestuy-cy:

---

[37][*Auic. l. 3. fen. 1 tr. 4. c. 24. Haly Abbas c. 25. l. 5. pract.*]: Avicenne, *Liber canonis*, livre III, fen 1, tr. 5, ch. 23: «fac ipsos balneari secundum conditionem humectationibus notam». Haly Abbas, *Liber totius medicinae*, livre V, ch. 25: «Amorem patiens regimine disponendus est humectanti ut balneo suavis aqua». Paul d'Égine, [*Septem libri*], livre III, cap. 17, éd. Heiberg, vol. I, p. 254. Oribase, *Synopsis*, livre VII, ch. 9, «de amantibus», p. 413: «in quibus quum nos amorem in causa eorum esse deprehenderimus, eorum animos ab amore ad balnea».

[38] ℞ Quatre manipules ana de guimauve (la plante entière), de mauve, de laitue, de bourrache, de nénuphar, de courge (calabasse), de fumeterre, de houblon, et de patience sauvage (parelle); deux manipules ana de saule, et de vrilles de vignes; quatre pugilles ana de fleurs de nénuphar, de violette, de bourrache, de rose, et de souci; deux onces ana de graines de vigne, et de chanvre; deux têtes de bélier châtré. Préparez une décoction pour usage dans les bains d'eau de rivière. Restez-y une heure par jour pendant quatre jours.

[39]Paul d'Égine [*Septem libri*], livre III, sect. 17, éd. Heiberg, vol. I, p. 254. Voir aussi François Valleriola, *Observationum medicinalium libri sex*, livre II, obs. 74, p. 217: «multo tempore attemperato balneo, in quo moram agebat sesquihoram, quo in tempore musicis instrumentis et suorum paesentia amicorum, aegri animum delinire fomento salutari iusseram, cantilenis, fabulis ridiculis, et id genus blanditiis, quae a tetrico moerore revocare misere amantis animum possent».

[40][*Tetrab. 4. ser. 4. c. 74.*]: Aëtius d'Amide, *Tetrabiblos*, livre IV, sermo 4, ch. 74: «De furore uterino», p. 903: «Irrigationes autem capitis». Cf. Ambroise Paré, *Œuvres complètes*, vol. III, p. 637; Luis Mercado, *De internorum morborum curatione libri IV*, livre I, ch. 17, in *Opera*, vol. III, p. 96.

[41][*L. 3. fen. 20. tr. 2. c. 5*]: Avicenne, *Liber canonis*, livre III, fen 20, tract. 2, ch. 5, p. 378ᵛ: «et radix quidem nenufaris, et radix lilij sunt convenientes ad hanc aegritudinem».

[42] ℞ Quatre onces de lait de chèvre ou de vache; deux onces d'eau de mer; une once de miel. Mélangez. Préparez un clystère et introduisez-le dans le vagin.

℞ Lentium pugilli 2; foliorum et florum salicis ana manipulus 1. Fiat decoctio ad libram 1 in qua dissolvitur trochisci alboris Rhazis et trochisci de camphora ana drachma 1. Misce. Fiat clyster, infundatur in delta muliebre[43].

Eros y adjouste de l'opium[44], Pline en son *Histoire naturelle*, et nostre docteur Rondelet au livre douziesme *Des poissons*, chapitre dix-neufiesme, font frotter les parties secretes du fiel de la torpille, qui a la vertu narcotique[45], ou bien font un pessaire de la racine de nymphæa heracla.

Bref, vous trouverez un million de semblables remedes dans les œuvres de tous nos medecins, que je vous tairay pour ne vous ennuyer, me contentant de vous dire que Nicolas Monardes medecin de Seville et Clusius parlant des medicaments qu'on a descouvert en Occident, veut et vente pour souverain remede et antidote contre l'amour illicite et contre les philtres la poudre de la plante contra-yerva, apportée depuis peu de temps de Charcys, province du Peru, semblable au glayeul, et de ses feuilles au figuier[46]. Si cela est vray, nous pouvons dire de ceste plante, ce que Pausanias disoit de la fontaine Selemne, qu'elle vaudroit plus que tout l'or du monde[47]. Tout autant en dirons-nous de la pierre de la lune mentionnée par Dioscoride, appellée des Grecs *selenites* ou *aphroselenon*[48], comme aussi de l'amiantes ou pierre de Cypre, que Pline nomme *linum vivum*, Strabo *carystium*, Zoroastre *bostrychitem*, Solin *carbasum*, quelques uns *corsoïdem*, *spoliam* et *spartopoliam*, le vulgaire *poudre de salamandre*, et mal à propos *alum de plume*, de laquelle on faisoit jadis des nappes, qui se blanchissoient au feu sans se consommer[49].

---

[43] ℞ Deux pugilles de lentilles; une manipule ana de feuilles et de fleurs de saule. Préparez une décoction. Faites réduire à une livre, dans laquelle vous dissoudrez une drachme ana de trochisque blanche de Rhazis, et de trochisque de camphre. Préparez un clystère et introduisez-le dans le vagin.

[44] [*Eros c. 7. de morb. mul.*]: Trotule de Salerne (Eros), *Curandorum aegritudinum muliebrium*, Lugduni, apud Sebastianum de Honoratis, 1558, ch. 7.

[45] [*Pl. l. 32. ca. 10. & l. 26. c. 10.*]: Pline, *Histoire naturelle*, livre XXXII, ch. 50, éd. Littré, vol. II, p. 390. Guillaume Rondelet, *L'Histoire entiere des poissons*, livre XII, ch. 18, p. 286: «De quatre sortes de torpille». Pline, *Histoire naturelle*, livre XXXII, ch. 37, éd. Littré, vol. II, p. 372.

[46] La référence provient de Nicholas Monardes, *Histoire des drogues espicieries, et de certains médicamens simples, qui naissent des Indes, tant Orientales que Occidentales* (*Primera y segunda y tercera partes de la historia medicinal de las cosas que se traen de nuestras Indias Occidentales que sirven en medicina*), trad. A. Colin, Lyon, J. Pillehotte, 1602, lequel ne mentionne pas les antidotes contre les philtres à base de poudre de contre-herbe. Le terme est en fait générique: voir «Contrahierba», dans le *Diccionario de autoridades, Real Academia Española*, vol. II, p. 563. Mais la source de Ferrand provient de Charles L'Ecluse, *Atrebatis exoticorum liber decimus, sive simplicium medicamentorum ex nove orbe delatorum, quorum in medicina usus est historia, Hispanico sermone tribus libris descripta à Nicolao Monardo*, s.v., ex officina Plantiniana, Raphelengii, 1605, ch. 17.

[47] Pausanias, *Description de la Grèce*, «Achaïe», ch. 23, éd. M. Casevitz, vol. VII, p. 77. Cf. Jean Aubery, *L'antidote d'amour*, p. 114[r].

[48] Dioscorides, *Pietro Andrea Matiole comentarii in libros sex Pedacii Dioscoridis Anazarbei de medica materia*, livre V, ch. 116: «Lapis selenites», p. 704.

[49] [*Mercur. l. 2. var. lect. c. 27. Apol. l. mirab. hist.*]: Girolamo Mercuriale, *Variarum lectionum libri IV*, livre II, ch. 27, p. 67[v]–68[r]. Celle-ci est la source des nombreux noms que Ferrand utilise pour le *linum vivum* de Pline: «carpasium linum» (Pausanias), «carystium» (Strabo), «carbasum» (Solinas), «bostrychitem» (Zoroaster) «quidam corsoydem, alii po-

Le docte Mercurial en son 4 livre *Des maladies des femmes* se jacte avoir
guery quelques filles ou femmes de la fureur uterine ou folie d'amour par l'usage
des eaux minerales froides, telles que sont en Italie les eaux de la vierge, ou de
villa[50]. Ce qui semble estre difficile à croire, veu qu'il est tout certain, comme nous
avons rapporté cy-dessus, que la guerison de la melancholie erotique consiste en
humectation, laquelle Galien requiert en la cure de toutes les maladies melancholiques[51], et au contraire, tous les autheurs qui ont escrit des eaux minerales sont
d'accord qu'elles ont la vertu desiccative, et partant semblent du tout contraires
à la guerison de la melancholie erotique. Nous dirons pour Mercurial que nonobstant la siccité, ces eaux sont salutaires aux maladies melancholiques, attendu
qu'elles rafraischissent le foye siege du mal, ostent les obstructions des hypochondres, confortent l'estomach, purgent le sang, vuidans les serosités d'iceluy par
les urines, et par le ventre, comme prouve amplement Jean Baptiste Silvaticus[52].
Outre que tous les medicamens secs ne sont pas rejettez de la cure des maladies
melancholiques, puisque Alexandre Trallian, Pol Æginete, Oribase, Avicenne et
Rhazis donnent souvent l'epithym, la hiera, l'aristoloche, et Aëce le vinaigre[53],
que nostre Hippocrate dit fermenter et augmenter l'humeur melancholique: «τὰ
μελανα ζμοῦθαι, μετεωρίζεται, καὶ πολλαπλασιοῦται[54]». Les medecins de France et
d'Allemagne donnent la mesme vertu aux eaux de spa, et en Gascogne les eaux
d'Encausse quoy que chaudes et seches, ne sont pas souvent inutiles aux maladies
melancholiques provenans de l'indisposition des hypochondres, ainsi que nous
avons verifié par experience. Heurnius en sa *Practique* substituë ceste decoction
aux eaux de la vierge, si on ne les peut boire:

℞ Aquæ fontis quantum satis; capitis arietum numero 3; pedes vervecis numero
4. Contusis capitibus et pedibus adde rosarii rubri, foliorum lauri ana manipuli 3; portulacæ recentis manipuli 5; solani, sempervivi ana manipuli 2. Misce. Fiat decoctio,
eaque tepente bis die utatur æger, horis duabus ante cibum[55].

---

liam, alii spartopoliam, vulgares pulveres salamandrae aut alumen scissile falso dixere»,
et aussi pour la référence à Apollonius. Apollonius Dyscole, *Historiae commentitae liber
Joannes Meursius recensuit*, Lugduni Batavorum, apud Isaacum Elzevirium, 1620, p. 33–35.
Levine Lemne, *Occulta naturae miracula*, livre II, ch. 12, p. 181.

[50]Girolamo Mercuriale, *De morbis muliebribus*, livre IV, ch. 10, p. 157.

[51][*L. 3. de loc. aff. c. 7.*]: Galien, «Des parties affectées», *Œuvres anatomiques*, livre III,
ch. 7, éd. C. Daremberg. Galien, *De locis affectis*, livre VI, ch. 6, dans *Œuvres*, éd. Kühn,
vol. VIII, p. 377–82.

[52][*Controv. 64.*]: Giovanni Battista Silvatico, *Controversae medicae numero centum*,
controversia 64, p. 289–90.

[53]Alexandre de Tralles, *Œuvres médicales*, livre I, ch. 17, p. 232–33. Oribase, *Synopsis*,
livre VIII, ch. 7, *Œuvres*, éd. U. C. Bussemaker, p. 411.

[54][*Hipp. l. de victu acut.*]: Hippocrate, «Du régime dans les maladies aigues», *Œuvres
complètes*, éd. Littré, vol. II, p. 358–59. Cf. Giovanni Battista Silvatico, *Controversiae
medicae numero centum*, n. 64, p. 290.

[55][*L. 1.*]: Johann van Heurne, *Praxis medicinae nova ratio qua libris tribus methodi ad
praxin medicam*, p. 40. ℞ Une quantité suffisante d'eau de fontaine; trois têtes de bélier;
quatre pattes de bélier. Aux pattes et têtes émiettées, ajoutez trois manipules ana de rose rouge
et de feuilles de laurier; cinq manipules de pourpier fraîchement cueilli; deux manipules ana
de morelle, et de poireau (sempervivi). Mélangez. Préparez une décoction qui devra être
prise tiède deux fois par jour, deux heures avant le repas.

Vous remedierez pareillement aux symptomes qui accompagnent ceste maladie, comme l'ombre suit le corps, mentionnez au chapitre 2, et ce selon la doctrine
de nos autheurs, notamment de Galien, Avicenne et Aëce. Je me contenteray de
vous escrire les remedes propres à la mitigation de deux plus frequens et fascheux
symptomes, qui sont les veilles continuelles, et l'extreme maigreur[56].

Pour le premier, nous userons du syrop de pavot, des amandez, de la graine de
pavot et de laictuë dans les boüillons. Je me sers souvent de quatre ou cinq grains
de ceste opiate, que nous pouvons nommer *nepenthes* ou *ladanum*:

> ℞. Confectionis Alkermes uncia 1; specierum diambræ et laetitiæ Galeni ana
> drachmæ 3; croci Albigensis et opii ana uncia $\frac{1}{2}$. Mixta macerentur in aqua vitæ,
> extrahatur tinctura, postea fiat consumptio evaporatione ad consistentiam opiatae.

Vel,

> ℞. Specierum diambræ unciæ 2. Infundantur per 12 dies in vino distillato ut latum
> digitum superemineat et adde opii drachmæ 6, mumiæ drachma 2, succi hyosciami
> uncia 1, coralli rubri et carabes ana scrupuli 2, croci scrupulus 1, moschi orientalis
> grani 16, ambræ grani 12. Affuso rursus spiritu vini ut superemineat latum digitum,
> digeratur post fornacem per mensem quotidie agitando dosis scrupulus $\frac{1}{2}$ aut grani 8
> pro ægri constitutione[57].

Vous trouverez un million de semblables remedes dans Rulandus, Quercetanus,
Penot et plusieurs autres alchymistes, lesquels vous ne devez mettre en usage
qu'avec prudence, et en l'extreme necessité, non plus que le *diacodion* et *requies
Nicolai*. J'aymerois mieux faire flairer au malade un bouquet fait des fleurs de
violetes, roses, œillets, ou brouts de marjolaine trempez au vinaigre dans lequel on
aye delayé quelque grain de camfre et d'opium[58], ou bien ceste pomme:

[56]Voir à ce propos les œuvres suivantes: Jourdain Guibelet, *Trois discours philosophiques:
Discours troisiesme de l'humeur melancholique*, ch. 7, p. 248ᵛ, et Ércole de Saxonia, *De
melancholia tractatus perfectissimus*, ch. 14, p. 31.

[57]℞ Une once de «confection» d'Alkermes; trois drachmes ana de specierum diambrae,
et d'«euphorisant» de Galien (laetificans falso Galeno abscriptum); une demi once ana de
safran d'Albi, et d'opium. Faites ramollir la mouture dans l'aqua-vitae (alcool), préparez
une teinture et faites-la réduire ensuite par évaporation jusqu'à consistance d'un opiat.

℞ Deux onces de specierum diambrae. Préparez une infusion pendant douze jours dans
un vin distillé en petite quantité. Ajoutez six drachmes d'opium, une demi-drachme de momie, une once de sève de jusquiame, deux scrupules ana de corail rouge, et de caroube; un
scrupule de safran; seize grains de musc oriental; douze grains d'ambre. Versez encore dans
une petite quantité de vin distillé et gardez près du four pendant un mois. Agitez quotidien-
nement. Prenez-en une posologie d'un demi-scrupule ou huit grains selon la constitution du
patient. La «Confection d'Alkermes» se trouve dans la *Pharmacopée de Londres* (*Pharmacopoeia Londinensis*, 1618), éd. G. Urdang, p. 68; «Specierum diambrae Mesué», p. 59; et
«Laetificans falso Galeno abscriptum», p. 62.

[58]Ferrand renvoie le lecteur aux écritures médicales déjà largement citées: Martin Ruland,
Curationum empiricarum et historicarum centuria VII; Joseph Du Chesne, *Pharmacie des
Dogmatiques*; et Bernard Penot, *Tractatus varii, de vera praeparatione, et usu medicamen-
torum chymicorum*. Ce petit bouquet ressemble à ceux qui se trouvent chez les auteurs
suivants: André Du Laurens, *Des maladies melancoliques, et du moyen de les guarir*, p. 34ʳ;
Jean Fernel, *Pathologie*, p. 72.

℞ Seminum hioscyami et cicutæ ana drachma 1; corticis radicis mandragoræ scrupuli 4; opii scrupulus 1. Misce cum oleo mandragoræ et succo aizoi maioris addendo moschi granus 1. Fiat pomum.

Quelques autres appliquent avec heureux succez les sangsuës derriere les oreilles, et les ayans ostées mettent incontinant sur la playe un grain d'opium[59].

Nous referons nostre malade par l'usage du laict d'asnesse, ou de chevre, duquel il usera avec du sucre l'espace d'un mois ou environ, sans oublier les tartres de masse-pain faictes en ceste maniere:

℞ Amigdalæ dulcis excorticatæ et loti primo aqua tepida, postea aqua rosarum libra 1; quatuor seminum frigidorum maiorum mundatorum et lotorum ana drachmæ 6; seminum papaveri albi recentis et mundati unciæ 4; sacchari albi libræ 2. Fiat pasta et cum aqua rosarum, Martius panis, de quo capiat aeger certam quantitatem ante somnum[60].

Ceste tartre est fort souveraine pour faire dormir, et neantmoins rafraischit et nourrit, mais ceste-cy sera plus nourrissante.

℞ Pulpæ capi libra 1; aquae rosarum quantum satis; sacchari unciæ 3; cinnamomi sub finem decoctioni additi drachmæ 2. Coquantur et fingantur frusta dura[61].

Outre ces remedes je desire à tous amans melancholiques ou maniaques le souverain remede que le Pere de la Medecine souhaitoit au philosophe Democrite: «δραστικωτάτον καὶ ἰητρικώτατων φαρμάκων, σοφίης τέλος[62]», le plus facile et efficace remede de nostre faculté, la fin et la perfection de la sagesse, qui est le vray moly que Mercure dieu de prudence donna dans Homere au prudent Ulisses, pour asseuré antidote contre les attraits, amorces et allechements par lesquels l'infame sorciere Circe taschoit d'assujettir l'ame de ce brave capitaine à ses amours impudiques.[63]

αἱ μεταγενεστέραι φροντίδες σοφώτεραι[64]

FIN

[59] ℞ Une drachme ana de graines de jusquiame et de ciguë; quatre scrupules d'écorce de racine de mandragore; un scrupule d'opium. Mélangez avec de l'huile de mandragore et de sève de sedum (l'orpin); un grain de musc. Faites-en une pommade.

[60]André Du Laurens, *Des maladies melancholiques, et du moyen de les guarir*, p. 34ʳ.

[61] ℞ Une livre d'amandes douces décortiquées et lavées dans l'eau tiède, et ensuite dans l'eau de rose; six drachmes ana des quatre graines froides «majeures» nettoyées et lavées; quatre onces de graines de pavot blanc frais et bien préparées; deux livres de sucre. Faites-en une pâte, et en rajoutant de l'eau de rose confectionnez du massepain. Donnez-en au patient une certaine quantité avant l'heure du coucher.

[62][*Heurn. l. 1. Meth.*]: Johann van Heurne, *Praxis medicinae nova ratio qua libris tribus methodi ad praxin medicam*, p. 28, recette revisée par Ferrand: ℞ Une livre de pulpe de câprier; une quantité suffisante d'eau de rose; trois onces de sucre. Ajoutez deux drachmes de cannelle vers la fin de la décoction. Faites cuire et formez ensuite en morceaux durs.

[63][*Epist. ad Crat.*]: Hippocrate, «Epître à Cratevas», *Œuvres complètes*, éd. Littré, vol. IX, p. 348–49.

[64]La tradition de clore des traités avec une référence à Circé provient de François Valleriola, *Observationum medicinalium libri sex*, p. 219, mais voir aussi Jean Aubery, *L'antidote d'amour*, p. 109ʳ. [Anon.: Les pensées les plus sages sont celles qui viennent en dernier.]

Bibliographie

Abravanel, Judah (Leon Hebraeus; 1460–1525). *Dialoghi d'amore*. Éd. Santino Carmella. Bari, G. Laterza, 1929.

Abul-Casim Maslama Ben Ahmad. *Picatrix*. Éd. Marcelino Villegas. Madrid, Editora Nacional, 1982.

Achaeus. *Achaei Eretriensis quae supersunt*. Éd. C. L. Urlichs. Bonnae, apud A. Marcum, 1834.

Adamantius. *Physiognomonicon, id est de naturae judiciis cognoscendis libri duo, per Janum Cornarium medicum physicum Latine conscripti*. Basileae, per Robertum Winter, 1543.

Aelianus, Claudius (Praenestinus; fl. 200). *Variae historiae libri XIV. Polemonis physionomia. Adamantii physionomia. Melampodis ex palpationibus divinato*. Éd. Camillus Peruseus. Romae, [A. Blado], 1545.

——. *Variae historiae libri XIV*. Argentorati, sumptibus Johannis Friderici Spoor et Reinhardi Waechtleri, 1685.

——. *Varia historia*. Éd. Mervin R. Dilts. Leipzig, B. G. Teubner, 1974.

Aelianus Montaltus. *Voir* Montalto, Filoteo Elião de.

Aemilius, Paulus. *Voir* Paul-Émile de Vérone.

Aëtius d'Amide (502–75). *Tetrabiblos [...] per Ianum Cornarium [...] Latine conscripti*. Basileae, Froben, 1542.

Afranius, Lucius (né. ca. 150 av. J.-C.). Fragment de *Vopiscus*. Dans *Scœnicœ romanorum poesis fragmenta*. Éd. O. Ribbeck. Hildesheim, Georg Olms, 1962.

——. *Vopiscus*. Dans Nonius Marcellus, *De compendiosa doctrina*. Éd. W. M. Lindsay. Hildesheim, George Olms, 1964.

Agamben, Georgio. *Stanze. La parola e il fantasma nella cultura occidentale*. Turin, Einaudi, 1977.

——. *Stanze. Parole et fantasme dans la culture occidentale*. Trad. Yves Hersant. Paris, Christian Bourgois, 1981.

Agrippa de Nettesheim, Henri Cornélius (1486–1533). *De vanitate scientiarum*. Dans *Operum pars posterior*. Lugduni, per Beringos Fratres, ca. 1550.

——. *Paradoxe sur l'incertitude, vanité et abus des sciences, traduicte en françois du latin*. Trad. Louis Turquet de Mayerne. S. éd., 1603.

Ailly, Pierre d' (Petrus de Alliaco; 1350–1420). *Concordia astronomiae cum theologia concordantia astronomiae cum hystorica narratione*. Erhardi Ratdolt, Auguste Vindelicorum, 1490; Vienna, 1594.

Alberico da Rosate (Rosciate; déc. 1354). *Dictionarium iuris tam civilis, quam canonici (Lexicon)*. Éd. Giovanni Francesco Deciani. Venetiis, apud Guerreos fratres et socios, 1573.

——. *Vocabularius utriusque iuris*. Lugduni, apud Jacobum Wyt, 1535.

Albert le Grand (Albertus Magnus; 1193–1280). *De animalibus*. Dans *Opera omnia*, tome 29. Monasterii Westfalorum, in aedibus Aschendorff, 1972–82.

——. *De secretis mulierum libellus*. Amstelodami, s. éd., 1740.

——. *De virtutibus herbarum, lapidum et animalium quorundam libellus*. Dans *De secretis mulierum libellus*. Amstelodami, s. éd., 1740.

——. *Les admirables secrets d'Albert le Grand. Contenant plusieurs traités sur la conception des femmes, des vertus des herbes, des pierres précieuses et des animaux [. . .]*. Lyon, Les Héritiers de Beringos Fratres, 1755.

Alberti, Leone Battista (1404–72). *Deifira, che ne mostra fuggire il mal principiato amore. Mescolanze d'amore*. Éd. Carlo Téoli (Eugenio Camerini). Milano, G. Daelli, 1803.

——. *Ecatonphila de Messer Leon Battista Alberto Fiorentino ne la quale insegna a le fanciulle la bella arte de Amore*. Éd. Guiseppe Talamo Atenolfi. *Il Quattrocento: collezione di Storia e Arte*. Rome, G. Garzoni Provenzani, 1915.

——. *Hécatomphile*. Éd. Gérard Defaux. Paris, Société des textes françaises modernes, 2002. Princeps 1534.

——. *Hécatomphile d'amour, prins de l'italien de Leon Baptiste Albert*. Paris, A. L'Angelier, 1584.

Albohazen Haly Filius Abenragel. *De judiciis astrorum*. Basileae, s. éd., 1551.

Albucasis (Alsaharavi; Abu al-Qasim al-Zaharáwi Khalaf ibn 'Abbas; ca. 936–1013). *Liber theoricae necnon practicae Alsaharavii*. Venetiis, Augustus Vindicianus, 1519.

——. *Methodus medendi certa*. Basileae, per Henricum Petrum, 1541.

——. *Vade mecum (At-Tasrif)*. Augustae Vindelicorum, Impensis Sigismundi Gritu et Marci Vuirsung, 1519.

——. *Albucasis*. Dans *De chirurgia Arabice et Latine*. Éd. John Channing. Oxonii, Clarendoniano, 1778.

Alciat, André (1492–1550). *Emblemata cum commentariis* [par Claude Mignault]. Padua, 1621; Réimp. New York, Garland Publishing, 1976.

——. *Les emblèmes*. Préf. Pierre Laurens. (Facs. de l'édition de Mace Bonhome, 1551.) Paris, Klincksieck, 1997.

Alciphron. *The Letters of Alciphron, Aelian and Philostratus*. Trad. Allen Rogers Benner et Francis H. Fobes. Cambridge (Mass.), Harvard University Press, 1979.

Al-Djazzar. *Voir* Ibn Eddjezzar.

Aleman. *Voir* L'Alemant, Adrien.

Alexander, Franz G., et Sheldon T. Selesnick. *Histoire de la psychiatrie*. Trad. G. Allers, J. Carré et A. Rault. Paris, Armand Colin, 1972.

Alexander Benedictus, Paeantius. *Voir* Benedetti, Alessandro.

Alexandre d'Aphrodise (fl. 200). *Problemata*. Venezia, apud Aldum, 1497.

——. *Problemata*. Éd. I. L. Ideler. 2 tomes. *Physici et medici graeci minores*. Berlin, 1841–42; Amsterdam, Adolf Hakkert, 1963.

Alexandre de Tralles (Trallianus; 525–605). *Affections génito-urinaires*. Dans *Œuvres médicales*. Éd. F. Brunet. Paris, Librairie Orientaliste Paul Geuthner, 1937.

——. *Therapeutika*. Dans *Œuvres médicales*. Éd. F. Brunet. Paris, Librarie Orientaliste Paul Geuthner, 1937.

Alessandri, Alessandro (Alexander ab Alexandro; 1461–1523). *Genialium deorum libri sex*. Paris, apud Joannem Roigny, 1550.

Alet, Martine. «La Mélancolie dans la psycho-physiologie du début du XVIIᵉ siècle». *Papers on French Seventeenth-Century Literature*, 27 (2000), p. 447–71.

Allbutt, Thomas Clifford. *Science and Medieval Thought*. Londres, C. J. Clay & Sons, 1901.

Allen, Don Cameron. *The Star-Crossed Renaissance. The Quarrel about Astrology and Its Influence in England*. Durham (N. C.), Duke University Press, 1941.

Alliaco, Petrus de. *Voir* Ailly, Pierre d'.

Alpago de Belluno, André, commentator (fl. XVIᵉ siècle). Avicenne. *Liber canonis de medicinis cordialibus et Cantica iam olim quidem a Gerardo Carmonensi ex arabico sermone in Latinum conversa*. Venetiis, apud Juntas, 1555.

Alsaharavi. *Voir* Albucasis.

Altomari, Donato-Antonio (1520–56). *De medendis humanis corporis malis*. Dans *Opera omnia*. Lugduni, apud Gulielmum Rovillium, 1565.

Amatus Lusitanus. *Voir* Rodrigues, João.

Ambrose, Saint (339–97). *Libros de poenitentia*. Dans *Opera, duobus tomis comprehense, ad manuscriptos codices Vaticanos*. Paris, Johannis Baptistae Coignard, 1686.

Amundsen, Darrel W. «Romanticizing the Ancient Medical Profession». *Bulletin of the History of Medicine*, 48 (1974), p. 328–37.

Anacréon (fl. VIᵉ siècle av. J.-C.). *Anacréon et les poèmes anacréontiques*. Éd. Achille Delboulle. Genève, Slatkine Reprints, 1970.

——. *Les odes*. Trad. Remy Belleau. Paris, La Connaissance, 1928.

Andernacus (Johann Winter). *Voir* Gonthier, Jean.

Anderson, Ruth Leila. *Elizabethan Psychology and Shakespeare's Plays*. 1927; réimp. New York, Haskell House, 1964.

Andreas Eborensis. *Voir* Rodrigues da Viega, Andreas.

André le Chapelain (fl. 1180). *Traité de l'amour courtois*. Trad. Claude Buridant. Paris, Klincksieck, 1974.

Andrieu, Jules. *Bibliographie Générale de l'Agenais*. Paris, 1886–91; réimp. Genève, Slatkine Reprints, 1969.

Anglo, Sydney, éd. *The Damned Art: Essays in the Literature of Witchcraft*. Londres, Routledge and Kegan Paul, 1977.

——. «Melancholia and Witchcraft: The Debate between Wier, Bodin and Scot». *Folie et Déraison à la Renaissance*. Éd. A. Gerlo. Bruxelles, Éditions de l'université de Bruxelles, 1976.

Anguillara, Giovanni Andrea (Aloysius Anguillara; ca. 1500–70). *De simplicibus liber primus, cum notis Gaspari Bauhini*. Basileae, apud Henricum Petrum, 1593.

Angus, S. *The Religious Quests of the Graeco-Roman World*. New York, Scribner, 1929.

Anthimus (fl. 500). *De observatione ciborum epistola*. Éd. V. Rose. Leipzig, Teubner, 1870.

Anthologie grecque. Éd. Maurice Rat. Paris, Garnier, 1941.

Anthologie palatine. Dans l'*Anthologie grecque*. Trad. Pierre Waltz et Jean Guillon. 14 tomes. Paris, Les Belles Lettres, 1960.

Antioco malato. Diverses auteurs. Firenze, Leo S. Olschki, 1990.

Aphrodisias, Alexandre de. *Voir* Alexandre de Aphrodise.

Apollodore. *Bibliothecae libri tres et fragmenta*. Hildesheim, G. Olms, 1972.

——. *La bibliothèque d'Apollodore*. Trad. Jean-Claude Carrière et Bertrand Massonie. [Besançon], L'université de Besançon; Paris, Les Belles Lettres, 1991.

——. *Epitome*. Dans *Apollodore*. Trad. Sir James George Frazer. 2 tomes. Cambridge (Mass.), Harvard University Press, 1956.

Apollodore de Carystus (ca. 140 av. J.-C.). *The Slanderer (Le Calomniateur)*. Dans *The Fragments of Attic Comedy*. Vol. 3A. Éd. John Maxwell Edmonds. Leiden, E. J. Brill, s.d.

Apollonius Dyscole. *Traité des conjunctions*. Trad. Catherine Dalimier. Paris, Vrin, 2001.

——. *Historiae commentitiae liber. Joannes Meursius recensuit*. Lugduni Batavorum, apud Isaacum Elzeverium, 1620.

Aponensis. *Voir* D'Abano, Pietro.

Appian d'Alexandrie (fl. 160). *Des guerres des Romains*. Trad. Philippe Odet. Paris, chez Antoine de Sommaville, 1659.

Apulée, Lucius (fl. 155). *Conteur fantastique [Métamorphoses]*. Trad. Jean de Montlyard. Éd. Marcel Hicter. Bruxelles, Office de publicité, 1942.

——. *Apologie. Florides*. Trad. Paul Vallette. Paris, Les Belles Lettres [ca. 1960].

——. *Apologia sive pro se de magia liber*. Éd. H. E. Butler et A. S. Owen. Hildesheim, Georg Olms, 1967.

——. *Les métamorphoses*. Éd. D. S. Robertson et trad. Paul Vallette. 3 tomes. Paris, Les Belles Lettres, 1969–72.

Aquin, Thomas d'. *Voir* Thomas d'Aquin, Saint.

Archias (fl. 62 av. J.-C.). *Greek Anthology*. 2 tomes. Trad. W. R. Paton. Londres, Heinemann, 1948.

Arétée de Cappadoce (81-ca. 138). *De acutorum et diuturnorum morborum causis et signis*. Éd. J. Goupyl. Paris, A. Turnebus, 1554.

——. *De acutorum et diuturnorum morborum causis et signis*. Éd. Carolus Hude. *Corpus medicorum graecorum*, vol. 2. Berlin, Teubner, 1958.

——. *De causis et notis diuturnorum affectum*. Dans *Medicae artis principes post Hippocratem et Galenum*. [Genève], Henricus Stephanus, 1567.

——. *Des causes et des signes des maladies aiguës et chroniques*. Trad. René Théophile, Genève, Droz, 2000.

——. *On the Causes and Symptoms of Chronic Diseases*. Dans *The Extant Works*. Éd. Francis Adams. Boston, Longwood Press, 1978.

——. *Traité des signes, des causes et de la cure des maladies aiguës et chroniques*. Trad. M. L. Renaud. Paris, E. Lagny, 1834.

L'Aretin, Pierre (1492–1556). *Lettere*. Éd. F. Erspamer. Parme, Guanda Editore, 1995.

——. *Tutte le opera di Pietro Aretino*. Éd. Francesco Flora. 2 tomes. Milano, Mondadori, 1960–71.

Aristophane (ca. 448–380 av. J.-C.). *Comédies*. Trad. Victor Coulon et Hilaire van Daele. Paris, Les Belles Lettres, 2002.

——. *Comoediae et deperditarum fragmenta*. Éd. Guilelmi Dindorfii. Paris, Editore Ambrosio Firmin Didot, 1860.

——. *Théâtre complet*. Trad. Pascal Thierey. 2 tomes. Paris, Gallimard, 1997.

Aristote (384–422 av. J.-C.). *De l'âme*. Trad. Richard Bodéüs. Paris, G-F. Flammarion, 1993.

——. *Aristotles latinus*. Éd. L. Minio-Paulello. Bruges, Desclée de Brower, 1961.

——. *L'art de la rhétorique*. Trad. Minode C. Mynas. Chez l'éditeur, 1837.

——. *L'éthique à Eudème*. Trad. Pierre Maréchaux. Paris, Payot et Rivages, 1994.

——. *L'éthique à Nicomaque*. Trad. René Antoine Gauthier et Jean Yves Jolif. Louvain, Publications universitaires, 1958–59.

——. *Ethique à Nicomaque*. Trad. Richard Bodéüs. Paris, Flammarion, 2004.

——. *De generatione et corruptione*. Dans *Aristotles Latinus*. Éd. Joanna Judycka. Leiden, E. J. Brill, 1986.

——. *De la génération des animaux*. Trad. Pierre Louis. Paris, Les Belles Lettres, 1961.

——. *Grande morale (Magna moralia)*. Paris, Institut Catholique de Paris, 1987.

——. *Great Ethics (Magna moralia)*. Trad. G. Cyril Armstrong. Cambridge, Harvard University Press, 1962.

——. *Histoire des animaux*. Éd. Pierre Louis. Paris, Les Belles Lettres, 1964–69.

——. *De insomnilis* et *De divinatione per somnum*. Éd. H. J. Drossaart Lulofs. Leiden, E. J. Brill, 1947.

——. *La métaphysique*. Trad. J. Tricot. Paris, J. Vrin, 1974.

——. *Métaphysique*. Éd. Annick Jaulin. Paris, Presses Universitaires de France, 1999.

——. *Opera*. Editit Academia Regia Borusica. 5 vols. Berlin, Koenigliche Akademie der Wissenschaften, 1831–70.

——. *Les parties des animaux*. Trad. Pierre Louis. Paris, Les Belles Lettres, 1956.

——. *Parva naturalia*. Trad. Pierre-Marie Morel. Paris, Flammarion, 2000.

——. *Physiognomics*. Dans *The Minor Works*. Trad. W. S. Hett. Cambridge (Mass.), Harvard University Press, 1963.

——. *La physique*. Trad A. Stevens. Paris, J. Vrin, 1999.

——. *Physiques*. Trad. Pierre Pellegrin. Paris, Flammarion, 2000.

——. *La politique*. Éd. Pierre Louis. Paris, Hermann, 1996.

——. *Politique*. Trad. Jean Aubonnet. Paris, Les Belles Lettres, 2002.

——. *Posterior Analytics*. Trad. Hugh Tredennick. Londres, Heinemann, 1966.

——. *Problèmes*. Trad. Pierre Louis. 3 tomes. Paris, Les Belles Lettres, 1991.

——. *Progression of Animals*. Trad. E. S. Forster. Cambridge (Mass.), Harvard University Press, 1945.

——. *Rhétorique*. Trad. Médéric Dufour. Paris, Les Belles Lettres, 1960.

——. *Le sommeil*. Trad. Jackie Pigeaud. Paris, Éditions Payot et Rivages, 1995.

——. *Traité du ciel*. Trad. C. Dalimier et P. Pellegrin. Paris, Flammarion, 2004.

——. *La vérité des songes, De la divination*. Dans *Le sommeil*. Trad. Jackie Pigeaud. Paris, Éditions Payot et Rivages, 1995.

Arnaud de Villeneuve (déc. ca. 1313). *Breviarium practicae*. Dans *Opera omnia*. Basileae, Conrad Waldkirch, 1585.

——. Commentaire sur *Medicina salernitana, id est conservandae bonae valetudinis praecepta*. Excudebat Jacobus Stoer, 1599.

——. *Commentum super regimen Salernitanum*. Dans *Medicina Salernitana, id est conservanda bonae valetudinis praecepta*. Roterodami, ex officina Arnoldi Leert, 1599.

——. *De coitu*. Dans *Opera omnia*. Basileae, Conrad Waldkirch, 1585.

——. *De physicis ligaturis*. Dans *Opera omnia*. Basileae, Conrad Waldkirch, 1585.

——. *De regimine caste viventium* dans *De regimine sanitatis*. Dans *Opera omnia*. Basileae, Conrad Waldkirch, 1585.

——. *De regime sanitatis*. Dans *Opera omnia*. Basileae, Conrad Waldkirch, 1585.

——. *De venenis*. Dans *Opera omnia*. Basileae, Conrad Waldkirch, 1585.

——. *Expositiones visionum quae fiunt in somnia*. Dans *Opera omnia*. Basileae, Conrad Waldkirch, 1585.

——. *Liber de parte operativa*. Dans *Opera Omnia*. Basileae, Conrad Waldkirch, 1585.

——. *Remedia contra maleficia*. Dans *Opera omnia*. Basileae, Conrad Waldkirch, 1585.

——. *Tractatus de amore heroico*. Dans *Opera medica omnia*, tome. 3. Éd. Michael R. McVaugh. Barcelona, Universitat de Barcelona, 1985.

Artémidore Daldianus (fl. IIe siècle). *De somniorum interpretatione libri quinque*. Trad. Jan Hagenbut (Janus Cornarius; Julianus Cervus; Jean Corvé). Lugduni, apud S. Gryphium, 1546.

——. *La clef des songes: Onirocritique*. Trad. Jean-Yves Boriaud. Paris, Arléa, 1963.

Athénée de Naucratis (fl. ca. 200). *Deipnosophistarum libri quindecim*. Lugduni, apud viduam Antonii de Harsy, 1612.

——. *Les deipnosophistes*. Trad. A. M. Desrousseaux. Paris, Les Belles Lettres, 1956.

——. *The Deipnosophists*. Trad. Charles Burton Gulick. 7 vols. Loeb Classics, 1950.

Aubanus Bohemus. *Voir* Boemus, Johann.

Aubery, Jean (1569–1622). *L'antidote d'amour. Avec un ample discours, contenant la nature et les causes d'iceluy, ensemble les remedes les plus singuliers pour se preserver et guerir des passions amoureuses*. Paris, chez Claude Chappelet, 1599.

Augustin, saint (354–430). *La cité de Dieu*. Trad. Louis Moreau. 3 tomes. Paris, Éditions du Seuil, 1994.

——. *La cité de Dieu*. Éd. Pierre de Labriolle. 2 tomes. Paris, Garnier, 1941.

——. *Les confessions*. Trad. Pierre de Labriolle. 2 tomes. Paris, Les Belles Lettres, 1926.

——. *Les confessions, précédés de dialogues philosophiques*. Éd. Lucien Jerphagnon. Paris, Gallimard, 1998.

——. *La doctrine chrétienne*. Trad. Madeleine Moreau, avec les annotations d'Isabelle Bochet et Goulven Madec. Paris, Institut d'Études Augustiniennes, 1997.

——. *Ad inquisitions Januarii liber II, seu epistola LV*. Dans *Opera*, vol. 38. Éd. D. A. B. Caillan. *Collectio selecta SS. ecclesiae patrum*. Parisiis, apud Parent-Desbarres, 1840.

——. *On Christian Doctrine*. Trad. D. W. Robertson Jr. New York, Bobbs-Merrill, 1958.

Aulu-Gelle (fl. 143). *Les nuits attiques*. Trad. René Marache. 3 tomes. Paris, Les Belles Lettres, 1989.

Aurélien, Caelius (fl. Ve siècle). *Chronion*. Dans *Medici antiqui omnes*. Venetiis, 1547.

——. *De morbis acutis et chronicis libri VIII*. Amstelaedami, Wetsteniana, 1755.

——. *On Acute Diseases and on Chronic Diseases*. Éd. I. E. Drabkin. Chicago, University of Chicago Press, 1950.

Ausone (Ausonius, Decimus Magnus, ca. 310-ca. 395). *L'Amour crucifié*. Trad. M. A. Moreau de la Rochette. Paris, Le Normant, 1806.

——. *Œuvres complètes d'Ausone*. Trad. E. F. Corpet. Paris, C. L. F. Panckoucke, 1842–43.

——. *Œuvres en vers et en prose*. Trad. Max Jasinski. Paris, Garnier Frères, [1934–35].

——. *Opuscula*. Éd. Sextus Prete. Leipzig, Teubner, 1978.

——. *The Twelve Emperors*. Trad. Hugh G. Evelyn White. Londres, Heinemann, 1951.

Avenzoar de Seville (Ibn Zuhr; 1113–62). *Liber Theizir* (publ. avec Averroes, *Colliget*). Venetiis, Otinus de Luna, 1497.

Averroès de Cordoue (Ibn Roshd, Abu al-Walid Muhammad; 1126–98). *Colliget libri VII* (*Kitab-al-Kullyyat*). Venetiis, apud Junctas, 1562; réimp. Frankfurt am Main, Minerva, 1962.

——. *De anima*. Éd. F. Stuart Crawford. Cambridge (Mass.), Medieval Academy of America, 1953.

Avicenne ('Abu 'Ali Husayn 'Abdullah ibn Sina; 980–1037). *Canon* (*liber III*) *cum Jacobus de Partibus*. Lugduni, Trechsel, 1498.

——. *De anima. Ab Andrea Alpago Bellunensi ex Arabico in Latinum versa*. Venetiis, apud Juntas, 1546; réimp. Westmead, Gregg International Publishers, 1969.

——. *Liber canonis* (*Alqanun fi't tibb*). Trad. Gerard de Crémona. Venetiis, apud Juntas, 1555.

——. *Liber de anima seu sextus de naturalibus*. Éd. S. Van Reit. *Avicenna Latinus*. Louvain et Leiden, E. J. Brill, 1968–72.

——. *Metaphysica*. Trad. Parviz Morewedge. New York, Columbia University Press, 1973.

——. *La métaphysique*. Éd. Georges Anawati. 2 tomes. Paris, J. Vrin, 1978–85.

——. *Poem on medicine* ('*Arjuzat fi't tibb*) *Cantica Avicennae*. Dans *Liber canonis de medicinis cordialibus et cantica iam olim quidem a Gerardo Carmonensi ex arabico sermone in Latinum conversa*. Venetiis, apud Juntas, 1555.

——. *A Treatise on Love by Ibn Sina* (Rislah fi'l ishq). Éd. E. L. Fackenheim. *Medieval Studies*, 7 (1945), p. 208–28.

Babb, Lawrence. *The Elizabethan Malady: A Study of Melancholy in English Literature from 1580 to 1642*. réimp. East Lansing, Michigan State University Press (1951), 1965.

Bakal, Donald A. *Psychology and Medicine: Psychobiological Dimensions of Health and Illness*. New York, Springer Publishing, 1979.

Baldacci, L. *Il petrarchismo italiano nel Cinquecento*. Milan-Naples, Ricciardi, 1957.

Bandello, Matteo (1485–1561). «The Love of Antioclus with Faire Stratonica». Dans *The Palace of Pleasure*, 1575. Trad. William Painter. Londres, David Nutt, 1890.

Barbaro, Ermolao (1454–93). *C. Plinii naturalis historiae libros castigationes*. Basileae, apud Joannem Valderum, 1534. *Voir* aussi Dioscorides.

Barraud, G. *L'humanisme et la médecine du XVIe siècle*. Paris, Vigot Frères, 1942.

Basile de Ancyre (Ankara). *De virginitate*. Dans *Opera omnia*. Paris, 1547.

——. *De virginitate* (attribué à Basile de Césarée). Dans *Patrologiae cursus completus, series Graeca*, tome 30. Éd. J. P. Migne. Paris, J. P. Migne, 1857–87.

——. *De virginitate*. Texte vieux-slave et traduction française par A. Vaillant. Paris, Institut d'Études Slaves, 1943.

Basile de Cesarée, saint (ca. 330–79). *Constitutiones monasticae*. Dans *Patrologiae cursus completus, series Graeca*, tome 31. Éd. J. P. Migne. Paris, J. P. Migne, 1857–87.

——. *Epistolae*. Dans *Patrologiae cursus completus, series Graeca*, tome 32. Éd. J. P. Migne. Paris, J. P. Migne, 1857–87.

——. *Homélies sur l'Hexaméron*. Éd. Stanislaus Giet. Paris, Éditions du Cerf, 1968.

——. *Homiliae*. Dans *Patrologiae cursus completus, series Graeca*, tome 30. Éd. J. P. Migne. Paris, J. P. Migne, 1857–87.

——. *Opera omnia [...] Graece et Latine*. Parisiis, sumptibus Claudii Morelli, 1618.

Battista, Giuseppe (1610–75). *Delle poesie meliche de Giuseppe Battista*. Venetia, per Francesco Baba, 1653.

Baudier, Michel (1589–1645). *Histoire du serrail, et de la cour du Grand Seigneur*. Paris, chez Sebastien Cramoisy, 1650.

Baudrillart, Alfred, Cardinal, éd. *Dictionnaire d'Histoire et de Geographie Ecclesiastique*. Paris, Letouzey et Ané, 1912.

Baxter, Christopher. «Jean Bodin's *De la démonomanie des sorciers*: The Logic of Persecution». *The Damned Art: Essays in the Literature of Witchcraft*. Éd. Sydney Anglo. Londres, Routledge and Kegan Paul, 1977.

Bayle, Pierre. *Le grand dictionnaire*. Éd. Louis Moréri. 6 tomes. Paris, chez Jacques Vincent, 1732.

Beaumont, Francis (1584–1616), and John Fletcher (1579–1625). *Monsieur Thomas*. Dans *Works*. Éd. A. R. Waller. 10 vols. Cambridge, Cambridge University Press, 1906; réimp. New York, Octagon Books, 1969.

Beauvois de Chauvincourt, Le Sieur de (fl. XVIe siècle). *Discours de la lycanthropie ou de la transmutation des hommes en loups*. Paris, J. Rezé, 1599.

Beecher, Donald. «Citations from Antiquity in Renaissanace Medical Treatises on Love». *Systèmes de pensée précartésiens. Études d'après le colloque international organisé à Haifa en 1994*. Éd. Illana Zinguer et Heinz Schott. Paris, Honoré Champion, 1998, p. 63–76.

——. «Concerning Sex Changes: The Cultural Significance of a Renaissance Medical Polemic». *Sixteenth Century Journal*, 36.4 (2005), p. 991–1016.

——. «Des médicaments pour soigner la mélancolie: Jacques Ferrand et la pharmacologie de l'amour». *Nouvelle revue du seizième siècle*, 4 (1986), p. 87–99.

——. «Discovering Stratonice: A Medico-literary Motif in the Theatre of the English Renaissance». *Seventeenth Century*, 5.2 (1990), p. 113–132.

——. «Erotic Love and the Inquisition: Jacques Ferrand and the Tribunal of Toulouse, 1620». *Sixteenth Century Journal*, 20.1 (1989), p. 41–53.

——. «Ficino, Theriaca, and the Stars». Dans *Marsilio Ficino: His Theology, His Philosophy, His Legacy*. Éd. Valery Rees et Michael Allen. Leiden, E. J. Brill, 2002, p. 243–56.

——. «La beauté physique, le désir érotique et les perspectives des philosophes médecins de la Renaissance». *Carrefour: Revue de reflexion interdisciplinaire*, 17.1 (1995), p. 20–37.

——. «L'amour et le corps; les maladies érotique et la pathologie à la Renaissance». Dans *Le corps à la Renaissance*. Éd. Jean Céard et al. Paris, Aux Amateurs de Livres, 1990, p. 423–34.

——. «Quattrocento Views on the Eroticization of the Imagination». Dans *Eros and Anteros: The Medical Traditions of Love in the Renaissance*. Éd. Donald Beecher et Massimo Ciavolella. Ottawa, Dovehouse Editions, 1992, p. 49–66.

——. «The Essentials of Erotic Melancholy: The Exemplary Discourse of André Dulaurens». Dans *Love and Death in the Renaissance*. Éd. Kenneth R. Bartlett. New York and Ottawa, Renaissance Society of America, Dovehouse Editions, 1991, p. 37–50.

——. «The Lover's Body: The Somatogenesis of Love in Renaissance Medical Treatises». *Renaissance and Reformation*, 24.1 (1988), p. 1–12.

——. «Windows of Contagion: Ficino's Legacy to the Etiology of Love». *Imagining Contagion in Early Modern Europe*. Éd. Claire Carlin. Basingstoke, Palgrave McMillan, 2005, p. 32–46.

Belleau, Rémy (1528–77). *Œuvres poétiques*. Éd. Ch. Marty-Laveaux. Paris, Alphonse Lemerre, 1878.

——. *Œuvres poétiques*. Éd. Guy Demerson et Keith Cameron. Paris, Honoré Champion, 1995.

Belleforest, François de (1530–83). *L'histoire universelle du monde, contenant l'entière description et situation des quatres parties de la terre*. Paris, chez G. Mallot, 1570.

Belon du Mons, Pierre (ca. 1517–64). *L'histoire de la nature des oyseaux, avec leurs descriptions et naifs portraicts [. . .] en sept livres*. Paris, chez Guillaume Cavellat, 1555.

——. *Les observations de plusieurs singularitez et choses memorables, trouvées en Grece, Asie, Judée, Egypte, Arabie, et autres pays estranges, redigées en trois livres*. Paris, Gilles Corrozet, 1553.

Bembe, Pierre (1470–1547). *Gli Asolani*. Dans *Prose e rime*. Éd. C. Dionisotti. Turin, Einaudi, 1966.

——. *Les Azolains de Monsigneur Bembo, de la nature d'amour*. Trad. Jean Martin. Paris, M. de Vascosan, 1545; Paris, N. Chrestien, 1555.

Benedetti, Alessandro (Alexander Benedictus; ca. 1450–1525). *Opera*. Basileae, per Henricum Petrum [1539].

——. *Singulis corporum morbis a capite ad pedes*. Venetiis, in officina Lucaeantonii Juntae, 1533.

Benton, John F. «Clio and Venus: An Historical View of Medieval Love». *The Meaning of Courtly Love*. Éd. F. X. Newman. Albany, State University of New York Press, 1973.

Bernardi della Mirandola, Antonio de (1573–1648). *Disputationes [. . .] accessit locuples rerum et verborum toto opere memorabilium*. Basileae, H. Petri et N. Bryling, 1562.

Bernard de Gordon (Gordonius; déc. ca. 1310). *Opus lilium medicinae inscriptum*. Lugduni, apud. G. Rovillium, 1574.

Berriot-Salvadore, Evelyne. «Les médecins analystes de la passion érotique à la fin de la Renaissance: la peinture des passions de la Renaissance». Dans *La peinture des passions de la Renaissance à l'Âge classique*. Publications de l'Université de Saint-Etienne, 1995, p. 257–69.

——. «Les médecins poètes du contramour». Dans *Anteros*. Éd. U. Langer et J. Miernowski. Orléans, Paradigue, 1994, p. 169–84.

Berulle, Pierre de, Cardinal (Léon d'Alexis, 1575–1629). *Traicté des énergumènes*. Troyes, s. éd., 1599.

Bettini, Maurizio. *Il ritratto dell'amante*. Torino, Einaudi, 1992.

Bilitzer, Christophorus. *De pulso amatorio*. Diss., Giessen, 1609.

Bird, Otto. «The Canzone d'Amore of Cavalcanti According to the Commentary of Dino del Garbo». *Mediaeval Studies* 2 (1940), p. 150–203.

Boaistuau, Pierre (d. 1566), and François de Belleforest (1530–83). *Histoires prodigieuses et memorables, extraictes de plusieurs fameux autheurs grecs, et latins, sacrez et prophanes, divisées en six livres*. Paris, par la vefue de Gabriel Buon, 1598.

——. *Le théâtre du monde*, 1588. Éd. Michel Simonin. Genève, Librairie Droz, 1981.

Boccace, Jean (1313–75). *Le décaméron*. Trad. Jean Bourciez. Paris, Éditions Garnier Frères, 1952.

——. *Genealogie deorum gentilium libri*. Éd. Vincenzo Romano. 2 tomes. Bari, Laterza, 1951.

Bodin, Jean (1530–96). *De la démonomanie des sorciers*. Paris, chez Jacques du Puys, 1587.

Boemus, Johann (Aubanus Bohemus, fl. 1500–20). *Discours des païs selon leur situation, avec les moeurs, loix, et ceremonies d'iceux*. Lyon, par Jean de Tournes (1520 en latin), 1552.

Boëce, Anicius Severinus (480–524). *De institutione arithmetica libri duo*; *De institutione musica libri quinque*. Éd. Godofredus Friedlein. Lipsiae, in aedibus B. G. Teubneri, 1867.

Bona Fortuna (fl. XIVᵉ siècle). «Tractatus super Viaticum». MS Rouen A 176 f. Éd. Mary F. Wack.

Bottoni, Albertino (déc. ca. 1596). *De morbus muliebribus*. Dans *Gynaeciorum sive de mulierum affectibus*. Éd. Israel Spachius. Basileae, per Conradum Waldkirch, 1586.

Boutière, Jean and A.-H. Schutz. *Biographies des troubadours: textes provencaux des XIIIᵉ et XIVᵉ siècles*. Paris, Éditions A. G. Nizet, 1964.

Brabant, H. *Médicins, malades et maladies de la Renaissance*. Bruxelles, La Renaissance du Livre, 1966.

Brain, Peters. *Galen on Bloodletting: A Study of the Origins, Development and Validity of his Opinions, with a Translation of the Three Works*. Cambridge, Cambridge University Press, 1986.

Brett, George Sidney. *Psychology Ancient and Modern*. New York, Cooper Square Publishers, 1963.

Browne, E. G. *Arabian Medicine*. Cambridge, Cambridge University Press, 1962.

Bruno, Giordano (1548–1600). *Des fureurs héroïques (De gli eroici furori)*. Trad. P. H. Michel. Paris, Les Belles Lettres, 1954.

——. *De magia et theses de magia*. Dans *Opera Latine conscripta publicis sumptibus edita*, tome 3. Éd. H. Vitelli et al. Neapoli, D. Morano, 1879–91.

——. *De vincula in genere*. Dans *Opera Latine conscripta publicis sumptibus edita*, tome 3. Éd. H. Vitelli et al. Neapoli, D. Morano, 1879–91.

Buhahylya. *Voir* Byngezla.

Bullough, Vern L. «Postscript: Heresy, Witchcraft, and Sexuality». Dans *Sexual Practices and the Medieval Church*. Éds. Vern L. Bullough et James Brundage. Buffalo (N. Y.), Prometheus Books, 1982.

Burton, Robert (1577–1640). *Anatomie de la mélancolie*. Trad. Bernard Hoepffner et Catherine Goffaux. 3 tomes. Paris, J. Corti, 2000.

——. *The Anatomy of Melancholy*. Éds. Floyd Dell et Paul Jordan-Smith. New York, Tudor Publishing, 1927.

Bush, Douglas. *English Literature in the Early Seventeenth Century*. New York, Oxford University Press, 1952.

Byngezla, Buhahaylya (Yahya ibn 'Isa ibn Jozlah; b. 1074). *Tacuini aegritudinum* (*Takwim al-abdan fi tadbir al-insan*). Trad. Faraj ibn Salim (Farragut, fl. 1280). Argentorati, apud Jo. Schottum, 1532.

Calcagnini de Ferrare, Celio (1479–1541). *Anteros sive de mutuo amore*. Dans *Opera aliquot*. Basileae, Froben, 1544.

Calvin, Jean (1509–64). *Traicté ou avertissement contre l'astrologie qu'on appelle judiciaire et autres curiosités qui règnent aujourd'hui au monde*. Princeps 1549. Paris, Librairie Armand Colin, 1962.

Calvus, Gaius Licinius (82–47 av. J.-C.). *Fragmenta poetarum Latinorum epicorum et liricorum*. Éd. W. Morel. Lipsiae, B. G. Teubner, 1927.

Campbell, Donald. *Arabian Medicine and its Influence on the Middle Ages*. Londres, Kegan Paul, 1926.

Camporesi, Piero. *I balsami di Venere*. Milan, Garzanti, 1989.

Capitolinus, Julius (fl. 300). *Scriptores historiae augustae*. Éd. H. Iordan et F. Eyssenhardt. Berolini, apud Weidmannos, 1864.

Capparoni, Pietro. «Magistri salernitani nondum cogniti». Dans *A Contribution to the History of the Medical School of Salerno*. Londres, J. Bale, 1923.

Capretto (Cavretto), Pietro (Petrus Haedo, Pier Hedo, né. 1424). *Anterotica, sive de amoris generibus*. Treviso, Gerardus de Lisa de Flandria, 1492.

Cardan, Jérôme (1501–76). *Aphorismorum astronomicorum liber*. Nuremburg, J. Petreius, 1547.

——. *Aphorismorum astronomicorum segmenta VII*. Dans *Opera omnia in decem tomos digesta*. Lugduni, sumptibus I. A. Huguetan & M. A. Ravard, 1663.

——. *Les libres [...] intitulés de la subtilité et subtiles inventions, ensemble les causes occultes et raisons d'icelles*. Trad. Richard Le Blanc. Paris, G. Le Noir, 1556.

——. *Somniorum synesiorum omnis generis insomnia explicantes libri IV*; *Actio in Thessalicum medicum, de secretis, de gemmis et coloribus*. Basileae, ex officina Henrici Petri, 1562.

Cassiodore, Flavius (ca. 480–575). *Institutiones divinarum et humanarum litterarum*. Éd. R. A. B. Mynors. Oxford, Clarendon, 1937.

Castiglione, Baldassare (1478–1529). *Le parfait courtisan*. Trad. Gabriel Chapuis. Paris, Nicolas Bonsons, 1585.

Castiglioni, A. *Histoire de la médecine*. Trad. J. Bertrand et F. Gidon. Paris, Payot, 1931.

Castro, Rodrigo de (Rodericus à Castro Lusitanus, 1546–1627). *De universa mulierum medicina*. Hamburgi, in officina Frobeniano, 1603.

——. *Medicus-politicus: sive de officiis medico-politicis tractatus, quatuor distinctus libris*. Hamburgi, ex Bibliopolio Frobeniano, 1614.

Cataudella, Quintino. *La novella greca*. Napoli, Edizione Scientifiche Italiane, 1958.

Cattani da Diacceto, Francesco (1466–1522). *I tre libri de amore con un panegirico all'amore*. Vinegia, appresso G. Giolito de' Ferrari, 1561.

Catulle, Gaius Valerius (ca. 84–ca. 54 av. J.-C.). *Catulle*. Trad. A. Ernout. Paris, Les Belles Lettres, 1964.

——. *Poésies*. Trad. Georges Lafaye. Paris, Les Belles Lettres, 1996.

Cavallera, F. «Le 'De Virginitate' de Basile d'Ancyre». *Revue d'Histoire Ecclesiastique*, 6 (1905), p. 5–14.

Caviceo, Jacopo (1443–1511). *Le Peregrin. Dialogue treselegant intitulé le Peregrin traictant de l'honneste et pudique amour concisie par pure et sincere vertu*. Trad. François Dassy. Lyon, Claude Nourry, [1528].

Cavigioli, Giovanni Battista (fl. XVIᵉ siècle). *Livres des proprietes du vinaigre*. Poictiers, 1541.

Céard, Jean. «Folie et démonologie au XVIᵉ siècle». *Folie et déraison à la Renaissance*. Éd. A. Gerlo. Bruxelles, Éditions de l'Université de Bruxelles, 1976.

——. «The Devil and Lovesickness According to the Physicians and Demonologists of the Sixteenth Century». *Eros and Anteros: The Medical Traditions of Love in Renaissance Culture*. Éd. Donald Beecher et Massimo Ciavolella. Ottawa, Dovehouse Editions, 1992.

Celse, Aulus Cornelius (fl. 20–30). *De arte medica*. Dans le *Corpus medicorum Latinorum*, vol. 1. Éd. F. Marx. Berlin, B. G. Teubner, 1915.

——. *De medicina*. Trad. W. G. Spencer. 3 tomes. Londres, Heinemann, 1961.

——. *De la medicine*. Trad. Guy Serbat. 1 tome sur 4. Paris, Les Belles Lettres, 1995.

——. *Traduction des ouvrages d'Aurelius-Cornelius Celse, sur la médecine*. 2 tomes. [Sans lieu], Desaint et Saillant, 1753.

Cervantès Saavedra, Miguel de (1547–1616). *Don Quischotte de la Manche*. Trad. Francis de Miomandre. Paris, Livre de Poche, 1966.

César, Gaius Julius (102–44 av. J.-C.). *Guerre des Gaules*. Trad. L.-A. Constans. Paris, Les Belles Lettres, 1937.

Chalcondylas, Laon (ca. 1430–ca. 1490). *L'histoire de la decadence de l'empire Grec et establissement de celuy des Turcs*. Trad. Blaise de Vigenère. Paris, chez Sebastien Cramoisy, 1650.

Charondas. *Voir* Le Caron, Loys.

Charron, Pierre (1541–1603). *De la sagesse, livres trois*. Imprimé a Bordeaux, par Simon Millanges, imprimeur ordinaire du Roy, 1606.

——. *De la sagesse, livres trois*. Paris, chez Jacques Villery, 1635.

——. *Of Wisdome. Three Bookes*. Trad. Samson Lennard. Londres, pour Edward Blount et Will Aspley, ca. 1606.

Chaucer, Geoffrey (1340–1400). *Parlement of Foulys*. Éd. D. S. Brewer. Londres, Thomas Nelson and Sons, 1960.

Cherchi, Paolo. «Andreas' *De amore*: Its Unity and Polemical Origin». *Andrea Cappellano. I trovatori e altri temi romanzi*. Rome, Bulzoni, 1979.

——. «A Dossier for the Study of Jealousy». *Eros and Anteros: The Medical Traditions of Love in Renaissance Culture.* Éd. Donald Beecher et Massimo Ciavolella. Ottawa, Dovehouse Editions, 1992.

——. «Per la femmina 'balba'». *Quaderni d'italianistica,* 6.2 (1985), p. 228–32.

Cheverny, Julien. *Sexologie de l'Occident.* Paris, Librairie Hachette, 1976.

Chrysostome, Jean, saint (347–407). *De providentia Dei ad Stagirium monachum obrepitium.* Dans *Opera omnia tomus quintus.* Parisiis, apud Robertum Pipic, 1687.

Ciavolella, Massimo. «Eros/Ereos? Marsilio Ficino's Interpretation of Cavalcanti's 'Donna me prega'». Dans *Ficino and Renaissance Neoplatonism.* Éd. Konrad Eisenbichler et Olga Pugliese. Ottawa, Dovehouse Editions, 1986, p. 39–48.

——. *La «malattia d'amore» dall'Antichità al Medio Evo.* Rome, Bulzoni, 1975.

Cicéron, Marcus Tullius (106–43 av. J.-C.). *Correspondance.* Trad. L.-A. Constans, Jean Bayet et al. Paris, Les Belles Lettres, 1967.

——. *De la divination.* Trad. Gérard Frayburger et John Scheid. Paris, Les Belles Lettres, 1992.

——. *Lettres familières.* Trad. Edouard Bailly. 3 tomes. Paris, Garnier Frères, 1993.

——. *De natura deorum.* Trad. M. van den Bruwaene. 4 tomes. Bruxelles, Latomus, 1978.

——. *De l'orateur.* Trad. Edmond Courbaud. Paris, Les Belles Lettres, 1930.

——. *Traité du destin.* Trad. Albert Yon. Paris, Les Belles Lettres, 1933.

——. *Tusculanes.* Éd. Georges Fohlen. Trad. Jules Humbert. 2 tomes. Paris, Les Belles Lettres, 1964–68.

——. *De la vieillesse.* Trad. Pierre Wuilleumier. Paris, Les Belles Lettres, 1961.

Cipelli, Giovanni Battista (Egnazio; ca. 1478–1553). *Sommaire de chroniques [...] de tous les empereurs d'europe depuis Iules César, iusques à Maximilian dernier décédé.* Trad. Geofroy Tory de Bourges. Paris, G. Tory, 1529.

Clark, Stuart. «The Scientific Status of Demonology». *Occult and Scientific Mentalities in the Renaissance.* Éd. Brian Vickers. Cambridge, Cambridge University Press, 1984.

Claudien (Claudius Claudianus; né vers 365). *Œuvres complètes.* Trad. Héguin de Guerle. 2 tomes. Paris, Panckoucke, 1833.

Clavius, Christoph (1538–1612). *In sphaeram Joannis de Sacro Bosco. Commentarius.* Lugduni, ex officina Q. Hug, A. Porta, sumptibus Jo. de Gabiano, 1607.

Clément d'Alexandrie (ca. 150–215). *Paedagogus.* Trad. Simon P. Wood. Washington D. C., Catholic University of America Press, 1954.

——. *Stromata.* Tome 8 de la *Patrologiae cursus completus, series Graeca.* Éd. J. P. Migne. Paris, J. P. Migne, 1857–87.

Cléopâtre (Medica). *Harmonia gynaeciorum, sive de morbis muliebribus liber.* Dans *Gynaeciorum libri IV.* Éd. Israel Spachius. Basileae, per Conradum Waldkirch, 1586.

Clusius, Carolus. *Voir* L'Ecluse, Charles.

Coëffeteau, F. Nicolas, Évêque de Marseille (1574–1623). *A Table of Humane Passions with their causes and effects.* Trad. Edward Grimeston. Londres, N. Okes, 1621.

——. *Tableau des passions humaines, de leurs causes, et de leurs effects.* Lyon, chez Jacques Carteron, 1619; réimp., 1642.

——. *Tableau des passions humaines, de leurs causes et de leurs effects.* Paris, S. Cramoisy, 1620.

Colombo, Realdo (1494–ca. 1559). *De re anatomica libri XV*. Parisiis, apud Andream Wechelum, 1572.

Companion to the Play-House, The. 2 tomes. Londres, T. Becket and P. A. Dehondt et al., 1764.

Constantin l'Africain (fl. 1075). *Breviarium Constantini dictum Viaticum* (Trad. de la *Zad al-musafir* d'Ibn Eddjezzar). Lugduni, s. éd, 1510–11.

——. *De communibus medico cognitu locis*. Dans *Opera*. Basileae, apud Henricum Petrum, 1539.

——. *Della melancolia*. Trad. M. T. Malato et U. de Martini. Rome, Tipografia E. Cossidente, 1959.

——. *Viaticum*. Dans *Omnia opera Ysaac*. Lugduni, s. éd, 1515.

Conti, Natale (Natalis Comitis; ca. 1520–ca.1580). *Mythologiae sive explicationis fabularum libri decem: in quibus omnia prope naturalis et moralis philosophiae dogmata fuisse demonstratur*. Francofurti, apud Andreae Wecheli, 1588.

Cornarius, Janus (Jan Hagenbut). *Voir* Artemidore Daldianus.

Corner, G. W. «The Rise of Medicine at Salerno in the Twelfth Century». *Annals of the History of Medicine*, 3 (1931).

Corpus Juris Canonici. Éd. A. L. Richter. 2 tomes. Graz, Akademische Druck-U. Verlagsanstalt, 1959.

Corti, Maria. *La felicità mentale. Nuove prospettive per Cavalcanti e Dante*. Turin, Einaudi, 1983.

Cotgrave, Randle. *Dictionarie of the French and English Tongues*. London, 1611; réimp. Columbia, University of South Carolina Press, 1950, 1968.

Cotta, John (ca. 1575–ca. 1650). *Triall of Witch-Craft*. Londres, Printed by George Purslowe, 1616.

Couliano, Ioan Petru. *Eros et magie à la Rennaissance*. Paris, Flammarion, 1984.

Cratès de Thèbes. *Epistolae Hippocratis, Democriti, Heracliti, Diogenes, Cratetis aliorumque ad eosdem*. Éd. Eilhardum Lubbinum. [Sans lieu], ex officina commediniana, 1601.

Crinito, Pietro (1465–1504). *De honesta disciplina*. Basileae, excudebat Henricus Petrus, 1532.

Crispo, saint. (VIIIe siècle). *Commentarium medicinale*. Dans *Classici auctores e Vaticanis codicibus editi*. Éd. Angelo Mai. Rome, Tipografia Vaticana, 1833); et aussi dans *Scripta varia*. Vol. 89 de la *Patrologiae cursus completus*. Éd. J. P. Migne. Paris, J. P. Migne, 1850.

Crohns, Hjalmar. «Zur Geschichte der Liebe als 'Krankheit'». *Archiv für Kulturgeschichte*, 3 (1905), p. 66–86.

Cuspinianus, Johannes (Speisshammer; 1473–1529). *De Caesaribus atque Imperatoribus Romanis opus insigne*. Strasbourg, Crato Mylius, 1540.

Cyprian, saint, évêque de Carthage (Thascius Caecilius Cypridnus, 200–58). *Correspondance*. Trad. L. Bayard. Paris, Les Belles Lettres, 1925.

——. *Opera omnia*. Éd. Guilelmus Hartel. New York, Johnson Reprint, 1965; Corpus scriptorium ecclesiasticorum latinorum, 1868–71.

D'Abano, Pietro (Petrus Aponensis; 1250–ca. 1315). *Conciliator controversiarum, quae inter philosophos et medicos versantur*. Venetiis, apud Juntas, 1548.

——. *Heptameron seu elementa magica*. Rélié avec H. C. Agrippa. *Opera*. Lugduni, per Beringos Fratres, ca. 1550.

D'Alexis, Léon. *Voir* Berulle, Pierre de, Cardinal.

Dandrey, Patrick. *Anthologie de l'humeur noire.* Paris, Gallimard, 2005.

———. *Le «cas» Argan, Molière et la maladie imaginaire.* Paris, Klinksieck, 1993.

Dariot, Claude (Dariotus; 1533–94). *Ad astrorum judicia facilis introductio [et] tractatus de electionibus principiorum idoneorum rebus inchoandis.* Lugduni, apud Mauricium Roy & Ludovicum Pesnot, 1557.

Darmon, Pierre. *Le mythe de la procréation à l'âge baroque.* Paris, Éditions du Seuil, 1981.

David-Peyre, Yvonne. «Jacques Ferrand médicin aganais 1575–16 [...](?)» *Histoire des Sciences Médicales,* 4 (1973), p. 1–11.

———. «Jacques Ferrand médecin agenais, ou les tracasseries d'un tribunal ecclésiastique». *Actes du Congrès National des Société savantes.* Nantes, 1972, p. 561–72.

———. «Las Fuentes Ibéricas de Jacques Ferrand, Médico de Agen». *Asclépio,* 23 (1971), p. 1–26.

———. *Le personnage du médecin et la relation médecin-malade dans la littérature ibérique XVIᵉ et XVIIᵉ siècle.* Paris, Ediciones Hispano-Americanas, 1971.

De Castro, Rodrigo. *Voir* Castro, Rodrigo de.

De Lancre, Pierre. *Voir* Lancre, Pierre de.

De la Ruelle, Jean. *Voir* Ruelle, Jean de la.

Della Porta, Giovanni Battista (Giambattista; ca. 1535–1615). *De humana physiognomonia libri IV.* Ursellis, typis Cornelii Sutorii, sumptibus Jonae Rosae Fr., 1551.

———. *Della fisonomia dell'uomo.* Éd. Mario Cicognani. Parma, U. Guanda, 1988.

Delorme, Carolus. *An amantes iisdem remediis curentur quibus amentes?* Dissertation, Montpellier, 1608.

Del Rio, Martin Anton (1551–1608). *Disquisitionum magicarum libri sex.* Lugduni, apud Joannem Phillehotte, 1612. Lugduni, apud H. Cardon, 1612.

———. *Les controverses et recherches magiques.* Trad. André du Chesne. Paris, s. éd, 1608; 1611.

Denys d'Halicarnasse. *Les antiquités romaines.* Trad. Valérie Fromentin et Jacques Schnäbele. Paris, Les Belles Lettres, ca. 1990.

———. *Scripta quae extant, omnia, et historica, et rhetorica.* Éd. Frideric Sylburg. Francofurdi, apud heredes Andreae Wecheli, 1586.

De Renzi, Salvatore. *Collectio Salernitana.* 5 vols. Naples, Tipografia del Filiatre-Sebezio, 1852–59.

De Sales, François. *Voir* François de Sales.

Desbarreaux-Bernard, M. «Notice biographique et bibliographique sur Jacques Ferrand». *Bulletin du Bibliophile.* Toulouse, Douladoure, 1869.

Descartes, René (1596–1650). *Les passions de l'ame.* Éd. Geneviève Rodis-Lewis. Paris, Librairie Philosophique J. Vrin, 1970.

———. *Les passions de l'ame* (1649). Préface de Samuel Sylvestre de Sacy. Paris, Gallimard, 1969.

De Vega, Cristóbal. *Voir* Vega, Cristóbal de.

De Veyries, Jean. *Voir* Veyries, Jean de.

Dictionnaire d'Ancien Français. Paris, 1875.

Dictionnaire d'Histoire et de Geographie Ecclesiastique. Voir Baudrillart, Alfred.

Diethelm, Oskar. «La surexcitation sexuelle». *L'évolution psychiatrique*, 2 (1966), p. 233–45.

——. *Medical Dissertations of Psychiatric Interest Printed before 1750*. Bâle, S. Karger, 1971.

Dingwall, Eric John. *Male Infibulation*. Londres, J. Bale and Sons, 1925.

Dino del Garbo. *Scriptum super cantilena Guidonis de Cavalcantibus*. In *Rime di Guido Cavalcanti*. Éd. G. Favati. Milan, Marzorati, 1957.

Diodore de Sicile (fl. 40 av. J.-C.) *Bibliothèque historique de Diodore de Sicile*. Trad. M. Ferdinand Hoefer. 4 tomes. Paris, A. Delahays, 1851.

——. *Bibliothèque historique*. Trad. Claude Vial. Paris, Les Belles Lettres, 1972–93.

——. *Diodorus of Sicily*. Trad. C. H. Oldfather. 12 tomes. Cambridge (Mass.), Harvard University Press, 1952.

Diogène Laërce (ca. 200–50). *De clarorum philosophorum vitis [. . .] libri decem*. Dans *Die Schule des Aristoteles*. Éd. F. Wherle. 10 tomes. Bâle, B. Schwabe, 1967.

——. *Les vies et doctrines des philosophes de l'antiquité*. Trad. M. C. Zévort. 2 tomes. Paris, Charpentier, 1847.

——. *Les vies des plus illustres philosophes de l'Antiquité*. Paris, Lefèvre, 1840.

——. *Vie, doctrines et sentences des philosophes illustrés*. Trad. R. Genaille. 2 tomes. Paris, Garnier-Flammarion, 1965.

Dion Cassius (Cocceianus; ca. 150–235). *Histoire romaine*. Trad. Marie-Laurie Freyburger et François Hinard. Paris, Les Belles Lettres, 2002.

——. *Histoire romaine de Dion Cassius*. Trad. E. Gros et V. Boisée. 10 tomes. Paris, Firmin-Didot Frères, 1845–70.

——. (*Dio's*) *Roman History*. Trad. E. Cary. Camabridge (Mass.), Harvard University Press, 1965.

——. *L'histoire de Dion Cassius de Nycée*. Éd. Joannes Xiphilinus. Sans lieu, chez Jean Richer, 1610.

Dioscorides, Pedanius d'Anazarbos (fl. 50–60). *De materia medica libri quinque*. Berolini, apud Weidmannus, 1958.

——. *De medica materia libri sex, Joanne Ruellio Successionensi interprete*. Lugduni, apud Joan. Francis de Gabiano, 1555.

——. *Pharmacorum simplicium reique medicae libri viii. Jo[anne] Ruellio interprete una cum Hermolai Barbari corollariis, et Marci Vergilii, in singula capita censuris sive annotationibus*. Argentorato, apud Jo. Schottum, 1529.

——. Pierre André Mattiole. *Les commentaires [. . .] sur les six livres de Pedacius Dioscoride Anazarbeen, de la matiere medicinale*. Trad. M. Antoine du Pinet. Lyon, Claude Rigaud et Claude Obert, 1627.

——. *Pietro Andrea Mattioli commentarii in libros sex Pedacii Dioscoridis Anazarbei de medica materia*. Venetiis, in officina Erasmiana, apud Vincentium Valgrisium, 1558.

Dodoëns, Rembert (1517–85). *Stirpium historiae pemptades sex sive libri XXX*. Antverpiae, ex officina Plantiniana, apud B. et J. Moretos, 1616.

Dorléans, Ludovico. *Voir* Orléans, Louis d'.

Dubois, Jacques (Jacobus Sylvius of Amiens; 1478–1555). *Livre de la generation de l'homme*. Paris, chez Guillaume Morel, 1559.

——. *Opera medica*. Genevae, sumptibus J. Chouët, 1630.

Du Chesne, Joseph (Quercetanus; ca. 1544–1609). *Pharmacie des Dogmatiques*. Paris, chez Charles F. de C. Morel, 1629.

——. *Preparation Spagyrique des Medicamens*. Paris, chez Charles F. de C. Morel, 1629.

Du Laurens, André (1558–1609). *A Discourse of the Preservation of the Sight; of Melancholike Diseases; of Rheumes, and of Old Age*. Trad. Richard Surphlet. Londres, Felix Kingston for Ralph Lacson, 1599.

——. *Controverses anatomiques*. Dans *Toutes les oeuvres*. Trad. Theophile Gelée. Paris, chez P. Mettayer, 1613.

——. *Historia anatomica humani corporis*. Parisiis, M. Orry, 1600.

——. *Second discours, au quel est traicté des maladies melancholiques, et du moyen de les guarir*. Dans *Toutes les oeuvres*. Trad. Theophile Gelée. Paris, chez P. Mettayer, 1613.

Dulieu, Louis. *La médicine à Montpellier*. Tome II, *La Renaissance*. Avignon, Les Presses Universelles, 1979.

Duminil, Marie-Paul. «La mélancolie amoureuse dans l'Antiquité». *La folie et le corps*. Éd. Jean Céard. Paris, Presses de l'École Normale Supérieure, 1985, p. 91–110.

Dupréau, Gabriel (1511–88). *Histoire de l'estat et succès de l'Eglise, dressée en forme de chronique généralle et universelle [...] depuis la nativité de Jésus-Christ jusques en l'an 1580*. Paris, J. Kerver, 1583.

Duval, Jacques (ca. 1555–ca. 1615). *Traité des hermaphrodits, parties génitales, accouchemens des femmes*. Rouen, 1612; réimp. Paris, I. Liseux, 1880.

Egnazio. *Voir* Cipelli, Giovanni Battista.

Eliade, Mircea. *A History of Religious Ideas*. 2 tomes. Chicago, University of Chicago Press, 1978.

Eloy, Nicolas François Joseph (1714–88). *Dictionnaire historique de la médecine ancienne et moderne*. Mons, H. Hoyois, 1778.

Equicola, Mario (1470–1525). *De la nature d'amour, tant humain que divin, et de toutes les differences d'iceluy*. Trad. Gabriel Chappuys. Paris, pour I. Housé, 1584.

——. *Libro de natura de amore* (*Libro di natura d'amore*). Venetia, per L. Lorio da Portes, 1525.

Erasme de Rotterdam, Desiderius (1466–1536). *Adagiorum chiliades quatuor*. Lugduni, apud haered. Sebast. Gryphii, 1592.

Erastus, Thomas (1524–83). *De astrologie divinatrice Epistolae [...] iam olim ab eodem ad diversos scriptae, et in duos libros digestae*. Basileae, par Petrum Pernam, 1580.

Ercole de Sassonia. *Voir* Sassonia, Ercole.

Eschyle (525–556 av. J. C.). *Prométhée enchaîné*. Trad. J.-P. Saignac et Jacques Lacarièrre. Paris, Belin, 2000.

——. *Les suppliantes, Les perses, Les sept contre Thèbes, Prométhée enchainé, Orestie*. Trad. Paul Mazon. Paris, Les Belles Lettres, 1962.

Esquirol, Jean Etienne Dominique (1772–1840). *Des maladies mentales considérées sous les rapports médical, hygiénique et médico-légal*. Paris, Frénésie Éditions (1838), 1989.

Estienne, Charles (Carolus Stephanus; ca. 1504–64). *Dictionarium historicum, geographicum, poeticum*. Paris, 1596; réimp. New York, Garland Publishing, 1976.

Estienne, Henri (1528–59). *Thesaurus Graecae linguae.* Graz, Academische Druck-U. Verlagsanstalt, 1954.

Estienne, Robert (1503–59). *Dictionarium nominum propriorum virorum, mulierum, populorum.* Coloniae Agrippinae, apud I. Gymnicum, 1576.

Euripide (ca. 480–506 av. J.-C.). *Andromache.* Trad. Louis Méridier. Paris, Les Belles Lettres, 1927.

——. *Fragmenta.* Dans *Tragicorum Graecorum fragmenta.* Éd. A. Nauck. Leipzig, B. G. Teubner, 1889; réimp. Hildesheim, Georg Olms, 1964.

——. *Iphigenie à Aulis.* Trad. François Jouan. Paris, Les Belles Lettres, 1983.

——. *Œuvres.* Trad. François Jouan et Hermann von Looy. Paris, Les Belles Lettres, 1923.

——. *Tragédies complètes.* Trad. Marie Delcourt-Curvers. 2 tomes. Paris, Gallimard, 1962.

Eusèbe de Césarée (265–340). *La préparation évangélique.* Trad. Edouard des Places. Paris, Les Éditions du Cerf, 1983.

——. *Opera omnia quae exstant curis variorum.* Vols. 19–24 dans la *Patrologiae cursus completus, series Graeca.* Éd. J. P. Migne. Paris, J. P. Migne, 1857.

Evans, Bergen. *The Psychiatry of Robert Burton.* New York, Columbia University Press, 1944.

Fackenheim, Emil L. «A Treatise on Love by *Ibn Sina*». *Medieval Studies*, 7 (1945), p. 208–28.

Fattori, Marta. «Sogni e temperamenti». In Gregory Tullio. Éd. *I sogni nel Medioevo.* Rome, Edizioni dell'Ateneo, 1983.

Fattori, Marta, et M. Bianchi, éd. *Phantasia-Imaginatio.* Rome, Edizioni dell'Ateneo, 1988.

Favati, G. «La glossa latina di Dino Del Garbo a *Donna me prega* del Cavalcanti». *Annali della Scuola Normale Superiore de Pisa, Lettere, Storia e Filosofia*, ser. 2.21 (1952), p. 70–103.

Faventius, Victorius Benedictus (1481–1561). *Practicae magni [...] de morbis curandis [...] tomi duo. Quorum alter agit de morbis curandis capitis, et membrorum ei attinentium: alter de morbis curandis membrorum spirationi observientium.* 2 tomes. Venetiis, s. éd., 1562.

Fenzi, Enrico. *La canzone d'amore di Guido Cavalcanti i suoi antichi commenti.* Gênes, Il melangolo, 1999.

Fernel, Jean (1497–1558). *De abditis rerum causis.* Paris, A. Wechel, 1567.

——. *Les VII livres de la physiologie.* Trad. Charles de Saint-Germain. Paris, chez Jean Guignard le Jeune, 1655.

——. *Pathologie.* Trad. A. D. M. Paris, chez Jean Guignard le pere et Jean Guignard le fils, 1655.

Ferrand, Jacques (ca. 1575-après 1623). *De la maladie d'amour ou melancholie erotique.* Paris, chez Denis Moreau, 1623.

——. *Erotomania or a Treatise Discoursing of the Essence, Causes, Symptomes, Prognosticks, and Cure of Love or Erotique Melancholy.* Trad. Edmund Chilmead. Oxford, L. Lichfield, 1640.

——. *Traité de l'essence et guérison de l'amour ou mélancholie erotique.* Toulouse, chez la veuve de J. Colomiez, 1610.

——. *Traité de l'essence et guérison de l'amour ou mélancholie erotique (1610)*. Éd. Gérard Jacquin et Éric Foulon. Paris, Anthropos, 2001.

Ferrari da Grado, Giovanni Matteo (Joannis Mattei Gradius; d. 1472). *Praxis in nonum Almansoris: omnibus medicine studiosis apprime necessaria*. Vincentius de Portonariis, de Tridino, de Monteferrato, 1527.

Ferrier, Auger (1513–88). *Vera medendi methodus, duobus libris comprehensa, eiusdem castigationes practicae medicinae*. Tolosae, apud Petrum de Puys, 1557.

Ficin, Marsile (1433–99). *Commentarium in Convivium Platonis de amore*. Dans *Divini Platonis Opera omnia*. Lugduni, apud Antonium Vincentium, 1557.

——. *Commentaire sur le banquet de Platon*. Trad. Raymond Marcel. Paris, Les Belles Lettres (1956), 1956.

——. *Le commentaire [...] sur le banquet d'amour de Platon*. Trad. Sylvius Simon. Paris, Champion, 2004.

——. *Platonicam theologiam de animorum immortalitatem*. Éd. Raymond Marcel. Paris, Les Belles Lettres, 1964.

——. *Three Books on Life*. Éd. et trad. Carol V. Kaske et John R. Clark. Binghampton (N. Y.), Medieval and Renaissance Texts and Studies, 1988.

Firmian Lactantius. *Voir* Lactantius.

Firmicus Maternus, Julius (Firmin de Belleval?; fl. XIVe siècle). *Lollianum, Astronomicon libri VIII, per Nicolaum Prucknerum astrologum nuper ab innumeris mendis vindicati*. Basileae, per Joannem Hervagium, 1551.

Fletcher, John (1579–1625), et William Shakespeare (1564–1616). *The Two Noble Kinsmen*. Éd. G. R. Proudfoot. Londres, Edward Arnold, 1970.

Foës, Anuce (Foesius, 1528–95). *Magni Hippocratis opera omnia quae extant*. Francofurdi, apud Andreae Wechli haeredes, 1595.

——. *Oeconomia Hippocratis alphabeti serie distincta, in qua dictionum apud Hippocratem omnium, praesertim obscuriorum, usus explicatur, ita ut lexicon Hippocrateum merito dici possit*. Francofurdi, apud A. Wechli haeredes, 1588.

Fonseca, Cristóbal de (1550?-1621). *Tratado del amor de Dios*. Valladolid, por los herederos de Bernardino de Santodomingo, 1595.

——. *Theion enotikon, a discourse of holy love, by which the soul is united unto God*. Trad. Sir George Strode. Londres, imprimé pour J. Flesher pour Richard Royston, 1652.

Fonseca, Fredericus à (fl. XVIe siècle). *Consultationes medicae singularibus remediis referte*. Venetiis, apud Joannem Guerilium, 1619.

Fonseca, Pedro da (1528–99). *Commentarium [...] in libros metaphysicorum Aristotelis Stagiritae*. Lugduni, sumptibus Aratii Cardon, 1601.

Fontaine, Marie-Madeleine. «La lignée des commentaires à la chanson de Guido Cavalcanti *Donna me prega*: Evolution des relations entre philosophie, médecine et littérature dans le débat sur la nature d'amour (de la fin du XIIIe siècle à celle du XVIe)». *La folie et le corps*. Éd. Jean Céard. Paris, Presses de l'École Normale Supérieure, 1985, p. 159–78.

Fontanono, Dionysius. *De morborum internorum curatione libri quatuor*. Lugduni, apud Ioannem Frellonium, 1550.

Ford, John (1586–1638). *The Lover's Melancholy*. Éd. Havelock Ellis. Londres, T. Fisher Unwin, s.d.

Foreest, Pieter van (Petrus Forestus; 1522–97). *Observationum et curationum medici-nalium sive medicinae theoricae et practicae libri XXVIII*. Francofurti, E. Pal-thenia, 1602.

Foucault, Didier. *Un philosophe libertin dans l'Europe baroque — Giulio Cesare Vanini (1585–1619)*. Paris, Champion, 2003.

Foucault, Michel. *L'usage des plaisirs. Histoire de la sexualité*, vol. II. Paris, Gallimard, 1984.

——. *La volonté de savoir. Histoire de la sexualité*, vol. I. Paris, Gallimard, 1976.

Fox, Ruth A. *The Tangled Chain: The Structure of Disorder in the Anatomy of Melan-choly*. Berkeley, University of California Press, 1976.

Francescus Venetus. *Voir* Giorgio, Francesco.

Francheville, R. «Une thérapeutique musicale dans la vieille médecine». *Pro Medico*, 4 (1927), p. 243–48.

François de Sales, saint (1567–1622). *Introduction à la vie devote*. Éd. Etienne-Marie Jajeunie. Paris, Éditions Du Seuil, 1962.

Fregoso, Giovan Battista, duc de Gênes (Fulgosius; 1453–1504). *Anteros, sive tractatus contra amorem*. Milan, Leonardus Pachel, 1496.

——. *L'anteros ou contramour de Messire Baptiste Fulgoses*. Trad. Thomas Sibilet. Paris, chez Martin le Jeune, 1581.

——. *Factorum dictorumque memorabilium libri IX*. Paris, Cavellat, 1589.

Freitag d'Halberstadt, Johann Heinrich (1573–1643). *Medicina animae, quae moriandi ars est: ex Hetrusco idiomate in Latinam translata*. Eds. J[oannes] H[enricus] and G[alenus] A[rnaldus] F[reitag]. Bremae, [1614].

Fuchs, Leonhard (Fuchsius; 1501–66). *L'histoire des plantes reducicte en tres bon ordre*. Lyon, Charles Pesnot, 1575.

——. *Methodus seu ratio compendiaria cognoscendi veram solidamque medicinam*. Parisiis, apud Jacobum Dupuys, 1550.

——. *Paradoxorum medicinae libri tres*. Basileae, ex aedibus Jo. Bebelii, 1535.

Fucilla, J. G. «Sources of du Bellay's *Contre les Pétrarquistes*». *Modern Philology*, 28 (1930–31), p. 1–11.

Fulgentius, Fabius Planciades (fl. ca. 500). *Mitologiarum libri tres*. Trad. L. G. Whit-bread. *Fulgentius the Mythographer*. Columbus, Ohio State University Press, 1971.

——. *Opera*. Lipsiae, Stuttgart, B. G. Teubner (1898), 1970.

Fulgosius. *Voir* Fregoso, Giovan Battista.

Galien de Pergame (ca. 129–99). *Ad Glauconem de methodo medendi*. Dans *Opera quae extant*, vol. 11. Éd. C. G. Kühn. Vols. 1–20 de la *Medicorum Graecorum*. Leipzig, B. G. Teubner, 1821–33.

——. *Adhortatio ad artes addiscendas*. Dans *Opera quae extant*, vol. 1. Éd. C. G. Kühn, 1821–33.

——. *Ad Thrasybulum liber, utium medicinae sit an gymnastices hygiene*. Dans *Opera quae extant*, vol. 5. Éd. C. G. Kühn. Leipzig, 1821–33.

——. *Ars medica Microtechni* ou *Tegni Galieni*. Dans *Opera quae extant*, vol. 1. Éd. C. G. Kühn. Leipzig, 1821–33.

——. *Ars medicinalis*. Dans *Operum Galeni libri isagogici artis medicae*. Lugduni, apud Joannem Fellonium, 1550.

——. *Commentarium in Hippocratis prognostica.* Dans *Opera quae extant*, vol. 18/2. Éd. C. G. Kühn. Leipzig, 1821–33.

——. *De alimentorum facultatibus liber.* Dans *Opera quae extant*, vol. 6. Éd. C. G. Kühn. Leipzig, 1821–33.

——. *De atra bile liber.* Dans *Opera quae extant*, vol. 5. Éd. C. G. Kühn. Leipzig, 1821–33.

——. *De bono habitu liber.* Dans *Opera quae extant*, vol. 4. Éd. C. G. Kühn. Leipzig, 1821–33.

——. *De causis procatarcticis liber.* Dans *Galeni Opera.* Lugduni, apud Joannem Fellonium, 1550.

——. *De causis pulsuum.* Dans *Opera quae extant*, vol. 9. Éd. C. G. Kühn. Leipzig, 1821–33.

——. *De cognoscendis curandisque animi morbis.* Dans *Opera quae extant*, vol. 5. Éd. C. G. Kühn. Leipzig, 1821–33.

——. *De crisibus.* Dans *Opera quae extant*, vol. 9. Éd. C. G. Kühn. Leipzig, 1821–33.

——. *De diebus decretoriis liber.* Dans *Opera quae extant*, vol. 9. Éd. C. G. Kühn. Leipzig, 1821–33.

——. *De differentia pulsuum.* Dans *Opera quae extant*, vol. 8. Éd. C. G. Kühn. Leipzig, 1821–33.

——. *De difficultate respirationis.* Dans *Opera quae extant*, vol. 7. Éd. C. G. Kühn. Leipzig, 1821–33.

——. *De dignotione ex in somniis.* Dans *Opera quae extant*, vol. 6. Éd. C. G. Kühn. Leipzig, 1821–33.

——. *De febrium differentiis liber.* Dans *Opera quae extant*, vol. 7. Éd. C. G. Kühn. Leipzig, 1821–33.

——. *De locis affectis.* Dans *Opera quae extant*, vol. 6. Éd. C. G. Kühn. Leipzig, 1821–33.

——. *De methodo medendi libri XIV.* Dans *Opera quae extant*, vol. 10. Éd. C. G. Kühn. Leipzig, 1821–33.

——. *De morborum differentiis.* Dans *Opera quae extant*, vol. 6. Éd. C. G. Kühn. Leipzig, 1821–33.

——. *De motu musculorum.* Dans *Opera quae extant*, vol. 4. Éd. C. G. Kühn. Leipzig, 1821–33.

——. *Œuvres.* Trad. Charles Daremberg. Paris, Garnier, 1850–56.

——. *Œuvres anatomiques, physiologiques et médicales de Galien.* Trad. Charles Daremberg. Paris, Baillière, 1854–56.

——. *De optima secta ad Thrasybulum liber.* Dans *Opera quae extant*, vol. 1. Éd. C. G. Kühn. Leipzig, 1821–33.

——. *De placitis Hippocratis et Platonis.* Dans *Opera quae extant*, vol. 5. Éd. C. G. Kühn. Leipzig, 1821–33.

——. *De praenotione ad Posthumum.* Dans *Opera quae extant*, vol. 14. Éd. C. G. Kühn. Leipzig, 1821–33.

——. *De praesagitione ex pulsu.* Dans *Opera quae extant*, vol. 9. Éd. C. G. Kühn. Leipzig, 1821–33.

——. *De sanitate tuenda.* Dans *Opera quae extant*, vol. 6. Éd. C. G. Kühn. Leipzig, 1821–33.

——. *De symptomatum causis liber*. Dans *Opera quae extant*, vol. 7. Éd. C. G. Kühn. Leipzig, 1821–33.

——. *De temperamentis*. Dans *Opera quae extant*, vol. 1. Éd. C. G. Kühn. Leipzig, 1821–33.

——. *De theriaca ad Pisonem liber*. Dans *Opera quae extant*, vol. 14. Éd. C. G. Kühn. Leipzig, 1821–33.

——. *De usu partium*. Dans *Opera quae extant*, vols. 3–4. Éd. C. G. Kühn. Leipzig, 1821–33.

——. *De uteri dissectione liber*. Dans *Opera quae extant*, vol. 2. Éd. C. G. Kühn. Leipzig, 1821–33.

——. *Hippocratis epidemiorum I et Galeni in illum commentarius*. Dans *Opera quae extant*, vol. 17. Éd. C. G. Kühn. Leipzig, 1821–33.

——. *In Hippocratis aphorismos commentarius*. Dans *Opera quae extant*, vol. 17. Éd. C. G. Kühn. Leipzig, 1821–33.

——. *In Hippocratis de victu acutorum commentatia IV*. Éd. G. Helmereich. *Corpus medicorum Graecorum*, vol. 5. Leipzig, B. G. Teubner, 1914.

——. *In Hippocratis prognostica commentarius*. Dans *Opera quae extant*, vol. 17/2. Éd. C. G. Kühn. Leipzig, 1821–33.

——. *Opere scelte de Galeno*. Trad. Ivan Garofalo et Mario Vegeti. Turin, UTET, 1978.

——. *Prognostica de decubitu ex mathematica scientia*. Dans *Opera quae extant*, vol. 19. Éd. C. G. Kühn. Leipzig, 1821–33.

——. *Quod animi mores corporis temperamenta sequantur*. Dans *Opera quae extant*, vol. 4. Éd. C. G. Kühn. Leipzig, 1821–33.

——. *Quomodo morbum simulantes sint deprehendendi libellus*. Dans *Opera quae extant*, vol. 19. Éd. C. G. Kühn. Leipzig, 1821–33.

——. *Quos, quibus catharticis medicamentis et quando purgare oporteat*. Dans *Opera quae extant*, vol. 11. Éd. C. G. Kühn. Leipzig, 1821–33.

Gallus, Cornelius. *Œuvres complètes d'Horace, de Juvénal [...] de Properce, de Gallus et de Maximien*. Éd. M. Nisard. Paris, Garnier, 1850.

——. *Tibullus, Propertius cum Galli fragmentis*. Biponti, ex typographia societatis, 1783.

Garbers, Karl. *Ishaq ibn 'Imran, Maqala fil-malihuliya und Constantini Africani libri duo de melancholia*. Hamburg, Buske, 1977.

Garcia Ballester, Luis. *Galen and Galenism: Theory and Medical Practice from Antiquity to the European Renaissance*. Burlington, Ashgate, 2002.

Gaza de Thessalonique, Theodorus l'interprète (ca. 1400–ca. 1475). *Aristotelis de natura animalium; eius dem de partibus animalium; –eiusdem de generatione animalium; Theophrasti historia plantarum; eiusdem de causis plantarum; Aritotelis problemata; Alexandri Aphrodisiensis problemata*. Venetiis, apud Aldum, 1504.

Gérard de Berry (Gerardus Bituricensis; fl. 1230). *Commentary on the Viaticum*. Éd. Mary Francis Wack (from MS Bâle D.III.6). Dans *Memory and Love in Chaucer's 'Troilus and Criseyde'*». Diss., Cornell University, 1982, p. 244–66.

Gérard de Solo (fl. 1335–50). *Determinationes de situ spiritus et amore hereos*. MS. Erfurt Ampl., F. 270, ff. 76ᵛ-78ᵛ.

——. *Introductiorium Juvenum [...] et regimine corporis humani in morbis [...] Libellus de febribus [...] Commentum super nono Almansoris cum textu. Commentum [...] super viatico cum textu*. Venetiis, per Bonetum Locatellum, 1505.

——. *Practica Almansoris liber nonus cum expositione*. Lugduni, per Franciscum Fradin, 1504.

Gervais de Tilburg (Gervasius; fl. XIᵉ siècle). *Otia imperialia*. Éd. Joachimo Joanne Madero. Helmaestadii, typis N. D. Mulleri, 1673.

Gesner, Konrad. *Voir* Moschion.

Giacomo da Lentini (fl. XIIIᵉ siècle). *Rime*. Éd. C. Antonelli. Rome, Bulzoni, 1979.

Giacosa, Piero. *Magistri salernitani nondum editi*. Turin, Fratelli Bocca, 1901.

Giedke, Adelheid. *Die Liebeskrankheit in der Geschichte der Medizin*. Diss., University of Düsseldorf, 1983.

Gilbert, N. W. *Renaissance Concepts of Method*. New York, Columbia University Press, 1960.

Giorgio, Francesco (Francescus Venetus; 1460–1540). *In scripturam sacram problemata*. Venice, s. éd., 1536.

Giovanni de Vigo. *Voir* Vigo, Giovanni de.

Giovio, Paolo (Paulus Jovius; 1483–1552). *Turcicorum rerum Commentarius [...] ex Italico Latinus factus. Francisco Nigro Bassianate interprete*. Dans *Machumetis Saracenorum principis*. D. Petrus Abbas Cluniansis, 1550. (Orig. *Commentari delle cose de' Turchi*. Venice, 1541.)

Giraldi, Lilio Gregorio (Gyraldus; 1479–1552). *De deis gentium libri sive syntagmata XVII*. Lugduni, apud haeredes Jacobi Junctae, 1565.

——. *Historiae poetarum tam Graecorum quam Latinorum dialogi decem*. Basileae, sumptibus M. Isengrin, 1545.

Giuntini, Francesco (Junctinus; ca. 1523–90). *Speculum astrologiae universam mathematicum scientiam, in certas classes digestam complectens*. Lugduni, in officina Q. Phil. Tinghi, Florentini, apud Simphorianum Beraud, 1583.

Givry, Grillot de. *Le musée des sorciers, mages et alchemistes*. Paris, H. Veyrier, Tchou, 1980.

Godefroy, Pierre (Godefridus; déc. 1558). *Dialogus de amoribus, tribus libris distinctus*. Antverpiae, apud Gerardum Ludium, 1551 [?].

Gödelmann, Johann Georg (1559–1611). *Tractatus de magis, veneficis et lamiis deque his recte cognoscendis et puniendis*. Francofurti, ex officina typographica Nicolai Bassaei, 1591.

Gonthier, Jean. (Andernacus; Johannes Guinterius; 1487–1574). *Anatomicorum institutionum libri IV*. Lugduni, Seb. Gryphius, 1541.

——. *De medicina veteri et nova tum cognoscenda, tum faciunda commentarii duo*. Basileae, ex officina Henricpetrina, 1571.

——. *Le régime de vivre et de prendre médecine que l'on doibt observer en tout temps et principallement en temps de peste*. Trad. Anthoine Pierre de Rieux. Poitiers, J. et E. de Marnef, 1544.

Gorceix, Bernard. «La mélancolie au XVIᵉ et XVIIᵉ siècles: Paracelse et Jacob Bohme». *Recherches Germaniques*, 9 (1979), p. 18–29.

Gorris, Jean de (Gorraeus; 1505–77). *Definitionem medicarum libri XXIV literis Graecis distincti*. Francofurdi, typis Wechelianis apud Claudium Marnium et heredes Joannis Aubrii, 1601.

Gowland, Angus. *The Worlds of Renaissance Melancholy: Robert Burton in Context*. Cambridge, Cambridge University Press, 2006.

Gradius, Joannis Mattei. *Voir* Ferrari da Grado, Giovanni Matteo.

Grasset, J. *Le médecin de l'Amour aux temps de Marivaux: Étude sur Boissier de Sauvages d'apres de documents inedits.* Montpellier, C. Coulet, 1896; Paris, G. Masson, 1896.

Gregoire I, le Grand (540–604). *Dialogorum libri.* Dans *Opera Omnia [...] studio et labore monachorum ordinis sancti Benedicti e congregatione sancti Mauri.* Parisiis, sumptibus Claudii Rigaud, 1705.

——. *Dialogues.* Trad. Adalbert de Vogüé. Paris, Les Éditions du Cerf, 1978–80.

Grieve, Maud. *A Modern Herbal.* Éd. C. Hilda Leyel. Londres, Jonathan Cape, 1931; Harmondsworth, Penguin, 1982.

Grillando, Paolo. *Tractatus de hereticis, et sortilegiis.* Lugduni, apud Jacobum Giuncti, 1536.

Guainerio, Antonio (déc. 1440). *Practica.* Éd. Hieronymus Faventinus (Girolamo Salio di Faenza?). Lugduni, in bibliotheca Constantini Fradin [1517].

Guarino de Favora (Varinus Favorinus; déc. 1537). *Dictionarium multis variisque ex autoribus collectum totius linguae Graecae commentarius.* Basileae, R. Chimerinus, 1538.

Guastavini, Giulio (déc. 1633). *Commentarii in priores decem Aristotelis Problematum sectiones.* Lugduni, sumptibus Horatii Cardon, 1608.

——. *Locorum de medicina selectorum liber.* 2 tomes. Lugduni, sumptibus H. Cardon; Florentiae, ex typographia Sermartelliana, 1616–25.

Guglielmo da Saliceto (ca. 1210–ca. 1280). *Cyrurgia.* Venetiis, apud Octavianum Scotum, 1502.

Guglielmo da Varignana (ca. 1270–1339). *[Secreta medicine], ne secreta sublunia ad varios curandos morbos verissimis autoritatibus illustrata.* Vicentius de Portonariis de Tridino de Monte Ferrato, 1553.

Guibelet, Jourdain. *Trois discours philosophiques.* Evereux, chez Antoine Le Marié, 1603.

Guinterius, Johannes. *Voir* Gothier, Jean.

Haggard, Howard Wilcox. *Devils, Drugs and Doctors: The Story of the Science of Healing from Medicine-man to Doctor.* New York, Halcyon House [1929].

Hall, A. Rupert. *The Revolution in Science 1500–1750.* Londres, Longman, 1983.

Haly Abbas (Albohazen; Ali ibn al-ábbas; déc. 994). *Liber regalis dispositio nominatus i arte medicine completus (Liber medicinae dictus regius).* Venetiis, opera Bernardini Ricii de Novaria, 1492.

——. *Liber totius medicinae (al-Kitab al-maliki).* Trad. Stéphane d'Antioch. Lugduni, typis J. Myt, 1523.

——. *Pantegni (al-Kitab al-maliki).* Dans *Omnia Opera Ysaac.* Trad. en latin par Constantin l'Africain. Lugduni, in officina Johannis de Platea, 1515.

Hamilton, Mary. *Incubation, or the Cure of Diseases in Pagan Temples and Christian Churches.* Londres, Simpkin, Marshall, Hamilton, Kent, 1906.

Hanlon, Gregory. *L'univers des gens de bien: culture et comportements des élites urbaines en Agenais-Condomois au 17e siècle.* Diss., Université de Bordeaux, 1985.

Harvey, Ruth E. *The Inward Wits: Psychological Theory in the Middle Ages and the Renaissance.* Londres, Warburg Institute, 1975.

Hedo (Haedo), Petrus. *Voir* Capretto, Pietro.

Hérodote (ca. 480–ca. 425 av. J.-C.). *Histoires.* Éd. Ph.-E. Legrand. Paris, Les Belles Lettres, 1932–54, 1963–73.

Héroët, Antoine (déc. 1568). *Œuvres poétiques*. Éd. Ferdinand Gohin. Paris, Société de textes français modernes, Edouard Cornély et Cie, 1909.

Hésiode (VIIIᵉ siècle av. J.-C.). *The Homeric Hymns and Homerica*. Éd. Hugh G. Evelyn-White. Londres, Heinemann, 1950, 1982.

——. *Hymnes Homerique*. Trad. Jean Humbert. Paris, Les Belles Lettres, 1951.

——. *Phythian*. Éd. M. Sommer. Paris, Hachette, 1847.

——. *Theogony*. Trad. Hugh G. Evelyn-White. Cambridge (Mass.), Harvard University Press, 1950.

——. *Les travaux et les jours*. Trad. Paul Mazon. Paris, Les Belles Lettres, 1972.

Hesychius Varinus d'Alexandrie (Vᵉ–VIᵉ siècles). *Lexicon*. Éd. K. Latte. Huniae, Ejner Munksgaard Editore, 1953.

——. *Lexicon*. Éd. M. Schmidt. Amsterdam, Adolf Hakkert, s.d.

——. *Lexicon cum variis doctorum virorum notis vel editis antehac, vel ineditis*. Lugduni Batavorum et Roter[dam], ex officina Hackiana, 1668.

Heurne, Johann van (Johannes Heurnius; 1543–1601). *Methodi ad praxin*. Dans *Opera omnia*. Lugduni, sumptibus Joannis Antonii Hugetan & Marci Antonii Rivaud, 1658.

——. *De morbis in singulis partibus humani capitis*. Lugduni Batavorum, in officina Plantiniana, 1594.

——. *Praxis medicinae nova ratio qua libris tribus methodi ad praxin medicam, aditus facillimus aperitur ad omnes morbos curandos*. Lugduni Batavorum, ex officina Plantiniana, apud Franciscum Raphelengium, 1590.

Heurtebize, B. «Hugues de Saint-Victor». *Dictionnaire de théologie catholique*. Paris, Librairie Letouzey et Avé, 1909–72.

Higinus, Gaius Julius. *Voir* Hyginus, Gaius Julius.

Hildegard von Bingen (1098–1179). *Causae et curae*. Éd. P. Kaiser. Leipzig, B. G. Teubner, 1903.

——. *Les causes et les remèdes*. Trad. Pierre Monat. Grenoble, Jérôme Million, 1977.

Hildesheim, Franz (1551–1614). *De cerebri et capitis morbis internis spicilegia*. Francofurti, sumptibus Egonolphi Emmelli, 1612.

Hine, William. «Marin Mersenne: Renaissance Naturalism and Renaissance Magic». *Occult and Scientific Mentalities in the Renaissance*. Éd. Brian Vickers. Cambridge, Cambridge University Press, 1984.

Hippocrate (né. ca. 460 av. J.-C.). *Aphorismi Hippocratis Graecae et Latinae una cum Galeni commentariis, interprete Nicolao Leoniceno Vincentino*. Parisiis, ex officina Jacobi Bogardi, 1542.

——. *Aphorismes*. Dans *Œuvres complètes*, vol. 4. Éd. M. E. Littré. 10 tomes. Amsterdam, Adolf Hakkert, 1978.

——. *Les articulations*. Dans *Œuvres complètes*, vol. 4. Éd. M. E. Littré. Amsterdam, Adolf Hakkert, 1978.

——. *Du bon comportement*. Dans *Œuvres complètes*, vol. 9. Éd. M. E. Littré. Amsterdam, Adolf Hakkert, 1978.

——. *Coan Prognoses*. Dans *Œuvres complètes*, vol. 4. Éd. M. E. Littré. Amsterdam, Adolf Hakkert, 1978.

——. *Discours sur la folie*. Dans *Œuvres complètes*, vol. 9. Éd. M. E. Littré. Amsterdam, Adolf Hakkert, 1821–33.

——. *Epidémies* et *Aforismes*. Dans *Œuvres complètes*, vol. 5. Éd. M. E. Littré. 10 vols. Amsterdam, Adolf Hakkert, 1978.

——. «Épître à Damagète». Dans *Œuvres complètes*, vol. 9. Éd. M. E. Littré. Amsterdam, Adolf Hakkert, 1978.

——. «Épître de Démocrite». Dans *Œuvres complètes*, vol. 9. Éd. M. E. Littré. Amsterdam, Adolf Hakkert, 1978.

——. «Épître à Cratevas». Dans *Œuvres complètes*, vol. 9. Éd. M. E. Littré. Amsterdam, Adolf Hakkert, 1978.

——. *De la flatuosité* (*De flatibus*). Dans *Œuvres complètes*, vol. 6. Éd. M. E. Littré. Amsterdam, Adolf Hakkert, 1978.

——. *De la génération*. Dans *Œuvres complètes*, vol. 7. Éd. M. E. Littré. Amsterdam, Adolf Hakkert, 1978.

——. *Des glandes*. Dans *Œuvres complètes*, vol. 5. Éd. M. E. Littré. Amsterdam, Adolf Hakkert, 1978.

——. «Hippocrate à Philopemen». Dans *Œuvres complètes*, vol. 9. Éd. M. E. Littré. Amsterdam, Adolf Hakkert, 1978.

——. *Des humeurs*. Dans *Œuvres complètes*, vol. 5. Éd. M. E. Littré. Amsterdam, Adolf Hakkert, 1978.

——. *Des infections internes*. Dans *Œuvres complètes*, vol. 7. Éd. M. E. Littré. Amsterdam, Adolf Hakkert, 1978.

——. *Des maladies des femmes*. Dans *Œuvres complètes*, vol. 5. Éd. M. E. Littré. Amsterdam, Adolf Hakkert, 1978.

——. *Les maladies des jeunes femmes*. Dans *Œuvres complètes*, vol. 8. Éd. M. E. Littré. Amsterdam, Adolf Hakkert, 1978.

——. *De la maladie sacrée*. Dans *Œuvres complètes*, vol. 6. Éd. M. E. Littré. Amsterdam, Adolf Hakkert, 1978.

——. *De natura hominis*. Dans *Hippocrates*, vol. 1. Éd. W. H. S. Jones. Londres, Heinemann, 1962.

——. *De la nature de l'homme*. Dans *Œuvres complètes*, vol. 6. Éd. M. E. Littré. Amsterdam, Adolf Hakkert, 1978.

——. *De natura hominis*. Dans *Hippocrates*, tome I. Trad. W. H. S. Jones. Londres, Heinemann, 1962.

——. *De la nourriture*. Dans *Œuvres complètes*, vol. 9. Éd. M. E. Littré. Amsterdam, Adolf Hakkert, 1978.

——. *Opera omnia*. Éd. Anuce Foës. Francofurdi, apud Andreae Wechli heredes, 1595.

——. *Prognostiques*. Dans *Œuvres complètes*, vol. 2. Éd. M. E. Littré. Amsterdam, Adolf Hakkert, 1978.

——. *À propos des airs, des eaux et des lieux*. Dans *Œuvres complètes*, vol. 2. Éd. M. E. Littré. Amsterdam, Adolf Hakkert, 1978.

——. *Du régime pour les maladies graves*. Dans *Œuvres complètes*, vol. 2. Éd. M. E. Littré. Amsterdam, Adolf Hakkert, 1978.

——. *Du régime*. Dans *Œuvres complètes*, vol. 6. Éd. M. E. Littré. Amsterdam, Adolf Hakkert, 1978.

——. *Régime IV ou les rêves*. Dans *Œuvres complètes*, vol. 6. Éd. M. E. Littré. Amsterdam, Adolf Hakkert, 1978.

Hollerius, Jacobus. *Voir* Houllier, Jacques.

Homère (ca. IXᵉ siècle av. J.-C.). *L'Iliade*. Trad. Eugène Lasserre. Paris, Garnier Frères, 1979.

——. *L'Odyssée*. Trad. Médéric Dufour et al. Paris, Garnier Frères, 1979.

Horace (Quintus Horatius Flaccus, 65–8 av. J.-C.). *Carmina*. Éd. E. C. Wickham. Oxford, Clarendon Press, 1898.

——. *Épîtres*. Trad. François Villeneuve. Paris, Les Belles Lettres, 1955.

——. *Odes*. Trad. Roger Poussin. Paris, A. Hatier, 1961.

——. *Odes, chant séculaire, épodes, satires, épîtres, art poétique*. Trad. F. Richard. Paris, Garnier-Flammarion, 1967.

Horst, Gregor (Horstius; 1578–1638). *Dissertatio de natura amoris, additis resolutionibus quaestionum candidatorum de cura furoris amatorii, de philtris, atque de pulsu amantium*. Giessae, typis et sumptibus Casparis Chemlini, 1611.

——. *Observationum medicinalium singularum libri IV*. Ulmae, typis Saurianis, 1628.

Houllier, Jacques (Jacobus Hollerius; 1509–62). *De morbis internis libri II*. Parisiis, apud Carolum Macaeum, 1577.

Hoyt, R. S. *Europe in the Middle Ages*. New York, Harcourt, Brace, 1954.

Huarte de San Juan, Juan (fl. XVIᵉ siècle.). *Examen de ingenios para las ciencias*. Baeza, s. éd., 1575; réimp. 1593, 1603.

——. *The Examination of Men's Wits*. Trad. Richard Carew. Londres, Adam Islip pour Thomas Man, 1594.

Hugues de Saint-Victor (1096–1141). *De anima libri quatuor*. Dans *Opera omnia tribus tomis digesta*. Rothomagi, sumptibus Joannis Berthelin, 1648.

Hyginus, Gaius Julius (né. ca. 64 av. J.-C.). *Fabularum liber ad omnium poetarum lectionem mire necessarius et nunc denua excusus*. Lugduni, apud Joannem Degabiano, 1608.

——. *Fabulae*. Éd. H. I. Rose. Lugduni Batavorum, in aedibus A. W. Sijthoff, 1967.

Ibn Eddjezzar (Abu Jafar Ahmed ibn Ibrahim ibn 'Ali Khalid; déc. 1004). *Zad almusafir*. *Voir* Constantin l'Africain. *Viaticum*.

Ibn Hazm al-Andalusi, 'Ali Ben Ahmed (994–1064). *El collar de la paloma*. Trad. Emilio Gómez. Madrid, Sociedad de Estudios y Publicationes, 1967.

——. *A Book Containing the Risala Known as the Dove's Neck-Ring about Love and Lovers*. Trad. A. R. Nykl. Paris, éd. 1931.

——. *Halsband der Taube. Über die Liebe Weisweiler*. Leiden, 1941.

Innocent V, Pape (Pierre de Tarentaise; 1225–76). *In IV libros sententiarum commentaria*. Tolosae, apud Arnaldum Colomerium, 1652.

Institoris, Heinrich (Kraemer, 1430–1505) et Jacques Sprenger (ca. 1436–95). *Le marteau des sourcières*. Éd. Amand Danet. Paris, Plon, 1973.

Irsay, Stephen d'. *Histoire des universités françaises et étrangères des origines à nos jours*. Paris, A. Picard, 1933–35.

Isidore de Séville (ca. 560–636). *The Medical Writings*. Éd. W. D. Sharpe. Philadelphia, American Philosophical Society, 1964.

Jackson, Stanley W. *Melancholia and Depression from Hippocratic Times to Modern Times*. New Haven and Londres, Yale University Press, 1986.

Jacquart, Danielle. *Le milieu médical en France du XIIᵉ au XVᵉ siècles*. Genève, Droz, 1981.

——. «Le regard d'un médecin sur son temps: Jacques Despars (1380?-1458)». *Bibliothèque de l'École des Chartes*, 138 (1980), p. 35–86.

——, et Claude Thomasset. «L'amour 'heroique' à travers le traité d'Arnaud de Villeneuve». Dans *La folie et le corps*. Éd. Jean Céard. Paris, Presses de l'École Normale Supérieure, 1985.

Jalal al-Din Rumi, Mawlana (1207–73). *The Mathnawi of Jalalu'ddin Rumi*. Trad. Reynold A. Nicholson. Londres, Luzac, 1925–40.

Jason Pratensis. *Voir* van der Velde, Jason.

Jérome, Saint (Hieronymus, ca. 342–420). *Ad Geruntii Filias de contemnenda haereditate*. Dans *Opera*, vol. 5. Parisiis, apud Claudium Rigaud, 1706.

——. *Adversus Jovinianum libri duo*. Dans *Œuvres complètes*. Trad. L'Abbé Bareille. 18 vols. Paris, Louis Vivès, 1877–85.

——. «Epistola XVIII ad Eustochium, de custodia virginitatis». Dans *Opera*, vol. 4. Parisiis, apud Claudium Rigaud, 1706.

——. *Lettres*. Trad. Jérôme Labourt. Paris, Les Belles Lettres, 1949–63.

——. *Œuvres de Saint Jérome*. Ed. M. Benoist de Matougues. Paris, Société du Panathéon Littéraire, 1841.

Johann von Tritheim (1462–1516). *Steganographia. Hoc est ars per occultam scripturam animi sui voluntatem absentibus aperiendi certa*. Darmbstadii, ex officina typographica Balthasaris Aulaeandri; sumptibus vero Joannis Berni, 1621.

Jones, Ernest. *On the Nightmare*. New York, Grove Press (1931), 1954.

Jones, Richard Foster. *Ancients and Moderns: A Study of the Rise of the Scientific Movement in Seventeenth-Century England*. 1936; réimp. New York, Dover Publications, 1982.

Josèphe, Flavius (37–ca. 100). *Les antiquitiés juives*. Trad. Étienne Nodet. 2 tomes. Paris, Les Éditions du Cerf, 1990.

Joubert, Laurent (1529–83). *Erreurs populaires au fait de la médecine et régime de santé*. Paris, chez Claude Micard, 1578.

——. *Le premier et seconde partie des Erreurs populaires touchant la médecine et régime de la santé*. Paris, chez Claude Micard, 1587.

Jovius, Paulus. *Voir* Giovio, Paolo.

Jules César. *Commentaire sur la guerre des Gaules*. Trad. L.-A. Constans. Paris, Flammarion, 1912.

Julien dit l'Apostat (Flavius Claudius Julianus; 331–63). *Contre les Galiléens: une imprécation contre le christianisme*. Trad. Christopher Gerard. Bruxelles, Ousia, 1995.

——. *Les discours*. Trad. G. Rochefort. Paris, Les Belles Lettres, 1963.

——. *Œuvres complètes*. Trad. J. Bidez. 4 tomes. Paris, Les Belles Lettres, 1963.

Junctinus. *Voir* Giuntini, Francesco.

Justinien I (483–565). *Corpus juris civilis. Institutiones*. Trad. A. M. Du Courroy. Paris, Thorel, 1851.

——. *Institutionum juris, libri IV*. Genevae, apud Eustathium Vignon, 1580.

Juvénal (Decimus Junius Juvenalis; fl. 98–128). *Satires*. Trad. Pierre Labriolle. Paris, Les Belles Lettres, 1951.

Keats, John. *The Poetical Works*. Éd. Lord Houghton. Londres, George Bell and Sons, 1897.

Kennedy, Ruth Lee. «The Theme of 'Stratonice' in the Drama of the Spanish Peninsula». *PMLA*, 55 (1940), p. 1010–32.

King, Lester S. *The Growth of Medical Thought*. Chicago, University of Chicago Press, 1963.

Kinsman, Robert S. «Folly, Melancholy, and Madness: A Study in Shifting Styles of Medical Analysis and Treatment 1450–1675». *The Darker Vision of the Renaissance*. Berkeley and Los Angeles, University of California Press, 1974.

Klibansky, Raymond, Erwin Panofsky et Fritz Saxl. *Saturne et la mélancholie*. Paris, Gallimard, 1989.

Kornmann, Heinrich (fl. 1607). *Linea amoris, sive commentarius in versiculum gl[ossae] visus*. Francofurti, typis M. Beckeri, 1610.

——. *Sibylla trygandriana seu de virginitate, virginum statu et iure tractatus*. Francofurti, apud haeredes Jac. Fischeri, 1629.

Krantz, Albert (déc. 1517). *Rerum germanicarum liber*. Francofurti, ad Moenum apud A. Wechelum, 1580.

Kristeller, Paul Oskar. *Renaissance Thought: The Classic, Scholastic and Humanist Strains*. New York, Harper and Row, 1961.

——. «The School of Salerno, Its Development and Its Contribution to the History of Learning». *Bulletin of the History of Medicine*, 17 (1945).

Kushner, Eva. «Pontus de Tyard entre Ficin et Léon l'Hébreu». *Ficino and Renaissance Neoplatonism*. Éd. Konrad Eisenbichler and Olga Zorzi Pugliese. Ottawa, Dovehouse Editions, 1986, p. 49–68.

Lactance Firmianus (Lucius Caecilius Firmianus; né. ca. 250). *Épitome des institutions divines*. Éd. Michel Perrin. Paris, Les Éditions du Cerf, 1987.

L'Alemant, Adrien (1527–59). *Hippocratis de aere, aquis et locis [. . .] ab Adriano Alemano liber commentarii quatuor illustratus*. Parisiis, apud Aegidium Gorbinum, 1557.

Lamandus, Joannes (début du XVIIᵉ siècle). *Theses medicae de natura amoris et amantium amentium cura*. Basileae, typis Ioh. Iacobi Genathi, 1614.

Lancelloti, Secondo (1575–1643). *L'Hoggidí, overo il mondo non peggiore ne più calamitoso del passato*. Venezia, appresso gli G. Guerigli, 1636–37.

Lancre, Pierre de (1553–1631). *Tableau de l'inconstance des mauvais anges et démons*. Paris, chez Nicolas Buon, 1612.

——. *Tableau de l'inconstance des mauvais anges et démons* (abridged). «Introduction critique», Nicole Jacques-Chaquin. Paris, Éditions Aubier Montaigne, 1982.

Landi, Ortensio (Philalethe Polytopiensi; ca. 1512–ca. 1553). *Forcianae quaestiones, in quibus veria Italorum ingenia explicantur*. Éd. Antiochus Lavintus. Neapoli, excudebat Martinus de Ragusia, 1536.

——. *Questions diverses, et responces d'icelles, divisées en trois livres. A sçavoir, questions d'amour, questions naturelles, questions morales et politiques. Traduites de tuscan en françois*. Rouen, chez P. Daré, XVIIᵉ siècle.

Lange, Johannes (Langius; 1485–1565). *Medicinalium epistolarum miscellanea*. Basileae, apud I. Oporinum, 1544.

La Palud, Pierre de (Petrus Paludanus; déc. 1342). *In quartum sententiarum*. Venetiis, impressum per B. Locatellum, mandato O. Scoti, 1493.

Lasserre, F. *La figure d'éros dans la poésie grecque*. Lausanne, Impr. Réunies, 1946.

Le Caron, Loys (Charondas; 1536–1617). *Questions divers et discours*. Paris, s. éd., 1579.

L'Ecluse, Charles (Carolus Clusius; 1526–1609). *Atrebatis exoticorum liber decimus, sive simplicium medicamentorum ex nove orbe delatorum, quorum in medicina usus est, historia, Hispanico sermone tribus libris descripta à D Nicolae Monardo.* [Antverpiae], ex officina Plantiniana, Raphelengii, 1605.

——. *Rariorum plantarum historia.* Antverpiae, ex officina Plantiniana, apud Joannem Moretum, s.d.

Le Long, Michel. *Voir* [Salerno].

Le Loyer, Pierre, Sieur de la Brosse (1550–1643). *Discours et histoires des spectres, visions et apparitions des esprits, anges, demons et ames, se monstrans visibles aux hommes, divisez en huict livres.* Paris, chez Nicolas Buon, 1605.

Lemay, Helen Rodnite. «Human Sexuality in Twelfth-through Fifteenth-Century Scientific Writings». Dans *Sexual Practices and the Medieval Church.* Éds. Vern L. Bullough et James Brundage. Buffalo (N. Y.), Prometheus Books, 1982.

——. «William of Saliceto on Human Sexuality». *Viator*, 12 (1981), p. 165–81.

Lemne, Levine (1505–68). *Occulta naturae miracula, ac varia rerum documenta.* Antverpiae, apud Guilielmum Simonem, 1559, 1661.

——. *Occulta naturae miracula, ac varia rerum documenta probabili ratione atque artifici coniectura explicata.* Gandavi, ex officina Gisleni Manilii, 1572.

——. *Les occultes merveilles et secretz de nature.* Trad. Jacques Gohory. Paris, P. Du Pré, 1567.

——. *The Touchstone of Complexions.* Trad. Thomas Newton. Londres, Thomas Marsh, 1576.

Léon Hebraeus. *Voir* Abravanel, Judah.

Léonide d'Alexandrie (fl. 274 av. J.-C.). Dans l'*Anthologie grecque.*

Le Roy, Louis (Ludovicus Regius; 1510–77). *Le Sympose de Platon, ou de l'amour et de beauté, traduit de grec en françois, avec trois livres de commentaires.* Paris, Sertenas, 1559.

Le Roy Ladurie, Emmanuel. *Histoire du Languedoc.* Paris, Presses Universitaires de France, 1962.

L'Estoile, Pierre de (1546–1611). *Journal pour le règne de Henri IV.* Éd. L. R. Lefèvre. 2 vols. Paris, Gallimard, 1948–58.

Letourneau, Dr. «De la maladie d'amour, ou mélancholie érotique». *L'Union Médicale*, 79 (2 juillet, 1863), p. 1–10.

Levi, Anthony. *French Moralists: The Theory of the Passions from 1585 to 1649.* Oxford, Clarendon Press, 1964.

Lewis, Walter H., et Memory P. F. Lewis. *Medical Botany.* New York, John Wiley & Sons, 1977.

Libanius. *Opera.* Éd. R. Foerster. Lipsiae, in aedibus G. B. Teubneri, 1922.

Liébault, Jean (ca. 1535–96). *Trois livres appartenans aux infirmitez et maladies des femmes pris du latin de M. Jean Liebaut.* Lyon, par Jean Veyrat, 1598.

Lochner, Michael Frederich (1662–1720). *De nymphomania.* Altdorfii, typis Henrici Meyeri [1684].

Longin, Dionysius (attribué à). *Du sublime.* Trad. Jackie Pigeaud. Paris, Éditions Rivages, 1991.

——. *A Treatise Concerning Sublimity.* Éd. D. A. Russell. Oxford, Clarendon Press, 1967.

Lowes, John Livingston. «The Loveres Maladye of Hereos». *Modern Philology*, 11 (1914), p. 491–546.

L. P. *London Pharmacopoeia*. Voir *Pharmacopoeia Londinensis*.

Lucien de Samosate (Lucidnus Loukianos; ca. 115–ca. 200). *Œuvres complètes*. Trad. Eugène Talbot. Paris, Hachette, 1857

——. «*Dialogues des dieux*». *Œuvres complètes*. Trad. Émile Chambry. Paris, Garnier Frères, 1933.

——. «Toxaris ou de l'amitié». *Œuvres complètes*. Trad. Émile Chambry. 2 tomes. Paris, Garnier Frères, 1933.

Luck, Georg. *Arcana Mundi: Magic and the Occult in the Greek and Roman Worlds*. Baltimore, Johns Hopkins University Press, 1985.

Lucrèce (Titus Lucretius Carus; ca. 99–ca. 55 av. J.-C.). *De la nature*. Trad. José Kany-Turpin. Paris, G. F. Flammarion, 1997.

——. *De la nature*. Éd. Charles Guittard. Paris, Imprimerie Nationale, 2000.

——. *De la nature*. Trad. Henri Cluard. Paris, Garnier-Flammarion, 1964.

Lyons, Bridget Gellert. *Voices of Melancholy: Studies in Literary Treatments of Melancholy in Renaissance England*. Londres, Routledge and Kegan Paul, 1971.

Macedonius, Consul. *Epigrams*. Dans l'*Anthologie Grecque*. Trad. Pierre Waltz et Jean Guillon. 14 tomes. Paris, Les Belles Lettres, 1960.

MacDonald, Michael. *Mystical Bedlam: Madness, Anxiety, and Healing in Sixteenth-Century England*. Cambridge, Cambridge University Press, 1981.

MacKinney, Loren Carey. *Early Medieval Medicine with Special Reference to France and Chartres*. Baltimore, Johns Hopkins University Press, 1937.

Macrobe Theodosius (fl. 400). *Commentaire au songe de Scipion*. Trad. Mireille Armisen Marchetti. Paris, Les Belles Lettres, 2001.

——. *Œuvres complètes*. Trad. M. Nisard. Paris, Firmin-Didot, 1883.

Maffei de Volterra, Raffaele (Volaterranus; 1451–1522). *Commentariorum urbanorum libri XXXVIII*. Venundantur Parrhasiis in via Jacobea ab Joanne Parvo et Jodoco Badio Ascensio, 1511.

Malleus maleficarum. Voir Institoris, Heinrich.

Manardo, Giovanni (1462–1536). *Epistolae medicinales diversorum authorum*. Lugduni, apud haeredes Jacobi Juntae, 1557.

Mandrou, Robert. *From Humanism to Science 1480–1700*. Trad. Brian Pierce. Atlantic Highlands (N. J.), Humanities Press, 1979.

——. *Introduction à la France moderne 1500–1640*. Paris, Éditions Albin Michel, 1961.

——. *Magistrats et Sorciers en France au XVIIe siècle*. Paris, Librairie Plon, 1968.

Mantuanus. *Voir* Spagnuoli, Giovanni Battista.

Marcianus. *The Civil Code* (*Institutes*). Éd. S. P. Scott. 17 tomes. Cincinnati, Central Trust, 1932.

Marcuse, Herbert. *Eros and Civilization: A Philosphical Inquiry into Freud*. Boston, Beacon Press, 1955.

Marguerite d'Angoulême (1492–1549). *L'Heptaméron*. Éd. Gisèle Matthieu-Castellani. Paris, Livre de Poche, 1999.

——. *Nouvelles*. Éd. Yves Le Hir. Paris, Presses Universitaires de France, 1967.

Marinelli, Giovanni (fl. XVIe siècle). *Le medicine partenenti alle infermità delle donne*. Venetia, apresso Giovanni Valgrisio, 1574.

Martial (Marcus Valerius Martialis, ca. 40–104). *Épigrammes*. Trad. Pierre Richard. 2 tomes. Paris, Garnier, 1931.

——. *Épigrammes*. Éd. H. J. Isaac. Paris, Les Belles Lettres, 1961.

Martin, H.-J. «What Parisians Read in the Sixteenth Century». *French Humanism 1470–1600*. Éd. Werner Gundersheimer. Londres, Macmillan, 1969, p. 131–45.

Massinger, Philip (1583–1640). *The Virgin Martyr*. Dans *Selected Works*. Éd. Arthur Symons. 2 tomes. Londres, Vizetelly, 1889.

Masters, R. E. L. *Eros and Evil: The Sexual Psychopathology of Witchcraft*. New York, Matrix House, 1966.

Mattioli, Pietro Andrea. *Voir* Dioscorides.

Maxime de Tyre (Maximus Tyrius). *Dissertationes XLI graece*. Éd. Daniel Heinsius. Lugduni Batavorum, apud I. Patium, 1607.

——. *Traitez de Maxime de Tyr autheur grec, qui sont quarante et un discours mis en françois* [par Guillebert]. Rouen, J. Osmont, 1617.

McIntosh, Christopher. *The Astrologers and Their Creed: An Historical Outline*. Londres Hutchinson, 1969.

Medina, P. Miguel (1489–1578). *Christianae paraenesis, sive de recta in Deum fide libri septem*. Venetiis, ex officina J. Zileti, 1564.

Ménandre (ca. 342–92 av. J.-C.). *Œuvres*. Trad. Jean-Marie Jacques. Paris, Les Belles Lettres, 1963.

——. *Sententiae ex codicibus Byzantinis*. Éd. S. Jaekel. Leipzig, Teubner, 1964.

Mercado, Luis (Ludovicus Mercatus; 1520–1606). *De internorum morborum curatione libri IV*. Dans *Opera*. Francofurti, sumptibus haeredum D. Zachariae Palthenii, 1620.

——. *De morbis haereditariis*. Dans *Opera*, vol. 2. Francofurti, sumptibus haeredum D. Zachariae Palthenii, 1620.

——. *De mulierum affectionibus libri quatuor*. Dans *Opera*, vol. 3. Francofurti, sumptibus haeredum D. Zachariae Palthenii, 1620.

Mercuriale, Girolamo (1530–1606). *Commentarii eruditissimi in Hippocratis [...] prognostica, prorrhetica, de victus ratione, in morbis acutis, et epidemicas historias*. Francofurti, typis Joannis Saurii, 1602.

——. *De morbis muliebribus libri IV*. Venetiis, apud Felicem Valgrisium, 1587.

——. *De morbis muliebribus libri IV*. Dans *Gynaeciorum sive de mulierum affectibus commentarii*. Éd. Israel Spachius. Basileae, apud Conradum Waldkirch, 1596.

——. *Medicina practica [...] libri IV*. Francofurdi, in officina Joannis Schonwetteri, 1602.

——. *Variarum lectionum libri quatuor*. Venetiis, sumptibus Pauli et Antonii Meieti fratres librarii Patavini, 1571.

Meres, Francis (1565–1647). *Palladis Tamia*. Londres, P. Short pour Cuthbert Burbie, 1598.

Mexía, Pedro (Pierre Messie). *Les diverse leçons*. Lyon, par Claude Michel, 1526.

——. *Les diverses leçons [...] contenans de variables histoires et autres choses mémorables*. Trad. Cl. Gruget. Paris, V. Sertenas, 1556.

Mizauld, Antoine (Mizaldus; déc. 1578). *L'explication, usage, et practique de l'Ephemeride celeste*. Paris, chez Jacques Kerver, 1556.

Monardes, Nicholas of Seville (1493–1558). *Histoire des drogues espicieries, et de certains médicamens simples, qui naissent des Indes, tant Orientales que Occidentales.* (*Historia medicinal de los coses que traen de nuestras Indias occidentales que sirven en medicina*). Trad. A. Colin. Lyon, J. Pillehotte, 1602.

Montaigne, Michel de (1533–92). *Essais.* Éd. Maurice Rat. 2 tomes. Paris, Garniers Frères, 1962.

——. *Les Essais.* Éd. Pierre Villey. Paris, Presses Universitaires de France, 1965.

Montalto, Filoteo Elião de (Aelianus Montaltus; déc. 1616). *Archipathologia, in qua internarum capitis affectionum essentia, causae, signa, praesagia et curatio [...] edisserunter.* Lutetiae, apud F. Jacquin, sumptibus Caldorianae societatis, 1614.

More, Thomas (1477–1535). *The Complete Works.* Éd. Clarence H. Miller et al. New Haven, Yale University Press, 1984.

Mornay, Philippe de (1549–1623). *The True Knowledge of Mans Owne Selfe.* Trad. Anthony Munday. Londres, imprime pour I. R. for William Leake, 1602.

Morris, Desmond. *Manwatching: A Field Guide to Human Behavior.* St. Albans, s. éd., 1978.

Moschion (Mustio). *De morbis muliebribus liber, graece cum scholiis et emendationibus Conradi Gesneri.* Basileae, Th. Guarin, 1566.

Moschus (ca. 150 av. J.-C.). Dans *Bucoliques grecs.* Trad. Ph-E. Legrand. Paris, Les Belles Lettres, 1946.

Muret, Marc-Antoine (Marcus Antonius Muretus; 1526–85). *Opera omnia.* Éd. C.-H. Frotscher. Genève, Slatkine Reprints, 1971.

——. *Variarum lectionum libri XV.* Antverpiae, apud Christophorum Platinum, 1587.

Murphy, James. *Rhetoric in the Middle Ages: A History of Rhetorical Theory from St. Augustine to the Renaissance.* Berkeley, University of California Press, 1974.

Musée (IVe–Ve siècle). *Héro et Léandre.* Trad. Pierre Orsini. Paris, Les Belles Lettres, 1968.

Nardi, Bruno. «L'amore e i medici medievali». *Saggi e note di critica dantesca.* Milano-Napoli, Ricciardi, 1964. Publié aussi dans *Studi in onore di Angelo Monteverdi.* Modena, S. T. E. M., 1959.

Nauclerus, Johannes. *Voir* Vergen, Johann.

Nelson, John Charles. *Renaissance Theory of Love: The Context of Giordano Bruno's «Eroici Furori».* New York and Londres, Columbia University Press, 1963.

Némésius d'Émèse (Ve siècle). *De natura hominis.* Trad. Burgundio de Pise. Éd. G. Verbeke. Leiden, E. J. Brill, 1975.

——. *De la nature de l'homme (De natura hominis).* Trad. B. Thirbault et H. Adelmann. Paris, Hachette, 1844.

Nicéphore Calliste Xanthopoulos de Constantinople (ca. 1256–ca. 1335). *L'histoire ecclesiastique.* Paris, Antoine le Blanc, 1587.

Nieder (Nider), Johannes (déc. 1438). *De maleficis et eorum deceptionibus.* Dans le *Malleus maleficarum ex plurimus auctoribus coacervatus.* Lugduni, apud P. Landry, 1615.

Nifo, Agostino (Niphus; ca. 1469–ca. 1546). *Medici libri duo, de Pulchro primus, de Amore secundus.* Lugduni, apud G. et M. Beringos fratres, 1549.

Nonnos de Panopolis (fl. 400). *Les Dionysiaques.* Trad. Pierre Chuvin et al. 18 tomes. Paris, Les Belles Lettres, 1976–2004.

Opien de Cilicie (fl. 211–17). *Halieutica.* Trad. A. W. Mair. Londres, Heinemann, 1928.

——. *Les Halieutiques*. Trad. E.-J. Bourquin. Paris, 1877.

Oribase de Pergame (326–403). *Synopsis*. Dans *Œuvres*. Éd. U. C. Bussemaker and C. Daremberg. 7 vols. Paris, J. B. Baillière, 1851–76; Paris, Imprimerie Nationale, 1873.

——. *Synopsis ad Eustathium*. Éd. I. Raeder. Leipzig, B. G. Teubner, 1926; réimp. Amsterdam, Adolf Hakkert, 1964.

Origène d'Alexandrie (185–254). *Contra Celsum*. Éd. H. Chadwick. Cambridge, Cambridge University Press, 1953.

Orléans, Louis d' (Dorléans, Ludovico, 1542–1629). *Novae cogitationes in libros Annalium C. Cornelii Taciti quae extant*. Parisiis, sumptibus T. Blasii, 1622.

Osler, Sir William, Edward Bensly et al. «Robert Burton and the *Anatomy of Melancholy*». *Oxford Bibliographical Society Proceedings and Papers*. Éd. F. Madan. Oxford, éd. 1927.

Otis, Brooks. *Ovid as an Epic Poet*. Cambridge, Cambridge University Press, 1966.

Otten, Charlotte F., éd. *A Lycanthropy Reader: Werewolves in Western Culture*. Syracuse, Syracuse University Press, 1986.

Ovide (Publius Ovidius Naso; b. 43 av. J. C.). *Les Amours*. Trad. Henri Bornecque. Paris, Les Belles Lettres, 1968.

——. *Amorum libri tres*. Éd. P. Brandt. Hildesheim, Georg Olms, 1963.

——. *De l'art d'aymer*. [Trad. Albin des Avenelles]. Paris, E. Groulleau, 1556.

——. *L'art d'aimer*. Trad. Henri Bornecque. Paris, Les Belles Lettres, 1997.

——. *Epistulae Heroidum*. Éd. Henricus Dörrie. Berlin, Walter de Gruyter, 1971.

——. *Héroïdes*. Trad. Henri Bornecque. Paris, Les Belles Lettres, 1991.

——. *Les Métamorphoses*. Trad. Georges Lafaye. 3 tomes. Paris, Les Belles Lettres, 1991.

——. *Les produits de beauté pour le visage de la femme*. Dans *Remèdes à l'amour*.

——. *Remèdes à l'amour*. Trad. Henri Bornecque. Paris, Les Belles Lettres, 1930.

Pace, Giulio, Interprète (Julius Pacius de Berigo; 1550–1635). Aristotle. *Opera omnia quae extant, graece et latine*. Lutetiae Parisiorum, 1619.

Packard, Francis R. *Guy Patin and the Medical Profession in Paris in the XVIIth Century*. New York, 1924; réimp. New York, Augustus M. Kelley, Publishers, 1970.

Pacuve, Marcus (ca. 220–ca. 130 av. J. C.). *Plays*. Dans *Remains of Old Latin*, vol. 2. Trad. E. H. Warmington. 4 vols. Cambridge (Mass.), Harvard University Press, 1961.

Painter, William, trad. (ca. 1540–94). *The Palace of Pleasure*. Éd. Joseph Jacobs. 3 vols. Londres, David Nutt, 1890; réimp. New York, Dover Publications, 1966.

Paludanus. *Voir* La Palud, Pierre de.

Paracelse, Philippus Aureolus (1493–1541). *De origine morborum invisibilium*. Dans *Opera omnia: medico-chemico-chirurgica, tribus voluminibus comprehensa*. Genevae, sumptibus I. Antonii et Samuelis De Tournes, 1658.

——. *Operum medico-chimicorum sive paradoxorum tomus genuinus sextus*. 4 vols. Francofurti, a collegio Musarum Palthenianarum, 1603–05.

Pardoux, Barthélemy (Bartholomaeus Perdulcis, 1545–1611). *De morbis animi liber*. Parisiis, L. Bollenger, 1639. Aussi dans *Universa medicina*. Éd. Postrema. Lugduni, sumptibus Jacobi Carteron, 1649.

Paré, Ambroise (Pareus; 1510–90). «De la faculté et vertu de medicamens simples». Dans *Œuvres complètes*. Éd. J.-F. Malgaigne. Paris, 1840–41; réimp. Genève, Slatkine Reprints, 1970.

———. *Des monstres et prodiges*. Dans *Œuvres complètes*. Éd. J.-F. Malgaigne. Genève, Slatkine Reprints, 1970.

———. *Des monstres et prodiges*. Éd. Jean Céard. Genève, Droz, 1971.

Parthenius de Nicée (fl. 50 av. J.-C.). *Etymologicum genuinum*. Dans *The Love Romances of Parthenius and Other Fragments*. Éd. J. M. Edmonds. Londres, Heinemann, 1962.

Paul d'Égine (615–90). *Opera a Joanne Guinterio* [Andernacus] *conversa et illustrata commentariis*. Venetiis, apud F. Torrisanum, 1553.

———. *Septimus libri*. Vol. 9 du *Corpus medicorum graecorum*. Éd. I. L. Heiberg. Leipzig, B. G. Teubner, 1921–24.

———. *The Seven Books*. Éd. Francis Adams. 3 tomes. Londres, The Sydenham Society, 1844–47.

Paul-Émile de Vérone (déc. 1529). *De rebus gestis francorum libri X*. Lutetiae, Parisiorum ex officina Vascosani, 1576.

Pausanias (IIe siècle). *Description de la Grèce*. Trad. Michel Casevitz et al. 7 tomes. Paris, Les Belles Lettres, 1992–2000.

———. *Description of Greece*. Trad. W. H. S. Jones. Cambridge (Mass.), Harvard University Press, 1965.

Penot, Bernard (déc. ca. 1617). *Tractatus varii, de vera praeparatione, et usu medicamentorum chymicorum*. Basileae, imprensis Ludovico Regis, 1616.

Pereda, Pedro Pablo (Peredus; fl. XVIe siècle). *Michaelis Ioannis Paschalis methodum curandi scholia*. Lugduni, sumptibus Iacobi Cardon, 1630.

Pereira, Benito (ca. 1535–1610). *De magia, de observatione somniorum, et de divinatione astrologica libri tres*. Coloniae Agrippinae, apud Ioannem Gymnicum, 1598.

Perrier, François. «De l'érotomanie». *Le désir et la perversion*. Paris, Éditions du Seuil, 1967.

Perse. *Satires*. Trad. Henri Clouard. Paris, Garnier, 1934.

Pétrarque, François (1304–74). *Secretum*. In *Opere*. Éd. G. Ponte. Milano, Mursia, 1968.

———. *Mon secret, ou du mépris du monde*. Trad. Pompée Mabile. Angers, P. Lachèse et Dolbeau, 1886.

———. *Trionfo d'Amore*. Dans *Opere*. Éd. G. Ponte. Milano, Mursia, 1968.

Pétrone Arbiter, Gaius (déc. 65). *Œuvres complètes*. Trad. Héguin de Guerle. Paris, Garnier, s. d.

———. *Œuvres*. Trad. Louis de Langles. Paris, Bibliothèque des Curieux, 1923.

———. *Le satiricon*. Trad. A. Ernout. Paris, Les Belles Lettres, 2002.

Petrus Apponensis. *Voir* D'Abano, Pietro.

Petrus de Palude, patriarque de Jérusalem. *Voir* La Palud, Pierre de.

Pharmacopoeia Londinensis, 1618. Éd. George Urdang. Hollister Pharmaceutical Library Number Two. Madison, State Historical Society of Wisconsin, 1944.

Philodème. Dans l'*Anthologie Grecque*. Trad. Pierre Waltz et Jean Guillon. 14 tomes. Paris, Les Belles Lettres, 1960.

Philon d'Alexandrie (fl. 39). *Quod a deo mittantur somnia*. Dans *Les oeuvres de Philon d'Alexandrie*. Trad. Pierre Savinel. Paris, Les Éditions du Cerf, 1962.

Philostrate (IIᵉ–IIIᵉ siècle). *Les Images* (*Eikones*). Trad. Blaise de Vigenère. Paris, 1614; réimp. New York, Garland Publishing, 1976.

——. (attribué à). *Love Letters*. Éd. Allen Rogers Benner et Francis H. Forbes. Londres, Heinemann, 1949.

Philostrate (III) d'Athène (IIIᵉ siècle). *Apollonius de Tyane*. Éd. A. Chassang. Paris, Didier, 1862.

——. *De la vie d'Appolonius Thyaneen en VIII livres*. Trad. Blaise de Vigenère. Paris, chez la veufue Matthieu Guillemot, 1611.

——. *Heroikos*. Trad. Jennifer K. Berenson Maclean et al. Atlanta, Society for Biblical Literature, ca. 2001.

——. *Life of Apollonius of Tyana*. Trad. F. C. Conybeare. 2 tomes. Londres, Heinemann, 1960.

Phlégon de Tralles (fl. IIᵉ siècle). *De mirabilibus liber deest principium in Antigoni Corystii historiarum mirabilium collectanea*. Remboîté avec Apollonius Dyscolus. *Historiae commentitiae liber*. Éd. Joannes Meursius. Lugduni Batavorum, apud Isaacum Elzevirium, 1620.

Piccolomini, Alessandro (1508–78). *Della institution morale*. Venetia, apresso Giordano Ziletti, 1569.

Piccolomini, Enée Silvio (Aeneas Sylvius; Pius II; 1405–64). *Historia Bohemica*. 1475; Basileae, Michael Furter, ca. 1489.

——. *Le remède d'amour, translaté de latin en françoys par maistre Albin des Avenelles, avec les additions de Baptiste Mantuan*. Paris, E. Groulleau, 1556.

——. *The Tale of Two Lovers. The Goodly History of Lady Lucrece and her Lover Eurialus*. Trad. Emily O'Brien et Kenneth Bartlett. Ottawa, Dovehouse Editions, 1999.

——. *Storia di due amanti e Rimedio d'amore*. Turin, U. T. E. T., 1973.

Pico della Mirandola, Giovanni (1463–94). *Disputationes adversus astrologiam*. Éd. Eugenio Garin. 3 tomes. Firenze, Vallecchi Editore, 1946.

Pico della Mirandola, Giovanni Francesco (1470–1533). *De rerum praenotione libri novem*. Argentoraci, Joannes Knoblochus, 1507.

Pierius. *Voir* Valeriano Bolzani, Giovanni Pierio.

Pigeaud, Jackie. *Folie et cures de la folie chez les médecins de l'antiquité gréco-romaine, la manie*. Paris, Les Belles Lettres, 1987.

——. «L'Humeur des Anciens.» *Nouvelle Revue de Psychanalyse*, 32 (automne, 1985), p. 51–69.

——. *La maladie de l'âme, étude sur la relation de l'âme et du corps dans la tradition médico-philosophique antique*. Paris, Les Belles Lettres, 1981.

Pillorget, René. *La tige et le rameau, familles anglaise et française, XVIIᵉ–XVIIIᵉ siècles*. Paris, Calmann-Lévy, 1979.

Pindare (522–ca. 442). [*Œuvres*]. Trad. Aimé Puech. 4 tomes. Paris, Les Belles Lettres, 1961–67.

Pineau, Severin (Pineus; déc. 1619). *Opusculum physiologum et anatomicum*. Parisiis, ex typographia Stephanus Prenosteau, 1597.

Pius II, Pape. *Voir* Piccolomini, Enea Sylvio.

Platina, Battista. *Voir* Secchi of Cremona, Bartolomeo.

Platon (c. 427–48). *Le banquet*. Trad. Bernard Piettre. Paris, Nathan, 2004.

——. *Le banquet*. Trad. Paul Vicaire. Paris, Les Belles Lettres, 1989.

——. *Cratyle*. Trad. Catherine Dalimier. Paris, Flammarion, 1998.

——. *Divini Platonis opera omnia Marsilio Ficino interprete*. Lugduni, apud Antonium Vincentium, 1557.

——. *Eutyphro*. Trad. H. N. Fowler. Londres, Heinemann, 1966.

——. *Les lois*. Trad. Edouard des Places et Auguste Dies. Paris, Les Belles Lettres, 1994.

——. *Opera*. Éd. Joannes Burnet. Oxford, Clarendon Press, 1900–07.

——. *Phèdre*. Trad. Luc Brisson. Paris, G. F. Flammarion, 2000.

——. *Philebus*. Trad. Harold N. Fowler. Cambridge (Mass.), Harvard University Press, 1962.

——. *Théétète (Theatetus)*. Trad. Michel Narcy. Paris, Flammarion, 1995.

——. *Timée; Critias (Timaeus)*. Trad. Luc Brisson et Michel Patillon. Paris, Flammarion, 1992.

Platter, Felix (1536–1614). *De mulierum partibus generationi dicatis accidentium*. Dans *Gynaeciorum sive de mulierum affectibus*. Éd. Israel Spachius. Basileae, per Conradum Waldkirch, 1586.

——. *Observationes et curationes aliquot affectuum partibus mulieris generationi dicitis accidentium*. In *Gynaeciorum sive de mulierum tum communibus*. Éd. Israel Spachius. Argentinae, sumptibus Lazari Zetneri, 1593.

——. *Observationum in hominis affectibus [...] libri tres*. Basileae, impensis Ludovici König, typis Conradi, 1614.

Plaute, Titus Maccus (ca. 254–84 av. J.-C.). *Plaute*. Éd. et trad. Alfred Ernout. Paris, Les Belles Lettres, 1992 (1989).

——. *Asinaria*. Trad. Titus Maccius et A. Ernout. Paris, Les Belles Lettres, 1933.

——. *Curculio*. Trad. Jean Collart. Paris, Presses Universitaires de France, 1962.

——. *Le marchand*. Dans *Comédies*. Trad. A. Ernout. Paris, Les Belles Lettres, 1963.

——. *Trinummus; Truculentus, Vidularia, framenta*. Trad. A. Ernout. Paris, Les Belles Lettres, 1940.

Pline l'Ancien (Gaius Plinius Secundus; 23–79). *Histoire naturelle*. Trad. M. E. Littré. 2 tomes. Paris, Didot, 1865.

——. *Histoire naturelle*. Trad. A. Ernout. Paris, Les Belles Lettres, 1949–88.

Plotin (ca. 205–ap. 244). *Enneades*. Trad. Émile Bréhier. Paris, Les Belles Lettres, 1960.

——. *Enneades*. Trad. Jean-Marc Narbonne. Paris, J. Vrin, 1993.

——. *Les écrits*. Dir. Pierre Hadot. 7 tomes. Paris, Les Éditions du Cerf, 1988-.

Plutarque (ca. 46–120). *Comment s'apercevoir qu'on progresse dans la vertu*. Dans *Œuvres Morales*, tome 1. Trad. R. Fuhrmann. Paris, Les Belles Lettres, 2004.

——. *Comment écouter les moyens de distinguer le flatteur d'avec l'ami*. Dans *Œuvres Morales*, tome 1. Trad. François Fuhrmann. Paris, Les Belles Lettres, 2004.

——. *Conduites méritoires de femmes*. Dans *Œuvres morales*, tome 4. Trad. Jacques Boulogne. Paris, Les Belles Lettres, 2004.

——. *Dialogue sur l'amour*. Dans *Œuvres morales*, tome 10. Trad. Robert Flacelière. Paris, Les Belles Lettres, 2004.

——. *La fortune des romains*. Dans *Œuvres morales*, tome 5. Trad. Robert Flacelière. Paris, Les Belles Lettres, 2004.

——. *Les oeuvres morale et meslees*. Trad. Jacques Amyot. Éd. M. A. Screech. 2 tomes. Paris, Mouton, 1971.

——. *Opinions des philosophes*. Dans *Œuvres morales*, tome 12. Trad. G. Lachenaud. Paris, Les Belles Lettres, 2004.

——. *Platonicae philosophes*. Dans *Moralia*, tome 13. Éd. Harold Charniss. Londres, Heinemann, 1976.

——. *Préceptes de mariage*. Dans *Œuvres morales*, tome 2. Dir. Robert Flacelière. Paris, Les Belles Lettres, 2004.

——. *Préceptes de santé*. Dans *Œuvres morales*, tome 2. Trad. François Fuhrmann. Paris, Les Belles Lettres, 2004.

——. *Propos de table*. Dans *Œuvres morales*, tome 9. Trad. Robert Fuhrmann, F. Frazier et J. Sirinelli. Paris, Les Belles Lettres, 2004.

——. *Vies*. Trad. Robert Flacelière et Émile Chambry. Paris, Les Belles Lettres, 1977.

——. *Vita Demetri*. Éd. K. Ziegler. Leipzig, B. G. Teubner, 1960.

Polemo, Antonius (Polemon; ca. 88–145). *Fisonomia*. Trad. C. Montecuccoli. Padua, Pietro Tozzi, 1622.

——. *Physiognomica*. Dans *Aristotle varia opuscula*. Francofurdi, 1587.

Pollux, Julius (fl. 180). *Onomasticum Graece et Latine*. Amstelaedami, ex officina Wetsteniana, 1706.

Polybe (beau-frère d'Hippocrate; fl. Vᵉ siècle av. J-C.). *The Sacred Disease*. Dans *Hippocrates*, vol. 2. Éd. W. H. S. Jones. Cambridge (Mass.), Harvard University Press, 1962.

Pomponace, Pierre (Pomponazzi, Pietro; 1462–1525). *De naturalium effectuum admirandorum causis, sive de incantationibus liber*. Dans *Opera*. Basileae, ex officina Henricpetrina, 1567.

——. *Les causes des merveilles de la nature, ou les enchantements*. Trad. Henri Busson. Paris, Rieder, 1930.

Porphyre (233–ca. 301). *Life of Plotinus*. Dans Plotinus, *The Ethical Treatises*. Trad. Stephan MacKenna. Londres, P. L. Warner, 1917.

Postel, Guillaume (1510–81). *De la republique des Turcs: et là ou l'occasion s'offrera, des meurs et loys de tous muhamedistes*. Poitiers, de l'imprimerie Enguilbert de Marnes, s.d.

Pozzi, Mario. *Trattati d'amore del Cinquecento*. Roma-Bari, Laterza, 1975.

Pratis (Pratensis), Jason. *Voir* van der Velde, Jason.

Prieur, Claude (fl. XVIᵉ siècle). *Dialogue de la lycanthropie ou transformation d'hommes en loups*. Louvain, chez I. Maes & P. Zangre, 1596.

Proclus (ca. 411–85). Dans *Platonis theologiam libri sex*. Éd. Aemilium Portum et al. Frankfurt am Main, Minerva, 1960.

——. *Procli Hypotyposis astronomicarum positionum*. Éd. C. Manitius. Leipzig, 1909.

——. *Théologie platonicienne*. Éd. H. D. Saffrey et L. G. Westerink. Paris, Les Belles Lettres, 1968.

Properce, Sextus (ca. 50–16 av. J.-C.). *Elegiae*. Éd. Gerald Purnelle. Hildesheim, G. Olms-Weidmann, 1977.

——. *Élégies*. Trad. D. Paganelli. Paris, Les Belles Lettres, 1947.

Ptolémée (Claudius Ptolemaeus; fl. IIe siècle). *Centiloquium, sive centum sententiae, Jo. Joviano Pontano interprete.* Basileae, per Joannem Hervagium, 1551.

——. *Le livre unique de l'astrologie: le Tétrabible de Ptolémée, astrologie universelle et thèmes individuels.* Trad. Pascal Charvet. Paris, Nill, 2000.

Publilius, Syrus (I^e siècle av. J.-C. –I^e ap. J.-C.). *La sagesse et les sentences du mime syrien Publilius Lochius.* Trad. Edmond Robillard. Ottawa, Éditions du Vermillon, 1992.

——. *Les sentences.* Éd. Pierre Constant. Paris, Garnier, 1937.

——. *Sententiae.* Éd. Gulielmus Meyer. Leipzig, Teubner, 1880.

Quasten, J. *Patrology.* Westminster (MD), Newman Press, 1950.

Quercetanus. *Voir* Du Chesne, Joseph.

Quintilien (Marcus Fabius Quintilianus; ca. 35–ca. 95). *Institution oratoire.* Trad. J. Cousin. 7 tomes. Paris, Les Belles Lettres, 1975–80.

Rabelais, François (1483–1553). *Le Tiers Livre.* Éd. Pierre Michel. Paris, Gallimard, 1966.

Raemond (Rémond), Florimond de (ca. 1540–1602). *L'histoire de la naissance, progrez et decadence de l'heresie de ce siecle divisee en huit livres.* Paris, chez la Vefue Guillaume de la Nore, 1610.

Rapine, Claude (Coelestinus; déc. 1493). *Des choses merveilleuses en nature où est traicté des erreurs des sens, des puissances de l'âme, et des influences des cieux.* Trad. Jacques Girard. Lyon, Macé Bonhomme, 1557.

Rashdal, Hastings. *The Universities of Europe in the Middle Ages.* 2 vols. Oxford, Clarendon Press (1895), 1936.

Rather, L. J. *Mind and Body in Eighteenth Century Medicine: A Study Based on Jerome Gaub's «De regimine mentis».* Berkeley and Los Angeles, University of California Press, 1965.

Regius, Ludovicus. *Voir* Le Roy, Louis.

Remi, Nicolas (1530–1612). *Daemonolatreiae libri tres.* Lugduni, in officina Vincentii, 1596.

Renier, R. «Per la cronologia e la composizione del 'Libro de natura da Amore'». *Giornale Storico della Letteratura Italiana,* 14 (1889), p. 402–13.

Rhazès (Abū Bakr Muhammad ibn Zakarīyā al-Rāzī; ca. 841–926). *[Liber] Continens Rasis ordinatus et correctus per clarissimum artium et medicinae doctorem magistrum Hieronymum Surianum (Kitabu'l hawi fi ' t-tibb).* Venetiis, per Bon. Locatellum, 1505.

——. *Divisionum liber.* Basileae, in officina Henrichi Petri, 1594; réimp. Bruxelles, 1973.

——. *Liber divisionum (Taksimu-l-'ilal).* Dans *Opera.* Trad. Gérard de Crémone (1114–87). Lugduni, s. éd., 1510.

——. *Liber ad Almansorem decem tractatus continens (Kitab al-Mansuri).* Dans *Opera.* Trad. Gérard de Crémone. Lugduni, s. éd., 1510.

Rhodoginus, Caelius. *Voir* Ricchieri, Ludovico Celio.

Ricchieri, Ludovico Celio (Rhodoginus; 1450–1520). *Lectionum antiquarum libri triginta.* Genevae, excudebat Philippus Albertus, 1620.

Ricci, Laura. *La redazione manoscritta del «Libro de natura de amore» di Mario Equicola.* Rome, Bulzoni, 1999.

Riolan, Jean (1580–1657). *Ad libros Fernelii de abditis rerum causis*. Parisiis, apud H. Perier, in officina Plantiniana, 1598.

——. *Gigantologie, histoire de la grandeur des giants, où il est demonstré que, de toute ancienneté, les plus grands hommes et giants n'ont esté plus hauts que ceux de ce temps*. Paris, Adrian Perier, 1618.

Robbins, Rossell Hope. *The Encyclopedia of Witchcraft and Demonology*. New York, Crown Publishers, 1963.

Robertis, Domenico de. «La composizione del *De natura de Amore* e i canzonieri antichi maneggiati da M. Equicola». *Studi di Filologia Italiana*, 17 (1959), p. 182–220.

Robertson, D. W. «The Concept of Courtly Love as an Impediment to the Understanding of Medieval Texts». *The Meaning of Courtly Love*. Éd. F. X. Newman. Albany, State University of New York Press, 1968.

Robinson, T. M. *Plato's Psychology*. Toronto, University of Toronto Press, 1970.

Rodrigues da Viega, Andreas (fl. XVIe siècle). *Exemplorum memorabilium*. Paris, Nicolas Nivelle, 1590.

Rodrigues da Viega, Tomás (1513–79). *Ars medica*. Dans *Opera omnia in Galeni libros edita, et commentariis in partes novem distincta*. Lugduni, apud Petrum Landry, 1593.

Rodriguez de Castello Branco, João (Amatus Lusitanus; 1511–68). *Curationum medicinalium centuriae duae*. Parisiis, apud Sebastianum Nivellium, 1554.

——. *Curationum medicinalium centuriae quatuor*. Venetiis, apud Balthesarem Constantinum, 1557.

——. *Curationum medicinalium centuriae septem*. Burdigalae, ex typographia Gilberii Vernoi, 1620.

Rohde, E. *Der Griechische Roman und seine Vorläufer*. Hildesheim, Georg Olms, 1960.

Rojas, Fernando de (ca. 1465–1541). *La Celestine*. Trad. Jacques de Lavardin (1578). Éd. critique et intr. par Denis L. Drysdall. Londres, Tamesis, 1974.

Rondelet, Guillaume (1507–66). *L'histoire entière des poissons, composée premierement en latin*. Lyon, Mace Bonhome, 1558.

——. *Methodus curandorum omnium morborum corporis humani*. Dans *Opera omnia medica*. Genevae, apud Petrum et Jacobum Chouët, 1620.

——. *Methodus curandorum omnium morborum corporis humani, in tres libris distincta*. Francofurti, apud heredes Andreae Wecheli, 1592.

——. *Tractatus de fucis*, après le *Methodus curandorum omnium morborum corporis humani*. Francofurti, apud heredes Andreae Wecheli, 1592.

Ronsard, Pierre de (1524–85). *La Franciade*. Dans *Œuvres complètes*, vol. 16. Éd. Paul Laumonier. Paris, Librairie Marcel Didier, 1952.

——. *Les œuvres*. Éd. Jean Céard et Daniel Ménager. Paris, Gallimard, 1993.

Rosarius, Albertus. *Voir* Alberico de Rosate.

Rosen, George. *Madness in Society: Chapters in the Historical Sociology of Mental Illness*. New York, Harper and Row, 1969.

Rougemont, Denis de. *L'amour et l'Occident*. Paris, Plon, 1962.

Rueff, Jakob (Jacques le Roux; 1500–58). *De conceptu et generatione hominis*. Francfort, ad Moenum (1558), 1580.

——. *The Expert Midwife, or an Excellent and most necessary Treatise of the generation and birth of men*. Londres, par E. G. pour S. E., vendu par Thomas Alehorn, 1637.

Ruel, Jean (Ruellius; 1479–1539). *De nature stirpium libri tres.* Paris, ex officina Simonis Colinaei, 1536.

Rufus d'Éphèse (fl. 98–117) *Œuvres.* Éd. Charles Daremberg et Emile Ruelle. Paris, J. B. Baillière et fils, 1879; Amsterdam, Adolf Hakkert, 1963.

Ruland, Martin (Rulandus; 1532–1602). *Curationum empiricarum et historicarum centuria VII.* Basileae, Sebast. Henricpetri, 1595.

[Salerno] *Le Regime de Santé de l'eschole de Salerne.* Trad. Michel le Long. Paris, 1637. *Voir aussi* Arnaud de Villeneuve.

Salluste. *Catiline, Jugurtha, Fragments des histoires.* Trad. Alfred Ernout. Paris, Les Belles Lettres, 1958.

Santoro, Domenico. *Della vita e delle opere di Mario Equicola.* Chieti, Pei tipi di N. Jecco, 1906.

Sassonia, Ercole (Hercules Saxonia, 1551–1607). *De melancholia tractatus perfectissimus.* Venetiis, apud Alexandrum Polum, 1620.

Savonarola, Giovanni Michele (ca. 1384–ca. 1462). «De cerebri et capitis morbis». Dans *Practica Major* (*Practica de aegritudinibus a capite usque ad pedes*). Venetiis, apud Vincentium Valgrisium, 1560 (1479; Venetiis, apud Juntas, 1549).

Saxo Grammaticus (1140–1203). *Danorum historiae libri XVI [...] des Erasmi Roterdami de Saxone censura.* Basileae, apud Jo. Bebëlium, 1534.

Schenck von Grafenberg, Johann Theodor (Schenckius; 1530–98). *Observationum medicarum rarum, novarum, admirabilium et monstrosarum.* Friburgi Brisgoiae, ex calcographia Martini Beckleri, 1599.

——. *Observationum medicarum rarum, novarum, admirabilium et monstrosarum, volumen tomis septem de toto homine institutum.* Francofurti, E. Paltheniana, sumptibus Jonae Rhodii, 1600.

Schreiber, Wilhelm Adolf (Scribonius; fl. XVIe siècle). *Rerum naturalium doctrina methodica.* Basileae, ex officina haeredum Petri Pernae, 1583.

Scot, Michael (1175–1234). De secretis naturae opusculum. Dans Albertus Magnus, *De secretis mulierum libellus.* Amstelodami, s. éd., 1740.

Scribonius. *Voir* Schreiber, Wilhelm Adolf.

Scullard, H. H. *From the Gracchi to Nero.* Londres, Methuen, 1968.

Scultetus, Tobias (1563–1620). *Subsecirorum poëticorum tetras prima: in qua Suspiria: Phaleuci: Philotesia; Epigrammata.* Myrtilleti ad Nicrum, typis Abrahami Smesmanni, 1594.

Sebti, Meryem. *Avicenne: L'âme humaine.* Paris, Presses Universitaires de France, 2000.

Secchi de Crémone, Bartolomeo (Battista Platina; 1421–81). *Dialogos contra amores.* Dans *De falso et vero bono dialogi III.* Parisiis, M. Petrus Vidoveus, 1504.

——. *Dialogue contre les folles amours.* Trad. Thomas Sibelet. Dans *L'Antéros ou Contramour de Messire Baptiste Fulgose.* Paris, chez Martin le Jeune, 1581.

Sénèque, Lucius Annaeus (ca. 4 av. J.-C.–65 ap. J.-C.). *Lettres à Lucilius.* Trad. Henri Noblot. Paris, Les Belles Lettres, 1964.

—— (attribué à). *Octavie (Octavia).* Trad. Gauthier Liberman. Paris, Les Belles Lettres, 1998.

——. *On the Happy Life.* Dans *Moral Essays.* Trad. John W. Basore. Londres, Heinemann, 1951.

——. *Tragédies.* Trad. François-Régis Chaumartin. Paris, Les Belles Lettres, 2002.

Sennert, Daniel (1572–1637). «De amore insano». *Dans Practicae medicinae liber primus-[sextus]*. Wittebergae, impensis haeredum Doct. T. Mevii et E. Schuemacheri, 1652–62.

Serapion l'ancien (fl. IXᵉ siècle). *Serapionis medici arabis celeberrimi practica studiosis medicinae utilissima: quam postremo Andreas Alpagus [...] translatio nunc primum exit in lucem*. Venetiis, apud Juntas, 1550.

Servius Marius Honoratus (fl. 400). *In Vergilii carmina commentarii*. Éd. Thilo et Hagen. Leipzig, B. G. Teubner, 1881–84.

Shapiro, A. K. «Placebo effects in medicine, psychotherapy and psychoanalysis». *Handbook of Psychotherapy and Behavior Change*. Éd. A. E. Bergin et S. L. Garfield. New York, John Wiley, 1971.

Shapiro, Barbara J. *Probability and Certainty in Seventeenth Century England*. Princeton, Princeton University Press, 1983.

Shaw, J. E. *Guido Cavalcanti's Theory of Love, the Canzone d'Amore and Other Related Problems*. Toronto, Toronto University Press, 1949.

Shumaker, Wayne. *The Occult Sciences in the Renaissance: A Study in Intellectual Patterns*. Berkeley, University of California Press, 1972.

Siegel, Jerrold E. *Rhetoric and Philosophy in Renaissance Humanism*. Princeton, Princeton University Press, 1968.

Siegel, Rudolph E. *Galen on Psychology, Psychopathology, and Functions and Diseases of the Nervous System*. Bâle, S. Karger, 1973.

——, éd. Galien. *On the Affected Parts*. Bâle, S. Karger, 1976.

——. *Galen's System of Medicine and Physiology, an Analysis of his Doctrines on Bloodflow, Respiration, Humours, and Internal Diseases*. Bâle, S. Karger, 1968.

——. «Melancholy and Black Bile in Galen and Later Writers». *Bulletin of the Cleveland Medical Library*, 18 (1971), p. 10–12.

Silvatico, Giovanni Battista (fl. XVIᵉ siècle). *Controversiae medicae numero centum*. Francofurti: typis Wechelianis apud Claudium Marnium, et heredes Joannis Aubrii, 1601.

Simboli, Raphaël. *Disease-Spirits and Divine Cures among the Greeks and Romans*. Diss., Columbia University, 1921.

Simon, Jean Robert. *Robert Burton et «L'Anatomie de la Mélancolie»*. Paris, Didier, 1964.

Simonin, Michel. «*Aegritudo amoris* et *res literaria* à la Renaissance: Réflexions préliminaires». *La folie et le corps*. Éd. Jean Céard. Paris, Presses de l'École Normale Supérieure, 1985, p. 83–90.

Singer, C. et D. Singer. «The Origin of the Medical School of Salerno». Dans *Essays on the History of Medicine*. Éd. Charles Singer and Henry E. Sigerist. Zürich, Landschlacht K. Hönn, 1924.

Singer, Irving. *The Nature of Love: Plato to Luther*. New York, Random House, 1966.

Sinibaldi, Giovanni Benedetto (1594–1658). *Geneanthropeiae sive de hominis generatione decateuchon*. Romae, ex typo Fran. Caballi, 1642.

Sirenio, Julio de Brescia. *De fato libri novem in quibus inter alia: de contigentia, de necessitate, de providentia divina, de praescentia divina, de prophetia, et de divinatione*. Venetiis, ex officina Jordani Zileti, 1563.

Sophocle (496–406 av. J.-C.). *Le théâtre*. Trad. Jacques Lacarrière. Paris, Philippe Lebaud, 1982.

——. *Trachiniae*. Dans *Tragédies*. Trad. M. Artaud. Paris, Charpentier, 1845.

Soranos d'Ephèse (fl. 98–138). *Maladies des femmes*. Trad. Paul Burguière. 4 tomes. Paris, Les Belles Lettres, 1988.

——. *Sorani Gynaeciorum libri IV*. Corpus medicorum Graecorum, tome 4. Lipsiae, Berolini, in aedibus B. G. Teubneri, 1927.

——. *Gynecology*. Trad. Owsei Temkin. Baltimore, Johns Hopkins University Press, 1956.

——. (attribué à). *Vie d'Hippocrate. Vita Hippocratis secundum Soranum*. Éd. Ilberg. Dans *Corpus medicorum graecorum*, tome 4. Lipsiae, B. G. Teubner, 1927.

Sorbelli, A. *Storia dell'Università di Bologna*. Bologna, N. Zanchelli, 1944.

Spagnuoli, Giovanni Battista (Mantuanus; 1448–1516). *Opera omnia in quatuor tomos distincta, pluribus libris aucta*. Antverpiae, apud. J. Bellerum, 1576.

Spanneut, M. *Le Stoïcisme des Pères de l'Église*. Paris, Éditions du Seuil, 1957.

Speisshammer, Johann. *Voir* Cuspinianus.

Stace, Publius Papinius (ca. 40–ca. 96). *Achilléide*. Éd. Jean Méheust. Paris, Les Belles Lettres, 1971.

——. *Silves*. Trad. H. J. Isaac. 2 tomes. Paris, Les Belles Lettres, 1961.

Starobinski, Jean. *Histoire du traitement de la mélancolie des origines à 1900*. Dans *Acta psychosomatica*, 4. Bâle, J. R. Geigy, 1960.

——. «La mélancolie de l'anatomiste». *Tel Quel*, 10 (1962), p. 21–29.

Stechow, Wolfgang. «The Love of Antiochus with Faire Stratonica». *Art Bulletin*, 27 (1945), p. 221–37.

Stéphane d'Athènes (VIIe siècle ap. J.-C.). *Alphabetum empiricum, sive Dioscorides et Stephani Atheniensis philosophorum et medicorum, de remediis expertis liber, justa alphabetiordinem digestus*. S. éd, 1581.

Stésichore (ca. 640–ca. 555 av. J.-C.). Dans *Poetae melici graeci*. Éd. D. L. Page. Oxford, Clarendon Press, 1962.

Stobaeus, Joannes (fl. 500). *Anthologium*. Éd. Curtius Wachsmuth et Otto Hense. Berlin, 1884–1912; réimp. Berolini, apud Weidmannos, 1958.

Stone, Laurence. *The Family, Sex and Marriage in England, 1500–1800*. Londres, Weidenfeld and Nicolson, 1977.

Strabon (ca. 64 av. J.-C. – 19 ap. J.-C.). *Géographie*. Trad. François Lasserre et al. 3 tomes. Paris, Les Belles Lettres, 1966–89.

Struth, Joseph (Josephus Struthius; 1510–68). *Ars sphygmica; seu, pulsuum doctrina supra MCC. annos perdita, et desiderata, libris V*. Basileae, Impensis Ludovici Königs, 1602–1200. Aussi, Basileae, per Joannem Oporinum [1555].

Sue, Eugène (1804–57). *Les Mystères de Paris*. 2 tomes. Paris, Éditions Jean-Jacques Pauvert, 1963.

Suétone (Gaius Suetonius Tranquillus; ca. 70–160). *Vie des douze Césars*. Trad. Henri Ailloud. 3 tomes. Paris, Les Belles Lettres, 1967.

[Suidas]. *Lexicon (Souda*, Xe siècle). Éd. G. Bernhardy. Halle et Brunsvigae, sumptibus Schwetschkiorum, 1853.

——. *Lexicon*. Éd. Ada Adler. Stuttgart, B. G. Teubner, 1961.

Sylvius, Aeneas. *Voir* Piccolomini, Enea Silvio.

Sylvius, Jacobus. *Voir* Dubois, Jacques.

Syme, Ronald. *The Roman Revolution*. 1939; réimp. Oxford, Oxford University Press, 1960.

Tacite (Tacitus, Publius Cornelius; ca. 55–ca. 117). *Annales*. Éd. H. Bornecque. Paris, Flammarion, 1965.

——. *Annales*. Éd. Pierre Wuilleumier. Paris, Les Belles Lettres, 1974–78.

——. *Œuvres complètes*. Trad. Pierre Grimal. Paris, Gallimard, 1989.

Taxil, Jean (1504–80). *L'astrologie et physiognomie en leur splendeur*. Tournon, par R. Reynaud Libraire juré d'Arles, 1614.

Taylor, G. Rattray. *Sex in History*. New York, Vanguard Press, 1954.

Tellenbach, Hubertus. *Melancholie: zur Problemgeschichte, Typologie, Pathogenese und Klinik*. Berlin, Springer, 1961.

——. *Melancholy: History of the Problem, Endogeneity, Typology, Pathogenesis, Clinical Considerations*. Trad. Erling Eng. Pittsburgh, Duquesne University Press, 1980.

Térence (Publius Terentius Afer; 195–159 av. J.-C.). *Comédies*. Trad. J. Marouzeau. Paris, Les Belles Lettres, 1942.

——. *Comédies*. Trad. E. Chambry. 2 tomes. Paris, Garnier, 1932.

Tertullian (Quintus Septimus Florens; ca. 160–ca. 240). *De anima*. Éd. J. H. Waszink. Amsterdam, J. M. Meulenhoff, 1947.

——. *Apologeticus*. Trad. T. R. Glover. Cambridge (Mass.), Harvard University Press, 1960.

——. *Apologétique*. Trad. Jean-Pierre Waltzing. Paris, Les Belles Lettres, 1931.

——. *Exhortation à la chasteté*. Ed. Claudio Moreschini. Paris, Les Éditions du Cerf, 1986.

——. *Liber de anima*. Dans *Patrologiae cursus completus, seria latina*, tome 2. Éd. J. P. Migne. Paris, J. P. Migne, 1844–1902.

——. *À son épouse*. Trad. Charles Munier. Paris, Les Éditions du Cerf, 1980.

——. *Les spectacles*. Éd. Marie Tircan. Paris, Les Éditions du Cerf, 1986.

——. *Ad uxorem*. Dans *Opera*. Parisiis, apud Audoënum Parvum, 1566.

Themistius (fl. ca. 360). *In libros Aristotelis de anima paraphrasis*. Éd. Ricard Heinze. Berolini, G. Reimer, 1899.

——. *Orationes*. Éd. Wilhelm Dindorf. Hildesheim, Georg Olms, 1961.

Théocrite (fl. ca. 270 av. J-C.). *Bucoliques grecs*. Trad. Ph. E. Legrand. Paris, Les Belles Lettres, 1946.

——. *Idylles*. Trad. M. B. de L. Paris, Antiqua (L'Enseigne du pot cassé), 1929.

Théophraste (ca. 371–ca. 287 av. J.-C.). *De historia plantarum libri decem graece et latine [...] latinam Gazae versionem nova interpretatione [...] accesserunt Julii Caesaris Scaligeri in eosdem libros animadversiones*. Amstelodami, apud Henricum Laurentium, 1644.

——. *Opera qua supersunt*. Éd. Frederic Wimmer. Parisiis, Firmin-Didot et socii, 1931.

——. *Theophrasti Eresii Graece et Latine opera omnia*. Lugduni Batavorum, ex typographio Henrici ab Plaestens, 1613.

Théophrastus Bombast von Hohenheim, Philippe. *Voir* Paracelse.

Thomas à Viega. *Voir* Rodriguez da Viega, Tomás.

Thomas d'Aquin, saint (ca. 1225–74). *In Aristotelis stagiritae libros nonnullos commentaria*. Dans *Opera omnia*. Éd. Stanislaus Fretté. Paris, apud Ludovicum Vivès, 1872.

——. *Somme de la foi catholique contra les Gentils*. Trad. M. L'Abbé P.-F. Ecalle. Paris, Louis Vivès, 1856.

——. *Summa theologica*. Dans *Opera omnia*. Éd. Stanislaus Fretté. Paris, apud Ludovicum Vivès, 1871–80.

Thorndike, Lynn. *A History of Magic and Experimental Science*. New York, Columbia University Press, 1941.

Thucydide (ca. 460–ca. 400 av. J.-C.). *Histoire de la guerre du Péloponnèse*. Trad. Jacqueline de Romilly. Paris, R. Laffont, ca. 1990.

——. *Histoire de la guerre du Péloponnèse*. Trad. Jean Voilquin. 2 tomes. Paris, Garnier, 1952.

Tibulle, Albius (ca. 60–19 av. J.-C.). *Tibulle et les auteurs du corpus tibullianum*. Trad. Max Ponchont. Paris, Les Belles Lettres, 1924.

——. *Tibulle et les auteurs du corpus tibullianum*. Éd. A. Cartault. Hildesheim, George Olms, 1981 (Paris, Colin, 1909).

Tite-Live (Titus Livius, né. 59 av. J.-C.). *Histoires*. Éd. Jean Bayet. 34 tomes. Paris, Les Belles Lettres, 1962.

——. *[Roman History]*. Éd. B. O. Foster. 14 tomes. Cambridge (Mass.), Harvard University Press, 1963.

Toffanin, G. «Petrarchismo e trattati d'amore». *Nuova Antologia* (March 1928), p. 30–51.

Tolet, Franciscus. *Instructio sacerdotum ac de septem peccatis mortalibus*. 2 vols. Lugduni, apud Horatium Cardon, 1604.

Trallianus. *Voir* Alexandre de Tralles.

Tritheim. *Voir* Johann von Tritheim.

Trotule de Salerne (Eros). *Curandorum aegritudinum muliebrium*. Lugduni, apud Sebastianum de Honoratis, 1558.

——. *Sulle malattie delle donne*. Éd. Pina Boggi Cavallo. Palermo, La luna saggia, 1994.

Ullmann, M. *Islamic Medicine*. Edinburgh, Edinburgh University Press, 1978.

Vairo, Leonardo, évêque de Pozzuoli (déc. 1603). *De fascino libri tres*. Venetiis, apud Aldum, 1589.

Valère Maxime (fl. 14–37). *Factorum et dictorum memorabilium libri decem*. Éd. C. Kempf. Stuttgart, B. G. Teubner, 1966.

——. *Fait et paroles mémorables*. Trad. C. A. F. Frémion. Paris, C. L. F. Panckoucke, 1834–35.

——. *Faits et dits mémorables*. Trad. Robert Combès. Paris, Les Belles Lettres, 1995.

Valeriano Bolzani, Giovanni Pierio (Pierius; 1477–1558). *[Les Hieroglyphiques]*. Trad. I. de Montlyart. Lyon, par Paul Frellon, 1615.

Valesco de Taranta (Balescon de Tarente; fl. 1380–1418). *[Epitome [. . .] morbis curandis in septem congesta libros]*. Lugduni, apud Joan. Tornaesium, et Gulielmum Gazeium, 1560.

——. *Philonium pharmaceuticum et chirurgicum de medendis omnibus, tum internis, tum externis humani corpori affectibus*. Francofurti et Lipsiae, sumptibus Joannis Adami Kastneri, 1680.

Valleriola, François (1504–80). *Observationum medicinalium libri sex*. Lugduni, apud Antonium Candidum, 1588.

Valles, Francisco (Valesius; 1524–92). *Controversiarum medicarum et philosophicarum libri X*. Hanoviae, typis Wechelianis apud Claudium Marnium, 1606.

——. *Controversiarum medicarum et philosophicarum [...] liber*. Compluti, excudebat Joannes Iñiguez à Lequerica, 1583.

——. *De iis quae scripta sunt physice in libris sacris*. Lugduni, apud Franciscum Le Fevre, 1588.

Valturio, Roberto (Robertus Valturius; 1405–75). *De re militari libris XII*. Paris, apud Christianum Wechelum, 1535.

——. (Robert Valtrin). *Les douze livres [...] touchant la discipline militaire*. Trad. Loys Meigret. Paris, chez Charles Perier, 1555.

Van der Velde, Jason (Jason Pratensis; 1486–1558). *De cerebri morbis*. Basileae, per Henrichum Petri, 1549.

Vanini, Giulio Cesare (orig. Lucilio; 1585–1619). *Amphitheatrum aeternae providentiae divino-magicum, christiano-physicum, nec non astrologo catholicum, adversus veteres philosophos, atheos, epicureos, peripateticos, et stoicos*. Lugduni, apud viduam Antonii de Harsy, 1615.

——. *Amphithéâtre de l'éternelle providence*. Dans *Œuvres philosophiques*. Trad. X. Rousselot. Paris, C. Gosselin, 1842.

Varignana. *Voir* Guglielmo da Varignana.

Varinus Favorinus. *Voir* Guarino de Favora.

Varro, Marcus Terentius (82–ca.-36 av. J.-C.). *In libro de lingua latina conjectanea Josephi Scaligeri*. Dans *Opera quae supersunt*. S. lieu, s. éd, 1581.

Vega, Cristóbal de (ca. 1510–ca. 1573). *Liber de arte medendi*. Dans *Opera*. Lugduni, apud Gulielmum Rovillium, 1576.

Végèce, Flavius (fl. 379–95). *De re militari libri quatuor*. Parisiis, apud Carolum Perier, 1553.

Veith, Ilza. *Hysteria: The History of a Disease*. Chicago, University of Chicago Press, 1965.

Velázquez, Andrés (fl. XVIe siècle). *Libro de la melancholía en el qual se trata de la naturaleza de esta enfermedad*. Seville, por Hernando Díaz, 1585.

Venette, Nicolas (1633–98). *Tableau de l'amour conjugal, ou histoire complete de la generation de l'homme*. Paris, chez L. Duprat-Duverger, 1810; princeps 1687.

Verbeke, G. *L'évolution de la doctrine du pneuma du Stoïcism à S. Augustin. Étude philosophique*. Louvain, Academia Lovaniensis, 1945.

Vergen, Johann (Johannes Nauclerus; déc. 1510). *Cronicon*, tome 2. Coloniae, apud haeredes Johannes Quentel et Gervuinum Calenium, 1564.

Vergil of Urbino, Polydore. *Voir* Virgile, Polidore.

Verinus Favorinus. *Voir* Guarino de Favora.

Vesalius, Andreas (1514–64). *Opera omnia anatomica et chirurgica*. Éd. Hermann Boerhaave et Bernhard Siegfried Albini. Lugduni Batavorum, apud Joannem du Vivie, et Joan. et Herm. Verbeck, 1725.

Veyries, Jean de (1592–1609). *La genealogie de l'amour divisée en deux livres*. Paris, chez Abel l'Angelier, 1609.

Vial, S. C. «Equicola and the School of Lyons». *Comparative Literature* (1960), p. 19–23.

——. «M. Equicola in the Opinion of his Contemporaries». *Italica*, 34 (1957), p. 202–21.

Vianey, Joseph. *Le Pétrarquisme en France au XVIᵉ siècle*. Montpellier, Coulet et fils, 1909.

Viarre, Simone. *La survie d'Ovide dans la littérature scientifique des XIIᵉ et XIIIᵉ siècles*. Poitiers, Centre d'Études Supérieures de Civilisation Médievale, 1966.

Vickers, Brian. «Analogy versus identity: The rejection of occult symbolism, 1580–1680». Dans *Occult and Scientific Mentalities in the Renaissance*. Éd. Brian Vickers. Cambridge, Cambridge University Press, 1986.

Viega, Thomas à. *Voir* Rodriguez da Viega, Tomás.

Vigenère, Blaise de. *Voir* Philostrate.

Vigier, Françoise. «La folie amoureuse dans le roman pastoral Espagnol». *Visages de la folie (1500–1650)*. Éd. Augustin Redondo et André Rochon. Paris, Publications de la Sorbonne, 1981.

Vigo, Giovanni di (fl. 1500). *La practique et cirurgie [...] nouvellement imprimee et racogneue diligentement sur le latin*. S. lieu, s. éd., 1537.

Villanovanus, Arnaldus. *Voir* Arnaud de Villeneuve.

Vincent, Jean-Didier. *Biologie des Passions*. Paris, Éditions Odile Jacob, Seuil, 1986.

Vincentino, Nicolao Leoniceno. *Voir* Hippocrate, *Aphorisms*.

Vincent de Beauvais (ca. 1190–ca. 1264). *Speculum doctrinale*. Graz, Akademische Druck-U. Verlagsanstalt, 1964–65.

——. *Speculum Quadruplex, naturale, doctrinale, morale, historiale*. Duaci, Baltazaris Belleri, 1624.

Vinge, Louise. *The Five Senses: Studies in a Literary Tradition*. Lund, University of Lund, 1975.

Virgile (Publius Virgilius Maro; 70–19 av. J.-C.). *Les bucoliques*. Éd. Jacques Perret. Paris, Presses Universitaires de France, 1961.

——. *Les bucoliques*. Trad. Eugène de Saint-Denis. Paris, Les Belles Lettres, 1997.

——. *Enéide*. Éd. Henri Goelzer. Paris, Les Belles Lettres, 1956.

Virgile, Polidore (Polydore Vergil; ca. 1470–ca. 1555). *Des inventeurs des choses, traduict de latin en françois, et de nouveau revuez et corrigez*. Lyon, par Benoist Rigaud, 1576.

——. *On Discovery*. Éd. et trad. Brian Copenhaver. Cambridge (Mass.), Harvard University Press, 2002.

Vitruve, Pollio (fl. 50–26 av. J.-C.). *De l'architecture*. Éd. Louis Callebat. Paris, Les Belles Lettres, 1969–86.

Volaterranus. *Voir* Maffei, Raffaele.

Wack, Mary Francis. *Memory and Love in Chaucer's «Troilus and Criseyde»*. Dissertation, Cornell University, 1982.

——. «New Medieval Medical Texts on Amor Hereos». *Kongressakten zum Ersten Symposium des Mediävistenverbandes in Tübingen*. Éd. J. O. Fichte et al. Berlin, Walter de Gruyter, 1984.

——. «Imagination, Medicine, and Rhetoric in Andreas Capellanus' 'De amore'». Dans *Magister Regis: Festschrift in Honor of Robert Earl Kaske*. New York, Fordham University Press, 1986.

——. «The Measure of Pleasure: Peter of Spain on Men, Women, and Lovesickness». *Viator*, 17 (1986), p. 173–196.

——. *Lovesickness in the Middle Ages: The* Viaticum *and Its Commentaries*. Philadelphia, University of Pennsylvania Press, 1990.

——. «From Mental Faculties to Magical Philtres: The Entry of Magic into Academic Medical Writing on Lovesickness, 13th–17th Centuries». Dans *Eros and Anteros: The Medical Traditions of Love in Renaissance Culture*. Éd. Donald Beecher et Massimo Ciavolella. Ottawa, Dovehouse Editions, 1992.

Walker, D. P. *La magie spirituelle et angélique de Ficin à Campanella*. Paris, Éditions Albin Michel, 1988.

Walzer, R. «Aristotle, Dasn Galen, and Palladius on Love». Dans *Greek into Arabic*. Cambridge (Mass.), Harvard University Press, 1962.

Wear, Andrew. «Galen in the Renaissance». *Galen: Problems and Prospects*. Éd. Vivian Nutton. Londres, Wellcome Institute for the History of Medicine, 1981.

Webber, Joan. *The Eloquent «I»: Style and Self in Seventeenth-Century Prose*. Madison, University of Wisconsin Press, 1968.

Wecker, Johann Jakob (1528–86). *Le grande thresor ou dispensaire et antidotaire*. Trad. Ian du Val. Genève, D'Estienne Gamonet, 1616.

——. *Les secrets et merveilles de nature, recueilles de divers autheurs, et divisez en XVII livres*. Lyon, chez Louys Odin, 1652.

Wehrli, Fritz Robert, éd. *Die Schule des Aristoteles*. 10 tomes. Bâle, B. Schwabe, 1967.

Wheaton, Robert et Tamara Hareven. *The Family and Sexuality in French History*. Philadelphia, University of Pennsylvania Press, 1980.

White, T. H. *The Bestiary: A Book of Beasts*. New York, G. P. Putnam's Sons, 1960.

Wickersheimer, Ernest. *Dictionnaire biographique des médecins en France au Moyen Âge*. Paris, E. Droz, 1936.

——. *La médecine et les médecins en France a l'époque de la Renaissance*. Paris, 1905; réimp. Genève, Slatkine Reprints, 1970.

Wier, Johann (Wierus, Vier; 1515–88). *Cinq livres de l'imposture et tromperie des diables*. Trad. Jacques Grévin. Paris, s. éd., 1567.

——. *De praestigiis dæmonum et incantationibus ac veneficiis libri sex*. Basileae, ex officina Oporiniana, 1564.

——. *Histoires, disputes et discours des illusions et impostures des diables*. Paris, chez Bonnet, 1579; Paris, aux Bureau de Progrès Médicale, 1885.

——. *Histoires, disputes, et discours, des illusions et impostures des diables, des magiciens infames, sorciers et empoisonneurs*. [Genevae], pour Jacques Chouet, 1579.

——. *Histoires, disputes et discours [...] touchant le pouvoir des sorcières*. 2 tomes. Paris, A. Delehaye, 1885.

——. *Medicarum observationum rararum liber I*. Basileae, per Joannem Oporinum, 1567.

William of Saliceto. *Voir* Guglielmo da Saliceto.

Winter, Johann. *Voir* Gonthier, Jean.

Wolfson, Harry Austryn. «The Internal Senses in Latin, Arabic and Hebrew Philosophic Texts». *Harvard Theological Review*, XXVII (1935), p. 69–133.

Wright, Louis B. *Middle-Class Culture in Elizabethan England*. 1935; réimp. Ithaca (N. Y.), Cornell University Press, 1965.

Wright, Thomas (fl. fin du XVIᵉ siècle). *The Passions of the Mind in General*. Éd. William Webster Newbold. Londres, 1601.

Wüstenfeld, Heinrich Ferdinand. *Die Übersetzungen Arabisher Werke in das Late-inische seit dem XI Jahrhundert*. Göttingen, Abhandlungen der Königlichen Ge-sellschaft der Wissenschaften zu Göttingen, 1877.

Xénophon (ca. 430–ca. 355 av. J.-C.). *Banquet*. Trad. François Ollier. Paris, Les Belles Lettres, 1961.

———. *Mémorables*. Éd. Michele Bandini. Paris, Les Belles Lettres, 2003.

Zilboorg, G., et G. Henry. *A History of Medical Psychology*. New York, Norton, 1941.

Zonta, Giuseppe. *Trattati d'amore del Cinquecento*. Bari, Laterza, 1912; réimp. Éd. Mario Pozzi. Roma-Bari, Laterza, 1975.

Index des noms cités

Index des sujets traités

exemples historiques 291–92.
jeûne 75.
jeux 147, 224.
joie 20, 175, 233.

lamia 212: *voir* incubes et succubes.
langue vernaculaire 44.
larmes 73, 80.
lectorat du traité 23, 48.
libre arbitre 101, 107, 129, 223.
ligatures 99, 106. 335. 340.
littérature et l'amour 18, 170.
logos chrétien 68.
loi naturelle 104–05.
loi Papia Poppaea 264.
loups-garous: *voir* lycanthropie
lycanthropie 17, 74, 76, 78–79, 174,
    197, 214, 244, 299, 363.

magie et l'occulte 18, 43, 100, 104,
    112, 124, 126, 142, 284–85, 340.
    augures 285.
    botanomancie 285.
    chiromancie 18, 135, 283.
    divinatrice 135, 284.
    interdits aux médecins 285.
    naturelle et artificielle 284.
    oionoscopie 285.
    oniromancie 248.
    origines 284.
    pronostic 284.
    sorts virgiliens 285.
maladie (d'amour) 64.
    chronique 101, 165.
    congénitale 237–38.
    de haute société 16, 91, 168, 203.
    divine 294.
    guérissable 294–95.
maladies des femmes 46: *voir*
    femmes.
mal caduc 208.
maléfice 104, 111, 340.
manie érotique 131, 214.
    et mélancolie 202.
mariage 28, 65, 93, 125, 141, 168–69:
    voir remèdes.
masochisme 164.
masturbation 242.
médecine 150.
    arabe 82.
    galénique 76, 87, 129, 138, 169.
    populaire 99.

mélancolie 105, 197, 207.
    et l'amour (érotique) 17, 51, 52,
        74, 76, 78–79, 85, 87, 102,
        124.
    espèces de 79, 131–32, 208.
    naturelle 227.
    et Saturne 298.
    selon les poètes 76, 90, 131, 174.
    son histoire 51.
mémoire 14, 59, 81, 94, 102, 130,
    165, 234.
métamorphoses 185, 214.
métaphore et analyse 133, 153.
méthodes
    scientifiques 16, 18, 22, 33.
    scolastiques 88–92
miroir 124.
monastères 85.
mort 66, 86, 171.
mots érotiques 219.
musique 66, 82–83, 97, 147, 219: *voir*
    remèdes-musique.
mythologie et l'amour 18, 65–66,
    116, 356.
    Cupidon 127, 302, 356: *voir*
        allégorie de l'amour.

noms de l'amour 185, 202, 205.
nostalgie 89.
nourriture 221, 318: *voir*
    temperament-et nourriture;
    cause-aliments vénériens.
nymphomanie 135, 158.

objet de désir: *voir* désir.
obsession mentale 90.
odorat 220.
oisiveté 79, 224, 250, 319.
opiats: *voir* pharmaceutiques.
oracles grecs 331.
organes génitaux 108, 110, 134, 162.
oubli 83.
ouïe 218.

paracelsiens 136, 149, 267–68.
paradis terrestre 89.
parfums 83, 220, 314.
passions de l'âme 13, 55, 66, 71, 74,
    105, 123, 129, 130, 170, 195,
    210.
pathologie 18, 76, 99, 101, 103, 120,
    124, 129, 208.
patients célèbres: *voir* études de cas.

TABLE DES MATIÈRES

Achevé d'imprimer par Corlet Numérique - 14110 Condé-sur-Noireau
N° d'Imprimeur : 68118 - Dépôt légal : mars 2010 - *Imprimé en France*